난제의 사유

난제의 사유

발행일	2026년 4월 10일
지은이	이정호
펴낸이	손형국
펴낸곳	(주)북랩

출판등록 2004. 12. 1(제2012-000051호)
주소 서울특별시 금천구 가산디지털 1로 168, 우림라이온스밸리 B동 B111호, B113~115호
홈페이지 www.book.co.kr
전화번호 (02)2026-5777 팩스 (02)3159-9637

ISBN 979-11-7598-169-0 03100 (종이책) 979-11-7598-170-6 05100 (전자책)

잘못된 책은 구입한 곳에서 교환해드립니다.
이 책은 저작권법에 따라 보호받는 저작물이므로 무단 전재와 복제를 금합니다.
본 도서는 (주)북랩이 보유한 리코 인쇄 장비 등 자체 생산 인프라를 통해 제작되었습니다.

작가 연락처 문의 ▶ ask.book.co.kr

전용 게시판에 문의를 남기시면 저자에게 직접 전달됩니다.

(주)북랩 성공출판의 파트너

북랩 홈페이지와 SNS에서 다양한 출판 솔루션을 만나 보세요!

홈페이지 book.co.kr • **블로그** blog.naver.com/essaybook • **출판문의** text@book.co.kr
카톡채널 북랩

북랩

난제의 사유

이정호 지음

북랩

　어떻게 읽을 것인가는 이미 『사유의 동면』에서 세 자릿수 이상의 책을 언급하며 전방위적으로 살펴보았다. 이번에는 책을 다양하게 읽지 않았다면 보이지 않았을 것을 이야기할 생각이다. 책을 읽고 쓸 때 중요하게 여기는 것 중 하나는 A라는 주장이 있으면 그에 반하는 B라는 주장을 살피고, 이것을 아우르는 C라는 입장까지 생각해 보는 일이다. 하지만 그런 책 읽기나 쓰기를 하는 사람은 드물다. 현대인에게 가장 부족한 사고 방식도 바로 이 부분이다. 사람들은 과거보다 훨씬 더 많은 정보를 접하지만, 규범 편향과 정보 편향으로 균형 잡힌 시각을 갖지 못한다. 그래서 최대한 폭넓은 사고의 힘을 주고자 이 책을 쓰게 됐다.

　먼저 『사유의 동면』에서 소개한 책은 여기서 다시 언급하지 않을 것이다. 『난제의 사유』에서는 최대한 『사유의 동면』에서 언급하지 않았던 책으로 이야기를 전개할 것이며, 내용도 되도록이면 중복되지 않도록 하였다. 다만 5% 내외에서 그때 하지 못한 사유나 책의 중요 내용이 있다면 더 확장하여 말할 수도 있다. 어떤 작가의 책을 처음 읽었다가 만족스러워서 같은 작가의 다른 책을 일부러 찾아 읽는 경우가 종종 있다. 그런데 다른 종류의 도서임에도 불구하고 많은 작가들의 책 내용이 자신이 그전에 썼던 것과 중복되는 경우를 자주 접하게 된다. 그런 기우를 미리 없애고자 한다. 이정호 작가가 책을 쓰면 최소 95% 이상은 새로운 내용으로 가득찰 거라는 기대감을 주기 위해서 과거에 쓴 글을 되짚어 보고 되도록이면 중복되지 않도록 하였다. 다만 작가들마다 기질과 가치관, 문체가 있듯이 전하려는 방향은 과거의 글과 거의 비슷할 것이다.

이 책은 읽어 볼 만한 고전, 문학, 여성학, 역사, 인문, 종교, 과학, 정치, 경제, 철학, 한국사, 소설, 비문학, 심리학, 사회과학, 문화인류학, 미학, 수필(에세이), 세계사, 사상사, 자기계발, 경영, 영화, 자연환경, 사회적 약자 등 아주 다양한 분야의 책이 최소 세 자리 이상 언급된다. 언급된 책들의 중요 핵심을 말할 것이기 때문에 독자는 지식의 다양성을 얻게 될 것이다.

『사유의 동면』이 인문 교양서인데도 지루하지 않고 독자들로부터 사랑을 받았던 건 단순히 인간이 읽어야 할 필독서 수백 권과 필수 지식을 말해 줘서가 아니다. 그것은 과거의 책과 주요한 사회학적 개념으로부터 현재를 더 많이 살펴봤기 때문이다. 현학적 생각으로 작가만 앞서가는 글이 되지 않도록 이번 책도 현재 중요한 사회 이슈나 난제를 지식과 사유를 가미해서 재미있게 풀어 냈다. 지적 호기심이 강하지 않은 사람에게 지루한 책은 아무리 내용이 훌륭해도 누군가에겐 그저 덮여 있는 종이일 뿐이다. 이번에도 두꺼운 책이나 인문학은 지루하다는 편견을 완전히 깨 버릴 생각이다. 설령 책의 초반이 재미 없더라도 조금의 인내심을 가지고 더 읽어 보길 바란다. 필자는 작가의 삶으로 들어서고자 했을 때 책의 퀄리티를 떠나 지루한 책은 절대 쓰지 않겠다고 다짐했다. 물론 그 재미 여부는 사람마다 다를 것이다.

이 책의 제목을 처음에는 '한 근의 인문'이라고 정했다. 책의 무게가 보통 600그램 내외이고, 고기 한 근도 600그램이다. 사람들이 불에 달궈진 노릇노릇한 고기를 먹듯이 책도 그렇게 맛있게 먹었으면 좋겠다는 바람 때문에 제목을 그렇게 정했는데, 다시 생각해 보니 고기와 책이 같은 급이 될 수는 없다. 단백질과 당이 뜨거운 열을 만나 마이야르 반응을 일으키듯이 인간의 뇌와 알고 싶은 욕구가 만나 인간의 존재를 자극했으면 좋겠다. 그러나 고기는 비건이 아니라면 대부분 사람이 즐겨 찾지만 책은 그렇지 못하다. 먹는 건 정신 활동이 아닌 미각의 기쁨이고 책은 마음을 위한 뇌 감각 활동이다. 그래서 책의 제목을 '한 근의 인문'에서 '난제의 사유'로 바꿨다. 한 근의 무게가 넘는 책도 많은데 그건 읽는 사람들에게 시작부터 겁을 먹게 한다. 그래서 책은 한 근 이내로 쓰인 게 좋아 보인다. 다만 『사유의 동면』이 그러지 못해 과체중의 책이 되었고 지금 이 책 또한 그렇다. 우리는 과체중과 비만을 구분해야 하듯이 두꺼운 책도 늘 훌륭하다거나 지루하다는 생각은 버려야 한다.

책의 무게가 있다면 뇌의 무게도 있다. 뇌의 무게는 인간 신체 무게의 약 2%를 차지할 뿐이지만 뇌가 쓰는 전체 에너지는 무려 20%를 차지한다. 그런데 현대인들은 그 에너지를 대체 어디에 쓰고 무엇을 위해 쓰는지 모르겠다. 왠지 뇌의 부정적 에너지가 난무하는 것만 같다. 원래 좋은 정신 에너지를 쓰면 열역학 1법칙(에너지 보존의 법칙)에 따라 궁

정의 에너지가 있어야 한다. 그런데 그 정신 에너지가 마치 열역학 2법칙을 나쁘게 변용하는 듯이 사회의 불필요한 무쓸모 에너지를 만들어낸다. 실제로 열역학 2법칙은 1법칙에 모순이 되는 것처럼 무쓸모 엔트로피를 증가시키기도 한다.

인간의 뇌는 보통 1,400~1,500그램 정도의 무게다. 나이가 들고 노인이 되면 뇌의 무게는 대략 100그램 정도가 줄어든다. 줄어드는 이유는 당연히 노화 때문이다. 그러나 과학적으로 볼 때 뇌는 쓰면 쓸수록 신경 세포에 영향을 주어서 늙어 가는 뇌를 늦추어 준다. 우리 몸은 쓰면 쓸수록 단련되고 안 쓰면 안 쓸수록 퇴화하는데, 뇌도 우리 신체에 그런 근육과 같은 역할을 한다. 만약 사람들이 사유할 수 있는 책을 읽는다면 책 속의 지식 습득, 마음의 위로, 자기계발 외에 뇌 운동까지 하는 것이니 일석이조 이상의 효과를 누리는 것과 같다. 현재 돼지고기 한 근의 가격은 대략 15,000원 내외이고 책 한 근의 가격은 18,000원 내외다. 하지만 책은 자신을 성장하게끔 무료로도 먹을 수 있다. 그게 겉으로 보이는 고기와 책의 차이지만 진짜 결정적 차이는 따로 있다. 그건 바로 도서관에 가면 사람들은 무료로 뷔페 같은 책 음식을 엄청나게 다양하게 먹을 수 있다는 점이다. 책 편식이 아니라면 과식해도 탈이 없다. 다만 쇼펜하우어는 책을 많이 읽는 사람들이 그 책 저자의 생각대로만 갇혀 살까 봐 다독하는 걸 그리 추천하지 않는다.

이왕 책을 칭찬하는 김에 책의 장점을 몇 가지만 알아보자. 신간이 아니라면 책은 돈이 들지 않는 취미다. 책은 신체에 위험하지 않은 취미이며 사람처럼 상처도 주지 않는다. 오히려 용기를 주고 자신감을 찾게 해준다. 책은 또 강요와 신념의 책만 아니라면 위험한 생각으로부터 벗어나게 해준다. 시공간을 뛰어넘어 지금은 자기 의지만 있으면 어디서든 읽기가 가능하다. 그렇게 책은 인생의 다음 페이지를 위한 예습을 하게 해준다. 다만 정적이고 타인에게 보이지 않는 정신 활동이라는 점에서 약간의 아쉬움이 있다. 하지만 그건 나중에 '낭중지추'처럼 정신과 신체에 움직임을 보일 것이다. 그러기 위해서는 책을 한 번에 '많이'가 아닌 꾸준히 읽어야 한다. 이렇게 글씨를 보고 있다는 것도 인연이다. 그 시간이 아깝지 않도록 하겠다.

본격적인 책 읽기의 즐거움 속으로 들어가기에 앞서 이 책의 전개 방식과 기타 간략한 길라잡이를 설명해 보겠다. 처음 생각해 둔 책의 제목엔 '인문'이란 단어가 들어갔지만 사회과학이 인문이고 인문이 사회과학이기에 그 경계선은 없다고 봐야 한다. 『난제의 사유』는 다양한 책과 여러 사상가들의 사유를 빗대어 현재 우리 사회와 인간의 모습을 다룬다. 보통 인문학 책의 주요 전개 방식은 고전이나 철학, 사상, 기타 문학 작품 등을 언급하며 여러 가지 비평을 하고 그걸 현대 사회에 적용하는 것이다. 이 책에서도 그런 부분은 존재하지만 너무 그렇게만 하지 않으려고 한다. 전문가의 도움이 필요한 영역이 아니라면 책은 혼자 읽는 것이지 누구의 해석을 읽는 게 아니다.

인문학 도서는 다른 좋은 책과 함께 주요한 사회학적 개념을 바탕으로 현대 사회를 더 다뤄야 하며 단순히 지식 전달이나 고전 풀이가 주가 되어서는 안 된다. 이번에도 글 전개 방식은 『사유의 동면』과 비슷하지만 몇 가지 큰 차이점이 있다. 먼저 『사유의 동면』에서 다루지 못한 주제나 다뤘던 주제를 이번 책에서는 좀 더 미시적으로 들여다볼 생각이다. 그 미시적 대상을 우리 사회의 주요 핵심 두 글자로 정해서 논의한다. 글자 키워드를 두고 전개하는 이런 책의 방식은 나카야마 겐의 『사고의 용어 사전』에서 착안하였다. 이 책에서는 수십 개의 키워드를 가지고 철학적 인문학적, 사회학적 개념을 설명한다. 하지만 실제 사회 현상 모두를 미시적으로 다루지는 않으며 중요한 것들만 논의를 확장한다. 『사고의 용어 사전』에서는 위에 언급한 엔트로피 키워드 외에 자크 라캉의 거울 개념이나 주체와 타자, 이데올로기 등 다양한 이야기를 꺼낸다. 어렵지 않고 꽤나 괜찮은 책이기에 『사고의 용어 사전』을 읽어 보면 지식에 큰 도움이 된다.

이와 유사한 방식의 책 한 권을 더 소개하자면 앤서니 기든스의 『사회학의 핵심 개념들』이다. 이 책은 기존 사회학 개념에 대한 정의와 이론을 소개하고 저자 자신만의 비판적 관점을 몇몇 핵심 키워드로 설명한다. 『난제의 사유』의 큰 틀도 『사고의 용어 사전』 키워드 방식과 크게 다르지 않다.

위 책들에서 언급한 키워드도 몇 개 있긴 하겠지만 대부분은 다른 키워드로 이야기할 생각이며 내용 전개도 당연히 완전히 다를 것이다. 위 두 책들은 각 챕터가 독립적이어서 연결성이 부족하다. 『난제의 사유』도 목차만 봤을 때 챕터가 다른 내용으로 보이겠지만 절대 그렇지 않다. 포기하지 않고 완독하게 되면 다르게 보이는 이 챕터들은 전부 연결되어 있음을 알 수 있다.

철학적이며 관념적인 이야기도 하겠지만 되도록이면 현실에 맞닿아 있는 인문학적이고 사회학적인 이야기를 주로 다룰 것이다. 그리고 책은 재미있어야 하기에 재미없는 것은 지양한다. 가령 인문, 철학, 고전 입문서 같은 종류의 책은 너무 미시적으로 들어가 버리면 지루하고 현학적인 글이 되기 때문에 마니아층 정도가 아니면 재미없게 느껴진다. 그래서 그런 책은 읽는 사람만 읽고 인기가 별로 없다. 이 책은 기존 인문학 소개서나 사회과학 도서들처럼 고전이나 사상가 기타 다양한 책을 언급하면서도 거기에만 빠지지 않고 독창적 통찰을 주고자 하였다. 이렇게 쓰인 책은 없다고 생각하기에 『난제의 사유』를 세상에 내놓는 것에 자부심을 느낀다.

『사유의 동면』은 중학생에서 청년, 노인까지 두루 읽을 수 있도록 주제를 다양하게 했으며, 또 웬만해서는 누구나 이해할 수 있도록 쉽게 썼다. 이번 책도 마찬가지로 그런 전 국민의 도서가 되도록 쉬운 문장을 썼으며 다루는 주제 또한 모든 연령을 포함한 현시대 관심사 위주로 내용을 채웠다. 한 마디로 우리 사회의 현재 고민을 과거에 빗대어 이야기하고 미래의 숙제처럼 인문학적으로 풀이했다. 다만 이번 책은 시리즈 1인 『사유의 동면』보다는 약간 어려운 부분도 존재한다. 그러나 평균적 수준의 중고등학생 이상이면 웬만해서는 다들 이해할 것이라 믿는다. 언젠가 내놓을 '시리즈 3'은 내용이 더 어려울 것이지만 『사유의 동면』과 『난제의 사유』만 제대로 읽어도 꽤나 많은 기초 지식을 얻은 것과 같기에 다음 책도 그리 어렵지 않게 읽을 것이다.

한편 이런 식으로 각 챕터마다 주제를 따로 쓰고 전개하는 책들은 보통 전하는 지식이 얕고 한계가 뚜렷한 경우가 많다. 그것을 머릿속에 항상 염두에 두고 글을 쓰고자 했다. 언젠가 작가가 되어 책을 쓴다면 그런 책들보다 더 월등히 많은 것을 요약하고 중요 사항을 집어넣어야겠다고 생각했다. 대한민국에도 거의 모든 것의 중요 개념과 지식 그리고 사유할 것을 다루며 집대성하는 사람이 필요하다. 너무 미시적이지도 너무 가볍지도 않게 말이다.

책을 다양하고 압도적으로 많이 읽어야 쓸 수 있는 책을 쓰고 싶었고 필자는 그것의 오만함을 증명하기 위해 이 글에 최선을 다했다. 하지만 글이란 것은 역시나 지나고 보면 다시 써야 할 부분이 생긴다는 것을 안다. 책을 쓰는 것은 정신적 고뇌와 고갈 그리고 육체적 피로가 함께한다. 그래도 그 과정이 기쁘고 결과가 있어 즐겁다. 책을 읽는 것 또한 정신적, 육체적 에너지가 필요한데 다 읽고 나서는 그만큼의 읽는 즐거움이 있다. 이렇게 글을 쓰는 사람이나 읽는 사람이나 둘 다 배우는 즐거움을 가진다. 그래서 우리가 보는 텍스트는 영원해야 하고 조금씩 수정되어야 하며, 때론 칭찬도 들으면서 비판도 받아야 한다.

그리고 현시대엔 텍스트가 영상보다 더 주가 되어야 한다. 롤랑 바르트는 텍스트의 즐거움에 대해서 주이상스 개념까지 써 가면서 글을 예찬한다. 지금은 쾌락 이상의 고통과 즐거움이 있는 존재가 바로 문자를 구성하는 문장 읽기다. 하지만 현재 대부분 사람들에게 쾌락은 영상 속에 있다. 영상을 안 보고 살 수는 없지만 그것은 자기 인생에서 조금만 차지해야 한다. 책 맛을 아는 사람은 지금 이 텍스트 안에 들어와 있는데 그런 사람들을 위해 책임감을 가지고 좋은 글이 되도록 최선을 다했다.

참고로 필자의 생각이나 독창적 표현이 아닌 것, 주요 사상가나 여러 작가들이 말한 것들에 대해서는 책을 직접 언급하거나 인용이 들어가면 큰따옴표나 작은따옴표로 모두 표시하여 구분을 쉽게 했다. 반복해서 말하지만 각 챕터별로 서로 전혀 다른 분야를 이야기하는 것 같아도 이 책을 끝까지 읽으면 하나의 지향성으로 통합되고 공통된 무엇이 있음을 알게 된다. 그것을 찾는 게 이 책의 출판 효능감이며 텍스트를 읽는 독자의 과제다. 겉으로 보이는 서문 글은 건방져 보이겠지만 실제 이 책의 저자는 진짜 겸손한 사람이다. 필자는 보통 사람보다 많은 책을 읽었다고 생각하면서도 한편으론 늘 앎에 배고프고 수준이 매번 부족하다 여기며 살았다. 이건 진심이며 지금도 마찬가지다. 사람은 항상 배움이 부족하다고 생각하면 겸손해진다. 그리고 겸손한 사람은 자기보다 못났든 잘났든 좋은 책을 읽든 안 읽든 간에 그 무엇으로부터 배운다. 이런 사람은 심지어 짐승이나 물체 및 자연으로부터도 배운다. 이 글을 완성하면서도 다시 또 배우고자 다른 작가의 책을 읽는다. 책은 마음먹기에 따라 누군가에겐 도파민이다.

한편 이 글은 자영업자형 페미니즘에(이하 이즘) 비판적이다. 하지만 필자는 『사유의 동면』에서 여성의 위대함을 말하였고 이즘의 필요성을 긍정하였다. 그래서 『난제의 사유』가 이즘 비판적이어도 이해해 주길 바란다. 그 비판의 진짜 속뜻을 제대로 이해하는 사람들은 진정으로 누가 여성을 위한 글을 쓰고 있는지 판단할 수 있다. 이 책의 분량에 비하면 정치, 종교, 남녀의 이야기는 별로 언급하지 않은 수준이지만 그래도 그들이 신경쓰인다. 그럼에도 불구하고 말해야 하기에 미움받을 용기를 가지고 일부 민감한 부분도 다루었다. 훌륭한 책들은 이런 민감한 부분은 절대 건드리지 않고 모두를 위한 좋은 목표 지향성을 가진다. 그런 측면에서 이 책은 훌륭한 도서가 아니다. 그렇지만 실제 책 가격보다는 훨씬 더 많은 가치를 줄 것을 약속한다. 설령 일부 가치관 영역에서 필자의 주장에 동의하지 않더라도 독자는 수많은 지식을 얻게 될 것이다.

끝으로 보통의 도서처럼 책의 말미에 참고 문헌을 남기는 대신 한두 줄 정도 인용한 것들의 출처는 글 내용 중에 모두 밝히려고 했다. 다만 일부 두세 줄 이상의 다른 도서 인용은 참고 문헌을 따로 남겼다.

차례

01
고전(古典)

동서양 고전과 철학자 그리고 문학 작품

고전(古典)이란 쉽게 말해 과거 사람들로부터 배울 만한 가치 있는 텍스트를 뜻한다. 단순히 동서양 고전이나 인문학 작품을 해석하는 데 중점을 둔다면 그건 고전의 가치를 10%만 활용하는 것이다. 노자의 '반자도지동'의 자세로 고전을 잠시 이야기하고 나머지는 우리 현대 사회를 이야기해 보는 게 더 나아 보인다. 노자의 저 말은 어떤 것을 거꾸로 해석해 보자는 의미다.

수많은 인문 고전 입문 도서는 전통적 사고 방식으로 고전을 해석하는 데 중점을 둔다. 그리고 인문학 입문서 중 어떤 훌륭한 도서는 무엇을 강하게 비판하지 못한다. 가령 종교나 ××주의자들, 첨예하게 대립되는 정치적 문제 등에서 더욱 조심스러워 거의 모든 훌륭한 책이 중립을 지킨다. 설령 비판을 하더라도 아주 유(柔)하게 몇 마디 하는 정도에서 끝난다. 특히 우리나라 대형 출판사들 책이 바로 이런 특성을 보인다. 꼭 출판이 아니더라도 우리나라 공중파 방송 또한 불편한 이야기를 매우 두려워한다. 책이 잘 팔릴 거 같은 유명인의 도서가 아니라면 이런 행태를 거의 벗어나지 않는다.

아닌 것은 아니라고 말해야 하는데 논란이 될 만한 것은 모르는 척하고 장사가 될 만한 책, 단순 지식 전달이나 자기계발, 자기 위안, 타인 엿보기 등으로 점철된 글 위주로 출판을 하려고 한다. 그저 저명성, 유명인에 기댄 책이나 특정 분류만 여기서 예외다. 이런 출판사의 행태가 마치 대약진 운동 때 했던 마오쩌둥의 이중인격과도 같다. 마오쩌둥은 자신의 생각과 반대인 것들은 거의 농약 제초제처럼 제거했으면서 이런 놀라운 말도 한 적이 있다.

"백 개의 꽃이 피듯이 백 개의 사상이 서로 논쟁할 수 있도록 해라". (일명 백화제방 백가쟁명)

마치 그는 전국시대 제나라의 직하학궁을 졸업한 것처럼 말만 그럴 듯하게 하고 실제 하는 짓은 우리나라 고집불통 식자층이라고 하는 사람들이나 정치인과 비슷한 수준을 드러낸다.

지금은 책의 역습이 필요하다. 좋은 책은 매년 쌓여 가는데 극렬한 사람이 더 많아진 것처럼 보이는 건 단순히 책만 안 읽는다고 해서 그런 게 아니다. 현시대 우리는 '책이란 무엇인가?'에 대해서 한번 생각해 봐야 한다. 책은 시대만 반영하지 말고 반자도지동처럼 그걸 뒤집어야 하는데 그동안의 책은 주로 시류에 편승하는 게 많았다. 역설적으로 사회가 병들었기 때문에 개인의 심신 안정을 주려는 책들과 흔한 자기계발서가 늘어나는 것인데, 우리는 계속해서 작가의 문장만 바뀐 용기 에세이만 읽고 살려고 한다. 누구나 듣기 좋은 말로는 자존감을 찾을 수 없다. 1960년대 구조주의자나 그 전후의 기능주의 사상을 무조건 옳다고 말하지는 않겠지만, 우리는 지금 사회와 개인의 문제를 동시에 살펴봐야 한다. 볼테르는 이렇게 말했다.

"많이 읽히는 책은 유행에 뒤떨어진 것이다."

계몽주의 시대에 현자(賢者)의 아이콘이었던 볼테르는 일찍이 반자도 지동의 자세를 가졌던 것으로 보인다. 그렇다고 한두 줄 정도로 고전을 말하고 사회를 분석하는 건 너무 빈약하기에 적절한 균형이 필요하다. 고전으로부터 현시대를 배우고자 한 이 책의 처음 제목인 '한 근의 인문'은 사실 두 가지 거짓말을 한 것과 같다. 굳이 따지면 이 책은 인문학과 사회과학이 반절씩 섞여 있고 한 근이 넘는 책의 무게를 가진다. 진리 키워드에서 더 자세히 다룰 테지만 필자가 진짜로 거짓말을 했는가를 잠시 따져 보자. 무엇이 인문학적인 것인가에 대해서는 제쳐 두고 기존의 인문학이라는 고정관념만 생각해 보자.

이 책은 한 근의 인문이 들어 있는 건 사실이다. 하지만 칸트는 목적을 위해서 수단이 정의롭더라도 거짓말을 해서는 안 된다고 주장한다. 그의 말을 따르면 원래 제목인 '한 근의 인문' 책은 처음부터 독자를 속인 것과 다름이 없다. 이렇게 전체 문장은 거짓이지만 그 안에 논리적 사실도 있는 인간의 말과 언어는 때론 불화를 만들어 낸다. 이것에 대해서는 추후 다시 논의하겠다. 그러고 보면 인간은 정말 악하게 태어나서 거짓말을 하는 것인지, 아니면 선한데 변하는 것인지 여전히 순자와 맹자 사이에서 저울질을 하게 된다.

거짓말은 원초적 본능일까, 아니면 다른 이유가 있을까? 어린아이도 본능적으로 가족에게 거짓말을 하고 살인자도 누군가를 사랑한다. 그렇다면 인간의 원초적 본능으로 돌아가 보자. 먼저 사랑을 말한 묵자(墨子)부터 이야기해 보겠다. 사랑을 제일 먼저 이야기한 이유는 앞으로 갈등을 이야기할 게 훨씬 많기 때문이다. 우리는 기본적으로 사랑을 하면서도 질투심을 가지는데 이왕 양가감정이라면 좋은 것부터 생각해야 한다. 아무리 동양고전을 모르고 책을 안 읽었다고 하더라도 묵자는 '겸애를 말하는 사람이었다' 정도는 알고 있어야 한다.

보통의 책 읽는 목표 중 하나는 최소한의 지식을 위한 것이기도 하다. 책 분량을 채우기 위해 조금 더 그의 말을 들어보자.

> "남을 사랑한다는 것은 자신을 사랑한다는 것에서 벗어나지 않는다. 자기 자신도 사랑하는 사람들 가운데 존재한다. 그렇기에 자신을 사랑하는 것은 남을 사랑하는 것과 같다."

묵자 시대를 생각해 보면 마치 성경의 모세 이후 여호수아 시대처럼 이때는 서로 죽고 죽이는 전쟁 상황과 비슷했기에 사랑을 말하지 않을 수 없었을 것이라는 생각이 든다. 전쟁이라는 것도 묵자에겐 남의 나라를 사랑하지 않기 때문에 일어난 일이다. 그는 타인을 사랑하지 않기 때문에 싸움이 끊임없이 일어난다고 보았다. 하지만 묵자는 모든 사람을 사랑하라는 유토피아적 박애 정신을 말한 것에 비해 사랑 없는 현실 인간에 대해서는 깊은 이야기를 해주지 않는다. 어느 목회자는 "도저히 받아들일 수 없는 일을 받아들이게 하는 용기와 도저히 용서할 수 없는 사람을 용서하게 해주는 힘"을 원하지만, 인간은 신이 아니기에 그건 불가능하다.

또 사랑이나 관대함이 항상 진리라고도 할 수 없다. 지금 시대는 무엇을 혐오하거나 미워하지만 않으면 아주 정상 인간, 노멀 인간(normal)이 된다. 과거엔 성인(聖人)이 많았고 우리는 그걸 고전으로 배우지만 지금은 모두가 자기가 잘났다고 하니 세상이 어지럽다. 권위자의 말도 무시되는 세상에 현재 군자형 인간은 침묵하는 사람이다. 보통 우리는 공자, 맹자 등을 성인군자라고 언급하지만 진짜 성인(聖人)에 대해서 통찰의 말을 한 사람은 따로 있다. 중국 한나라 시대 '왕충'이라는 사람은 이렇게 이야기한다.

"성인(聖人)은 형상의 조짐에 근거하고 동류의 사물을 탐구하니 치밀하게 사고하여 그 이치를 터득하는 사람이다. 성인은 기이한 사물을 보고 명칭을 붙이니 널리 배워서 그것을 기억한다. 성인은 교묘하게 헤아리고 치밀하게 사고하며 널리 보고 많이 기억한다. 그리고 미세한 것을 통해서 밝은 것을 드러내어 마치 현재에서 추론하여 천 년 이후를 볼 수 있게 한다. 지혜가 깊은 연못이나 큰 바다와 같은 사람이 성인이다."

이 말을 들으면 『대학』의 격물치지가 떠오르고 과학적 사고까지 연계하게 한다. 즉 플라톤의 이데아 탐구와 아리스토텔레스의 형이상학, 칸트의 물자체가 서양에만 있는 게 아니었다. '물자체(物自體)'란 칸트가 제시한 개념으로 쉽게 말하면 감각적으로 인식한 그 사물의 본래적 특징을 의미한다. 물자체는 인간의 인식 대상은 되지만 실제 보이지 않으며 수학적으로 증명할 수 없는 것이다. 중국 송나라 주희는 사람을 근본으로 삼으면서도 사물의 이치를 찾고자 했다. 오로지 선택적인 것만 보자면 주희는 물자체 같은 유교를 만든 꼰대형 인간이 된다. 주자는 개인 인식에서 머문 게 아닌 인간의 본성 탐구와 세계의 탐구를 같이 한 사람이다.

그렇지만 현대인은 사물의 본성보다는 개인의 본성에 의지해서만 세상을 보려고 한다. 사고의 유연함이 필요한데도 그렇지 못하다. 이 유연한 사고방식 이야기가 장자의 『추수론』에 나온다. 우리에게 '호량지변'이라고 잘 알려진 장자와 그의 친구 혜자는 이런 대화를 한다. 그들이 호수 위의 다리 호량을 지날 때 장자가 혜자에게 "물고기가 나와서 조용히 노니 이것이 물고기의 즐거움 아닌가."라고 말한다. 그러자 혜자가 "자네는 물고기가 아닌데 어떻게 물고기의 즐거움을 아는가?"라고 반문한다. 이에 장자는 "자네도 내가 아닌데 어떻게 물고기의 즐거움을 모르리라 생각하는가?"라고 묻는다.

이 일화에서 무슨 교훈을 얻을 수 있을까? 어떤 사람의 이야기는 때론 맞고 틀리다의 문제가 아니라 타인의 생각 존중이 더 필요할 때가 있다. 이와 비슷한 장자의 이야기는 또 있다. 동양 고전을 조금 알고 있는 사람들은 호랑지변 얘기가 낯설지 않겠지만 다음의 장자 이야기는 낯설 것이다. 하지만 정말 좋은 내용이다.

'여물상인상미 기행진여치(輿物相刃相靡 基行進如馳) 이막지능지 불역비호(而莫之能止 不亦悲乎)'

이 뜻은 다른 사람과 다투며 갈등을 일으키는 일에 빠지고 끝까지 가는 삶은 마치 말이 갑자기 달리는 것과 같아 누구도 이것을 멈출 수 없다는 의미다. 장자는 끊임없이 흐르는 무엇을 중시했기에 세상에 대하여 '이것이다 저것이다'라며 결론을 내지 않으려 했다. 하지만 현대인은 빠르게 타자를 대상화하고 무엇으로 규정하는 삶을 산다. 요즘은 극단의 시대로 분노 사회가 문제라고 하지만, 실상은 프로이트 방어기제인 퇴행으로 인해 어른아이의 떼쓰는 사람들이 늘어난 것이 문제다.

아들러는 자신이 말하는 것은 곧 세상을 해석하는 방식이라고 했다. 현재는 스마트폰 터치 몇 번이 나와 타자를 쉽게 규정하는 시대다. 냉소와 비아냥이 일상인 사람은 평생 그런 자세로 세상을 해석하기에 트러블 메이커가 된다. 이런 상태인데도 다름을 인정해 달라는 사람들이 여러 곳곳에서 존재한다. 성소수자는 다르기에 틀리지가 않다. 그러나 정말 틀린 것까지 다름으로 포장하려는 사람들이 있다. 이럴 땐 그 틀림의 사람들과 똑같이 타락하고 싶어진다. 볼테르는 죽기 직전 이런 말을 했다.

"나는 친구를 사랑하며 적을 미워하지 않고 미신을 혐오한다."

계몽형 이성주의자 볼테르는 신의 존재는 믿었지만 기독교의 잘못된 행태는 신랄하게 비판했다. 하느님이 말한 네 이웃을 사랑하라와 볼테르의 저 말은 훌륭한 인격자가 아닌 사람으로서는 참으로 행하기 힘들다. 이웃 정도까지는 당연히 사랑해야 하지만 원수와 악(惡)이라고 생각하는 사람까지 사랑할 수는 없다. 여기서 문제는 바로 악(惡)이다. 그렇다면 악은 어떤 사람이 무슨 기준으로 규정하는가? 무속인을 찾아가고 점을 보는 것 자체가 악은 아니다. 그러나 개인의 믿음과 집단을 구분하지 못하는 존재가 집단의 리더로서 무속을 믿는다면 그건 문제가 된다. 가령 무속에 의해 나라를 운영하는 것들 말이다. 이들은 이성과 논리가 인간 바깥에 존재해서 그들이 하는 짓이 비상식적이란 걸 모른다. 무속의 평범함이 때론 개인과 사회에 비극을 불러온다.

한나 아렌트의 악의 평범성 또한 악이 진짜로 평범한 게 아니라 선(善)이라는 인식 부재와 타인 공감 부재에서 오는 인간의 행태를 비판한 것이다. 이 선은 바로 인간성과 사유(思惟)를 근원으로 한다. 그러나 현대인은 과거보다 못한 비인간성을 내비친다. 중국 초나라 홍강에서 전쟁을 벌인 양공은 전쟁 중에도 인간정신을 발휘하는데 그는 이렇게 이야기한다.

"군자는 상처 입은 자를 다시 공격하지 않는다. 노약자는 죽이지 않으며 농작물은 밟지 않는다."

그렇지만 이런 생각은 전쟁에서 패배하기 쉬운 꼰대적 발상이다. 전쟁은 악의 평범성이 아니라 비인간성이다. 우크라이나 전쟁으로 군인과 민간인이 죽어가는 영상을 보면 인간의 참혹성에 구역질이 날 정도다. 과거 어느 책에서 본 내용인데 실제 교전이 일어나면 훈련받은 군인조차 엄청난 심리적 공포로 인해 총을 제대로 쏴 보지도 못하고 죽어간다고 한다. 고전을 이야기하는데 지금 교전을 이야기하고 있으니 우스운 일이다. 우울한 이야기는 이렇게 언어유희로 가끔 승화시켜야 한다. 누가 불편한 이야기를 할 때도 꼭 단호하게 말해 줘야 할 상황이 아니라면 이런 지혜를 가져 보는 것도 괜찮다.

도서관에 가면 『공자의 유머』라는 책이 있다. 제목이 공자의 유머라서 언제 웃음 포인트가 터질까 기대했지만 끝내 터지지 않은 책으로 기억한다. 그래도 그 책은 공자가 보통 사람들이 생각하는 대로 아주 딱딱한 성인군자의 말만 하지 않았구나 정도를 알게 해준다. 공자의 제자가 "죽은 뒤에도 사람의 감각은 있을까요?"라고 묻자 공자가 대답하길 "그건 죽어 보면 알 수 있을 거야."라고 대답한다. 또 어떤 제자가 "귀신은 어떻게 섬겨야 할까요?"라고 묻자 공자는 "산 사람도 제대로 못 모시는데 무슨 귀신을 섬기느냐."라며 우문현답을 한다.

보통 인문학 입문서는 논어나 공자의 말씀 중 현대 사회에 적용해 볼 것을 추려내서 해석하는데, 이런 시시콜콜한 것은 잘 다뤄지지 않는다. 시대와 사람에 따라 유머 코드는 다르겠지만 휴먼(human)에게 유머는 삶에 필수다. 이 유머는 부연 설명이 없어도 그 자체가 이해하는 대화이자 주체 간의 공동 인식이 된다. 원래 주체와 타자는 긴장 관계인데 유머와 연대 그리고 사랑이 이 경계선을 무너뜨린다. 공감과 이해는 그래도 그 경계가 있는 걸 기본적으로 인정하고 들어가기에 유머와 사랑과는 조금 다르다. 만약 존 로크처럼 경험에 의한 감각적 인식만 인간이 지니고 있다면 이런 유머는 어떤 법칙에 따라서만 이루어질 것이다.

우리는 이데아처럼 직접 경험하지 않아도 인간의 어떤 공통된 인식을 가지고 있기에 유머는 세대나 시대와 관계없이 영원히 통한다. 다만 데이비드 흄은 인간이 가지고 있는 경험 법칙과 인과 관계는 영원하지 않다고 보았다. 그에 따르면 우리가 지각(知覺)하는 건 하나의 정신 관념이며 시대나 사람에 따라 모두가 똑같이 인식하는 게 아니다. 가령 현대인은 모두가 지성인이라고 자부하지만 무엇이 지성인지는 알 수가 없다. 왜냐하면 사람들은 세상을 객관적 실체로 보기보다 주관적 감정으로 바라보기 때문이다. 이 감정이 강한 사람들이 디지털 문명에는 너무 많이 보이기에 우리는 불화를 겪는다.

한편 로크와 흄을 이야기하면서 칸트를 이야기하지 않을 수 없다. 지난 2000년 이상은 아리스토텔레스 철학을 공부하고 해석하는 시대였다. 화이트헤드는 플라톤주의와 헬레니즘 문화 이후 신플라톤주의가 도래함으로 인해 그동안의 철학은 플라톤이 하는 말에 주석을 단 정도라고 주장한다. 하지만 필자는 인류 역사에 플라톤보다 아리스토텔레스의 영향이 더 크다고 생각한다. 굳이 따지면 화이트헤드의 저 말은 기독교적으로 볼 때 더 어울리는 표현이다.

우리는 또 아리스토텔레스 이후 칸트가 등장하면서 지난 2백 년간 칸트의 철학을 이야기해 왔다. 하지만 칸트의 보편 타당한 이성 및 선험 법칙은 21세기에 들어서서 현대 철학자들에 의해 반박 당한다. 특히 칼 야스퍼스는 『세계관의 심리학』에서 칸트의 이성이 합리적 사고의 영역에 자기 확장을 가져와 근현대 철학에 기여했다고 보면서도 그의 글들이 단편화되어 서로 이질감이 있다고 주장한다.

관념론과 유물론이 나온 이후 이성의 해체는 어떻게 보면 역설적으로 칸트의 유물이라고 할 수 있다. A를 주장하면 A가 틀렸다고 말하는 게 아니라 A를 다르게 사유하는 게 철학이다. 그런데 스마트폰을 쥔 사람들은 관점이 틀렸다고 하면서 각자 시끄럽게 떠들어 댄다. 누구나 말할 수 있지만 아무 때나 말하지 않는 사람은 그보다 훨씬 많은데 보이는 글 때문에 그 글은 때론 정답인 척 사회 이슈나 쟁점 전체를 대변한다. 결국 시끄러운 사람들은 더 큰 문을 만들지 못하고 그 안에서만 사고한다.

반면 어떤 이들은 부러질지언정 휘어지지 않는 귀찮고 시끄러운 커뮤 똥파리들을 피해 자신의 의견을 감추며 살아간다. 어려서부터 지겹도록 들었던 우리의 격언은 '침묵은 금이다'라는 말이었다. 성경 곳곳에서도(특히 잠언) 말의 중요성을 이야기한다. 잠언에는 "지혜있는 자의 혀는 지식을 선히 베풀고 미련한 자의 입은 어리석음을 쏟아낸다"고 말한다. 그런데 현재는 '침묵은 금'이라는 말을 거의 하지 않는다. 지금은 말하지 않으면 무시당하고 빠르게 타인에게 매도되어 바보가 되는 세상이다.

현대인은 하고 싶은 말을 쉬운 터치 몇 번으로 끝낸다. 반면에 인간 대 인간의 실제 터치는 갈수록 줄어든다. 그러다 보니 서로가 서로를 이해하기 어려워 한다. 특히나 자존감이 낮은 사람들은 비난과 비판을 오용하고 타인 지향적 삶의 태도로 행복을 자립하려고 하지 않는다. 즉 이들은 타인으로부터만 무얼 찾으려고 한다. 칸트의 『순수이성 비판』은 말 그대로 그전의 사고방식인 베이컨이나 로크에 대한 비평적 분석이다. 그러나 다음과 같은 것은 비평도 아니고 사유와 이성도 아니다. 가령 성정체성 혼란을 겪는 사람들에게 비판인 척 인격 모독을 하는 것은 분석이나 관점이 아니라 그냥 비난이다. 비난자들은 관성이나 자연적 흐름으로 살아왔기에 자기와 다른 성소수자가 불편하고 싫은 것 뿐이다. 여기에 정치 종교적 시각까지 가지면 이 자체가 사회 불화가 된다.

인간은 필연보다는 찰나의 선택이나 판단으로 삶의 길이 달라지는 경우가 많다. 그래서 언제 침묵하고, 왜 분노해야 하며, 어떻게 비판해야 하는지를 아는 게 중요하다. 그걸 아는 사람들은 현자(賢者)의 삶을 산다. 그런데 현재는 현자가 잘 보이지 않으며 지혜가 아닌 감정 한가득만 가진 비루한 인간들이 판을 친다. 이런 감정적 사람들을 데이비드 흄의 도덕 감정론으로 비판해 보자. 그는 정념 없이 세상을 보는 게 어렵다고 보면서 이렇게 이야기한다.

"그 사람이 행동하는 근거는 지성이 아니라 신념(belief)이다. 그 사람의 옳고 그름의 판단 기준은 이성이 아니라 감정이다."

지금은 이런 신념과 감정이 판을 친다. 한국에 이런 판을 치는 사람이 있다면 그리스 신화엔 판신(Pan)이 판을 쳤다. 판신은 목축의 신으로 반인반수이며 양치기들에게 괜한 심술을 부리고, 양들을 공포에 질리도록 해서 이리저리 날뛰게 만든다. 이 판신은 추후 패닉과 판데믹의 어원이 된다. 판신처럼 인간의 역사는 반만 인간 혹은 겉으로만 인간인 사람들이 항상 존재했고 그건 현대인도 마찬가지다. 그들이 폰 안에서 나쁜 판을 친다. 고전문학을 읽으면 꽤나 많은 저자들이 그리스 로마 신화를 이야기하는 걸 볼 수 있다. 특히 밀턴의 『실낙원』에서는 기독교나 신화에 대한 것이 아주 많이 나오는데 주석 없이는 내용을 이해하는 것이 거의 불가능할 정도다.

신화는 다시 심리학 분석이나 문학 비평으로 이어진다. 프로이트가 심리 분석에 신화를 이용하였다는 건 누구나 알고 있는 사실이다. 물론 그의 이론이 현대 정신분석학에는 들어맞지 않는다. 그러나 그가 생각한 무의식과 리비도, 에고 등을 개념화 한 것은 매우 훌륭한 일이었고 우리는 이로 인해 여전히 프로이트 이야기를 꺼낸다. 사람들은 왜 그럴까에 대한 근원적 문제나 원인을 찾지 않고 그 문제를 말하는 사람을 분석하려고 한다. 가령 어떤 운동 선수가 한국 운동협회의 부조리를 이야기하면 그 부조리에 대해서 분석하는 게 아니라 문제를 제기한 사람에게 의문을 제기한다. 다른 예로 노동쟁의와 시위 같은 것을 통해 무엇을 개혁해야 한다고 주장하는 사람에 대한 평가도 마찬가지다.

사람들은 근본적 원인을 찾기보다 어떤 부수적 행태를 더 크게 본다. 이들은 사상과 진의를 의심하며 일부 사실을 가지고 양비론에 빠져서 결국 본질을 흐트러트린다. 이게 흔히 아는 메시지보다 메신저를 오염시키고 비난하는 것과 비슷한 현상이다. 이걸 몽테스키외는 『법의 정신』에서 멋지게 표현한다.

"최악을 두려워하여 악을 방치하고 최선을 의심하여 선을 방치한다."

　그의 이 말이 너무 각인되어 오랫동안 외우고 다녔는데 여태껏 한 번도 다른 사람이 이 말을 인용한 것을 보지 못했다. 잘못된 세상을 개혁해 보겠다는 실천적 사람들에게 현자인 척 냉소와 분석을 내놓으며 말만 앞선 사람들은 사회에 아무런 긍정 요소도 가지고 있지 않다. 여기에 더해 질투를 가진 사람도 마찬가지다. 완벽하다의 '완벽(完璧)'이라는 단어를 유래하게 만든 중국 조나라 '인상여'라는 사람이 있다. 조나라의 '염포'라는 대장군은 자신은 행동으로 나라를 지키는데 인상여는 혀와 입만 놀린다고 하여 그를 질투하고 냉소한다. 그래서 인상여는 염포라는 사람을 피해다녔고 누군가는 이런 인상여에 대해 염포가 두려워 피해다닌다고 조롱을 한다. 하지만 인상여가 염포를 피해다닌 이유는 염포와 자신이 다투면 상대적으로 힘이 약한 조나라가 위태로움에 빠질 것을 염려했기 때문이다.

　이렇게 사람은 질투가 있으면 더 큰 사고를 하지 못한다. 이와 마찬가지로 냉소를 냉철함으로 착각하는 사람들 또한 사회의 병을 만들어내고, 더 나아가 병의 진짜 원인을 못 찾게 한다. 냉소와 풍자, 해학은 전혀 다르다. 어느 특정 커뮤니티나 플랫폼은 더욱 이 경계를 무너트리고 그저 감정 오물을 던지며 자기 유희와 무사유에 빠져든다. 가령 헌법을 수호하고 역사의 진일보를 이뤄낸 투쟁과 희생자들로 인해서 자신이 현재 혜택을 받고 있다는 걸 영원히 모르는 채로 사는 사람들은 평생을 평가질만 하며 잔망스럽게 살아간다. 사실 이런 가치관의 존재 이유는 어떤 진실보다 그저 자신의 믿음과 감정에 기반한다. 그렇기에 잔망스러운 사람들은 이성적 분석이나 통합적 사고를 하지 못한다. 이런 대표적인 경우가 종교와 정치적 신념이다. 학자들은 종교가 이성의 마비를 가져와 사람들에게 진실을 감추게 한다고 말하지만 오히려 사람들이 종교를 이용하여 안정을 추구한다는 사실은 잘 말하지 않는다. 바꿔 말하면 종교와 사람이 서로가 서로를 이용하는 것이다. 종교 수괴만이 아니라 그걸 믿는 많은 사람들은 서로 간의 욕망이 맞아떨어지기에 더욱 이 관계를 공고히 한다. 이것은 추후 권력 키워드에서 왜 그런지를 더 논의하도록 하겠다.

그리스 로마 신화들도 감정, 욕망 때문에 다양한 이야기가 완성된다. 우리의 원죄도 사과라는 욕망 때문에 생겼고 판도라의 상자도 신이 만든 호기심을 참지 못하여 인간에게 열리고 말았다. 역설적으로 사람이 감정 없이 이성적 선택만 한다면 오히려 문제가 생길 것이다. 시각으로 인해 뇌가 착각하지 않는다면 뮐러, 라이어 착시는 생기지 않고 '보이지 않는 고릴라'는 누구나 보이는 고릴라가 될 것이다. 이 고릴라 실험은 인간이 의식하고 관심을 두는 부분은 보이고 의식하지 않거나 관심을 두지 않는 건 보이지 않는다는 걸 의미한다. 그런 의미에서 자기가 보고 싶은 영역이 가득한 스마트폰 시각으로 세상을 본다면 인지편향에 빠질 가능성이 크다.

동서양 철학을 배우고 여러 고전문학을 읽어 보며 그리스 로마 신화를 알아야 하는 이유는 세계의 사고 다양성을 얻을 수 있기 때문이다. SF소설이 인문과 언뜻 보기엔 전혀 관계없을 것 같지만 절대 그렇지 않다. 하다못해 마블 영화에도 철학이 들어 있고 일부 사람들은 웹소설이나 웹툰에서 재미와 함께 간혹 인생 철학을 찾으려고 한다. 이런 장르도 훌륭한 사유와 철학이 들어 있으면 나중엔 21세기형 신고전이 될 수 있다. 원래 철학은 이성을 바탕으로 하는데 현시대에는 낭만 철학이라는 이상한 철학 정신들이 우리 곁에 들어와 있다. 아마도 니체가 우리 시대를 보면 정말 할 말이 많아서 책을 엄청나게 썼을 것이다. 니체는 낭만과 감정을 배제하고자 했다. 그는 음악과 인간 정신을 사랑했음에도 불구하고 서정적이고 비극적인 음악을 염세적으로 인식했다.

그래서 니체는 낭만주의자인 바그너를 싫어했으며, 격정적이고 이상한 정신을 심어 주는 음악과 기독교를 비판한다.

니체가 현시대를 평가한다면 아폴론적인 게 전혀 없는 디오니소스(바쿠스)적 인간들을 신랄하게 비판할 것이다. 그리고 현재의 인간 세태를 보면서 도덕의 계보가 없는 무도덕하고 반지성적인 사회라고 말할 것이다. 니체는 아폴론적 인간이다. 디오니소스적이란 감정, 향락, 낭만 등을 의미하고, 아폴론적이란 이성과 로고스를 의미한다. 더 정확히 해석하면 아폴론적인 니체는 다시 디오니소스적으로 환원되어 어둠의 심연을 걷는다.

고전이 된 니체의 『차라투스트라는 이렇게 말했다』는 결국 차라투스트라와 관계없는 니체의 로고스다. 이 책에는 평소 그의 철학이 곳곳에 숨겨져 있는데, 차라투스트라는 의지형 인간 즉 니체가 말한 초인, 위버멘시처럼 사람들에게 위험에 굴하지 말고 살아가라고 말한다. 그러면서 신을 믿지 말고 자기를 성찰할 것을 주장한다.

니체에게 초인의 의지는 허무의 파괴를 의미하는데 그는 쇼펜하우어보다 세상을 더 염세적으로 보면서 그것의 변증을 적극적으로 시도한다. 여기서 초인은 사무엘 베케트의 『고도를 기다리며』와 같은 '고도'이며, 아직 오지는 않았지만 적극적으로 맞이해야 할 어떤 이상향의 존재자 같은 것을 의미한다. 위버멘시는 애매한 것이지만 분명 무엇인가의 지향성이 있고 인간 의지를 가진다. 차라투스트라는 『꿀벌의 우화』의 저자 버나드 맨더빌과 비슷한 이야기를 하기도 한다. 그는 "최고의 선(善)에는 최고의 악(惡)이 필요하며, 이러한 선은 창조적 선이다. 말하는 것은 나쁠지라도 침묵하고 있는 것은 더욱 나쁘다. 말하지 않는 진리는 모두 독으로 바뀐다."라고 했다. 맨더빌도 악한 것 때문에 선이 나타난다고 하였는데, 고전이나 철학자들을 두루 살펴보면 누군가를 교묘하게 표절한 게 아닐까 할 정도로 느낌이 비슷한 이야기들을 하는 걸 많이 볼 수 있다. 그런 공통된 말들은 보통 사람들이 쉽게 사유할 수 없는 것들이 주를 이룬다. 그렇다고 사유하는 철학자와 사상가가 따로 있는 건 아니다. 깊게 관찰하고 생산성 있게 비판하는 사람이라면 누구나 철학을 할 수 있다. 지금은 도덕이 가장 중요한데 도덕적 사고를 가장 멀리하기에 사회 문제가 다양하게 쏟아져 나온다.

이쯤에서 의문이 하나 들 것이다. 다른 책처럼 고전으로 철학하기를 말하려면 여러 작품을 소개하고 분석해야 하는데 이 책은 그렇게 하지 않고 있기 때문이다. 책, 글을 쓸 땐 동서양 고전을 가져다 말씀을 전하고 작품의 지문을 해석하는 게 훨씬 쉽다. 그러나 그렇게만 하는 건 올바른 책 쓰기와 책 읽기가 아니다. 과학적으로 시간이 존재하는지는 의문이긴 하지만 과거의 것을 가지고 현재를 이야기하는 게 훨씬 유용하다. 인문고전은 과거 사람과의 대화가 아니라 현재 사람들의 삶을 비추는 거울이자 미래와의 상호 작용이어야 한다. 과거는 짧게 축약되어야 하고 현재는 깊어야 하며 미래는 길어야 한다. 그런데 보통의 인문교양서는 과거는 길고 현재는 얕으며 미래는 짧다. 그렇다고 보통의 책과 완전히 다르게 갈 수도 없다. 텍스트와 문체는 사람들마다 다르지만 각자의 한계가 분명이 있다. 다른 인문학 소개서처럼 장황한 분석만 하지 않을 뿐 고전의 소개 방식은 가끔 비슷할 것이다.

그렇다면 서두에 조금 말했던 동양의 고전을 더 언급해 보면서 보통의 책처럼 글을 전개해 보겠다. 일단 필자가 자주 주장하는 것 중 하나는 이미 세상의 모든 인간 해석과 아포리즘은 다 나왔다는 것이다. 그걸 어떤 식으로 문장을 구성하고 관점을 어떻게 비트는지 정도만 작가마다 조금씩 다르게 할 뿐이다. 우리는 지금까지 본성 이야기를 고전으로 살펴보다가 이렇게까지 흘러왔는데 이 얘기를 좀 더 해봐야 한다. 과연 과거 인간과 현재 인간은 본성이 다를까? 현명하지 못한 인간은 타인지향적 삶을 살고 관음을 가지며 산다는 말을 고전으로 확인해 보자. 공자의 『논어』에는 이런 말이 쓰여 있다.

"군자는 자기에게 구하고 소인은 남에게서 구한다."
"길에서 쑥덕이는 소리를 듣고 이를 가지고 또 길에서 쑥덕이는 것은 덕이 없
는 행실이다."

과거 사람이나 현대인이나 남의 이야기를 하는 건 인간 종족 특성이
라 변함이 없다. 그러나 우리는 디지털 문명 때문에 더 빠르게 말하고
덜 신중하게 생각해서 문제가 된다. 요즘은 또 디지털 언어가 폭력적이
거나 공격적이라는 말도 자주 하는데 이것도 『논어』에 쓰여 있다. 공자
는 사람과의 대화엔 세 가지 잘못이 있다고 했는데 그중 두 가지가 해
서는 안 될 말을 억지로 하여 상대방을 함부로 대하고 상대방의 안색
을 살피지 않아 눈치 없이 경솔해지는 것이다. 마지막 하나는 꼭 해야
하는 말을 하지 않아 진실을 감추는 것이다.
『논어』 그대로의 말씀에 진실이라는 말만 필자가 덧붙였다. 현재 우
리나라는 나쁜 언론과 반지성의 기독교, 극단적 정치 세력 그리고 사
유 없는 자, 이기적인 자, 판사, 검사라는 악의 고리 속에 살고 있다. 이
중 판사, 검사에 대한 것도 고전에 나와 있다. 중국 문왕(文王)은 관원
을 뽑을 때 기준이 있었다. 그 기준은 '검찰(감찰)을 뽑을 때는 정직하
고 충성스러우며 신뢰를 중시하는 자를 뽑고 법관을 뽑을 때는 신중하
고 공정하며 세심하게 살피는 자로 뽑아야 한다.' 관리를 뽑는 과거 제
도는 중국의 수나라 때 시작된다. 그런데 의문이 하나 있다. 현재 대부
분의 나라는 중국 문왕 시대처럼 인성, 품성으로 사람을 뽑는 게 아니
라 일정한 수학 능력을 갖춘 사람이 자격을 얻어 어느 시험에 합격해야
뽑힌다. 면접이라는 최소한의 거름망 장치가 있지만 이것으로 품성을
평가할 수는 없다. 공동체 윤리와 인간다움은커녕 세상의 이치 하나

제대로 모르는 사람이 시험 하나 잘 봤다고 인간이 인간을 판단한다.

지금은 그렇지 않지만 몇 년 전까지만 해도 우리나라는 나이가 많든 어리든 사법시험에 합격만 하면 사법연수원 수료 후 바로 판사에 임용되었다. 물론 공부를 잘했다고 해서 모두 백면서생이거나 세상 물정을 몰라 '대중 인지 감수성'이 없는 건 아니겠지만 정의감 없는 사람이 법복의 무거움을 알 리는 만무하다. 인간 세상은 오만하고 오로지 자기 명예와 권력 욕구만 가진 사람들이 너무 많다. 그러다 보니 돈과 권력이 없는 누군가에겐 우리나라 판검사가 너무나 가혹하다. 더욱이 부의 대물림이 교육의 대물림까지 이어지게 되어 상식이나 보통의 인간 감정을 가진 판검사가 점점 사라진다. 일반 서민의 삶을 평생 살아보지 않은 사람이 정치를 하고 판검사를 한다는 건 국가의 비극이다.

이렇게 말하면 당연히 반론이 나와야 한다. 우리는 진흙 속 연꽃을 알듯이 어려서부터 꽃길만 걸었던 사람도 정의로울 수 있음을 안다. 하지만 정의감은커녕 보통의 인간을 스스로 넘는다고 생각하면서 엘리트 의식을 가진 사람이나 사회 문제 의식이 없는 판검사와 정치인이 아주 많다. 이들은 여러 부분에서 서민을 죽이는 결정을 한다. 빅토르 위고의 『레미제라블』 속 장발장의 빵 하나와 그의 과거 범행 흔적의 연계는 그를 19년간 감옥에 갇히게 만든다. 우리는 현재 800원 횡령 버스 기사에게는 유죄를 선고하고 접대 검사에겐 무죄를 주는 이런 야만의 판결에 살고 있다. 이것에 대해 착하고 순한 국민들은 횃불을 들거나 캄비세스 재판처럼 단죄를 하지 않으면서 나만 아니면 됐다는 식으로 위험과 투쟁을 회피한다. 그 안착한 국민들 중 상당수는 사법 개혁을 오로지 정치적으로 보는 야만인이 되어 진짜 적을 단죄하지 못하게 한다.

사실 현시대를 과거 역사와 고전 빗대기로 하면 한도 끝도 없다. 다만 다른 인문학 입문서들이 필자처럼 말하지 않았을 뿐이다. 조금만 더 고전으로 증명해 보겠다. 한나 아렌트뿐만 아니라 많은 사상가들이 사유를 이야기했는데 이 사유는 질문을 근원으로 한다. 스마트폰 세상의 딴지와 조소는 이 사유의 질문과 질적으로 다르다. 이런 얘기도 『논어』에 들어 있다. "어째서 그런가?라는 질문을 하지 않는 사람이 과연 뭘 알고 있을지 의문이다."라며 『논어』는 질문과 사유의 중요성을 이야기한다.

　문화적, 민족적 특성이 다를 뿐 이렇게 동서양은 공통적으로 통하는 사유가 존재한다. 소크라테스가 "나는 모르고 있다는 것을 안다."는 말은 공자의 말에도 그대로 드러난다. 공자는 "아는 것은 안다고 하고 모르는 것은 모른다고 하는 게 진짜 앎이다."라고 했다. 공자와 소크라테스가 일평생 학무지경의 삶을 산 이유는 그들이 많은 걸 알고 있더라도 완벽하지 않은 앎에 대해 겸손했기 때문이다. 특히 공자는 자기의 가르침이 독창적인 게 아닌 그저 술이부작(述而不作)하는 것이라고 말한다. 겸손한 공자의 이 말과 함께 술이부작의 의미를 확대해 보면 기존에 있었던 가르침을 현대에 맞게 해석한다는 의미가 된다. 우리는 그런 책을 읽어야 하는데 매번 다람쥐 쳇바퀴 돌듯이 고전만 해석한다.

　『주역』에서는 "겸손함을 가지면 만사가 형통하고 군자는 겸손함으로 좋은 결실을 맺는다."라고 하였다. 그런데 요즘은 겸손함을 찾기가 쉽지 않다. 빈수레가 요란하듯이 이미 필자부터 그걸 보여줬다. 거기다 말은 왜 그렇게 많은지 현대인은 저마다 마음속에 절대 자신은 틀린 적이 없고 앞으로도 틀리지 않을 것 같은 돌부처를 하나씩 가지고 있는 것처럼 보인다. 『도덕경』에서 노자는 "말을 적게 하는 것이 자연에 적합하다."라고 했다. 이 말을 현대적으로 한번 또 따져 보자. 과학적이지 않은 mbti를 한 번도 정확히 들여다본 적이 없고 앞으로도 확인할 생각은 없지만, 너무 유행이라서 대충은 알고 있다. 만약 노자의 말을 따른다면 말수가 적은 내향인은 자연에 적합한 사람이 된다. 노자는 훌륭한 사상을 가지고 있었지만 가끔은 유토피아적이고 모순된 이야기를 한다. 가령 아무것도 하지 않으면 천하를 얻는다고 해놓고 왕은 왕의 임무가 있어서 왕이 된다고 말한다. 물론 동서양 고전이 모두 현대인에게 바르게 적용되는 건 아니다. 우리는 필요하거나 유용한 것만 잘 활용하면 된다.

노자의 무위자연이나 장자의 정신 승리만 들으면 현대인은 도태되기 딱 좋지만 그들이 그런 것만 말한 건 아니었다. 특히 노자는 인간이 자연이라는 도(道)에 맞게 살아야 한다고 주장하면서도 리더, 성인, 왕의 자세를 아주 중요하게 보았다. 지금으로 치면 노자는 타인 존중하기와 자아성찰 같은 것을 말하였는데 우리는 이것을 서로 잘 이해하기, 즉 공감 능력으로 바꿔 볼 수 있다. 현재는 솔선수범이라는 말이 사라진 지 오래다. 자기계발서나 에세이에서도 이젠 이런 자세를 잘 말하지 않는다. 지금은 내가 먼저다. 입신양명까지는 아니어도 내가 바로 서는 게 먼저이기 때문에 타인까지 생각할 여유가 없어 자신만 보인다. 거의 모두가 남의 눈치 안 보기와 나다움에 빠져 있다. 이런 자기계발서 말고 도서관에 가면 정말 많은 동양 고전 해설서가 존재한다. 차라리 그 흔한 에세이나 자기계발서 대신에 인문고전을 읽는 게 유용하다. 굳이 지루한 『주역』 해설서나 두꺼운 책을 읽을 필요는 없으며, 단 10분만 봐도 되는 성현들의 말이 있다. 그것을 읽고 나의 사고와 세상을 연계해 보는 것도 짧지만 좋은 책 읽기다.

우리는 어느 순간 인문학과 고전을 지루하거나 고루한 것으로 인식한다. 하지만 고전과 인문을 알면 과거 사람과 현재 사람은 똑같음을 알게 되고 현대인에게 촌철살인을 주는 것들이 많다는 걸 알게 된다. 그래서 세상의 나쁜 말 대신에 격언처럼 고전의 몇몇 좋은 말씀을 외워 두는 것도 괜찮다. 대화 속에 유명인의 표현이나 책의 좋은 문구를 섞어 가면서 대화하면 뭔가 지적으로 보인다. 이게 바로 지식의 고전 명품 허세다. 사람들은 보이는 옷이나 가방, 부동산 등에는 그렇게 신경을 쓰면서 보이지 않는 지식은 신경 쓰지 않는다. 후자보다 전자에 신경을 쓰는 사람들은 행복하다는 걸 모르는 사람이다. 부유함이나 즐거움 자체가 행복은 아니며 그건 목표에 불과하다. 그리고 명품 가방은 나와 타인을 신경 쓰는 것이지만 명품 지식은 나에게만 신경 쓰면 되는 일이다. 자신에게 집중하는 사람은 남과의 비교가 없다.

사람은 무언가 가지고 있어야 자신감이 생기는데 그건 내 몸에서 벗어난 게 아니다. 잘난 외모도 내가 가진 것이기에 자신감이 생기고 지식, 학벌도 내가 가진 것이기에 자신감을 준다. 그러나 물질을 가지고 있다거나 타인 시선을 의식하여 잘 보이려고 하는 건 온전히 자신의 것이 아니다. 설령 이것이 자신감을 주거나 삶의 의지가 될지언정 자존감을 높여 주지는 않는다. 이건 반대로 자기 결핍을 드러내는 것과 같다. 현대인에게 시선은 강박이며 자크 라캉도 이걸 정신병의 원인 중 하나로 본다.

에피쿠로스는 "가장 순수한 안전은 대중으로부터 거리를 두고 내적 고요함으로 살아갈 때 온다."라고 하였다. 프로이트가 말한 반복 강박은 시선으로 옮겨져 이제는 남녀노소 상관없이 심각한 불치병이 되었다. 실제 사람들은 타인의 마음이나 진심에는 별로 관심이 없고 겉만 보며 살아가는데, 그에 비해 우리들은 과도하게 신경 증세를 보인다. 왜냐하면 수많은 사람들이 남 얘기하는 걸 좋아하기 때문이다.

제3자 또한 이 '관음'이라는 흥미에 자유로울 수 없으며 더군다나 사회가 인간에게 더욱 관음을 가지라고 부추긴다. 요즘 예능 프로그램도 그렇고 개인방송 또한 그렇다. 이로 인해 인간의 원초적 본능을 자극하고 그것에 한마디씩 하고 싶은 수많은 비평가를 만들어 낸다. 하지만 다양한 고전과 성경 말씀은 개개인 자신에게 집중하는 삶을 중요하게 본다. 특히 타인의 험담에 대해서는 듣지도 말고 말하지도 말라고 강조한다. 이렇듯 항상 신은 인간에게 참을 수 없는 욕망을 줘놓고 하지 말라고 하는 심술을 부린다.

인간의 역사는 신화와 기독교적으로 보면 금기의 역사다. 그러고 보면 신화에 나오는 신들도 인간의 심보와 비슷하여 시기와 질투에 빠진다. 현대 사회에서는 어떤 사람이 대중적으로 찍히면 시선은 수십 수백만 이상의 화살이 되어 날아온다. 화살은 하나로 뭉쳐져 엄청난 위력의 무기가 되고 대중은 무사유의 블랙홀에 빠져든다. 문명의 혜택을 보는 만큼 사람들은 현재 시선 강박에 지쳐 있다. 그래서 누구나 한 번쯤은 자연인으로 살아가고자 니어링 부부의 '조화로운 삶'을 꿈꾸지만 그저 마음만 가진다. 우리의 삶은 꿈을 꾸는 자와 꿈이 없는 자 그리고 꿈조차 꿀 수 없는 자로 구분된다. 태초부터 인간은 평등하지 않게 자라서 다른 삶을 산다. 볼테르는 "평등은 이 세상 가장 자연스러운 것이자 동시에 가장 공상적인 것"이라 말한다. 현대인이 보는 평등의 관념과 갈등은 볼테르의 이 말에 모두 담아낼 수 있다. 정치적 좌우의 시각도 이 안에 들어있다. 지금까지 평등을 이렇게 명확하게 단 한 줄로 이야기한 사람은 없었다.

평등이란 관념을 이분법적으로 보는 관점은 노예와 같다. 더군다나 노예만은 아닌 삶만 살면 다행일 정도로 현대인은 둘로 갈라져 마이너스 사회 같은 이야기를 주로 다룬다. 그러면서 물질문명을 누리는 현대인들은 오히려 무언가 불안한 기시감을 표출한다. 그런 건 영화 속에서도 확인할 수 있다. '트랜스포머:사라진 시대'나 '에이리언 로물루스', '알리타' 등을 보면 미래 기계문명인 인간의 세계를 디스토피아적으로 본다. 특히 '에이리언 로물루스'에서는 온정적 감정의 인간과 냉철한 이성의 인간(영화 내용상으로는 정확히 기계임)의 대립이 엿보인다. 다만 여기서는 세세한 영화 해석은 하지 않겠다. 위 영화들은 미래 공상 소재이면서도 인간 분석이 가능하여 잠시 언급해 본 것이다.

요즘 미래 공상 과학 소설이나 영화들엔 디스토피아, 미래 희망, 고난과 경쟁, 죽음과 윤리가 들어 있다. 우리가 이 책에서 말하는 이성과 감정의 분리도 공상 과학 소설에 들어 있다. 고난과 경쟁 그리고 죽음은 2100년 이후에도 인간과 AI에게 있겠지만, 이미 이건 2000년 전 예수에게도 일어난 일이다. 고전 하면 성경을 빼놓고 이야기할 수 없다. 성경은 신화와 소설 그리고 문학이 들어 있고 일종의 대하드라마 같은 역사가 존재한다. 그런데 필수 고전인 성경을 사람들은 잘 읽지 않는다. 기독교 논리에 맞서고자 성경을 알려고 하는 무신론자든 믿음을 더 공고히 하고자 하는 개신교인이든 현재를 살아가는 사람은 성경의 뼈대를 좀 알고 있어야 한다.

　서점이나 도서관에 가면 아주 다양하게 성경을 분권 형태로 분석한 게 많은데 처음에는 쉽고 얇은 기독교 책부터 골라 읽으면 된다. 서양은 철학과 기독교가 분리되지 않고 2천여 년간 이 둘이 함께 해왔다. 우리가 아는 20세기 이전의 유명 철학자들과 과학자들 거의 대부분은 기독교인이다. 그래서 그걸 예언했을까? 기원전 100여 년 사람인 로마의 키케로는 "터무니 없는 소리는 이미 철학자들이 다 했다."라고 말한다. 이와 비슷하게 2000년 후 아인슈타인도 인격 없는 자칭 전문가들을 폄하하며 쓴소리를 한다. 인격은 보통 신과 관계를 맺지 않으며 독립된 인간으로 바라보게 한다. 하지만 신은 모든 영역에서 인간 세상에 관여하여 사람들을 피곤하게 만든다. 니체와 마르크스가 특이한 경우였을 뿐 아이작 뉴턴도 신을 깊게 믿었으며 『캉디드』에서 기독교의 위선을 신랄하게 비판한 볼테르도 신을 믿었다. 특히 사과로 만유인력을 이끌어 냈고 실험쟁이 과학자였던 뉴턴은 지독한 기독교(개신교)인이었다. 거의 광기 수준으로 성경에 탐독했으며 그는 카톨릭이 고대의 지식을 없앴다고 주장한다. 다만 뉴턴은 선택적이긴 했지만 과학과 인간의 광기를 구분하고자 했다. 어느 학자는 신이 진짜 있다면 인간을 괴롭히지도 않고 시험에 들지도 않게 하면서 신은 그냥 인간 너머로 편하게 살았으리라 주장한다.

　한편 우리는 종교와 과학을 대립으로만 보는 경향이 있다. 과연 그럴까? 니컬러스 스펜서의 『마지스테리아』는 4세기 뛰어난 여성 수학자 히파티아로 시작해서 진화 생물학자 에드워드 윌슨의 내용으로 끝나는 일종의 과학 사상사 같은 책이다. 스펜서는 '히파티아'라는 여성이 무참하게 죽은 이유가 종교 때문이 아니라 권력 때문이라고 주장하지만 그건 정확히 모를 일이다. 이 책은 과학과 종교의 필수불가결한 갈등 관계를 이야기한다. 약간 분량이 많긴 하지만 이런 쪽에 관심이 있는 사람이라면 그래도 꽤나 재미있게 읽을 만한 책이다.

　역설적으로 수도사나 기독교 사상은 과학을 억압하면서도 또 과학을 발전시켰다. 여기서 중요하게 봐야 할 것은 사상과 지적 발견을 분리해서 생각한 사람들이 이런 역할을 했다는 점이다. 그런 사람들 중에는 다윈과 갈릴레오가 대표적인데 현대로 와서 보면 앞서 언급한 에드워드 윌슨도 여기에 포함된다. 그는 진화 생물학자지만 기독교인이다. 신을 믿는 많은 사람들은 믿음과 사실 문제를 혼동한다. 하지만 에드워드 윌슨은 지구 역사가 6천 년이라는 하느님의 진리를 무신론자들이 비웃는 것에 대해 일부 깨어 있는 척하는 신학자들처럼 금성과 지구의 공전 시간이 다르다는 설명으로 성경과 과학을 얼렁뚱땅 넘기려고 하지 않는다.

　종교 외에 정치 문제는 이성과 믿음의 혼동 안에 있다. 볼테르는 "진리에는 당파성의 이름을 가지고 있지 않다"라고 했다. 진리와 정의에는 순간적일 땐 중립이 존재하지 않는다. 필자가 볼테르를 몇 번 언급하니 그의 사상을 엿보고 싶지 않은가? 참고로 이건 지식이라고 할 수는 없지만 재미삼아 이야기해 보면 루소와 볼테르는 1789년 프랑스 혁명이 발발하기 전 해인 1788년에 죽는다. 또 1788년에는 쇼펜하우어가 태어난다. 이런 우연은 다른 유명 사상가들에게서도 찾아볼 수 있다.

하지만 이건 현대인의 통찰에 아무 의미가 없는 그저 잡스러운 앎일
뿐이다.

　다시 사상으로 와 보자. 자기 감정과 사상 외에 온전히 이성을 발휘
할 수 없게 만드는 건 자신과의 이해관계. 이것은 종교나 정치뿐만
아니라 인간관계와 관련된 모든 것에 영향을 끼친다. 인간의 이해관계
디폴트 값은 ‘나는 손해 보지 않는다’이다. 물질 획득 외에도 자기가 뱉
은 말과 가치관마저 절대 지지 않으려는 사람이 있다. 대부분 인간은
자기 위주로 세상을 보는데 에세이 범람 시대의 책은 다들 ‘자신 찾기’
에 빠져 있다. 그러면서 타인이 왜 그런지를 이해하기 보다 타인에게 신
경 쓰지 않기를 말한다. 천성적으로 낯이 두껍지 않는 한 자신이 타인
의 존재를 부정하면 부정할수록 더 의식하게 된다. 즉 인간은 부정의
관념을 뇌에서 없애거나 부정할 수 없다. 그것으로부터 완전히 자유로
워져야 의식하지 않는다. 그렇기에 위로 받았던 그 책과 타인의 말도
자기 내면에서 없애 버려야 한다. 굳이 기억하려면 힘이 되는 문장이나
위로의 말 자체보다 그때 느꼈던 좋은 시퀀스를 기억해야 한다. 다만
때로는 부정(否定)해야만 사유가 생기는 경우도 있다. 가령 마르크스의
『자본론』처럼 말이다.

　사실 마르크스는 세상에 없는 걸 발견한 게 아니다. 그는 그보다 앞
서 자본주의 사회에 의문을 제기하고 분배에 관심을 가졌던 그 전의
사상가들로부터 자기만의 사상을 끄집어 냈다. 18세기 계몽주의 시대
에도 군주나 귀족, 기독교(성직자)의 삼각 신분이 민중을 착취한다고 생
각한 사상가들은 많았다. 하지만 이걸 과학적, 경제적, 계급적 착취로
인식하여 투쟁을 해야 한다고 생각한 사람은 마르크스가 처음이었다.
그는 생산수단을 가진 자본가들이 잉여노동을 독점하는 걸 착취라고
생각했다. 무엇을 창조하고 창업한 행위에 대해 가치를 부여하고 노력
을 인정하여 그만큼 부를 가져가는 건 당연한 일이다. 문제는 얼마큼

가져가야 하는지에 대한 기준이 없다는 것이다. 또한 자본주의는 선점하는 자가 모든 걸 가져가 버리는 경우가 많고 때론 전리품처럼 타자의 무엇을 큰 대가 없이 소유하기도 한다.

인간이 만든 가장 좋은 제도라는 자유의 자본주의는 결국 갑과 을이라는 노예의 관성을 만들어 낸다. 읽었던 모든 사회과학 도서는 수십 년 전 CEO나 임원이 받은 연봉과 일반 직원이 받는 연봉을 비교해 봤을 때 갈수록 그 격차가 심해졌다고 말한다. 스티글리츠의 『불평등의 대가』는 CEO들이 말한 '성과 유인 보수'의 허구성을 그대로 드러내 보인다. 그는 CEO가 성과를 내면 보수를 더 지급받았지만, 성과를 내지 못했음에도 그 높은 급여는 거의 줄어들지 않았다고 말한다. 우리나라도 일정 수준의 높은 직위에 오르기만 하면 어떤 대상은 무능력의 평가가 사라져서 기업이나 직원들 그리고 국민에게 피해를 준다. 여기에 국민까지 포함한 건 기업과 국민은 연결되어 있고 무능력에는 기업만이 아닌 공무원도 있기 때문이다. 다만 스티글리츠 책의 핵심은 불평등이 심할수록 사회 비용도 더 크다는 점을 모든 사람이 인식하라는 것이다. 여기서 사회 비용은 국민 세금 같은 돈일 수도 있고 다양한 사회적 갈등일 수도 있다.

부의 불평등의 대가는 개인의 영역에서 끝나지 않는다. 이것은 특정 자격 시험을 통과한 사람들과도 연계해 생각해 볼 수 있다. 높은 수학 능력의 대가로 그에 맞는 자격을 주는 건 인정하지만 자격에 비해 이익이 과도하고 독점적이라면 우리는 문제를 제기할 수 있어야 한다. 보통 이런 직업을 가진 사람들은 이익만 가져가려고 할 뿐 책임은 잘 지려고 하지 않는다. 또 책임을 강화하는 것엔 알레르기성 거부 반응을 보인다. 마르크스는 자본 착취에 대한 투쟁에서 멈췄지만 우리는 이걸 행복의 관점으로 봐야 한다. 권리를 찾는 건 무언가를 가지지 못한 사람들의 문제 제기로 시작된다. 여기엔 질문하고 사유하는 사람들의 연대가 매우 중요하다. 그리고 이걸 최종적으로 완성하고 실현해 주는 곳은 국가가 된다.

아울러 법을 만드는 국회, 행정을 하는 정부 그리고 정의를 실현하는 사법은 국민의 감시뿐만 아니라 끊임없이 책임과 개혁의 대상이 되어야 한다. 국민의 사유와 행동의지 그리고 국가의 실천의지는 동시에 필요하다. 잘 모르는 누군가는 마르크스적 생각을 좌파나 공산주의적 사고라 말하겠지만, 이게 진짜 자유주의적 사고라는 걸 알아야 한다. 특히 전자와 같이 생각하는 사람들은 공산주의적 요소가 있는 재벌이나 대형 교회의 독재와 세습에 대해서는 그렇게 화를 내지 않는다. 그러면서 사고의 흐름이 신념에 묶여 하나의 지향점만 가지고 세상을 이분법적으로 본다. 결국은 자신과 다른 의견을 가진 사람들을 몇몇 단어로 호명하고 사고의 확장을 끝내 버리는 정신 상태를 끊임없이 반복한다. 그러지 않기 위해 우리는 지성인답게 좋은 책을 찾고 고전을 읽는다. 하지만 책을 읽어도 냉혈인처럼 변하지 않는 사람은 절대 변하지 않는다. 마치 아리스토텔레스가 "사람은 본래의 자기와 다르게 될 수 없다."라고 한 것처럼 말이다. 공자나 예수가 말하는 건 결국 사랑의 감정인데 그런 감정 없이 자기 감정 논리만을 가지려고 하는 사람이 있다. 그런 사람들은 책을 읽어도 읽지 않은 것과 같다. 수많은 책들이 이미 동서양 사상가들을 말하였기에 지금은 잠시 그것에서 빠져나와 보겠다. 이번엔 잠시 고전문학으로 방향을 돌려 보자.

사람들은 현대인들의 가장 큰 문제점 중 하나를 '비교'라고 말한다. 인간은 공동체 정신을 가진 사람들 때문에 멸망하지 않고 지금까지 이어져 왔다. 그런데 이런 마음 없이 타인에 대한 비교 우월감으로 세상을 사는 사람들이 있다. 이 비교는 세 가지 큰 구조를 가진다. 첫 번째는 개인적인 것이고, 두 번째는 사회적인 것이며, 세 번째는 타인적(외부적)인 것이다. 자신감 부족이나 열등감 때문에 스스로 타인과 비교하는 경우는 개인적인 문제에 머무른다. 이런 사람들은 심리 치료나 자기 계발 등을 강구해야 한다. 문제는 비교가 사회적이거나 타인에 의해서 일어날 때인데 결혼도 그중 하나다.

도리스 레싱의 『풀잎은 노래한다』는 타인의 비교와 오지랖이라는 외부적 영향이 가장 극명하게 드러나는 작품이다. 이 책의 주인공 메리는 어려서부터 무책임한 아버지로 인해 불행한 삶을 산다. 그러나 잘 성장하여 주변 평판도 좋고 자신의 삶에도 만족할 줄 아는 멋진 아가씨가 된다. 다만 성인 이후 삶은 어렸을 적 환경이 자기 폐쇄성을 만든 것인지는 몰라도 메리 정신 상태에 문제를 일으킨다. 서른 살이 될 즘에 메리는 친구들이 자기 몰래 하는 이야기를 우연히 듣게 된다. 그 친구들은 결혼하지 않은 메리에 대해 무슨 문제가 있다거나 변종 취급을 하면서 뒷담화를 한다. 메리는 비혼주의자까지는 아니었지만 평소 결혼에 대해서 필요성을 못 느끼는 여성이었다. 하지만 친구들의 그 쑥덕거림 이후엔 자기 가치관을 완전히 버리고 가난한 남자와 결혼을 결심한다. 비극은 여기서부터 시작된다.

관음의 쑥덕거림은 사유의 힘이 작용하지 않아 주체적이지 못하고 객체 지향적이기에 원초적 본능의 가십거리가 된다. 이와는 다르게 사회에 잘못을 저지른 사람은 정의감의 대중 쑥덕거림에도 불구하고 자기 반성이 없어 뻔뻔한 태도로 일관하기도 한다. 전자는 대중이 사유를 파괴하고 후자는 개인이 대중과 대립한다. 결혼 이후 몇 사람과의 관계는 메리를 아주 다른 삶으로 이끌어 버린다. 다만 아직 안 읽은 사람을 위해 더 이상 스포일러는 하지 않겠다. 타인의 말로부터 자기 삶이 변해 버린 메리는 과연 행복할까? 결말이 궁금하다면 직접 책을 읽어 보길 바란다.

주체적인 삶이 무엇보다 중요하다는 것을 알게 해주는 『풀잎은 노래한다』는 현대 인간의 실험에 역설적 상황을 보여준다. 실제 연구 결과,

인간의 대화 중 70%는 남 이야기를 한다고 한다. 중요한 것은 타인에 대한 70%라는 대화가 과연 긍정의 요소를 얼마큼 가지고 있느냐이다. 아마 긍정적 요소보다는 그저 타인 엿보기나 비판하기의 대화가 대부분일 것이다. 『풀잎은 노래한다』를 이야기하니 여인과 노래, 여성의 비참함 등 이 세 가지를 거의 비슷하게 연상시키는 영화 '그을린 사랑'이 떠오른다. 영화의 주인공 여성은 노래하는 여인으로 통한다. 이 영화에 대해서 어떤 이는 반전이라고 말하지만 실제론 기분이 아주 불쾌한 이야기가 들어 있다. 그래서 줄거리의 핵심조차 말하지 않을 생각이다. 물론 이 영화와 『풀잎은 노래한다』의 여성 주인공은 전혀 관계가 없다.

지금 우리는 여성뿐만 아니라 개인의 삶을 말하고 있다. 타인이 하는 비교 문화와 관음 문화는 인류의 최대 행복 방해꾼이자 불행의 씨앗이 된다. 타인이 다른 사람의 삶을 규정할 수 없으며 주체는 외부 요소를 비판 없이 받아들여서도 안 된다. 설령 그게 가족일지라도 말이다. 개인 한 사람은 그렇다 치더라도 사회 자체가 비교 기준의 위화감을 조성해서는 안 된다. 세상의 평균과 중간은 잘 튀지 않는 법인데 스마트폰 세상은 사람들 인식에 영향을 주고 어떤 무의식을 심어 준다. 개인 대 개인과 집단 속 개인은 아주 다른 의식 방향을 설정한다. 다만 타인의 한마디에 그대로 영향을 받아 버린 『풀잎은 노래한다』의 메리가 있다면, 이와는 달리 제인 오스틴의 『설득』처럼 아무도 설득되지 않는 고집쟁이도 있다. 우리는 이 경계를 잘 다루어야 마음의 고장 없이 타인이나 사회와 관계를 잘 형성할 수 있다. 『설득』의 주인공 여성은 자기 가치관이 뚜렷한 여성이다. 다만 남녀 이성의 문제에서는 감정이 항상 변형적이다. 『설득』 내용 중엔 딱 한 페이지 정도 어떤 이즘적 생각이 들어 있는데 책에서는 여성 주인공의 입을 빌려 그걸 이야기한다. 책의 말미쯤에 있던 걸로 기억하는데 정확한 내용은 생각나지 않으니 한번 읽어 봐서 찾아보길 바란다.

고전으로부터 배우는 인문학은 실로 무궁무진하다. 가령 메리 셸리의 『프랑켄슈타인』 하나만으로도 책 한 권을 쓰는 사람이 있다. 이 작품은 과학과 생명 윤리, 낙태 중심으로 이야기해 볼 수 있지만 비교, 이해, 관용, 철학도 끄집어 낼 수 있다. 『프랑켄슈타인』은 이즘의 선구자 중 한 명인 메리 울스턴크래프트의 딸이 쓴 책이다. 그 당시 시대를 감안한다면 이 작품은 상당히 진보적이면서 시대 통찰을 넘은 내용이 많이 담겨져 있다. 멜서스의 『인구론』이나 다윈의 『진화론』을 읽지 않더라도 『프랑켄슈타인』은 누구나 재미있게 읽을 수 있으니 되도록이면 이런 책은 꼭 읽어 봤으면 좋겠다. 참고로 사상가 고드윈의 딸이기도 한 메리 셸리는 아마 아버지의 영향을 받았을지도 모른다. 메리 셸리의 아버지 고드윈은 이상한(?) 소설을 하나 썼는데 그게 자기 딸이 쓴 『프랑켄슈타인』에 영향을 줬을 것이라고 주장하는 학자도 있다.

진화론 말이 나와서 한마디 하자면 실제로 『진화론』 이 책은 굳이 보통 사람들이 알지 않아도 될 내용이 상당히 많이 들어 있다. 동식물 관찰과 그 특성이 누군가에게는 재미난 일이지만 다른 누군가에겐 굉장히 지루할 수 있다. 지금 고전을 말하고 있지만 후대에 엄청난 영향을 준 불멸의 책들과 사상가들의 책을 꼭 처음부터 끝까지 다 읽어야 한다고 생각하지는 않는다. 어떤 책은 선택과 집중으로 읽는 게 매우 효율적이다. 작가의 유명세나 자신의 지적 허세와 상관없이 책을 읽는다면 고전을 쓴 작가의 책들 중에서도 선택적 책 읽기가 가능한 게 있다. 가령 재미로만 따지면 제러드 다이아몬드의 『총균쇠』보다 『제3의 침팬지』가 덜 지루하다. 톨스토이 작품으로 보자면 『전쟁과 평화』보다 『안나 카레니나』를 읽는 게 나아 보인다. 명작이라고 해서 많은 분량을 꾹 참고 읽었던 『전쟁과 평화』는 20년 전이나 지금이나 다른 사람에게 읽어 보라고 그다지 추천하고 싶지 않다. 20년 전, 처음 이 책을 읽고 다시 접할 기회가 별로 없었다. 특히 이 책을 분석한 인문학 입문서는 거의 보지 못한 것 같다. 그래서 그런지 어렴풋한 줄거리도 거의 생각이 나지 않는다. 제일 각인하고 있는 건 『전쟁과 평화』를 읽으면서 엄청나게 많이 나오는 등장 인물에 혀를 내둘렀다는 그 당시의 기억뿐이다. 실제로 호메로스의 『일리아스』 같은 작품 빼고는 이 책보다 등장 인물이 많이 나오는 고전문학은 아직까지 보지 못했다. 불멸의 고전이지만 꼭 읽으라고 추천하고 싶지 않은 책이 『전쟁과 평화』다.

노파심에서 말하지만 책의 평가는 사람마다 다르니 이 말을 절대적으로 믿을 필요는 없다. 전쟁 하니까 헤밍웨이의 『무기여 잘 있거라』와 『누구를 위해 종을 울리나』라는 책도 생각이 난다. 차라리 이 책들을 읽는 게 훨씬 낫다. 특히 『누구를 위해 종을 울리나』는 전쟁의 긴장감도 일부 있어서 『전쟁과 평화』처럼 지루한 것만 있지는 않다. 특히 다리 폭파 과정에서 심리 묘사와 긴장감은 영화의 한 장면처럼 그 상황이 그대로 머릿속에 그려진다. 다시 한번 말하지만 고전 읽기는 순전히 필자의 개인적 의견이니 이 말을 그대로 따라가지 않아도 된다. 오히려 이것이 편협하고 무식한 생각일 수 있다. 책의 고귀한 해석과 평가는 사람들 각자가 하면 되는 것이지만, 일단은 명작이라 불리는 고전은 기본적으로 읽어 보는 걸 권장한다. 중요한 건 훌륭한 인문학자나 철학자가 쓴 고전을 해석해 놓은 것만 읽거나 그걸 중심으로 그 책을 읽어서는 안 된다는 점이다.

인간이 책을 읽는 가장 큰 이유 중 하나는 자기만의 관점 찾기와 사고력 확장이다. 혹자는 책에 대해 교조주의적이거나 현학적인 생각을 버리지 않는다. 우리는 수능 문제 맞추기식 책을 읽는 게 아니기 때문에 굳이 책에서 객관식 정답을 찾아낼 필요는 없다. 이 글을 쓰는 와중에 오늘 뉴스 하나가 눈에 들어왔다. 그건 서울대에서 입학생들에게 글쓰기를 시킨다고 하는 내용이다. 시험문제를 푸는 능력은 탁월하지만 교양이 부족하고 통합성을 가지지 못해서 글을 제대로 못 쓰는 게 우리나라 교육 현실이다. 그런 면에서 서울대의 방향은 괜찮은 것 같다.

대부분 사람들은 젊은 세대가 문해력이 떨어졌다고 말하는데 과거 사람들과 비교해서 절대 그럴 리는 없다. 일리터러시(illiteracy)를 현대적으로 어떻게 해석할 지에 따라 다르긴 하지만, 단순 지능이 항상 전 세대보다 똑똑했다는 논리로 보더라도 문해력이 떨어졌다고 말하는 건 정확하지 않다. 여기서는 하워드 가드너의 다중 지능이론을 배제한 순수 지능(수학 능력)만을 말하는 것이다. 지금 수능의 언어 영역은 과거보다 더 종합적인 사고 능력을 요구하고 있고 정상적인 교육을 받은 학생들은 그걸 잘 풀어 낸다. 간혹 언어 능력인지 과학 능력인지 모르는 언어 영역 문제가 있어서 문제지만 말이다. 그렇다고 문해력 저하가 없다고 단언하기도 힘들다. 다른 나라와 비교해서 청소년 및 성인 문해력이 전체적으로 떨어졌다는 통계는 의미가 있다.

우리가 진짜 문제삼아야 할 것은 교육과 환경으로 인한 문해력 '격차'다. 문해력 격차는 개인에서 끝나지 않고 타인에 대한 이해보다 오해를 불러일으켜 결국 사회에 대한 공감 부족을 만든다. 이런 소수가 차츰 늘어나면 소통 단절과 위화감 같은 사회 갈등을 촉진한다. 순전히 개인 인지 능력 문제도 있겠지만 가정이나 심리 문제도 문해력에 영향을 끼친다. 그렇다면 문해력 관련해서 전 국민과 전 세대를 대상으로 어떻게 표본 집단을 가지고 실험할 것인가? 한국의 교육열은 수십 년 동안 세계 최고였기에 비교 기준을 어느 시대로 한정해야 하는지도 의문이다. 하지만 교사나 학원 선생님들은 요즘 아이들의 문해력이 떨어졌다고 몸소 느낄 것이다. 미시적으로 보면 문해력 저하는 앞서 말한 원인 외에 개인 심리 상태, 어휘력 결핍과 부모의 서술성 없는 교육, 다문화 가족 그 외 스마트폰형 인간이 증가했기 때문이다. 특히 요즘은 언어의 생성과 소멸이 빠르고, 빠른 영상으로 축약된 단어가 쓰이면서 그 언어의 기호성과 자의성이 과거보다 더욱 의식을 지배하게 되었다.

더군다나 온라인형 인간은 타인을 이해하지 않을 결심으로 살아가는 것인지는 몰라도 문해력에 영향을 주는 것처럼 보인다. 참고로 난독증은 과학적으로 지능과 관계가 없다.

거의 모든 초등학교 교사들은 자기 때를 생각하면 요즘 아이들의 심각한 문해력 수준을 걱정할 것이다. 조금 심하면 아이뿐만 아니라 이 아이들의 엄마, 아빠의 문해력이 문제가 되기도 한다. 제일 심각한 건 어휘의 뜻 자체를 모르는 것보다 모르면 찾아보려는 노력이나 의도 파악도 하지 않은 채로 마구 내지르는 생각이다. 이건 요즘 시대 모든 사람에게 해당된다. 신중하지 못하고 이해할 마음이 없어 모두가 빠르게 판단하는 세상에서 전후 맥락은 무시된다. 이건 문해 능력이나 어휘 문제 등이 아닌 의식에 문제가 있다는 걸 의미한다.

종합해 보면 모든 게 빠른 세상에 느린 수정 민주주의 만큼 답답한 것도 없지만 책 읽기의 느림은 과거나 현재나 미래에도 꼭 필요한 인간을 만드는 데 필수적이다. 의식주가 더 중요한 맹자 시대에도 지덕체(智德體)와 인의예지를 말하였는데 현대인은 어느 정도 의식주가 해결이 되었음에도 여전히 자기 의식에 더해서 본능적인 1차원적 삶에 매몰되어 살아간다. 그러다 보니 과거의 주먹질 폭력 대신 현재는 엄청난 스마트폰 터치질 폭력이 존재한다. 간디가 우리 시대의 폭력을 본다면 어떻게 비폭력주의를 실행할까? 아마도 책을 읽으라고 할 것이다. 그는 독립전쟁을 하는 와중에도 책을 읽었다. 마크 쿨란스키의 『비폭력』을 보면 간디는 이상주의적으로 비폭력을 말한 게 아니라 매우 실용적으로 평화를 갈구했다는 걸 알 수 있다. 과연 손에 쥔 폰이 우리에게 실용적인 것만 주는지 한번 의심해 볼 만하다. 그리고 싸울 거면 타인과 싸우지 말고 책과 싸워 보는 게 훨씬 본인에게 이득일 것이다.

자신의 어떤 과거 언행들과 타인과의 다툼을 돌이켜보면 자신에게 부질없는 일이었던 게 훨씬 더 많다. 하지만 책은 그렇지 않다. 대화의 주제가 연애, 일상, 직장, 인간관계, 드라마, 육아 등 항상 판에 박혀 있다면 책으로 변화를 줘 볼 만하다. 우리는 다른 건 루틴을 만들고 습관을 잘 들이면서 책 읽기 습관은 들이려고 하지 않는다. 세상에서 가장 흔한 게 책이면서도 가장 실천하기 어려운 게 꾸준한 책 읽기다. 이런 역설적인 상황에 더해 너무 흔하고 읽을 책은 많이 있지만 실제 읽지 않았는데도 익숙한 책들이 있다. 가령 만화나 영화 등으로 나와서 알게 된 그런 책들 말이다. 대부분 사람들은 『빨강 머리 앤』과 『작은 아씨들』, 『드라큘라』 같은 책들의 대략적 내용을 알고 있다. 그러나 직접 책을 다 읽지 않은 사람도 많을 것이다. 위 세 가지 책 중 필자도 솔직히 『드라큘라』는 완독한 적이 없다.

여기서 진짜 하고 싶은 말은 영상만 보거나 주위에서 들었던 것과 달리 실제 책을 읽어 보면 보이지 않았던 게 보인다는 사실이다. 어렸을적 『빨강 머리 앤』 만화를 생각하면 그저 사랑스럽고 당돌한 빨강머리 소녀만 생각나지만 어른이 되어 읽어 본 『빨강 머리 앤』은 조금 다르다. 개인적 평가를 하자면 이 작품은 주인공 앤이 성인이 된 이후가 더 크게 다가온다. 설령 작가가 진짜 말하고 싶은 메시지가 책의 후반부가 아닐지라도 그렇게 느낀다. 그저 『빨강 머리 앤』을 고아가 될 뻔한 앤 셜리의 단순 성장 소설로 보기 보다 더 의미 있는 해석을 하고 싶다. 이게 스포일러라고 생각하지는 않지만 빨강머리 앤은 잘 성장하여 또 누군가를 돕는 결정을 한다.

간디는 "세상엔 중력의 법칙이 있듯이 사람에겐 사랑의 법칙이 존재한다."라고 했다. 사랑의 법칙인 『빨강 머리 앤』과 느낌이 상당히 비슷한 작품이 하나 더 있는데 그게 바로 『키다리 아저씨』다. 앤과 『키다리 아저씨』에 등장하는 애벗의 공통점은 둘 다 어려운 처지지만 발랄한 소녀 감성을 가지면서 세상에 불만과 불평만을 늘어놓지 않는다는 점이다. 『키다리 아저씨』의 주인공 소녀는 열심히 자신의 삶을 기록하여 키다리 아저씨에게 독백 같은 편지를 쓴다. 현재 젊은 사람 또한 이런 자세를 가져야 한다. 하지만 요즘 시대 몸만 어른들인 사람들은 부모나 어떤 무엇에 의존하는 경향이 크다. 물질적인 것 외에 정신적 의존증이 높아지고 있는데 이것은 추후 교육의 문제로 다시 이야기할 것이다.

현대인을 보면 주체적으로 의지 있게 사는 빨강 머리 앤의 삶을 다시금 생각한다. 부모가 진짜 자식을 생각한다면 자녀를 독립적 인간으로 만들어야 하는데 나쁜 부모나 착한 부모 감성에 빠진 사람들은 그렇지 못하다. 이렇게 우리는 고전으로 많은 걸 배운다. 그 흔한 유명 고전 책을 아직 수십 권도 읽지 못했다면 상대적으로 분량이 적은 고전부터 하나하나 읽어 보길 바란다. 어린 자녀가 있다면 더욱 그래야 하고, 아직 자기 취미를 찾지 못한 사람이 있다면 독서를 취미로 삼는 것도 괜찮다. 흥미를 붙이고 책 읽기에 집중하면 생각보다 시간이 잘 간다. 설령 취미까지는 아니어도 사람과의 대화에 필요한 최소한의 지식 디폴트 값을 위해서 독서는 필수다. 무식하면 용감한 게 아니라 문제가 된다.

조지 오웰의 『1984』는 필수 고전 중 하나다. 여기서 나온 '빅브라더'의 용어는 수십 년 동안 회자되어 이제는 관용구처럼 쓰인다. 이런 책과 용어를 모르고 있다면 그 사람은 무식한 취급을 받게 된다. 사실 이 책을 처음 읽었을 땐 빅브라더라는 큰 줄기보다 다른 것이 더 각인되었다. 이 작품은 인간을 공포와 두려움의 사지로 몰아넣을 때 어떤 선택을 하는지 인간의 참혹성이 들어 있다. 그 참혹성이란 빅브라더를 따르는 어떤 존재가 사람들을 붙잡아 못 움직이게 가둬 두고 굶주린 쥐를 얼굴에 풀어 넣어 그 사람에게 어떤 고백을 하게 만드는 장면이다. 책의 말미쯤으로 기억하는데 정확한 내용은 읽어서 확인해 보길 바란다. 인간성 상실의 이 고문은 아주 오래전 읽은 책임에도 불구하고 그 장면이 생생하게 남아 있다. 쥐가 살아 있는 사람 얼굴을 뜯어먹는다고 상상해 보면 너무나 끔찍하다. 그래서 과거 생체 실험을 했던 나치나 일본의 731부대를 생각하면 분노가 치밀어 오른다. 동물은 이성 없이 생존 본능이 관여하기에 끔찍할 수 있다지만 인간은 왜 이토록 잔인한 건지 이해할 수가 없다.

인간이 차마 할 수 없는 짓을 했을 때는 구역질이 나고 자기 정신이 이상해져야 정상이다. 이런 정상적 사람들은 부끄러움이 무엇인지 알며 평생 트라우마를 가지고 살아가지만 그렇지 않은 금수 같은 사람들도 존재한다. 먼 나라로 갈 것 없이 1980년 5.18 광주 민주화 혁명만 봐도 그렇다. 5.18 광주 민주화 혁명은 우리나라가 민주화 되는데 가장 큰 역할을 했지만 전두환 명령에 따른 악의 평범성은 무고한 광주 시민을 무참하게 살해한다. 한강의 『소년이 온다』에서도 그 참혹성은 드러나지만 그마저도 작가가 희생된 사람들에 대해 절제하며 표현한 것이다. 만약 노벨 평화상이 소급 적용된다면 세계 유례 없는 민주주의 혁명을 이뤄 낸 1980년 광주 시민과 2024년 12.3 내란에 반대하며 집회에 참여한 사람들에게 수여되어야 한다.

악의 평범성은 『예루살렘의 아이히만』에만 있는 게 아니다. 문제는 여전히 단죄되지 않는 그들의 후예가 2026년 현재에도 민주주의를 위협하고 있다는 점이다. 이토록 잔인한 인간들이 많음에도 불구하고 왜 인류는 계속 이어져 왔을까? 약육강식의 마인드로 사는 악인도 늘 있지만 착한 사마리아인들도 끝없이 존재하였기에 인류는 전쟁과 참혹한 삶 속에서도 현재까지 공동체를 유지해왔다. 사실 민주주의의 위기는 그리스 페리클레스의 민주정 이후 2500년간 계속되었다. 앞으로도 그럴 것이다. 민주주의는 인권과 자유를 억압하는 자들과 맞서 저항하고 정의를 찾으려는 국민 열정 때문에 그 존재가 유지된다. 결국 권력을 가진 자의 민주주의 파괴와 자본주의 착취는 깨어 있는 시민의 저항을 불러온다.

민주주의는 불안정하거나 불완전한 인간과 같다. 인간이 실패와 실수를 하며 수정을 거치고 배워 가듯이 민주주의도 그렇다. 다만 사람들은 정치적 분열과 저항을 선택적으로 잘하면서도 안타깝게 자본주의 착취는 잘 반응하지 않는다. 왜냐하면 전자는 신념이 곧 자신의 삶의 에너지지만 후자는 관성적이고 생존의 수단이기에 반항 대신 적응하는 데 에너지를 쏟기 때문이다. 꼭 실체 있는 유형만이 인간을 착취하는 건 아니다. 기업이나 제도, 사회 구조, 심지어 법 같은 유형 외에 부조리함을 느끼지 못하는 관성화 된 의식도 인간을 착취한다.

인간의 착취성은 사유 부재와 인간의 오만함에서 나오는데 이건 인간과 자연을 가리지 않는다. 윌리엄 포크너의 『곰』을 보면 그걸 가장 잘 알 수 있다. 곰 한 마리를 왜 사냥해야 하는지를 진정 모르는 어른들은 열정을 가지면서 곰 사냥을 위한 준비로 사냥 개 한 마리를 키운다. 그리고 그 어른들은 『곰』 작품에 등장하는 소년과 함께 곰 사냥을 하러 간다. 결국 곰 사냥에 성공하지만 알 수 없는 한 명의 죽음과 그 후 자연 속 대상물의 착취는 곧 인간에게 재앙을 불러온다. 포크너의 『곰』은 자연이고 자연은 곧 인간이 되는 것이니 곰을 사냥한다는 것은 곧 인간 사냥과 같은 죽음을 의미한다. 하지만 보통 사람들은 자연을 인간 위주로 생각하는 것에 대해 자해라고 생각하지 않는다. 자연에 대한 착취, 즉 환경오염에 대한 생각은 수십 년 전부터 본격적인 인간의 과제가 되었다.

고전과는 거리가 멀지만 비교적 최근에 나온 이선주의 『무지개 문어』라는 책이 하나 있다. 이 책은 문어인 문탁호를 빌어서 자연에 대한 이야기를 한다. 문어(文魚)는 글자를 알 정도로 뛰어난 지능을 가졌다고 해서 실제 생물 이름이 붙여진 것이다. 『무지개 문어』에 등장한 탁호도 인간에게 환경오염을 일깨워 주는 역할을 한다. 지금 바다는 미세 플라스틱뿐만 아니라 일본과 중국의 방사능 오염수마저 감당해야 해서 다양한 생물종이 이중의 어려움에 빠져 있다. 탁호는 무지개 빛이 서서히 탁해지고 희미해진다. 불행을 맞이하는 탁호 다음은 결국 인간에게 찾아온다. 만약 탁호가 기업 CEO가 된다면 ESG경영을 최고로 잘할 것이다. 이 책의 육류 이야기는 마음에 들지 않지만 전체적으로 부모와 자녀가 부담 없이 읽기 좋다.

물론 『무지개 문어』가 다른 비건 작가들처럼 무엇을 불편하게 강요하거나 주장하지는 않는다. 그러나 보통 비건을 말하는 책들은 거의 모두가 '육식의 종말'을 바라고 있다. 그들의 주장은 크게 자본주의 착취와 야만성, 생태계 파괴, 비윤리적 살생, 비위생적 동물 환경, 비효율성 그리고 동물에 대한 인간의 감정 등으로 요약된다. 그러면서 그들은 고기를 얻기 위한 동물의 환경오염(가령 메탄 분출)이 심각하며 그에 따른 부수적 에너지 낭비를 이유로 육식을 금지하자고 주장한다. 환원주의에 빠지고 싶지는 않지만 이 말은 꼭 해야겠다. 환경주의자나 비건이 쥐고 있는 그 스마트폰이 얼마나 환경오염을 일으키고 있는지 알라고 말이다. 또한 그들은 자본주의의 착취를 말하면서 식물이나 동물 위주로 식품 사업을 하고 그 유통 구조를 장악한 기업으로부터 착취당한 인간 '을'의 입장은 전하지 않는다.

번외의 이야기이긴 하지만 동물을 위한 척 기업의 동물 복지 마케팅은 국민을 조삼모사 하는 것과 같다. 바실 스타네스쿠라는 학자는 "기업들은 유기농, 인도적 차원, 지역산 축산물 등을 강조하지만 실제로는 공장식 상품 생산 시스템이면서도 겉으론 자본주의가 아닌 것처럼 행동한다."라고 말한다. 이들의 신물질숭배와 잠식 자본주의의 힘을 숨기는 것에 국민들은 속지 말아야 한다. 더욱이 한국 땅과 자본주의는 이런 모순 관계를 더욱 많이 가지고 있다.

누구나 유기농과 무기농 채소만 생산할 수도 없고 먹을 수도 없다.

비건족은 척박하고 좁은 한국 땅으로 인해 한국이 거의 최상위 비료 공화국이라는 사실은 이야기하지 않는다. 또한 농약은 끊임없이 사용되고 발전한다. 자신들이 먹고 있는 채식이 다른 나라에 비해 압도적인 비료 사용으로 만들어진다는 사실을 알고 있을까? 환경오염을 일으키고 생태계도 죽이는 비료와 농약 심지어 퇴비가 없으면 비건들은 지금보다 훨씬 비싼 채소를 먹어야 한다. 또 돈이 넉넉하지 않은 비건 및 일반 사람들은 미래에 더 강력한 글리포세이트 같은 농약이 사용된 유전자 조작식품(GMO) 위주의 식단으로 삶을 살아야 할지 모른다.

농약은 해충만 죽이는 게 아니라 익충을 죽이며 먹이 사슬 최상위 동물까지 영향을 준다. 이런 걸 말하는 비건, 채식주의자가 없다. 왜냐하면 이것을 말하면 비건의 외골수 시각은 늘 모순이 되기 때문이다. 자신은 채식을 하는데 그 채식이 무엇을 죽임으로써 나온다는 것을 말할 수는 없는 것이다. 이건 마치 기독교에서 이즘을 찾는 사람이 있는가 하면 반대로 어떤 사람은 기독교에서 이즘의 반대 영역을 찾는 사람처럼 똑같은 모순이다. 비건주의자가 이런 쪽으로 눈을 돌려서 분석한 국내 책도 여태껏 보지 못했다. 그나마 스테이시 엘러이모의『말 살 흙: 페미니즘과 환경정의』라는(이하, 말 살 흙) 외국 도서가 지금 논의하는 이야기를 아주 조금 하고 있을 뿐이다. 그렇다고 이 책도 목표라는 이상향과 행하는 사람들의 실제를 따로 분석하지는 않는다.

『말 살 흙』은 레이첼 카슨의 도서『침묵의 봄』을 딱 한 줄 언급하는데, 레이첼 카슨의 도서도 화학물질의 위험성에 대한 논의를 하는 것이지 환경주의자들과 보통의 인간 생태학 및 페미니즘을 연결하여 담론을 말하는 게 아니다. 레이첼 카슨의 시대를 생각하면 이건 당연한 이야기다.『말 살 흙』의 도입부는 노동의 인간이 몸과 사회에 적응하는 메커니즘을 말하고 이것을 자연이라는 횡단-신체성에 연결한다. 스테이시 엘러이모는 교차성 대신 '횡단-신체성'이라는 단어를 새롭게 만들어 낸다. 이 책은 남녀가 모두 자연이라는 관념을 깊게 파고드는 대신 남성은 거의 생략되고 여성의 몸과 자연을 말하는 부분이 훨씬 크다.

　자연과 인간에 대한 파괴는 과연 남성에게만 책임이 있을까? 우리는 이제 여성 그 자체나 여성의 임신이 곧 자연이라는 것의 강박과 여성이 항상 원피해자라는 전제를 벗어나야 한다. 같은 여성 종족을 이용해 여성을 팔아먹는 겉만 번지르르한 이즘의 사람들 주장에 여성뿐만 아니라 때론 남성도 빠져든다. 조금 더 똑똑하여 종족 철학을 벗어나 반대 의견은 무엇인지를 보려고 하는 사람만이 세뇌를 당하지 않는다. 앞서 말한 원피해자는 여기서 만든 신조어로 기독교의 원죄 개념을 차용하여 태초부터 여성이 피해자였다는 뜻을 담고 있다. 『말 살 흙』은 과학의 철학적 담론이 많이 들어 있어 읽기 어려운 책에 속한다. 그래서 그다지 추천하지 않지만 비건의 강요에 대한 지금 이 논의를 뒷받침할 핵심을 담고 있는 부분이 존재하여 그것만 소개하려고 한다. 이 책의 저자인 스테이시 엘러이모는 '베러드'라는 사람의 말을 차용해 이렇게 말한다.

> "물질 작용의 윤리는 급진적으로 외부화 된 타자에 대한 정당한 응답에 대한 것이 아니라 우리가 그것의 일부인 생기 넘치는 생성의 관계맺음들에 대한 응답 의무와 해명 의무에 대한 것이다"
>
> -『말 살 흙』, 그린비 출판사, 윤준/김종갑 옮김, 381page.

　베러드의 이 말을 비건의 목표 지향성에 대입하면 지적 통찰을 도출할 수 있다. 그중 하나가 무엇이 정당한 것인가를 따지기 보다 비건이 환경과 동물을 생각하듯이 우리 인간이 무엇을 해야만 하는가를 생각하는 일이다. 하지만 그것의 방법은 모두가 똑같을 수 없고 목표 또한 조금씩 다를 수 있다. 똑똑한 사람이라면 우리가 지금 말하고자 하는 것이 강요라는 말과 인간의 의무라는 말의 차이에 대한 해석을 살피고 있다는 것을 알게 될 것이다. 이렇게 쓴 글이 바로 한준호, 배동하, 이건, 서태동, 김하나, 이태우의 공동 저작인 『생태시민을 위한 동물지리와 환경 이야기』라는 책이다. 이 책은 남녀노소 모두가 읽을 수 있도록 아주 쉽고 재미있게 쓰였다. 『생태시민을 위한 동물지리와 환경 이야기』의 작가들은 홍학, 분홍돌고래, 보노보노 등 다양한 동물을 각 지리적 위치나 환경적 차원에서 특성을 살피고 각각의 동물 생활을 재미있게 풀어 낸다.

이 책을 읽고 처음 알게 된 용어가 하나 있다. 그건 바로 '재야생화'라는 개념이다. 재야생화란 인간이 관여해서 억지로 자연 생태계를 복원하는 게 아니라 자연 스스로의 능력을 믿고 인간은 한발짝 물러서는 것을 의미한다. 이걸 보고 인간이 제대로 활용하면 약이 되는 이 스마트폰도 독처럼 쓸 사람들이라면 그냥 폰으로부터 물러서서 살았으면 좋겠다는 생뚱맞은 생각을 했다. 그리고 책을 읽는 것은 재인간화가 되는 것이다. 재인간화를 위해서는 무엇의 확신 대신 다양한 분야의 책을 읽으면서도 비판적으로 생각해야 한다.

화학물질과 농작물 이야기를 하다가 멀리 돌아왔는데, 다시 한국이라는 지리 영역으로 와 보자. 애초에 우리나라는 이집트의 케메트 땅이나 우크라이나와 미국처럼 비옥한 토지가 아니라 척박한 토지를 가지고 있었다. 역사적으로 한국은 일부 평야 지대를 빼고는 산간 지방을 개간하여 식량 재배지로 활용했다. '케메트'란 나일강 범람 후 생기는 비옥한 검은 토지를 말한다. 다만 토질의 비옥도는 그 나라의 주요 재배 작물에 따라 조금씩 그 관점이 바뀔 수 있다. 가령 보통의 벼 같은 경우 물을 많이 머금는 점토질의 땅이 좋은 땅이고 밀, 보리, 콩, 수수 같이 마른 땅에 키우는 작물은 배수가 잘 되는 토질이 좋은 땅이다. 그래서 신토불이는 우리나라 땅이 좋아서라기보다 우리 체질이나 토질이 그것에 적응했기에 쓰이는 표현으로 보는 게 더 적절하다. 더군다나 휴작하기 힘든 한국에서 질소, 인, 칼륨 등이 들어간 비료 사용은 거의 필수적이다.

비료 국가인 한국에서 특히 질소 비료와 기타 화학 비료는 오래전부터 환경오염의 주범 중 하나였다. 여기에 더해 토양 자체도 자기 힘을 잃어버린다. 여러 비료 사용으로 가장 큰 문제가 되는 것은 질산성 질소로 인한 토양 및 지하수 오염이다. 질산성 질소는 심심치 않게 지하수 오염 성분에 포함되는 성분으로 어린 아이들에게 치명적인 청색증을 유발할 수 있다. 더 큰 문제는 쉽게 정수가 되지 않는다는 점이며, 정수에는 상당한 비용이 든다는 사실이다. 다만 희한하게도 질산성 질소는 자연 정화에 관여하여 다른 자연물에 영향을 주고 분해의 촉진제 역할을 하기도 한다. 물론 지하수 오염이 화학 비료 때문만인 건 아니며 오염의 원인은 공장 오염수나 축산 분뇨 등 다양하다.

비건을 강요하거나 외골수 환경주의자들은 자신이 먹고 있는 그 채식이 얼마나 많은 생태계 희생과 오염으로 자기 식탁 앞에 왔는지 말하지 않는다. 비건들이 이런 걸 지적하면 자기모순에 빠지기에 그동안 언급 안한 게 아니다. 필자가 볼 때 비건주의자들은 실제로 이런 걸 아예 모르는 듯하다. 비건을 당당하게 강요할 수 있는 사람은 무화학으로 채소를 키우고 음식을 자급자족하는 사람뿐이다. 조금 더 그들의 모순을 이야기해 보겠다. 육식 동물은 다 같은 탄소 배출량을 가지지 않기 때문에 소와 닭은 1마리 기준이 아니라 단위 면적당 계산을 해야 한다. 설령 이렇게 하더라도 탄소 배출량에는 차이가 있다. 또 그들이 사랑하는 반려 동물이나 여타 인간이 먹지 않은 동물은 환경 오염에 포함시키지 않는다. 그렇다고 비건을 나쁘게 생각한다거나 그 자체를 반대하는 건 아니다. 그들을 비판하는 이유는 비건족이나 환경주의자들이 비건을 강요하고 비건을 하지 않는 사람을 매도하면서 도덕적 우월감이나 선민 의식처럼 무엇을 가르치려고 하는 게 마음에 들지 않기 때문이다. 그래서 이 단락을 좀 강하게 말하게 되었다.

그렇다면 왜 비건은 타인의 자유 영역까지 침입해서 규범을 정하려고 할까? 성별로 치면 남성 비건도 있겠지만 경험상 여성 비건의 주장을 더 많이 볼 수 있다. 이 해답 중 하나가 고종석의 『언어의 무지개』에 있다. 이 책에서는 영국 사회언어학자인 피터 트럿의 연구를 인용하여 이렇게 말한다.

> "여성 화자의 언어는 남성 화자의 언어보다 대체로 더 규범지향적이라는 사실을 밝혀냈다."

이것에 대한 고종석의 예시는 지금 말하는 것과 조금 다른 부분에 초점을 두었지만, 어쨌거나 우리는 언어의 활용에도 남성과 여성이 차이가 있다는 것을 알 수 있다. 다만 이마저도 부정하고 싶은 쉴라 제프리스 같이 이즘에 매몰된 사람도 존재할 것이다. 그녀는 아마도 위 언어학자의 연구에 대한 필자의 해석을 두고 여성이 감정적 동물이라고 말하는 것이냐며 맥락을 과도하게 비틀 것이다. 종교나 정치처럼 비건도 마찬가지로 이런 가치관의 뚜렷함으로 사는 사람들은 무엇을 믿기 마련이다. 그래서 그들은 어떤 걸 반드시 행해야 한다고 생각하며 그로 인해 아주 다양한 영역에서 모순에 빠지게 된다.

이렇게 말하니 육류를 사랑하는 사람의 처절한 몸부림처럼 생각할지 모르겠다. 하지만 그 반대다. 필자가 채식주의자는 아니지만 보통 육류를 즐기는 사람과 비교하면 육류는 거의 먹지 않는 것과 다름이 없다. 어려서부터 고기가 몸에 맞지 않았을 뿐만 아니라, 특히나 기름에 튀긴 음식은 먹고 싶은 욕구가 굴뚝같지만 몸이 잘 받지 않아 최대한 자제하였다. 궁극적으로 빨간 고깃덩어리만 보면 내 몸을 잘라내는 것 같은 기분이라 나이가 들수록 더 거부감이 생긴다. 이건 아마도 호르몬 탓일 것이다. 그러나 먹으면 맛있는 건 어쩔 수가 없다. 그런데 또 나이가 들어서 처음으로 육류가 먹고 싶다는 생각이 드는 건 어찌된 일일까? 이것도 세월에 따른 몸의 변화 및 호르몬 변화 때문일 것이다. 이건 마치 테스토스테론이 극에 달한 남성들의 격투기를 과거엔 즐겨 봤지만 지금은 과거만큼 챙겨 보지 않은 것과 같은 남자의 야만성 호르몬 줄어듦과 같다고 볼 수 있다.

먹는 이야기를 하다 보니 우리나라의 식량 문제를 이야기해야 할 것 같은데 관련 지식은 깊지 않다. 국민의 농업 주권이나 식량 주권 그리고 국가적 차원의 식량 안보는 따로 가는 것이 아니다. 그래서 리더나 정책 입안자들은 미래 전략을 잘 짜야 한다. 실제적으로 보면 우리나라의 국제 농업 경쟁력은 세계 여러 나라와 비교했을 때 품목 우위에 있는 게 거의 없어 대부분 미래가 암울한 상태다. 그래서 기업이나 다른 국가의 노예가 되지 않는 선을 지키고 국민의 식량 안정을 위해서 지속 가능한 선택과 집중이 필요하다. 가령 종자 개발에 힘을 쓰거나 새로운 기술을 선점해서(AI든 뭐든) 농업에 이용하는 것이다. 또한 어느 쪽에 치우쳐서 농업을 그저 경제성만으로 보는 게 아닌 식량 안보와 연계해서 세계 시장에 대처하는 현명함이 필요하다.

리얼토피아이긴 하지만 농업인의 공무원화나 국가가 주체가 되어 식량을 산출하는 것도 괜찮아 보인다. '리얼토피아'란 유토피아보다는 좀 더 현실 가능성이 있는 뜻으로 방금 만들어 본 신조어다. 왜 갑자기 비건에서 이런 이야기를 하고 있는 걸까? 개인으로 치면 아무것도 아니고 자신이 굳이 걱정하지 않아도 될 일에 대해서 누군가는 때론 그 이상의 감정을 가진다. 그러나 이런 감정의 사람들도 두 부류로 나뉜다. 한쪽은 절대 목표에 사로잡혀 타협이 없는 인간이 있는 반면, 누군가는 신념의 강요 대신 타인과 사회를 유용함으로 바라봐서 서로의 의견을 존중한다. 비건은 인간 모두의 목표가 아니다. 다만 국가와 사회 그리고 기업은 그들의 주장에 응답할 필요가 있다.

이제 결론을 내 보자. 적어도 우리는 내 가치관의 옳음이 곧 타인이나 사회의 옳음이 아닐 수 있음을 인정해야 한다. 비건에 대해 공격적이고 싶지는 않았는데 그렇게 느꼈다면 비건들에게 미안함을 전한다. 그러나 아직 끝나지 않았으며 추후엔 핵심적 단어를 끄집어 내어 비건보다 더 큰 논의를 할 것이다.

비건이나 비 비건이나 우리가 말해야 할 것은 또 있다. 그건 바로 동물과 인간에 대한 항상제 남용이다. 먼저 누군가를 매도하고 탓하는 것은 순서도 잘못된 일이고 방법도 잘못된 일이다. 이즘을 가진 사람과 비건은 방금한 말을 반드시 기억해야만 한다. 동물을 언급하고 있으니까 한국인의 인간 항생제 남용도 심각하다는 사실을 말하지 않을 수 없다. 실제로 많은 외국 의사들은 한국의 항생제 남용에 대해 경악을 금치 못한다. 핀란드의 경우 일부 의사는 아이나 어린이가 눈이 돌아갈 정도의 심각한 상황이 아니면 우리나라처럼 쉽게 약을 쓰지 않는다. 반면 우리나라는 아이가 아프면 병원 처방약을 받기 바쁘다. 생후 24개월 이내 아이에 대한 항생제 남용의 연구 결과도 있는데 예상대로 건강에 부정적이다.

정말 아픈 사람은 당연히 약을 먹어야 한다. 그러나 인류의 약 의존증이 신체는 비록 쉽게 멀쩡하게 해주지만 왠지 정신을 더 박약하게 만드는 게 아닐까 하는 지극히 개인적 생각을 해본다. 인류 최고의 발견 중 하나인 페니실린과 이로 인한 아류 약들은 인간뿐만 아니라 병아리 같은 동물들의 생존율을 높게 유지해 줬지만, 지금은 인간 절대 진리인 과유불급을 생각해 봐야 한다. 이런 건 백신 음모론자나 비과학적 회의주의자들과는 확실히 구분되어야 한다. 다만 항상제에 대해 더 깊이 들어가는 건 이 단락의 주제를 벗어나는 일이다.

다시 자연으로 돌아와 보자. 동물이나 생태학 관련해서 정말 하고 싶은 말은 세상을 이분법적으로 보지 말라는 것이다. 왜냐하면 바이오 연료나 종이로 만든 친환경 제품이 진짜 자연을 생각하는 것인지 생각해 봐야 하는 것처럼 모순이 생길 수 있기 때문이다. 아직도 더 나은 자연 사랑을 위해 갈 길이 멀다. 환경오염의 원인에는 과거 조상들이 불을 땐 것도 포함되고 현재 나무로 겨울을 나는 사람들도 포함된다. 이런 시각이 우스워 보일 수도 있다. 관점의 지평선을 두고 가깝지만 영원히 관계할 수 없는 사람과 만나는 일은 이런 사고의 위치 변화밖에 없다. 즉 '너의 말도 일리가 있지만 이렇게 생각해 보는 건 어떨까?'라고 서로의 사고 방식을 개방하는 것이다. 이게 니체가 말한 원근법적 사고다.

중국 전국시대 인물인 장자 또한 옳고 그름의 정답보다 이리저리 보는 관점을 중시했다. 필자는 이런 생각 자세를 '위상학적 사고'라 부른다. 하지만 현대인은 이걸 가장 잘하지 못하며 대화하다가 '고드윈의 법칙'에 빠지지만 않으면 다행일 정도다. 고드윈의 법칙이란 토론 중에 감정이 격해져 결국 "히틀러 같은 놈"이라고 욕을 하는 것처럼 자기 말이 먹히지 않으면 논리와 이성이 아니라 상대에 대한 인신 공격에 빠지는 걸 의미한다. 우리는 이런 현상을 거의 매일 아니 하루에도 여러 번 목격한다.

현대인은 신에 도전한 바벨탑의 벌 이상으로 각자가 불통이라는 외계인 같은 집단에 속해 있다. 아니면 각자가 단단한 자기 체계를 갖추고 있어서 생각이 언어의 이해보다 힘든 상태다. 더군다나 폰 안에서는 픽션이 존재하기에 이성적 접근만으로는 해석이 불가능하다. 각자와 일부 집단이 허구 속에 살아간다. 허구 하니까 보르헤스의『픽션들』이 떠오른다. 철학보다 난해한 책이『픽션들』인데 단편임에도 불구하고 해석하기 어려운 작품이다. 현대인 또한 원자가 되거나 때로는 집단이 되어 이들 해석이 잘 되지 않는다.

한편 세상에 나온 책은 내용의 퀄리티와 상관없이 그 자체로 의미가 있다. 다만 책을 다른 행성에서 온 것처럼 쓰는 작가는 고전일지라도 그다지 추천하고 싶지 않다. 『사유의 동면』에서는 이해하기 어려운 책을 몇 권 소개했는데 보르헤스는 언급하지 않은 것 같다. 보르헤스의 매력이자 특징 중 하나는 그의 글이 머릿속엔 그려지는 것 같으면서도 그걸 말로 정리하기는 매우 어렵다는 것이다. 즉 그의 글은 우주적 사고를 요하지만 그래도 우주 바깥에 있는 정도는 아니다. 그런데 현대인은 각자가 미지의 원자가 되거나 집단의 픽션이 되어 우주 바깥 존재자인 것처럼 보일 때가 있다. 그런 바깥 경계의 역설이 바로 mbti다. 자기와 다르든 같든 결국 감정이 상할 때는 이해해 주지 않을 거면서 비과학적인 mbti는 왜들 그렇게 믿고 범주화 하려고 하는지 이해가 안 간다. 여기서부터 사람은 편견이 생긴다.

대부분의 사람들은 사건의 원인을 보기보다 결과나 자기 감정 그리고 가치관에 맞춰 상황을 분석한다. 보통은 어떤 범주의 영역으로 경계를 짓고 사람과 상황을 판단한다. 하지만 '이성과 감성'을 잘 구분하는 자가 현명한 사람이다. 제인 오스틴의 소설과 제목이 같은 『이성과 감성』은 처음엔 남녀와 가족을 경계 짓게 한다. 그렇지만 오스틴의 소설 일부 특징은 갈등이 끝까지 비극으로 가기보다는 화합이나 불완전한 해소로 이어진다. 오스틴 외에 다른 작가의 어떤 소설은 끝이 개운하지 않거나 뭔가 불확실한 걸 독자들이 상상하게끔 한다. 하지만 이건 그다지 추천할 만한 글 방식은 아니다. 불확실성의 시대에 화합이 되는 것도 이상하지만 현대인은 감정이 이성을 지배한 상태이기에 더욱 불화가 생긴다.

정신과 육체가 온전했을 때에도 인간에게 가장 이해하기 어려운 건 역시나 같은 인간이다. 여기에 편향된 감정까지 있으면 서로의 존재가 설령 사랑하는 사이라 할지라도 충돌이 발생할 수밖에 없다. 이걸 철학자들은 주체와 타자로 규정하고 인간을 분석한다. 알베르 카뮈의 『이방인』을 보통 사람들은 실존과 연계한다. 하지만 책 제목도 그렇고 책의 후반부 내용에서도 그렇고 궁극적으로는 주체와 타자의 관계를 보여주는 부분이 더 크게 다가온다. 고전과 신화는 욕망과 관계 이 두 개를 큰 축으로 전개한다. 『오페라의 유령』과 『노틀담의 꼽추』는 음침함이 비슷한데 세상과 단절된 욕망의 존재로 인해 두 작품은 결국 비극의 결말을 맞이한다.

헤겔은 『정신현상학』에서 자의식은 욕망 그 자체라고 말한다. 문제는 어두운 욕망을 자기 자신에서 찾기보다 타인을 통해 얻으려 할 때다. 밝은 빛은 외부에서 오는 것이지만 그것을 찾는 힘은 자신이어야 한다. 음침한 위 두 작품은 위선적 사랑(욕망) 외에 아무것도 공통된 게 없지만 어떤 해석의 틀을 비슷하게 만든다. 물론 주체의 욕망이 타인이나 사회 관계에 그렇게 중요하지 않는 작품들도 있다. 가령 서머싯 몸의 『인간의 굴레에서』나 르 클레지오의 『황금 물고기』는 개인에 집중한 삶이 주요 내용이다. 이걸 불교에서는 '수처작주 입처개진'이라고 한다.

현대인은 자신의 이익과 편익 앞에서는 개인이 먼저 공정을 찾고 적극적인 반면, 사회의 부조리엔 인식과 행동이 소극적이다. 부조리를 냉소하더라도 행동하지 않고 말만 앞서는 사람이 있는데 이걸 '슬랙티비즘'이라 부른다. 이런 인간 유형 중 상당수는 타인의 가치관과 불행을 자신의 요깃거리로 생각한다. 사실 손에 쥐고 있는 폰은 나 외에 온갖 타인들을 엿볼 수 있는 재미난 기기다. 250그램의 이 기기는 현대인 모두를 통제하는 신빅브라더 역할을 하며 자신의 삶을 지배하여 '생활의 발견'을 하지 못하게 한다.

시대가 변했음에도 변하지 않아야 할 인간 보편의 소중한 가치가 존재한다. 눈을 보고 웃는 행위, 타인의 얼굴 근육과 표정을 보는 행위,

그리고 신체 접촉은 폰에서는 할 수 없다. 신체접촉을 제외하고 화상, 랜선으로 이 모든 것이 가능하긴 하지만 그걸 말하려는 게 아니다. 지금은 보이지 않는 침 튀김을 맞아 가며 대화하는 걸 말하고 있다. 다만 임어당의 『생활의 발견』처럼 소중한 가치가 지금에서는 안 맞는 것도 있다. 가령 임어당은 전통적, 가부장적 사고방식을 그대로 가지고 있어서 여성을 '살림하는 여성'으로만 생각한다. 그가 살았던 1970년대 언저리 때의 시대 보정을 해도 철학 하는 사람이 아주 처참한 생각을 가지고 있다.

『생활의 발견』이 훌륭한 책인지는 모르겠으나 훌륭한 사상을 펼쳤던 사람 중 여성에 대한 인식이 현대와 전혀 맞지 않는 유명인은 임어당 외에도 아주 많다. 니체, 헤겔, 쇼펜하우어, 루소 이외에도 많은 사상가들은 여성을 부정적이거나 부차적 존재로 본다. 성경의 「고린도전서」 11장에는 "남자가 여자에서 난 것이 아니라 여자가 남자에게서 났다"라는 표현이 나온다. 이 성경 말씀 외에 「고린도전서」에는 일부 남성 우위와 여성 차별적 이야기가 쓰여 있다. 반면 볼테르는 '여성은 남성을 길들이기 위해 태어난 존재'로 표현한다. 볼테르의 이 말은 어느 정도 맞는 말이다.

어떤 남성들은 인정하고 싶지 않겠지만 남자는 '지천명'이라는 말이 무색하게 이 나이에도 불구하고 어린이와 같은 존재다. 불혹 이상의 상당수 남편들은 전체 남성 이미지의 대표성을 가지며, 남성이란 종족은 나이가 들어도 청소년 사춘기 같다는 것을 여성이나 아내들에게 들키고 말았다. 그렇기에 그걸 인정해야 한다. 중요한 건 남성이 남성에 대해 이렇게 말하는 건 너무 진지하지 않고 불쾌하지도 않다는 사실이다. 하지만 보통 사람들은 여성이 남성에 대해서 무엇이라 규정하고 남성이 여성에 대해 무엇이라 말하는 걸 때론 불편하게 받아들인다. 어떤 이는 이걸 절대 참지 못하는 사람도 있다.

　인간은 주체와 타자라는 불화가 존재하는데 여기에다 여성과 남성이라는 이중적 불화가 있으니 서로가 참으로 피곤한 존재다. 사랑을 할 때는 그렇게 좋은 게 남녀인데 말이다. 고전은 지루할지 몰라도 남녀 이야기는 모태 솔로라도 지루하지 않은데, 다만 남녀 갈등으로 끝없는 불화만은 하고 싶지 않다. 이쯤에서 고전 1은 이만 끝내고 말이 나온 김에 수컷과 암컷을 이야기해 보자. 인문 고전과 문학 이야기는 앞으로도 계속될 테니 아쉬워할 필요가 없다.

02

남녀

여자는 노래하고 남자는 들어준다

인간이 미래에 자웅동체가 된다면 어떨까? 누군가에게는 그다지 나쁘지 않을 수 있지만 남녀로 구분된 인간 세상의 관성을 생각하면 상상만 해도 끔찍하다. 과학자들이 말하길 유성생식은 무성생식보다 생물의 종 다양성에 유리하다고 한다. 다만 무성생식은 에너지 손실을 최소화 하며 자손을 빠르게 퍼뜨리는 장점이 있다. 종합적으로 보면 인간은 동식물과 다르게 단순히 섹스(암수 교배) 차원보다는 지성 차원에서 남녀 성별 구분을 수긍하게 만든다. 물론 일부 본능은 동물과 거의 같지만 인간은 그것만으로 생을 살지는 않는다. 감정적이고 관성적인 것만 본다면 우린 처음부터 남성, 여성의 관념을 가지고 태어났기에 그런 사람들은 무성생식, 자웅동체 같은 걸 절대 용납할 수 없다. 퀴어인 및 다양한 성정체성 혼란의 사람들, 기타 헤테로가 아닌 사람들이 볼 때는 또 다르겠지만 말이다. 인간 행복으로 보지 않고 시스젠더로만 보면 이 또한 편향적이게 된다. 최대한 우리는 무성(無性)의 상태로 중용을 유지해야 한다. 그래서 앞으로 이야기할 내용은 특정 종족 감정의 이해함이 없이 이성적으로만 바라보려고 한다.

먼저 어떤 작품을 순수하게 해석하여 종족 편향 없이 남녀를 해석해 보자. 과거 문학 작품에서 여성의 삶은 대부분 수동적이거나 주체적이지 못했다. 특히 남성 작가가 쓴 책이라면 가부장적 삶에 놓인 여성의 삶은 더욱 그러했다. 그래서 여성 종족인 제인 오스틴이나 버지니아 울프, 샬롯 브론테 같은 작가를 이즘의 사람들은 특히 좋아한다. 만약 토마스 하디의 『테스』를 읽었다면, 여성들은 짜증이 한가득하고 소설 내용에 대해서 할 말도 많을 것이다. 남자인 필자가 봐도 뭐 이런 놈들이 다 있나 싶을 정도로 『테스』에 등장하는 알렉과 에인젤이라는 존재는 남자 망신을 다 시키는 인물들이다. 테스는 알렉에게 강간당하고 아기까지 낳게 되지만 그 아이는 얼마 살지 못하고 죽는다. 테스는 그 후 다른 지역으로 옮겨 살게 되고 거기서 자신을 사랑해 주는 에인젤을 만난다. 고민 끝에 테스는 자신의 아픈 과거를 털어 놓는데, 에인젤은 그녀를 사랑으로 감싸 주기는커녕 다른 남자와 잠자리를 가진 테스가 순결을 잃었다며 함께 살기를 거부한다. 같은 남자가 보더라도 한 남자는 감옥에 가야하고 또 한 남자는 정신 교육이 필요한 상태다. 이 정도 언급이면 스포일러는 아니고 최소한의 『테스』 줄거리를 말한 것이다.

책의 후반부엔 어처구니없으면서도 비극적인 결말이 이어지는데 그건 이야기하지 않겠다. 이 작품을 읽으면서 여성들은 테스의 삶과 위 두 남성에 대해 할 말이 참 많겠구나 생각했다. 반면 남성은 듣고만 있거나 여성의 소리에 맞장구 쳐 주는 정도가 가장 좋아 보인다. 차라리 불쾌한 감정이 안 들도록 여성들은 이 책을 안 읽는 게 더 나을 수 있다. 다만 이 책은 100년 전에도 우리나라에서 고전으로 생각한 작품이었다. 사실 꽤 많은 고전문학 작품이 지금의 시대상에 맞지 않는다.

『테스』같이 남성이 보는 일반 여성관 외에 남성의 성적 인식을 요약해서 볼 수 있는 책이 하나 있다. 그건 케이트 밀렛의『성 정치학』이다. 이 책은 남성 작가들의 편향되고 가부장적인 태도와 잘못된 여성의 성 인식이 담긴 다양한 소설을 끄집어 내서 그 내용을 신랄하게 비판한다. 현시대를 사는 대부분 사람들은 과거 그런 남성 작가들의 여성 성 인식에 대해 당연히 동의하지 않는다. 그럼에도 불구하고 이즘의 사람들이 수십 년 전 과거 작품이나 길게는 이백여 년 전의 작품을 끄집어 내서 현대와 접목하는 것이 과연 어떤 긍정의 것을 줄 수 있을까 하는 의구심이 든다.

지금은 순전히 이즘적인 것만 말하고 있다. 이즘은 이 범위를 벗어나야 진정한 해방을 꿈꿀 수 있다. 그러나 대부분은 같은 종족 편향과 과거에서 벗어나지 못한다. 왜냐하면 이즘 자영업자들은 여성을 대상으로 사상을 팔아야 하기 때문이다. 여성은 자본주의의 인간 착취를 말하지만 이즘이 파시즘화 되어 전 세계 종족인 여성을 대상으로 장사를 하고 있다는 생각은 하지 않는다. 진정 깨어 있는 여성만이 내부 비판을 할 줄 안다. 지금은 고인이 됐지만 흑인과 여성 인권에 앞장선 벨 훅스는 이렇게 이야기했다.

"과거를 버리라는 게 아니다. 과거로부터 자유로워져라."

벨 훅스의 이 표현이 좋아서 필자는 자주 인용하는 편인데 이렇게 말한다고 해서 과거를 덮어 두자거나 과거가 의미 없다고 말하는 게 아니다. 지금은 인간 모두에게 때로는 제로섬 게임이 되고 감정적 싸움이 되는 당신의 과거 잘못 찾기에서 벗어나자는 것이다. 어쨌거나『성 정치학』책도 이제는 나온 지가 꽤나 된 책이다. 남성이 가진 과거 여성관에 대한 부조리나 가부장적 억압 그리고 남성 우위 사고방식은 우리나라 작품에서도 쉽게 접할 수 있다. 대표적으로 양귀자의 소설

『나는 소망한다. 내게 금지된 것을』이라는 작품이다. 이 책에 대한 줄 거리나 짧은 평가는『사유의 동면』에서 했기 때문에 따로 부연 설명은 하지 않겠다.

소설 외에 마라 비슨달이 쓴『남성 과잉 사회』는 과거와 현재의 시대 괴리가 너무 큰 책이다. 이 책 내용도 크게는 역시나 남성 우위 사고 가 문제라는 사고방식에 매몰되어 있다. 낙태에 대한 비인간적 차별에 대한 이야기는 여성, 남성을 떠나 누구나 공감할 이야기지만 이 책의 전반적인 과거 이야기는 우리나라 이즘이 나아가야 할 미래 방향이 존 재하지 않는다. 오히려 미래의 문을 닫아 버린다. 아직도 남아 선호 사 상이 있는 국가라면 모르겠지만 우리와 어울리지 않는 이즘적 요소를 끄집어 내어 연대나 유대감을 가지고 국가 교차성으로 생각하는 것도 너무 억지스러운 생각이다.

우리는 지금 양성 평등에 완전히 만족하지는 않지만 변하고 있다. 그 리고 성적인 부분도 생각의 전환이 필요하다. '인간 인지 감수성'이 전 혀 없는 사람은 남녀를 떠나 항상 존재했다. 시대의 흐름을 따라가지 못한 남성이 늘 존재했듯이 여성 또한 그렇다. 여기서는 성 인지 감수 성의 표현이 마음에 안 들어 인간 인지 감수성이라고 표현했다. 성적이 고 신체적인 부분에서 남성은 여전히 강자로 남을지 모르지만 현재는 이게 어느 때나 진리가 되는 건 아니다. 왜냐하면 어떤 인지 감수성으 로 인해 약자다움에 빠진 여성이 조금만 나쁜 마음을 가지면 남성은 사실관계 여부와 상관없이 일단 범죄자가 되기 때문이다.

지금은 남자가 제1의 성이 아니라 제0의 성이 되었다. 나중에 무고임 이 밝혀져도 그 남성은 이미 사회적으로 매장되고 심리적으로 망가져 있다. 이것에 의문을 품으면 거짓의 피해자나 여성 단체는 절대적 언어 인 '2차 가해'라는 말로 방패막을 삼는다. 2차 가해라는 호명과 언어 선 점은 모든 이성적 논의를 못하게 만든다. 결국 성적인 부분의 약자다움이라는 역차별적 상황이 오히려 남성을 약자로 만드는 것이다. 과거부터 있었던 남성의 이런 실제 사례를 찾아 살펴도 책 한 권이 될 텐데, 그렇다면 이 책의 제목은 '여성이 제기한 남성의 무고 과잉 시대'라 해야 하는가?

싸우고자 하는 게 아니기에 다시 여성 사랑의 감정으로 돌아와 보겠다. 드라마로 보면 남녀 차별은 수십 년 전 〈아들과 딸〉에서도 볼 수 있다. 과거 장남은 학교를 다니고 여성은 학교에 가지 못한 채 자기 오빠나 남동생을 뒷바라지 해야 했다. 아니 에르노의 『얼어붙은 여자』에서도 여동생이 오빠에게 밥을 차려 준다는 내용이 나온다. 이것에 대해 아니 에르노는 남성 우월적 가족이나 사회에 의문을 제기한다. 그 당시 여성의 삶은 대부분 그랬고 그것에 의문을 제기하는 것은 당연히 그들의 권리였으며 합리적 의문이었다. 과거 서발턴이었던 그들의 지속적인 여성 인권에 대한 목소리는 의미가 있었다.

앞서 말했지만 우리의 싸움 원인 중 하나는 적당함이 없이 과거를 들먹거릴 때 생긴다. 특정 이념에 세뇌당하지 않은 사람들은 과거 여성의 삶을 누구나 잘 알고 있다. 정상적인 남성이라면 그걸 부정하지 않는다. 문제는 이것의 연장선상에서만 이야기를 하려고 하면 여성은 늘 피해자라는 관념에서 논의를 시작할 수밖에 없다는 것이다. 심지어 성매매 종사자들의 여성도 피해자가 되어 영원히 약자이자 차별과 착취를 받아 온 불평등한 존재로 남게 된다. 이건 개인과 집단을 분리하지 않은 잘못된 관념이며, 종족 편향적이고 정치 사회적으로도 잘못된 시각이다. 여성 단체는 어느 종교처럼 끊임없이 인간의 처참함과 남성이 있어야만 존재 의미가 있다. 과거 남자들은 죽고 없는데 그 원죄를 후대 남성과 사회가 짊어지게 하는 건 현재를 살아가는 남성 입장에서는 매우 불합리하다. 이걸 필자는 '과거성 연좌제 딜레마'라고 표현한다.

현재 젊은 세대는 과거 세대와는 분명 다른데 이즘의 일부 한쪽에서는 그 관념이 과거와 똑같다. 최대한 양보해서 다 없어지지 않는 어떤 남성 우월의 그 관성화 된 사회 구조의 틀과 의식이 있다고 인정하더라도 논의의 전제가 항상 약자와 강자, 가해자와 피해자 같은 이분법적 대결이어서는 안 된다. 그렇게 되면 처음부터 평등하고 합리적인 대화가 되지 않는다. 특정 신념이 강한 사람은 연좌제적 사고를 멈추고 선택적으로 보는 것도 멈춰야 한다. 보통 정치 또한 이렇게 보기 때문에 불화가 더 커진다. 우리 남녀는 그러지 말아야 하는데 현재 이즘과 반이즘을 가진 사람들의 행태와 의식 흐름이 정치, 종교와 완벽히 일치한다. 즉 디케의 균형적인 생각보다 무엇의 믿음과 안 믿음의 사람들이 서로를 매도한다.

인간적 감정을 누구나 가지고 있다면 이즘을 거부할 남성은 없다. 그렇지만 항상 피해자는 여성일 수 없고 약자의 주장이 항상 선(善)이 되는 것도 아니며 여성 모두가 약자일 수도 없다. 노파심에서 말하지만 이즘에 합리적 의심을 제기하는 것이 곧바로 백래시나 반이즘이 되는 건 아니라는 사실이다. 최대한 양보해서 여성이 여전히 피해자이며 약자라고 인정하더라도 그들의 모든 주장이 옳은 건 아니다. 남자의 살인이나 성범죄가 일어나면 이즘은 아래와 같은 자세를 취한다.

'같은 여성으로서 나 또한 남성에게 죽임을 당할 수 있고 성폭행을 당할 수도 있겠구나!'

그래서 과도한 불안감을 가지고 살려 달라며 밖으로 뛰쳐나온다. 우리 사회가 이것까지는 충분히 이해를 한다. 한남에 대한 발작이 아니라 진정 불안한 여자도 있다는 것을 알기 때문이다. 참고로 한남, 한녀는 서로에 대한 혐오 단어다. 이런 걸 쓰지 말자는 차원에서 일부러 썼다. 물리적으로 약한 여성의 불안한 마음을 나는 최대한 이해하려고 한다. 남성에게 데이트 폭력이나 교제 살인을 당하고 죽어 줄 권리와 당연한 죽음은 없다면서 그녀들이 외치며 문제를 삼는 건 결국 남성이다. 겉으론 사회 구조적 탓이라고 하면서 남성을 들먹거리지는 않지만, 실상 모든 여성 피해 원인은 그들에게 남성이라는 성이다. 디케이즘 인간은 이것에 대해서 동의하지 않는다. 남성은 이은해와 고유정의 살인을 젠더 범죄로 생각하지 않는다. 우리는 종교에 빠져서 자기 딸을 죽음으로 내모는 엄마의 비인간성을 한녀 범죄로 생각하지 않는다. 피시방에서 게임하는 옛 남자친구를 칼로 찌르고 도망간 여성에 대해서 남성은 데이트 폭력이라고 하지 않는다.

위 사건들은 최근 몇 년 사이에 있었던 실제 사건들이다. 이즘은 호명하기를 좋아하고 그것으로 인해 남성은 항상 가해자의 입장에 머무른다. 남성은 이즘이 만들어 놓은 구조에 항상 갇힐 수밖에 없다. 수치의 차이만 있을 뿐 어떤 성별이든 우리 모두는 모든 범죄의 주체가 될 수 있다. 다만 역사적으로 남자가 여성에게 가한 범죄가 훨씬 많았기에 여성의 불안을 인정하고 이해하는 것뿐이다. 그런데 그 불안이 이제는 남성에게도 있다고 한다면 여성은 비웃을지 모른다. 억울한 누명의 당사자인 『당신은 성폭행범입니다』의 이범석 씨는 사실 처음도 아니고 끝도 아닐 것이다. 남성의 여성 범죄는 안 없어질 것이기에 여성의 불안을 사회가 받아들여야 하듯이 여성의 남성 무고도 안 없어질 것이기 때문에 남성의 불안감 또한 받아들여져야 하는 건 당연한 논리다. 여기엔 법적, 제도적 차원이 수반되어야 한다. 다만 이건 통계적 수치나 세계 어느 나라의 치안 불안이 어떻고 등의 비교 문제로 확산될 수 있기에 지금 논의에서는 제외한다. 특정 위계에 의한 남성 범죄나 극히 일부 여성 상사의 범죄 또한 여기서는 논외다. 특히 이 경우는 그저 법적 처리로 끝나면 되는 문제일 뿐이며 이걸 이즘이나 반이즘으로 확장해 버리면 꼬투리 잡기 싸움만 할 수밖에 없다.

지난 이백 년간 여성은 서발턴의 존재였지만 지금은 아니다. 오히려 지금은 냉소나 혐오가 아닌 반이즘을 말하는 게 더 어렵다. 이즘에 대해서 백래시가 강하다고 생각하는 여성들은 이렇게 말하면 공감하지 못할 것이다. 온라인에서 여성에 대한 혐오나 조롱, 냉소에 빠진 수준 낮은 남초 커뮤니티만 보면 그렇게 생각하는 것도 어쩌면 당연하다. 지금도 여성의 언어는 지난 세월에 더해 계속해서 쌓여만 간다. 남성이 존재하는 한 그 어떤 영역에서도 여성은 이즘 사상을 끊임없이 창조해 낼 수 있다. 지금 뉴스를 검색해 보고 서점과 도서관을 가보라. 과거엔 더욱 그랬지만 지금도 거의 모두가 남성의 시각보다 여성의 시각으로 쓴 글이 압도적으로 많다. 남성의 언어로 쓰인 게 거의 전무하다 보니 자라나는 어린이, 다 큰 성인 여성이 보고 듣는 게 이즘적 시각이다.

과거 이즘의 글은 역사성을 가졌고 문제를 잘 진단했으며 남성도 수긍할 만한 논리를 가지고 있었다. 그러나 지금은 남성들이 일부 시대와 맞지 않는 페미니즘의 주장에 대해서 의문을 제기하고 있는 중이다. 과거엔 차별받았던 여성에 대한 주장을 나이브하게 본 것도 있어서 그냥 넘어간 것도 있지만 지금의 젊은 남성들은 그렇지 않다. 이즘은 사회에 대한 남성 의문을 지난 200년간 해왔다. 본격적인 남성의 여성 의문은 2010년을 기점으로 고작 10여 년 남짓이다. 남성과 디케이즘적 생각을 가진 진짜 주체적이고 독립적인 여성은 이런 의문도 가지지 말아야 하는가? 다만 지금의 이대남이나 MZ세대의 반이즘적 남성 언어는 과거 여성의 언어와 수준 차이가 꽤나 있다.

디케이즘을 가진 사람은 신남성연대나 입만 산 정치인, 기타 펨코적 사고인 반이즘 의식 수준에 절대 동의하지 않는다. 그들은 소위 '꼴페미'라는 여성처럼 언어 사용부터 이미 틀려먹었다. 그래서 사회의 공감을 제대로 받지 못하는 것이다. 그들이 보면 이런 자세가 스윗한 꼰대남 같겠지만 그렇게 말해도 어쩔 수가 없다. 어차피 필자 말이 맞을 것이기 때문이다. 이렇게 보면 백래시는 오히려 여성이 남성에게 하고 있다. 남성이 한 가지 알아야 할 것은 이대녀가 알량한 이즘 부심을 부리며 비아냥댄다고 해서 그들 수준 대로 똑같이 따라가면 남성은 절대 이즘을 이기지 못한다는 사실이다.

지금 반복해서 말하지 않았던가. 이즘의 공든 탑은 지난 200년간 차곡차곡 쌓아 올려졌는데 반해 제대로된 디케이즘 남성에겐 그런 초석의 텍스트가 없다고 말이다. 꼴페미 이대녀가 과거 언니들의 올바른 이즘을 더럽혀도 우리의 원죄에 대한 언니들의 기록은 고스란히 남아 있기 때문에 이 젠더갈등은 아주 긴 여정이 될 수밖에 없다. 마음만 급해서는 안 된다. 그래서 디케이즘 남성은 이런 적대적 감정이나 여성혐오 언어에 대해 절대적으로 반대해야 한다. 그런데 꼴페미가 이즘의 주류가 되어 버리듯 저런 되먹지 못한 반이즘 남성이 또 주류가 되어 간다. 그런 온라인 여남 투견들이 비건설적 싸움을 하고 있는 게 작금의 한국 내 이즘, 반이즘 싸움이다. 이런 남성의 글은 거의 전무하고 젊은 남성은 그걸 잘 소비하지도 않는다. 반면 여성은 이즘 요소가 있으면 그걸 아주 잘 소화해 내고 소비까지 해준다. 그러다 보니 이즘 자영업자가 계속 생기는 것이다.

작가부터 디자인, 기자, 출판사, 문화 관련 등 산업 전반에 온통 주변이 이즘 업자들이다. 이런 이즘 거미줄에 남성은 자꾸 걸려들고 만다. 반면 남성은 꼴페미의 편협한 논리에 짧고 굵게 싸우며 반론하는 숏영상처럼 시원하게 해줘야 그나마 입질이 온다. 여성은 감정 공감이 문제고 남성은 마초적이고 원초적인 남성성이 문제다. 이즘, 반이즘의 동굴 속에서 살아가는 사람은 이걸 평생 모른다. 여성주의 글과 말은 그동안 엄청나게 쌓였고, 더디었지만 사회는 하나하나 여성의 주장을 받아들여 왔다. 그건 인권을 생각했을 때 여남의 문제가 아닌 당연한 여성의 권리 투쟁에 대한 사회의 올바른 반응이었다. 즉 정상적 사고의 남성이라면 큰 저항 없이 과거 언니들의 이즘 투쟁에는 별 불만이 없다. 그러나 현재의 이즘에는 다른 생각을 가지고 있다. 지금 한국의 이즘은 여전히 과거성에 머물러 있고 남성은 지속적으로 텍스트 바깥에 머물러 있는 상황이다. 남성은 이제 텍스트 안으로 들어오려고 하는데 이즘 여성은 과거 문에 얽매여 열어 주지 않는다.

남성의 언어도 다양한 곳에서 존재해야 한다. 다양한 작가와 다양한 관점을 가진 사람들이 나와야 한다. 그래야 200년간 쌓여진 여성 언어와 그나마 균형을 이룰 수 있다. 문제는 젠더 편향에 빠지지 않는 것이며 그게 디케이스트다. 어떤 사안에 남성 편이나 여성 편을 드는 게 가장 바보 같은 일이다. 억울함은 권리를 찾게 해주고 의문을 갖게 해준다. 여성도 과거엔 억울했기에 권리를 찾아오는 여정을 거쳤으며, 현재 남성도 그러겠다는데 왜 이렇게 백래시가 강하단 말인가.

여성의 언어는 굉장한 무기다. 그들은 이즘에 대한 반대 주장을 '백래시'라는 용어 하나로 봉쇄해 버리는 언어 선점을 하고 있다. 똑똑한 사람들이여 곰곰이 생각해 보라. 여성의 언어는 계속 창조되고 여성의 시각을 대변하는 멋진 문장과 철학적 이즘 확장은 계속 탄생한다. 거기에 사람들은 흔들린다. 여혐 단어나 만들어 순간 속시원함을 준다고 해서 종족 편향이 된 이즘이 때려 잡히는 게 아니다. 그렇게 하면 작용이 큰 만큼 반작용만 더 클 뿐이다. 지금 그걸 목도하고 있지 않은가? 싸울 줄 알아야 싸움에서 이긴다. 사실 이걸 싸움으로 보고 싶지는 않지만 말이다.

'권리들을 위한 권리'에 투쟁했던 한나 아렌트는 고국에 돌아와 어떤 사람의 질문을 받는다. "고국에 오니 무엇이 남았나요?" 한나 아렌트는 이렇게 대답한다. "하나 남은 건 언어입니다." 여기서 언어는 실제 한나 아렌트의 독일 고국어를 말하지만 언어를 텍스트로 치환해도 맞는 말이 된다. 과몰입은 절대 모순과 절대 반이성을 가져온다. 이쯤에서 어떤 종족은 속았다고 생각할 것이다. 왜냐하면 챕터 제목이 남성이 잘 들어준다고 했으니까 말이다. 아직 이 이야기는 현재 진행형이다.

우리는 비건설적 남녀의 자세를 새로운 미래형 이즘, 즉 디케이즘으로 전환해서 생각해야 한다. 관념과 인식(의식)에서 중요한 건 언어의 생성과 쓰임 그리고 텍스트다. 그래서 디케이즘 용어를 만들었다. 디케이즘이란 남녀에 대한 종족 편향의 자세가 아닌 휴머니즘적 자세를 취하는 성향을 의미한다. 지금 우리는 과거 세대와 다른 방식으로 연대하고 행동하는 것을 목격하고 있고, 앞으로도 이걸 목표로 삼아야 한다. 일찍이 이것을 나는 젠더 융합이나 젠더 잔치라고 표현한 적이 있다. 작은 차이로 큰 괴리를 만들지 말고 큰 목표를 가지고 작은 차이를 극복해야 한다.

2024년 12월 3일 이후부터 이듬해인 2025년까지 남녀는 과거와 다른 새로운 방식으로 연대하였다. 이건 응집력이 좋은 젊은 여성이 앞장을 섰기에 가능했던 일이다. 권력 욕구나 테스토스테론의 힘이 필요한 게 아닌 정의롭고 순수한 목표가 있을 때 모르는 사람에 대한 자매애는 모르는 사람의 형제애보다 더 진하다. 물론 누군가는 이런 생각을 편견이라 생각할지 모른다. 모두가 보이는 시대에 살고 있는 현대인은 보이지 않거나 보지 않고 사는 삶이 좋은 때가 있고, 이와는 반대로 같이 행동하고 같이 봐야 더 좋은 삶일 때가 있다. 전자의 경우엔 세 가지 예를 들 수 있다.

먼저 사유 없는 자가 포털에 남겨진 편향적 댓글 부대 같은 것을 그대로 믿는 것이다. 또한 정치 평론가의(유튜브 포함) 말을 별 생각 없이 듣는 일도 하지 않는 게 좋다. 이성이 아닌 이념으로 보는 평론이나 기계적 양비론은 듣지도 말고 보지도 말아야 한다.

두 번째로 누군가는 특정 목적의 집단에 속해 세상을 본다. 이것은 인간을 가장 이기적이면서 바보스럽게 만들며 사회를 불행하게 만든다. 그래서 이성과 도덕의 붕괴를 가져올 가능성이 크다. 개인의 차원이 아닌 이런 수준의 언론 또한 사람을 사유 없게 하는데 지금은 차라리 뉴스를 보지 않는 것이 슬기로울 정도다. 왜냐하면 지금은 뉴스 (news)가 정상 사회나 바른 사람에게 데스(death)를 주기 때문이다.

마지막으로 타인들이 먹잇감으로 던져 놓은 한 개인이나 집단에 대해서 방관자의 눈으로 보거나 돌을 던지는 일이다. 광장에 벌거벗겨진 채로 대중 관심에 이끌려져 나온 어떤 한 인물에 대해 확신할 수 없다면 사람들은 조용히 있는 게 현명하다. 인간은 보고 평가하고 보이는 것에 지쳐 있으면서도 또 그 맛을 알기에 타자 관심을 포기하지 않는다. 현재 악의 평범성 중 하나는 국민들이 관음의 대중이 되어 타인과 타 집단을 재단하고 심판하는 일이다.

위 세 가지는 남녀의 대립에서도 적용되는데 그 불화의 핵심이 바로 스마트폰 하나에 집약되어 있다. 이와는 반대로 남녀노소 모르는 사람들이 함께하면 좋을 때가 있다. 그건 헌법과 민주주의를 파괴하는 집단에 대해서 분노하고 저항하며 정의로움과 시민의 권리를 찾기 위해 연대할 때다. 요즘은 기독교 같은 종교나 정치 신념에 매몰된 사람들이 합리성을 무너뜨리기에 이 거대한 목표는 더 중요해졌다. 큰 지향점을 가지느냐 아니냐의 태도는 행동과 신념에 엄청난 차이를 보인다. 그렇다고 작은 목표들이 의미 없다는 건 아니다. 큰 목표에 상충되거나 보편적 사고와 인간의 유대 관계를 깨뜨릴 때 작은 목표는 잠시 뒤에 있어야 한다는 걸 강조하는 것뿐이다.

무엇에 대한 반대는 절대로 목표가 될 수 없는데 이것은 한두 번 더 반복해서 말할 것이다. 정치, 사회, 종교적으로 인간의 권리가 아닌 특정 집단의 이익이나 신념을 위한 것은 긍정의 결과보다는 불화를 일으킨다. 한나 아렌트는 이렇게 이야기했다.

"사회에 자기 자리가 없다고 느끼는 사람들은 이데올로기에 개인적 자아를 투영함으로써 목적 의식과 자긍심을 되찾으려고 한다."

이걸 분명히 보여주고 있는 집단은 노인부터 젊은 남녀까지 다양하며 우리는 매일 스마트폰으로 그 행태를 볼 수 있다. 이념형 인간은 나이와 성별이 다르더라도 생각 회로가 어떤 하나로 수렴하기 때문에 성별, 세대별 통합 역할을 하는 장점이 있다. 그러나 대부분은 자폐아적 상태에 빠져 있는 부정적 단점이 훨씬 크다. 이건 자폐아를 비하하는 게 아니며 심리학적으로 말하는 것이다. 결국 그런 하나의 사고 흐름 방식은 그 어떤 올바름과 다른 의견이 통하지 않게 만든다. 애초에 이런 사람들은 대화할 수 없는 비이성 상태에 놓여 있다. 그래서 이들과 웬만해서는 대화를 시도하지 않는 게 자신의 정신 건강에 좋다. 이건 현대인만의 특징은 아니며 인간 본래의 영역이다. 하나의 목표를 가지면 그게 옳든 그르든 자신에겐 삶의 의미를 부여하게 된다.

또 인간은 어떤 공동 목표를 가진 사람 중 능력 있거나 앞장서는 사람에게 맹종하는 습성이 있다. 그 맹종을 받는 자는 그걸 알기에 더욱더 어떤 이데올로기를 강하게 펼친다. 이 연결 고리로 인한 깊은 사상의 구렁텅이에 계속된 빠짐은 특히 적이 있다고 믿을 때 더 강력해진다. 이런 특성 때문에 일부 극단적 젊은 남녀의 행태와 과거 반공과 지역주의를 위시로 한 세뇌된 노인들의 최종적 의식 흐름이 똑같은 것이다. 이건 우연이 아니다. 이때는 교육(교양) 수준, 자기 환경과 삶의 수준, 지능은 잠시 뒤로 물러나고 어떤 사고 습관이나 이념 하나로 인해서 모두가 평등한 상태가 된다. 그러나 실제 삶은 그렇지 않으며 그저 착각과 이념 투사로 일시적 동질감을 가질 뿐이다. 이들은 그 동질감 때문에 공격적이고 본능적이며 극렬하게 사고한다. 개인이 이들을 회피하는 것은 자기 정신 건강에 좋은 방법이지만 사회는 그럴 수만은 없다. 이들을 제어하는 유일한 방법은 고립화 전략이다.

이성적 존재들은 반지성적 이들에게 직접 말하기보다 침묵하지 않고 연대하여 세상에 말해야 한다. 이때 중요한 것은 혐오의 언어보다 공감과 논리의 언어를 사용하는 일이다. 지금까지는 남녀노소 뭉뚱그려 이야기했는데 이걸 남녀 한정으로 한번 좁혀 보겠다. 호르몬이나 태생적, 생물학적 차이가 아닌 남녀 인식론 차원에서도 남녀는 뚜렷한 차이가 있다. 과거엔 『냉정과 열정 사이』, 『연애 시대』, 『체실 비치에서』 등과 같이 남녀를 다룬 책들이 잠시 유행했다. 위 작품들은 연애나 결혼으로 들어와야 이야기가 가능하다. 하지만 지금의 젊은 남녀 일부는 종족 본능도 거부하면서 시작도 하기 전에 적대감을 가지고 불화를 일으킨다. 특히 연애의 부익부빈익빈 현상이 생겨 누군가는 섹스를 즐기지만 누군가는 섹스에 도태된 삶을 산다. 결국 신체와 마음이 도태된 상당수 젊은 남녀가 온라인 속 프로보커(proveker)가 된다.

한편 과거 남성들은 순결을 지키지 않으면서 여성에게만 순결을 강요한 엽기적 생각을 가지고 있었다. 지금 시대를 살아가는 일부 남성도 이런 생각을 가지고 있다. 물론 수컷은 항상 부계불확실성의 의문이 있기에 암컷의 행동에 더 엄격할 수밖에 없다. 왜냐하면 수컷은 자기 유전 보존의 확실성을 바탕으로 생존 경쟁에 에너지를 쏟아야 하기 때문이다. 하지만 방금 한 말이 진짜 맞는지 아닌지는 생물학적, 과학적, 사회적 논의를 더 해봐야 한다.

그렇다면 순결이 항상 좋을까? 이언 매큐언의 『체실 비치에서』를 보면 꼭 그런 것만은 아닌 것 같다. 이 책의 여주인공 플로렌스는 섹스 경험이 한 번도 없는 여성이다. 심지어 남편 에드워드와 연애를 할 때도 섹스는 없었다. 신혼 여행지에서 둘은 처음으로 관계를 시도한다. 서로가 좋아 열정적 키스를 함께하지만 플로렌스는 삽입의 두려움으로 결국 남편 에드워드의 손을 뿌리치고 회피한다. 그 후 이야기는 직접 책을 읽거나 영화를 보길 바란다. 섹스는 거의 모든 동물의 본능이며, 특히 인간에겐 연애나 결혼 이후 이어질 육체와 정신 유희로써도 중요한 역할을 한다. 하지만 섹스를 처음에 잘못 배웠거나 관념을 잘못 가지면 삐뚤어진 생각을 가질 수 있다. 이런 사람들 중엔 천성적인 기질이 문제의 원인인 사람이 있고 아니면 지금보다 더 어렸을 적 가족이나 사회로부터 어떤 경험에 의해서 문제를 가진 사람도 있다. 섹스뿐만 아니라 어떤 것은 직접 경험을 해봐야 좋은지 안 좋은지를 알게 된다.

이렇게 인간에게는 실전 경험치가 세상에 대한 판단의 유무를 제공하게끔 하는 영역이 존재한다. 현재 스마트폰형 남녀노소는 자신의 일부 경험과 많은 온라인 글을 가지고 성급하게 일반화한다. 반대로 그 경험이 없는 사람은 모르기 때문에 무엇을 함부로 재단한다. 남녀로 한정한다면 외적으로 잘나지 않은 사람이나 내적으로 자존감이 낮고 심리적 불구가 되어 연애와 결혼을 못하는 사람들이 특히 이런 경향을 보인다. 이들은 자기 객관화나 자아 성장에 노력하는 게 아니라 타인 평가만을 그렇게 잘한다.

조심성과 책임성을 가진다면 남녀는 꾸준히 육체적, 정신적 관계를 하며 사는 게 좋다. 특히 젊을 때는 더욱 그래야 하는데, 사실 이런 삶은 누군가한테는 정말 별것이 아니며 흔한 일상이다. 다만 어떤 이는 동물의 욕망처럼만 보이는 남녀 섹스 관계를 반대하면서 아직도 여성은 남성의 수단성에 머문다는 관념을 가진 사람이 있을 수 있다. 반대로 일부 남성은 왜 여성을 부양해야 하는 존재로 여기고 살아가야 하는지 불만을 가진다. 이런 생각을 가진 사람이 틀렸다고 생각하지는 않는다.

방금 전엔 남녀가 꾸준히 육체와 정신적 관계를 하며 사는 게 좋다고 말하였다. 그러나 그게 옳다고 하지는 않았다. 이 차이를 제대로 이해하며 살아야 하는데 우리는 여러 분야에서 그렇지 못하고 감정적으로 살아간다. 실체와 실전 없는 머릿속 이념이나 관념만으로 사는 건 자신과 타인의 사회 결합을 어렵게 한다. 그 결합의 거부가 다름이나 다양성이 아니라 타인에 대한 불편함이라면 자신에게조차 매우 불행한 요소가 된다. 우리는 의사나 철학자가 아니기 때문에 이런 사람들을 정신적, 철학적으로 분석하려고 하지 말고 그저 가엾게 여기면 된다. 이런 선제적 불화 원인 외에 그렇다면 갈등 이후의 차이는 어디서 오는 것일까?

남자와 여자는 사건의 원인이나 상황을 이성적, 논리적으로 중요시할 것이냐 아니면 감정 유발의 행동이나 결과를 더 중요시할 것이냐에 따라 차이가 난다. 보통은 남성들이 전자에 가깝고 여성들은 후자에 가깝다. 만약 이렇게 말한다면 반론할 사람이 많을 것이다. 이건 인간 수준이나 주제, 불화의 대상에 따라 다를 수 있기 때문에 남녀 이분법적으로 말하지는 않겠다. 만약 이렇게 말하지 않고 단언해 버리면 득달같이 달려들 여성들이 많을 것이다. 그런 비판을 받기 전에 마음속 기울어진 생각을 감춰야 한다. 왜 우리는 같은 성(性)에 같은 편을 먹으려고 할까? '성 편향'이 존재하면 이성의 부재나 시각차만 주기 때문에 세상을 선택적으로 보게 하여 비타협적이게 된다. 지금은 과거와 똑같지 않기에 일부 깨어 있는 여성 철학자들은 남녀에서 벗어나 새롭게 사유하고자 한다. 그런 대표적인 책이 『생각하는 여자들은 괴물과 함께 잠을 잔다』이다. 이 책에 글을 남긴 여성 철학자들은 절대 여성 편향에 빠지지 않고 이즘에도 투사적이지 않다.

이런 책 외에 여성의 큰 사고 전환을 하는 것도 찾아볼 수 있다. 어느 미술가는 여성들이 자기 그림을 페미니스트의 눈으로만 보고 칭찬하는 것을 오히려 거부한다. 그 예술가는 의식 표출을 통해 인간의 무엇을 말하고 싶은 마음이 더 크다. 그런데 오로지 여성의 테두리에서 벗어나지 못하는 작품 평가를 해 버리면 반쪽짜리 인간과 반쪽짜리 예술가가 되어 버린다. 그걸 그녀는 아주 잘 알고 있는 것이다. 같은 여성으로서의 동질감이나 이즘으로 응원을 받는 게 아닌 한 인간으로서 존재하는 게 진짜 여성 해방이다. 이렇게 고정관념 해방이 아닌 이즘의 눈으로만 세상을 보는 여성은 같은 편이라고 생각하는 여성을 인간이 아닌 여성 종족이라는 테두리에 묶어 버리는 실수를 저지른다. 방금 언급한 외국 여성 미술가는 중년을 넘은 나이다. 그녀의 인터뷰를 어렴풋이 듣고 이야기를 하는 것이라 정확히 그녀 이름이 생각나지 않는다.

그런데 현재 우리나라 여성의 사고는 어떤가? 오히려 일부 젊은 여성이 과거성 연좌제 딜레마에서 벗어나지 못해 극렬해지는 기이한 현상이 벌어진다. 과거 여성 작가들이 성 고정관념을 지적하고 남녀 차별을 말하면서 여성의 눈으로 남성 중심의 세상을 비판하는 시대 관념은 마땅히 이해받을 만했다. 그러나 이즘은 현재의 시대 현실로 돌아와야 하며 과거의 그것들은 다시 유행하거나 리마인드 하는 것에서 제외되어야 한다. 순전히 그때의 상황을 보고 교훈으로 끝내야지 이즘의 목적 의식을 가진 사람이 그걸 피해자성의 근거로 활용하면 현시대 남성은 저항할 수밖에 없다.

이왕 말이 나온 김에 교훈과 추억으로 끝난 과거 여성 작품들을 살펴보자. 먼저 오정희의 『유년의 뜰』이란 작품이다. 이 작품은 초등학교 여자 어린이가 소설의 화자다. 이 여자 어린이는 언니와 함께 집안의 설거지를 담당한다. 하지만 청소년 나이의 오빠는 설거지를 하지 않으며, 그 외에 할머니가 닭다리를 사 오면 자신들은 먹지 못하고 큰오빠에게 돌아간다. 이 작품에서 큰오빠는 아버지가 부재한 초등학생 여자 어린이의 또 다른 가부장적 존재다. 그렇기 때문에 오빠는 마치 아빠가 된 것처럼 자기 여동생들을 다소 엄하고 억압적으로 대한다. 설거지 하니까 개인적인 이야기가 떠오른다. 필자가 성인이 되기 전까지는 한 번도 설거지를 해본 기억이 없다. 지금은 설거지를 무지 잘하지만 말이다. 그런데 성인이 되어 친누나들 얘기를 들어보니 반전이 있었다. 초등학교 고학년 때부터 중학생 때까지 두 살 터울의 두 누나는 서로 설거지를 안 하려고 암묵적으로 회피했다고 한다. 지금은 그 자매가 어른이 되어 그때 왜 그랬는지 웃으며 이야기하지만 남동생인 필자가 이 얘기를 처음 들었을 때는 뭔가 마음이 이상했다. 지금은 아주 화목한 가족이며 그런 자매 사이가 되었다.

그때는 그랬다. 그 시대의 불합리성을 현재에도 그대로 가지고 있거나 니체의 르상티망으로 세상을 본다면 그건 자신에게 불행이다. 나는 당하지 않았지만 남성의 폭력성이나 성 착취를 공포로 여기며 사회의 문제점을 찾는 사람은 그것만 눈에 보인다. 메를로 퐁티는 "그것만 보자고 하면 그것만 보인다."라고 했다. 우리나라에는 수많은 여성 단체가 있는데 권력과 조직의 유지를 위해서 그들도 선택적 편향과 과도한 남성 공포 마케팅을 전개한다. 그들은 마치 '포괄적 차별 금지법'의 일부 조항을 가지고 과도하게 공포화 하고 매도하면서 이 법을 반대하는 일부 기독교인이나 사상적 편향에 갇혀 무지를 가진 사람들처럼 그렇게 똑같이 행동한다. 그러면서 여성 단체는 일부 극소수 남성의 행태를 보고 전체를 매도한다. 우리가 성별에 얽매이고 종교 및 이념을 가져 버리면 인간을 진정 노예로 만드는 것의 실체, 즉 진짜 우리 사회의 큰 적을 보지 못하게 된다. 이런 이야기는 이 정도로만 하겠다.

이번엔 은희경의 『새의 선물』이라는 작품을 살펴보자. 이 작품에서는 현시대에 맞지 않는 '칠거지악'이라는 말이 나온다. 하지만 칠거지악 딱 한마디 언급하는 것으로 그냥 끝나며, 은희경은 더 이상 이 단어로 여성의 무엇을 전개하지 않는다. 이 단어를 모르면 삼종지도 칠거지악을 검색해 보길 바란다. 아주 여성 차별적이라 짜증이 날 것이다. 굳이 따지면 남녀 평등하게 볼 게 딱 하나 있는데 그게 바로 큰 병이 있을 때이다. 여성 남성 둘 다 가족력을 생각해서 큰 병의 유전이 있다면 서로가 서로를 걱정하는 건 당연한 일이다. 그런데 과거에는 왜 여성만 그게 해당되어 그녀들을 힘들게 한 것인가? 과거엔 임신 못한 여성도 남성이 원인인 경우가 꽤나 있었을 것이다. 그걸로 평생 오욕을 당한 여성의 삶을 생각하면 너무 안타깝다.

『유년의 뜰』처럼 『새의 눈물』도 작품 속 여자 어린이가 주인공이 되어 이야기를 전개한다. 『새의 눈물』에 등장하는 진희에게 어른들의 삶은 자기를 힘들게 하는 존재다. 그래서 저자 말대로 그 어린이는 열두 살에 세상을 일찍 알아 버린 어른 아이가 된다. 진희는 여성의 눈으로 세상을 보지만 그걸 어떤 이즘까지 연계하면서 거창한 무엇을 창조해 내지 않는다. 과거 남성 여성의 작품을 보면 사실상 거의 모든 곳에서 이즘을 찾아 낼 수 있다. 소설뿐만 아니라 영화, 예술, 직장 내 관계 등 현실 사회 곳곳엔 언제나 여성 차별이 있었다.

한편 위 두 작품의 저자는 희한한 관계를 맺고 있다. 필자가 읽었던 은희경의 『새의 선물』 책 뒤 겉표지에는 오정희의 극찬이 쓰여 있었다. 그런데 위 두 명 중 한 명은 과거 문제가 되었던 문화계 블랙리스트 가담자나 묵인자가 되었고 또 한 명은 좌파 블랙리스트 명단에 올라 있었다. 이게 무슨 운명의 장난이며 웃긴 현실이란 말인가. 그러고 보면 말과 글이란 그걸 하는 사람이든 읽고 쓰는 사람이든 참 위선이란 생각이 든다. 그래서 어린이의 순수한 눈으로 돌아가고 싶었던 것일까? 앞서 언급한 대로 『유년의 뜰』과 『새의 선물』 주인공 화자는 초등학생 여자 어린이인데 이것 외에 공통점이 하나 더 있다. 그것은 두 작품 다 가난에 초점을 맞추기보다는 아버지나 부모의 결핍으로 인해 생기는 자신과 가족의 삶, 이웃의 이야기를 주로 다룬다는 것이다. 이외에 남녀의 대립이나 어떤 이즘을 도출해 내기보다는 베이비부머 세대인 서민의 삶을 그대로 보여준다. 그 당시 대부분은 가난했기에 그런 처절한 모습도 엿보이긴 하지만 그렇다고 두 작품 모두 가난이 핵심 주제는 아니다.

이 소설들은 이제 젊은 남녀에게 잘 읽히지 않는다. 저자들에게는 미안한 소리지만 위 두 작품이 과연 현재와 미래의 젊은 남녀에게 굳이 읽힐 필요가 있을까 싶은 생각을 한다. 하지만 굳이 읽겠다고 한다면 『새의 선물』은 첫 이십 몇 페이지만 읽어도 괜찮다. 이 책은 이야기가 소분되어 있어 굳이 끝까지 읽지 않아도 된다. 그리고 만약 은희경 작품을 읽으려면 『상속』을 읽는 게 가장 무난해 보인다. 노파심에서 말하지만 과거 이야기를 다 묶어 두고 과거와 현재가 다르니 그 과거 내용이 필요 없다거나 그 책 자체가 의미 없다고 말하는 건 절대 아니다. 오히려 어떤 작품은 과거 사람들의 삶이 충분히 가치 있는 것으로 탈바꿈할 수 있다. 특히 글이 영상으로 만들어질 때 더 그렇다. 가령 『파친코』 같은 작품을 영상으로 흥미롭게 표현하면 그게 콘텐츠가 되고 역으로 책까지 읽게 만들 수 있다. 이 책에서도 특정 종족의 배타성이나 외고집은 존재하지 않는다. 그저 우리는 그때의 삶을 참고하면 되지 특정 무엇을 과도하게 찾을 필요는 없다.

사실 남녀나 정치, 종교 등에서 분리주의적 사고방식이 강한 사람들의 이야기는 타인에게 잘해 봐야 본전이다. 그래서 눈치 있는 사람들은 이런 이야기를 평소에 입밖으로 꺼내지 않는다. 대신 스마트폰에서는 상대적으로 마구 꺼내게 된다. 입은 다물고 듣고자 하는 자세가 조금이라도 있다면 차라리 자기 편향에 맞게 나온 책을 읽는 것도 괜찮다. 그렇다고 중립을 지키라는 건 아니며 중립은 때론 악이 된다. 생각의 다름은 되도록 짧은 문장이나 영상 말고 긴 호흡이 필요한 책으로 접하는 게 좋다. 하지만 여성의, 여성에 의한, 여성을 위한 글은 이제 충분하니 그 반대편을 들어보는 걸 추천한다.

폰 안에 있는 극렬스럽고 시끄러운 사람들 말만 들어보면 여성에 대한 백래시와 여성 혐오가 강해 보이지만 실제 텍스트, 책으로 나온 건 그 반대다. 언론도 마찬가지로 거의 여성 입장에서 여성을 이용해 먹거나 분란을 조장한다. 디케이즘 자세로 최대한 균형적으로 보려는 책이나 뉴스는 거의 전무하다시피 하다. 여성의 이즘 문화도 바로 200년간 압도적으로 쌓인 텍스트에서 시작한 것이기에 우리는 서로가 종족 편향 없이 건전한 로고스로 논의해 볼 필요가 있다. 그리고 정상적인 남성은 혐오와 적개심, 비아냥의 언어로 무장한 일부 남성의 전투적 백래시나 정치와 연동하여 생각하는 그 음침한 반여성주의에 절대 동의하지 않아야 한다. 비이성적이고 비상식적인 생각들엔 중립을 지키는 것도 공범자가 되는데, 그 이유는 잔망스럽고 시끄러운 소수가 대표성을 가지기 때문이다. 이건 이즘과 반이즘의 영역에만 있는 건 아니며 우리 사회 곳곳에서 일어나는 현상이다. 지금까지는 이해할 수 없는 서로의 종족에 대한 온라인 속 미움만 이야기했는데 실제로 오프라인에서는 사랑이 훨씬 많이 존재한다. 설령 그게 사랑의 결실 없이 헤어짐이나 비극의 결말을 맞이할지언정 말이다.

우린 늘 그랬듯이 다시 과거 작품으로부터 현재를 찾아내야 한다. 에밀 졸라의 『목로주점』은 보편적 사랑 감정과 가슴 아픔 없이는 읽기 쉽지 않은 작품이다. 이 작품에서 '제르베즈'라는 주인공 여성보다 더 각인된 건 랄리의 삶이다. 어린 나이에 구타를 당하면서도 집안의 엄마 역할을 하려는 그 소녀를 보며 책 읽는 내내 가슴이 아팠다. 스포일러를 하지는 않겠지만 랄리의 삶 결말도 행복이 아니다. 우리는 『목로주점』을 통해 남녀의 삶을 엿볼 수 있다. 제르베즈는 열네 살의 나이에 연상 랑티에를 만나 아들 두 명을 낳는다. 그러나 남편 랑티에는 처자식을 버리고 방탕하게 삶을 산다. 제르베즈는 불안하고 삶이 막막하여 하루하루를 울면서 보낸다. 그러다가 얼마 지나지 않아 자신을 사랑해 주는 쿠포라는 남자를 만난다.

제르베즈는 두 번째 남자인 쿠포와 딸을 낳고 그럭저럭 잘 살아간다. 그녀의 꿈은 그저 테이블 위에서 하루 삼시 세끼를 먹고 자녀들이 훌륭하게 크는 것이다. 쿠포와 제르베즈는 열심히 살았기에 그 꿈이 처음엔 이뤄지는 듯했다. 그러나 두 번째 남편 쿠포가 첫 번째 남편 랑티에를 끌어들이는 순간 제르베즈의 삶은 서서히 나락으로 향한다. 성실했던 쿠포는 알코올 중독자가 되고 결국 정신까지 이상해지는데, 그건 나중에 제르베즈의 삶까지 오염시킨다. 한량에다가 방탕한 남자 랑티에는 약은 사람이며 무책임한 언행으로 제르베즈를 1차적으로 불행하게 한다. 쿠포는 처음엔 술도 안 먹고 열심히 일하며 남편으로서의 의무를 다했지만 지붕에서 떨어져 다친 후 삶이 점차 바뀌어 간다.

사실 제르베즈의 삶만 처참한 게 아니라 에밀 졸라는 『목로주점』에 등장하는 주변 인물들을 저마다 곤경에 처하게 하여 그 모습을 보여준다. 기구한 운명의 제르베즈에 연민을 느끼는 감정 외에 우리는 쿠포처럼 힘들다고 습관처럼 술을 마시면 안 된다는 현시대의 교훈을 얻을 수 있다. 술은 해결책이 아니라 정신과 신체의 파괴자다. 한편 제르베즈의 삶을 보면 한국의 전통적 어머니상과 비교가 된다. 두 번째 남편을 잃더라도 한국의 어머니들 대부분은 제르베즈처럼 술독에 빠져 살지 않고 열심히 딸을 키우고 아들을 출가시키며 악착같이 살았을 것이다.

우리는 이 작품으로부터 결혼에 대한 생각도 하게 된다. 에밀 졸라는 『목로주점』에서 무엇을 말하고 싶었던 것일까? 아마도 그는 남녀만의 이야기가 아니라 남녀를 통해 가난이라는 사회적 필수 부산물을 이야기하고 싶었는지도 모른다. 또 이 작품에 등장하는 '구제'라는 남성의 마음도 궁금하다. 제3의 인물인 구제는 절름발이지만 사랑스러움과 연민으로 착한 제르베즈를 바라본다. 구제는 제르베즈의 망가짐을 보고 어떤 생각이 들었을까? 짝사랑의 주체는 짝사랑하는 객체의 불행에 항상 힘들다. 왜 결혼은 하기 전과 하고 난 후가 이렇게 다르다는 말인가. 어쩌면 구제라는 남성은 결혼을 안함으로써 자유를 구제받았는지도 모르지만 사실은 그 반대일 수 있다.

삶을 뒤돌아보니 이왕 결혼하고 자식을 낳을 거라면 빨리 결혼하는 게 좋다고 생각하지만 제르베즈는 빨라도 너무 빨랐다. 물론 일찍 결혼한 사람의 장단점은 존재하며 이건 사람마다 생각이 다르다. 자신도 소녀인데 그녀는 너무 일찍 엄마가 되었다. 이런 상황은 비단 제르베즈만의 이야기는 아니다. 우리도 과거엔 조혼을 하였고 베이비부머 세대는 스무 살 전후로 결혼한 사람이 많았다. 이렇게 일찍 결혼하여 육아나 다른 원인 때문에 우울증을 겪거나 결국 행복하지 못한 여성들은 과거로 치면 비극적 소설의 주인공이 되기 쉽다. 과거에 우리 조상들은 분명 정신적 문제를 겪었음에도 그게 병인지 모르고 그냥 살아갔을 것이다. 그때 치료받지 못한 그 과거 여성이나 불행했던 이 세상 모든 어머니에게 데이지 꽃 한 송이를 바친다.

다음으로 살펴볼 작품은 한트케의 『긴 이별을 위한 짧은 편지』다. 이 소설의 남편은 아내에게 이별 통보 비슷한 편지를 받는다. 보통 남녀 관계가 중요 부분을 차지하는 소설은 참회를 통한 사랑의 성숙이 아니다. 불륜과 배신, 전통적인 여자의 삶이나 그것의 거부, 불행, 고난 등이 남녀 소설의 특징인데 이 작품은 한마디로 정의하기 힘들다. 둘 사이에 갈등이 고조되지만 남자 주인공은 아내의 편지를 받고 무엇을 깨닫는다는 점에서 약간 독특함이 있다. 사물과 서로를 바라보는 인식이 다른 두 사람에게 이미 아내는 "나를 찾지 말아요. 만나봐야 그다지 좋은 일이 생길 것 같지는 않아요."라며 애초에 불화에 대한 화해의 불가능성을 내비친다. 때론 이 불가능성을 타파하는 게 우리 인간의 삶이다. 하지만 작품 속 남편과 아내는 그동안의 삶 동안 언어와 사람, 관계, 대상 인식, 가치관 등에서 이미 커다란 차이점을 보여왔기에 서로를 이해하기 힘들어 한다. 그럼에도 불구하고 편지와 이 둘의 짧은 여행 여정은 두 남녀에게 쓸모없는 것이 아닌 인간 생각과 관계의 기록으로 남는다. 이 작품에서 가장 많이 느꼈던 것은 사람이 대화가 안 될 때는 편지를 활용해 보는 것도 괜찮겠구나였다. 우리는 읽는 것도 중요하지만 써서 표현하고 사랑해 보는 것도 중요하다. 글이란 생각의 시간을 주기 때문에 현대인에게 더욱 필요하다. 지금은 먹물 없는 글자가 아니라 진짜 펜을 활용한 글쓰기를 말하는 것이다.

다음으로 남녀가 중심이 된 작품을 알아보자. 마스트레타의 『내 생명 앗아가주오』라는 멕시코 문학 작품이 있다. 작품의 수준을 떠나 일단 내용만 보면 엉뚱하면서도 재미있는 책이다. 이 소설의 여주인공 카티는 정치적 야망에 매몰된 아센시오와 어린 나이에 결혼을 한다. 처음 카티의 결혼 생활은 순탄하다. 왜냐하면 카티는 적당히 남편의 비위를 맞춰 주기 때문이다. 그러나 오랜 결혼 생활의 여정을 겪어 오는 동안 카티는 여성이 아닌 인간의 삶을 원하기 시작한다. 작품 중후반에는 카티를 통해 여성의 삶을 고찰할 수 있는 상황이 곳곳에 드러난다. 결국 남성 중심의 가족과 사회에 억압된 것도 모르고 생활하는 카티는 자유로운 인간 생활을 실천한다. 그래서 다른 남자를 사랑하기도 하고 남편의 생각에 순종적으로만 행동하지 않는다. 그렇지만 결국 얽매인 그 한계를 벗어나기란 쉽지 않다. 자기 삶이 진짜 슬픈 삶이라면 차라리 누군가가 자기 생명을 없애 주길 바랄지도 모른다. 앞서 언급한 『목로주점』의 제르베즈도 마지막에 가서는 자기 생명이 달아나길 바란다. 왜냐하면 자기 삶이 너무 비참하기 때문이다. 삶을 적극적으로 저항할 것인가, 아니면 현실에 타협할 것인가는 소설의 남녀가 아니라 인간의 문제까지 오게 만든다.

현재 우리는 과연 어떻게 살아가고 있는가? 분리주의가 세분화 되면서 우리는 성별과 세대를 넘어 기혼과 미혼, 자식의 유무, 그 외 다양한 성향과 소속감에 따라 서로가 갈등을 겪으며 살아간다. 때론 서로가 너무 적대적이다. 우리는 갈등을 만들어 내는 극렬한 사람에게 동조하지 말고 젠더 융합, 세대 융합을 말해야 한다. 24년 전에 나온 장재영의 소설 『남편』이라는 작품이 있다. 작품 속에 묘사된 IMF 직후 힘들었던 경제 상황은 2022년 짧은 정권 때의 상황과 거의 유사한데 주인공 남편과 아내 그리고 딸은 어렵고 힘든 상황에서도 서로를 믿고 의지하며 행복하게 살아간다. 하지만 주인공 가족은 대출금 이자가 오르고 물가가 올라 실질 소득은 줄어든 상태다. 이런 상황에 더해 남편은 정리해고 위기를 맞이하며 고군분투한다. 결국 이 가족은 단란하게 살 수 있는 공간, 즉 집 한 채마저도 대출금 때문에 팔게 되고 이사를 한다. 그러다가 남편은 그 당시엔 조금 낯선 개념인 공황장애를 얻는다.

이 소설에서 특히 각인된 장면이 하나 있다. 그건 주인공 남편이 자기 딸에게 놀이터에서 놀라고 말하는 장면이다. 그때 어린 딸의 대답이 지금도 기억나는데, 딸은 이제 같은 아파트에 살지 않아서 아이들이 자기랑 놀아주지 않는다고 말한다. 1990년대에 태어난 이때의 어린이도 지금의 일부 아이들처럼 어떤 경계 속 울타리를 치며 살아갔다는 것을 알 수 있다. 『남편』 작품의 아내는 남편이 그립고 눈물나게 보고 싶다. 그저 어느 한쪽을 냉담하고 조롱하는 언어로 규정하여 매도하는 이 현대 사회에서 그 『남편』이란 작품을 통해 가족이란 그리고 사회란 무엇인가를 생각해 본다. 이와 함께 사회로부터 얻은 개인의 질병(정신병, 공황장애)을 어떻게 봐야 할지 의문이다. 사랑으로 대하자. 어디 미움 없는 사랑이 있으랴. 『남편』 작품은 사실 무서운 현실을 반영하지만 조금 감성적으로 바라보았다.

이제 현실적 작품으로 돌아와 보겠다. 여기서 '현실적'이란 말을 쓴 이유가 따로 있다. 불멸의 고전이라고 하는 작품들 중 상당수는 우리와 계급이나 종교, 사회 구조 같은 문화적 차이 때문에 이질감이 두드러진다. 그래서 지금 시대에 적용할 만한 교훈을 찾아내는 정도에서 끝내는 게 좋아 보일 작품이 아주 많다. 하지만 서머싯 몸 작품 중 『면도날』은 몇몇 시대적 괴리만 빼면 현대를 살아가는 사람에게도 완벽히 일치하는 삶이 엿보인다. 이 책은 세상에 나온지 약 100년이나 되었다.

아직까지 『면도날』을 꼭 읽어 보라는 작가는 보지 못했는데 이 글을 보는 사람은 꼭 읽어 보길 바란다. 책 분량이 좀 되긴 하지만 전혀 지루하지 않다. 국내외 많은 문학 작품 중 재미와 교훈을 주며 젊은 세대와 기성 세대가 같이 읽으면 좋을 도서가 그리 많지 않은데 이 도서는 그런 내용으로 가득차 있다.

필자는 보통 원고를 쓸 때 다른 책을 다른 작가들처럼 길게 설명하거나 웬만해서는 그 책의 실제 내용을 많이 인용하여 쓰지 않으려고 한다. 그러나 이번에는 그런 패턴보다 조금 더 언급할 생각이다. 먼저 『면도날』의 대략적인 책 내용을 이야기하겠다. 이 작품에 등장하는 나는 서머싯 몸 자신이며 스스로 소설 속 화자가 된다. 나는 앨리엇이란 사람과 교류하며 그의 조카 이사벨 그리고 이사벨이 좋아하는 래리라는 남성을 중심으로 플롯을 만들어 간다. 나와 앨리엇은 중년의 나이고 이사벨과 래리는 갓 스무 살 정도의 나이인데, 작품 곳곳에서는 내가 세상을 보는 관점과 이사벨이나 래리가 세상을 보는 관점이 대립적으로 엿보인다.

처음에 등장하는 이사벨과 래리는 아마 스무 살이 조금 안 될 것이다. 이사벨은 래리를 좋아하고 결혼까지 생각하는데 둘은 결혼과 앞으로의 삶에 대해서 매우 다른 남녀의 시각 차이를 보인다. 이사벨은 매우 현실적인 여자로서 래리에게 '남자는 일을 해야 해.'라고 말하지만 래리는 남들과 같은 삶보다는 정신적 만족을 추구한다. 이사벨이라는 여성은 좋은 옷을 입고 싶고 좋은 곳에 살고 싶으며 친구들이나 주변 사람들과 비교 우위를 추구하며 살고자 하는 여성이다. 실제 작품 내용엔 이사벨 자신은 속물이 아니라며 항변한다. 이 부분에서 독자들 생각은 둘로 나뉠 수 있는데, 필자는 그녀가 허영심이 강한 여성이라는 것보다는 그 나이 때 이미 성숙하여 세상을 냉정하게 본 것이라 평가하고 싶다. 진짜 허영심이 강한 여자를 예로 들면 윌리엄 메이크피스

새커리의 『허영의 시장』에 등장하는 레베카다. 그녀는 야심에 가득차 있고 물질적 욕망과 사회적 지위 등의 외적 목표에 집착하면서 사랑이라는 정신적 부분은 소홀히 한다.

위 두 책은 영웅담이나 극적인 상황, 행복한 결말을 위한 무엇이 존재하지 않아 전체적으로 형식의 유사함을 가지고 있다. 결혼 적령기의 요즘 20~30대 젊은 여성들 중 이사벨 같이 생각하지 않는 여성은 별로 없을 것이다. 그래서 그것을 속물이라 표현하기는 좀 그렇다. 가령 여성의 상향혼이나 취집할 생각 그 자체가 속물은 아니다. 이와 마찬가지로 남성도 여성의 조건을 보는 건 당연한 일이며 이 또한 속물이 아니다. 그러나 필자는 군이 그렇게까지 하여 가족을 이루고 싶지는 않다. 이 작품에서 크게 중요하지 않기에 스포일러를 하나 하자면 이사벨이란 여성은 자기가 좋아하는 래리가 아닌, 자기를 좋아해 주는 그레이라는 남성과 결혼하여 자식을 낳고 살아간다.(그레이는 래리의 친구이기도 함. 물론 래리도 이사벨을 처음부터 좋아했었다.) 세계 경제 공황의 위기로 인해 그레이와 이사벨은 어려움을 겪지만 비참할 정도는 아니다.

그렇다면 왜 래리는 그레이의 아버지가 좋은 일자리를 제안해도 마다하며 이사벨과 결국 결혼도 하지 않았을까? 그건 그가 군대 항공대로 편입되어 전쟁에서 겪은 참상 때문이다. 의학적으로 PTSD라는 게 베트남 전쟁 후 대중화 되었기에 이사벨이 래리의 그런 심리 상태를 이해하지 못한 것은 당연한 일이다. 이 작품에서 대단히 중요한 역할을 하는 게 화자인 나인데, 서머싯 몸은 두 젊은이의 입장을 단순히 전달하거나 때론 대립하게 하면서 그들을 조금은 이해하기도 한다. 화자인 나는 오로지 나이가 든 꼰대 마인드로 그들을 재단하지 않는다. 다만 틀린 행동에 대해서는 단호히 말한다. 서머싯 몸은 작품 속에서 이렇게 이야기한다.

"우리 나이 든 사람들은 젊은이들이 우리를 날카롭게 그리고 가차 없이 평가
한다는 사실을 좀처럼 알지 못한다."

그래서 지금 기성세대는 젊은이가 사회 부조리를 말하는 것에 대해
서 명백히 틀린 말이 아니고서는 '우리 때도 그랬어'라는 말을 해서는
안 된다. 이런 자세는 아무것도 문제의 본질을 보지 못하게 한다. 이건
마치 '너만 힘들었거나 너만 특혜를 줄 수 있는 건 아니야!'와 같은 이
상한 기성세대의 자기 보상 심리 같은 것이다. 이 부분은 연인이나 부
부, 가족 사이에서도 똑같이 적용된다. 그렇다면 젊은 세대는 자신의
할 일을 다하면서 바르게 불만을 표출하고 있는가?

안타깝게도 요즘 젊은 세대는 날카롭기보다 위 세대에 대한 반감과
조롱으로 자기들의 불안을 가차 없이 드러낸다. 정상적 인간은 나이가
많든 적든 간에 도덕적이지 못하거나 정의롭지 못한 것 외에는 쉽게 타
인을 조롱하거나 충고하지 않는다. 에피쿠로스도 "젊은 사람들에게 잘
살라고 충고하고 늙은 사람에게 인생을 잘 마무리하라고 충고하는 사
람은 어리석다. 왜냐하면 잘 사는 것과 잘 죽는 것의 연습은 동일하기
때문이다."라고 말한다. 『면도날』에는 젊은 이사벨에게 딱 이런 상황이
맞닥뜨린다. 결혼 생활 약 10년 후 이사벨은 방탕하고 정신적으로 불안
정한 소피라는 여성이 래리와 결혼하려고 할 때 그것을 방해하려고 비
도덕적인 일을 소피에게 행한다. 그것에 화자인 나는 심하게 이사벨을
나무란다. 이게 앞서 말한 젊은 이사벨의 행동에 대해 화자인 내가 명
백히 틀렸다고 여기는 부분이다. 이것이 진정한 어른이며 나이를 제대
로 먹는다는 것은 충고할 결심보다 사유의 깊이를 가지는 일이다. 이제
젊다는 것이 단순히 나이를 의미하지 않으며, 현대적 관점으로 볼 때
질문과 사유를 하지 않으면 그 사람이 늙은 것이라고 봐야 한다.

이 작품은 가치관 대립과 인생 관점 차이 정도로 이해할 만한 것들

이 내용의 주를 이룬다. 이사벨이 비도덕적 일을 하기 전에 래리를 이해할 수 있도록 화자인 나는 이런 중요한 말을 한다.

> "난 단지 자기 확신이 얼마나 강력한 열정이 될 수 있는지 알려 주고 싶었을 뿐이야. (중략) 자기 확신에 사로잡히면 그것으로 자신의 성격을 완전히 단정 짓게 되고 그로 인해 스스로를 파괴할 수도 있어. 그 확신의 대상은 중요하지 않아. 그럴 만한 가치가 있는 것일 수도 있고 그렇지 않은 것일 수도 있거든. 어쨌든 그것은 그 어떤 술보다 중독성이 강하고 그 어떤 사랑보다 사람을 지치게 만들고 또 그 어떤 악덕보다 강력하고 매혹적이야. 사람은 자신을 희생시키는 순간 하느님보다 훨씬 더 위대한 존재가 되지."
>
> - 『면도날』, 민음사(2009년), 서머싯 몸, 안진환 옮김, 347page

정말 멋진 표현이지 않은가? 로댕의 '생각하는 사람'은 고개를 처들지 않고 입을 떠벌리지도 않는데 이렇게 진짜 생각하는 인간은 자신의 생각을 곰곰이 의심할 줄 아는 사람이다. 서머싯 몸은 『면도날』의 6장을 읽지 않더라도 이 책의 줄거리를 아는데 상관이 없다고 말하지만, 래리 입장에서 볼 땐 자기 삶을 강변하는 거의 모든 내용이 6장에 들어 있다. 화자인 중년 남성인 나는 이사벨처럼 현실적인 사람이기에 래리라는 젊은이를 이해하지 못하지만 그래도 래리의 생각을 존중한다. 이 작품 속 등장인물들과 지금 시대의 젊은이와 중년은 크게 다르지 않은 모습이다. 래리는 누구처럼 아무것도 하지 않으면서 그저 불평 불만만 많고 일하기 싫어하며 매너리즘에 빠진 사람이 아니다. 겁쟁이는 더더욱 아니다. 그는 자신의 삶을 찾기 위해 인도 외에 여러 나라를 여행한다. 살기 위해 힘든 광부 일을 하면서도 래리는 자기 정체성을 잃지 않았고 광부를 그만두고 나서는 다른 사람의 농사 일을 돕는다. 앨리엇과 화자인 나는 젊은이들의 삶에 영향을 미치고 싶어 하지만 이 작품

속 젊은이들은 그것을 면도날처럼 베어 낸다. 물론 등장인물 중엔 시류에 편승하는 젊은이도 있고 아닌 사람도 있지만 전체적으로 『면도날』은 강요된 삶이 아닌 자유로움이 더 느껴진다. 특히 래리는 평소 책을 즐겨 읽었고 결국에는 작가로서 글 하나를 쓰게 된다.

서머싯 몸은 작가에 대해 "특별히 무엇을 잘할 재주가 없는 사람이 작가가 된다."라고 했는데, 만약 래리가 계속 책을 썼다면 아마도 페르난두 페소아의 『불안의 책』과 비슷한 책을 쓰지 않았을까 짐작을 해본다. 『불안의 책』은 병적인 느낌의 불안보다 삶의 존재에 대해 다양한 해석을 시도하는 페소아의 독특한 시선이 돋보이는 책이다. 전체적으로 책 분위기가 우울하지만 소제목인 '사실 없는 자서전'은 페소아의 말대로 비관적인 사람의 글이 아니다. 인간은 불안을 쪼개고 의미 있게 현실적으로 승화하는 것도 필요한데 보통은 그렇게 하지 못하고 삶에 지쳐 버린다. 그게 심하면 대부분의 에너지를 불안한 정신에 소비하면서 행복한 삶이 없이 인생을 마무리한다.

마지막으로 이 작품의 숙제는 면도날 그 자체다. 화자인 서머싯 몸도 자신의 작품 제목이 왜 면도날인지 정확히 설명해 주지 않는다. 젊은 이와 중년의 사고방식 그리고 정신적인 삶과 물질적, 현실적 삶은 면도날처럼 날카롭게 나뉘어진다. 그러나 생각해 보면 그것들은 면도날처럼 앞뒤가 다르지 않다. 100년 전 그 당시 면도날 생김새가 어땠는지는 모르겠지만 전통적 면도날은 앞뒤가 다르지 않다. 지금까지는 여자가 노래하고 남자가 들어줬다. 그래서 다음 이야기는 여성이 들어줘야 한다. 마광수의 소설 『청춘』은 남성의 본능적 역할을 충실히 대변해 주는데 과연 이걸 들어줄 여성이 있을까? 이즘의 추종자가 아니어도 대부분의 여성은 성적인 부분에서 마광수의 남성 중심적 시각이 그냥 싫을 것이다.

마광수는 『청춘』 외에 『나는 야한 여자가 좋다』 등에서 자유 연애와 즐기는 섹스를 남녀 동등하게 바라본다. 그는 그저 있는 그대로의 본능과 생물학적 현상을 나열할 뿐 남녀가 사회에 어우러져 살면서 보이지 않게 겪게 되는 차이 현실과 그 이면에 있는 어떤 것을 뒤집어 보려고 하지 않는다. 그래서 마광수의 시각을 옳고 그름의 문제로 바라보는 것은 잘못됐다. 방금 이 말에 대해서도 남녀는 의견 차이를 가질 텐데 이해와 비판의 감정을 동시에 가지고 마광수를 해석한다면 재미있는 토론이 될 것이다.

옹졸함은 모든 세대와 남녀 그리고 신념에 똥과 같은 것이니 생각을 크게 해서 서로를 바라봐야 한다. 인간은 과거부터 거의 같은 세대 갈등과 남녀 관념을 겪으며 지금까지 이어져 왔다. 여기서 하지 못한 세대 간의 문제와 불안의 문제는 다른 주제와 책을 다루면서 다시 하게 될 것이다.

〈밥 딜런- 시대는 변하고 있지〉 가사 중 일부

펜으로 예언하는 작가들과 비평가들이여 오시라

바퀴는 여전히 돌고 있으니 섣불리 말하지 말게나

바깥은 전쟁 중이고 그것은 들끓고 있다네

이해할 수 없다는 이유로 무언가를 비난하지 마시라

시대가 변하고 있으므로…

- 밥 딜런의 노래 가사를 상당수 생략하고 일부 재조합

03
진리

존재와 이성

'진리란 무엇인가?'라는 물음은 너무 철학적이고 상투적이면서 어렵기까지 하다. 그래서 철학자들도 여전히 풀지 못한 숙제다. 후설이 찾으려는 현상학의 의미에 대한 해석만 해도 엄청난 분량을 할애해야 하는데 그것을 이 짧은 챕터로 요약할 수는 없다. 이 챕터를 이야기할까 말까 고민을 했는데 너무 고상한 것을 제외하면 그래도 진리를 찾는 게 재미있을 수 있다는 생각을 했다. 우리의 궁극적 임무는 과거의 지식을 빗대어 현시대를 고찰하는 것이기 때문에 너무 현실과 거리가 먼 철학적 사유는 자제할 것이다.

과연 진리란 무엇일까? 프로타고라스에게 진리는 영원 불변하지 않아 시대를 초월하지 않는다. 그러나 칸트에게 진리는 과거 사람이나 현재 사람이나 인간이 가지는 선험적 보편 준칙 같은 것이어서 정언명령 같은 진리가 존재한다. 칸트에게 정언명령은 목적이나 결과가 아닌 필연적 당위(윤리)의 문제다. 헤겔은 이들과 또 다른데 그가 말하는 진리란 절대정신을 찾는 것으로, 이것은 세계 시민 정신과 어떤 하나의 흐름을 말한다. 만약 진리가 존재한다면 하이데거가 말한 대로 시간의 영향을 받을까? 하이데거는 진리가 항상 '존재'와 연관되어 이해되어야 한다고 생각했다. 여기서 진리는 양쪽의 일치가 아니라 존재자 자체가 드러내고 발견되어 바깥으로 표출된 행위의 무엇이다. 즉 진리는 숨어 있는 무엇이 아닌 드러나는 어떤 것이다. 다만 우리가 진리를 알고 있든 모르고 있든 모든 진리가 드러나 보이는 것은 아니다. 왜냐하면 숨은 형태로도 존재하기 때문이다. 진리를 발견할 수도 있는 존재라고 한다면 인간이 전기를 발견한 것도 진리가 된다. 전기라는 진리는 태초의 빛이 있고 난 뒤부터 존재했지만 인간이 발견하여 활용할 수 있었던 건 고작 200년밖에 되지 않았다. 물론 전기를 발견한 그 자체가 진리가 되는 건 아니다. 그저 과학의 영역에서 무지의 세계를 다룰 때도 진리의 영역이 있기에 잠시 쓸데없는 사고 확장을 해보았다.

여기서 중요한 것은 진리 자체가 숨어 있다는 게 아니라 존재자가 그걸 드러나게 하는 행위를 살피는 일이다. 이걸 잘 설명한 사람이 『의지와 표상으로서의 세계』의 저자 쇼펜하우어다. 쇼펜하우어에 따르면 존재자의 의지가 겉으로 표상된 것만 타인이나 사회에 의미를 가진다. 언뜻 보면 쇼펜하우어의 생각이 플라톤의 이데아 개념이나 칸트의 물자체 개념과 반대된 것처럼 보이지만 이데아는 의지로 표상이 되는 게 아니라 인식을 전제로 하는 것이기에 쇼펜하우어의 저 말과 상충하지 않는다. 진리를 살필 때 철학적 존재와 과학적 실재인 그 자체 그리고 실제적인 인간 의식은 조금 다르다는 점을 알고 있어야 한다.

그렇다면 진리는 무엇을 수단으로 하여 사람들에게 받아들여지게 할까? 당연히 그것은 언어, 낱말, 그리고 숫자다. 하이데거는 낱말이 의미에 사용되고 그것이 열려지며 밝혀지는 첫 진리의 이 단계를 중요하게 봤다. 그렇다면 언어는 진리에서 왜 중요할까? 진리가 존재하더라도 그게 의사 전달 체계로 인간이 이해하지 못하면 아무런 쓸모가 없게 된다. 진리를 어떻게 인식하느냐는 이제 언어의 수단과 함께 한다. 우리는 이것을 수사(修辭), 즉 '레토릭'이라고 부른다. 그리스 로마 시대 때부터 중요한 이 수사는 2천 년이 지난 지금도 우리 인간이 가장 어려워하는 부분이다. 왜냐하면 표현 수단인 언어 자체가 불완전성을 내포하고 있고 이성이 아닌 자기 감정 인식이 타자의 언어를 왜곡하기 때문이다. 이 불완전성을 소쉬르가 말한 언어의 자의성이라고 생각해도 되고 자크 데리다가 말한 언어의 해석 문제에 관한 텍스트의 모호성이라고 생각해도 좋다. 텍스트는 확신성에도 관여하지만 불분명한 경계선을 띠기도 한다. 또한 인간이 일부러 진리를 보고 싶지 않아 언어를 전략적 모호성으로 의도하기도 한다. 이때는 진리가 아니라 가치 판단이나 성향 선택 그리고 어느 쪽에 더 큰 의미 부여를 할지에 따라 판단이 달라진다.

진리는 언어라는 문장, 사회라는 과학, 인간이란 감정 등 여러 관계에 얽혀 다양하게 숨어 있다. 그렇다면 진리의 전달 매개체인 언어 외에 사람들은 진리를 어떤 방법으로 도출하려고 할까? 누군가는 논리를 통한 변증법이나 연역적인 것이 진리에 도달한다고 생각한다. 또 어떤 이는 귀납적, 과학적 분석이 진리를 완성한다고 주장할 수 있다. 그렇다면 플라톤의 이데아처럼 관념이 하나의 진리 탐구가 되거나 알레고리, 즉 비유를 통한 언어, 개념 정립이 진리 영역에 있다면 이건 어떤 방법일까? 이건 진리 방법이나 수단이 아니라 진리 증명의 한 방식에 불과하다. 일찍이 벤야민은 비유의 핵심에 대해서 "모든 사물, 모든 사람, 모든 관계가 자의적으로 다른 무엇인가를 의미한다."고 하였다. 비유는 과거 고전문학에서도 자주 쓰이는 기법으로 신적, 인간적 진리를 드러내기 위한 수단으로 활용된다. 가령 나쓰메 소세키의 『나는 고양이로소이다』는 사람으로 빙의한 고양이가 각 인물들의 특징을 대변한다. 고양이라는 매개체가 의인화 되는 것에 중점을 두는 게 아닌, 고양이 자체가 삶의 관점으로 비유가 되어 인간 세상을 살핀다. 이렇게 비유는 무엇을 잘 드러내기 위한 수단이지 이 자체가 항상 진리를 관통하는 핵심은 아니다. 일부에서만 비유가 진리에 유용할 뿐이다. 진리에 도달하려면 두 만남이 필요하다. 하나는 사물이 가지는 그 자체로서의 객관적 실체이고 다른 하나는 그걸 인식하는 주체와의 만남이다.

모든 객체의 인식은 주체에 속하는 인간 의식이라는 주관적 관념이다. 인식하는 주체는 당연히 객관적인 상태여야 진리가 도출된다. 여기서 객관적 실체는 원자 같은 것이고 주관적 관념은 칸트의 물자체나 플라톤의 이데아 같은 것이다. 여기서 중요한 것은 인간 모두가 주관적 관념을 가질 때 이 주관 속에도 진리가 존재하는 것이다. 물론 이런 철학적 개념을 인정한다 하더라도 기본적으로 인간 자체가 보통은 객관적이기 쉽지 않다. 이때 '주체의 판단을 또 객관적으로 판단하는 또 다른 주체는 과연 진실되게 객관적으로 존재할까?'라는 의문이 생긴다. 이런 꼬리에 꼬리를 무는 진실 질문은 끝도 없다.

그렇다면 칸트는 이것을 어떻게 보았을까? 칸트는 진리 영역에 존재하는 어떤 공통 준칙이 있다고 믿었다. 그는 관념론을 부정하려고 했지만 그럴 수가 없었는데 왜냐하면 데카르트처럼 실재 영역에서는 이성이 관념과 전혀 무관하다고 단정 지을 수 없기 때문이다. 이것은 칸트와 데카르트의 주장이 아니라 그들을 해석한 표현이다. 자신이 하는 철학이 완전한 이성이라고 단언한다고 해서 그게 진리가 되지는 않는다. 더 쉽게 표현하자면 누구도 진리를 스스로 부여할 수 있는 힘이 없다. 진리는 또 인식 주체와 객체가 독립적이지 못함으로 인해 왜곡될 수 있다. 로크는 이것을 오성론으로 인식하고 경험과 인식을 구분하려고 했다. 그가 말한 1차 감각적 성질은 칸트의 물자체가 되고, 2차 감각적 성질은 인간 각자의 경험이 된다. 가령 사과라는 과일 자체는 1차 감각적 성질이고 사과를 먹고 난 후 반응은 2차 감각적 성질이다. 우리는 이것으로부터 경험과 직관, 주체와 타자, 그리고 믿음과 사실을 구별하지 않으면 결국 진리에 도달하기가 쉽지 않다는 것을 알게 된다.

진리에 조건이 붙는다면 이상하게 여겨질지 모르지만 로고스, 논리는 그 전제와 특정 상황이 중요하다. 왜냐하면 대전제가 절대적 참이 아니면 뒤에 나오는 것들이 논리적이더라도 참이 아니기 때문이다. 가령 '모든 물고기는 맛있다. 고등어는 물고기다. 그러므로 고등어는 맛있다.'라는 3단 논법이 있다고 하자. 그런데 '모든 물고기는 맛있다'라는 대전제는 참이 아닐 수 있다. 바로 '모든' 때문이다. 그런데 뒤에 따라오는 두 번째 세 번째 명제는 대전제가 맞을 때는 논리적으로 참이 된다. 만약 '모든 사람은 죽는다'라는 대전제를 말할 때 여기서는 '모든'이 들어가도 참이 아니라고 단정 지을 수 없다. 왜냐하면 인간의 경험에 비추고 과학에 비추어 볼 때 이 대전제는 참에 가깝기 때문이다.

이보다 더 쉬운 데카르트의 코키토 에르고 숨으로 진리를 말해 보자. 나는 생각한다. 그러므로 나는 존재한다. 혹은 나는 물고기를 먹는다, 그러므로 존재한다. 여기엔 거짓과 참을 구분할 필요가 없는 대전제가 존재하지 않는다. 3단 논법은 진리적이라기보다 논리적, 과학적이고 코키토는 진리적이라기보다 철학적이다. 그렇다면 진리는 어디서 근원하는가? 루크레티우스는 『사물의 본성에 관하여』에서 진리(실제로는 진실로 번역된다)라는 개념은 감각에서 생겼다고 주장한다. 그러면서 잘못된 감각으로부터 생겨난 사물들에 대한 사람의 추론은 삐뚤어지고 잘못되는 게 당연하다고 여긴다. 그의 말을 따르면 자신의 감각이 곧 진리는 아닌 것이다. 이것을 칸트는 인간의 이성적 한계로 보고 자신이 경험한 것이 결코 세계 그 자체가 아니라고 말한다. 그러나 아직 미지의 세계나 불확실한 것에 대한 사람의 추론, 이론을 주장하는 것은 진리를 찾는 과정이니 이마저도 감각의 진리 실패라고 할 수는 없다.

미지의 세계 하니까 우주의 생명체 찾기가 떠오른다. 우주 생명체는 언어의 형상에서 오해를 불러일으킬 수 있다. 우리는 인간과 비슷한 모습은 아니더라도 지적인 우주 생명체를 상상하곤 한다. 하지만 우주 생명체라 함은 극한 환경에 사는 박테리아일 수도 있고 지구 생명체와 유사한 물고기나 곤충 같은 것일 수도 있다. 또한 지적 생명체를 무엇으로 생각할지는 개념과 규정을 정확히 해야 다음 대화를 이어갈 수 있다. 이렇게 진리의 문제는 때론 소통의 문제로 이어지고 소통은 언어를 기반으로 한다. 언어는 문맥에 따라 명확성과 모호성의 이중성을 가지기 때문에 텍스트로 남겨진 것은 간혹 오해를 낳는다.

진리의 걸림돌이 언어라면 진리의 풀어 쓰기도 동시에 언어가 된다. 이 언어 사용은 인간에게 일반적 사고의 기반이 되며 개인의 일부 의식을 지배하기까지 한다. 지금까지 언어에 대해 사회적, 철학적 접근을 했는데 잠시 과학적인 이야기를 해보자. 뇌 과학자들은 자신이 쓰는 평소의 언어나 그 언어로 타인에게 표현된 생각이 다시 자신에게 돌아온다고 말한다. 이것은 타인을 질투하고 혐오하며 편을 가르면 자신의 삶이 그 뇌의 관성에 빠지게 되어 자신이 썼던 언어가 곧 자기 거울이 된다는 것을 의미한다.

다시 진리의 사고로 돌아와서 일반적 사고가 아닌 철학적으로 보면 사고의 방식은 크게 두 가지로 나뉜다. 그것은 연역적 사고와 귀납적 사고다. 이 둘은 아예 반대처럼 보이지만 진리를 추구하는 최종 목적지에선 서로 미워하지 않는다. 철학적 사고는 또 인식론에 따라 다른 두 가지로 나눌 수 있다. 하나는 사물 뒤편에 숨겨진 형이상학적 의미를 찾는 일이고 또 하나는 좀 더 실증주의 관점에서 사물과 세계의 현상, 실존을 찾는 일이다. 위 예를 들어보면 전자는 플라톤의 이데아 사상이고 후자는 과학, 분석철학이나 실존주의라 할 수 있다.

　한편 아리스토텔레스는『형이상학』에서 물질 그 자체와 그 가능태의 수행을 고찰했고 후설은 그 가능태를 인식의 현상으로 보았다. 어쩌면 이들의 인식은 위 둘 인식론의 중간일지도 모른다. 다만 이것은 시대에 따른 구분일 뿐 이분법적으로 보는 시각을 지양해야 한다. 가령 후설 이후 철학인 실존 의식과 드러나는 의미를 찾는 해석학 그 외 실증주의나 실재론은 그 자체가 진리는 아니다. 말 그대로 이것들은 진리에 도달하는 사유의 방법론일 뿐이다. 진리는 독립적일 수 있고 때론 상보적일 수 있기 때문에 유물론과 심리학 그리고 형이상학과 형이하학이 서로 대립되는 것만은 아니다. 심리학과 정신분석학을 생각하면 왠지 모르게 진리는 형이상학적 느낌이 강하다. 하지만 심리학은 과학이라 부를 수 있으며 물질의 탐구까지 하게 만든다. 실제로 19세기 학자 베네케는 그런 생각을 가졌다. 그는 심리학을 물리학이나 자연철학으로 이해하고자 했다. 그 당시 이런 생각은 유별났지만 분명 후대에 긍정적 영향을 주었으리라 생각한다. 이런 사고방식은 시행착오의 필연성을 갖는 인간의 올바른 자세이자 진리 찾기에 궁극적으로 필요하다. 즉 인간의 사고 확장과 향상은 항상 열려 있어야 하듯이 진리도 닫혀 있는 게 아니라 함께 열려 있다. 독일의 합리론과 영국 철학자들의 경험주의 그리고 현대에 와서 실존주의 이후 철학도 서로를 끝장내지 않는다. 이것은 로크도 그랬고 칸트와 헤겔도 그랬으며 이성의 해체인 구조주의자들도 마찬가지였다. 현재는 나의 인식과 세계의 관계가 중요한 의미를 가진다. 그런 면에서 구조주의나 구성주의는 독립된 개인이나 개체로 끝나지 않으며 현대인은 더욱더 서로 복잡하게 얽히고설키어 있다.

　각자 진리라고 믿는 타자들의 '주체 간 충돌'은 사회 불화를 가져온다. 확실히 악(惡)이 아닌 것에 서로를 끝장내려고 해서는 진리를 찾을 수 없다. 그렇다면 절대 진리와 상대 진리가 있다고 말해야 하는가? 가령 살인을 하지 말아야 하는 것은 실증법과 같은 절대 진리다. 살인한 사람은 표면적으로만 보면 범죄자이기에 사회 처벌을 받아야 하며 대중이나 주변의 지탄도 받아야 한다. 이것은 당연한 진리다. 하지만 상황에 따라 평가는 조금 달라질 수 있다. 왜냐하면 살인의 불가피성이 존재하거나 정상 참작의 경우가 있을 수 있기 때문이다. 여기서는 살인을 할 수밖에 없었던 불가피성에 대한 예시는 생략하겠다. 이렇게 절대 진리마저도 상황이나 '주체 간 충돌' 때문에 어려움에 봉착한다. 결국 살인에 대한 관객 객체들의 평가는 이 불가피성의 여부에 따라 이제 각자 다른 생각을 가진다. 이게 상대 진리일까? 그렇게 생각하기 쉽지만 그것은 착각이다. 방금 살인을 빗대어 말한 건 조각된 자기 감정의 인식일 뿐 타자와 조합되어야 하는 진리의 영역에 들어가지 못한다. 이것은 상대 진리가 아니라 개인의 관점 차이나 감정의 차이다.

진짜 상대 진리란 시대나 민족, 문화, 가치관 등에 따른 사고의 다양성을 의미한다. 현대인은 상대 진리에 대해서 각자가 보는 관점을 과거보다 더 쉽게 주장할 수 있다. 이건 응당 나쁘다고 할 수 없으며 오히려 긍정적이다. 그런데 지금은 절대 진리에 대한 불가피한 상황에 대해서도 자신의 의견이 너무 강하다. 이 다름의 생각을 서로(주체)가 인정만 해주면 별로 문제가 되지 않는다. 그러나 문제가 되는 것 중 하나는 다름과 틀림을 어떻게 구분하느냐이다. 타자가 틀리다고 생각하는 사람들은 자신들의 절대 진리를 타협하지 않으려고 한다. 이때 비로소 주체는 좀 더 나은 사람이 되는가 아니면 똑같은 인간이 되는가로 나뉘어진다. 여기엔 무슨 기준이 적용될까? 그것은 바로 주체가 하는 대화의 표현 방식이나 포용력, 논리, 그 외 설득의 능력이 어떤 종류의 인간인지에 관여한다. 가족, 친구, 연인, 부부 등 모든 타인은 자기만의 사고와 행동 양식인 아비투스에 따라 관계를 이어간다. 그렇기 때문에 논리적, 이성적 대화만으로는 객체 진리의 충돌과 갈등을 좁힐 수 없다. 현명한 사람이라면 언제 상대의 감정 상태를 이해해야 하는지를 알며, 반대로 언제 날카롭게 분석해서 말해 줘야 하는지 그때와 상황을 안다. 이것은 사실이나 규범 및 도덕이 언제나 진리가 아니라는 소리다.

헤겔은 앞서 언급했던 베네케의 주장을 싫어했지만 베네케가 했던 말은 현시대에 아주 와 닿는다. 그는 이렇게 이야기했다.

"철학적 사변만으로는 도덕에 관해 말할 수 있는 게 없다. 사람이 왜 도덕적이고 비도덕적인지는 심리적 문제다."

그렇다. 살인자 자체를 비난하다가도 우리는 그 살인의 불가피성에 대해 다시 심리 영향을 받는다. 정신분석이 본격적으로 이뤄지기 전 19세기 초반 베네케의 생각은 실로 시대를 앞서간 생각이다. 수사학 부분에서 페렐만이라는 학자는 이런 관점을 가진다. 그는 논리와 과학만으로 사람을 설득할 수 없음을 이미 알고 있었다. 왜냐하면 사람들의 심리적 상태와 양태가 다양하기 때문이다. 진리를 항상 찾을 필요는 없다. 그러나 주체간 충돌은 한쪽 혹은 양쪽 모두가 폐쇄적 심리 상태에 놓여 있을 때 격렬해지기에 진리 찾기의 노력은 계속해서 필요하다. 이들은 각자 자기 감정 상태가 진리라고 여긴다. 이것을 데이비드 흄은 도덕감정론으로 말하였는데 기억나는가? 기억이 안 난다면 앞으로 돌아가서 다시 찾아 읽어 보길 바란다. 흄의 말을 외워 두면 여기저기 써먹기에 아주 좋다. 물론 모든 상황에서 모든 사람이 꼭 흄의 말처럼 판단하는 것은 아니다. 그러나 거의 모든 부분에서 인간은 각자의 도덕 감정과 자기 경험으로 세상을 바라본다. 그래서 진리는 상대적이거나 절대적이라 하지 않고 포괄성과 배타성이 있는냐의 시각으로 접근해야 한다.

수학과 같이 증명이 확실한 것이나 이론이 아닌 과학적 사실이 분명한 것들은 절대 진리라 할 수 있다. 하지만 더 정확하게는 거의 모두가 수긍하는 포괄성을 가진다고 말해야 한다. 절대 진리라 하지 않은 건 가령 지구가 반구(半球) 모양이나 평평하다고 생각하는 사람들도 있기 때문이다. 그들의 판단 기준은 과학이 아닌 자기 감정이다. 위와 같은 사람들은 진리의 거부 영역에 있으니 진리 배타성을 가진다. 과학적인 것과는 별개로 어떤 다양한 믿음 또한 사실이 되거나 진리가 될 수는 없다. 망상에 빠진 사람들의 가장 큰 문제점은 자신의 논리가 매번 부서지는데도 새로운 망상과 음모를 계속해서 만들어 낸다는 것이다. 그래서 그 망상가를 상대하는 사람은 답답함과 헛웃음으로 대화를 종결한다. 결국 이들은 자신만의 논리에 빠지기 때문에 진리를 거부하게 되고 사회로부터 배타성을 가진다. 이성은 관점의 영역도 있으므로 항상 진리가 이성적인 것은 아니지만 진리는 기본적으로 이성이 필요조건이다.

한 가지 주지하고 있어야 할 사실은 저 포괄성에는 사람의 인식 포괄성 외에 타인 이해하기가 들어 있다는 점이다. 문화나 사회 규범, 행동 양식, 취향 등에는 진리의 영역에 있지 않다. 이때는 다름을 이해함이 맞다. 그러나 현대인은 포괄적인 사람이 되는 것을 포기하고 각자가 배타성을 서로에게 부여한다. 서로가 틀리다고 하는 세상에서 개인적 가치관과 감정 배제의 진리 인간은 이제 거의 사라지고 없다.

서로 확실하다고 느끼는 각자의 진리에 진짜 필요한 현시대 과제는 진실되게 들어봄이다. 이런 것은 사람의 유형에 따라 다른데 이걸 좀 더 축약해 보자. 과거에는 행정학을 배울 때 여러 가지 리더십 유형을 배웠다. 예를 들어 카리스마 리더십이나 변혁적, 윤리적 리더십 등이 그런 것들이다. 전통적 리더십 유형은 일장일단이 있다. 리더는 자신만 말하고 앞서가는 것이 아니며, 그 리더도 다양한 사람들의 의견을 들어야 한다. 먼저 인간이란 존재 모두가 아집에 가득차 있고 고집스러운 상태를 누구나 가지고 있음을 인정하고 들어가야 한다.

그렇다면 그런 고집스러운 사람의 마음은 어떤 때 움직일까? 완전히 꽉 막힌 사람이 아니라면 타인의 마음이 진심이거나 열정을 다했을 때 혹은 자신을 이해해 주는 사람이 자기보다 조금 앞선 생각을 가질 때 그 마음은 움직인다. 이것은 현대사회를 사는 사람들에게 필요한 덕목이자 공감적 리더십의 필수적 삶의 자세다. 물론 이런 진실됨에도 불구하고 상대가 그냥 밉고 싫은 사람은 타인의 진의를 이렇게 보지 않으며, 그래서 그 오해를 절대 풀지 않는다. 사실 우리 모두는 상대가 옳은 소리를 하여도 자기 감정이 못 받아들여 무조건 듣기 싫어하기도 한다. 설령 그게 나를 위한 진심 어린 조언이며 치료제 같은 말을 했을지라도 마찬가지다.

결국 진리의 발견은 삐뚤어지지 않은 태도에서 나온다. 이성적 태도는 시야를 넓히는 반면 자기 감정에 갇힌 태도는 사실과 진리에 불편함을 가진다. 가령 영화 대부의 대사인 "상대를 너무 미워하지 마라. 그러면 판단이 흐려진다."처럼 말이다. 이외에 자신은 A라고 믿는데 사회 주류나 국가가 A가 아니라고 하면 A라고 믿는 사람은 가치관 문제가 아닌 이상 명백히 잘못된 A에 대해서는 그걸 고쳐야 한다. 하지만 그걸 고치지 않고 자신의 생각을 유지하려는 사람이 있다. 특히 자신과 같이 A라고 믿는 사람들과 함께 할 때는 그 믿음을 더욱더 강화하려고 한다. 이걸 정확히 '인지부조화'라고 하며 심리학적 용어로는 '역화 효과'라고 한다. 헤겔의 말을 변용하자면 국가는 공공적인 어떤 보편성을 가지지만 개인은 특수성을 가진다. 과연 국가는 항상 공동선(共同善)과 보편성을 가지는가에 대한 현실적 의문은 들지만 일단 헤겔의 말을 사상적으로 믿어 보자.

헤겔은 이 보편성과 특수성은 괴리가 있으니 이걸 조정해 줄 중간 영역이 존재해야 한다고 생각했다. 그게 현시대로 보면 시민단체다. 존재의 이유는 조금 다르지만 존 스튜어트 밀도 시민단체를 환영하는 생각을 했다. 다만 시민단체가 수많은 긍정의 역할을 했음에도 불구하고 요즘은 간혹 정치화 되고 조직 유지 차원의 권력만 생각하니, 그 취지와 다르게 흘러가기도 한다. 심지어 어떤 조직은 일종의 어용 단체 역할에 머무른다. 가령 여성 단체가 편향된 정치성과 여성 대표성을 가지고 여성이란 종족을 이용하여 더욱 여성을 사회의 피해자성으로 무기화 한다. 결국 그들의 행태는 남성과 사회, 심지어 정상(normal) 여성까지 극단으로 내몬다. 가해자성은 망각하기 쉽고 피해자성은 더 강화되기 쉽다. 그래서 가해자성의 남성은 이즘에 무조건적으로 배타적이지 말아야 한다. 반대로 피해자성의 여성은 이즘에 종속되지 말아야 한다. 물론 남성이 항상 가해자는 아니며 여성도 항상 피해자이거나 이즘인 것도 아니다.

우리는 여기서 여성이라는 단어, 언어 하나가 여성 종족을 위할 것이라는 그 진리에 역으로 행한다는 사실을 알 수 있다. 하지만 이즘에 빠져 있거나 여성 종족 위주의 사고만 가진 내부 안에 있는 사람들은 그것을 모른다. 조직이 종족 편향에 빠지고 자신들의 절대 목표가 진리가 아닌 것에 대한 행동이 악으로 귀결되는 경우를 방지하기 위해서는 항상 내부 비판이 필요하다. 말이 나온 김에 우리나라 관변 단체나 기타 시민단체에 대해서 법적 재정적 검토를 다시 한번 해봐야 한다. 어쨌거나 위 시민단체 이야기로 진리는 어떻게 수행되는가를 이야기할 수 있으니 진리는 여러모로 재미있는 구석이 있다. 다만 주디스 버틀러는 이 수행성을 사회의 진리나 보편성으로 보지 않고 억압이나 소수자에 대한 부정적 무엇으로 본다. 그런 차원에서 어떤 진리 수행은 합의가 필요하고 어떤 것은 질문(의심)과 저항, 그 외 제3의 판단이 필요하다.

이와 비슷하게 언어의 선점으로 어떤 것은 진리가 되는 것처럼 보이는 경우도 있다. 지금까지 그토록 이야기했던 여성은 피해자라는 문장 같은 것 말이다. 진리의 해석을 절대 불변한 것으로 보지 않는다면 진리는 이렇게 시간성을 가진다. 그렇다면 이제 의심을 가지고 저 시간성을 부정해 보자. 관용구처럼 쓰이는 '지연된 정의는 정의가 아니다'란 말은 진리를 정의로 여길 때 시간의 중요성을 생각하게 한다. 하지만 정의가 지연되었더라도 아예 의미가 없는 것은 아니다. 지연된 정의가 당사자나 관련된 사람에겐 해당이 안 되겠지만 계속될 사회에서는 의미를 가진다. 다만 이것은 진리의 시간성에 대한 정확한 부정은 아니다. 진짜 진리의 시간성을 부정하는 것은 아래와 같다. 더 정확히는 시간성이 아니라 연속성에 대한 과거 대명제로부터 변하지 않는 사고방식의 문제를 살피는 일이다.

앞서 말한 대로 이제 남성은 여성이 피해자라는 로고스에 의문을 가질 수 있다. 이 의문 자체가 백래시가 될 수는 없는데 어떤 이는 백래시라는 언어 선점이나 호명으로 진리 찾기를 막아 버린다. 올랭프 드 구쥬 이후 200년 동안 사회 차별에 대한 여성의 목소리는 진리였다. 하지만 사회는 변했는데 과거와 거의 똑같은 방식으로 이즘을 제기하는 것이 과연 옳은 일일까?

구스타프 라드브루흐는 "하나의 원리로 세계를 모순 없이 설명하는 건 괴랄한 것이다."라고 했다. 이것은 마치 과학에서 통일장 이론을 취하는 것에 회의를 가지는 것과 비슷하다. 라드브루흐는 진리에 대한 가치 판단 영역에서는 상대주의와 관용(포용)적 자세를 가져야 한다고 주장한다. 그런 면에서 이즘 자체가 아닌 이즘이 주장하는 것들 중 일부에 대해서 남성이 가지는 문제 제기는 당연한 것이다.

시간성은 상황, 그 시대의 인식, 정보(과학), 사회 구조 등에 따라 다르다. 여성의 어떤 이즘 외에 또 다른 진리의 시간성 중 대표적인 예시가 음주와 흡연이다. 특히 담배에 대한 과거와 현재의 인식은 정보도 다르고 그에 따른 국민 의식도 다르다. 잘못된 인식에 대한 개선을 요구하고 그것이 다수에 의해 받아들여질 때 사회는 현재와 같이 금연 관련 법 개정이 이루어진다. 오히려 이런 경우는 시간성이 진리의 절대성을 만들어 낸 것이다. 즉 현시대를 살아가는 사람들에겐 식당 내에서 흡연하지 않는 것이 절대 불변의 진리가 되었다. 이런 경우 그때는 맞았지만 지금은 틀리다가 아니라, 그때는 몰랐고 의식하지 않았지만 지금은 변해야 한다는 시간성이 진리를 전해준 것이다.

어떤 것은 결코 정지 상태에 머물지 않는다. 이 시간성은 하버마스가 말한 진리와 비슷하다. 하버마스는 "진리는 규범적 정당성을 의미한다."라고 했는데 이것은 자연적 진리와는 구별된다. 때론 사실과 규범은 시간에 따른 진리와 정당성 관계와도 비슷하다. 이렇듯 변해야 하는 사고 방식도 있는데 어떤 사람들은 절대 변하지 않는 채로 살아간다. 물론 진리가 항상 상대성과 시간을 가진다는 의미는 아니다. 칸트도 이와 비슷하게 "시간은 사물 자체가 아니라 현상의 조건일 뿐"이라고 말한다. 이 대상은 물질뿐만 아니라 의식도 포함된다. 어느 학자가 말했는지는 정확히 기억이 나지 않지만 "무조건적 힘이 아무리 강력하다고 하더라도 모든 것은 언젠가는 상대화 된다."라고 하였다. 이것은 시간성을 의미하기보다는 합목적성인 이유가 더 크게 작용한다. 이렇게 시간은 진리에 매우 중요한 역할을 한다.

시간이 흘러 제대로 나이가 든다는 것은 관성화된 생각을 버릴 줄 아는 지혜를 가진 사람을 말한다. 단순히 나이가 많다고 어른이 아니다. 나이가 적든 많든 지금은 자유로운 꼰대들이 진리 아닌 진리를 말하니 서로가 어지러운 세상이다. 그 진리라고 떠들어대는 사람들이 적어도 사회에 괜한 에너지를 낭비하게 하지 않고 타인과 타 집단을 죽이지만 않았으면 좋겠다. 공자는 "사람의 마음은 산과 강보다 더 험하다."

라고 했다. 우리는 지금 공자 때보다 더 높은 절벽에서 살아간다. 진리의 등급과 우선순위가 있다면 우스운 일이지만 험한 계곡이나 절벽을 잘 건너려면 상대적으로 덜 험한 곳을 찾아야 한다. 그것이 바로 바른 언어 사용이고 타협하려는 자세다.

빠르고 험한 세상에 양보와 기다림은 잊힌지 오래지만 바른 사람들이 세상을 아름답게 만들 것이라는 희망을 가진다. 인간은 서로가 달라 보여도 교집합이 분명 존재하기 때문에 절망적이지 않다. 베이컨은 진리가 인간에게 유용할 때 의미를 가진다고 생각했지만 꼭 유용함이 아니더라도 괜찮다. 부정이나 불일치 같은 흙탕물 속에서도 진리의 꽃은 피어난다. 참고로 어떤 학자는 진리는 전체성이 있어야 진리라고 생각하기도 한다. 이것은 마치 칼 융의 원형과 같이 인간 모두가 공통적으로 인식하는 무엇이 진리라는 뜻이다. 하지만 진리의 전체성은 반만 맞고 반은 틀리다. 과학으로 치면 이때 진리는 아인슈타인의 특수 상대성 이론과 같다.

철학과 감정, 합리만이 진리에 접근하는 것은 아니기 때문에 이번엔 잠시 수학 같은 진리를 알아보자. 일단 이런 두 가지 상황이 있다고 생각해 보자.

1. 시간이 흐르고 배가 고프다.
2. 시간이 흐르지 않고 배가 고프지 않다.

두 상황을 기호로 표기해 보겠다. 시간이 흐른다는 것을 A라 하고, 배가 고프다는 것을 B라고 해보자. 또 시간이 흐른다의 참과 배가 고프다의 참을 a로 보자. 반면 시간이 흐르지 않는다와 배가 고프지 않다의 거짓을 b로 정해 보자. 그러면 A가 참이면(a) B가 거짓일 때(b) 'A이면 B이다'의 합을 우리는 거짓이라고 판단한다. 더 쉽게 예를 들어 보겠다 '눈이 오는 크리스마스에(A) 너를 만나겠다(B)'는 명제가 있다고 가정해 보자. 실제 눈 오는 크리스마스가 왔다는 것과 너를 만난 것은 참(a)이고, 실제로 너를 만나지 않은 것은 거짓(b)이다. 그런데 눈 오는 크리스마스가 왔는데 너를 만나지 않겠다는 것은 거짓말이 된다.

위 첫 예시와 비교해서 보면 이제 좀 이해하기 쉬우리라 생각한다. 우리는 왜 산수적 논리를 이렇게 가질까? 이것은 우리가 그렇게 수학을 정했기 때문에 이런 논리를 가지는 것이다. 마치 아라비아 숫자를 그 숫자의 수로 약속한 것처럼 말이다. 그렇다면 논리적으로는(혹은 수학적으로) 맞는데 그게 진실이 아닐 때도 있을까? 가령 '이 책을 쓴 이정호는 호랑이다. 그래서 호랑이가 아니면 이정호가 아니다.'라는 명제가 있다고 가정해 보자. 이것은 이정호는 호랑이라는 가정이 맞느냐의 문제보다 이후의 명제가 맞는지가 더 중요하다. 위 명제는 일종의 대우법으로 논리적으로만 보면 위 문장은 틀리지가 않다. 하지만 가정, 명제를 문제 삼으면 틀리고 맞고의 문제가 생긴다.

위 명제는 수학적으로 보면 집합의 영역까지 가게 되는데 그것은 너무 어려운 주제니 생략하도록 하겠다. 결국 논리적이라는 것도 명제에 따라 다름이나 틀림이 될 수 있다는 것을 알게 된다. 그렇기 때문에 진짜 인간이 찾아야 할 진리의 영역은 앞뒤 관계도 보면서 합리적 사고를 하는 것이다. 수학은 나의 편견이나 마음과 동떨어져 있을 수 있지만 인간의 합리적 사고는 세상과 동떨어질 수 없다. 수학은 이미 알고 있거나 아직 모르고 있거나를 떠나 그 자체가 인간의 의식과 상관이 없다. 그러나 진리는 꼭 수학적이지만은 않다.

정리하자면 앞서 얘기한 명제의 이야기들은 나만 이렇게 생각하지 않는다고 할 때 자신에겐 그것이 참이지만 우리는 산수(수학) 같이 어떤 약속을 한 절대 영역이 존재함을 인식한다. 이것을 철학적으로는 게티어 문제라고 한다. 게티어 문제란 가령 자기 시계가 고장이 나서 오후 두 시를 가리키는데 실제 세상은 오후 네 시다. 하지만 본인은 오후 두 시를 진실이라고 믿는다. 이렇게 생각하면 그 자신에게만 진실이지 세상의 진실은 아니다. 자기만의 논리가 포괄적 진리가 되려면 아주 혁신적이어서 기존 패러다임을 완전히 바꿀 정도로 사람들이 인식을 전환해야 한다.

토마스 쿤의 『과학 혁명의 구조』의 '정상과학'이 바로 이런 패러다임 변화를 의미한다. 우리가 서로의 생각에 마찰을 겪을 때 논리만이 아니라 수학을 사용하면 어떨까? 마치 십진법처럼 감각 대신 과거 컴퓨터와 같이 연산만 하는 작용이 필요한 영역이 있다면 말이다. 다만 수학 자체는 우리의 생각 일치만큼 때로는 너무 어렵다. 위 수학적 예시가 별것 아닌 것 같지만 몇 가지 상황을 찾아 언급하여 증명하려면 꽤나 더 복잡한 것을 따져야 한다. 하지만 우리는 그동안 알고 있는 것으로부터 결론을 도출할 수 있다. 감정은 사람마다 달라도 수학은 그렇지 않다는 것을 말이다. 그렇다고 수학적 사고가 다 맞는 것도 아니라서 우리는 인간을 해석하고 수학을 알아도 우주 존재처럼 진리가 어렵다. 진리는 존재하고 있지만 마치 암흑 물질과 같이 못찾겠다 꾀꼬리 느낌이다. 만약 진리가 선(善)이라면 쇼펜하우어의 이 말이 가장 와 닿는다.

"선이란 개념은 관계에 의해 유효한 것이고 모든 선이란 본질적으로 상대적이다. 왜냐하면 선이란 욕구하는 의지에 대한 관계 속에서 본질이 있기 때문이다. 따라서 절대선이란 하나의 모순이다."

하지만 지금까지 우리가 진리는 정의나 선이라고 생각하고 이 논의를 했는가? 그렇지는 않았다. 때론 진리가 선에 확신을 부여하지만 그게 꼭 선일 필요는 없으며, 그래서 절대선을 모순이라고 확정할 수도 없다. 아우구스티누스는 "모든 진리는 하느님의 진리"라고 말하였다. 이와 비슷하게 모든 걸 이성으로 판단해야 한다는 사람에게 누군가는 이성으로 판단할 수 없는 영역이 존재한다고 주장할 수 있다. 아우구스티누스의 저 말은 신에게 귀의하는 사람에게만 진리이며 믿음도 이성이라고 생각하는 사람에게만 동의를 얻는다. 그저 우리는 쇼펜하우어의 저 말을 꼭 부정하지 않고 이해하는 정도면 충분하다.

베이컨은 쇼펜하우어처럼 '상대적'이란 말은 쓰지 않았지만 '아는 것이 힘이다'를 변용하는 듯이 이렇게 말한다.

"절대적으로 옳은 것보단 좀 더 나은 것을 선택하는 게 진리일지 모른다."

진리에 대해서 서양인의 말을 들어봤으니 이번엔 맹자의 말을 들어보자. 맹자에게 진리란 나와 타인을 이루어 주게 하고 조화를 가져다주는 일이다. 이 진리는 계속 그치지 않고 오래가서 효험이 나타나 멀리 퍼지고 세상을 밝아지게 한다. 결국 이것도 관계 속에서 진리를 말하는 것이니 동서양의 진리 탐구는 서로 비슷함을 알 수 있다. 한 가지 알아야 할 것은 맹자가 진리를 영원하다고 말하지 않았다는 사실이다.

한편 자연권이나 수학이 영원한 진리인가에 대한 물음에 대해서는 이 책 어느 곳에 대답을 해 놓았다. 마지막으로 오래된 명언 '진리가 너희를 자유케 하리라'는 진리에 대해 아무것도 설명할 수 없다. 그저 이 말은 지금까지의 진리에 대한 연역과 귀납에 열매를 보고서 누군가 저 열매는 생명의 씨앗이라 하는 것과 같은 선언적 의미에 불과하다. 어떤 이는 저 진리를 하느님으로 보기도 하는데, 그렇다면 진리는 다시 제논의 역설로 돌아와 버린다. 좁혀지지만 결코 도달할 수 없는 진리는 이렇게 너무 어렵다. 하지만 우리는 제논의 역설이 겉으로는 맞아 보이지만 실제로는 틀렸음을 안다.

04
청춘

같은 강물에 두 번 발을 담글 수는 없다

나이를 점점 먹다 보니 청년이나 청춘, 청소년 등 푸르고 젊다는 뜻을 가진 청(靑)이라는 단어를 들으면 그리우면서도 한편으론 기분이 좋아진다. 봄의 새싹 같은 젊은 나이는 배우기에도 좋고 사랑하기도 좋은 나이다. 새싹이 커서 어떤 열매를 맺을지 그리고 어떤 큰 나무가 될지는 아무도 모르기에 젊음이 더 좋다. 다만 갈수록 커져 가는 부모의 격차 대물림은 어린 아이에겐 상처가 되고 젊음에겐 상대적 박탈감이 되고 있다. 행복 혁명을 하지 않으면 앞으로도 이런 순응에 우리 사회는 계속 우울할 것이다. 청춘일 때는 그게 봄이었는지 모른다. 사람들은 제2의 청춘을 말하지만 그건 하나의 정신 승리 요소로 진짜 인간의 청춘은 딱 한 시기뿐이다. 만약 누군가 두 번째 화양연화를 가지고 있다면 그 사람은 특별하고 축복받은 사람이다. 사실 사람들은 젊든 아니든 매번 지금이 가장 젊고 봄이었다는 것을 망각하고 살아간다.

그렇다면 아름답거나 힘들었거나와 상관없이 이 청춘을 말한 작품들은 무엇이 있을까? 먼저 헤르만 헤세의 『나르치스와 골드문트』가 떠오른다. 헤르만 헤세의 다른 작품 『수레바퀴 아래서』와 『데미안』 작품도 청소년 나이 때의 주인공이 등장하는데 이 두 작품에 대해서는 워낙 다른 사람들이 언급을 많이 했기 때문에 여기서는 상대적으로 덜 다뤄진 『나르치스와 골드문트』만 이야기해 보겠다.

어른 헤르만 헤세는 위 세 작품을 통해 자신의 젊은 시절을 소설로써 이리저리 그려 보는 게 아닐까 하는 의심을 하게 만든다. 실제 『나르치스와 골드문트』는 헤르만 헤세 스스로 영혼의 자서전이라고 할 만큼 자신의 젊은 시절을 투영한다. 처음 이 작품을 읽었을 때 소설 앞부분만 보고 불길한 느낌이 들었다. 왜냐하면 나르치스와 골드문트가 혹시 동성애를 하지 않나 잠시 의심이 들었기 때문이다. 하지만 영화 『번지점프를 하다』처럼 전혀 다른 결말을 맞이하는 반전은 없었고 『거미여인의 키스』처럼 그런 이상한 기시감도 들어맞지 않았다.

이 작품 속 두 인물을 잠깐 살펴보도록 하자. 나르치스는 어느 수도원의 촉망받는 스무 살을 갓 넘긴 청년이고, 골드문트는 수도원에서 수학하기 위해 아버지에게 이끌려 들어온 10대 후반의 감성적 청년이다. 니체의 시각으로 두 인물을 해석하자면 나르치스는 아폴론적 인물이고, 골드문트는 디오니소스적 인물이다. 나르치스는 골드문트의 풍부한 호기심과 감정적인 부분을 훤히 꿰뚫어 본다. 골드문트의 본능적 욕구를 나르치스는 컨트롤 하고 재단하려고 하지만 골드문트의 젊은 혈기 때문에 쉽게 제어되지 않는다. 결국 골드문트는 수도원을 나와 유랑하면서 여성과는 방탕한 생활을 하고 집시와 같은 삶을 산다. 그는 왜 이런 방랑을 할까? 유독 어머니에 대한 기억이 골드문트를 괴롭히는데 그게 여성 편력이 생기게 하는 원인이 아닐까 할 정도로 그 심리적 영향이 대단히 크다. 즉 골드문트의 어떤 결핍이 그의 삶 전체 방향을 정해 버렸다고 말해도 과언이 아니다.

골드문트는 때론 예민하며 좋게 말하면 풍부한 감성을 가지고 방황하지만 그렇다고 어떤 비극을 맞이하거나 어떤 나쁜 무엇에 파멸되지 않는다. 사실 이 소설 작품은 우리나라 정서나 문화와는 상당히 이질감이 있다. 청년 시절을 말하기엔 골드문트는 수도사 수업을 받는 인물로 보통 한국처럼 학교 다니는 일반적인 학생이 아니다. 수도사는 종교적인 것도 있지만 신분제적 요소도 가지는데 과거엔 왕과 귀족 그리고 성직자가 최고의 신분이었다.

헤르만 헤세의 『수레바퀴 아래서』의 주인공 청년도 성직자 코스를 밟으며 엘리트 교육인 라틴어 배우기를 한다. 그래서 학업이 아닌 수도사로 시작하여 철학적으로 끝나며 여러 면에서 우리 청소년 청년과 다른 삶인 『나르치스와 골드문트』라는 작품을 읽어 보라고 그다지 추천하고 싶지는 않다. 다만 소설의 마지막 부분을 살펴볼 때 골드문트의 삶을 마무리하는 여정과 나르치스와의 재회에서 어떤 의미를 찾을 수 있다. 그 느낌은 마치 『그리스인 조르바』의 인생 가르침과 비슷하다. 그런 내용이 들어간 책의 한 구절을 뽑아내 교훈으로 삼고자 한다. 다만 책의 핵심 내용과는 크게 상관이 없다.

"공포와 적개심에 이성을 잃은 사람들이 죄 없는 자들을 때려 죽이며 태워
죽이고 고문하는 일이 비일비재했다."

이 구절은 페스트를 휩쓸고 간 원인을 유대인으로 지목하여 사람들이 광기를 부리는 모습을 표현한 것이다. 이런 인식은 일본 관동 대지진 때 일본인들의 거짓 선동에 속아 한국인을 학살했던 것과 똑같은 광기다. 그 후 우리는 5.18 광주 민주화 혁명 때도 독재자의 거짓말에 속아 동족상잔을 겪었다. 민주주의를 위한 이런 고귀한 희생을 가지고

어떤 집단은 북한 개입설과 빨갱이를 말하며 신념으로 인한 반지성의 전형을 보여준다. 집단의 광기는 이성의 부재가 아니라 신념의 확신이 가져온 결과물이다. 미셸 푸코가 말한 폭력성은 바로 이런 광기가 원인이다. (후기)구조주의자들의 현대 철학도 결국 이성의 역설이 작용한다. 문제는 이러한 역사는 반복된다는 점이다. 볼테르는 "역사가 반복되는 게 아니라 사람이 반복된다"고 하였다. 따지고 보면 역사와 사람이 반복된다는 것은 그 말이 그 말일 뿐이다. 현시대만 광기와 분노, 혐오의 시대가 아니었음은 앞으로도 『난제의 사유』 곳곳에서 증명된다.

다시 청춘의 이야기를 해보자. 청춘의 삶을 지금처럼 외국 문학 작품으로 살펴보는 것은 한국 정서와 맞지 않기에 우리나라 작품으로 알아보도록 하겠다. 그러기에 앞서 일단 여기서 그런 작품의 줄거리를 창작해 보자. 가칭으로 '최저임금 편의점'이라는 제목의 소설을 써 봐도 재미있을 것이다. 내용은 대략 이런 것들이면 좋겠다. 가령 편의점주 갑의 착취에 을의 불성실한 태도 그러면서 을의 편하고자 하는 눈치보기가 시작된다. 장사가 안 될수록 사장과 알바생 각자의 생각은 괴리가 커지고 멘탈을 붕괴시키는 진상 손님 때문에 알바생은 오래 견디지 못한다.

반대로 200만 원으로도 충분히 행복하고, 마음 따뜻한 손님도 존재하여 괜찮은 편의점 인생을 사는 이야기를 해볼 수도 있다. 편의점 소재가 아니어도 '배달은 나의 힘'이라는 소설도 얼마든지 현실을 빗대어 창작 가능하다. 우리는 책 속의 나를 꿈꾼다. 특히 나의 기대와 꿈, 사회의 환상, 기타 비교적 현실성 있는 일상이 들어간 소설이 있다면 재미있을 것이다. 그런 것들이 팔리는 세상이 된다는 것은 긍정적으로 책을 읽는 사람들이 존재하기에 좋다고 할 수 있다. 하지만 그런 것들만 잘 팔리니까 문제가 된다. 이런 책들은 소설부터 에세이 부류까지 다양하며 이런 소재가 계속 더 각광을 받는다는 건 오히려 좋지 않은 일이다.

작품이 그저 쉽게 읽히고 재미있으면 그걸로 된 것이지만 갈수록 깊이는 사라지고 근원적 문제도 짚어 내지 못하는 글들이 넘쳐난다. 청춘을 말하려면 청춘을 깊게 생각해 보고 읽어 보는 사람이어야 한다. 그저 젊은 세대를 말하는 게 청춘의 글이 아니며, 위 세대나 사회를 비판한다고 시대 고찰이 아니다. 요즘 사람들은 다양한 글을 읽지 않기에 오히려 자신들의 생각을 과대평가한다. 나이가 좀 더 많은 사람으로서 필자는 청춘에게 조언할 마음이 없다. 왜냐하면 남녀노소 할 것 없이 인간은 책을 읽거나 보석과 같은 조언을 똑같이 들어도 그런 걸 감당할 극소수의 사람만이 자기 유용함으로 활용할 것을 알기 때문이다.

대부분 사람은 평생 자기 고집과 가치관 대로 산다. 청춘 중 비슷한 나이에 일을 하고 있는 누구는 스마트폰으로 글을 쓰면서 월급 루팡을 하며 세태를 비판하고, 누구는 폰 볼 시간도 없이 하루 종일 일에 지쳐 힘든 일과를 보낸다. 전자의 사람들은 직장인 커뮤니티에 글을 쓰며 비교로 우쭐대거나 사회에 쓸모없는 에너지와 불화를 만들어 낸다. 물론 모두가 그런 것은 아니다. 현명한 사람은 시시콜콜하며 가십거리인 개인의 영역을 마치 사회 전체의 영역인 것처럼 떠들어대지 않는다. 마치 대표성을 가진 듯이 개인이나 집단의 글은 이제 빠르게 퍼지고 이미지화 된다.

조야한 사람들이 청춘을 그렇게 대표하는 게 요즘 스마트폰형 인간의 문제다. 그중 제일 큰 문제는 논의의 핵심도 아닌 것들을 붙잡고 작은 것들에 얽매이는 사고방식을 일평생 취하는 것이다. 결국 그것은 긍정의 도출 없이 냉소의 제로섬 게임으로 사회 에너지 낭비가 된다. 쪼개지는 다양한 젊음 속에서 청춘은 그저 연애하고 열심히 스펙을 쌓고 잘 놀고 그러면 된다. 사실 사회의 거대한 문제를 인식하고 분석하며 청년의 무엇을 말하기에는 그 젊음은 짧고 유약하다. 누구나 청춘을 겪지만 이때만 느낄 수 있는 순수한 감정이 다시 생기지 않는다는 게 꽃피는 청춘 시절의 가장 큰 특징이다. 만약 이 글을 보는 젊은 사람이 더 멋진 청춘을 보내고 싶다면, 신념이란 무덤에 이성을 묻지 않으면서 사상의 구루병에 빠지지 않게 어떤 열정을 가져 보면 된다. 그게 사랑이든 스펙 공부나 다른 배움이든 골드문트와 같은 유랑이든(여행) 대상이 무엇이든 상관이 없다. 자신만의 취미를 가지고 긍정적이며 열정의 삶을 살아간다면 이 시기에 갖는 불안한 마음을 상당수 없앨 수 있다. 청년 나이에 굳이 아래의 인물이나 작품처럼 거창하고 정의롭게 살 필요는 없다.

전태일은 노동 환경에 집중했고 막심 고리키의 『어머니』의 아들 빠벨 블라소프는 혁명에 진심이었다. 두 인물의 공통점을 굳이 하나 찾자면 노동자의 분기(奮起)다. 실제 시대적 배경이나 역사를 보면 막심 고리키는 자신의 작품을 통해 러시아(구 소비에트 연방)의 혁명의 기운을 예견한 듯이 작품을 전개한다. 이 작품과는 별개로 항상 마르크스 사상을 이상하게 변용하여 국가에 적용하는 리더나 세력은 좋은 결말을 맺지 못한다. 실제 역사적으로 마르크스 사상은 레닌에게 이상하게 활용되고 레닌 사후 스탈린에게도 오용되어 끔찍한 독재정치로 넘어간다. 국가가 농민과 노동자 착취를 막고 자본 독재의 심판자가 되어 줄 거라 믿었던 꿈은 사상의 전체주의 경향으로 인해 오히려 국민을 착취하고 통제하는 결과로 이어졌다. 그러면서 공동 생산과 공동 분배라는 경제의 꿈은 더욱 디스토피아가 되었다.

마르크스의 이상향과 그걸 잘못 활용한 정치의 괴리는 결국 모든 부분에서 자본주의에 뒤처지는 결과를 낳았다. 실제로 마르크스의 '공산당 선언'은 국가 바깥의 민주주의 통제, 공산주의 사상의 문제 인식, 그것의 해결 방안, 권력 분립, 개인의 욕망 인정 등의 이야기는 나오지 않는다. 생산 수단을 가진 자들의 노동자 착취는 마치 가부장적 사회에서의 아버지와 같은 존재다. 다만 마르크스는 실제 가부장제를 빗대어 남녀에 대한 거대 담론을 다루지는 않았다. 나중에 가서야 엥겔스가 자본주의의 자본 집약성을 가부장제와 연관 짓는다.

마르크스 사상은 자본주의 문제 인식만 있을 뿐 그다음 미래 설계와 예측 그리고 국가 운영에 대한 자세한 기획이 없다. 마르크스의 이런 맹점으로부터 우리는 어떤 사안에 대한 비판은 쉽지만 그 문제 제기 후 대안을 구체적으로 가지기란 쉽지 않다는 것을 알 수 있다. 세상이 불만으로 가득한 청춘의 눈에는 조금만 세상 비판적인 관점을 가지면 잘못된 게 아주 많이 보인다. 그래서 남녀나 세대 기타 어떤 집단 등에 그렇게 냉소적인 것이다.

젊음은 질풍노도의 시기이고 질풍노도 하면 흥겨운 국내 가요 '질풍가도'가 생각난다. 또 별로 상관없는 에밀리 브론테의 『폭풍의 언덕』이 떠오른다. 어려서부터 이런 고정 도식화가 머릿속에 왜 생겼는지는 모르겠지만 아마 바람 '풍'이라는 단어 때문인지도 모르겠다. 구렁이 담 넘어가듯이 이 억지스러움의 연계를 눈치챘는가? 젊었을 때 너무나 열정적 비판이나 과몰입은 때론 억지스러운 결말에 도달하게 한다. 자연스럽게 아니 자연스럽지는 않았지만 이제 『폭풍의 언덕』 이야기를 해보자. 기억나는 것만 기억하자면 『폭풍의 언덕』 내용은 주요 인물인 히스클리프와 힌들리의 관계가 대부분을 차지한다. 젊은 시절 위 둘은 서로가 서로에게 질풍노도의 존재였고, 어느 정도 나이가 들어서도 이 관계는 계속된다. 참고로 히스클리프와 캐서린 언쇼의 사랑 이야기도 있지만, 이 작품을 처음 읽을 때나 지금이나 단순 연애소설이라고 느껴본 적은 단 한 번도 없다.

연애로 인한 감정보다 인간의 시기, 질투, 오해, 복수, 욕망 등이 실제 소설을 읽으면 더 크게 다가온다. 아직 안 읽어 봤다면 검색을 통해 줄

거리를 읽지 말고 백지 상태에서 책을 읽어 보기를 바란다. 이 작품을 읽은 사람들 또한 연애 소설 느낌 자체보다는 다른 다양한 감정을 먼저 느낄 거라 생각한다. 톨스토이의 『전쟁과 평화』에 비하면 『폭풍의 언덕』 인물 관계도는 복잡함은커녕 아주 단순해 보일 정도니 처음부터 등장 인물에 주눅들 필요는 없다. 다만 대충 읽으면 등장인물 관계가 약간 헷갈릴 수 있다. 이 소설이 재미있는 것 중 하나는 인물의 관계 설정이 딱 적당하면서도 그 긴장 관계가 계속 유지된다는 점이다.

『폭풍의 언덕』은 현대적 드라마로 각색하여 스핀오프 영상을 만들어도 괜찮을 정도로 캐릭터가 분명하고 설정도 짜임새가 있다. 그런데 실제로 『폭풍의 언덕』 작품은 완전한 원고가 아니다. 이런 태생적 한계가 있음에도 이 소설은 현대인이 읽어도 전혀 촌스럽지 않은 에피소드로 채워져 있다. 만약 소설을 다시 각색한다면 을씨년스러운 전체적 느낌을 다르게 바꿔 보면 좋을 것이다. 사실 이 작품을 오래전 한 번 읽은 기억밖에 없어 주요 핵심 줄거리만 생각난다. 즉 히스클리프와 힌들리의 과거, 현재, 미래 이야기에다 히스클리프의 욕망 실현만이 각인되어 있다. 두 번 읽고 싶은 소설은 그다지 많지 않은데 이 작품은 두 번 이상 읽고 싶은 마음이 생긴 작품 중 하나다. 그래서 어디가 훌륭하고 어디가 부족한지 더 분석해 보고 싶은 작품이다.

『폭풍의 언덕』으로부터 청춘에 대해 뭘 말할 수 있을까? 어떤 한 사람의 언행이나 가치관에 대해서 "잘못되었다!"라고 말하는 건 1차원적이다. 왜 그들이 그렇게 행동하고 그런 가치관을 가졌는지 그래서 왜 그런 삶을 사는가에 대한 이해를 해보는 게 소설을 읽는 올바른 태도다. 작품 속 그들의 가치관이나 신념을 믿어 보고 이해해 보는 게 훨씬 유용한 해석을 우리에게 준다. 가령 『죄와 벌』에 등장하는 라스콜니코프의 자기 합리화를 그저 비열하게만 생각하기보다 왜 그런 합리화를 하는지 이해해 보는 것이 더 나은 청춘의 독서다. 그저 인물이나 세상을 선악으로 따지고 사이코패스 라스콜니코프라고만 생각하면 우리가 문학 작품을 이해할 필요가 없게 된다.

그런데 이런 단순한 생각과 평가가 만연한 곳이 온라인 세상이다. 그러면서 스마트폰에서는 냉소주의의 축약 단어가 대부분을 차지한다. 누군가를 무엇으로 규정해 버리고 맥락을 무시하면 결국 소통의 단절을 가져온다. 사피어와 워프는 '언어가 있어야 생각을 한다'라며 언어의 결정론적 입장을 논한다. 물론 선제적 언어에 대한 사고의 결정론적 시각을 비판하는 학자들도 있다. 언어는 절대적이며 때로는 상대적이기 때문에 그 비판은 당연하다. 그러나 사피어와 워프의 주장처럼 언어가 단순한 의사소통이 아닌 문화와 사고방식에 영향을 준다는 사실을 부정할 수 없다.

현대 사회는 커뮤니티의 나쁜 언어 때문에 위험에 직면해 있다. 우리는 쓰는 언어를 조금 바꿔야 한다. 청춘이 말하는 신조어 언어 놀이를 이해하지만 그저 폐쇄적인 단어와 극단적 문장은 시대마다 있는 언어의 생성과 소멸의 문화와는 확실히 다른 영역이다. 언어 외에 청춘의 삶을 이야기하고 세상을 비판하는 것은 자유지만 그 비판 논거와 이해바라기는 제3자가 볼 때 공감과는 다른 문제다. 그저 위 세대를 비판하며 구조화되고 관성화된 틀을 깨고자 하는 것이 청춘의 전유물이 아니다. 모두가 겪어 온 청춘 세대 중 긍정적 비판은 비아냥과 냉소의 언어로만 하지 않았으며 투쟁하는 행동도 함께 보여주었다. 그러다 좌절하기도 하였고 일부 청춘은 나이가 들면서 현실에 타협하는 기득권이 되기도 하였다. 그런 기득권은 다음 세대와 후세대 간 사회 불화의 톱니바퀴가 된다.

사실 젊으나 나이가 많으나 인간 모두는 편한 관성의 이득을 누구나 포기하지 않으려고 한다. 이런 비평적 생각으로 자기 마음속 속물 근성이란 거울을 보면 사람들은 지금보다 타인에게 좀 더 겸손해질 것이다. 그리고 나이가 든 사람이나 청춘이나 인간은 마음의 여유와 자신감을 가져야 한다. 실제 축구를 할 때 압박으로부터 여유를 갖지 않으면 시야가 좁아지고 마음이 급해진다. 결국 공을 뺏기거나 패스를 잘못하고 스스로에게 화를 낸다. 하지만 여유 없는 사람들은 보통 자신에게 화를 내는 게 아닌 타인에게 화를 내고 배려심이 없다. 그게 개인이 아닌 현대 사회에 여유 없음의 진짜 문제다.

현재 그 화의 대상은 세대가 되거나 성별이 되거나 정치 이념이 된다. 실전 축구에서는 자신감이 여유를 만들고 실전 사회에서는 자존감에서 여유가 나온다. 청춘은 이것이 지난 사람에게나 지금 푸른 사람에게나 할말을 많게 하는데 그래서 한 사람이 대변할 수 있는 청춘의 무게를 어떤 책으로 읽어 보면 좋을 것이다. 하지만 그 정도 깊이의 삶을 산 작가나 청춘의 의미를 가진 작품을 찾기란 쉽지 않다. 당신이 그런 주인공이 되길 바란다.

그런데 왜 청춘이 아프고 비판하며 무거움만 있어야 하나? 청춘은 새싹처럼 가볍고 파릇한 감정만 있어도 아름답다. 어차피 청춘을 불안하게 놔두도록 그렇게만 살 수도 없는 노릇이니 삶을 너무 아둥바둥 힘듦으로만 생각하는 것도 불행이다. 지금은 폰을 터치할 때보다 다른 걸 터치하여 도전하고 실행할 때이다. 방안에서 의미 없는 정신적 자위만 하는 사람은 루저이며 바깥에서 젊음 자체를 즐기는 사람이 위너다. 골드문트처럼 바깥에 나가야 이성과 만나 섹스도 하는 것이다. 현시대 빛바랜 청춘들은 우습게도 커뮤니티와 섹스를 하며 희열을 느낀다. 지금은 모르겠지만 10년 뒤 그 삶은 인생 낭비임을 알게 될 것이다. 문제는 10년 후에도 실제로 그걸 아는 사람은 얼마 되지 않는다는 점이다. 왜냐하면 대부분의 인간은 자꾸 비슷한 망각으로 인생을 허비하기 때문이다.

05

대립

정치, 종교, 남녀 그리고 소수와 다수

『사고의 용어사전』이란 책에는 '엠비밸런스(ambivalence)'란 키워드로 철학 분석을 하는 파트가 있다. 양가감정이라는 이 의미를 현실적으로 해석하면 가장 먼저 떠오르는 건 대립이다. 엠비밸런스와 대립은 교집합을 가지고 있다. 대립을 더 포괄적 개념으로 본다면 이 대립은 두 가지로 나뉜다. 하나는 불교에서 말하는 내 자신의 이중성이라는 아(我)와 비아(非我)의 투쟁이 있고, 두 번째는 아(我)라는 주체와 비아(非我)라는 타자의 투쟁이 있다. 투쟁을 나쁘게만 보지 않았으면 좋겠다. 이 글도 어떤 부분에서는 투쟁적이다. 예링은 법의 목적은 평화라고 하면서도 그 평화의 방법은 투쟁이라고 했다.

투쟁의 대상은 국가에 대한 투쟁이나 계급 투쟁 그 외 법적 투쟁 등 다양하다. 예링의 표현만 보면 역설적으로 들리겠지만 누구든지 이 말의 숨은 뜻을 해석할 수 있다. 투쟁은 인간만 가지고 있는 것은 아니다. 헤라클레이토스는 만물은 유전한다고 하면서 "인간은 같은 시냇물에 두 번 발을 담글 수 없다."라고 했다. 이제 많은 사람들이 이 표현을 알고 있다. 그러나 헤라클레이토스가 만물유전을 투쟁으로 생각한다는 걸 아는 사람은 그리 많지 않다. 그는 물질을 투쟁으로 보고 모든 것이 투쟁으로 존재하거나 사라진다고 생각했다. 현대인은 원자의 특성을 과학적으로 관찰했기에 이 말은 결코 틀리지 않았음을 알고 있다.

아리스토텔레스가 『형이상학』에서 질료와 형상을 투쟁이라고 명명하지는 않았지만 이런 표현을 한 적이 있다. 그는 형상이 질료를 지배하려다가 실패한 걸 두고 생뚱맞게 여성의 후손이라고 주장한다. 이걸 보면 아리스토텔레스도 질료와 형상을 투쟁과 가까운 행태로 생각했으리라 짐작할 수 있다. 여기서 질료는 물질을 의미하고 형상은 물질이 가지는 최종 단계를 의미한다. '질료 지배의 실패'라는 저 말을 풀어 쓰면 그가 말한 '자연적 결함'은 곧 여성이 된다. 아리스토텔레스는 간혹 이렇게 여성 비하적 표현을 하였다.

이왕 말이 나온 김에 아리스토텔레스의 남녀 차별적 발언을 하나 더 들어 보자. 그는 헤겔보다 훨씬 앞서 여성은 수동적으로 무엇이 되어지기를 바란다고 하면서 남성은 능동적으로 무엇을 만들어 간다고 주장한다. 참고로 헤겔은 여성을 식물로 비교하고 남성을 동물로 비교했다. 어떤 이미지가 그려지는가? 식물은 그 자리에 가만히 있고 동물은 움직인다. 물론 이런 얘기는 지금 논의할 내용에 중요한 게 아니다. 중요한 건 투쟁의 생명력은 대립과 합일이 되었을 때 물질(자식)을 남긴다는 점이다.

종합해 보면 투쟁은 새로운 무엇을 남기는 일이다. 과연 우리 현대인의 투쟁은 무엇을 남기고 있는지 뒤돌아봐야 한다. 긍정의 결과물이 없다면 그건 투쟁이 아니라 그저 싸움일 뿐이다. 엠비밸런스를 가지고 대립하는 경우는 남녀, 정치 좌우, 종교 신념과 이성 및 과학, 무산자와 유산자, 기득권과 비기득권, 개인과 집단, 유무형에 대한 호불호, 팬심이나 애착 등 아주 다양하다. 특히나 현대인은 어느 소속으로 복잡하게 이리저리 얽히고설켜 있고, 일부 남녀노소는 디깅 문화로 인해 도덕의식이 박약해진다. 만약 이런 사람들이 목소리를 높일 때는 집단의 대표성을 가지고 그 반대편과 대립을 하게 된다. 이럴 때는 투쟁이 아니라 서로가 투사적 혐오로 이어질 가능성이 높다. 그 이유는 편이 갈렸다는 그 자체가 어느 한쪽은 이성과 논리의 전개가 불가능하다는 걸 전제로 하기 때문이다.

경쟁은 대립의 필요조건이면서 긍정의 기대를 해볼 수 있지만 신념으로 인한 갈등은 아무런 긍정도 주지 못한다. 이런 갈등 사회를 조절하는 것은 토론이나 이해가 아니라 실제적으로는 갈등의 결과물인 이성이 만든 법과 제도다. 물론 토론은 사회의 심장 역할을 할 만큼 중요하고 그 설득의 논리는 법과 제도의 기초가 된다. 굳이 따지면 토론(討論)이라는 한자는 무엇을 찾는다는 의미도 있지만 상대방을 공격하고 쳐내는 뜻도 가지고 있다. 그래서 해답이 나오지 않는다.

올리비에 르불의 『수사학』이라는 책이 있다. 르불은 토론의 관점으로 고대 수사학을 보지 않았다. 오래전 읽은 책이라 확실한 워딩은 기억나지 않지만 그는 고대 수사학의 역할에 대해서 담론이든 무엇에 대한 반대 의견이나 찬성 의견이든 그 당시 인간의 대화는 공동체적 의식을 향상시키는 쪽으로 이끌어져 왔다고 말한다. 그러나 우리 민족은 그 공동체적 토론인 아고라와 광장을 제대로 가지지 못했고 의식도 그러했다. 현재 갈등을 겪는 우리 사회 현상을 보면 충분히 이해가 갈 것이다. 자기가 틀릴 수 있음을 인정하지 않고 자기 확신을 가져 버리면 공동체 삶에 균형 감각을 잃어버리게 된다.

칼 융은 "확신은 모르는 것에 대한 심리적 보상"이라고 하였다. 이런 사람들은 타인의 합리적 의견이 나와도 반대편의 관점 공격과 매도로 그 의미를 폄하해 버린다. 토론이나 집단 지성 그 외 사회 지능의 이해를 통한 담론과 그 해결책 찾기를 무시하는 것은 아니지만 여기서는 토론을 조금 염세적으로 보았다. 법과 제도는 국가의 의지이자 존재의 이유다.

그렇다면 국가는 왜 탄생했고 그걸 논의한 사상가들은 누구였을까? 사람들이 약속하고 인위적으로 만든 국가는 크게 두 종류가 있다. 그게 홉스의 리바이어던과 루소의 사회계약론이다. 로크까지 하여 위 사상가들을 뭉뚱그려 '사회계약론'이라고 말하지만 홉스와 루소의 주장에는 큰 차이점이 있다. 홉스가 말한 국가는 말 그대로 괴물과 같아서 한 번 만들어진 국가는 절대 파괴될 수 없다. 왜냐하면 국민과 국가가 맺은 실제 계약이 아니기 때문이다. 홉스에게 개별적 인간은 서로에게 늑대와 같기에 만인의 만인에 대한 투쟁이 된다. 그래서 자기 생명과 재산을 보존하기 위해 인민들(people)은 국가라는 절대 권력을 만들었다. 그게 바로 리바이어던이다.

리바이어던은 성경에 나오는 포악한 바다 괴물 레비아탄에서 유래한 것으로, 이것은 국가 또한 해체되지 않으며 포악해질 수 있다는 것을 의미하기도 한다. 리바이어던에서는 국가와 국민의 관계가 과거 임금과 신하, 즉 군신 관계와 비슷하다. 그렇기에 맹자의 역성혁명처럼 잘못된 국가, 왕, 군주에 대한 저항권이 없다. 반면 루소는 국민들과 국가가 맺은 계약을 일종의 당사자 능력이 있는 사회계약으로 본다. 그래서 국가가 인간의 자연권과 공공의 안녕 질서를 지키지 못할 때는 당사자들이 저항할 권리를 가진다. 즉 국민이 주권을 가지고 있고 국가와 계약을 파기할 수도 있다는 것이 루소의 사회계약설이다.

자연권의 시초라는 로크도 국민과 국가의 계약 관계에 대해서 루소와 거의 비슷한 생각을 가졌다. 다만 퍼거슨이라는 학자는 국가를 국민과의 계약으로 보지 않고 자연 발생적인 존재로 생각한다. 지금 중요한 건 국가와 국민의 계약 형태가 아니다. 국가의 존재를 국민과의 계약으로 보든 아니든 간에 국가는 하나의 큰 문제점이 있다. 국가는 그것이 설령 반헌법적이고 비인간적인 폭력이더라도 때론 어떤 체제에서는 합법적인 행태가 될 수 있으며, 국민을 강제적으로 움직이는 힘을 가진다. 특히 권력 분립이 아닌 독재 국가에서 이런 일이 자주 발생한다. 그래서 몽테스키외는 『법의 정신』에서 삼권분립 이야기를 꺼낸다.

삼권분립이란 국민의 자유를 위해서 입법부, 사법부, 행정부가 서로 견제하게 하는 것을 말한다. 우리나라는 리더나 정권에 따라 이 삼권분립을 악랄하게 이용하곤 했는데, 그게 21세기에도 일어나고 있다는 게 놀라울 뿐이다. 독재 정권이 아닐 때 국가의 권력이 망나니처럼 날뛰지 못하게 하는 데는 세 가지 조치가 필요하다. 그게 바로 리더의 인사권 활용과 권력분립 기관 업무의 완전한 독립 그리고 신상필벌이다. 이 세 가지 전제 조건은 바른 정권의 정의로움으로 시작되어야 한다.

최근엔 법을 다루는 공무원들이 법을 사적으로 유린하는 경우가 종종 발생하는데 이것을 방지하기 위해 독립된 조직의 불법은 확실하게 처벌해야 한다. 그래서 법왜곡죄 처벌이 논의되고 있으며, 이 법의 전제는 무엇보다 법을 다루는 자들의 불법은 일반 국민의 죄보다 더 엄하게 다스려야 한다가 돼야 한다. 그런데 우리나라는 전관 비리를 이용한 인맥과 선후배 관계 그리고 정부나 기타 조직체로부터 서로 자유롭지 못하여 사람과 처벌이 제대로 분리되지 않는다. 우리나라는 대통령제가 문제가 아니라 그걸 이용하는 정권, 즉 정치하는 사람이 문제다. 그 무엇도 완벽한 제도는 없기에 국민들은 권력자들이 주권자로부터 조금이라도 덜 영향을 받으려는 제도 개혁에는 정치 성향에 관계없이 반대해야 한다. 가령 분권적 대통령제 같이(표현은 다 다르지만 결국 내각제) 지금의 대통령제를 비판하는 척 듣기 좋은 소리를 하면서 헌법 개정을 하자는 것에 국민은 속지 말아야 한다.

국민의 의지가 지금의 정치 체계보다 더 많이 반영되게 하는 것이 개헌의 핵심이자 제도 개혁의 중심이다. 이것만 잊지 않으면 뱀의 혀에 속지 않는다. 이 뱀의 혀는 언론이나 정치인 기타 이념의 감옥에 갇혀 선동하는 사람들까지 아주 다양하다. 이것은 정당 정치에도 해당이 되는데 이때도 이성적 정당이라면 당원의 의지가 더 평등하고 민주적으로 반영되는 쪽으로 가는 것이 옳다. 그리고 우리나라도 헌법 개헌, 개정이 아니라 헌법 수정이라고 용어를 바꿔 보자. 5공화국, 6공화국 이후 40년 이상 그대로 존재한 헌법 일부 내용은 수정이 불가피하고 더 이상 늦춰서는 안 된다. 언론과 일부 정치 세력의 정파적 논리 때문에 항상 바보같이 헌법 수정 이야기는 쏙 들어가는데 이것에 제일 일조하는 것이 언론이다.

언론은 명백히 나쁜 것이나 악한 것도 중립으로 만들어 버리는 힘이 있고 국민은 그것에 평생을 속는다. 이런 연장선상에서 보면 사법부에 대한 행정부의 통제는 인사와 예산 관리, 법적 처벌 외에 정파적이고 언론 플레이 등이 충분히 가능하다는 점에서 진정한 사법 독립의 한계가 있다. 결국 이런 것을 전체적으로 다루며 잘할 수 있도록 하기 위해서는 바른 리더와 정권을 뽑는 현명한 투표가 중요함을 알게 된다. 그런데 리더가 훌륭해도 사법부가 기득권적이고 정치적 행태를 보일 땐 또 나라의 근간이 무너지곤 한다. 너무 미시적으로 들어가지 않기 위해서 판사, 검사의 일부 고위직 공무원에 대한 직선제 등의 이야기는 여기서는 하지 않겠다. 일단일장이 있다고 보기 때문이다.

앞서 말했지만 중요한 것은 명백히 잘못된 판결과 기소에 대해서는 엄격한 처벌이 있어야 한다는 점이다. 조직 동일체에 대한 관성을 깨뜨리기 위해서는 공무원의 신상필벌을 확실히 하고 서로를 견제하게 해야 한다. 참고로 우리나라의 비위 검사에 대한 기소율은 0.1%로 한국 검찰은 해방 후 70년 동안 세계에 유례가 없는 권력을 가진 망나니 집단이었다. 그들은 국민의 법 감정과 엄청난 괴리가 있는 행태를 보여왔기에 개혁 대상이 되었고, 지금은 곧 이름이 바뀌며 개혁 수술대에 올랐다. 검찰과 쌍둥이인 판사는 국민 세금을 허투로 쓰고 접대를 받았는데도 제대로 심판을 받지 않으니 99만 원은 영원히 잊히지 않는다. 또 재판 거래를 하고 내란에 동조하며 국민의 기본권을 침해하려는 판사 위에 판사들을 잊어서는 안 된다. 이것에 침묵한 조직체의 같은 판검사 일원들도 사실은 비겁한 자들이다.

더 비겁하고 비열한 자들은 정권에 따라 선택적으로 비판하면서 자신이 정의로운 척하는 일이다. 권력은 엄청나게 많으면서 그동안 통제받지 않은 신리바이어던이 검찰과 법원이었다. 또한 우리는 판사, 검사, 기재부, 공정위 전관들이 각종 기업이나 대형 로펌에 채용되어 비리를 무마하는 행태를 더 이상 좌시해서는 안 된다. 우리는 기업에 대한 징벌적 손해배상을 말하지만 이것이 입법만의 문제는 아님을 알고 있다. 왜냐하면 전관 비리 판검사와 기업은 한몸이기 때문이다. 법이 있어도 판결하는 자가 이미 오염되어 있고 판결하기 전 기소조차 안 되면 악의 처벌은 아무런 의미가 없다. 그리고 기업과 판검사 외에도 소위 엘리트 의식을 가진 직업 집단은 똘똘 뭉쳐 그들만의 카르텔을 형성한다.

아담 스미스는 판검사와 같은 권력자들과 고용주의 결합으로 인해 고용인들인 국민은 늘 그들에게 당하게 되어 있다고 말한다. 즉 이런 권력 카르텔은 돈 없고 배경 없는 국민 다수에게 큰 적이다. 참고로 아담 스미스를 사람들은 오로지 자유지상주의나 시장지상주의자로 착각하는데 그는 어떠한 시장의 독점도 반대했다. 이제 우리 국민도 그들에게 판결을 해야 하는데 기소 이유와 판결은 아래와 같다.

과거와 현재 행태를 종합해 보면 그들은 절대 스스로 청결해질 수 없다. 그렇기 때문에 판검사나 고위 공무원 퇴임 이후에 정치 참여나 사기업 취업, 변호사 등을 수년간 못하게 해야 한다. 이것은 헌법이 정한 직업 선택의 자유와 상충하지 않는다. 왜냐하면 이로 인한 조치가 권력과 돈이 없는 국민에게 훨씬 이로움을 가져다주고 정의롭기 때문이다. 하지만 정작 자신들의 밥그릇만 챙기는 판검사들은 다른 해석을 할 게 뻔하다. 여기에다가 권력자도 아닌 노예들이 자발적으로 잠음을 만들면 이런 판검사 행태에 대한 악의 평범성은 정치적 문제로 희미해져 버린다.

위 문제들도 결국 국민과 국가에 대한 대립 그리고 투쟁의 요소가 있음을 보여준다. 앞서 예링의 『권리를 위한 투쟁』 내용을 잠시 소개한 것처럼 국민이 국가에 대한 투쟁을 결코 포기할 수 없는 이유가 바로 여기에 있다. 금수 같은 판검사와 언론은 사라지지 않을 것이며, 국민의 인권을 위한 척 달콤한 말로 개혁을 거부할 것이다. 그래서 그들의 조작이나 비리, 각종 가짜 뉴스 등에 대한 처벌이 국민 눈높이에 맞춰질 때까지 깨어 있는 시민들은 계속해서 개혁 입법을 요구해야 한다. 어떤 바보 청춘들은 개혁을 요구하는 쪽마저 기득권으로 보고 다같이 나쁘다고 생각하지만 그건 아주 옹졸한 마음이다. 이것은 정치와 양비론의 문제가 아니라 비인간적인 자들에 대한 인간적인 당연한 요구다. 난제의 글은 훌륭한 목사와 기자, 판검사가 있음에도 불구하고 이 신악의 평범성을 오로지 나쁘게만 보는 고집을 가지고 있기에 이들은 앞으로도 간간히 나쁘게 언급될 것이다.

이번에는 밈 문화로 인한 조건 반사적 대립을 이야기해 보겠다. 사람에 대한 이해는커녕 언어에 대한 이해도 없는 사람들이 늘어나고 있다. 그래서 글을 읽고 쓸 줄은 알되 실질적 문맹률이 높아진 상태가 지금의 대한민국 사회다. 더군다나 사람들이 화가 나 있어 이해할 마음까지 가지고 있지 않기에 소통이 그 어느 때보다 어렵다. 이것은 비단 우리나라만의 문제는 아니며 극단적 대립이나 조롱이 난무하는 건 현재 선진 국가에서는 거의 공통적인 현상이다. 그 이유는 대체로 온라인에 매몰된 인간들 때문이다. 물론 궁극적 원인은 부의 불평등이나 경쟁 사회 같은 것이겠지만, 이번 논의에서는 생각하지 않을 것이다.

스마트폰과 영상은 크게 세 가지로 사람을 움직인다. 첫 번째는 내가 좋아하기 때문이고, 두 번째는 내가 싫어하기 때문이다. 세 번째는 세상 사람들에 대하여 참을 수 없는 관음이나 궁극적 인간의 호기심 차원이다. 나는 이것을 관음의 대중이라고 표현한다. 이 세 번째에서는 누구나 이슈를 만들 수 있고 누구나 시선을 받거나 응시를 할 수 있다.

여기엔 인플루언서나 수준 미달의 기자, 기타 온라인 얼간이와 프로보커(provoker) 등 아주 다양한 부류가 참여한다. 개인이 가지는 좋아함과 싫어함에 단호한 마음이 있다는 것 자체가 곧 나쁘다는 것을 의미하지는 않는다. 그것이 순전히 개인적이면 별문제가 없으며, 오히려 인간이 살면서 선호와 불호를 가지는 것은 좋은 일이다. 그러나 사람들이 그것을 내면에서 참지 않고 분출할 때는 문제가 된다. 이 싸움꾼들은 그저 비아냥대든지 아니면 완전히 잘못되거나 정상이성이 이해하지 못할 밈으로 상대방을 공격하면서 자기 욕구를 채운다. 이들에겐 논리와 보편적 이성이 없기에 진실의 여부가 중요하지 않다. 왜냐하면 얼간이들은 이념이나 자기 감정의 소중함만이 있어서 여러 편향 속에 살기 때문이다. 하물며 이들은 인도 영화 『세 얼간이』처럼 순수함도 존재하지 않는다. 참고로 세 얼간이는 명문대생들이다. 결국 이상(異常) 성향자들은 정반합에 이르지 못하고 반목과 자아 만족에 의한 감정주의 상태에 머무른다. 문제는 이런 사람들이 사소한 것과 쓸데없는 것에 분노하여 사회 에너지를 낭비하게 만든다는 점이다.

분노는 두가지 심리적 기제를 따른다. 하나는 본능적 방어심리이고, 두 번째는 고귀한 가치관에 따른 어떤 인간다움의 발현이다. 전자만 가지고 있는 사람은 분노가 곧 혐오로 전이(轉移)된다. 반면 후자인 사람은 가령 독립운동을 한다거나 민주화 운동을 하는 것과 같이 죽음에 대한 두려움 대신 애국이나 정의에 대한 갈망이 앞선다. 어떤 분노는 양가감정 혹은 대립의 분노 형태를 띤다. 가령 장애인 시위의 경우 위두 가지 분노가 동시에 존재하며 이걸 불편하게 받아들이는 대립된 사람들이 있다. 이때 무엇이 좋고 나쁜지와 무엇이 진리인지는 평가하기 힘들며 그저 제3자들만이 이들 분노 현상을 논의할 수 있을 뿐이다.

나쁜 분노는 속보이는 이기적 자기 마음 채움이나 자신의 물질적 피해와 정신적 불편을 조금이나마 겪었을 때 일어난다. 이런 분노는 개인에게만 당연할 뿐 사회에는 가소로운 분노다. 사회 문제를 인식하는 분노인가 아니면 개인 문제를 유희 대상으로 보는 분노인가에 따라 그 분노는 질적 차이를 만든다. 사람들은 분노를 나쁘게만 보는데 분노는 이렇게 긍정과 부정의 이중성을 가진다. 다만 현대인의 자잘한 분노들이 현재는 일상 혐오적이고 공허해서 문제다.

데모크리토스에게 세계는 물질과 공허만 존재하는데 이 공허는 원자가 행동하는 다양한 장(場)을 제공해 준다. 쇼펜하우어의 공허와 불교의 공허 또한 어떤 의식 깨달음의 존재가 되는 특별한 어떤 장이 된다. 그러나 우리의 공허는 사전적 의미대로 정말 헛된 결과물이다. 여기서 말한 장(場)을 확대 해석해 보면 패러다이가 말한 과학적 자기장과 비슷한 것으로, 어떤 보이지 않는 힘을 의미한다. 현대인에게 이 장(場)은 손아귀에 쥔 전자파 기기에 있으며 또 모두에게 있다.

인간은 자석과 같은 성질을 띤다. 자석을 아무리 다양하게 쪼개고 분리해도 결국 N극과 S극의 성질을 가지는데 인간 또한 내적 편견의 해체 과정을 겪어도 계속해서 편견 속에 마주한다. 이렇게 물질이든 인간이든 대립의 필연성이 존재한다. 이걸 현대 철학은 주체와 타자로 귀결하여 엄청난 논의를 이어간다. 그런데 자석은 서로를 밀어내지만 '위치'만 바꾸면 언제 서로 밀어냈냐는 듯 바로 붙는 성질을 가진다. 우리는 여기서 위치를 관점으로 치환해서 생각해 봐야 한다.

　세상을 보는 관점은 위치에 따라 다른데 이 핵심을 언급한 게 최인철의 『프레임』이라는 책이다. 책 분량도 얼마 안 되고 내용도 술술 읽히니 한번 읽어 보길 바란다. 우리에게 익숙한 표현인 "왜 사냐건 웃지요"라는 김상용의 시는 '남으로 창을 내겠소'라는 구절로 시작한다. 어떤 창을 내는지는 당연히 자신의 마음 창에 달렸으며 이 창을 어떤 방향으로 내느냐에 따라 세상이 달리 보인다. 이것이 프레임이다. 우리는 각기 마음의 창이 다르기에 불화를 겪고 대립을 한다. 창과 창이 평행하면 아무리 대화를 하고 바른 논리를 펼쳐도 만나지 못해 물극필반 같은 현상이 일어나지 않는다. 입자가 충돌하여 어떤 물체가 생겨났듯이 인간 개인 입자와 타인 입자도 충돌하여 사상과 구조의 개혁이 이루어지고 제도가 만들어진다. 그래서 물질과 정신끼리 충돌하는 게 항상 나쁜 게 아니다. 이 충돌을 국가로 환원하면 새뮤얼 헌팅턴의 『문명의 충돌』이 된다.

　헌팅턴은 과거엔 문명과 문명이 만나 대립을 이뤘다면 냉전 체제 이후엔 민족과 종교 사상 등의 새 충돌이 생기리라 예견한다. 다만 서구 사회를 중심으로 충돌을 보았다는 점에서 혜안의 한계가 있다. 기존 이데올로기나 새로운 이데올로기를 이분법적 대립으로만 보면 근본적인 충돌 문제를 찾기가 힘들다. 참고로 이데올로기는 이데아(idea)와 로직(logic)의 합성어로 어떤 현상에 대한 인식이나 관념을 뜻한다. 이것을 나폴레옹은 자신을 비난하는 집단에 대해 이데올로그라 칭하면서 이데올로기를 부정적으로 이용한다. 현대에 와서는 이데올로기가 목표라는 이념 성향을 의미하며 마르크스 사상에서는 이데올로기의 수단이 곧 투쟁이 된다. 그는 생산 수단을 소유하지 못한 노동자, 즉 프롤레타리아와 생산 수단을 가진 자본가를 대립으로 전제한다. 자본주의에서 이 태초의 불평등 관계가 이뤄지는 것을 마르크스는 '원시적 축적'이라고 말한다. 추후 이 용어는 따로 설명할 테니 지금은 넘어가도록 하자. 이 격차는 나중에 노동자의 잉여노동 착취로 이어지는데, 마르크스는 이것을 투쟁으로 생각했다.

마르크스가 생각한 노동자 계급 투쟁이 사라지려면 현대 사회에서는 협동조합 형태나 이와 비슷한 공동체가 존재해야 한다. 유토피아이긴 하지만 마르크스가 볼 때 이런 생산 수단의 연합은 착취가 존재하지 않는다. 그러나 우리가 아는 실제 공산주의 시스템은 역설적으로 노동의 불평등을 만들어 내며 이 불평등은 심리와 육체 둘 다에서 기인한다. 결과적으로 체제와 사상을 어떻게 국가에 적용할지는 리더와 시스템에 따라 달렸다. 그런 면에서 레닌과 마오쩌둥은 체제나 제도를 더 낫게 변용하기보다 그저 자기들 신념대로 나라를 운영한 것에 불과하다. 설령 목표가 좋을지라도 수단과 방법이 실제에 맞지 않게 되면 엉망인 국가 상태가 된다.

마르크스의 책『공산당 선언』은 한번 읽어 볼 만한데 이 도서는 절대 레닌과 스탈린 그리고 마오쩌둥처럼 행동하라고 하지 않는다. 아직 이 책을 읽지 않은 상태에서 막연히 정치 논리로만 보는 사람이 있다면 그 사람은 매우 협소한 인식과 우스꽝스러운 확신 편향을 가질 것이다. 이 책은 현대 사회에서 열정페이로 착취당하는 을의 사회 구조도 엿볼 수 있으니 로크의 백지 상태로 책 읽기를 해보면 좋겠다. 마르크스를 언급한 김에 그가 말한 종교와 현실의 대립을 이야기해 보자. 그는 종교에 대해 '인민의 아편'이라고 주장했다. 이 뜻을 풀어 쓰면 종교는 인간의 정신 상태를 나약하게 한다는 것인데, 이것은 마르크스보다 니체가 더 알아듣게 표현하였다.

니체는 종교가 불쌍한 인간을 위해 존재하는 게 아니라 오히려 불쌍한 인간을 양산한다고 주장한다. 그러면서 그는 종교가 적극적인 인간의 의지를 가질 수 없게 하며 오히려 신에 의지하도록 인간을 수동적으로 만든다고 보았다. 여성 인권과 노동권 증진에 일조했던 카톨릭

신자 시몬 베유도 『중력과 은총』이라는 저서에서 불행한 자신을 너무 신에게만 의지하지 말라고 말한다. 그녀는 그런 시련이 오면 오히려 자신을 강하게 만드는 의지로 활용해야 한다고 주장한다. 종교가 개인의 영역에서 끝나거나 사회에 부정적 영향을 끼치지 않고 법의 테두리 안에서 이뤄지면 비판할 필요가 없다. 그러나 그게 아니기 때문에 사회 문제가 된다. 이것에 대해 이미 스피노자는 350여 년 전에 우리 시대를 예견한 통찰을 하나 보여주었다. 그는 이렇게 이야기한다.

> "나는 그리스도적 신앙, 다시 말해서 사랑, 평화, 기쁨, 자제, 만인에 대한 자선을 고백하는 것을 사랑하는 사람들이 그처럼 악의에 불타는 원한으로써 서로 반목하고 매일 서로 심한 증오로 적대하는 것을 보고 때때로 이상하게 생각했다. 그들 신앙의 목표가 그들이 주장하는 덕(德)보다는 오히려 증오가 아닌가 하는 의심까지 하였다."

이것을 한마디로 요약하면 기독교인은 모순적이고 입만 살아 있는 존재들이라 할 수 있다. 기원전 인물인 에피쿠로스도 이와 비슷한 이야기를 했다. 에피쿠로스의 이 말을 처음 알았을 때는 잘못된 길을 가는 기독교인에 대한 비판의 말들이 모두 축약되어 있어 전율이 돋았다. 에피쿠로스는 "진정 불경한 자들은 대중이 경배하는 신들을 부정하는 자들이 아니라 대중이 신에 관해 생각하는 것을 신들이 지닌 것으로 단언하는 자들이다."라고 말한다. 물론 그가 말한 신은 하느님이나 예수 그리스도는 아니다. 스피노자가 살았던 시기는 철학 및 과학과 종교가 혼합되어 현실과 투쟁하는 상황이었기에 현대 사회에서의 종교 반목과는 양태가 조금 다르다. 그러나 그가 한 말은 현시대에 그대로 적용해도 전혀 틀린 게 없다.

종교인의 믿음과 비판은 과거와 현재도 그렇듯이 앞으로도 계속될 것이다. 다만 파스칼의 『팡세』에 따른다면 무신론자는 도덕도 모르고 비참함도 모르며 세상을 모르는 무지한 인간이 된다. 그래서 그런 것인지는 몰라도 로크는 무신론자에게 관용을 베풀어서는 안 된다고 주장한다. 정말 이들의 말이 맞을까? 오히려 과거부터 현재까지 악이란 악은 모두 저지른 게 기독교 아니던가. 파스칼은 독실한 기독교인이었으며 『팡세』에서 철학을 말하면서도 무신론자를 신랄하게 비판한다.

어느 기독교 학자는 믿음이란 "십자가 위에 이성을 묶는 일이다."라고 했는데 누군가는 절대로 이성이 묶이지 않는다. 사실 묶이고 싶어도 잘 묶이지 않는다. 이런 사람들 중에서는 기독교 이전 예수님을 모르는 시대의 사람들은 과연 '지옥에 갈까, 아니면 천국에 갈까?'라는 아주 사소한 질문들이 머릿속을 떠나지 않는다. 보통은 모른다고 하는 것이 기독교인들의 정답이다. 반면 이것에 대한 해답이 성경에 있다고 주장하는 사람들이 있는데 그렇게 되면 성경이나 지구의 역사는 그들이 말한 것과 모순이 된다. 이것은 마치 태초에 빛이 된 빅뱅 이전에는 아무것도 없어야 하는 것과 같다. 하느님은 스스로 존재하는 자이지만 그 이전은 불가지론에 빠진다. 성경에 모든 대답이 있다고 말하는 사람들은 이 말을 이해할 수 있을까? 신이 문제가 아니라 신적으로 해석하고 싶은 인간이 문제다.

니체의 사상은 스피노자로부터 영향을 아주 많이 받았으리라 확신한다. 여기에 더해 쇼펜하우어까지 위 셋은 알면 알수록 재미있는 철학자들이다. 이들은 각자 특정 영역에서 조금씩 비슷한 페시미니즘적 시각을 가진다. 심지어 동정심에 대해서도 그들은 염세적이었다. 스피노자가 동정심에 대해서 무용론(추후에는 인정)을 주장했다면, 니체는 동정심은 이기적인 사람이 하는 것이라고 말한다. 더 정확히 보자면 스피노자가 말한 동정심의 무용성은 '이성적인 상태에 동정심은 유용하지 않다'이기에 그의 뜻을 좀 더 크게 봐야 한다. 이와 비슷하게 책

『공감의 배신』처럼 무조건적인 공감주의가 항상 선이 되는 것은 아니라는 사실을 인지하는 것도 필요하다.

역설적으로 사실 스피노자는 기독교로부터 추방당해서 감정이 아닌 이성적 동정이 가장 필요한 사람이었다. 그는 종교뿐만 아니라 학자로서 인정도 받지 못해 안경 세공 일을 하면서 마흔 네 살이라는 짧은 여생을 마감한다. 니체는 스피노자에 대하여 '나약한 은둔자'라는 표현을 한다. 실제 쇼펜하우어는 친한 친구가 없었고 연애는 했지만 평생 독신으로 살았다. 철학자들이나 작가들이 쇼펜하우어와 스피노자 그리고 니체에 대해 예를 들어 가면서 공통점을 말하는 걸 거의 보지 못했다. 오히려 차이점을 더 부각하기도 한다. 하지만 그들 책을 읽어 보니 이들의 공통점이 강하게 떠오르는 부분이 많았다. 어떤 주제에 대해 표현만 서로 달랐을 뿐 니체는 자신보다 앞서 산 스피노자와 쇼펜하우어의 두 선배 사상을 조금씩 변용했다. 가령 스피노자와 니체 두 철학자가 말한 신과 선악에 대한 해석 그리고 민주주의에 대한 해석이 그런 것들이다. 스피노자가 신, 리더, 메시아 등에 대해서 말한 초자연적인 것과 후광을 바라는 민중에 대한 수동적 생각은 앞서 언급한 대로 니체의 종교 비판과 거의 비슷하다. 어떤 것들은 스피노자가 이미 사유했던 걸 니체가 좀 더 알아듣기 쉽게 설명한 것들도 있다.

스피노자의 저서는 이해하기 어렵지만 현대에 와서도 들어볼 만한 가치가 충분히 있다. 참고로 어려움이 꼭 번역의 문제는 아니다. 스피노자에게 신은 기독교가 말하는 하느님이 아니며 마치 아인슈타인이 의식하는 신의 관념과 비슷하다. 아인슈타인이 말한 "신은 주사위 놀이를 하지 않는다."에서 신의 의미는 인격신이나 영(靈)적인 존재가 아닌 어떤 물질의 법칙을 이끄는 존재다. 더 정확한 맥락은 아인슈타인은 만약 진짜 신이 있다면 하이젠베르크가 말하는 것처럼 과학적으로 불확정한 짓은 하지 않는다고 생각했다. 스피노자에게도 신은 그런 존재이며 자연을 이끄는 힘이 그에겐 신이다. 실제로 스피노자는 도덕과 신 등을 기하학적으로 이해하고자 하였다. 기하학은 곧 과학이자 법칙이 된다. 사람들은 그를 범신론자나 심지어 불가지론자 등이라고 말하지만 그건 스피노자를 반만 이해한 것이다. 굳이 따지면 그는 신의 관념을 믿었을 뿐 무신론자에 가깝다. 위 둘의 공통된 신 관념 이외에 니체가 말한 '선악의 저편' 내용도 스피노자의 생각에서 힌트를 얻었으리라 본다.

스피노자는 음악이 선악이 될 수 없다고 말한다. 가령 우울한 사람에게 음악은 선(善)이 되지만 부모님이 돌아가셔서 초상을 당한 사람에게 음악은 악(惡)이 될 수 있다. 사실 추후 언급될 중국 완적이라는 인물의 역발상으로 보자면 초상집에도 음악은 선이 될 수 있다. 과거 2002년 월드컵 당시 초상집에도 한국이 골을 넣었을 때 기쁨의 응원이 있었다. 이것은 때와 상황을 어떻게 볼 것인지에 대한 인식과 의지의 문제다. 니체의 그 유명한 텍스트 '권력의지'나 '초인(위버멘시)'은 쇼펜하우어가 앞서 언급한 '세상의 내적 본질은 의지(will)'라는 말에서 사상의 발전을 했으리라 생각한다. 세상이 허무하기에 오히려 삶을 향한 의지를 가져야 한다는 게 쇼펜하우어의 기본적 입장이다. 만약 그렇지 않으면 삶이 자살로 끝나거나 지루함과 우울함을 느끼며 생기 없음이 우리 인생을 지배하게 된다.

민주주의에 대해서도 니체는 '무리 본능' 혹은 '무리 짐승' 같은 행태를 보인다면서 비판하였는데 이것은 스피노자가 말한 군주나 신으로부터 집단 행태를 언급한 부분과 유사하다. 우리는 위 두 사상가로부터 민주주의 또한 전체주의 혹은 파시즘 성격이 있음을 알 수 있다. 실제 니체는 "집단으로 행동하는 사람 중 정상적인 사람은 단 한 명도 보지 못했다."라며 무리 본능형 인간을 신랄하게 비판한다. 이 얘기는 이 책에서 비슷하게 몇 번 더 이야기하게 될 것이다. 민주주의 시스템으로 뽑힌 대표자가 독재자와 다른 유일한 차이점은 권력의 습득 과정이 선거를 통해 민중이 결정했다는 점이다. 그래서 투표, 선거가 제도적 공평성을 준다고 하지만 항상 결과의 평등이나 올바른 선택이었다는 것을 증명하지는 않는다. 또한 이런 민주적 대표자나 민주적 제도가 아리스토텔레스가 말한 아레테((arete), 즉 탁월성이라 말하기도 힘들다. 재미있게도 아리스토텔레스는 집단 지성의 힘을 믿었지만 데카르트는 반대로 민주주의 의사 결정 같은 집단 지성의 힘을 부정했다. 명확한 명제라도 개인은 의심하고 쪼개어 방법적 회의를 할 수 있지만 집단은 그러기가 쉽지 않다. 데카르트는 개인이나 소수가 오히려 대중보다 더 나은 결과를 가져온다고 생각하는 것처럼 보인다. 하지만 이것은 이분법적인 게 아니라 사람과 상황에 따라 달라짐을 인간 사회는 역사적으로 잘 알고 있다. 지금 우리가 말하는 이런 것들이 현시대 민주주의의 딜레마이자 맹점이다.

종교와 현실을 이야기하다가 갑자기 민주주의까지 들먹였는데, 다시 본론으로 와 보자. 사람들은 보통 종교와 과학이 대립한다고 생각하지만 이건 역사적으로 볼 때 반은 맞고 반은 틀린 것이다. 종교 중 특히 기독교는 과학의 발전과 떼려야 뗄 수 없다. 움베르트 에코의 『장미의 이름』에 등장하는 수도사는 자연과학을 연구한다. 중세 때 실제 인물 지오다노 브루노는 수도사이자 과학자였다. 기독교적 관점에서 아우구스티누스 이후 자유의지를 반만 가진 인간을 생각한다면 이런 과학적 수도사는 매우 역설적으로 들릴 것이다. 지오다노 브루노와 갈릴레오 갈릴레이, 아이작 뉴턴, 찰스 다윈, 에드워드 윌슨 등 이들 과학자는 모두 기독교인이다. 특히 현대 진화 생물학자 에드워드 윌슨 빼고는 이들은 과학과 철학을 기독교에 반하여 말할 수 없는 시대에 살았다.

파문 그건 곧 반역과도 같은데 수도사 브루노는 그렇게 과학과 이성을 말하다가 죽임을 당한다. 다윈은 진화론을 발전시켰지만 살아 생전 이것이 종교와 엮이는 걸 매우 조심스러워했다. 현재 우리나라뿐만 아니라 전 세계 과학자들 중에는 신앙심이 깊은 사람들이 많다. 보이지 않는 형상을 믿고자 하는 인간의 원초적 본능은 본능대로 두고 수학 법칙, 논리와 이론 등의 이성 영역은 따로 보는 이원론적 시각이 누군 가에게는 현명한 선택이다. 그러나 안타깝게도 그렇지 못한 사람들이 많으며 그들은 갈수록 극렬해진다. 이렇게 그들의 믿음 영역이 로고스, 말씀, 논리까지 지배할 때는 사회 갈등이 생긴다.

제일 대립되는 것은 역시나 창조론과 진화론이다. 창조론은 사실 신 의 문제가 아니라 깊게 분석하여 들어가면 과학의 문제나 철학의 문제 가 된다. 앞서 말한 대로 태초부터 '스스로 존재하는 자'가 신인데 이걸 말장난으로 보면 신은 또 언제 어디서부터 존재했는지 묻지 않을 수가 없다. 인간이 4차원도 인식하지 못하고 시공간의 뒤틀림도 제대로 이 해하지 못하는데 수십 차원 이상의 신을 이해하기란 거의 불가능에 가 깝다. 성경에서 빛이 있으라 해서 빛이 생기고 그걸 보기 좋았다는 걸 빅뱅으로 해석하여 보면 빅뱅이 곧 신이 된다. 확실히 말할 수 있는 건 진화창조론은 진리가 아니라 하나의 개념이라는 사실이며, 꼭 진화와 창조가 대립되는 것이 아니라는 점이다.

진화론과 창조론만큼 차이가 나는 사람들 간 투쟁은 스마트폰 내에 도 있다. 각자가 자주 가는 그 커뮤니티와 영상은 서로가 거의 반대의 시각을 가지게 만든다. 이런 사람들은 터치 한 번으로 의사표시를 하 고 터치 몇 번으로 논란을 일으킨다. 오프라인 삶이 바쁜 사람에게는 심각한 문제가 아니지만 거의 모든 현대 사회 문제가 스마트폰 안에서 이루어진다. 아주 나쁘거나 아주 좋은 일이 현실에서 일어날 때에도 논쟁은 주로 스마트폰 안에서 이뤄진다. 부모는 어린이, 청소년의 스마 트폰 사용이 불만이어서 통제하려 하고 다 큰 성인은 세상이 불만이 다. 이들 스스로는 무심코 쓴 댓글의 위험을 모르기에 자기 생각 투척 과 혐오를 통제하지 못한다. 생각이 깊고 조용한 사람은 꼭 해야 할 말인지 아닌지를 잘 판단하지만 생각이 얕고 시끄러운 사람은 감정에 이끌려 망나니처럼 행동한다. 그렇게 스마트폰 세상은 바보 같은 시끄러운 소수가 주류가 된다. 특히 자신과 성향이 비슷한 사람들이 모인 곳은 그 자체가 가짜 이성이자 가짜 진리이고 목표가 된다. 이타적인 사람이 돼야 한다거나 이해 공감까지는 바라지 않는다. 하지만 모두가 자기 이익이나 자기 마음 채움으로 살아가면 세상이 어떻게 되겠는가. 이런 비슷한 얘기는 조금씩 이 책에서 다른 지식을 전하며 반복하게 되니 이쯤 하겠다.

그다음으로 살펴볼 것은 남녀와 정치의 대립이다. 이것은 광범위한 역사 이야기와 함께 책 한 권의 분량이 필요한 영역이다. 이 둘은 떼려야 뗄 수 없지만 극한의 대립 속에서도 남녀, 정치는 크나큰 차이점이 하나 있다. 그건 바로 정치 성향의 극단들은 중재 없이는 수렴할 수 없지만 남녀는 극렬하면서도 수렴할 수 있다는 것이다. 왜냐하면 서로의 성(性)을 악으로 규정하지 않는 이상 본능적으로 남녀는 자석 같은 부분이 존재하기 때문이다. 그러나 정치 좌우는 서로가 보통 악으로 규정하기에 자석과 같은 성질(본능)이 기본적으로 없다. 다만 일부 젊은 남녀는 각자 다른 성별에 대한 악의로 가득차서 본능이 퇴화한 경우도 있다.

신체 기관은 쓰지 않으면 퇴화하는데 그렇다면 그들의 성기는 왜 존재하는가? 오로지 혼자 위로하거나 생식기 역할만 한다면 그들은 흥분할 필요도 없을 것이다. 그 신체 반응하는 흥분이란 대체 어디서 유래했을까? 이것은 숙제다. 그들은 지금 서로가 악의에 차 있어 감정적 흥분만 잘한다. 라 매트리는 『인간기계론』에서 인간이 정신적인 부분을 강조하면 본능적인 부분은 감소한다고 주장한다. 라 매트리는 인간이 기계나 식물과 같다고 주장하는데 대립의 인간 사회를 보면 가끔은 정신없는 물질기계 같은 인간 영역이 있었으면 좋겠다는 생각을 한다. 위 언급에 대해 라 매트리 책에 호기심이 생기는 사람이 있을 텐데 굳이 『인간기계론』을 읽지 않아도 된다. 어떤 둘의 대립에 대한 큰 담론은 『난제의 사유』 전체를 아우른다. 그래서 정치 대립과 남녀 대립의 차이 핵심만 이렇게 알고 다음 논의로 계속 가보겠다.

이번에는 남녀 갈등과 투쟁, 정치 성향의 문제가 아닌 정치적 올바름 (Political Correctness 이하 PC)과 다문화 이야기를 간략히 해보겠다. 이 둘을 같이 언급하는 건 어느 정도 공통점이 있기 때문이다. 미리 밝혀 두자면 필자는 PC가 의미 없다고 생각하지 않는다. 다만 PC가 필요하 긴 하지만 이것에 매몰된 어느 사람들의 문제점을 주로 다룰 것이다. 이즘에 대한 비판적 시각도 그랬듯이 PC가 좀 더 공감을 얻을 수 있도 록 쓴소리를 아끼지 않을 생각이다. PC는 익숙함과 낯섦, 다수와 소수, 진보와 보수 등 다양한 관점이 작용한다. 여기서 익숙함이나 다수의 의미는 자본주의, 외모에 대한 사회 기준, 이성애자의 전통적 시각을 의미하고 낯섦과 소수는 동성애자나 퀴어, 난민, 장애인 등을 의미한 다. 이걸 바라보는 시각은 진보와 보수, 종교인과 무신론자 시스젠더(헤 테로, 즉 이성애자)와 성정체성 혼란의 사람 등 제각기 다르다.

PC주의자는 전통적 시각이나 자본주의 시각이 옳지 못하다고 여기 며 테두리 안과 바깥의 경계 짓기를 허물고자 한다. 가령 테두리 안이 이쁘고 날씬함이라면 테두리 바깥은 성소수자나 예쁘지 않은 사람들 이다. 후자의 생각을 가진 사람들은 흑인 인어공주와 흑인 줄리엣을 긍정적으로 본다. 그러나 모든 걸 평등하게 보겠다는 이상(理想) 심리의 작용은 반드시 현실의 반작용을 불러일으킨다. 왜냐하면 인간은 자연 적으로 관성화된 의식이나 자기 기준을 가지고 살아가기 때문이다.

PC주의자들은 관성화된 것이 옳은 것이 될 수 없다고 믿으며 문화나 교육, 사회 구조 등이 고착화 되었기 때문에 세계 사람들 인식이 바뀌 지 않는다고 주장한다. 만약 이 주장이 옳다면 PC주의자가 아닌 많은 사람들은 오래전부터 세상의 삶이 틀렸어야 한다. 그런데 PC주의자들은 그 틀렸음의 증거를 내놓지 못하고 계속하여 전통적 시각이 잘못되었다거나 현대사회가 다름을 인정하지 않는 사고에 멈춰 있다는 주장만 한다. 이걸 종합해 보면 PC주의는 옳고 그름의 문제가 아니라는 걸 알 수 있다.

정치적 올바름은 관성적 인식이나 관점의 문제를 좀 더 다양하게 인정하자는 것이지 그 자체가 진리라 말할 수 없다. 우리는 진리 파트에서 이런 논의를 이미 한번 하였다. 요약하자면 차이에 대한 인간의 방향성과 포용력이 PC에 큰 역할을 한다. 하지만 그걸 강요할 땐 진리에 어긋나거나 반항을 불러온다. 예를 들어 영화나 소설의 원작을 변용, 각색하는 건 요즘 PC주의 문화산업에서 얼마든지 일어날 수 있다. 하지만 그에 따른 결과 책임도 그걸 추구하는 사람들이 짊어져야 한다. 그렇다고 세상을 상업성이나 경제 논리로만 따져 보자는 건 아니며, 지금은 책임성과 현실의 조화를 말하고 있는 중이다.

알다시피 모든 걸 경제 논리로만 보면 약자 다음의 약자는 계속 사라질 게 뻔하다. 제일 중요한 건 강요하지 않는 일이다. 자신에게 도움이 되는 오지랖의 조언도 불편하게 느껴지는 게 인간이란 존재인데 하물며 타인의 생각을 전복하려는 일은 얼마나 어리석은 일일까. 이 대립이 심해지고 양보 없이 PC를 주장하면 최종적으로 반대편으로부터 혐오가 이루어진다. 잘 생각해 보면 PC주의자는 '다름은 틀리지 않는 것'이라 말하면서 PC에 반대하면 마치 틀린 사람처럼 매도하려고 한다. PC 외에 어떤 ○○주의자들은 이런 생각에서 벗어나야 한다.

정치적 올바름과 그것에 의문을 가진 사람들의 논의 수준을 끌어올리기 위해 좀 더 유익함을 주는 철학적 논의를 해보겠다. 들뢰즈와 가타리는 '다수성' 및 '소수성' 관념을 만들어 냈는데 이것은 다양한 사회 문제에 적용해 볼 수 있다. 여기서 다수성은 이성애자나 전통적 시각을 가진 사람들처럼 다수의 영역에 속하는 부류를 말하고 소수성은 PC주의자나 소수 정체성을 가지는 부류를 말한다. 이 소수성의 존재는 다수를 끊임없이 전복하려고 하며 자기들이 다수성이 되려고 한다. 태생적으로 소수성은 투쟁이 아니면 사회에서 사멸하기에 필수적으로 생존 에너지 싸움을 하게 된다. 이 개념은 이즘 반이즘, 다문화, 문화 산업 등에도 적용 가능하다.

영화를 예로 들어 보겠다. PC에 나이브한 생각을 가지고 있고 다수성에 속하면서도 보편적 이성과 사랑을 가진 사람들은 단순히 PC 영화라서 그걸 소비하지 않는 건 아니다. 보통 사람들은 원작으로 봐 왔던 과거 어렸을 때의 추억이나 그때의 정신적 관성을 그대로 가지고 있는데 그걸 없애 버리기 때문에 일단 불편하다. 거기다 직접적이며 강요된 PC 영화에 대한 선입견이 작용하여 일반 사람들은 흑인 인어공주가 꺼려진다. PC가 아무리 옳더라도 이런 사람들마저 비판할 수는 없는 일이다. 사실 PC주의에 강한 선입견이나 반감을 가지지 않은 사람들은 영화가 재미있으면 그게 우선이기 때문에 굳이 문화 산업이 PC 정체성을 대놓고 드러내지 않아도 된다. 그런데 PC나 이즘에 그다지 불쾌감이 없는 사람마저 적으로 돌리면서까지 논리적 비약으로 이들을 불편하게 하면 그들은 사회에서 설 자리를 잃게 된다. 결국 그들은 스스로 다수와 어울리지 못하고 영원히 소수에 머물게 된다. 삶의 일상 패턴, 즉 루틴 하나라도 바꾸고자 하면 불편한 게 인간이란 종족인데 정신적 루틴까지 바꾸라는 것이 얼마나 오만하고 허상의 일인지를 PC주의자들은 알았으면 좋겠다.

누군가는 사회에 의문을 제기하고 특정 대상에 불편함을 계속 던져야만 깨어 있다고 생각하지만 그건 아주 옹졸한 생각이다. 그 옹졸한 결과들이 현재 우리 사회 곳곳에 있으며 『난제의 사유』는 그런 것들을 논의하고 있다. 아까 말한 PC주의 책임이란 결국 사람들의 평가가 된다. 그게 흥행이라든지 기업이나 어떤 조직의 이미지라든지 그 평가는 자본주의 사회에서 다양할 수 있다. 그런데 혹자들은 스스로 옳다거나 선한 목표라는 것에 대한 강한 믿음 때문에 어떤 주장에 대한 책임을 면책하려고 한다. 이것은 비단 PC 영역에서만 일어나는 일은 아니며 주장만 있고 책임이 없는 것들은 사회 다양한 곳에서 일어난다.

인간은 누구나 태어날 때부터 평등하다는 진리를 알고 누구든지 줄리엣의 주인공이 될 수 있다는 걸 알지만 현실은 외모와 성격, 지능, 시선, 능력, 인격 등에 따라 서로가 다르다는 사실을 인정하며 살아간다. 그렇기 때문에 우리가 제각각 다르게 삶을 사는 것이다. 인간은 의미론적 존재감이나 정체성 자체로만 살아갈 수는 없다. PC주의자는 미의 기준을 해체하기 위한 불편한 설득보다 자신이 믿는 PC주의를 거부감 없이 받아들이게 하는 방법론적 변신을 추구하는 게 현명하다. 이즘도 마찬가지지만 PC 자체를 거부하지 않고 진정 함께 가야 할 대상으로 여기기 때문에 이렇게 다독이며 말한다.

야구 선수 클레이튼 커쇼는 이렇게 인터뷰를 한 적이 있다.

"저는 기독교인입니다. 그저 우리가 어떻게 사는지를 보여주는 것 외에 다른 건 없습니다."

그 어떤 인간도 누가 예쁘고, 잘생긴 게 무엇인지 교육받지 않았다. 혹자는 자본주의가 그렇게 만들었다고 주장하지만 사실 자본주의도 그렇게 배우지 않았다. 오히려 논리적으로 보면 인간의 결과물이 자본주의 아니던가? 즉 다수성의 방향은 예쁘고 잘생긴 게 어떻다는 것을 배우지 않더라도 안다. 이걸 인간의 본능이라고까지는 하지 않겠지만, 마치 수컷과 암컷이 서로의 매력을 찾는 것처럼 인간에게도 어떤 끌림의 다수성 특징이 존재한다. 다만 개별적으로 보면 이 다수성은 매우 분절이 되어 의미를 잃게 된다. 왜냐하면 이건 취향의 문제이기 때문이다. 이와 관련 『구별짓기』의 저자 부르디외는 이렇게 말한다.

“외모는 계급 취향을 가장 물질화하는 것을 명확하게 보여준다”

결국 취향의 다수성이 자본주의 형태로 보여지는 것이니 원인과 결과를 PC주의자는 다르게 해석해 봐야 한다. 다만 부르디외는 취향이 계급화 되고 외모가 계급화 되는 건 사회 차별화를 보여주는 것이라면서 이것까지 정당화 하지는 않는다. 아리스토텔레스 때부터 아름다움은 조화를 뜻한다. 예쁘고 잘생긴 것, 보기 좋아 보이는 것이 아름다움이라고 한다면 이런 정신이 유물론과 함께하는 건 당연한 일이다. 즉 어떤 것은 교육이나 문화에 의해서가 아니라 본능이나 개개인의 취향 문제에 의해 이뤄진 것이다. 그렇기 때문에 이런 인간 사회가 잘못되었다고 단언할 수는 없다. 동물 세계도 더 강하고 더 화려한 암컷이나 수컷이 짝짓기에 성공하며 일부 동물은 인간처럼 외적 치장을 하기도 한다.

아리스토텔레스는 『니코마코스 윤리학』에서 “외모가 아주 추하거나 천한 태생이거나 자식 없이 혼자 사는 사람은 행복해질 수 없다.”라고 하였다. PC주의자가 볼 때 아리스토텔레스의 저 발언은 아주 더러운 생각이며 보통 사람이 생각했을 때도 모두가 동의하는 주장은 아니다. 나와 내 자식은 DNA라는 유물론적 결과물이고 외모 또한 그러하기에 인간은 태생적으로 입자, 원자 같은 물질의 노예일 수밖에 없다. 이게 맞다면 노예의 근본을 태생적 기질로 인정했던 아리스토텔레스처럼 이미 설계된 유전자는 과연 정신까지 영향을 주는가에 대한 의문이 생긴다. 하지만 미덕이 행복이라고 했던 그의 말과 『니코마코스 윤리학』의 외모에 대한 생각은 모순된다.

결국 외모는 누군가에겐 행복의 필요조건이 아니라는 결론을 내야 마음이 편하다. 굳이 따지면 아예 안 중요한 건 아니고 중요하지만 절대적이지 않다고 하는 것이 옳다. PC주의자가 인정하지 않더라도 외모는 성별에 상관없이 인간의 능력처럼 자연적인 차별성을 갖는다. 누군가는 잘난 외모로 인해 인생에 많은 장점을 얻고 살아가는데, 그것이 잘못되었다고 할 수도 없는 것처럼 개인 취향에 정치적 올바름을 강요할 수는 없는 것이다. 이해가 안 된다면 볼테르의 평등 발언을 다시 복습하길 바란다.

아리스토텔레스처럼 외적인 게 전부라면 오징어 외모의 인생은 각박한 외모 자본주의 세상에 살아갈 이유가 별로 없다. 그러나 우리는 외모가 전부가 아님을 알고 있다. 다만 정신적 삶의 추구도 한두 번이지 자꾸 외부가 정해 놓은 강제적 거울 치료가 자신을 괴롭히면 우울함이 몰려온다. 그건 얼굴 외에 몸 전체, 즉 몸매도 마찬가지이며 지금은 남녀 모두에게 해당되는 사항이다. PC의 부수적 효과 중 하나는 외모 지상주의에 대한 반대 급부를 주어 어느 정도 외모의 자본성을 상쇄하는 것이다. 그러나 나쁜 정치적 올바름은 개인의 취향을 마치 사람들이 잘못된 사회에 속고 있다거나 깨어 있지 못한 사람처럼 여기며 퍼스널 스페이스를 침범하려고 한다. 사회의 의식 개선은 공평 타당하고 공감을 줄 때 완성되며, 단순히 합목적성이나 당위성만으로는 사람들의 마음을 움직일 수 없다.

지금까지는 사회 집단적 현상을 이야기한 것인데 이번엔 개인으로 좁혀 보자. 개인이 모여야 집단이 되고 집단의 행태가 나중에 통계가 되어 사회적 의미가 된다. 개인 한 사람으로 따지면 PC의 정치적 실익은 하나도 없게 된다. 집단과 집단일 때만 우리는 대립과 갈등을 담론화 한다. 그렇기 때문에 여기서는 보부아르가 말한 "개인적인 것이 정치적인 것이다."라는 말은 잠시 무시할 생각이다. 만약 이 유명한 명제가 어떠한 것에도 맞다면 현대 사회는 진짜 엄청난 담론이 필요하다. 왜냐하면 극단적으로 볼 때 어떤 사람은 자신의 법적 테두리 안에 있는 변태적 행태도 세상이 이해해 줘야 한다고 주장할 수 있기 때문이다. 지금은 개인이 모두 의미화가 되려고 하니 세상이 시끄럽다. 그래서 현시대는 '단순히 개인 취향이 아닌 집단적인 것이 정치적이어야 한다.'라고 바꿔 말하는 게 옳다. 여기서 집단은 꼭 대규모가 아니어도 되며 단순히 숫자가 많은 것이 아니라 사람들이 의미 있다고 다루는 주제들 중 아주 개인적인 것만 아니면 된다는 것을 뜻한다.

이번엔 PC와 무관하지 않은 다문화 이야기를 해보자. 먼저 윌 킴리카의 『다문화주의 시민권』이라는 책을 살펴보겠다. 이 책은 공동체주의적 입장을 견지하면서도 현실적 시각으로 쓰인 책이다. 보수적 시각으로는 나이브한 해석도 있는데(특히, 난민까지 확대하면) 현실적 이야기를 훨씬 많이 다룬다는 점에서 읽어볼 만하다. 윌 킴리카는 이미 우리 생활권 내로 들어온 다문화인들의 시민권 범위를 어떻게 할 것인가에 대한 의제를 던진다. 다문화를 거부하고 싶어도 이젠 PC처럼 무조건 반감을 드러내거나 거부할 수만은 없다. 이건 비단 시민권의 문제에서 끝나지 않는다.

이제 특정 도시의 어느 지역은 생활 인구의 외국인이 내국인을 앞서며 이에 따른 범죄나 문화 충돌, 인종 차별, 세금, 보건, 교육 등의 문제가 발생한다. 먼저 자리를 잡은 사람들은 항상 이방인이 경계 대상이기 마련인데 이건 짐승이나 인간이나 똑같이 가지는 동물적 본능이다. 그러나 차이점이 하나 있다. 짐승은 생존의 문제로 영역 싸움을 하지만 인간은 꼭 그렇지 않다는 사실이다. 가령 일부 시골에서는 같은 한국인이라도 같이 살아보겠다는 외지인에게 텃세를 부린다. 그렇다고 이런 몇몇 사건을 가지고 시골 인심이 더 나쁘다며 성급하게 일반화해서는 안 된다. 이건 스마트폰형 인간의 관점일 뿐이다. 다만 세상은 나쁜 뉴스나 자신의 나쁜 경험이 더 다뤄지고 눈에 들어오기 때문에 이런 성급한 인식은 어느 정도 이해가 간다.

인종이라는 막연한 동질감이나 이미 자리잡은 지역인의 동질감만 가지고 있으면 이방인을 제대로 받아들이지 못한다. 그건 고스란히 우리 사회 문제가 되는데, 이와 반대로 이질감의 존재자들이 기존의 정착인들이나 기존 문화 규범을 가진 사람들에게 절대적 평등을 요구할 때도 문제가 생긴다. 천부인권적, 자연권적 평등 관념이 아닌 정치적, 사회적 평등은 관용이나 이해심에서 나온다. 이건 공동체적 인간의 큰 가치 지향성 중 하나다. 그렇지만 평등이 인간의 정의가 될 수는 없으며 목적과 수단의 당위성에 항상 진리처럼 여겨지는 절대 언어도 아니다. 좌파는 때론 인류애 같은 감정주의, 온정주의에서 벗어나지 못해 다른 걸 같게 하려는 유토피아에 빠져 현실 문제를 모르고, 우파는 관용 없이 사회를 적자생존으로 보아 사람들을 경쟁 사회로 내몰아 버려 자유의 역설을 모른다. 결국 피해를 보는 사람들은 권력과 돈 없는 사람들이다. 근현대로 보면 존 로크로부터 자연권 개념이 생겼는데, 300년이 지난 현 시점에 인간은 과연 제대로 자유와 재산을 소유하고 있는지 의문이다. 심지어 하청 노동자나 비인기 연예인, 예술인, 기타 을의 인간은 생명권마저 위협받으니 대체 과거 인간과 현재 인간은 뭐가 다른지 의심스러울 때가 있다.

빵과 고기가 있다고 하여 굶주림이 없는 게 아니다. 현재 우리는 신레미제라블형 사회에 살고 있고 다양한 대립까지 있으니 신체는 자유를 얻었을지언정 정신은 여전히 판옵티콘에 갇혀 있는 상태다. 개인은 이런 상황인데 그렇다면 국가는 이때 무엇을 해야 하는가? 칸트는 인간을 수단이 아닌 목적으로 대해야 한다고 주장했으면서도 국가의 개인 간섭은 부정적으로 보았다. 온정적 간섭주의는 집단의 행태를 띠게 되는데 이 안에서는 개인의 자유가 제한된다. 칸트는 이 자유의 제한을 못마땅하게 생각한 것이다. 그러나 국가는 목적을 두고 수단을 필연적으로 강구해야 한다. 가령 포괄적 차별의 금지, 최소한의 인간다운 삶, 빈부 격차 완화, 소수자의 권리 보호, 갑의 착취 금지 등 국가는 기득권의 저항이 있어도 사회적 약자를 위한 적극적 의지가 필요하다.

칸트의 목적론적 인간관은 철학적으로 합당한 소리지만 현실적으로 론 맞지 않는 부분도 존재한다. 다시 다문화로 들어와 보자. 다민족인 이방인은 항상 소수에 머물지 않을 것이다. 내국인의 다문화인에 대한 차별적 인식이 존재한다고 했을 때 그건 나중에 소수성 역전 현상으로 인해 내국인이 다문화인에게 똑같이 차별을 받을 수 있다. 이미 일부 지역에는 다문화인 부모나 자녀가 다수가 되고 내국인이 소수가 되기도 한다. 한쪽의 차별과 반대는 또 다른 차별과 반대를 낳게 되고 그게 나중에 부메랑이 된다는 사실을 알아야 한다. 이것은 마치 남성들이 여성 할당제를 절대적 평등의 시각이나 역차별로만 봐서 무조건 반대하는 것과 같은 현상이다. 나중에 남성 할당제 영역이 있어야 할 곳에 여성들이 남성들의 반대 논리를 그대로 가지고 있으면 서로가 얻는 사회 실익은 하나도 없게 된다. 그리고 제도와 법이 모든 걸 다 해줄 수 없는 영역도 있어서 서로가 얼마만큼 양보하고 손해를 감수하느냐에 따라 갈등의 크기는 달라진다. 그게 안 되면 한쪽은 이해와 관용을 덜 받고 있다고 느끼게 되어 투쟁을 시작하고, 반대쪽에서는 그 정도면 충분히 이해해 줬다고 생각하기에 투사적 혐오가 시작된다. 이즘 외에 한국 내 무슬림을 위한 모스크 건축이나 조직 내 할랄 음식 의무 같은 것들이 그 예가 된다.

미국에서는 오래전부터 비건, 베지테리언 문제가 있었다. 베지테리언 부모가 학교에 비건 음식을 강요하는 경우 이런 소수의 극성스러운 사람들은 채식주의자 외에 모두를 불편하게 만든다. 어른들로 인해 어린 이들은 같은 학교를 다니면서도 서로가 서로를 이해하지 못한다. 심하면 비건으로 인해 다른 학생들이 음식에 대한 기본적 욕구를 제한받는 상황에 놓인다. 이외에 소수와 다수성의 싸움은 자유와 권리를 넘어 음식 영양소 논란까지 이어진다. 이러다 보니 미국에서는 급식을 아예 하지 않는 학교도 존재한다.

이와 유사한 이야기를 조너선 하이트의 『나쁜 교육』에서는 땅콩 알레르기를 통해서 전달한다. 하이트는 땅콩 알레르기가 급증한 이유가 부모와 교사들이 어려서부터 아이에게 땅콩에 노출되지 않도록 보호한 데서 기인한다고 보고 그 과학적 근거를 제시한다. 이것은 약간 위생 가설과 비슷하다. 조너선 하이트는 아동기 때 땅콩 함유 제품을 섭취하면 알레르기성 면역 대신 보호성 면역이 생겨 오히려 땅콩 알레르기에 대한 저항성을 가져온다고 주장한다. 그렇다고 이것을 아동과 어린이, 성인 구분 없이 보자거나 갑각류 알레르기나 여타 다양한 알레르기 반응을 이런 시각으로 대처하자는 건 아니다. 물론 그래서도 안 된다. 지금은 다루는 주제의 핵심 맥락을 찾아보고자 책 속의 예를 들었을 뿐이다. 비건 부모의 학교에 대한 채식 강요는 소수성이 아니며, 그저 개인의 이기적 행태에 불과하다. 특히 이기적인 소수의 부모가 전체 효용을 망치는 일은 비단 비건 급식만이 아니며 아주 다양한 곳에서 일어난다.

한 가지만 더 예를 들자면, 어린이 청소년에게 학교 규칙을 강요할 때의 상황이다. 만약 학교 규칙을 지키게 하는 것이 학대나 인권 침해로 둔갑한다면 공교육은 유명무실해지게 된다. 인간 스스로 관계 속 사회성을 기르고 서로가 자유롭지만 규칙 내에 타인에게 피해를 주지 않는 일을 습득하는 건 매우 중요한 일이다. 그런데 일부 몰지각한 부모는 그런 교육은 자신들이 한다면서 완전한 아이의 자유만을 추구하려고 한다. 자기 아이가 소중하면 다른 아이들이나 선생님의 자유이자 권리인 학습권과 교권도 소중함을 알아야 한다. 참고로 캐나다나 미국 일부 주에서는 학생의 수업 방해가 있으면 추방할 단호한 권리가 학교나 선생에게 주어진다. 방만한 자유가 다른 아이나 공동체에 침해가 된다는 걸 아무렇지 않게 생각하는 부모는 자기 자식을 그런 이기적 어른 인간으로 키우게 될 가능성이 크다.

이번에는 조금 다른 관점으로 사회 관계를 접근해 보자. 요즘 우리 아이들은 실수할 기회도 없이 청소년이 되고 어른이 되어 사회로 나온다. 부모가 해줘야 할 영역이 있고 어린이나 청소년이 부딪히며 스스로 자아를 형성하며 세상을 알아가야 하는 영역도 있다. 그러나 우리나라는 실수에 대한 타인 관용은 적은 사회이면서 자신이나 가족의 실수엔 관대하다. 아이들이 성장하면서 문제가 발견되는 상당수는 그들 스스로 해결해야 하며 그것으로 사회성이나 관계의 중요성을 배워야 한다. 하지만 이걸 점점 부모나 사회 구조(교육 포함) 그리고 어른들이 차단하는 사회가 되어 가고 있다. 과잉 보호는 타자에 대한 몰이해와 자기 이기심을 만들어 사회와 충돌하게 한다.

타인에게 야박하게 굴든 질투를 느끼든 유대 관계를 형성하든 인간은 사회적 동물로 자라나야 한다. 하지만 현재는 학교 내에서도 방과 후 친구 관계에서도 신체와 정신적 접촉이 과거보다 줄어들었다. 지금은 학원에서 관계를 배우고 시간을 보내는 그 사교육비로 부모의 직접 케어 시간을 줄여 준다. 어떤 학자들은 군선택 이론을 말하면서 정의감 지향성 유전자를 가진 사람에 대해 이렇게 이야기한다.

"정의감을 가진 사람은 목숨을 바쳐 그 유전자가 후대에 지속되지 못해 점점 사라지는 반면, 뻔뻔하며 이기심이 가득한 사람은 계속 그 유전자를 남긴다."

우리 사회가 각박해지고 있다는 느낌은 이런 영웅사망 희소이론이 맞아 들어가서 아름다운 사람이 점점 줄어드는 게 아닐까 한다. 물론 영웅사망 희소이론은 방금 만들어 본 용어이며 과학적으로 증명된 것은 아니다. 사실 군선택이란 단어만 어떤 학자가 말했을 뿐, 저 따옴표 내용도 사실 필자가 지어낸 주장이다. 요즘 우리 사회 문제를 누구나 알지만 그것을 해결할 수 없음에 안타까워 저렇게라도 승화하지 않으면 안 될 것만 같다.

다시 부모와 아이의 이야기로 돌아와 보자. 나와 내 자식이 불편을 감수하지 않겠다는 가족 갑질은 이미 사회 곳곳에 일어나고 있다. 하지만 갑질 아닌 갑질로 인해 타인 불편함을 주는 이기적 평범성은 누구나 해당되기에 우리는 비난보다는 타협을 시도한다. 인간 사회는 사적인 것이 모여 공적인 영역에 들어올 때 이 충돌을 개인이 감수하지 않는다면 그건 정책적인 일이 된다는 걸 알고 있다. 무소속의 사람도 있지만 대부분 어디에 소속된 현대인은 항상 각자의 이기심 경쟁과 갈등의 경계선으로 살아간다. 결국 모든 문제는 자기 신념의 강요로부터 시작된다. 혹자는 중복된 소속으로 양가성(ambivalence) 딜레마에 빠지는 사람도 있다. 적당히 소속감을 가져야 집단에 매몰되지 않고 자기 주체성을 가진다. 그렇지 않으면 악일지도 모르는 어떤 세상 알고리즘의 노예가 되어 버린다.

제시카 노델의 『편향의 종말』에서는 소속감이 양날의 검이라고 말한다. 주체가 무엇에 소속되었다는 의미는 타자를 무엇으로 규정한다는 것과 같다. 제시카 노델은 그런 상태의 사람들이 무엇을 범주화 한다고 말하는데, 이건 자신도 모르게 혐오를 하거나 혐오에 암묵적 동조자가 될 수 있다는 걸 의미한다. 그렇게 타인 이해하기와 불편할 마음의 감수가 사라진 상태에서 우리는 자기와 자기 가족, 각자 소속감만을 위해 더욱 극렬해져 간다. 여기서부터 근본적 질문의 힘이 시작된다. 사람들은 스스로 질문하지 않고 외부의 영향을 받으면서 더 나은 사회를 위한 불편한 질문을 하지 않는다. 특히 이런 사람들은 제일 중요한 사실 판단과 가치 판단을 구분하지 않는다.

이 챕터에서 논의한 것을 좀 더 교과서적으로 공부해 보자. 한상기의 『비판적 사고와 논리』에서는 질문의 유형을 세 가지로 나눈다. 첫 번째가 사실질문이고 두 번째는 선호질문이며 세 번째는 판단질문이다. 위 세 가지는 현대인들에게 대단히 중요한 질문 형태다. 사실질문의 의미는 그저 수박 내부가 빨간색인지 아닌지의 여부만을 묻는 질문이며, 이것은 누구에게나 쉬운 대답을 이끌어 낼 수 있다. 선호질문은 개인의 성향 문제를 말하며, 판단질문은 옳고 그름이 정해져 있지 않는 질문을 말한다. 판단질문을 다른 말로 바꿔 말하면 타당성 질문이 된다. 지금은 폐지된 것과 다름없지만 과거 낙태죄 여부나 음주운전에 대한 가중 처벌은 새로운 판단 문제가 된다.

가장 중요한 건 위 셋 질문을 혼동하지 않는 일이다. 그런데 인간은 위 셋의 구별을 가장 잘하지 못하고 선택적으로 활용하기에 타협하지 못한다. 그래서 이런 사람들 앞에선 때론 침묵하고 싶어지는데, 이마저도 못하게 하는 극렬한 사람들 때문에 대립은 계속된다. 어떤 건 절대로 침묵하면 안 되는 인간의 삶이 있다. 이 대립의 끝은 갈수록 심해지는데 과연 현대인들은 사유(思惟)하며 질문다운 질문을 하고 살아가고 있을까? 사유란 인간이 동물과 구별된 이성을 가지고 있다는 것만을 의미하는 건 아니며, 단순히 생각하는 것도 아니다. 사유의 사전적 의미는 대상을 판단하고 추리하며 여러 가지를 두루 살피는 일이다. 성향이 강하고 어떤 신념을 가진 사람은 생각은 하되 그 최종적 사고 흐름이 그 믿음을 강화시켜 주는 것으로 귀결되기도 한다. 그래서 이런 것은 진정한 사유가 될 수 없다. 이건 사유라는 말 대신에 편협이나 아집이라고 불러야 한다.

'사유(思惟)' 하니까 동음이의어인 사유(事由)를 말한 중국 춘추시대 인물 관중이 생각난다. 우리가 알던 관포지교의 그 관중이다. 관중은 백성을 사랑하는 마음에서 왕에게 백성들이 왜 그렇게 힘들게 사는지 그 까닭을 생각해 보라고 말한다. 그 사유(事由=일의 까닭)를 사유(思惟)해야만 원인과 결과를 알고 과정에서의 문제를 알게 된다. 중국 춘추시대 이후 2700년이 지났음에도 우리는 여전히 리더를 뽑을 때 이런 사유하는 자를 뽑아야 한다는 것을 관중으로부터 배운다. 하지만 자기 자신에게 속고 언론에 또 속고 자기가 좋아하는 집단에 매번 속는 현대인은 그렇지 못하다. 왜냐하면 성향이 강해서 확증편향으로 세상을 보기 때문이다.

인간은 누구나 의식의 경로 의존성이 있다. 음식 취향과 습관도 그렇고 이념이나 넓게는 문화도 이런 의존성을 가진다. 이 중에서도 우리가 문제로 삼는 건 바로 생각 의존성이다. 이걸 편견이라고 한다면 인간이 편견을 깨는 게 얼마나 힘들고 위대한 일인지 알 수 있다. 이 편견을 최초로 깬 중국의 한 인물이 있었으니 그가 바로 완적이다. 공자의 유학이 득세하고 남녀칠세부동석의 시대에도 완적은 남녀 유별(有別)하지 않았고, 자신의 부모가 상(喪)을 당하여 예(禮)를 다해야 하는 상황에서도 슬퍼하지 않았다. 오히려 술을 마시며 즐거워했다. 완적의 변명은 부모님이 돌아가셨다고 자신이 슬퍼하고 있으면 저승에서 부모님이 더 슬퍼하실 것이기 때문에 자신은 즐거워야 한다는 것이었다. 이렇게 짧게 완적을 보면 아전인수의 불효자식이거나 기인처럼 보인다. 그러나 실제 그가 쓴 책이나 기록된 역사인 중국의 『진서』를 검토해 본 중국 학자들은 완적에 대해 관습적 행동이나 규범을 철폐한 사람으로 평가하여 긍정적으로 바라본다.

완적 이전엔 이런 관습 타파에 의외의 모습을 보여준 인물이 제물론의 장자였다. 장자의 경우 부인이 죽었는데도 그릇을 두드리며 노래를 한다. 그걸 본 혜자라는 친구가 의아하게 여기자 장자는 "나의 아내는 본래 태어난 곳으로 돌아간 것이니 상심할 게 아니라 오히려 기뻐할 일이다."라고 말한다. 장자와 완적의 실제 슬픔은 얼마나 클 것인가를 생각하면 그들은 이미 『아큐정전』의 아Q나 돈키호테보다 훨씬 전에 슬픔에 대한 정신 승리법을 알고 실천했던 것이다. 이야기는 조금 다르지만 장자의 '오상아', 즉 나 자신을 장례 치른 걸 그는 자기가 사랑하는 아내에게도 적용한 것과 다름없다.

우리나라는 이런 인물이 오래전부터 나올 수 없는 환경이었다. 집단주의와 유교 사회가 만난 대한민국은 조금만 독특하면 어려서부터 부모나 사회로부터 억압당한다. 특히나 어떤 이들은 이런 사람들을 호명하기를 좋아하고 진의를 이리저리 비틀어서 왜곡하여 부정적으로 바라본다. 온전한 인격체인 나와 가족 그리고 사회는 때론 이렇게 억압적이고 대립적이다. 여기서 자신은 에고(ego)이고, 가족과 사회는 슈퍼에고(superego)가 된다. 만약 어떤 사람에게 부모나 사회가 심각한 억압을 한다면 웬만한 사람은 퇴행할 수밖에 없다. 이것은 사람의 대화 방식에도 적용할 수 있다.

현대인은 의사소통 방식에 대립이 생기면 프로이트가 말한 자기 방어 기제가 작용되는데 그중에서도 특히 자기 합리화와 투사, 부정, 집착이 더욱 강하게 발현된다. 투사(投射)는 긍정적 효과도 줄 수 있으나 보통은 현실을 직시하지 못하게 하는 게 대부분이다. 지금은 눈과 눈이 마주치지 못하고 얼굴 표정과 제스처를 볼 수 없는 대화로 인해 현대인은 더욱더 소통에 어려움을 겪는다. 현재는 '관계맺기에 연연하지 않기'와 '자신 찾기'의 에세이가 범람하고 있는데도 사람들이 상처를 받는 건 바로 나 자신 때문이다.

우리가 잘 아는 속담 중 하나는 가는 말이 먼저지 오는 말이 먼저가 아니다. 그래서 나라는 존재는 타인 인정하기가 먼저다. 지금은 타인 의식하지 말기를 다 알고 있는데도 수많은 작가들은 여전히 이 말을 다양하게 풀어 쓰는 형식에 불과한 '나다움과 타인 신경 안 쓰기'만을 강조한다. 물론 에코이스트나 너무 과도하게 눈치를 보고 타인을 의식하여 자기 주체성이 없는 사람도 있지만, 보통의 사람들은 자기 위주로 생각하고 그렇게 언행 하며 평생을 살아간다.

여러 자존감 수업이 난립한 상황에서 현대인이 배워야 하는 건 개인

열등감 극복이 아니라 사회가 주는 열등감을 파악하고 파괴하는 일이
다. 세상과 단절된 나 혼자는 자존감도 열등감도 존재하지 않는다. 개
인에게 아무리 자기 효능감과 회복 탄력성을 주는 인생 조언을 하고 책
에서 치료 수준의 멋진 아포리즘을 주더라도 보이지 않는 자존감은 쉽
게 생성되지 않는다. 진짜 자존감을 가지려면 타인부터 인정해야 한다.
그런데 자존감을 찾게 해주려는 책들은 세상의 중심이 자기 자신이기
에 이런 관점을 중요하게 생각하지 않는다. 언뜻 보면 순서가 잘못되어
보이지만 불교의 연기설과 같이 생각해 보면 틀린 말이 아니다.

　노자의 『도덕경』에는 '반자도지동(反者道之動) 약자도지용(弱者道之用)'
이라는 말이 나온다. 앞서 반자도지동은 한 번 언급했기에 이젠 뒤 문
구만 기억하면 된다. 이 말은 거꾸로 돌아가는 게 도의 움직임이고 약
한 것이 도에 쓰인다는 뜻이다. 나의 나약함은 진짜 약한 것이 아닌 강
함을 위한 것이고 그 시작은 타인 인정하기다. 인간은 누구나 스피노자
가 말한 코나투스의 존재이기에 웬만해서는 각자가 자기다움을 가지려
고 한다. 코나투스란 자기 감정, 욕구, 존재 등의 항상성을 유지하려는
인간의 어떤 의미가 되고자 한 상태를 말한다. 그렇기에 대립을 최소화
하려면 자기다움을 잃지 않으면서 타인다움을 항상 생각해야 한다. 이
걸 '역지사지'라고 말하며 타인과의 갈등을 줄이는 유일한 방법이다.

　자존감은 나와 너, 좋음과 나쁨, 이성과 감정, 객관과 주관을 구분할
때 생기고 그때 비로소 옳고 그름의 자신을 알게 된다. 여기에서 더 나
아가 사랑의 마음가짐을 가져야 진정한 자존감이 완성된다. 다른 사람
눈치 보지 않기에 연연하기보다 눈치 주는 사회와 인간을 비판할 수 있
는 용기가 필요하다. 이땐 감정과 이성의 통제, 즉 중용의 자세를 가져
야 한다. 사회가 병들었는데 자꾸 개인을 위로하는 것은 근본적인 해
결책이 아니다.

06

타인

타인에게서 익숙한 나의 냄새가 난다

　대화를 할 때 자신에 대해 말을 하는 사람도 많지만 타인을 언급하며 대화를 하는 사람도 그에 못지않게 많다. 위 두 부류의 사람들이 좋은 대화의 자세는 아닐지라도, 적어도 나쁜 것이라 말할 수는 없다. 하지만 자신에 대해 말할 게 별로 없는 사람이 타인을 깎아내리는 말을 하는 건 나쁜 일이다. 인간은 건강과 행복을 위해서 타인과 관계를 맺고 살아야 하지만 그 관계 맺음 자체와 타인 지향적 삶은 구분되어야 한다. 악의 평범성인 관음의 대중에 대해서는 이 글 곳곳에서 하게 될 테니, 이번에도 과거와 현재를 이어주는 책으로 우리 삶을 살펴보자.

　먼저, 이광수의 『무정』이라는 작품이다. 『무정』에서는 타인으로부터 생긴 인연을 타인으로부터 끊는 두 인물이 나온다. 이 소설의 주요 등장인물인 형식은 자신의 은사인 딸 영채와 재회한다. 이들은 과거 혼담이 오간 사이였지만 현재 형식은 선형이라는 여성의 가정 교사가 되어 그녀에게 마음을 조금 빼앗긴 상태다. 그래서 두 여자 사이에서 갈등을 한다. 영채는 기생이 되면서도 형식과의 미래를 생각하여 순결을 지키지만 나중에 다른 남자로부터 강간을 당한다. 그런 형식은 영채의 유언 같은 편지를 보기 전까지 『테스』의 에인젤 같은 고민을 한다. 즉 그는 순결을 빼앗긴 여자인 영채를 아내로 받아들일 수 있는가를 계속해서 고민한다. 지금 시대를 사는 남녀 청춘이 볼 때 형식은 남성주의적이고 꽉 막힌 보수적 인간이 된다. 그 당시 가부장적 사회는 결국 영채에게 자살을 결심하게 만들지만 우연히 병욱이라는 여성을 만나 생각을 고쳐먹는다. 병욱은 전통적 가치관을 깨뜨리는 신여성 캐릭터다. 마치 이즘의 사람들이 치켜세우는 100년 전 우리나라 인물인 나혜석 같은 신여성처럼 말이다. 이름부터 여성적이지 않은 병욱은 영채에게 타인으로부터 얽매이는 삶을 살지 말라고 말한다. 책의 마지막 한 페이지 정도엔 『무정』의 등장인물들이 마치 심훈의 『상록수』 같은 계몽적 젊은이들로 표현된다. 형식은 전통적 남녀 관계나 남녀의 성역할에 얽매인 고지식한 인간이지만, 학문적으로는 그나마 깨어 있는 남성이다.

　전체적 스토리만 보면 이 작품도 재미있는 공유 동영상이나 드라마로 만들 수 있다. 이걸 판타지로 만들어 요즘 웹소설처럼 바꿔 봐도 괜찮아 보인다. 가령 영채와 형식, 선형을 남성 한둘로 대체하여 역하렘으로 만들고, 병욱과 선형의 관계를 〈정년이〉의 부용이처럼 퀴어로 돌려서 각색하면 재미있는 작품이 될 것이다. 말이 나온 김에 앞으로의 드라마도 웹툰이나 웹소설처럼 유행에 따른 콘텐츠보다 과거 작품을 더 창조적으로 활용했으면 좋겠다. 그렇게 되어 인기 작품이 되면 원작의 종이책에 관심을 가질 사람이 생기게 될 테니 좋은 일이다. 젊은 세대가 과거를 배우고 읽어야 하는 이유는 자신의 발전을 돕기 때문이다. 현재 우리 문화의 큰 특징을 무시할 수는 없기에 잠시 주제에서 벗어난 웹드라마 이야기를 해 봤다.

요즘 우리에게 타인은 성별이나 세대를 가리지 않는다. 외모는 늙어 가더라도 뇌는 요즘 세대와 함께하고 싶은 사람이 많다. 그러려면 기성 세대도 청춘의 문화를 들여다봐야 한다. 세대 차이가 있더라도 서로 배우려고 하면 더 생산적인 무엇을 발견하거나 산출할 수 있다. 판타지 에만 너무 빠지는 것도 싫고 신파와 전통적 연애 스토리가 싫다면 과 거와 미래의 혼합도 생각해 볼 수 있다. 여기에 도움이 되는 게 다양한 종류의 책 읽기다. 소설을 읽는다는 것도 결국 타인 엿보기인데 그렇 다면 타인은 우리에게 어떤 존재인가.

과거부터 인간은 타인을 살인하기도 하고 타인에게 타살당하기도 한 다. 서로 죽고 죽이는 섬뜩한 이런 살인 관계 말고 인간은 서로 살리는 관계도 존재한다. 방금 표현한 내용이 동시에 존재하는 작품이 하퍼 리의 『앵무새 죽이기』다. 이 작품은 나와 다른 미지의 존재를 어린이의 시각으로 관찰하면서 이야기가 시작된다. 처음에는 그 다른 존재자인 타인 흑인이 어린이에겐 약간의 두려움으로 다가온다. 이 책의 주요 인 물인 핀치 변호사는 이 작품에 등장하는 어린이의 아버지다. 그는 백 인 여성을 성폭행했다고 기소된 톰이라는 흑인 남성을 국선 변호한다. 이 변호로 인해 그는 주변 백인사회에서 왈가불가하는 평판을 듣지만, 그럼에도 불구하고 핀치 변호사는 자신의 임무에 최선을 다한다. 그러 다 그는 흑인의 성폭행이 아니었음을 드러내는 정황상 증거를 찾아낸 다. 하지만 그 증거는 배심원에 받아들여지지 않고 톰은 감옥에 갇힌 다. 그 톰이라는 흑인은 억울함을 참지 못하고 감옥에서 탈출을 시도 하다가 안타깝게 사살당하고 만다. 한편, 성폭행을 당했다고 주장하는 백인 여성의 아버지는 성폭행이 아니라는 정황상 증거의 창피함으로 판사와 핀치 변호사 그리고 톰의 주변 인물들을 대상으로 복수하려고 한다. 그러던 어느 날 핀치의 아이들은 위협을 당하는데 그 와중에 알 수 없는 존재자가 와서 그 성폭행 당했다고 주장하는 백인 여성의 아버지를 저지한다. 결국 그 백인 여성의 아버지는 죽게 되는데, 여기서 신비한 『앵무새 죽이기』의 절정이 이루어진다. 그 알 수 없는 존재자는 누구일까? 그 존재자는 어린이에게 미지의 두려움이었던 타인인 흑인이 아니었을까? 참고로 이 흑인은 죽은 톰이 아닌 다른 인물이다. 어두워서인지는 모르겠지만 이날의 죽음은 결국 그냥 자연스러운 사망으로 결론이 난다. 필자는 책의 원고를 쓸 때 모든 책에 대해서 매우 중요한 스포일러는 하지 않지만 여기서는 특별히 감출 게 없고 이 정도 이야기를 해도 별문제가 없을 것 같아 책의 끝부분까지 이야기하게 되었다.

『앵무새 죽이기』는 어떤 부분을 볼 수 있을까? 처음엔 마냥 무서웠던 흑인 타인이 나중에는 어린이에게 은인이 된다. 반면, 같은 백인이라 동질감을 느꼈을 핀치 주변의 타인들은 공동체 사회에 위협이 된다. 우리는 타인을 얼마나 이해하고 있을까? 선입견이 들어간 상태에서 판단은 아무것도 그 타인을 이해하는 데 도움을 주지 않는다. 자신이 타인을 판단하는 기준처럼 타인도 자신을 그렇게 바라본다는 생각을 항상 가지고 있다면 사람들은 지금보다 불화를 덜 겪을 것이다. 타인을 공감하고 배려하는 일은 타고난 인성이기에 그것까지는 바라지 않는다. 다만 불화라도 조금 줄이려면 자신의 편안한 사고와 행동을 타인도 그대로 행하고 있다고 생각해야 한다. 이런 건 친근할수록 간과하기 쉽고, 반면에 낯설수록 겉만 보고 판단하는 함정에 빠지기 쉽다. 이럴 때 타인은 오로지 자신의 외부로서만 존재하기에 궁극적 조화가 이뤄지지 않는다.

과거에는 윤리 시간에 왕양명의 지행합일을 배웠는데 요즘은 이 말을 오랫동안 책에서 보지 못한 것 같다. 조금만 앎에 관심이 있다면 과거에 설령 책을 안 읽었더라도 지금은 어디에서든 지식을 얻을 수 있는 시대다. 사람들은 자신의 관심 분야가 아니면 잘 알려고 하지 않는다.

나 자신마저 알기 힘든 상황인데 하물며 타인을 알아 가라는 건 큰 욕심이다. 사실 타인 이해하기는 자신이 좀 더 사회에 녹아들고 어우러져서 시너지 효과를 내는 일이다. 하지만 사람들은 타인 알아 가기를 마치 프라이버시를 침해하고 독심술을 발휘하는 것으로 착각한다. 특히, 요즘 현대인에게 타인은 동물원의 동물처럼 각자의 유희 중 하나가 되었다. 그러나 자신도 그 동물원의 대상이 된다는 걸 모르는 채로 살아가는 사람들이 많아 우습고 슬프다.

톨스토이는 이렇게 이야기한다.

"가장 보편적이고 일반적인 망상 하나는 모든 사람을 특정한 유형으로 규정할 수 있다는 그 믿음이다."

나는 3331 법칙을 만들어 보았다. 이 정도 필자 글을 읽었으면 당신 몸도 조금 스트레칭을 해야 한다. 3331 법칙은 에필로그에 설명해 놓았으니, 지금 책의 끝부분으로 돌아가길 바란다. 3331 법칙은 톨스토이가 말한 것과 상충하지 않는다. 왜냐하면 3331 법칙은 선제적 규정이 아니라 결과적 규정이기 때문이다. 가령 'A라는 여성은 머리가 짧으니 어떤 이즘을 신봉할 거야'라고 생각하는 것이 이런 선제적 규정이다. 이걸 사회학적 용어로 대표성 휴리스틱이라고 한다. 만약 이렇게 생각한다면 이미 그 사람도 무엇으로 규정되어 버린 사람일 가능성이 매우 크다. 문제는 그 사람은 그걸 의식하지 못한다는 점이며 정작 자기는 정상적인 사고방식을 가진 사람이라고 착각한다. 저질스러운 생각은 처음엔 인격적인 척하지만, 종국에 가서는 저질의 언어를 사용하게 만든다. 표도르 도스토옙스키의 『카라마조프가의 형제들』에서는 인류가 작은 단위로 쪼개져 다른 사람들에게 냉담하고 자신을 감추어 살면서 서로를 격퇴한다는 표현이 나온다.

이 문장만 보면 우리는 과거 사람이나 현대인이나 별반 다르지 않다
는 걸 알게 된다. 그래서 3331 법칙은 과거부터 현재까지 이어져 왔으
며, 미래에도 절대 깨지지 않는다. 미래에 기계 문명이 인간을 지배하
는 세상이 아니라면 말이다. 타인은 정말로 중요하다.

파이퍼라는 심리학자는 "인생과 마찬가지로 심리 치료에서는 상대방
을 바라보는 관점이 모든 것이다."라고 이야기한다. 현재 우리는 타인을
선이나 악으로 보려는 경향이 짙으며 그 상대방의 입장과 경험, 역사와
배경을 이해하지 않으려고 한다. 지금은 선과 악만이 아니라 좋아함과
좋아하지 않음, 싫어함을 가지는 것도 문제를 일으킨다. 왜냐하면 누군
가는 악을 옹호하거나 선호할 수 있기 때문이다. 반대로, 어떤 이는 자
기 선호에 반대하는 사람을 악이나 나쁨이라 생각할 수 있다. 가령 선
악의 문제가 아닌 타인의 음식에 대한 선호를 자기와 맞지 않다고 하여
비하하는 일은 싸우자는 것밖에 되지 않는다. 이 악은 선이나 선이 아
닌 상식에 비추어 다르게 규정되기도 한다. 예를 들면, 유명인이 부정
한 방법으로 사회에 큰 혼란을 일으켰는데도 그 유명인을 좋아하는 사
람들은 계속 그 사람을 선호한다. 반면에 큰 사회 혼란을 일으킨 것도
아닌데 죽일 듯이 나무라는 데스노트형 인간이 있다.

우리는 타인을 규정할 때와 규정하지 말아야 할 때를 제대로 구분하
여야 한다. 전자의 경우, 자신에게 선호가 되었더라도 정의롭지 않은
것에 대해서는 단호히 이별할 마음을 가져야 하며 후자의 경우엔 이해
와 관용의 자세를 가져야 한다. 물론 '정의로운 게 무엇일까'에 대한 양
비론적 의심과 '관용이 무엇인가'라는 형이상학적 의심은 있을 수 있다.
그러나 전혀 선한 마음을 가지지 않고 오로지 자기의식만 있는 사람의
언행은 분명히 구분된다. 선한 개별이 모여서 집단을 이루면 상관없지
만 선한 개념이 없이 어떤 이해타산이나 자기만족, 음모론 같은 믿음의
집단은 사회 문제를 일으킨다. 이타라는 말은 불교 말씀인 자리이타에

서 유래했다. 이 뜻은 타인에게 좋은 것이 곧 나에게 좋은 것을 의미하는데, 현대인은 자리이타는커녕 오히려 서로가 날카로운 칼로 다가온다. 이해나 공감 배려보다 먼저 중요한 건 미워하는 마음을 없애는 일이다. 동행하려면 서로에 대한 적대감 같은 벽이 없어야 한다. 사실 인간은 누구나 자기를 드러내는 욕구가 강하다. 그래서 한쪽은 반드시 들어주려는 마음이나 양보하는 마음가짐을 가져야 한다.

실제 하버드대학교 신경 과학자들이 발표한 2012년 논문에는 "사람은 돈을 받는 것보다 자기 정보를 공유하는 데서 더 큰 기쁨을 얻는다"고 한다. 인간에 대해 기본적인 특성을 이해하는 사람만이 친구든 모르는 타인이든 관계를 잘 형성한다. 우리는 의사나 심리학자가 아니더라도 이미 수많은 책과 말로써 어떻게 타인과 관계 형성을 하는지 알게 모르게 배워 왔다. 가령 우울증에 걸린 사람에게 어쭙잖은 조언이나 용기를 주는 말을 하기보다 그냥 네가 옳다며 들어주는 사람이 더 필요하다는 걸 우리는 알고 있다. 이건 우리나라 정신과 의사의 말이나 외국 심리학자가 이야기하는 것이나 똑같다. 그러나 사람은 알고 있는 것을 제대로 행하지 않기 때문에 타인 인정은 유토피아가 된다.

실제로 현대인은 서로가 같이 있어 주기 힘든 세상이다. 또한 우리는 보통 타인이 얼마만큼 힘들고 위험에 처했는지 알 수 없으며, 그게 병적이라는 것도 아주 친밀한 관계가 아니면 알지 못한다. 나에겐 별것도 아니고 힘든 것도 아니며 아무것도 아닌 것이 타인에겐 아주 버거운 일이 된다는 것을 알기까지는 배움과 성숙함이라는 여유가 필요하다. 사실 경청이 거창한 게 아니며 상대방을 꼭 이해하려고 하지 않아도 된다. 때론 내가 없는 상태에서 타인의 이야기를 계속 이어 가게 해 주는 묵언이나 '응, 그랬구나' 같은 짧은 동의만으로 우리는 충분히 대화를 이어 갈 수 있다. 요즘 우리가 보는 책들 상당수는 '타인 동의'나 '타인 인정'보다 자신만의 어떤 감정 치유에 관한 것들이 주를 이룬다. 그만큼 현대인은 타인과의 관계에서 상처를 받은 사람들이 많은데, 과연 자신까지 똑같이 그런다면 우리는 대체 누가 이해해 줘야 하는가? 정신적 아유르베다가 필요한 세상이지만 너무 감성적이어서는 안 된다. 신체와 정신이 건강하지 못하면 인간은 나태해지기 마련이다. 이 중에는 타인과의 관계 나태함이나 불편함이 있는데, 이때 강인하지 못한 사람은 회피나 불만으로 타인을 대하려고 한다. 인간은 필연적으로 불완전성과 불안정성을 동시에 가진다.

필립 브룸버그라는 학자는 이렇게 말한다.

"건강하다는 것은 여러 개의 현실이 공존하는 공간에 서 있으면서도 그 어느 하나의 현실도 잃지 않는 능력을 말한다. 여러 개의 자아로 존재하면서 하나의 자아처럼 느끼는 것이 자기 수용(self acceptance)이다."

우리 마음속에는 나와 타인, 공상, 이상과 현실, 선과 악, 점잖음과 음란마귀, 각종 변태성 등이 공존한다. 정신이 건강하면 나만의 생각이 소신인지 고집인지 구분할 줄 알고, 타인의 그러한 태도도 객관적으로 분석할 수 있게 된다. 그러나 정신이 고장 난 상태에서는 이걸 구분하지 못한다. 인간은 각자의 자기 효능감으로만 살 수는 없다. 사람들은 저마다 타인에게는 수용될 수 없는 변태적 성격을 하나 이상은 가지고 있다. 이 말에 동의하지 않는 사람은 단 한 번도 타인을 이해할 수 있음을 느껴 본 적이 없는 사람이며, 자신에게 진정 솔직하지 못한 사람이다. 이 변태의 범위는 남녀노소, 유형·무형을 가리지 않고 광범위하다. 나도 타인에게 이해받지 못하는 자가 될 수 있음을 인정하는 사람이 우리 사회에 진정 필요한 인간이다. 자신은 보편적 합리성을 가지고 있고 남들과 다를 거라는 생각은 누구나 하지만, 정말로 보편적이고 합리적인 사람은 아주 소수에 불과하다. 타인을 평가하며 낯선 냄새를 맡는 것을 즐기는 사람과 반대로 그다지 타인을 환영하고 싶은 생각이 없는 그 모두가 바로 우리가 된다. 인간은 공통으로 가지는 교집합적 성격도 있지만 절대로 수용되지 않을 각자 내면의 고유한 성질도 함께 가진다. 전자가 잘 발현되면 아프지 않은 연결성의 사회가 되고, 후자가 잘 발현되면 개성 있고 재미있는 사회가 된다.

연결성 사회를 가장 잘 보여 주는 책이 켄트 하루프의 『플레인송』이다. '플레인송'은 오래전부터 기독교에서 사용한 단선율로, 꾸밈없는 단순 멜로디를 뜻한다. 이 책의 독특한 내용 전개 방식은 사건 중심이 아니라 사람 이름 중심으로 소제목이 정해진다는 것이다. 주요 등장인물은 불안 심리에 빠진 아내를 둔 거스리 그리고 그의 두 아들 아이크와 바비, 고등학생 정도 나이에 임신한 빅토리아 루비도와 그를 임신시킨 망나니 남자친구 드웨인 그 외 아저씨 나이 정도인 맥퍼린 형제다. 드웨인은 빅토리아가 파티에 가지 않겠다고 하자 임신한 빅토리아에게 크게 화를 낸다. 살다 보면 과거나 지금이나 왜 사귀는지 모를 연인 한쪽이 존재한다. 플레인송은 홀트라는 마을을 배경으로 위 등장인물들이 함께 살아가는 모습을 큰 사건이나 화제 없이 잔잔하게 전해준다. 맥퍼린 형제는 빅토리아가 순산할 수 있도록 돕고, 거스리는 바른 정신으로 자신의 두 아들과 학교 학생들을 선도한다. 특히 거스리는 엄마의 부재로 어려서부터 어른들의 사회를 경험하는 아이크와 바비에게 든든한 아버지 역할을 하고 음식까지 챙겨 준다. 책의 거의 마지막 부분에서 빅토리아는 평범하게 가족들이 음식을 함께 먹길 기대한다.

서은국의 『행복의 기원』에서는 음식을 함께 먹는 것을 행복한 길에서 가장 중요한 것으로 보는데, 음식은 단순히 먹는다는 것을 넘어선다. 밥을 같이 먹는 사람을 우리는 식구라 부른다. 보통은 가족이라는 단어와 거의 쌍둥이처럼 쓰는데, 그만큼 식구는 강한 유대감을 선사한다. 아주 과거엔 생존하기 위해 음식을 장만하려면 그 음식 대상에 대한 수렵과 채집을 해야 했기 때문에 사회가 공동체적이었다. 그리고 그 음식은 대부분 즉각 소비되었기에 평등했다.

롤란드 파울센의 『걱정 중독』에서는 인류학자들의 말을 빌려 과거 사람들의 이런 음식 소비를 즉각적 소비라 부르고, 현대인의 음식 소비를 지연된 소비라 부른다. 롤란드 파울센은 과거 사람들의 그 음식 공유가 즉각적으로 소비되었고, 수렵과 채집을 위한 도구 같은 것을 같이 준비해야 하기 때문에 이 공동체적 단계도 의미 있는 행동이라 설명한다. 이 책은 불안한 현대인들의 아직 부존재 하는 것에 대한 포비아를 다루며 일부 독특한 시선도 보여 준다. 특히 자살한 사람들의 유서에 대한 통계적 해석이 크게 와닿았다. 자살한 사람들의 유서에는 세상 원망이 훨씬 많을 것 같지만 그렇지 않았다는 편견을 『걱정 중독』은 깨트린다. 자세한 것은 직접 읽어 보길 바란다.

그렇게 시간이 흘러 현대인은 수렵과 채집 대신 이제 대상 음식을 조리하고 그 과정을 겪으며 즐거운 음식 노동의 최종 결과물을 같이 먹는다. 그러면서 서로 눈을 바라보고 대화를 이어 간다. 『플레인송』의 빅토리아도 그런 식구라는 울타리 속에 평범한 삶을 꿈꿨을 것이다. 그녀는 일찍 임신했다는 이유로 엄마에게 갈보년이라는 소리를 들으며 평범하지 않는 삶을 살았기 때문에 더욱 그 평범함을 갈구했을지 모른다. 『플레인송』은 큰 사건이나 반전이 없이 인간다운 보통의 삶을 보여 준다. 특히 맥퍼린 형제의 진짜 속마음은 어떨지 모르겠지만 그들은 빅토리아를 진심으로 챙기는 사람들이다. 요즘 같아서는 40대 이상 아저씨가 아가씨에 호의를 보이는 게 죄처럼 느껴지는 세상이다. 특히 눈치 없이 젊은 여성에 눈이 먼 욕망의 아저씨들로 성급하게 일반화되어 이 나이 때는 세상 오지랖을 떠는 사람들에게 욕먹기 딱 좋다. 그래서 맥퍼린 형제 같은 남성이나 드라마 〈나의 아저씨〉 같은 주인공 남성은 좀처럼 보기 어렵다. 현실에서는 좋은 사랑의 역사가 일어나려면 일단 나이 든 아저씨는 잘생겨야 하고, 일방향이 아니어야 한다. 반대로 여성의 친절과 호의를 이성적인 감정으로 착각하는 남성들은 나이가 젊으나 많으나 늘 존재하기에 이들은 자기객관화와 상황객관화가 필요하다. 잠시 이야기가 삼천포로 빠졌는데, 다시 공동체의 삶 이야기를 계속해 보겠다.

따스한 『플레인송』 작품과 달리 스마트폰형 현대인의 삶은 어떤가? 우리는 지금 연결성 사회나 공동체 대신 그 반대로 가려는 경향이 짙다. 단지 취향이 같거나 이해관계를 가져 타 집단을 배척할 때만 강한 유대감을 가지는 경우가 대부분이다. 나를 버릴 때를 아는 자와 내가 존재할 때를 아는 자는 타인이나 자신에게나 현인이 된다. 그러나 그 현명한 사람은 줄어들고, 화가 나 있는 사람이 많아진 사회가 되었다. 화가 많은 사람은 자존감이 낮고 자존심만 높은 사람일 가능성이 크다. 이들은 어려서부터 공감과 진짜 사랑을 모르고 커 버린 결핍형 인간이다. 자존감을 가지며 외롭지 않은 사람은 타인을 인정하는 것에 그렇게 어려움을 겪지 않는다. 사랑을 주는 사람이 받을 자격도 있는데, 열등감의 이들은 이런 사랑 주기와 받기를 알지 못하기 때문에 타인이 불편하다. 이런 사람들은 결국 그 불편함을 없애기 위해 자기 말을 따르게 하거나 아니면 자기보다 아래에 있어야 한다고 생각한다. 그중 타인과 싸워서 이겨야 한다고 생각하는 자는 약육강식의 동물적 습성을 버리지 못하고 야생의 상태와 같이 행동한다. 만약 이런 행태가 직장 같은 곳에 이루어진다면 을의 형태로 살아가는 누군가는 삶의 끝을 생각할 정도로 절망에 빠진다. 실제 동물 세계의 일부 맹수들은 다른 종족의 새끼들을 자기 종족에 대한 미래 위협으로 생각하여 죽이곤 한다. 인간 세계에서도 이런 비슷한 일들이 이뤄지는 걸 보면 가끔 인간이 너무 무섭고 혐오스럽다. 우린 그렇게 살지 않아도 되는 짐승 아닌 인간인데 말이다. 특히 인간은 한번에 죽이지 않고 오랫동안 정신의 괴롭힘으로 말려서도 죽이니 어떻게 보면 동물보다 더 잔인하다.

　우리는 지금 철학자들이 말하는 거창한 주체와 타자를 공부하기보다 더 우선순위가 있다는 것을 알게 된다. 사람들은 공격적인 마음을 좀 줄일 필요가 있다. 인플루언서든 그냥 일반 사람이든 그들 삶에 관심을 좀 줄이고, 타인이 하는 말에 감정적인 반응을 하려는 급한 마음 대신 여유를 가져야 한다. 각자 모두는 인정 욕구가 있음을 인정하고, 나와 조금 다르더라도 그냥 넘어갈 수 있는 쿨함도 가지고 있어야 한다. 사람의 기질·인성은 누구나 다르지만 인간은 보편적 특성도 서로 공유하기에 겸손한 자세로 타인을 받아들이면 된다. 이걸 레비나스는 환대 개념으로 타자를 대하고자 한다. 모든 걸 환대하기는 어렵지만 주체와 주체는 서로 자기의식에서 결코 벗어나지 못하기에 거부감보다 흘러 보내는 것이 현명하다. 그리고 지금은 무엇보다 타인 말 들어주기가 가장 필요하다. 입은 하나지만 귀는 두 개인 이유를 잘 생각해 보자. 정의와 상관없거나 옳고 그름과 상관이 없는 것에 대해서는 타인의 말에 반대하고 싶어도 가끔은 침묵해 보는 것도 좋다.

07

집단

파시즘과 제노사이드

    외톨이로 사는 사람은 병에 걸린 것이다. 살기 위해서는 그 병을 여러 도움을 받아 고쳐야 하고, 무엇보다 자신의 노력이 무척 중요하다. 인간은 기본적으로 외톨이로 사는 걸 허락하지 않는다. 동물들도 집단 생활을 하고 바다 물고기는 떼를 지으며 이동한다. 물론 무리 생활을 하지 않는 동물도 많이 존재한다. 그럼에도 불구하고 이들은 짝짓기할 때가 되면 또 본능적으로 수십 킬로미터 거리에 있는 수컷과 암컷을 찾는다. 하지만 현대인은 이제 동물적 이런 만남조차 하지 못하게 하는 분리주의와 비교주의가 더 심해지고 있다. 이제 각자도생은 자연의 법칙일까? 각자 사망이 더 어울리는 게 지금의 세상이다. 아주 작은 곤충이나 벌레들 중 일부는 집단적으로 살아가고 무리를 지어 이동하는데, 그 이유에 대해서 어느 생물학자는 포식자에 대한 분산 효과를 노리기 때문이라고 설명한다. 이것은 혼자 땅 위를 거닐고 물 위를 다니는 것보다 작은 생명체들이 집단으로 움직이는 게 종족 보존에 더 안전하다는 뜻이다. 자신은 죽더라도 종족 개체는 보전할 수 있으니 어쩌면 그들만의 생존 전략이라고 할 수 있다.

일부 생물은 인간 조직처럼 연대하며 살아가는데 대표적 생물로는 개미와 벌이 있다. 일벌은 자기 집 근처에서 독특한 공중회전을 하면서 다른 일벌들에게 꽃의 위치를 말해 주고, 개미는 몸의 체취를 이용하여 다른 개미에게 먹이 장소를 알려 준다. 하지만 인간은 집단 행동에 대한 이미지가 안 좋은 것이 상당히 많다. 그중에서도 예수의 죽음을 아래와 같이 말하는 사람은 지금까지 보지 못했다. 예수를 지지하는 사람들은 열정적이었지만 그 반대로 예수가 싫은 사람들 또한 많았으며, 그들 또한 열정적이었다. 예수의 죽음은 부활을 위한 필연적 사건이 아니다. 부활은 그저 유대인 대중이 예수를 죽인 것에 대해 원죄와 함께 신적인 해석을 잘 포장한 것에 불과하다. 부활의 완벽한 스토리처럼 역사적인 상황이 어느 한 인물에게 완전히 유리한 경우는 또 있다. 그게 바로 히틀러다. 제1차 세계대전 후 독일의 거의 모든 안 좋은 상황은 독일 국민들이 히틀러를 압도적으로 지지하게 만든 원인이 되었다. 독일 대중은 파시즘처럼 열광했다. 히틀러처럼 어떤 리더가 일방적인 인기를 거의 독점적으로 얻기란 쉽지 않다. 예수도 그러지 못했다. 유대인 대중은 예수를 죽이는 데 가장 큰 역할을 했고 일부는 침묵했으며 일부는 적극 가담하였다. 로마의 제독인 본디오 빌라도나 배신자 유다 그리고 기득권자인 산헤드린 공회는 예수의 죽음 원인에 그저 표면적일 뿐이다. 예수는 군중, 즉 대중이 죽였다.

현재 우리도 인플루언서나 개인이 대중의 오지랖과 악플 투석으로 죽어 간다. 대중 중 사유하는 극히 일부는 그걸 멈추려고 하지만 한번 먹잇감이 된 낙인자는 엄청난 군중 심리를 제어하기 힘들다. 여기에 언론과 기자 살인마들이 합작하여 죽음을 가속화한다. 계몽주의 시대 이후 등장한 집산주의나 오언이 명명한 사회주의 그리고 21세기 전체주의는 그 이름만 정해지지 않았을 뿐 계몽주의 이전부터 그 파시즘적 행태가 거의 비슷하다. 이런 인간 집단화는 그리스 로마 시대나 춘추전국 시대에도 똑같이 행해졌다. 민주주의도 파시즘의 행태를 보이기 때문에 니체는 민주주의를 부정적으로 본다. 이걸 니체가 무엇으로 불렀는지 기억하는가? 집단의 힘이 크면 과거나 지금이나 개인의 의미는 사라지며, 집단이 뭉쳐서 마치 원자 하나처럼 된다. 그러면서 하나의 목소리가 그 집단의 대표성을 지니고 그 외 다른 목소리는 주변부에 머무른다. 기본적으로 파시즘은 극단주의 요소를 완전히 배제하지 못하여 언제든지 배타성을 가지고 폭력적으로 변할 수 있다. 군중의 힘이 마치 눈덩이처럼 커져 그걸 이제 제어하기는 쉽지 않다. 종국의 목표를 이루기 위한 마지막 단계에 가서야 적대적 집단을 맞이하고, 그 눈덩이는 그때서야 멈춘다. 하지만 집단은 다시 새 질서 정립을 위한 카오스를 맞이한다. 이 집단은 개인의 불안과 사회의 불만을 이용하여 다시 눈덩이처럼 뭉치려 든다. 이런 행태는 민주주의 국가든 독재 국가든 상관없이 계속 반복된다. 집단의 특성은 이익이나 어떤 목표를 공유할 때 이루어지고 어떤 적을 특정할 때 더욱 격렬해진다. 우리 사회는 개인이 집단이 되고 집단이 개인처럼 행동하여 다양한 문제를 일으킨다. 이 문제란 서로가 서로를 이해하지 못하는 일이다.

심리학자 다이애나 포샤는 이렇게 말한다.

"회복력의 뿌리는 다른 사람이 자기를 이해해 준다는 느낌, 다른 사람의 마음에 자기가 자리한다는 느낌에서 찾을 수 있다."

우리는 현재 극단적으로 변한 시대를 걱정하지만 사실 이 문제는 미상불 과거부터 늘 존재해 왔다. 가령 히틀러 시대에는 반공 사상이나 유대인 혐오가 있었고, 1950년대 미국에서는 메카시즘 공포가 유행이었다. 우리나라 근현대사로만 보면 여수·순천 및 제주 4·3 사건 그리고 보도연맹 사건으로 민간인이 집단 학살당하였다. 위 사건 모두 다 어떤 타인 및 집단에 대한 극단적인 적개심이 파시즘적 형태로 표출되어 비극을 초래한 것들이다. 칸트는 '남에게 가해지는 비인간성은 내 안의 인간성을 파괴한다'고 말했는데, 이것으로 우리는 혐오의 진짜 문제를 살필 수 있다. 여기에 더해 사유의 멈춤은 마음의 무감각으로 이어져 타인에게 잔인성을 짐승처럼 행하게 한다.

이처럼 혐오가 항상 주체적이고 의도적이며 가시적인 것만은 아니다. 왜냐하면 예루살렘 아이히만처럼 인종에 대한 포비아가 사유 없이 행해지기도 하고, 5·18 혁명 때처럼 북한 소행이라는 잘못된 정보를 믿고 폭력의 정당화를 못된 신념으로 가지면서 자기 위안을 삼는 사람도 있기 때문이다. 지금도 이것을 이성과 역사적 사실이 아닌 정치적 성향으로 해석하려는 악인들이 있다. 위 두 사건은 개인보다 국가라는 차원에서 행해졌기에 혐오는 개인의 문제만이 아님을 알게 된다. 구원자 역할을 자처하는 독재자는 어떤 자유를 말하면서 항상 타 집단을 매도하는 특징을 가진다. 한나 아렌트의 '전체주의 기원'에서는 원자화 된 국민은 갈 곳을 잃었다고 하는데 항상 필자는 이것을 다음과 같이 재해석한다. 이 전체주의는 집단이 원자화 된 상태로 하나의 목표를 가지고 움직인다. 그 원자는 충돌의 필연성을 가지며 최종 결과는 알 수 없다. 한나 아렌트는 이 집단에 속하는 사람들 중에는 외로운 사람들이 상당수 포함된다고 주장한다. 조반니 프라체토의 『친밀한 타인들』은 한나 아렌트의 저 의견을 완벽히 대변해 준다. 그는 이렇게 말한다.

"외로움은 기만의 필터가 되며 우리는 이 필터로 자신과 타인의 세계를 바라본다. 그리하여 여러 사회적 상황에서 느끼는 경계심과 불안감이 전반적으로 높아진다."

하지만 우리는 좀 더 실질적인 원인을 찾아야 한다. 궁극적으로는 자기 존재를 어떤 확신, 신념 등으로 표출하고 싶어 하는 사람들이 쉽게 원자화 된다는 건 꼭 외로움을 기제로 하는 건 아니다. 그들은 어떤 것에 자아의탁을 하지 않으면 존재의 의미를 잃고 삶의 동력이 크게 저해된다. 즉 그들에겐 외로움보다 삶의 존재 의미가 더 중요하기에 신념을 에너지원으로 삼는다. 이 중 누군가는 이것마저 하지 않으면 비루한 삶이 드러나기에 더욱 신념에 빠진다. 이건 정치 좌우, 종교 무신론, 성별의 이즘·반이즘 대립 등 모든 사람에게 적용된다. 특히 인간은 함께한다는 그 자체에 아주 다양한 심리 요소를 가지게 되며, 여기엔 심리학적인 안정 욕구와 인정 욕구가 동시에 들어 있다. 집단은 그러면서 어떤 권력을 지향하고 파워(power)가 된다. 파워의 어원은 무엇을 할 수 있는 힘에서 유래한다. 소속감은 마음의 안정과 확고함 그리고 자신감을 심어 준다. 집단은 또 엘리트 출신 여부나 재산의 많고 적음과 상관없이 모두가 평등하여 더 연대감을 갖게 한다. 단순히 외롭기 때문에 사람들이 의욕적으로 집단화되는 게 아니다. 물론 외로움이 어떤 행동의 원인이 되긴 하지만 우리는 지금 개인 차원이 아닌 정치 사회적인 측면을 살펴보고 있다.

신념은 어떤 적극적 목표나 반대의 적이 있을 때 더 행동하고 뭉친다. 결국 이런 특성이 곧 집단의 단점이 된다. 집단의 문제가 위험한 이유는, 어떤 목표가 있을 때 모든 생각 회로나 의식 흐름이 그 목표에 맞춰져 합리성을 잃어버린다는 데 있다. 개인은 법이나 사회에 의해서 폭력이 제어되지만 집단은 사회를 무시하는 힘이 있어 폭력이 쉽게 일어난다. 이걸 필자는 '소국가성'이라고 부른다. 소국가성이란 국가 내 여러 작은 집단이 다른 집단이나 사회에 대해 작은 국가 역할을 하려는 걸 의미한다. 이때 사회 폭력이 발생하는데 이 폭력엔 유형·무형을 가리지 않는다. 유형적 폭력이란 실제 눈으로 보이는 물리적 폭력을 말하고, 무형적 폭력이란 잘못된 신념의 심리 강화, 어떤 압력에 의한 자기 검열 기타 잘못된 여론 형성 같은 것을 말한다. 무형적인 것 중 어떤 보이지 않는 폭력은 조직이나 집단으로도 존재한다. 개인의 폭력 가령 언어, 위계, 심리적·암묵적 폭력 등은 이곳 챕터에서는 생략하고 집단 차원만 살펴보겠다.

여기서 집단 차원의 폭력을 문화적 구조적 폭력이라고 생각해도 된다. 협소한 예로 어떤 판단의 주체나 기소의 주체가 개인이나 집단에 폭력을 가하는 것도 소국가성 폭력이다. 우리나라엔 조직 폭력배가 두 종류 있는데, 하나는 칼이나 주먹을 쓰는 사람들이고 또 하나는 펜을 쓰는 사람들이다. 특히 펜을 쓰는 조직 폭력범들이 법치가 아닌 선택적인 판단이나 정치적 판단을 하게 되면 그땐 사법이 죽은 상태인 시체 국가가 된다. 그래서 범죄와의 전쟁은 아직 끝나지 않았다. 법치주의가 제대로 서지 않으면 집단은 폭력을 더욱 가속화하고, 만약 그 폭력에 대한 면죄부를 주거나 처벌이 약할 땐 사회는 큰 혼란에 빠진다. 집단은 반드시 어떤 규칙 혹은 법의 기준에 의해 언행이 제어되어야 하며, 책임 관계도 분명해야 한다. 그래서 우리는 아주 작은 동호회부터 법인까지 다양한 내규를 둔다. 이런 규정을 두어도 인간 세상은 그걸 꼭 지키고 살지는 않으며 심지어 아전인수로 해석하거나 유불리에 따라 선택적으로 행동한다. 그러다 보면 집단은 크게 두 부류로 나뉘게 된다. 하나는 평화적인 집단이고 나머지는 그런 관념이 없는 폭력적 집단이다. 후자의 경우는 목적을 위해 수단을 가리지 않으며 법치 위에 있으려고 한다.

한비자는 법의 힘을 일찍이 아는 사람이었는데 그는 세상이 혼란스러울수록 법은 더 강해져야 한다고 보았다. 추후 한비자 사상도 살피고 권력과 법의 통제에 대해서 더 이야기하겠지만 지금은 법 자체만의 특성을 잠시 살펴보자. 아감벤 같은 경우 법을 폭력적 수단으로 생각한다. 아감벤은 벤야민의 생각을 수용했는데, 벤야민은 법이 내적 통일성을 강제하고 권력 있는 자의 특권을 만든다고 생각해서 법에 대해 부정적 측면을 내비친다. 자크 데리다는 법이 사회 금지뿐만 아니라 자기 자신을 금지한다고 주장한다. 하지만 이들의 주장은 반만 맞는 이야기다. 왜냐하면 인간이 법의 부정적인 면만을 보고 허무주의에 빠져 버리면 이 명제는 헌법 사회의 당위성을 논외로 만들어 버리기 때문이다. 다만 법이 기득권에 유리하다는 것은 분명한 현실이기에 반만 맞다는 것은 옳다고 보이며, 현대 사회는 이것들을 감안하여 새로운 헌법 사회를 추구해야 한다. 데리다도 이 점을 숙지하여 법이 전달자이자 방해자가 된다고 말한다. 진리가 아닌 억압이라는 타자 규범을 만든 근대 규율사회는 보통 부정적 느낌을 준다. 하지만 이젠 헌법 사회와 구분하여 성숙한 시민의식으로 자유와 방종을 구분해야 한다. 법은 흘러가고 그것을 만들어 통제하는 사람 또한 이 과정을 필연적으로 겪으며 수정을 가한다. 법 자체의 한자를 해석하면 삼수변에 갈 거(去)자가 합쳐진 것으로 두 한자 모두 흐른다는 의미를 가진다. 우리는 왠지 법이 절대 불변하고 고정되어 있는 것처럼 생각하곤 한다. 하지만 법은 그 반대로 시대를 따른다. 사람들은 덕과 법을 이분법적으로 보는데 그건 명백히 잘못된 생각이다. 덕이 하지 못하는 걸 법이 하는 것이다. 덕을 강제할 순 없지만 덕이 아님으로 인해서 피해 보는 사람이 있다면 법이 그걸 막아 내야 한다. 나와 사회의 관계는 좋은 게 좋은 것이라는 덕 이외에 딱딱한 법이 작용한다. 그리고 이 법은 때론 나와 상관없이 계속해서 시대와 사회를 초월하여 재정립된다. 법이 끊임없이 변해야 하는 건 앞서 언급한 예링의 말로도 확인할 수 있다. 이런 법의 의미가 있기에 한비자를 그저 법률 만능주의로만 생각하는 건 잘 못된 일이다.

집단은 아주 자주 도덕 불감증에 빠지기 때문에 그걸 강력하고도 불가역적이게 처리할 힘이 필요하다. 그렇지 않으면 파시즘화 된 집단에 대하여 민주주의 사회가 불법의 날개를 달아 준 꼴이 되기 때문에 사회를 더욱 혼란에 빠트린다. 물론 집단이 항상 문제의 원인이거나 단점만 있는 건 아니다. 집단은 좋고 나쁨의 이중성을 가진다. 정의로운 집단은 헌법 수호나 법치 국가의 유지를 위해 연대하고 행동하는 긍정적인 면도 가지고 있다. 그러나 문제는 정의롭지 않은데 정의롭다고 착각하는 집단이 존재할 때다. 우리나라로 치면 독재자를 공(功)과 과(過)로 말하며 추종하느냐 아니면 독재 타도를 외치느냐와 같이 대립의 역사가 끝나지 않음으로도 이것을 확인할 수 있다. 항상 민주주의 위기는 독재를 바라보는 태도와 함께 개인과 소수 집단을 포용하느냐 아니냐의 갈등에서 시작한다. 우리나라뿐만 아니라 과거 스페인과 볼리비아 그리고 상당수 많은 아프리카 국가들이 독재와 내전을 겪었다. 그러나 그 결과는 각 나라마다 완전히 다르다. 이것은 문화 차이 자체보다는 인간이 이성을 가지고 과거로부터 배우느냐 아니냐, 도덕성을 가지고 사느냐 아니냐의 차이 결과다.

존 스튜어트 밀은 소크라테스가 말했던 것과 비슷하게 인간이라면 도덕적 양심을 가지며 살아야 한다고 주장한다. 소크라테스는 "도덕의 마음이 없으면 정신적으로 이상한 사람이다."고 했다. 여기에 더해 각자가 인격 향상을 위해 배우려고 노력한다면 얼마나 멋진 세상이 될까? 설령 이것을 실천하지 못하며 살더라도 이런 관념을 가진 인간 유형이라면 개인 속 자연인이든 집단 속 개인이든 사회에 긍정적 요소가 될 것이다. 하지만 집단 속 개인은 온전히 개인으로 끝나지 않고 높은 확률로 군중심리의 영향을 받는다. 집단은 파도와 같은 힘이 있어서 개인이 막지 못한다. 집단행동의 장점이 있음에도 불구하고 집단의 가장 큰 단점이라면 기본적으로 그 자체가 권력이자 반지성적이라는 점이다. 인간이 만들어 놓은 좋은 제도는 누가 활용하느냐에 따라 달렸다. 집단도 마찬가지인데 긍정의 조직이 있는가 하면 부정의 조직이 있어서 사회를 병들게 한다. 스스로 제어하는 기능이 없거나 통제 받지 않는 집단은 그래서 위험하며 이런 조직은 개혁 대상이 되거나 아니면 강제적 소멸이 필요하다. 반지성적 집단은 마치 사회에 담배 연기를 뿜어내듯이 서서히 암적인 세포 역할을 한다. 이것에 대항하는 것은 지성적 면역 T세포를 가진 사람들이다. 정의로운 사람은 당장의 개인 이익이나 특수한 집단의 목표보다 더 큰 인간 미래를 생각한다. 하지만 이런 생각으로 살아가는 사람은 그리 많지 않다. 철학은 고리타분하고 재미없지만, 철학이 생각을 하게 한다는 점에서 때로는 빠른 판단을 잠시 유보해 보는 것도 괜찮은 삶의 자세다. 정의가 아닌 어떤 확신을 제어하는 힘이 바로 사유를 하는 것이며 그것은 대부분 종이책에 들어 있다.

버트런드 러셀의 『생각을 잃어버린 사회』에서는 확신에 찬 어떤 슬로건을 비판한다. 그는 "자본가들을 타도하면 나머지 사람들은 영원한 축복을 누릴 것이다. 유대인이 멸절하면 모든 사람이 덕을 갖게 될 것이다."라는 슬로건을 예로 든다. 그러면서 이런 목소리는 어떤 믿음을 가진 대중에게는 아주 좋은 구호가 된다고 말한다. 요즘으로 치면 중국 사람들에 대한 혐오를 내세우는 특정 집단이 이런 슬로건과 완벽히 일치하게 행동한다. 인간은 스스로 이성적 동물이라 믿고 있지만, 러셀은 오히려 세상이 더 광기에 빠져들게 된다는 걸 이미 오래전부터 알고 있었다. 버트런드 러셀은 대략 150년 전에 태어나 세계 전쟁을 두 번이나 겪고 1970년 거의 100세 가까운 나이에 사망했다. 특히나 미국과

구소련의 냉전체제까지 보고 죽었으니 러셀이 세상을 광기라 말한 것
도 이해할 만하다. 그가 미쳐 가는 세상에 제안하는 것들은 좋은 교육
과 관용, 철학과 사유, 윤리적인 생각을 하는 일이다. 최근엔 기독교인
들이 특정 언어 사용의 슬로건으로 믿음의 광기를 보여 주어 사회 문제
가 되고 있다. 러셀은 『나는 왜 기독교인이 아닌가』에서 톨스토이와는
완전히 반대인 생각으로 신을 믿지 않는다. 그는 "행복이 전정한 행복
일 수 있는 건 그것에 끝이 있기 때문이며 사고나 사랑이 영원히 지속
되지 않는다"고 하였다. 반면 톨스토이는 죽음에 대한 끝없는 질문 끝
에 신이 있음이 자신을 계속 의미 있게 한다고 생각했다.

　러셀이 가장 논리적이고 철학적이며 감정적이지 않는 무신론자라면
리처드 도킨스는 가장 과학적인 무신론자다. 리처드 도킨스는 『만들어
진 신』에서 신이 있을 확률은 보잉 비행기 한 대의 무수한 조립 부품들
이 바람에 의해 우연히 완성된 비행체로 조립될 확률과 같다고 하였다.
참 재미있는 비유다. 다만 자연은 신을 증명하기 위해 조립하지는 않지
만 아름다움이라는 신을 만들었다. 문득 이런 생각이 든다. 나 혼자
잘 즐기고 살다가 죽으면 되는 인생을 지금처럼 굳이 우리 사회 문제까
지 생각해야 할 필요가 있을까? 이럴 땐 신도 필요 없고 방탕함만이 어
느 한 인간에겐 진리다. 하지만 모두가 그렇게 살면 망나니 사회가 되
기 때문에 우리는 아름다움이 무엇인지를 탐구하며 살아간다. 그 아름
다움을 자연과 인간 이 셋의 삼위일체와 불일치로 이해해 보자.

08
미학

잃어버린 아름다움을 찾아서

챕터의 제목을 예술의 용어로 할까 잠시 고민했지만 미학이든 예술이든 아무래도 좋다. 사람들은 예술이 특정 사람만 한다고 생각하지만 그런 생각을 버리게 하고자 미학 챕터를 따로 두고 논의해 보려고 한다. 우리 인간은 무엇을 그리거나 만드는 도구적 존재로서 시간과 공간을 이용한다. 예술은 처음엔 인간의 어떤 놀이로 시작되었다가 특정 의미를 가지게 되었고, 그다음에는 철학적 삶으로 확장해 갔다. 우리가 사물을 처음 인식할 때는 시각에서만 머무른다. 나중에는 그 시각적인 것을 인간이 할 수 있는 사고로 변형·창조·모방하여 다른 청각적이고 감상적 무엇으로 만들어 낸다. 예를 들어 그림은 나중에 도면이 되고 도면을 활용한 건축은 곧 과학이 된다. 이것들은 처음엔 독립적 행위였지만 나중엔 연계된 무엇으로 하나의 작품이 되거나 인간의 유물로 창조된다.

놀이가 아름다움이 되기까지는 오랜 시간이 걸렸다. 기원전 15000년 전의 라스코 동물 벽화는 인류가 구석기 시대부터 그림 놀이를 했다는 사실을 보여 준다. 누군가는 이 벽화에서 폭력적인 부분을 보고 누군가는 주술적 의미를 보지만, 이유야 어쨌든 인간의 창작 활동은 그림을 통해서 시작되었다. 인간은 도구적 동물인데 무엇을 그릴 때도 도구가 필요하다. 지금 어린이들이 학교에서 판화를 하는지 모르겠지만 그림의 다음에는 무엇을 파고 깎고 다듬는 도구로 발전하게 된다. 이게 바로 조각 예술이다. 생각해 보면 쐐기문자도 도구를 활용한 것이니 문자는 그림에서도 연유한다.

아주 원시적인 인간으로 돌아가 보자. 언어와 문자가 없었을 때 인간은 제스처로 소통을 하거나 나무막대기 및 돌 등으로 땅바닥에 무엇을 그려서 소통했을 것이다. 중국의 갑골문자나 상형문자가 이런 그림에서 시작하여 육서를 거쳐 한문이 된 것이니 그리기는 인류 최초의 언어 활동이 된다. 나중에 이 그리기는 시각 하나로 축적되어 기호화가 되고 소쉬르가 말한 기표·기의 역할을 한다. 언어는 예술과 함께 의미 창조와 축약성을 가진다. 동물도 감정을 가지지만 인간은 그 감정을 기억하고 기록하는 유일한 동물이다. 인류는 그리는 게 우선이었는지 아니면 입으로 내는 소리, 즉 음악이 먼저였는지 정확히 알 수 없지만 우리는 뮤즈의 신으로부터 아름다움은 소리로도 시작되었다는 것을 알 수 있다. 아름다우니까 인간이 욕망하는 것인데 그 소리는 그리스 신화인 세이렌의 유혹으로 이어진다.

그렇다면 아름다움에 대한 갈망은 철학적으로 어떤 역사를 가졌을까? 그리스 철학이 처음에는 자연철학으로 시작되었듯이 아름다움도 처음에는 자연과 관련되었을 가능성이 크다. 보통 자연철학의 시초를 기원전 7세기 전후 이오니아 학파로 보며, 우리가 잘 아는 탈레스나 헤라클레이토스 아낙시만드로스 등이 여기에 속한다. 자연이 생성되고 결국 어떤 종국으로 이어지는 것을 보면서 인간은 이제 과학과 미에 대한 탐구를 시도하게 된다. 거기서 인간은 도구를 활용하거나 '창조적 상상력'을 이용하여 무엇을 만드는 것까지 이르게 된다. 일부 동물도 도구를 활용하지만 창조적 상상력과는 거리가 멀다. 창조적 상상력이란 그림과 노래, 시나 비극 작품 등을 만드는 이성의 2차적 행위를 말한다. 여기서 인간은 예술의 여러 의미 중 하나인 카타르시스를 얻는다. 이제 예술의 맛을 아는 인간은 이성을 넘어 다양한 심리 표현, 마음 정화를 위해 끊임없이 창조 활동을 이어 간다. 아리스토텔레스에게 아름다움은 역시나 탁월성이기에 예술은 조화의 극치에 다다른다. 그렇다고 조화만이 예술이 되는 건 아니며 불일치와 기괴함도 예술이 된다. 그런 의미에서 바움가르텐이 미학은 '감정 인식'이라고 표현한 건 옳은 얘기다.

그렇다고 미학이 항상 과학적인 게 아니거나 이성적 특성이 없다는 얘기는 아니다. 다만 예술을 떠올리면 영감(inspire)이라는 마음이 과학보다 먼저 앞선다. 그래서 감성 혹은 감정을 인식하는 게 예술이며 이걸 바움가르텐은 에스테티카라고 불렀다. 톨스토이도 『예술이란 무엇인가』에서 바움가르텐과 비슷한 생각을 내비친다. 그는 감염력이 높을수록 괜찮은 예술이라고 주장하는데, 이 감염력이란 곧 감정의 전달을 의미한다. 실제 그의 예술론 책 내용에는 전달되는 감정의 독특함이나 명료함, 진실성이 있는 것이 높은 감염력을 준다고 하였다. 톨스토이 본인도 그런 감염력이 좋은 작품을 써 내려갔기에 불멸의 작가가 된 것이다. 반면 18세기 화가 조슈아 레이놀즈는 감정 영역이 아닌 이성을 통한 합리주의적 예술을 중시한다. 조슈아 레이놀즈가 살았던 계몽주의 시대를 감안하면 아마도 사회 분위기나 철학적·사상적 흐름이 그의 예술 영역까지 영향을 끼친 것으로 보인다. 예술이 인간에게 계몽을 주고 합리적 무엇에만 따르게 하는 건 감옥과 같은 것이다. 조슈아 레이놀즈가 그린 초상화가 타자의 감정 영역으로 안 들어갈 일은 만무하기 때문에 그의 주장은 옳고 그름보다는 하나의 예술 지향성으로 보는 게 타당하다.

그렇다면 예술의 역사성으로 들어가 보자. 자연철학 이후 신플라톤주의와 기독교의 결합은 학문과 예술의 통합을 가져온다. 이걸 부정적으로 보면 예술도 신의 아래에서 완성되는 인간의 활동이다. 이러면 결국 인간은 신 이상의 창조는 할 수 없는 예술의 한계성이 드러날 수밖에 없다. 하지만 인간은 예술을 무한의 가능성이라고 여기며 창조 활동을 한다. 즉 신과 예술을 이분법적으로 보는 건 모순이 생기기에 옳지 않다. 아우구스티누스에게 자유의지는 신의 허락 하에 이루어지는 것이니 그의 시각이 맞다면 예술도 신 안에 갇혀 있게 된다. 아우구스티누스는 아름다움에 대한 형식을 두 가지로 보았다. 첫 번째는 전체적이고 신적인 것으로, 그 자체가 가지고 있는 아름다움이다. 두 번째는 어떤 사물이 다양한 무상(無常)으로 나타나는 변화된 아름다움이다. 이걸 현대적으로 해석하면 예술은 자연적인 아름다움과 인위적인 아름다움으로 나뉘게 된다. 이와 비슷한 주장을 하이데거와 헤겔도 주장했다. 하이데거는 예술 작품이 존재의 의미를 감추고 있으면 대지(earth)고, 인위적인 무엇을 드러내면 세계(world)가 된다고 하였다. 그러면서 이 둘을 서로 투쟁하는 관계로 보았다. 결국 예술은 어떤 목적의식을 가져야 하는가 아닌가의 영역까지 생각할 수 있는데, 예술은 이런 부분에서 문학의 순수성과 비순수성의 논의와 비슷한 관점 차이를 가진다. 예술은 데이비드 흄과 베이컨의 생각처럼 단지 즐거움의 대상이 되기도 하지만 주관적 예술이 객관의 문제로 오게 되면 보편과 특수성 문제를 일으키기도 한다.

그러나 유희의 예술이 목적 예술과 반대 개념이 아니듯이 보편성과 특수성도 예술에서는 반대 개념이 아니다. 헤겔은 예술이란 과거의 산물이자 재현된 어떤 것이라고 했다. 그런 면에서 현재의 예술과 과거 사상가들의 주장이 조금씩 교집합을 가지고 있는 걸 보면 예술은 결국 자아와 자연의 연속성 및 분절의 줄다리기가 된다. 다만 헤겔은 정신적 예술과 자연적 예술을 구분하여 전자를 더 우위에 두는 뉘앙스를 취한다. 아우구스티누스를 말하면 꼭 같이 따라오는 사람이 한 명 있다. 바로 토마스 아퀴나스다. 그의 생각에 따라 미학을 신적으로 해석하면 인간의 예술이란 신이 창조한 자연을 받아들이는 것에 머무르게 된다. 그러나 이건 올바른 예술의 해석이 아니다. 왜냐하면 인간 모두가 신적인 것을 믿는 것은 아니며, 경험하지 않은 걸 꼭 미지의 세계로 상상해서 표현할 필요는 없기 때문이다. 실제 사실주의 문예사조가 유행일 때 어느 예술가는 "나는 그리스 신화같이 직접 보지 않은 것은 그릴 수 없다."라고 했다.

미학에서 다룰 주제는 아니지만 그렇다면 기독교가 신플라톤주의를 받아들이는 가장 큰 이유는 무엇일까? 그건 인간의 의식이 보이지 않는 무엇의 하나로 통일되기 때문이다. 절대 인식 같은 이데아는 곧 절대자 이후의 해석을 쉽게 한다. 거기다가 보이지 않는 시간과 장소, 공간 변화에 상관없이 이데아는 절대자처럼 형이상학적으로 존재한다. 자연과 인간의 보편성과 영원성 기타 어떤 규칙성 그 반대로 규칙의 부정성을 하나의 근원으로부터 이끌어 내면 세상의 해석이 쉬워진다. 만약 전자의 경우라면, 이건 절대자라는 신에 대한 해석에 매우 근본적 인식을 심어 준다. 즉 이데아는 인간의 자연 인식을 신·절대자처럼 되게 하고 그 원형을 찾는 과정에 하나의 지향점을 만들어 준다. 이러면 신의 질서가 형성되고 인간, 신, 자연은 삼위일체가 되어 인간은 신으로부터 벗어날 수 없다. 이런 중요한 해석을 다른 책에서는 하지 않는다. 그래서 독자에게 꼭 얘기해 주고 싶었다. 그러나 자연이 곧 인간이 될 수 없는 관념은 인본주의, 즉 중세 르네상스 영향으로 변화를 맞이하게 되고 이게 나중에는 존 스튜어트 밀까지 이어진다. 추후 밀의 생각은 따로 전개할 테니 지금은 넘어가도록 하자.

이제 새로운 예술을 창조하는 인간, 새로운 철학을 하는 인간이 탄생했다. 미학의 인간 정신은 이제 철학과 그 바깥으로 나누어진다. 가령 철학이 예술과 사회를 규정하고 윤리를 말하는 영역에 대하여 누군가는 순수와 참여의 대립으로 따져 물을 수 있다. 인간의 욕망 활동인 그 무엇은 학문이 되었고 그 미학은 현시대 들어와 아주 복잡해졌다. 욕망을 매우 현실적으로 보면 쾌락이라는 것인데 이게 예술이라니 조금은 이상하게 느껴진다. 잘 생각해 보면 예술은 쾌락이며, 예술의 창작 고통도 쾌락이라 할 수 있다. 아리스토텔레스는 창작의 고통은 즐거움이라는 변태적 생각을 가졌다. 현대 철학으로 와서는 어떨까? 만약 현상학적으로 예술을 보자면 전통적 미의 본질을 그냥 사유하려고만 하지는 않을 것이다. 관용적으로 쓰이는 철학 표현을 빌려 말하면 어떤 예술 작품은 본질보다 실존이 앞선다. 왜냐하면 창작 예술은 의지로 표현된 인간의 결과물이기 때문이다. 철학적 큰 분류를 예술로 따져보면 경험과 관념이 예술로도 나뉠 수 있다. 과연 예술이 경험이면 주관성이 사라지게 될까? 주관성이 사라지면 낭만주의는 존재하지 않는 예술 분야가 되고 20세기 초 아방가르드는 이단 예술이 된다. 철학과 예술 각각의 이 둘의 관계는 위상학처럼 모든지 변용이 가능하다.

현대에 와서 예술은 물질의 자본과 분석의 사유 영역에 다다른다. 예술 자체는 자본주의와 아무 상관이 없지만 이게 상품 가치가 될 때, 즉 교환 가치 역할을 할 땐 돈으로 인식되어 유물론적 예술이 된다. 이 말을 샤르트르의 실존주의 명언을 변용해서 이야기하면 사유나 자유 그리고 본질 등으로 탄생된 예술이 실존 가치가 되어 최종적으로 돈이 된다는 걸 의미한다. 다만 예술이 유물이 되려면 사소한 작품이거나 사소한 인물이어서는 안 된다. 일부 예술 작품은 권력의 상징이 되거나 자금 세탁 등의 도구가 되어 부정하게 쓰인다. 가령 천경자의 미인도에 대한 위작 여부가 예술인의 의사와 관계없이 부정하게 쓰인 대표적인 사례다. 이런 유물론적 자본주의적 예술이 현재 신계급 사회에서는 안타깝게도 더 다양한 곳에서 일어난다.

그럼에도 불구하고 자연으로 돌아가라는 루소식 마인드로 아름다움을 좇는 사람들은 여전히 존재한다. 이런 미학 추구자들은 곧 예술 철학자들이다. 이들 중 금수저가 아니라면 대부분은 배고픈 예술인들이며, 그들은 순수라는 이상과 상업이라는 현실 사이에서 고군분투하며 살아간다. 현시대는 앤디 워홀이나 데이비드 보위같이 유명인이 아니어도 얼마든지 대중과 예술이 만나 자본주의 대중문화를 창조해 낼수 있다. 그저 유명하지 않을 뿐 개개인은 예술의 톱니바퀴 중 하나다. 현대에 와서 예술의 진짜 문제는 모든 창조 활동이 예술이냐 외설이냐, 표현의 자유냐 혐오냐 등으로 나뉘어 가치 판단이 복잡해졌다는 점이다. 이때 미학은 아름다움이 아니라 목적의식만 가진 의도된 인간의 표출 행위에 지나지 않는다. 그럼에도 불구하고 예술이 사회나 문화, 인간의 의식에 긍정적 영향을 준다면 그건 특정 의도와 상관없이 괜찮은 행위다. 그런데 이걸 누가 무슨 기준으로 인정한다는 것인가에 대한 의문이 생긴다.

톨스토이의 해석으로 보자면 예술이 때로는 인류애적이지 못하고 배타적일 수 있다. 그러다 보면 사람들은 예술에 대해서 각자만의 해석을 내놓기 마련이다. 이걸 특히나 잘하는 사람들이 바로 비평가들이다. 그중에서는 감정 없는 냉철함만이 좋은 비평가라는 고루한 생각에 빠진 사람들이 있다. 그들 중 일부는 독특함이나 신선함을 찾으려 하다 보니 때론 스스로 전문가의 덫에 걸린다. 그 덫이란 대중과의 괴리다. 예술가 위에 예술가가 존재하고, 그 무엇보다 가장 위에 존재하는 사람이 바로 이런 비평가다. 예술엔 조건이 없는데 톨스토이나 다른 사람들은 자기들만의 기준을 정한다. 개인적인 게 정치적인 게 맞다면 개인적인 것이 예술적이라는 말도 틀리지 않는다. 물론 그 가치는 둘째 치고 말이다. 하지만 모든 인간 및 개인의 활동이 의미가 되거나 예술성, 역사성을 가지는 건 아니다. 그렇듯 모두가 고급 예술을 하는 것도 아니다. 그러나 다수가 호평하고 가치를 부여하여 유명세를 가질 땐 어떤 의도된 그 예술 작품은 진짜 예술이 된다. 이때 예술은 개인적인 것이 집단적인 것이 된다.

요즘은 예술의 범위가 아주 넓어졌고 과거보다는 좀 더 평등해졌다. 다만 운동도 타고난 감각이 있어야 노력과 함께 최고가 되는 것처럼 예술도 그런 타고난 감각이 있어야 한다. 이건 어떤 대중 예술 작품에 대한 가치를 평가하는 기준이 되며, 개인으로만 보면 예술은 인간 모두가 가지는 취향이나 향락의 대상이 된다. 여기서 인간은 예술이 이성이냐, 느낌 감각이냐의 판가름을 하고 싶어 한다. 다만 이 기준의 판가름은 창조자와 그걸 믿는 신도의 관계와 같은 것이기 때문에 예술 바깥에 있는 사람들에겐 별로 의미가 되지 않는다. 특히 예술에 참여하기보다 그저 관객으로 남는 사람에겐 더욱 그러하다. 미학을 현대적으로 볼 필요가 있다. 예술이 향락이라면 현대 기술을 이용한 자기표현도 그런 것 중 하나가 된다. 가령 누군가는 웹툰이나 산업 디자인으로 자기 생각을 전달한다. 전통적 예술이 조각하거나 그리며 건축하는 일이었다면 지금은 생각의 반전과 엉뚱함을 표현하거나 현대 문명의 도움을 받아 다양한 일러스트로 예술을 만들어 낸다. 엉뚱함의 대표적 예술로는 20세기 초 마르셀 뒤샹의 소변기가 있다. 뒤샹은 없는 것으로부터 새로운 대상을 만든 것만이 예술이 아니라고 생각했다. 그래서 그는 엉뚱하지만 변기라는 기존의 것(레디메이드)을 가지고 예술을 어떤 개념으로 승화시키는 것도 작품이 될 수 있음을 보여 준다. 다만 그때나 지금이나 이게 무슨 예술이냐고 말하는 사람들이 존재한다.

현대 사회는 상대의 관점을 인정하지 않는 의견 충돌이 일상이 되었다. 이런 충돌 현상은 예술과 비평 영역까지 확장된다. 여기엔 전문가 집단이라는 쪽과 아닌 쪽의 충돌이 있는데, 사람들은 자기 관점에 너무 빠져서 상대에 대한 존경을 보이지 않거나 반대로 전문가와 생각이 같아서 맹종하는 경향이 있다. 전자의 이런 사람들을 필자는 '간섭 충동'만 있는 사람이라고 표현한다. 이들은 좋은 면보다는 지엽적이고 지독할 정도로 나쁜 면과 자기가 보려고 하는 부분만 보려고 한다. 우리 모두 객관성과 주관성에 대한 형평성을 잘 유지해야 하며, 예술 작품을 볼 때도 이것을 구분할 줄 알아야 한다. 예술은 주체든 객체든 간주관성과 객관성을 동시에 가진다. 사람들이 서로의 삶과 생각을 때론 간주관성이라고 인식하면 정말 좋을 것이다. 다만 미학이 논리학처럼 약속된 보편적 무엇은 아니다. 그래도 예술 창조자가 의도한 것과 관찰자 간에는 단 하나의 일치됨은 존재해야 한다. 이걸 다른 말로 표현하면 예술은 자의식과 다른 세계의 만남이라 할 수 있다. 외딴섬에 있는 사람이 혼자 노래를 부르고 그림을 그리며 무엇을 만든다고 하여 예술이 되는 게 아니다. 자신에겐 예술일지 몰라도 아름다움은 누군가 봐 주고 느껴 줘야 한다. 마치 김춘수의 시 「꽃」의 한 구절처럼, 예술은 "내가 그의 이름을 불러 주었을 때 그는 나에게로 와서 꽃이 되었다"와 비슷한 것이다. 자연 그 자체는 예술이 아니지만 자연이 사람을 만날 때는 예술이 된다. 그런 의미에서 창조자와 세계의 만남은 미학에 필수적이다.

그렇다면 미학은 왜 필요한가? 칸트는 예술 감각의 판단에 대해서 단계를 정했다. 그중 하나가 목적이 없고 개념이 없으며 어떤 이해관계가 없어도 그 자체로 마음에 들 수 있는 게 예술이라고 보았다. 필자는 이걸 예술 창조자나 관람자의 내적 순수성 혹은 자기 만족성이라고 부른다. 그래서 예술은 단계만 있지 그 자체의 계급은 없다. 계급은 추후 인간이 부여하는 것이다. 칸트의 『판단력 비판』에서는 예술을 말하면서 그 판단에 대한 인간의 지적·도덕적·경제적 존재를 아예 예술에서 상정하지 않는다. 칸트에게 아름다움은 도덕 규칙처럼 선험적이거나 규범적인 게 아니다. 그에게 절대적 아름다움은 있지만 그건 어느 정의(定義)를 말하는 게 아니라 범주에 속하는 일이다. 하지만 존 듀이와 하버마스는 감상자인 파토스가 미술과 무관하다는 것에 반대한다. 듀이는 개인이 가지는 경험에 의한 미적 판단을 인정하며 유기체적 관점에서 미술의 사회적 작용을 연계한다. 하버마스는 인간적 관점에서 과학 도덕 등이 미술과 어떻게 소통하는지를 중요하게 보았다. 이런 부분에서 칸트의 미학 논의는 풍족하지 않다는 평가를 받는다. 칸트에게 미(美) 자체는 무엇에 종속된 것이 아니라 그냥 아름다움이며, 계급 의식이 존재하지 않는 모두의 자유로움이다. 다만 칸트는 각자 감정의 취미 판단 외의 숭고의 미 그리고 예술과 천재성 이야기를 꺼낸다.

그렇다고 이게 계급적 요소를 말하는 건 아니다. 토마스 베른하르트의 『몰락하는 자』는 주인공을 통해 예술 영역에서 타고난 재능과 그렇지 못한 사람과의 괴리를 보여 준다. 하지만 이건 계급이 아니라 재능의 영역으로 해석해야 한다. 예술은 불평등한 계급과 재능을 떠나 평등한 메시지가 된다. 당연히 그 파급력은 다시 불평등하겠지만 말이다. 이럴 땐 예술이 창작자의 수단이 되는 기표(significant) 역할을 하고 목적이라는 기의(시그니피에: signifie)가 된다. 현대 사회에서 예술은 이제 의미를 좁힐 수 없을 정도로 매우 다양해졌다. 그래서 웹툰을 그리는 사람이나 AI를 통해 무엇을 창조하는 사람도 예술인이 될 수 있다. 어떤 이는 자기가 하는 일에 대하여 거창한 직업적 소명이 없어서 이런 미메시스나 창조 예술이란 것에 겸손할지 모른다. 반대로 웹툰을 안 보는 사람은 이런 걸 비하할 수도 있다. 여기서 말한 미메시스는 모방이라는 긍정의 언어로 또 다른 창조 행위의 의미를 가진다.

과거 아리스토텔레스부터 지금까지 논의된 미학을 보자면 웹툰이 예술이 아니라고 단언하기는 힘들다. 그런 의미에서 예술 능력을 가진 사람들이 예술의 궁극적 방향인 조화나 아름다움을 다양한 세계로 잘 표현했으면 좋겠다. 이건 천부적 재능을 말하는 게 아니며, 그저 실제적 특정 기술을 가지는 사람들을 의미한다. 예를 들면 컴퓨터 활용 외에 시, 문학, 그림, 음악, 영상, 광고, 스포츠 등에서 활동하는 사람이 여기에 속한다. 실제적 예술 기술을 가진 사람들이라고 표현한 필자의 말에 과거 철학자들이나 예술인들은 애초에 이들이 예술을 한다는 것을 인정하기 싫어할 수도 있다. 하지만 지금은 현대 문명과 사람의 마음이 결합하는 시대다. 예술은 항상 과거와 현재 미래가 동시에 걸쳐져 있기 때문에 고루한 생각을 버려야 한다. 과거보다 도구나 유형, 양식, 체계, 기술 등으로 수단이 조금 바뀌었을 뿐 의지의 표현이나 존재 의식을 드러내는 인간의 창조 활동은 예나 지금이나 똑같다. 그런 면에서 예술의 주체가 천재 아니면 부르주아가 하는 것이라거나 예술이 탁월성, 진리, 숭고함을 가져야 한다는 과거 일부 철학자들의 생각은 수정되어야 한다.

다른 말로 바꿔 보면 예술 자체는 위계가 없으며, 오로지 그걸 평가하는 사람만이 위계가 있을 뿐이다. 조금 골치가 아픈 건 예술을 인간이 아닌 다른 어떤 존재(AI)가 행한다고 했을 때 우리는 이것을 어떻게 봐야 할 것인가. 이건 미학 부분에서 미제로 남겨 두기로 하고 AI 관련해서는 다른 챕터에서 다시 하게 될 것이다. 또한 실제 작품과 어떤 예술가를 언급하며 예술 양식의 역사를 설명하는 것은 이 책의 임무가 아니다. 인간이 가지는 예술다움과 당신다움 그리고 나다움과의 조화를 이루고자 그저 철학적 예술 이야기를 꺼냈을 뿐이다. 보통의 미술 예술 관련 책처럼 가볍게 예술 한 페이지씩 읽고 싶다면 노엘라의 『그림이 들리고 음악이 보이는 순간』 같은 책을 읽어 보면 된다. 예술은 읽기는 참 쉽다. 그런 면에서 마르크스의 예술에 대한 생각처럼 고귀한 이상향보다는 현실 수준에 초점을 맞추는 것도 괜찮다. 항상 인간과 물질을 투쟁으로만 보지 않는다면 말이다. 이 예술은 추후 대중문화와 권력 문제로 이어져 다시 논의하게 될 것이다.

09

국가

그때는 맞고 지금은 틀리다

사회 갈등이 커지고 어느 한쪽이 극단화가 되면서 현대 사회는 국가란 무엇인가의 의미를 더 크게 가지게 되었다. 국가는 시대의 요구에 따라 관념과 체제에서 수정의 수정을 거치며 지금까지 이어져 왔다. 하지만 세상을 강자와 약자의 눈으로 보면 과연 세상이 바르게 변한 게 맞나 싶을 정도로 국가에 대한 의심이 든다. 기원전 로마 시대 때는 폼페우스와 카이사르 그리고 크라수스의 삼두·과두제 정치가 있었다. 과두제라는 단어는 그리스의 참주 정치와 함께 2000년이 넘었으며, 현재는 올리가르히라는 신흥 재벌의 의미를 가진다. 자본주의와 민주주의 시대에도 과두제는 다른 형태로 실행되고 있다. 그렇다면 참주정은 사라졌을까?

일부 군사 쿠데타를 통해 독재 국가가 된 나라를 제외하면 겉으로 보이는 참주 정치는 사라진 것처럼 보인다. 그러나 민주주의로 뽑혀 정당성이 부여된 리더가 극단적인 생각을 가지면 그건 거의 참주 정치와 비슷한 모습을 보이게 된다. 가령 트럼프와 그의 열렬한 지지자가 만든 정부뿐만 아니라 일베 아니, 일론 머스크 같은 사람도 그런 행태를 보인다. 다만 일론 머스크는 민주주의로 뽑힌 게 아니라 자본주의로 탄생한 사람이다. 민주주의에서는 리더가 선거로 뽑히긴 하지만 그게 항상 바른 선택을 보장하지는 않으며, 간혹 그 리더가 무능하거나 극단적인 모습을 보이기도 한다. 왜 그런 인물이 나오고 국민들은 왜 그런 사람을 뽑는지에 대해서 국내외 여러 학자들은 많은 분석을 해 놓는다. 여기서는 핵심만 짧게 이야기하겠다.

먼저 수십 년 전 레온 페스팅거가 말한 인지 부조화를 가진 극단의 사람들이 현재는 디지털 문명으로 과거보다 더욱 많아졌다. 어느 집단은 한쪽으로 기울어져 계속 그런 정보만 받아들이려고 하니 확증편향이 완전히 공고해져 버린다. 여기에 더해 일부 사실을 가지고 전체 프레임과 맥락을 이상하게 비트는 언론은 이런 상황을 더욱더 악화시킨다. 그래서 특정 신념을 가진 사람은 자기 입맛에 맞는 것만 믿으며 그걸 별생각 없이 맹종하게 된다. 언론은 매번 틀리는데도 반성하지 않는다. 특히 정치적인 부분에서는 항상 자기들이 중립적이고 합리적이라고 생각한다. 하지만 그들은 강한 자한테는 비굴하고 약자한테는 강하면서 늘 비겁한 행태를 보여 왔다. 아직도 그들은 과거와 똑같은 방식으로 현재를 해석하며 오류를 범한다.

언론 외에 현대인은 영상과 커뮤니티의 노예가 되어 보고 싶은 것만 보고 믿고 싶은 것만 믿는다. 이걸 사회학적 용어로 메아리방 효과 혹은 반향실 효과라 한다. 커뮤니티와 영상은 틀림의 쳇바퀴를 만들고 합리적 도구인 척 역할을 해서 결국 사람을 반지성적이게 한다. 이런 반지성적인 사람들은 밴드 왜건 효과를 주기 위해 댓글 전쟁을 하며 여론을 조작하고 여론 조사도 교묘하게 활용한다. 스마트폰만 있다면 이제 사람들은 메시지 수단을 적극 이용하여 자기 신념을 표출한다. 이런 사람들의 진짜 문제는 자신이 하는 일이 정말 옳다고 생각하고 행동하는 데 있다. 지금은 남녀노소 할 것 없이 상당수 많은 사람들이 이미 마음속에 있는 인지 편향 때문에 뉴스나 사안의 해석을 올바르게 하지 못한다. 이런 계속된 편향은 한쪽의 정보만을 받아들이게 하고, 자아 성찰보다 자신이 싫어하는 집단의 문제만 보게 만든다. 그러다 보면 자신이 좋아하는 집단이나 사람이 중대한 잘못을 하더라도 그 심각성을 크게 생각하지 않는다. 결국 본질을 보지 못하고 시야가 좁아지면서 자가당착에 빠지게 되는데, 대표적으로 12·3 내란의 핑계를 민주당으로 돌리는 사람들이 이런 처참한 의식 수준을 보인다. 이 중 일부는 사람인 척하고 싶어서 양비론에 빠지는 사람도 있다. 인지 편향은 틀림의 무한 반복을 만들고 끝까지 선택적이게 한다.

이런 사람들은 특히 정치적 영역으로 들어오면 좋아함보다 미움의 대상만 더 크게 보기 때문에 보편적·이성적 대화가 통하지 않는다. 좌파는 보통 자신들이 좋아서 리더를 선택하는데, 우리나라에 존재하지 않는 자칭 우파는 좌파가 싫어서 정당을 선택하고 거기서 나온 리더를 뽑는다. 이런 행태는 늘 엄청난 차이를 가져왔음을 우리는 역사적으로 잘 알고 있다. 제일 큰 문제는 자기가 편향에 빠졌다는 걸 인지(인정)하지 못하고 오히려 자신과 생각이 다른 사람이 편향에 빠졌다고 진심으로 믿는다는 데 있다. 결핍형 인간은 무엇이 채워지지 않았기에 어떤 믿음으로 결핍을 다시 채우려 한다. 그런데 대부분 이런 사람들은 외부적이고 극단적 요소를 가져와서 자기 내면을 채운다. 그러한 수단 중 자기가 좋아하는 것에 대해서는 투사(投射)를 하고 싫어하는 것에 대해서는 혐오나 냉소주의를 한다. 원래 인간의 행복 찾기와 자기 수양은 자신과의 싸움인데 이런 결핍형 인간들은 자신과 싸우지 않고 자기와 다른 믿음을 가진 사람과 싸우려고 한다. 이런 결핍형 인간은 종교,

정치, 성별에 상관없이 남녀노소 다양하다. 그중 상당수는 정의가 아닌데 정의라고 착각하는 사람도 있어서 폭력적으로 행동하기도 한다. 이런 게 그들에겐 삶의 의지이자 목표이고 자기 존재의 이유가 된다. 자기 결핍은 위 사람들 외에 연인이나 부부 관계에서도 반드시 문제를 일으킨다. 왜냐하면 이때는 열등감 형태로 사고 흐름이 이어지기 때문이다.

그렇다면 국가를 바르게 하기 위해서 어떤 리더가 필요하며 어떤 정치가 필요할까? 먼저 플라톤의 말을 살펴보자. 그는 인간 집단에게 가장 좋은 건 외부적으로는 전쟁이 없고 내부적으로는 혼란이 없는 사회라고 말한다. 그러려면 훌륭한 리더가 필요한데 플라톤에게 그건 철학자, 즉 지혜를 아는 자가 된다. 플라톤과 아리스토텔레스는 기본적으로 인간의 수준·등급을 인정하는 사람들이었다. 플라톤은 『국가론』에서 장애인에 대한 우생학적 이야기를 했고, 아리스토텔레스는 타고난 노예 근본에 대해 아주 확고한 생각을 가졌다. 아리스토텔레스는 노예로 태어난 존재는 그런 천성을 가지고 있다고 생각한다. 필자는 천성적 '노예 근성' 대신에 '노예 근본'이라는 말을 즐겨 쓴다. 왜냐하면 현대 사회 신노예들의 특징이 근성이 아니라 정말 근본적이기 때문이다. 다만 우리는 플라톤이 살았던 시대의 상황을 조금 고려해 볼 필요가 있다. 노예 국가에서 정치는 평민·시민 이상의 권리였다. 더군다나 배우지 못한 자와 배운 자의 괴리는 지금보다 더 컸을 것이다. 플라톤과 아리스토텔레스가 정치 사회의 영역에서 엘리트적 사고를 가지게 된 것에 대해 너무 큰 실망을 할 필요는 없으며, 사실 그들의 태생적 계급도 보통 시민 이상이었다. 아리스토텔레스는 재산이 어느 정도 있어 삶을 제대로 영위할 수 있는 사람, 즉 지금으로 치면 소위 중산층 이상의 사람들만 정치에 참여하는 것이 옳다고 생각했다. 당시 그리스는 노예 국가이자 도시 국가로 귀족, 평민과 노예 그리고 도시와 그 바깥의 경계가 있었다. 특히 도시는 소비하고 도시 바깥은 농민이나 노예가 생산하는 시스템이었다.

참고로 토머스 무어의 『유토피아』도 나라의 형태만 보면 대규모 국가보다는 도시 국가의 연합에 가깝다. 다만 토머스 무어는 그리스의 도시 국가와 다르게 공동 소유하는 평등한 시민을 유토피아라고 생각한다. 하지만 『유토피아』 작품에는 노예가 등장한다는 사실에 토머스 무어의 저 말은 역설적으로 들린다. 토머스 무어 이후 마르크스의 과학적 사회주의가 등장하기 이전까지는 수많은 공상적 사회주의 사상이 200년 동안 이어진다. 만약 현시대에 아리스토텔레스가 환생하여 정치 참여를 저런 식으로 제한해야 한다고 말한다면 다른 사상가나 인간들은 전부 다 아리스토텔레스를 신랄하게 비판할 것이다. 아리스토텔레스 외에 헤겔도 엘리트적인 차원에서 기득권적 생각을 가지고 있었다.

과연 이런 어이없는 상황이 현시대엔 없을까? 우리는 자유롭게 돈을 번다고 생각하지만 실제로는 착취당하며 부조리에 살고 있다는 걸 인지하지 못하고 살아간다. 평소엔 이런 관념 대신 사람들은 자신이 손해 보고 있다는 생각을 할 때 비로소 잘못됨을 인지한다. 그 외에는 평등하지 않은 무엇에 의문을 가질 때 불만을 표출한다. 사실 아리스토텔레스도 평등하지 않은 사회에 대한 시민들의 요구를 잘 알고 있었다. 그래서 그는 사회 혼란에 대해서 국가의 정치적 역할을 중요하게 바라본다. 아리스토텔레스의 『정치학』은 제도나 실질 행정에 대한 메커니즘보다 국가와 시민이란 무엇인가에 대한 탁월성 논의가 주를 이룬다. 앞서 짧게 언급했지만, 국가 정치 형태와 기원에 대해서는 로크나 홉스, 루소, 존 스튜어트 밀 등이 말한 뼈대 정도는 알아야 한다. 그렇다고 루소와 로크의 국가 형태를 비판적으로 보는 보날드 같은 학자나 국가 형태에 대한 논의 대신 국가를 개인과 이성의 억압이라며 비판하는 다른 사상가들까지 알 필요는 없다. 그 대신 로크와 루소 등 사회계

약설의 핵심 의미를 아는 것은 지성인으로서 최소한의 지식이다. 만약
이 부분을 재미있고 쉽게 읽고자 한다면 유시민의『국가란 무엇인가』
를 읽어 보길 바란다. 이 책은 국가 성립에 대한 사상가들의 핵심만 일
목요연하게 잘 정리해 놨다.

　다시 국가의 존재로 돌아와 보자. 과거의 국가 역할도 국민들의 신
체와 사유 재산을 지키는 일이 가장 중요했으며 이걸 로크는 자연법
사상으로 연계한다. 하지만 로크는 사유 재산에 대해서 국가가 만들
어진 이후에는 조금 다르게 본다. 지금으로 치면 국가의 토지 수용이
나 토지 공개념과 같은 개념이 아닐까 하는데, 로크는 사회 계약으로
이루어진 국가라 할지라도 사유 재산은 공공의 이익을 위해 제한할
수 있다고 생각했다. 다만 이걸 로크는 아주 심층적이고 세세하게 분
석하지는 않는다. 사회 계약 형태의 기본적 국가 특징은 시민의 사유
재산을 지키고 공공의 안녕과 질서를 유지하는 일이다. 위 문장만 보
면 마치 19세기 야경 국가와 같다. 그런데 20세기 초 세계대전을 겪고
경제 공항이 닥쳐옴으로 인해서 국가의 역할은 수정된다. 바로 이때에
국가의 복지 정책이 중요해진다. 복지의 현대적 의미는 19세기 독일의
비스마르크 때나 이 시기의 유럽 일부 나라의 정책으로 보는 게 정확
하다. 참고로 비스마르크는 국민을 사랑해서라기보다는 정치적 이유
로 복지 정책을 받아들인다. 이 복지 정책과 수정 자본주의는 다시 변
화를 맞이한다. 1970년대 이후에는 국가의 과도한 개입과 무능에 대해
회의를 하면서 신자유 시대가 도래한다. 대표적으로는 1980년대 영국
의 대처 정부와 미국의 레이건 정부가 있다. 하지만 이들은 국민에게
자유를 준다는 명목으로 복지 사회를 축소시켰으며 기업이 인간·노동
을 착취할 자유를 주었다. 그 결과 빈부 격차는 더욱 커졌는데 실제로
대처 정부 때는 지니 계수가 그 전 정권보다 확실히 더 높아졌다. 사
실 빈부 격차는 진보 보수라는 이분법적 관점으로 보기보다 세대가

지날수록 보이지 않는 손 대신 보이지 않는 악(惡) 때문에 생기는 현상으로 봐야 한다.

빈부 격차뿐만 아니라 이젠 남녀와 세대 갈등도 커졌는데 가장 큰 이유는 바로 생존 경쟁 때문이다. 현대 사회는 각자 다양한 사람들이 '정체성 정치' 영역으로 들어와 있기 때문에 갈등이 여러 곳에서 발생한다. 이 갈등을 해결하면 좋겠지만 해결이 거의 불가능하기 때문에 이젠 갈등의 조정이 중요해졌다. 과거엔 신자유 시대와 함께 제3의 길이 선택적으로 받아들여졌지만 결국 정치에는 정답이 없다. 정말 정답이 없다면 국가는 무엇을 해야 하는가? 먼저 기업과 개인의 인간 착취와 불평등·불공정 개념을 더 확대하고 그 구조를 깨야 한다. 그건 국민들이 의식하고 행동해야 가능한 일이며, 최종적으로는 국가가 법과 제도로 정비함으로써 완성된다. 그러면서 국가는 약자와 사회 전체 이익을 생각해야 한다. 만약 이런 생각을 하지 않았다면 벨기에 일부 지역의 공실세 개념은 탄생하지 않았을 것이다. 공실세란 건물 주인이 일정 기간 동안 건물의 임대를 주지 않으면 세금을 내게 하는 것이다. 하지만 우리나라 특정 집단은 이것도 자유나 좌우로만 생각할 게 뻔하기 때문에 공실세나 토지 공개념은 그저 좌파의 생각으로 머무르게 된다. 이런 연장선상에서 국가의 새로운 역할은 개인과 집단의 부조리나 일탈에 대한 제어 기능에 있다. 사회 불확실성과 불안을 초래하며 가짜 뉴스를 퍼트리는 사람이나 집단에 대해서는 불관용을 보여 줘야 하고 강한 법적 제재가 필요하다.

미셸 푸코는 과거 국가가 국민에게 행한 '감시와 처벌'을 부정적으로 보았으며 조지 오웰에게 빅브라더는 미래의 디스토피아였다. 그러나 정의로움을 추구하는 사회나 국가의 측면에서 이젠 새로운 신감시와 처벌이 필요하다. 이건 푸코가 말한 국가가 국민에게 했던 억압이 아니라 이젠 역으로 국민이 국가에 요구하는 긍정적 신감시와 처벌이다. 이렇게 그의 사상을 완전히 전복하여 새롭게 전환하는 사람은 그동안 없었다. 다만 국민에 의하더라도 국가가 행하는 이 통제는 절차와 법치에 맞아야 하며 공동체에게 보편타당해야 한다. 앞으로의 국가는 수정 마르크스주의적 관점을 조금 가져서 행복 증진에 힘써야 한다.

우리나라 헌법 제10조의 행복 추구권 내용에는 인간의 존엄이라는 말이 나온다. 노동자뿐만 아니라 모든 인간은 그 어떤 누군가로부터 착취당해서는 안 된다. 이 착취는 착취하는 자, 즉 인간이라는 개인 대상뿐만 아니라 조직 기업 국가 등 사회 구조적 모든 형태의 착취나 차별 그 외 잘못된 의식까지 포함한다. 이건 평등하게 세상을 만들자는 것과는 매우 뚜렷하게 구분되기에 혼동해서는 안 된다. 사실 우리의 근본적 문제는 자유와 평등, 좌와 우, 분배와 복지, 시장경제와 자본주의처럼 모든 걸 이분법적으로 보는 시각에서 기인한다. 여기서 존엄은 보통 타인으로부터 아무런 침해가 없이 일상적으로 인간답게 사는 삶을 말하지만, 지금은 죽음도 포함된다. 죽음이 있다면 건강하게 사는 삶도 중요하기에 국가는 복지 중 국민 건강을 특히 중요하게 생각해야 한다. 건강은 크게 육체와 정신 두 가지로 나뉜다. 돈이 없어서 죽어나가는 일은 없어야 한다. 단순히 기술적으로만 보면 의학은 계속 발달하기에 육체는 크게 신경이 쓰이지 않는다. 미래엔 인간의 뇌 활동이나 정신적인 측면이 기계나 사람으로부터 도움을 받겠지만, 반대로 기계로부터 많은 고통도 받게 될 것이다. 이런 불확실성에 대해 국가는 선견지명과 투명성 제고를 통해 국민으로부터 신뢰를 얻어야 한다.

그리고 국민 감정을 이해하기 위해서 다양한 피드백을 해야 한다. 물론 망상이나 음모론에 빠진 사람들은 부정선거 음모론자들처럼 국가가 열심히 설명을 해 줘도 믿지 않을 것이다. 그 어느 때보다 우리는 자유를 만끽하지만 현시대는 이 자유 때문에 엄청난 갈등을 겪는다. 우리나라로 치면 자유를 외치는 사람들이 오히려 더 자유롭지 못한 사고를 가지면서 극단적이며 폭력적으로 변하는 것과 같다. 누군가는 셋만 모이면 집단이라고 부른다. 개인의 주체성은 집단·군중과 만날 때 주체의 진짜 이성이 마비되곤 한다. 그래서 어느 한 사람이나 집단을 모함하기 위해 거짓말을 퍼트리면 요즘 사람들은 그걸 그대로 믿어 버린다. 이걸 우리는 삼인성호라고 부른다. 집단에는 규칙 제정과 조정자 그리고 이걸 제어할 수 있는 제재 판단자가 반드시 필요하다. 원주민들에게는 추장이 그런 역할을 했다. 위 이야기들을 현대 국가의 역할로 풀어 쓰면 결국 행정(조정자) 입법(규칙) 사법(판단자)이 중요하다는 원론적인 이야기가 된다. 그렇기에 국민과 국가는 서로에 대해 끊임없는 신감시와 처벌 역할을 하고 개혁 요구를 해야 한다. 잘못된 결정에 대해서 책임지지 않는 그들에게 책임을 묻는 것도 이런 국민의 요구가 있을 때 가능해진다. 더 좋은 사회가 되려면 각자가 책임 사회가 되어야 한다. 언론이 못하면 국민이라도 해야 하지만 보통 사람들은 이런 것에 별 관심 없이 살아간다.

국가의 존재 이유와 역할에 대해서는 계몽주의 시대 사상가만 살펴볼 생각이다. 먼저, 생시몽이라는 인물이다. 그가 사회주의라는 말을 하지는 않았지만 사후 그는 모렐리, 푸리에 등과 함께 공상적 사회주의를 주창했던 인물로 평가받는다. 토머스 무어부터 계몽주의 사상가들까지 그 당시엔 원래 사회주의 개념은 없었으며, 18세기 후반 로버트 오언이 본격적으로 사회주의 개념을 설파한다. 생시몽에게 국가의 역할은 시민들의 안전과 편안함이다. 그는 사유 재산에 대하여 노동과 생존에 필요한 게 아니면 모두 폐지해야 한다고 주장한다. 생시몽이 이런 생각을 하게 된 이유는 산업 생산력의 증가로 인한 그 결과가 평등하게 지급되는 게 아니라 불평등하게 지급되어 결국 승자와 패자로 나누어지기 때문이다. 마르크스에 앞서 그는 이런 자본주의의 폐해를 이미 알고 있었다. 그의 말 중 가장 와닿는 건 진보는 항상 일직선으로 상승하지 않는다는 것이다. 가끔 진보는 후퇴하기도 하고 옆으로 가거나 잠시 주춤하기도 한다. 그래서 그의 진보에 대한 저 말은 여전히 지금도 옳다.

다음으로 푸리에를 알아보자. 그는 사회 공동체를 주장했는데 이건 요즘으로 치면 협동조합을 말한다. 푸리에 외에 이런 비슷한 국가 형태를 주장한 사상가들은 많았다. 다만 그게 지방 정부인지 아니면 지역 공동체인지(혹은 코뮌) 기타 현대적 협동조합인지 애매한 것들이 있다. 이것들은 무정부주의와 같은 의미가 아니기에 구별해야 한다. 푸리에도 생시몽처럼 생산성 향상이 일부에게만 돌아가는 것을 염려했지만 그는 생시몽과 다르게 인간의 욕망을 인정했으며, 그래서 사유 재산 자체가 문제라고 생각하지는 않았다. 푸리에로부터 가장 인상을 받은 건 요즘으로 치면 기본 소득의 관념을 가지고 있었다는 점이다. 그는 인간이 살아가는 데 최소한의 생존 환경이 필요하다고 생각했다. 그가 직접적으로 기본 소득 개념을 말하거나 국가가 그것을 직접 행해야 한다고 주장하지는 않았지만 그의 목표는 분명 기본 소득과 같은 것이다.

이들과 비슷한 사상은 이후 마르크스에서 정점을 이룬다. 마르크스가 생각한 노동자의 착취 개념과 계급 투쟁의 확장적 사고는 아마도 앞선 시대를 살았던 이런 공상적 사회주의 사상가들로부터 나왔으리라 생각한다. 마르크스만 알고 과거 공상적 사회주의자들을 몰랐을 땐 마르크스 사상이 독창적이고 대단하다고만 생각했는데 그게 아니었다. 이렇게 새로운 사유는 과거 사상에 대한 의심과 비판, 일부 수용 그 외에 질문으로부터 나온다. 하지만 오로지 인간의 자유만을 생각하는 사람들은 이런 사상 자체가 마음에 들지 않는다. 그러면서 평등하게 만들려는 사상이 싫어서 오로지 한쪽을 좌파로 치부해 버린다. 우리나라 좌우의 문제점은 한쪽 부류는 평등을 너무 절대적으로 보고, 또 한쪽은 평등을 제대로 이해하지 못함으로 인해서 끝없이 서로를 매도하는 데 있다. 실제 푸리에는 모렐리와 다르게 절대적 평등과 다른 생각을 가졌다. 사회주의는 이렇게 비슷한 관점을 보이면서도 끝없이 핵융합 같은 분열을 하였다. 진보 사이에서도 어떤 의제는 아주 다양한 의견들이 있고, 일부는 거의 반대에 가까운 생각도 있다. 그래서 진보는 방법론이나 속도론 기타 방향에 따라 분열하는 필연성을 가진다. 일부 사람들은 좌파나 진보를 어떤 특정 단어 하나로 규정해 버리거나 짧은 생각으로 가둬 버리고 멸균하려 한다. 엄연히 따지고 보면 우리나라의 좌파 진보 사회주의는 같은 개념이 아니며 같은 뿌리에서 온 것도 아니다. 지금은 그저 사람들이 공통적으로 인식하는 무엇이 있으니 큰 범위에서 진보와 좌파를 비슷하게 다룰 뿐이다. 또한 우리나라와 세계의 진보·보수, 좌파·우파의 개념은 상당히 다르다. 이것은 추후 진보·보수 파트에서 좀 더 다루겠다.

왜 우리는 타인이 그렇게 말하는 근원의 이유를 찾지 않고 마음에 들지 않는 부분만 크게 생각하여 비난·비판만 하려고 할까? 어떤 이는 타인의 의도 파악을 잘하여 소통을 이어 가는데, 어떤 이는 타인의 의도 파악을 나쁘게만 보아서 이해를 단절하려고 한다. 이렇게 이해하지 않을 결심의 사람들로 인해 사회는 병들며 진짜 담론을 만들어 내지 못한다. 결국 관용이 없는 개인과 혐오를 관용하는 사회는 여러 가지 문제를 일으킨다. 방금 표현한 문장은 역설적이지만 실제 상당수 인간은 선택적 역설로 세상을 살아간다. 인간이 원래 그런 존재인지는 몰라도 일찍이 칼 포퍼라는 학자는 세 가지 역설을 주장했다. 첫 번째가 관용의 역설이다. 그는 관용에도 한계가 적용되어야 한다고 생각한다. 관용을 무제한적으로 베풀면 오히려 사회는 그 관용 자체를 파괴할 수 있는 힘까지 갖게 되어 관용이 없어지는 상황을 초래한다. 예를 들면, 헌법을 유린하고 민주주의를 침해하는 극단적인 폭도들에게 관용을 베풀게 되면 사회가 엉망이 된다. 두 번째로 거짓말의 역설이다. 포퍼는 모든 이론이나 진술이 반증 가능해야만 과학적이라고 생각했다. 다만 여기엔 맹점이 존재한다. 왜냐하면 모든 사람들이 라이어(거짓말쟁이)가 될 가능성이 있기 때문이다. 처음 참을 말해도 반증·반론을 하면 원래 참이었던 것이 나중에 거짓이 될 수도 있는 것은 너무나도 많다.

이런 짓은 한국 언론이 잘하는데 기자와 언론은 일부 사실을 전체 진실로 만들고 일부 거짓을 모두 거짓이라고 만들어 버린다. 참도 거짓이 되고 거짓도 참이 돼 버리는 이 상황을 과연 누가, 왜 만드는 것일까? 이 대답의 숙제는 이 글 곳곳에 숨어 있다. 여기에 더해 중요한 정치 사회 이슈가 있음에도 불구하고 언론과 종편의 가십형 기사는 관음의 대중과 사유 없는 국민의 수요를 완벽히 만족한다. 이런 대중이 상당수를 차지하고 있는 한 방송과 언론은 영원히 정신을 차릴 필요가 없다.

마지막으로, 포퍼는 민주주의의 역설을 주장한다. 예를 들면 민주적으로 탄생한 정권이나 리더가 파시즘 형태를 띠거나 독재자가 되는 경우가 있다. 이걸 보면 민주주의는 오로지 선거, 즉 다수결로만 끝나는 게 아님을 알게 된다. 그렇기 때문에 국민은 국가에 대한 감시와 시민의식 향상을 위해 끊임없이 정체되지 않고 움직여야 한다. 국민 저항권은 독재나 반헌법적 행위가 있을 때에만 의미를 가지는 게 아니라 다양한 사회 부조리에도 발현되어야 한다. 단순히 자기가 지지하는 사람을 반지성적으로 옹호하고 신념을 지키는 게 저항권이 아니다. 한편 자유를 사랑하는 남자 존 스튜어트 밀에게도 자유는 무제한적일 수만은 없다. 밀은 타인에게 피해를 줄 때 그 자유는 제한되어야 한다고 주장한다. 그런 차원에서 민주주의 사회에 자유의 역설도 생각해 볼 만하다. 자유의 역설이란 자유가 방종이 되거나 다른 자유와 충돌할 때 법의 제한을 받는 것을 의미한다. 그래서 포퍼의 위 세 가지 역설 외에 하나를 더 추가하여 대립의 역설을 말하고 싶다. 독재와 민주주의, 믿음과 이성 그 외 다양한 집단과 집단의 대립은 피를 흘리고 참혹함을 주지만 때론 역사의 긍정 유물을 남긴다. 물론 개인 대 개인도 마찬가지다. 대립으로 영원히 단절되는 경우도 있지만 갈등이 해소되는 경우도 있다.

단, 조건이 하나 있는데 그건 반드시 그 대립으로 교훈을 얻고 반성하는 자세일 때만 가능한 일이며 그럴 때 물극필반의 긍정을 얻는다. 가령 아프리카나 남미 일부 국가들(특히 볼리비아)처럼 계속 대립하기만 하고 교훈을 얻지 못하면 동족상잔의 비극이 계속된다. 이런 나라엔 진일보가 아주 느리거나 존재하지 않는데, 심리학자 헨리 나우웬은 이렇게 말한다.

"대립 없는 수용은 아무에게도 도움이 되지 않는 무의미한 중립성으로 이어진다. 수용 없는 대립은 억압적인 공격으로 이어져 모두에게 상처를 준다."

다만, 이 공격성은 어느 정도 용인되지만 한계도 있다. 그래서 국가는 폭력적 시위에 단호히 법치로 다스리고 비폭력적 시위엔 귀를 기울여야 한다. 국가나 사법 기관이 이런 중심을 제대로 잡지 못할 때는 걷잡을 수 없는 사회 혼란을 자초하게 된다. 민주주의 유일한 강제 권력인 법을 다스리는 국가는 사회 폭력에 대해서 감정이 존재하지 않아야 한다. 이것은 시민이든 최고 권력자든 대상을 가리지 않는다. 그렇다고 사실 규범력을 주장한 독일의 옐리네크나 법실증주의 입장을 언제나 찬성한다는 뜻은 아니다. 일명 생계형 범죄 같은 것은 법실증주의만으로 판단하기엔 누군가에겐 너무 가혹하다. 사실 규범력이란 법으로 정해진 것이 아닌 사회나 국가가 행하는 어떤 반복된 수행이 곧 강제력을 가지는 것을 의미한다. 다만 앞으로 논의할 것들은 이런 게 아니다. 법을 다루는 사람이나 판검사는 냉철함과 인간다움, 이 두 가지 자세를 반드시 가슴에 새겨야 한다. 이와는 조금 다른 의미로 판검사들은 합리와 공평타당한 논리만 가지고 있으면 된다. 그런데 자꾸 정치권 눈치를 살피고 편향과 이념으로 세상을 판단하려고 하니 악의 평범성 중 하나가 된다. 그들은 시험 하나로 부여된 국가 판단의 위임과 독립된 자유를 엄중하게 생각해야 한다. 정의가 소극적으로 여론에 따르거나 권력의 하수인이 되면 그건 죽은 사법이 된다.

존 스튜어트 밀의 말에 따르면 소극적 자유는 적극적 자유의 방종으로 인해서 제한될 수 있다. 여기서 말한 소극적 자유는 국가로부터 간섭 받지 않을 자유를 말하고, 적극적 자유는 사상을 가지거나 자기 행복을 위해서 무엇을 할 수 있는 자유를 말한다. 그런데 반대로 국가가 소극적이면 어떻게 되겠는가? 이런 역설적 국가 기관의 행태에 대해서 최근엔 화가 나 있는 사람들이 많다. 하지만 화가 너무 나더라도 합리적 기준을 가지고 평화적으로 시위해야 한다. 세네카는 화에 대해서 즉각 반응하지 말고 자신의 얼굴을 보고 평정을 유지하라고 말한다. 개인은 뭐 어쩔 수 없지만 국가와 사회는 국민을 거울로 보고 평정을 유지해야 하며 국민처럼 화가 나 있으면 안 된다. 끝으로 국가는 왜 존재하는가의 결론을 아리스토텔레스의 『정치학』에 나온 말로 정리해 보겠다.

"국가는 시민의 생존만이 아닌 훌륭한 삶을 제공해야 한다."

아리스토텔레스에게 국가의 정치도 결국 탁월함이 적용된다. 실제 대한민국의 헌법도 소극적 국가를 말하지 않고, 적극적인 무엇을 요구한다. 정반합으로 결론을 내자면 국민은 국가의 소극적 자유와 적극적 자유가 요구되는 양립의 영역이 있음을 알고 살아가야 한다. 이렇게 국민은 문제를 인식하고 행동하여 국가 존재의 이유를 증명하도록 불합리한 것과 치열하게 싸워야 한다. 이 역할은 각 분야의 좋은 리더들이 할 수도 있지만 더 크게 연대할 수 있게 하는 건 역시나 깨어 있는 시민들이다. 그런데 우리는 국민끼리 싸우고 있으며 이런 상태가 계속되면 국가와 공무원들은 해야 할 일을 제대로 하지 않는다. 결국 국민은 기득권이나 강자를 위한 선택적 법에 항상 당하고 만다. 셰익스피어의 4대 비극 중 하나인 『햄릿』의 유명한 문구를 변용하자면 싸우느냐 화합하느냐 그것이 문제가 아니라, 언제 싸워야 하고 언제 화합해야 하는지를 아는 것이 문제다.

10

인문

일리아스는 내 마음대로 읽는다

고전에서 따로 떼어 호메로스의 『일리아스』 이야기를 조금 해 보려고 한다. 왜 일리아스 이야기를 하려고 하는 걸까? 역설적이지만 이 방대한 분량에는 우리가 앞서 얘기한 국가에 대한 역할과 국민 의식은 거의 보이지 않기 때문이다. 그래서 완전히 다른 세계로 이 작품을 언급해 보고자 한다. '인문학이란 무엇인가'에 대한 상투적인 소리는 생략하고 바로 본론으로 들어가겠다. 먼저 이 작품을 더 잘 이해하기 위해서는 호메로스에 대한 사전 지식이 필요하다. 사전 지식을 잠깐 말한다고 해서 그리스 로마 신화 이야기를 상당수 알아야 한다거나 호메로스가 살았던 시대 이전의 그리스 트로이아의 역사를 꼭 속속들이 알 필요는 없다. 『일리아스』엔 수많은 인물과 몇몇 신들이 등장하지만 실제로는 주요 인물과 몇몇 사건만 알고 있으면 된다. 『일리아스』는 트로이아 전쟁 단 며칠의 상황을 보여 준다. 책의 내용 중엔 누구의 아들이 누구를 죽이고 트로이아와 그리스가 어떻게 싸우는지 가볍게 한 번 언급하고 지나가는 게 아주 많다. 그래서 『일리아스』를 읽을 때 그런 인물들이나 내용은 사실 무시하고 넘어가도 된다. 우리는 이 책을 전문가의 분석이나 그런 거창한 눈으로 볼 필요는 없으며, 내 평가가 맞는지 아닌지에 대한 강박도 가질 필요가 없다. 적어도 줄거리 알기에는 어려운 책이 아니므로 방대한 양에 절대 겁을 먹거나 지루할 거라 생각하지 않았으면 좋겠다.

트로이아 전쟁이 왜 일어났는가에 대한 전문가의 의견이 따로 있긴 하지만 보통은 아래의 이유로 전쟁이 일어났다고 본다. 트로이 전쟁의 기원은 신·신화로부터 시작하는데, 일단 그 얘기부터 해 보겠다. 질투의 여신 에리스는 펠레우스와 테티스의 결혼식에 초대받지 못한다. 위 둘은 추후 아들 아킬레우스를 낳는다. 초대받지 못한 에리스는 '가장 아름다운 여신에게'가 쓰인 황금 사과를 잔칫상에 던지며 심술을 부린다. 이에 헤라와 아테나 그리고 아프로디테가 서로 자신이 가장 아름다운 여신이라며 사과의 소유를 주장한다. 그러나 결론이 나지 않자 여신들은 인간계 가장 미남인 파리스에게 심판을 받자고 제안한다. 이때 위 세 여신은 파리스가 자기에게 황금 사과를 주면 어떻게 해 주겠다는 약속을 각자 하는데, 파리스는 아프로디테의 약속을 선택한다. 그 약속이란 아프로디테가 스파르타 왕인 메넬라오스의 아름다운 아내 헬레네를 빼앗아 파리스의 아내로 준다는 것이었다. 이 결과로 인해 트로이아의 파리스와 호메로스가 파리스의 형으로 표현한 영웅 헥토르는 미케네 왕 아가멤논과 메넬라오스의 스파르타 그리고 그리스 연합군과 전쟁을 치르게 된다. 이게 표면적으로 알려진 트로이 전쟁의 시작이다.

필자는 다른 인문학자들이 『일리아스』를 고귀하게 분석한 것처럼 비슷하게 하지 않고 완전히 다른 관점으로 바라볼 생각이다. 이제 이쯤 읽었으면 필자 스타일도 알 때가 되지 않았나. 국내외 작가가『일리아스』를 분석해 놓은 좋은 책들이 많이 있으니 만약 그런 게 보고 싶은 사람은 그런 책을 읽는 게 좋다. 가령 최기제의『일리아스의 거의 모든 것』이라는 도서는 역사적 신화적 배경 지식을 쉽게 설명해 주면서도『일리아스』자체의 내용 분석을 다양하게 시도한다. 다만 그 어떤 책을 읽든지 간에 배경 지식 외에는 타인이 분석한 걸 보지 말고 자기가 먼저 책을 읽어 보는 게 좋다. 그래서 필자는『일리아스』를 색다르고 재미있게 분석해 볼 생각이다.

먼저 트로이 전쟁의 원인을 아주 무식하게 보면 무엇 때문이었을까? 바로 여자 때문이다. 하지만 여자 때문이라고 하면 오해가 생길 수 있기 때문에 본능을 못 참는 수컷 종족이 진짜 원인이라고 말해야 한다. 파리스가 남의 아내를 빼앗았기에 트로이 전쟁이 일어났는데 여자 때문에 싸우는 일은『일리아스』내에 또 있다. 같은 그리스 연합군 편이면서도 아가멤논과 아킬레우스는 서로 불화를 겪는데 사실 이것도 브리세이스라는 여성 때문이었다.『일리아스』에서 소녀라고 표현된 브리세이스는 전쟁 영웅 아킬레우스에게 그리스가 명예의 선물로 준 전리품 같은 것이다. 이걸 아가멤논이 빼앗아 갔기에 둘 사이에 갈등이 생긴다. 더 정확히 말하면 브리세이스는 원래 남편이 있었지만 아킬레우스에게 죽임을 당하고 그의 아내가 된 것이다. 그런데 둘 사이에 아가멤논이 잠시 훼방을 놓는다. 나중에 아킬레우스는 동료 전우인 파트로클로스가 트로이 군에 죽는 걸 보자, 복수라는 대의를 위해 아가멤논과 화해를 하고 결국 헥토르를 죽인다. 아킬레우스는 브리세이스 사건이나 파트로클로스 죽음이 아니었더라도『일리아스』전체를 볼 때 메니스(menis), 즉 분노로 가득 찬 삶의 표본이 되는 인물이다. 호메로스는 아킬레우스의 분노를 찬양하는데, 결국 이건 죽음으로 인도한다. 분노는 정의에 대한 것일 때에만 찬양의 의미가 있으며, 특히 현대인은 이

분노를 대부분 잘못 활용한다. 어쨌거나 남자들의 욕망 때문에 여자란 종족은 과거부터 지금까지 때때로 싸움의 원인이 되었다.

브리세이스 이야기를 하니까 성경의 다윗과 밧세바 이야기도 떠오른다. 다윗은 밧세바의 남편이자 자신의 장수인 우리아를 전쟁에 나가게 하여 그를 죽이고서 부하의 아내 밧세바를 취한다. 그 당시 왕은 많은 여성을 거닐었으니 그것에 딴지를 걸고 싶지는 않지만, 왜 하필 권력자들은 남편이 있는 여성을 건드리는 건지 그건 잘 모르겠다. 덧붙여『일리아스』에서는 여성에 대한 언급이 곳곳에 존재하는데 이것으로 이 당시 여성의 지위를 알 수 있다. 예상하다시피 여성은 남성의 부차적 존재다. 이왕 성경 이야기가 나온 김에 일리아스와 성경의 비슷한 점을 얘기해 보자. 가령『일리아스』에서는 성령 잉태하는 내용, 정확히는 신과의 동침이 나오는데 이건 성모 마리아를 떠올리게 한다.

또 성경의 희생 제의는『일리아스』에서 인간이 신에게 제물을 바치고 신탁을 받는 것과 거의 유사하다. 이외에 유황 불길로 재앙을 주거나 제우스가 분노하여 비를 퍼붓는 이야기는 노아의 방주를 연상하게 한다. 구약성서의 여호수아 이후의 내용을 보면 이스라엘 조상들은 숱한 전쟁을 하고 전리품을 열두 부족이 나눠 가진다. 단, 제사를 지내는 레위지파는 제외되었는데 이미 이들은 제사장으로서 무엇인가의 혜택을 받았을 가능성이 크다. 구약성경 상당수 이야기는 정말 참혹할 정도의 전쟁이나 살인이 일어나는데 일리아스도 잔인한 이야기가 상당히 많다. 기원전 8세기 인물인 호메로스는 전쟁 승리자에 대한 논공행상을 성경보다 훨씬 앞서서 이야기한다. 가령 아킬레우스가 테바이를 폐허로 만들고 아카이오이족의 아들들에게 공평하게 분배했다는 내용으로 그것을 알 수 있다.

『일리아스』는 이외에도 전쟁 전리품을 곳곳에서 언급한다. 그다음으로 가장 많이 나오는 건 12라는 숫자다. 성경에서도 숫자 12는 특별한 의미를 지니는데, 예수의 열두 제자 인물들이 가장 먼저 떠오른다. 그렇다면 호메로스가 언급한 숫자 12를 잠시 살펴보자. "열두 번째 새벽이 다가오자 영생하는 신들은 제우스를 앞세우고 모두 올림포스로 돌아왔다."라는 표현으로 호메로스는 처음 12라는 숫자를 언급한다. 그 외 넬레우스의 아들이 열두 명이라는 것과 아이아스는 위기에서도 12명에게 부상을 입히는 장면이 나온다. 오디세우스는 12척의 배를 몰았고 디오메데스는 트라케 전사들 12명을 죽인다. 암송아지는 때론 12마리로 제물이 바쳐지고 파트로클로스의 장례식 경기 때는 소 열두 마리가 상품으로 올라온다. 사실 12라는 숫자는 호메로스 시대 훨씬 전인 기원전 최소 2500년 전부터 다른 나라 신화나 기록으로 먼저 드러난다. 우리는 그 후 이러한 영향으로 황도 12궁을 알고 12개월이 1년임을 안다. 이외에 아들의 시체를 찾으러 온 헥토르의 아버지 프리아모스가 아킬레우스에 찾아간 날짜는 그의 아들이 죽은 후 열두 번째 아침이다. 그런데도 시체는 썩지 않는데, 잠시 이 부분에 대해서 설명을 해 보겠다.

아킬레우스의 창에 목이 찔린 헥토르는 결국 죽게 되고 아카이오이족은 그의 시체를 난자한다. 아카이오이족은 아르고스인이나 다나오스 같은 백성과 함께 언급되는데, 그리스 부족으로 생각하면 된다. 바보가 아닌 이상 주석이 없어도 『일리아스』를 읽다 보면 이런 건 충분히 추론해 볼 수 있다. 난자당한 헥토르의 시체는 전차에 꿰였는데 이때 그리스군은 헥토르의 머리가 땅에 끌리게 하여 말을 몬다. 그렇다 보니 헥토르의 시체가 몰골을 알아볼 수 없을 정도로 처참해진 건 당연한 일이다. 그러나 아프로디테의 관여로 개들이 시체를 먹지 못하게 하여 그나마 몸이 갈기갈기 찢기지는 않는다. 또한 신의 기름부음 같은 걸로 인해 헥토르의 시체는 썩지도 않는다. 참고로 그리스도(Christ)는 기름부음을 받은 자라는 의미다. 나중에 프리아모스는 아킬레우스에게 모욕을 당하면서도 자신의 아들 헥토르를 데리고 가기 위해 엄청난 시체 값을 지불한다. 그리고 장례를 치르며 일리아스는 막을 내린다. 다시 성경 느낌과 비슷한 호메로스 이야기를 몇 개만 더 해 보자.

성경에는 삼손과 데릴라 이야기가 있다. 삼손은 헤라클레스 같은 엄청난 힘과 능력을 가진 존재다. 데릴라는 그의 힘이 어디서 나오는지 알기 위해 삼손을 유혹하는데, 결국 그의 머리털이라는 사실을 알아낸다. 일리아스에는 이와 느낌이 비슷한 내용이 하나 있다. 헤라는 제우스를 잠재우고 그를 속이기 위해서 자신과 대척점에 있던 아프로디테에게 한 가지 부탁을 한다. 그건 제우스에게 애욕을 부려서 헤라 자신과 동침할 수 있도록 하는 것이다. 결국 아프로디테의 음모는 반절 정도 성공한다. 참고로 헤라와 아테나는 그리스 편에 서고, 아프로디테는 당연히 파리스와의 관계로 인해 트로이아 편에 선다. 사실 트로이 전쟁은 신들의 대리전이다. 아폴론과 아프로디테 제우스(중립인 척)는 포세이돈, 헤라, 아테나 등과 싸우는데 트로이 전쟁은 신의 욕망을 인간들이 대신 싸우는 꼴이다. 신들은 싸움을 부추기는 존재며 인간은 이걸 거역하지 못하는 운명을 맞이한다. 인간은 신에 반기를 들기보다 신의 뜻에 따르는 수동성을 보이고 신에게 의지한다. 그러면서 인간은 결국 필멸성, 즉 죽음으로 끝이 난다.

이번엔 일리아스 작품 자체의 자질구레한 특징을 한번 살펴보자. 먼저 호메로스의 비유가 일관되게 아주 찰지다는 것인데 호메로스는 이런 표현을 한다.

"메넬라오스는 파트로클로스가 결전에서 트로이아인들에게 쓰러지는 것을 보았다. 그래서 그는 번쩍이는 청동으로 무장한 채 선두 대열을 헤치고 나아가 파트로클로스 시신 주위를 맴돌았다. 그 모습은 전에 새끼를 낳아본 적이 없는 어미 소가 울면서 처음 낳은 송아지 주위를 맴도는 형국이었다. 꼭 소처럼 금발의 메넬라오스는 파트로클로스 주위를 맴돌았다."

이런 비유는 정말 와닿지 않은가? 그다음 다른 찰진 비유도 있다. 헥토르는 창에 목이 찔려 죽기 일보 직전 아킬레우스에게 자신의 시신을 트로이아에 잘 보내 달라는 부탁 아닌 부탁을 한다. 하지만 아킬레우스는 이렇게 대답한다. 실제 원전에서는 헥토르 자신이 아킬레우스를 죽였어도 시체를 아카이오이족에게 잘 보내 줬을 거라는 말을 전한다. 이것에 대한 아킬레우스의 대답이다.

"헥토르여! 잊지 못할 자여! 나에게 합의에 관해 말하지 말라. 마치 사자와 사람 사이에 맹약이 있을 수 없고 늑대와 새끼 양이 한마음 한뜻이 되지 못하고 시종일관 서로 적의를 품듯 꼭 그처럼 그대와 나는 친구가 될 수 없으며 우리 사이에 맹약이란 있을 수 없다."

호메로스는 이외에 곳곳에서 멋진 비유들을 꽤 많이 보여 준다. 그래서 멋진 비유를 하나만 더 살펴보겠다. 전장에서 싸우는 도중 죽은 파트로클로스에 대해 호메로스는 이렇게 표현한다.

"파트로클로스가 쿵 하고 쓰러지며 아카이오이족 백성들에게 크나큰 슬픔을 안겨주었다. 마치 사자와 지칠 줄 모르는 멧돼지가 산마루에서 조그마한 샘물을 둘러싸고 둘이 서로 마시겠다고 사기 충전해 싸우다 마침내 사자가 멧돼지를 제압하자 멧돼지가 사자의 힘에 제압되어 숨을 헐떡이며 쓰러질 때와도 같았다."

한 가지 현실적 의문은 멧돼지가 진짜 사자랑 싸우는 동물인지는 정확히 모르겠다는 점이다. 한편 헥토르가 죽을 때, 아킬레우스식의 저런 인간미 없는 판단은 이미 전쟁 기간 중 서로에게 많이 벌어졌던 일이다. 즉 서로가 서로에게 신뢰를 지키지 않는다. 가령 파리스와 아가멤논의 일대일 싸움도 그렇고(쉽게 말해 양쪽 군대의 대표가 나와서 지는 쪽이 후퇴하기) 돌론의 자백도 그렇다. 트로이아의 돌론은 전쟁 중 붙잡혀서 헥토르의 상황을 자세히 그리스 군에게 알려 준다. 그러나 그리스 군은 돌론이 이중 스파이 짓을 할까 봐 그를 죽인다. 돌론의 개인적 입장에서는 억울한 일인데, 항상 그들은 트로이아와 그리스의 전쟁에서 죽임을 당하면 서로 시신을 모욕하며 훼손한다. 헥토르의 시신뿐만 아니라 트로이아의 편에 섰던 사르페돈이라는 인물도 시체가 모욕당한다. 이렇게 『일리아스』는 끔찍할 정도로 잔인한 장면이 아주 많이 보인다. 이것도 『일리아스』의 특징이라면 특징이다. 그리스 신화도 마음과 신체가 절단된 느낌이 아주 많은데 그 처절함이 그대로 일리아스로 옮겨 간 느낌이다.

그렇다면 실제로 그 잔혹한 장면을 몇 개만 살펴보자. 아킬레우스의 동생 폴뤼도로스는 내장이 밖으로 나왔으며, 전쟁 중 어떤 이는 방광이 관통당하여 치골까지 뚫고 나오는 고통을 당한다. 그 외 혀를 뿌리째 잘리며 억센 팔을 잘라 버렸다는 이야기도 나온다. 이런 참혹한 이야기는 성경에도 꽤 많이 등장한다. 번외로 앞서 언급한 파리스와 아가멤논 일대일 싸움을 보면 마치 일기토 느낌과 비슷하다. 일기토란 불필요한 전쟁 손실을 줄이기 위해 우두머리끼리 싸우는 걸 말한다. 대체 표현을 생각해 봤지만 가장 적절한 표현이 일기토라서 일본의 개념인데도 차용하였다. 일리아스에서는 헥토르와 아카이오이족 중 가장 용감한 자와 일대일 싸움을 붙이려는 것도 찾아볼 수 있는데 이것도 일종의 일기토다. 그렇다면 이런 호메로스의 서사시로 현대인과 과거인의 공통된 특징도 찾아볼 수 있을까? 사실 『일리아스』 시의 대부분 내용은 서로 죽이고 싸우면서 끝없이 일정하게 인물을 과장하는 내용이 상당수를 차지한다. 일기토 이야기가 나와서 하나만 덧붙이자면 일리아스에서는 신체를 모욕하는 행위가 많이 나온다고 했는데, 이건 현대 용어로 보면 티배깅이다. 자신을 분노하게 하는 상대의 티배깅 때문에 트로이군과 그리스군은 죽이고 나서도 더욱 잔인하게 시신을 처리한다. 이렇게 고전을 현대로 끄집어내면 상당히 재미있다.

하지만 호메로스가 위대하다고 하니 뭐라도 찾아내야 한다. 먼저 이 서사시 내용이 거의 전쟁 이야기로 채워져 있지만 인간을 오로지 영웅으로만 그리지는 않는다. 오히려 인간과 신의 광기가 보일 정도다. 어떤 행동이나 결정을 할 때 호메로스는 인간의 실천 의지, 즉 자유의지 대신 미리 신이 인간에게 마음 북돋음을 심어 주게 한다. 이걸 인간은 운명이라고 여기며 그대로 행한다. 신들은 인간처럼 고약한 성질을 가졌는데, 크로노스의 아들 제우스는 헥토르가 전쟁에서 승리하고 트로이아인들이 영광을 누리길 바란다고 말하면서 실제론 그리스와의 전쟁에 균형을 맞추려고 한다. 하지만 헥토르는 그의 아내와의 대화에서 자신이 어떤 운명을 맞이할 것인지를 이미 알고 있다. 그럼에도 불구하고 헥토르는 제우스에 기대어 보지만 인간의 필멸성과 필연성으로 전쟁에서 죽게 된다. 신들은 인간을 장난감 대상으로 여기는 듯하지만 진짜 트로이 전쟁의 교훈은 결국 전쟁이 국민들만 고생시킨다는 점을 알게 해준다는 것이다. 트로이아와 그리스 부족이 싸우면서 서로가 가져가는 그 전리품은 결국 누구의 결과물이란 말인가? 그건 바로 백성들이다. 예나 지금이나 리더를 잘못 만나면 백성만 죽어 나간다. 실제 아킬레우스는 복수심에만 불타 있고 아주 고집쟁이였다. 헥토르도 고집이 있긴 하지만 상대가 합리적인 이야기를 하면 그래도 받아들인다. 그런 면에서 둘의 차이가 있다. 신들은 자기들 욕망으로 인간들끼리 전쟁을 일으켜 놓고서는 때론 방관하고자 한다. 유일하게 질투의 신 에리스만이 트로이아 전쟁을 참관한다. 그러나 역설적으로 그는 비탄을 가져다주는 존재이며 호메로스도 그렇게 표현한다. 결국 전쟁은 그저 모두에게 비탄일 뿐이다. 우크라이나 전쟁을 생각하면 과거나 지금이나 인간은 변하지 않았음을 알 수 있다.

신념이나 의리 등을 가진 인간의 공통은 호메로스 시뿐만 아니라 중국의 삼국지를 읽음으로써도 알 수 있다. 유비, 관우, 장비의 협력은 마치 『일리아스』에서 포세이돈이 하는 말을 떠올리게 한다. 포세이돈은 신 중에서 제우스가 가장 강하다는 걸 거부한다. 바다의 신인 포세이돈은 레아와 크로노스 사이에서 태어난 3형제 중 한 명이다. 포세이돈은 제우스와 저승의 신 하데스와 셋이 권력을 분립하기를 원한다. 따라서 제우스가 그 힘을 이용하여 자기 의지대로 모든 걸 처리하지 말고 3분의 1씩 권력을 나눠야 한다고 주장한다. 이걸 보고 몽테스키외의 삼권분립이 떠올랐는데, 이건 너무 과한 해석일까? 이런 식이라면 잡다한 것을 아주 많이 연상하여 설명할 수 있다. 가령 이런 것도 그중 하나다. 일리아스에서는 자기 허세와 인간 갈등이 곳곳에 나오고 네스토르는 죽느냐 사느냐의 문제가 면도날 위에 있다고 말한다. 이 단어는 앞서 살펴본 서머싯 몸의 『면도날』이 떠오르는데, 혹시 연관이 있지 않을까? 또한 이 표현은 마치 셰익스피어의 『햄릿』에 나오는 유명한 구절 "사느냐, 죽느냐, 그것이 문제로다."라는 말을 연상하게 한다.

간혹 호메로스는 정치 원로들을 언급하는데 『일리아스』를 읽고 있으면 이 원로들은 시대 흐름을 못 따라가는 꼰대 느낌이 물씬 풍긴다. 호메로스 작품이 아니더라도 과거 사람과 현재 사람은 하등 다를 게 없다는 건 여러 문학 작품에서도 수없이 볼 수 있다. 마지막으로 파트로클로스의 장례 때 치르는 전차 경주는 영화 〈분노의 질주〉를 떠오르게 한다. 실제 이 경기의 전차 경주는 매우 치열했고, 상품까지 있었기 때문에 경주 참가자들은 좋은 성적을 내기 위해 부상까지 입어 가며 치열한 경쟁을 하게 된다. 이걸 보면 올림피아 경기 훨씬 전부터 그리스인들은 이런 경쟁 게임을 했던 것을 알 수 있다. 이들은 전차 경주 외에 레슬링, 권투 경기도 했음을 호메로스 시로부터 알게 된다. 더 정확히는 『일리아스』 원전에는 레슬링이란 말은 없으며 권투라는 말은 있다. 참고로 호메로스 시기보다 한참 후대 사람인 플라톤도 지금으로 치면 레슬링 챔피언이었다. 이처럼 소크라테스 시대에 상류층이 문무를 겸했다면 동양에서는 지덕체가 필요했다. 하지만 요즘 현대인은 너무 한쪽에 치우치며 살아간다.

　지금까지의 분석은 지엽적이었고 자의적이었기에 『일리아스』를 읽는 데 그다지 유용한 이야기는 아니다. 그런데 왜 이렇게 이야기했을까? 『일리아스』라는 책을 아직 안 읽은 사람을 위해 두려움을 없애 주고 흥미롭게 포장하여 책의 구미를 당기게끔 하고 싶었다. 호메로스의 이 책은 지금까지 숱하게 언급된 인문 고전임에도 불구하고 읽지 않은 사람들이 많다. 그래서 다른 작가들이 말하지 않는 엉뚱함으로 재미를 주고자 했다. 양이 많고 글이 어렵게 느껴진다고 해서 그저 남들이 써 놓은 것을 그대로 따라 읽지 않았으면 좋겠다. 다만 이런 필자의 해석도 참고는 하되 얽매이지 말고 반드시 각자 자기만의 눈으로 해석해야 한다. 호메로스 외에 우리가 흔히 인문 고전이라고 부르는 모든 작품도 그렇게 읽어야 한다. 끝으로 『일리아스』는 베르길리우스의 『아이네이스』와 오비디우스의 『변신 이야기』에 큰 영향을 준다. 호메로스의 이 작품은 우리에게 3천여 년간 잊히지 않았으니 앞으로도 그럴 것이다. 그리고 이 서사시가 인류에 끼친 영향이 정확히 무엇이었는지는 모르겠지만 사람들이 그렇다고 하니 왠지 책 좀 읽어 본 사람은 읽어야만 할 것 같은 책이다. 고전의 전문가가 될 필요는 없지만 최소한의 지성인이 되기 위한 책 읽기와 자신만의 생각 더하기는 아주 중요하다.

　어느 종족이 볼 땐 특히 『일리아스』는 너무 지루한 책이다. 사실 서사적인 면만 보면 조금 재미있기는 한데 말이다. 고전을 읽다가 고전(苦

戰)을 면치 못해도 어떤 책은 그래도 맛은 봐야 할 때가 있다. 꼭 거창한 문화인이 아니더라도 살다 보면 듣게 되고 얼핏 보게 되는 고전이 있다. 그런 유명 작품들은 마치 말끔한 옷을 입혀 주거나 더러움을 씻는 비누 역할을 하는데, 이것은 자신과 타인에 대한 상호 작용에 중요한 역할을 한다. 즉 인문 고전을 읽는 것은 인간으로 태어나 어떤 교양적 삶에 대한 최소한의 예의다. 최소한의 지적인 예의가 없으면 타인을 인정하려는 예의라도 있어야 하고, 인정할 예의가 없으면 조용할 예의라도 있어야 인간답다고 할 수 있다. 조용하다는 것은 어떤 패배나 나약함이 아니다. 자기 성격이 활발하면 활발한 대로 살고 조용하면 조용한 대로 살면 되는데 어떤 이는 가면을 쓰고 살아간다. 과거 그리스때의 가면극은 희로애락에 대한 삶의 페르소나 역할을 해서 즐거움을 줬지만, 스마트폰 가면에 사는 현대인들은 비대면과 익명을 이용하여 무식함과 옹졸함으로 시끄러움을 준다. 이건 아주 큰 차이다. 왜냐하면 사람 시각에 사라진 실제 존재는 가면 외에 행동과 언어가 짐승처럼 행해지기 때문이다.

지금의 비과학적 성격 유형론인 MBTI가 유행하기 전 외향인 내향인에 대한 관념을 상당히 바꿔 화제가 된 책이 하나 있다. 그건 수전 케인의 『Quiet(콰이어트)』다. 대략 10년 전엔 이 책이 자주 보였는데 지금은 못 본 지 오래되었다. 『콰이어트』는 내향인에 대한 긍정의 이야기를 전한다. 학창 시절 아주 조용한 친구들은 항상 학년마다 몇몇 있었는데 그렇다고 그들이 정체성과 존재 의식이 없는 건 결코 아니었다. 그저 드러낼 기회가 없었고 드러내지 않았을 뿐이다. 알랭 드 보통의 『현대 사회 생존법』에서도 조용한 삶에 대한 소제목을 따로 두어 시끄러운 이웃 대신 요즘에는 어울리지 않는 개인의 평화로운 정신 상태를 강조한다. 세상은 주식이나 코인 부동산 같은 재테크로 요란하며 유명한 것이 능력이 아니라 성공인 세상이기에 그런 삶을 취하는 사람과 그것을 지켜보는 사람들로 가득 차 있다. 그래서 대부분 사람들은 물질의 비물질화와 비물질의 물질화에 빠져 산다. 결국 기존의 경제 관심사 외에 좋아요와 클릭 수, 구독자 수(팔로워), 연예인의 인기와 티켓 파워 등 현대인들은 온갖 숫자 사회로 살아간다. 과연 우리들은 여기서 벗어날 수 있을까? 우리는 그런 면에서 진정한 교육이란 각자 개성을 끄집어내는 것으로 생각해야 함을 알 수 있다. 지금처럼 강제 주입식이 아닌 것으로 말이다.

자기를 굳이 드러내는 삶보다 자기 안의 열정을 끄집어내어 위대해진 경우는 아주 많다. 발명왕 에디슨처럼 인생에 남는 건 기록이라 생각하는 듯이 특허 욕심이 강한 사람이 있는 반면, 니콜라 테슬라처럼 자기 일에 그저 열심히 한 사람도 있다. 테슬라 이야기가 나와서 한마디 해 보자면, 어려서부터 엉뚱한 생각을 하나 한 적이 있다. 그 엉뚱함이란 자동차가 석유로 움직이면 에너지 보존의 법칙에 따라 그 운동 에너지가 생성되는데 이 에너지를 이용하는 건 어떨까 하는 일이다. 학창 시절엔 무수히 빠르게 돌아가는 엔진이나 바퀴에 다시 전기를 생산하는 보조 장치를 만들면 인류가 쓸 에너지는 없어지지 않겠다고 생각했다. 이것은 일종의 무한 동력인데, 과학을 모르고 하는 무식한 소리를 해서 미안하다. 그리고 니콜라 테슬라의 무한 동력 생각은 이 엉뚱한 생각과는 조금 다르다. 방금 한 이야기를 과학이 아니라 그냥 인문학적 사고라 생각해 줬으면 좋겠다. 『일리아스』를 생뚱맞게 해석했듯이 이번 단락도 생뚱맞은 결론에 도달했다. 이렇게 인간은 모르면 무식할 용기를 가져 보는 것도 좋다. 다만, 무식하면 틀렸을 때 부끄러움을 가져야 사람답다고 할 수 있다. 사실 그 주옥같은 인문 고전을 안 읽어도 사는 데 아무 지장이 없고 무식해도 삶은 편하다. 다만, 무식하면 어디에 치우치는 것을 항상 경계해야 한다. 그런 얘기를 해 보자.

11

중립

중용과 중립은 다름을 증명하다

이번 챕터에서도 인문 고전을 언급하면서 그걸 현대 사회로 적용해 보겠다. 언뜻 보기에 어디에도 치우침이 없는 중립은 좋은 것처럼 보인다. 인생은 옳고 그름으로 정해진 것보다 알 수 없는 인생길 때문에 숱한 방향에 놓여 있는 게 훨씬 많다. 즉 확실한 정답보다 선택의 순간이 더 많다는 얘기다. 그렇지만 자유로운 선택과는 약간 다르게 삶을 살다 보면 꼭 무엇을 판단해야 하는 일들도 존재한다. 이런 경우까지 중립이라고 하면 그 사람은 생각이 없는 사람이며, 이 챕터에서는 바로 이 지점을 이야기하고자 한다. 다만 어떤 판단에 대한 정보를 알지 못해서 중립을 지키는 경우가 있는데, 이러한 부류에 속하는 사람들은 여기서 논외로 하겠다. 그렇다고 모름에 대한 모든 중립을 인정하는 건 아니다. 왜냐하면 시간이 어느 정도 지나면 반드시 알아야 할 시민 의식 수준 같은 것도 존재하기 때문이다.

한편, 속으로는 중립이 아니면서 중립을 말하는 사람이 있고 거짓으로 자기 속마음을 다르게 표현하는 사람도 있다. 왜 그렇게까지 편향된 마음을 숨기면서 살아야 하는 것일까. 뱀의 혀를 가진 사람들은 우리 실제 주변인이든 TV에 나오는 정치인이든 의외로 많다. 중립은 때론 현명함이나 신중함이 아니라 비겁함이 된다. 살면서 속마음을 항상 다 말하고 살 순 없지만 어떤 침묵은 중립이 되어 사회를 병들게 한다. 사리 분별을 못하고 분노해야 할 것도 모르며 시대의 흐름을 못 읽는 사람은 사회의 병적 존재다. 그래서 비트겐슈타인의 "말할 수 없는 것에 대해서는 침묵해야 한다."라는 이 유명한 말엔 반절만 동의한다. 그의 일상적 언어나 그가 주장한 언어관에 대해 상당수 동의하지만, 그의 이 말은 절대적 진리는 아니다. 물론 비트겐슈타인의 저 말은 철학이 수사(修辭)를 할 때 언어의 한계를 의미하는 것이다. 누구나 마음속에 있는 말을 다 하고 살 수는 없으며 언어로써 표현하지 못할 것들도 분명히 많이 존재한다. 설령 그게 옳은 것일지라도 때론 타인 앞에서 침묵해야 하는 경우가 있다.

물론 철학적 주제든 가벼운 대화든 말할 수 없는 것을 누가 결정하는지는 아무도 모른다. 언어 절제란 상황에 맞게 인식함이 곧 사리 분별이자 중용을 가진다는 걸 의미한다. 언어 절제는 어떻게 언어를 갈등 없이 표현하느냐의 표면적인 측면과 감정에 치우치지 않는 내적인 측면을 동시에 가진다. 이건 필자가 만들어 본 신조어다. 사서삼경 중 하나인 중용은 그저 편향되지 않고 치우침이 없이 세상을 사는 게 아니다. 오히려 중용은 올바른 자세로 바른 것을 찾는 것을 말한다. 너무 모자라지도, 너무 넘치지도 않은 균형적 시각을 가지는 건 사실 군자의 일이다. 공자가 말했듯이 군자는 중용의 행실을 하고 소인은 그 반대로 행한다고 하였다. 하지만 우리는 진짜 군자를 찾는 게 아니다. 실제 중용에서는 이 중용지도의 어려움을 이야기한다. 그 구절을 잠시 언급해 보겠다.

"평범한 부부의 어리석음으로도 중용의 이치를 더불어 알 수 있는 것이 있고 도(道)의 지극함에 도달하여 비록 성인(聖人)일지라도 잘 알지 못하는 바가 있다.

우리는 현재 중용을 찾는 게 아니라 극단적이지 않는 사람을 원한다. 현대적으로 본다면 이 중용 근처의 사람들이 민주주의하에서 다양한 로고스와 해석을 하면서 사회를 발전시킨다. 하지만 온라인 종족은 중용 근처는커녕 극단의 생각을 가진 사람들이 자주 보이며 사회를 후퇴시킨다. 인간의 회색지대는 정말로 다양하다. 그러나 극단주의자들은 민주주의라는 엄마 품을 믿고 겉만 자유인 전체주의 행태를 보이려고 한다. 소외되지 않기 위한 이 결속력에 속한 사람들은 지위와 계급, 재산과 기득권 여부 등의 차이가 있음에도 그걸 외면한 채 살아간다. 우리나라는 과거부터 현재까지 서양처럼 계급 분화가 다양하지 않아서 그런지는 몰라도 이런 곳에서는 평등함의 편안함을 느낀다. 그런데 현재 어떤 사람들은 어느 순간 신념이 실재와 실제 계급이 맞지 않은 상태로 이중적이고 어리석은 태도를 보이며 살아간다. 반면, 어떤 이들은 체념과 분노가 동시에 있으면서 사회 흙수저와 금수저를 인정하고 대기업과 중소기업 외에 다양한 격차를 인정하며 살아간다.

이 신계급적 소외 사회에서 다양한 갈등이 일어나는 이유는 단순히 그걸 욕망하지만 가질 수 없어서가 아니다. 자신의 가치관이 진짜 무엇을 의미하는지를 생각하지 않은 사람들은 허탈감으로 인한 삐뚤어짐이나 자기 믿음의 안락에 기대어 산다. 누군가는 이걸 계급적 문제로만 보지만 이 또한 근원적인 원인은 아니다. 왜냐하면 인간은 루소가 말한 일반 의지를 가지거나 더 적극적 버전인 니체의 권력 의지가 있기 때문이다. 물론 앞서 언급한 대로 노예 근본의 인간은 아주 많다. 이들은 중용의 상태로 세상을 보지 못하기에 자신들을 소외시키는 지배 계급을 오히려 지지하고 역선택을 함으로써 사회를 더 나락으로 보낸다. 우리는 이미 150년 전 마르크스가 말한 것으로부터 현대의 병을 조금 유추해 볼 수 있다.

마르크스는 네 가지 소외를 말했다. 첫 번째는 내 노동의 산물이 온전히 내 것이 아니기 때문에 느끼는 소외다. 마르크스가 말한 자본가들의 노동 착취는 이미 2,000년 전 사서삼경 중 하나인 시경에서도 알 수 있다. 채번이라는 시에서는 쑥을 캐는 노동자들이 등장한다. 채번이란 무엇을 캐내는 걸 의미한다. 공후 집안에 새벽부터 밤까지 머물며 채번한 쑥을 그 집의 종(從)들은 자신들이 먹지 못하고 공후 집안의 제사로 쓴다. 채번의 시엔 노동 소외와 노동 착취 두 가지가 동시에 들어 있다. 이 노동은 현대의 분업화로 이어지는데, 이때 자신은 타인과 단절된 일을 하게 된다. 이것이 인간 감정이 서로 단절된 두 번째 소외다. 나를 위해 살아야 하는데 결국 타인의 소유를 위해 기계처럼 노동을 하니 이것이 세 번째 소외다. 마지막으로 타인은 투쟁적으로 경쟁해야 하는 존재로 인식되어 지쳐 있는 노동자들이나 을의 존재는 이럴 때 소외감을 느낀다. 결국 노동자는 사회 공동체의 일원이 되지 못하고 고립되어 가는데, 마르크스의 이 소외를 조르지 루카치 표현으로 하면 인간이 상품이 되고 물상화 되는 것을 의미한다.

문제는 150년 전 소외가 현대 사회의 '신소외'로 이어져 지금도 그 근본이 변하지 않았다는 점이다. 그렇다면 신소외의 대표적인 예를 들어 보자. SNS를 자주 하면서 좋은 일상을 공유하는 것은 그렇지 않은 관중이 된 사람들에게 상대적 박탈감을 주며 비교 소외를 가져다준다. 이 소외는 서로의 정신에 영향을 주면서 개인에 끝나지 않고 가족과 사회에 검은 그림자를 드리운다. 철학자들은 자기의식과 존재감이 타자로부터 나온다는 것에 대부분 동의한다. 이 말로부터 두 가지를 이끌어 낼 수 있다. 객체는 주체에 다양한 심리적 형성 역할을 한다는 것과 이 객체에 대해서 인간이 어떻게 적절히 대처하는지는 주체마다 다르다는 사실이다. 가령 누구는 객체에 대해 질투와 부러움만을 가질 수 있고, 누구는 워너비나 삶의 긍정 에너지로 여길 수 있다. 설령 개인 SNS가 매우 순수하고 위화감이 없다고 하더라도 자기만 볼 수 있는 게 아니라면 어쩔 수 없이 자신의 존재는 타자와 마주하게 된다. 이때 타인은 의미가 되며 그것이 긍정인지 부정인지는 중용에 의해 결정된다.

중용의 냉철함이 있어야 사회의 진짜 적을 알 수 있다. 우리는 좌우나 남녀 세대 갈등 자체가 아니라 우릴 못살게 굴고 우리 위에 군림하는 것들을 찾아내야 한다. 신소외는 다시 신계급과 양극단을 만들어 낸다. 그런데도 우리 사회는 그 중용의 사람을 양산하지 못한 채 오히려 그것을 억압하며 살아간다. 마르크스는 경쟁을 하나의 허상으로 봤음에도 불구하고 사회는 경쟁적일수록 작용 반작용처럼 사람들에게 이분법적 생각을 강요한다. 이 이분법적 사람들 중 어떤 이는 잘못됨을 바르게 찾지만, 어떤 이는 잘못됨을 전혀 맞지도 않는 곳에서 찾는다. 한국 사회로 예를 들면 잘못됨의 근원을 찾는 한쪽이 있으면 그 반대쪽은 잘못됨의 근원을 찾는 쪽의 잘못을 찾는다. 사실 이런 건 경쟁이 아닌데 누군가는 적과 아군으로 나누어 세상을 바라본다. 다만 다윈의 자연 선택도 경쟁이라 할 수 있기 때문에 경쟁은 모든 생물에 필수불가결하다고 보는 것이 맞다. 경쟁을 오로지 나쁘다고 말하거나 경쟁 자체를 하지 말라는 게 아니다. 경쟁으로 인간은 발전한다. 참고로 다윈이 적자생존이란 말을 꺼낸 건 아니다. 이 말은 허버트 스펜서가 처음 사용했고 나중엔 의미가 확대되어 인간사회에도 쓰이게 된다. 지금은 무섭게도 적자생존이 신약육강식의 생의 경쟁을 말하는 것처럼 보여서 경쟁 자체가 의미 없는 게 아니라 오히려 나쁘게 사유할 의미를 가진다.

우린 겉보기에만 계급이 없을 뿐 무의식적으로 그걸 인정하고 살아간다. 부와 명예 그리고 기득권, 부조리한 권력 대물림을 보면 지금은 더욱 그런 신소외 시대인데 그걸 반대해야 할 사람이 오히려 무엇에 종속되어 노예 근본으로 살아간다. 현실은 밑바닥이고 지성도 갖추지 않았지만 정치 종교 사상에 빠져 다른 사람들이 믿는 걸 그대로 믿어 버린다. 왜 이런 사람들이 생길까? 이들은 자기 존재의 항상성을 건설적으로 계획하지 못해 이끄는 삶보다 이끌리는 삶을 산다. 이런 사람들의 반사유적 성향은 삶의 지혜인 일이관지와 다르다. 진짜 일이관지를 잘 보여 주는 문구는 토마스 만의 『마의 산』에서 나온 이 표현이다.

"인간은 선과 사랑을 위해 결코 죽음의 영역처럼 자기 사고의 지배권을 내주어서는 안 된다."

선함과 사랑이 없다고 판단을 보류하거나 포기하는 연약함은 때론 악과 같은 편이 된다. 『마의 산』은 여러 측면의 감상문을 쓸 수 있지만 이 책에서 각인된 것이 하나 있다. 그것은 인문주의자인 제템브리니와 신을 믿는 나프타와의 존재론적 의미에 대한 둘의 상반된 입장이다. 이 둘의 좁혀지지 않은 갈등은 중립의 영역이 없기 때문에 극단으로 치닫는다. 제템브리니와 나프타의 대화는 마치 무신론자와 독실한 크리스천 간의 대화처럼 이해할 수 없는 벽이 존재하는 것과 같다. 이걸 필자도 실제 친한 친구와 행한 적이 있다. 정치 분야의 대화처럼 거의 우정이 상할 정도로 목소리가 높아지는 부분이 바로 무신론자와 유신론자의 신에 대한 해석이다. 『난제의 사유』와 『마의 산』을 다 읽으면 독자는 제템브리니와 나프타로 빙의되어 필자와 친구 중 누가 인문주의자고 누가 크리스천인지 판단할 수 있을 것이다.

그러나 토마스 만은 이런 반등분하는 사고를 경계한다. 만약 둘의 대화를 제3자가 지켜보고 있다면 그 3자는 중립일까? 그건 중립이 아니라 홍분을 가라앉히며 감정이 상하지 않게 하는 조정자거나 아니면 단순히 관음의 즐거움을 느끼는 사람일 것이다. 세상에 중립은 없어야 하며, 그 대신 각자 입장의 이해만이 있어야 한다. 반면에 반사유적인 것은 이해의 영역이 아니다. 반사유적 성향의 이들은 매슬로의 자기 인정과 아들러의 자존감을 위해서 삶을 사는 게 아니라 오로지 신념을 자기 삶에 끼워 맞춘다. 하지만 항상 결과는 상류 자유주의자들에게만 좋은 일을 하게 할 뿐 하류 자유주의자인 자기 자신은 더욱 처참해진다. 하류인들이 얻은 것이라곤 그 신념의 마음 채움뿐이다. 사람들은 모르면 중립이라고 말하는데, 그건 판단을 유보하는 것뿐이다. 어차피 우리는 회색지대의 인간사가 아니라면 꼭 판단을 심연 속에 하게 되어 있다. 어떤 사회의 중요한 사건에 대해서 모른다는 것 자체가 때론 나쁜 시민이 되는 것이니 모른다고 중립을 당당히 말하는 것도 옳지 못한 일이다. 중립을 말하는 당신은 때론 누군가에겐 무식하고 바보 같은 사람이다. 중세 시기의 인물 단테는 이런 말을 했다.

"지옥의 가장 뜨거운 자리는 정치적 격변기에 중립을 지키는 자에게 예비되어 있다. 중립은 기권이 아니다. 암묵적 동의다."

이 말은 이제 너무 유명해서 우리나라 사람도 알 만한 사람은 다 알고 있다. 이 내용들은 이미 약 백여 년 전 미국 정치사에서도 변용되어 선거 때 캐치프레이즈로 이용되었다. 우리는 끝없이 배워야 하고 최소한의 시민의식을 가지며 살아야 한다. 학창 시절 배운 국가의 3요소를 기억하는가? 국가는 주권 국민 영토로 구성된다. 주권은 나라의 주인이 되는 권리인데 이건 그저 투표권이 있음으로 인해 투표장에만 잘 가면 된다는 의미가 아니다. 진짜 권리를 가지려면 남들이 하는 말만 듣는 게 아니라 주체적으로 알아봐야 한다. 그래야 물건처럼 좋은지 나쁜지 구별할 줄 알고 스스로 판단할 줄 알게 된다. 이것은 국민이 가져야 할 최소한의 임무라고 생각하면 된다. 위로부터 착취당하지 않고 조금 더 행복한 우리가 되기 위해서는 주체적 사유가 필요하다. 온라인의 감염된 생각은 인간의 사유를 방해하며 사유의 잠은 정신의 무감각을 만든다. 이건 앞서 다뤘던 대립의 영역으로 다시 돌아온다.

그러나 지금까지 그랬듯이 비슷한 말을 반복해도 이 책은 늘 새로움으로의 전환을 시도하였다. 그렇기에 이번에도 새로운 지식으로 인간 세상을 이야기해 보자. 로얼드 호프만의 『같기도 하고 아니 같기도 하고』라는 책이 있다. 이 책으로부터 우리 사회와 자연은 과학적으로는 물리이면서도 심리학적인 화학성을 가질 수밖에 없다는 사실을 알게 된다. 물질 1인 인간과 물질 2인 인간이 결합하여 만든 세상은 다시 물질 3이 되지 않는다. 색깔처럼 검은색과 흰색을 섞으면 중립인 회색이 나오지만 인간 사회는 이런 확실함처럼 예측 가능하지 않다. 화학적 이야기가 나와서 과거를 돌이켜 본다면 90년대 후반 고등학교 학창 시절 화학 오비탈을 배울 때는 아무도 이것이 양자역학 개념에 속한다는 사실을 말해 준 사람이 없었다. 사실 그 당시 선생님들도 몰랐던 것이다. 그래서 우리는 같은 현상이더라도 계속 다른 관점에서 배워야 하며, 미래 예측이 불가능하거나 확실하지 않은 것일지라도 의문을 가지고 상상해 봐야 한다.

가령 거의 비슷한 시기에 활동했던 올더스 헉슬리와 조지 오웰은 미래에 대해 극명한 차이를 보여 주었는데, 헉슬리는 새 문명과 정보가 인간을 지배하는 것에 두려움을 느꼈던 반면에 오웰은 책도 읽지 않고 생각하지 않으며 정보가 차단되는 걸 두려워했다. 현재 이들이 상상한

21세기 모습은 어느 사람의 말이 틀리고 맞다가 아닌 둘 다 옳았다는 것을 알 수 있다. 이렇듯이 인간의 반응이 늘 어느 한쪽을 선택하게 만드는 건 아니다. 다만 반응을 대립이라 생각한다면 대립 없이는 입자(혹은 전자)는 정적이게 되며 그건 죽은 상태와 같다. 우리는 반응한 입자의 위치를 아직 정확히 알지 못하는 불확정성을 인정한다.

살다 보면 앞서 말한 물극필반인 사람이 있고 생각을 좁히고자 자르고 잘라 보아도 오로지 자석의 N극과 S극만 가지려는 사람이 있다. 물질의 운동 중 순간의 찰나에 자연이 중립일 수 있으나 보통 자연은 가운데가 없고 중립도 없다. 그런 면에서 인간도 중간은 없다. 나이를 예로 들어 보면 100살까지 사는 사람에게는 50이 중간이다. 하지만 수명이 다른 사람에게는 40이 중간이고 30이 중간일 수 있다. 그래서 어느 학자는 만약 나이가 같다면 살아갈 시간이 많은 사람이 더 나이가 많은 사람이라고 주장한다. 그는 또 그게 젊음이라고 말하기도 한다. 마음도 중립은 없고 중용만 있을 뿐이며 중립은 기계적이고 중용은 인간적이다. 중립은 무지와 더불어 누군가를 비난하고 싶은데 그것에 완전한 정보를 가지지 못할 때나 하는 현대인의 일시적 시간차 공격인 경우가 대부분이다. 진짜 무엇을 몰라 자기 생각이 없는 경우도 많지만, 대체로 특정 불편한 성향 빼고는 인간 개개인들은 생각이 저마다 있게 마련이다. 이때 마음은 생각하고 이성이 뒤따라간다.

진짜 중립을 좋아하다가는 김동식의 책 『회색인간』처럼 회색형 인간이 되어 자기 사상도 감정도 억제당할지도 모른다. 그렇길 바라는가? 색이 없다는 것은 자기 정체성이 없다는 얘기다. 정체성 없이 중립만 있었다면 인간은 진짜 진화를 하지 못했을 것이다. 여기서 정체성이란 자기 주체 의식이나 인간 됨됨이를 말하는 것으로 정상과 비정상을 말하는 게 아니다. 가보 마테와 대니얼 마테가 쓴 『정상이라는 환상』은 그걸 가장 잘 보여 준다. 자기의식이 사회에 조금 벗어났다고 하여 그게 꼭 비정상은 아니며, 오히려 사회가 잘못되어 그런 사람들을 정상으로 올려놓지 못하기도 한다. 일반적으로 사회와 나는 필연적 상호 작용으로 살아가게 된다. 원인 없는 결과는 아무것도 없고 과정 없는 창조 또한 존재하지 않는다. 법륜 스님의 『혁명가 붓다』에선 연기설과 중용을 동시에 말한 최초의 사람이 석가모니라고 말한다. 아리스토텔레스도 물질에 대한 인과 관계와 인간의 중용을 주장했다. 연기설이 물질 자체에 더 의미를 둔 건 아니지만 이렇게 동서양 사상의 만남은 의미가 있다. 참고로 고타마 싯타르타는 기원전 6세기 사람이고 아리스토텔레스는 기원전 4세기 사람이다. 아리스토텔레스는 『형이상학』에서 물질의 특성을 현실태와 가능태로 구분한다. 현실태는 최종적 상태고 가능태는 최종적 상태의 이전 상태다. 현실태와 가능태는 항상 환원되는 것은 아니며 원인과 결과라 할 수도 없다.

이와 마찬가지로 인간의 의식은 각자 자기 것인데 때론 제3자가 끼어들어 위상학처럼 변형되어 복잡성을 더한다. 여기에 중간을 생각해 보려 하지만 인간은 결코 그 중간의 저울을 측정하지 못한다. 그래서 좌와 우로 기울어져 계속 흔들리는 것이다. 그 평형수를 찾는 게 인생의 과제이고 그 과제는 배움으로부터 시작된다. 공자는 배움이 부족한 제자 자로에게 육언육폐(六言六蔽)의 가르침을 준다. 인(仁)과 지혜, 정직함, 신의, 용기, 굳셈을 좋아한다면 인간은 필히 배워서 말로만 떠들어 대며 생기는 무모함과 어리석음, 난폭함 등의 폐단을 없애야 한다. 진짜 자존감이 높은 사람은 자신이 틀릴 수 있다거나 균형적 시각을 가지지 못했을 수도 있다는 배움을 절대 놓으려고 하지 않는다. 그런 사람들은 판단을 유보할 때는 유보할 이성의 현명함을 알고, 단호히 판단할 때는 정의로운 양심의 칼을 가진다.

12

진화

역진화와 진화의 이중성

인간의 신체 중 가장 신비로운 부분을 말하라고 하면 눈을 꼽고 싶다. 또 가장 궁금한 신체도 눈이다. 인간과 동물의 눈이 왜 이렇게 생겼을까? 단세포 생물에서 진화한 게 인간이라면 그 태초의 생물은 과연 미래에 생길 인간 눈의 원형을 가지고 있었을까? 아니면 진화하면서 필요에 의해 만들어졌을까? 이런 궁금증을 처음으로 들게 한 책이 조지 윌리엄스의 『진화의 미스터리』다. 여기서 그는 페일리라는 학자의 말을 인용하여 눈에 대한 과학적 설명을 한다. 하지만 페일리는 기독교 신자로서 결국 이 눈의 생성이 창조자가 만든 게 아니라면 설명이 불가능하다는 결론을 낸다. 너무 허무하지 않은가? 물론 조지 윌리엄스와 페일리는 이렇게 단언하지 않았지만 뉘앙스가 완전 이거였다. 이런 허무한 소리 하나를 빼면 이 책 대부분의 내용은 동물이나 인간의 생식, 진화론적 유전에 대한 이야기를 주로 다룬다. 진화에 대해 어렵지도 않고 너무 깊게 들어가지도 않으니 한번 재미있게 읽어 볼 만하다.

그렇다면 눈은 어떻게 만들어진 것일까? 눈은 광학의 원리를 따른다. 태초의 빛을 따라가고 빛을 보고자 하는 어떤 생명체(그게 단세포든 다세포든)의 세포 의지가 이 광학과 만나 눈이 된다. 입자이자 파동인 빛은 정말로 오묘해서 해나무에서 출판된 『빛의 물리학』이 된다. 시간과 원자 그리고 에너지의 기원이 되는 양자도 결국 빛에서 시작한다. 한편, 인간과 같이 거의 모든 동물이 두 눈과 하나의 입을 가졌다는 것이 참으로 신기하다. 동물들 사이에도 눈의 신경 원리, 공막, 동막 등은 다양한 차이가 있다. 그러나 표면적으로 보이는 두 개의 눈과 하나의 입은 짐승이든 인간이든 공통된 태초의 상태 최적화 디폴트 값처럼 보인다. 간혹 거미처럼 시야가 좁아 눈이 네 쌍 이상 있는 특수한 경우도 있지만 말이다. 그 후 우리가 알던 대로 각각의 동물들의 눈은 환경에 따라 다르게 진화되어 갔다. 결국 빛과 유기체의 알 수 없는 어떤 과학적 결합 그리고 후대에 이어지는 유전자 조합은 지금과 같은 인간의 눈을 만들었다. 눈의 탄생을 아주 짧게 언급한 다른 이의 저서로는 이정모의 『공생 멸종 진화』라는 책이 있다. 그도 태초의 빛이 있었다는 성경 이야기를 하면서 인간의 눈은 갑오징어와 거의 같다고 말한다. 이걸 수렴 진화라고 부른다. 인간은 호미니드과 동물이든 아니든 간에 그들과 유전자가 대략 80%에서 98.5%까지 일치한다. 그래서 거의 모든 동물들이 두 개 혹은 네 개의 팔다리, 두 눈, 코 하나, 귀 두 개 등을 가진다는 것이 어쩌면 당연한 일이다.

한편 조지 윌리엄스는 인간의 눈이 세 개여도 괜찮을 듯 이야기한다. 하지만 앞서 말한 대로 인간은 신체의 최적화 효율성을 가지고 지금의 몸을 완성했다. 만약 뒷머리에 눈이 하나 더 있다면 이걸 인간은 최적으로 활용하지 못하고 오히려 퇴화된 모습을 보일 것이다. 눈에 관하여 언급한 도서 하나만 더 말하자면 굉장히 흥미로운 자연과학 도서

라 생각하는 에드 용의 『이토록 굉장한 세계』라는 책이 있다. 에드 용
도 다른 학자의 말을 인용하여 시각은 빛과 관련이 있다고 주장한다.
이 책은 청소년이든 성인이든 자연과 동물 세계에 관심 있는 사람들이
라면 모두 읽어 볼 만하다. 우리의 임무는 진화에 대한 사회적 이야기
를 해 보는 일이다. 예를 들면 과연 역사는 진보하는가에 대한 물음 같
은 거 말이다.

공진화라는 개념이 있다. 이 뜻은 어느 한 생물 종이 진화하면 다른
생물 종에도 긍정적 영향을 끼친다는 걸 의미한다. 이걸 사회 공진화라
고 하여 인간에게도 적용할 수 있다. 그런데 현대 사회를 보면 과연 우
리의 공동체 정신은 계속 유지되고 있는가에 대한 의문이 든다. 조직
과 사회 구조 등은 타성을 유지하지만, 조금 더 나은 이성의 결과물인
좋은 정책들도 나오기 때문에 사회 또한 그 전의 시대보다 발전한 모습
을 보인다. 그렇다면 과연 사람들의 부와 행복도 진짜 발전했을까?

우리나라뿐만 아니라 거의 전 세계 나라는 국민들 상위 10%와 하위
30%의 재산 격차가 갈수록 커져 간다. 거기에 더해 사람들 간 불신이
커지고 극단화가 되어 항상 갈등이 존재한다. 문명은 발전하는 것 같은
데 왜 현실은 이렇게 다르게 흘러갈까? 이게 바로 보이지 않는 역진화
다. 지금은 나쁜 의미로 자연 선택과 같이 사회에 잘 적응해야 자살 당
하지 않는다. 그리고 남과의 경쟁에서 이겨야 한다. 한정된 재화와 좋
은 일자리에 대한 적자생존의 경쟁이 심할수록 개인의 온정주의는 줄
어든다. 진화론을 따른다면 환경이 급변하거나 적응하기 어려울수록
유전적 변이가 생길 확률이 높다. 거기에서 살아남는 동물은 다시 후
대를 낳는다.

이걸 좀 더 확장하면 이 현상은 21세기형 성선택이 된다. 지금 우리
인간은 알파메일과 도태된 남성 간의 큰 괴리로 인해 종족의 번식에도
영향을 받는다. 물론 여성도 도태되거나 나이에 따른 출산의 불가능성

이 존재하기도 하며 서로 경쟁하기도 한다. 그러나 여성은 동물의 수컷 세계와 인간의 남성만큼 경쟁이 치열한 건 아니다. 특히 자연에서의 수컷은 상당수가 자기 유전자를 후대에 남기지 못하고 도태되어 죽는다. 이런 수컷 도태의 높은 비율이 인간 세계에도 펼쳐질까 걱정이 된다. 아니, 이미 그렇게 되어 가고 있다. 진짜 문제는 살아남아 후대에 남겨진 유전자가 오로지 생존 본능만 있는 '이기적 유전자'만 가지고 있을 때다. 사회엔 열등한 그 이기적 우성 유전자는 공동체 정신 DNA나 다정한 DNA를 가지고 있지 않을 가능성이 크다. 그래서 갈수록 디스토피아적 불안감이 맴돈다. 인격적으로 훌륭한 부모 밑에 훌륭한 후손이 나올 확률이 높다. 인류애 없이 부자나 강한 자 기타 공감 능력 없는 부모 밑에서 태어난 후대 유전자가 인간다운 후손이 된다는 건 거의 돌연변이에 가깝다. 그저 인간 세상에는 간혹 견부호자나 호부견자가 나오는 이해할 수 없음이 존재할 뿐이다. 천성 같은 기질 탓을 이렇게 편협하게 생각하지 않는다면 결국 인간은 교육의 중요성이 제일 중요함을 알게 된다.

그래서 22세기형 새로운 '페다고지'가 필요하다. 과거엔 협력하지 않으면 죽어야만 했던 시대였기에 공동체적 마인드가 인류 생명과 문명에 필수적이었을 것이다. 물론 다른 동물들도 자기들만의 공동체 생활이 존재하는데, 그건 당연하게도 이성의 부재로 문명까지 이어지게 하지는 못한다. 현재 다정한 DNA가 사라지는 이유 중 하나는 신인류의 경쟁으로 인해서 사회가 좋은 문화 유전자를 억압하기 때문이다. 이렇게 생각하면 좋은 사회 억압인 인류 번영을 위한 억강부약이 필요하다는 결론이 나온다. 맹자의 성선설이 맞든 순자의 성악설이 맞든 간에 인간도 짐승처럼 야생의 습성이 있다. 그래서 그런지는 몰라도 어떤 인간은 약육강식의 삶처럼 집요한 모습을 보이곤 한다. 그걸 제어하는 것이 인성 교육이며 이건 현시대에 와서 어린이나 어른에게 더욱 중요해졌다.

그래서 이젠 남녀노소 할 것 없이 다양한 형태로 사회 재교육이 필요하다. 그렇지 않으면 21세기형 악의 평범함은 계속 독버섯처럼 퍼져 나갈 것이다. 자기보다 약한 자에게는 마치 '예루살렘의 아이히만'처럼 무심한 자세를 취하면서 현재 신악의 평범성은 이젠 수동적인 것에서 벗어나 주체적으로 나쁜 짓을 행한다. 정작 병원에 가야 할 사람은 타인과 사회를 괴롭히는 사람인데, 그런 사람들은 보통 자기가 그런 존재라는 걸 모른다. 오히려 괴롭힘을 당하는 사람이 정신 병원을 다니며 때로는 세상에 사라져 버린다. 사실 우리 모두는 누군가에게 상위 포식자가 되거나 가학하는 사람이 될 수 있다. 거기다 우리 사회는 아름다운 눈을 이상하게 관찰자의 시선으로 활용한다. 보이면서 보이지 않는 사람들의 눈은 타인을 나의 유희 대상이나 시기 질투 대상으로 활용하면서 정작 자신의 내면은 보지 않는다.

베이컨은 타인의 이로움을 바라지 않는 사람들에 대해서 생살 위에 윙윙거리는 더러운 파리 같은 존재로 여긴다. 지금은 타인에게 이로움은커녕 고통이나 피해만 주지 않으면 다행인 세상이다. 눈치 없는 행동과 개인의 정치화는 오프라인에서 온라인으로 확장되었다. 그러면서 타인은 안중에도 없다는 듯이 오로지 자신의 자유 안락함만을 원한다. 태초의 눈이 생존 필요성에 의한 것이라면 지금은 자기 존재성으로 눈을 활용한다. 지금은 공존이냐, 야만이냐, 진화냐, 퇴행이냐의 문제가 아니다. 상당수 현대인에겐 시선 주체와 시선 타자만 있을 뿐이다. 디지털 문명으로 이젠 사람이 꼭 내 옆에 있어야만 하는 건 아니다. 실제와 실체 없는 타자는 그런 의미에서 과거보다 덜 의존적이며 더 멀리 있는 존재다. 그래서 현재 사람들이 공격적이다. 원래 낯섦은 친근감보다 방어의 심리가 더 있게 되는 법이다. 특히 나 혼자 있을 때 어떤 영상과 글은 확증편향을 쉽게 만들고 그것에 대한 논의나 비판을 해 줄 사람이 존재하지 않는다. 그저 그것을 본 커뮤니티 사람들과 똑같은 생각을 공유할 뿐이다.

여기에 현대 사회의 문제점이 있다. 진정 대화다운 대화를 그런 사람들은 하지 않으며, 자신이 편향되어 있는지도 모르는 채 기계처럼 살아간다. 결국 현대인의 눈과 관음은 하나로 뭉쳐져 이제 타인을 재단하는 비질란테로 쓰인다. 우리는 정의롭지 않은 것에 때로는 그 비질란테를 바라지만, 내가 타인의 시선 대상이나 비질란테 대상이 된다는 생각은 하지 않는다. 다만 비질란테는 때론 맞고 누군가는 틀릴 수 있을 영역 때문에 약간 이중 감정이 들기도 한다. 가끔은 법 테두리에서 벗어나 자신이 정의라고 하는 부분에 대해서 비질란테가 대리 만족을 주지만, 그게 오해였거나 과잉된 처벌이 될 때엔 그 대리만족한 대중은 아무도 책임을 지지 않는다. 이것 때문에 바로 이중 감정의 문제가 생긴다.

그렇다면 무엇이 사회·역사의 진화인가? 이건 너무 철학적이고 거창한 이야기지만 나름의 핵심을 찾아야 한다. 자연선택과 똑같이 생각해 보면 인간이 현재 사회 현상이나 구조에 적응하는 일은 적자생존과 같다. 과연 그렇다면 사람들이 자연의 동물처럼 현대 사회에 모두가 잘 적응하고 있다고 말할 수 있을까? 가령 리더가 압제자가 되고 사회는 멕시코처럼 사적 카르텔이 존재하여 헌법 위에 있는데, 거기에 적응하는 게 인간의 자연선택일까? 사적 카르텔은 앞서 필자가 창안한 소국가성 성격을 띠는 것과 같다. 인간은 동물과 유사한 부분이 매우 많아서 여전히 동물의 행동을 관찰하지만 사회적인 부분은 완전히 다르다. 한 명의 독립된 인간이 나쁜 자연 환경(정확히는 나쁜 사회)에 적응하는 방식은 다윈의 자연선택처럼 개체 긍정적이지 않다. 또한 개인이 돌연변이일 수 있고 사회나 집단이 돌연변이여서 국가에 문제를 일으키곤 한다. 자연에서의 동물은 이런 중첩이 존재하지 않는다. 왜냐하면 동물은 자연에 따라 살아갈 뿐 정치적 동물은 아니기 때문이다. 물론 동물들도 서열이 존재하고 관계를 맺으며 생존 싸움을 하지만 그렇다고 그런 동물들이 인간처럼 사회적 동물인 건 아니다.

『침팬지 폴리틱스』라는 책에서는 침팬지가 인간과 비슷한 정치적 행태를 취한다. 그러나 동물 세계의 모두를 인간 사회에 적용할 수는 없는 노릇이다. 진화의 표면적 단어를 보면 좋은 의미다. 다만 인간 자체가 다양한 동물군과 다르게 한 개체라는 사실을 잊어서는 안 된다. 방금 한 이 말은 매우 중요하다. 인간을 자연 선택으로 따지자면 좋은 적응과 나쁜 적응 둘로 나눌 수 있다. 중요한 건 이 나쁜 적응과 좋은 적응을 구분하는 일이며, 우리는 나쁜 적응에 대해 응답하거나 순응하는 존재에 대해서 의문을 가져야 한다. 반면 좋은 적응으로 이끄는 것을 계속적으로 지속하는 것이 바로 인간의 진화다.

리처슨과 보이드가 쓴 『유전자는 혼자 진화하지 않는다』에서는 편향된 전달이라는 용어를 사용한다. 이 용어가 오로지 부정적 의미만을 가지고 있는 건 아니지만, 보통 나쁜 적용은 부정의 문화가 유전된다는 것과 같은 의미를 지닌다. 이런 문화적 관성에 대해 리처슨과 보이드는 "신념에 따르고자 하는 경향으로부터 발생할 수 있다"고 말한다. 우리는 공생 외에 발전하는 경쟁과 돌연변이를 이제 긍정의 문화로 만들고 그것을 후대에 남겨야 한다. 다문화나 과거 서브컬처처럼 문화적 다양성도 그중 하나가 될 것이다. 공유된 감정은 집단 의식과 문화를 형성하는데 이때 문화 유전은 좋은 적응과 나쁜 적응의 타 집단과 충돌하게 된다. 바로 그 지점에서 인류는 진화의 종말이나 역진화 등 변혁을 맞이한다. 이런 충돌이 진화의 변종 역사성이며 개인의 뒤틀려진 감정 이후엔 사회가 이성을 찾아야 한다.

철학적으로 보면 우리는 항상 이성적 주체에 의한 판단을 좋은 것으로 본다. 그러나 데리다의 해체주의적 입장이나 마르쿠제의 생각으로 보면 이들에게 중요한 건 오히려 이성의 해체다. 국가나 사회가 만들어 놓은 것이나 인간의 의식 구조의 틀은 때론 역진화성을 가진다. 그런데 사람들은 그냥 그것에 순응하며 살아간다. 이걸 적응이라는 용어로 바꾸고 이성의 해체를 곧 진화라고 한다면 기존 적응 관념의 틀을 깨는 것이 곧 진화가 된다. 앞서 진리라는 주제를 다뤘지만, 진리의 상대성 이론을 개인의 유불리에 마구잡이로 들먹거리지 말아야 한다. 그 대신 사회에 유용한 것을 찾고 적절하게 변화를 수용하는 것이 진화 주체에게 중요하다. 쉽게 말하면 사회 진화는 개인을 뛰어넘는다. 진화는 부분이 모여 전체가 되는 것이 아니며, 인간에게 진화는 어떤 쓸모 있는 엔트로피 생산성의 무엇이다. 이 무엇은 유형적일 수도 있고 무형적일 수도 있다. 또한 그 결과물이 잠시는 없을 수도 있고 무의미한 것일 수도 있다.

이런 엔트로피 법칙을 이용해 인간 사회에 적용하는 책이 바로 제러미 리프킨의 『엔트로피』다. 현대인은 미래 불확실성으로 각자가 하이 레버리지 삶을 위해 발버둥 치지만 제러미 리프킨은 이것에 반대한다. 동물은 생존을 위한 적응과 종족 번식을 위하여 지금 당장이 중요하지만 인간은 항상 지금 당장이 중요한 건 아니다. 동물이나 인간은 신체의 어느 부분을 활용하지 않으면 퇴화하고 사회는 사유를 하지 않을 때 퇴화된다. 지금까지 언급한 타인, 집단, 국가 등에 대해서 말한 모든 문제점이 바로 퇴화 때 생긴다. 그러나 그게 일시적임을 알고 인류는 멸망하지 않도록 다시 진일보한 노력을 하게 된다. 개미도 무너진 왕국을 협동으로 다시 세운다. 이때에 개미들 모두가 함께하는 것은 아니며, 모두가 같은 역할을 하는 것도 아니다. 이걸 인간으로 대입하면 인간 모두가 진일보에 함께하는 것도 아니며 같이 진보하는 것도 아님을 알게 된다. 그저 인간은 각자가 판단할 뿐이다.

칸트의 사상으로부터 우리는 진리에 대한 판단을 이야기해 볼 수 있는데 칸트는 판단에 대해서 "단지 실천될 뿐이며 가르칠 수 없는 독특한 재능"이라고 이야기한다. 그 판단력을 돕는 것은 사실과 규범을 구분하는 이성이고, 나쁜 것엔 규제적 이념을 가져 보는 일이다. 하지만 이것들은 사고의 자유나 양심과 비슷한 것으로 이 자체가 이성의 판단이라는 결론을 그 누구도 판단 내리지 못한다. 이런 논리는 일종의 진리에 대한 회의주의적 입장을 취하는 것과 같다. 그래서 인간들이 이념을 만들고 신을 창조해 내는지도 모른다. 그런데 후자를 믿는 자들은 다시 확신을 가진다. 모두가 동의하는 최종 판단권자나 목표가 존재한다면 사람들은 그것으로 진리 여부를 판단할 것이다. 심지어 보편적 가치에 대한 의견도 방법론적인 면에서는 개인 각자가 다를 수 있다. 보편적 가치는 인간 모두의 목표지만 그 가치에 대한 설정과 수행은 다르게 행해진다. 가령 진보·보수가 어느 것에 더 가치 판단의 무게를 두느냐에 따라 보편적 가치의 실행 수단은 정책으로 달라진다. 인간은 자연적 권리인 자유나 행복 사랑 등에 대해 보편적 가치 차원에서 모두가 찬성하지만, 이것을 난민과 같은 타인에게까지 적용할 땐 다른 문제로 접근한다. 이때는 진리에 다다르기 위한 논리보다는 개인의 감정과 성향이 가치 판단을 하게 만든다.

참고로 칸트의 입장을 들어 보면 진보는 지금 현재를 만족하지 못한다. 왜냐하면 현재 설정된 제도와 법, 인간의 행태에 대해서 변화가 필요하다고 보는 게 진보라면 이때 개혁이 실천되어 무엇이 변했다고 하더라도 현재와 비교하여 남는 것은 다시 악으로 간주되기 때문이다. 또 변화한 이 설정된 체계도 진보는 다음 세대의 진보에 의해 낡은 것이 되어 버린다. 만약 진리를 아인슈타인의 특수 상대성 이론에 적용해 보면 등속으로 움직이는 기차든 아니든 간에, 그 내부에 있는 사람은 보수든 진보든 같은 관성으로 사고하는 것과 같다. 그들은 가속으로 움직여도 그저 같은 기차에 놓여 있을 뿐이다. 그러나 기차 바깥에 있는 사람은 기차처럼 움직이는 진보가 되어 비관성으로 세상을 해석하게 된다. 이때 존재하는 보편적 가치의 힘 E는 관점 M에 의해 달라진다.(E=mc2) 무슨 관점을 취하든 우리는 우주와 지구가 만들어 낸 보이지 않는 에너지가 있다는 것을 알고 있다. 진리 또한 암흑물질처럼 보이지는 않지만 어딘가에 존재해서 인간이 그 진리라는 힘에 의해 살 수 있도록 한다.

이렇게 진리는 판단의 여부가 아니라 존재의 여부로 들어온다. 진리는 실존함이 증명됐는데, 이 존재함은 인간의 여러 영역에서 현상의 문제로 다양하게 다가온다. 이때 중요한 것은 이제 진리 자체를 찾는 게 아니라 그 믿음과 신뢰에 기반한 합의가 된다. 하버마스나 존 롤스도 윤리 영역에서 사회적 합의를 중시하는데 이때는 간주관성이 모인 합의가 일시적 객관성을 부여한다. 간주관성이란 개인 각자의 생각 중 일부를 수용하고 타인과 상호 공통된 부분을 찾는 걸 의미한다. 합의의 가장 큰 적은 이해관계나 신념이며, 이것은 보통 교조주의적 행태를 띠어 서로가 잘 들으려 하지 않게 한다. 차이 속에서도 각자가 공통점을 찾으려는 노력을 하지 않으면 인간은 어디쯤 있을 진리를 아예 놓쳐 버린다. 정치적으로 보면 좀 더 나은 인간의 삶을 위해서 정책을 수정하려는 쪽과 기존의 질서와 체제를 유지하려는 쪽의 사람들 사이의 합의가 일시적 진리가 된다. 이들의 공통점은 자유지향적이지만 누군가에겐 그 결괏값이 공동체적이냐 아니면 개인적이냐로 오인된다. 이렇게 오인되면 전자는 자유의 제한이 되어 버리고 후자는 자유지상주의가 돼 버린다. 사실 모두가 자유롭고자 하는 것에는 변함이 없는데, 작은 자유만을 찾는 노예들은 큰 자유를 찾는 사람들을 항상 무엇으로 매도해 버린다. 그래서 우리의 정치적 진리 합의는 매번 어렵게 된다.

진리 도달 전에 우리나라 좌우는 이미 큰 맥락 한두 개로 수렴되어 서로가 선악으로 정해져 있는 상태다. 이걸 심리학적으로는 '동기화된 추론'이라고 하는데, 반지성적인 사람들은 이미 결론을 정해 놓고 마치 프로크루스테스의 침대처럼 이념과 사람을 재단한다. 이들은 자신의 신념이 매번 진리고, 틀리지 않음에 정말로 진심이다. 진리 절대주의와 상대주의는 어느 한쪽이 정답이 아니라 마치 이건 자크 데리다의 '차연' 과 같은 개념과 비슷한 관계에 있다. 차이와 시간의 합이 차연이다. 더 자세히 보자면 차연이란 인간의 문화나 제도 철학 등에 대해서 개인이 나 집단이 비슷한 면을 공유하긴 하지만 시공간으로 확대되면 차이가 생긴다는 의미다. 시간은 스피노자가 말한 양태로 이어지기에 그 과정 값은 진리가 아닌 잠정적인 상태가 되며, 이것은 차연의 핵심 중 하나 인 확정적이거나 절대적인 것이 아님을 증명한다. 우리는 그저 현재 이 성적이라는 자신의 생각을 믿으며 감각적 확신을 할 뿐이다.

　이번엔 사회 진화는 아니지만 순전히 개인적 차원만 생각해 보는 진 화를 잠깐만 얘기해 보겠다. 개인의 진화란 당연히 자기 성장을 의미한 다. 부분의 합이 전체 합이 아닌 관점을 가지더라도 개인의 발전 또한 사회 진화일 수 있기 때문에 자기 성장이 꼭 사회와 관련이 없다고 말 하기는 힘들다. 사람은 성장하고 싶어 하는 기본적 욕구가 있다. 우리 는 살면서 한 번쯤은 매슬로의 욕구 5단계를 들어 봤을 것이다. 매슬로 에 따르면 최고의 개인 욕구는 자아실현을 하고 사회에서 인정을 받는 일이다. 칭찬은 남녀노소를 불문하고 사람의 호르몬을 변화시킨다. 하 물며 직장, 인간관계, 사회 더 나아가 국가로부터 인정을 받는다면 사 람들에게 얼마나 더 행복 호르몬을 만들어 주는 일이 되는 걸까. 사람 은 인정을 받으면 기분이 좋아져서 더 잘하려고 한다. 이걸 심리학적으 로는 청중효과라 부른다.

　성장과 성공이 같은 의미일 수는 없으나 교집합이 존재한다. 노력에 대한 공정한 대가 그리고 자기만족은 인간 삶의 원동력 중 하나다. 사 회가 이런 사람들과 함께 행복 호르몬을 가져야 하는데, 오히려 사회는 불공정하고 개인은 이율배반적이다. 특히 가지지 못한 개인은 실제 치료적이지도 않아 무산 계급은 계속 우울함에 빠진다. 이처럼 외부 요건 때문에 누구나 인정 욕구를 실현하고 열정을 가지며 살아가는 건 아니다. 사람은 불굴의 의지를 가지고 살아가기도 하지만 현실 안주를 하고 싶을 때도 있다. 경쟁을 두려워하지 않고 결과적 평등에 얽매이지 않는 사람은 먼저 사회를 탓하고 남 탓을 하지 않는다. 누구나 가지고 있는 불만을 한번 꺼내게 되면 끝이 없기 때문에 일단은 자기 노력을 우선적으로 해야 한다. 사회 부조리에 대한 저항은 그다음이다. 외적인 관리도 중요하지만 내적인 성장도 중요하다. 이 내적인 성장은 대부분 어떤 문자를 봄으로써 시작된다.

그런 의미에서 책을 한 달에 몇 권 꾸준하게 읽어 보는 건 어떨까? 사실 이건 책 읽기를 위한 잠깐의 플러팅이었다. 독서가 설령 입신양명에 큰 변화를 주지 않았을지라도 책은 꿈을 가지게 하고, 자기 행복 그리고 자기 찾기의 근원을 가진다. 이 말이 거짓말인지 아닌지 책을 꾸준히 읽어 봐서 확인해 보길 바란다. 사실 개인적 차원이란 말은 허상이다. 철학이나 심리학에서도 타자는 타의적 행동에 '조작적 조건 형성'을 하는 필수적 존재다. 헤겔이나 레비나스도 그랬고, 대니얼 데닛의 『마음의 진화』에서도 외부적인 것은 외부에서만 끝나지 않는다는 것을 주장한다. 대니얼 데닛은 "인간의 마음은 자연의 산물이 아니라 문화적 설계의 결과물"이라고 말한다. 인간과 98% 이상 유전자를 공유한 침팬지는 이런 마음의 진화를 하지 못한다. 왜냐하면 동물은 언어로 무엇을 대상화하거나 개념화할 수 없고 과거를 기록하지도 못하여 문화나 문명이 존재하지 않기 때문이다. 공격적 언어와 혐오적 개념화의 요즘 신조어를 보면 차라리 인간이 이럴 땐 말 못 하는 동물이 되었으면 하는 생각을 하게 된다. 데닛은 심리적 인간에 초점을 두어 육체의 정신 연결성을 크게 다루거나 이걸 진화로 생각하면서 분석하지는 않는다. 하지만 인간은 유전자나 교육, 단순 환경 외에도 생물학적 무엇에 분명 영향을 받는다. 그게 호르몬이든, 태생적 기질이든, 문화 유전자든 상관없이 말이다. 나쁜 태생임에도 불구하고 좋은 마음 선택으로 살아남은 어떤 사람의 유전자는 개인과 사회 행복으로 계속 진화할 것이다. 다만 이건 눈에 보이지 않고 과학적인 주장도 아니다.

13

권력

막스 베버와 여러 학자들의 시각

인생의 짧음이 화무십일홍이라면 권력의 무상함은 권불십년이다. 그렇다면 권력은 특수한 것일까? 로버트 그린의 『권력의 법칙』에서는 "권력은 선택이 아니다. 이미 우리 모두 안에 존재한다."라고 말한다. 이처럼 권력은 특수한 게 아니라 일상적이다. 베버는 이걸 권력 감정이라고 했는데, 권력 감정이란 자신의 타인 영향력에 대한 자기 믿음을 의미한다. 권력은 아주 작은 마을이나 아파트 동대표 기타 동호회에서도 일어난다. 마을마다 조금씩 다르긴 하지만 어떤 동네는 서로 이장을 하려고 한 마을 사람끼리 편을 나누어 싸우기도 한다. 이렇게 권력은 인간의 달콤한 유혹이자 갈등의 불씨이며, 물질적이든 정신적이든 상관없이 누구에게나 자연스러운 소유·욕망의 대상이다. 또한 의식하는 지배 욕구가 없든 무의식적으로 지배 욕구가 있든 상위 권력은 자신이 능력이 없어도 하위 권력이나 권력 없는 자를 부하처럼 부릴 수 있다.

　그리고 권력 그 자체는 어떤 무엇을 할 수 있는 자유를 다른 권력 없는 자보다 더 많이 가진다. 스피노자는 절대적 통치를 말하였는데 이것은 통치 대상이 오히려 통치를 한다는 의미다. 이때 권력은 능력과 비례하지 않고 항상 민주적으로 수반되는 것도 아니다. 그런 의미에서 앞으로 권력의 특성을 살펴볼 때 주안점을 두는 부분은 개인적 차원이 아니다. 권력은 평범한 일상과 평범한 사람에게도 생기는 일이지만 여기서는 이 부분을 크게 다루지 않겠다. 필자가 돈이 많아 본 적이 한 번도 없어서 순진한 생각을 하는 건지는 모르겠지만 어느 정도 삶에 여유가 있으면 조용히 자연에 살고 싶다는 생각을 한다. 하지만 이런 생각과 다르게 엄청난 부와 약간의 권력이 있는 사람들은 더 큰 부와 권력을 가져 보겠다고 욕심을 버리지 않는다. 그런 사람들을 보면 욕망의 덧없음 대신 때론 긍정의 평가를 하여 권력 의지와 욕망을 가지려는 그 자세가 부럽게 느껴진다.

　다만 칼 폴라니는 『거대한 전환』에서 부를 가진 사람들이 더 부를 가지려는 이유에 대해서 부 자체보다 그들은 사회적 지위나 권위를 더 가지려고 하기 때문이라고 주장한다. 즉 누군가에게 권력은 순수하지만은 않다. 우리가 여기서 알아야 할 건 이왕 태어났으니 열심히 사는 것과 권력 도취는 조금 다르다는 사실을 구분하는 일이다. 그런데 권력 욕망자들은 이걸 구분하지 못해서 문제를 일으킨다. 권력을 자기 삶의 도구로 쓰고, 사람을 아랫사람으로 부리면서 도덕성을 가지지 않은 이런 부류는 특히 견제 받지 않은 권력을 가질 때 매우 위험하다. 이런 사람들은 권력이 자기 욕망에서 그치는 게 아니라 반드시 사회에 나쁜 영향을 끼친다.

　학창 시절에 배웠고 한때는 자주 접했지만 최근엔 드물게 보이는 하나의 단어가 있다. 바로 '도구적 이성'이라는 용어다. 도구적 이성은 권력 욕구가 강한 사람들이 세상을 자기 존재 인정이나 만족의 수단으로 삶을 때 문제가 된다. 왜냐하면 이런 사람들의 권력은 그저 저질의 욕망이 그 사람 자체를 지배하게 되어 타인이나 타 집단을 억압하고 착취하기 때문이다. 호르크하이머는 이 도구적 이성을 비판하면서 이성의 이중성(주관적 이성과 객관적 이성)의 조화를 강조한다. 이것을 앞서 말한 간주관성이라 생각해도 된다. 권력의 생성과 소멸은 언어의 생성과 소멸과 같이 사회적 동물인 인간에게 필연적이다. 권력은 어디에든 있지만 막스 베버는 주로 행정적 차원, 즉 관료제 차원에서 권력관계의 문제점을 언급한다. 그는 지배 관계에 있는 관료제에 대해서 이렇게 이야기한다.

"이 동일한 응고된 정신이 현대 사회의 관료제 조직에 의해 대표되며 살아 있는 머신처럼 인간과 함께 체현되어 간다."

여기서 살아 있는 머신이란 의미는 관료제는 생산 수단이나 물적·행적적 수단 등을 가지고 있어서 사회 전체를 움직인다는 것이다. 베버는 관료제에 대해서 국가가 관직을 부여하는 것으로 이 제도는 반드시 부패를 불러옴에도 불구하고 대중적이라고 평가한다. 방금 한 이 말은 베버의 『행정의 공개성과 정치 지도자 선출 외』에서 나온 표현이다. 안토니오 그람시도 관료제에 대해 비판을 끝없이 하는데, 특히 그는 독재자가 관료제를 이용해서 국가 권력을 마음대로 쓰는 걸 못마땅하게 생각한다. 사실 공산권 국가만 1인 명령 체제가 있는 건 아니며 거의 모든 조직체가 관료제적 성격을 가진다. 그렇다면 관료제는 보통의 권력처럼 능동적일까 아니면 수동적일까? 그리고 이런 조직은 어떤 통제가 필요할까? 이건 철학적인 것과 실제적인 부분을 동시에 살펴야 한다.

칸트에 따르면 공직자는 상관의 명령을 거부할 수 없다. 이 공직자는 마치 정언명령적인 관료제의 권력 통제를 받는 것과 같으며 상관의 명령은 곧 목적 자체가 된다. 민주주의 국가에서도 관료 조직은 독재 국가의 상명하복처럼 거의 똑같이 권력의 하수인으로 전락한다. 그 원인은 국민의 무지와 공적 업무를 하는 사람의 사유 없음, 썩어 빠진 언론, 조직 체계의 태생적 허점과 비통제 그리고 민주주의의 파시즘화 특성 때문이다. 이런 관료제 특성 때문에 그렇게 높지 않은 계급의 공무원인데도 단 1명이 마음만 먹으면 혼자나 외부와 결탁해 작은 권력으로 큰 범죄를 저지를 수 있는 것이다.

베버는 사회를 움직이는 거의 모든 것이 관료제에 의해서 행해진다고 말한다. 여기에 더해 관료제는 거부할 수단이 없거나 있어도 제한적이다. 베버가 말한 대로 관료제가 실질적 행정을 위한 수단의 거의 전부지만 문제는 그 중요한 만큼의 각각 주체적 합목적성이 없다는 것이다. 즉 관료제 그 자체는 권력자의 명령에 대해서 이성적 자립이나 독립적인 행동을 하지 못한다. 그래서 베버는 의회에 의한 행정의 통제를 중요하게 생각한다. 그가 생각하는 통제권에는 의회의 조사권과 강력한 예산권 등이 포함된다. 몽테스키외의 삼권분립도 권력이 일체화되어 한곳으로 모이면 그것을 가진 자가 쉽게 남용하고 사회는 그걸 통제하기 어렵기 때문에 나온 생각이었다. 그래서 베버와 몽테스키외는 권력이 또 다른 권력을 서로 견제하게 하는 것을 중요하게 봤다. 이 권력은 법치로 치환해 볼 수 있는데, 일찍이 존 밀턴은 베버나 몽테스키외보다 앞서서 법치에 의한 통제를 논의했다. 다만 밀턴은 관료제가 아니라 통치자에 대한 통제 차원에서 이렇게 말했다.

"통치자가 국민 위에 앉아 있는 만큼 법은 통치자 위에 앉아 있어야 한다."

그러면서 그는 베버와 비슷하게 의회를 통해 통치자의 권력이 제어되어야 한다고 주장한다. 그도 그럴 것이 밀턴은 왕권 강화나 왕권신수설을 옹호하기보다 국민이나 의회의 관점을 취했고 실제로 왕당파에 비판적이었다. 보통은 존 밀턴에 대해서 사회계약론을 주장한 학자라고 말하지 않는다. 그러나 그가 국민과 국가의 관계를 계약이라는 명칭으로 직접 명시하지만 않았을 뿐 그의 저서를 유추해 볼 때, 통치자의 권력은 국민으로부터 위임된 것으로 전제한다는 걸 알게 된다. 어떻게 보면 관료 조직도 때로는 권력을 행하는 것이니 1명의 권위주의적 공무원도 통치자가 될 수 있다. 그래서 밀턴의 저 통치자라는 말은 광의적으로 해석해도 괜찮아 보인다. 현재 이렇게 권력의 제한과 특성을 말하고 있지만 이 권력과 입법의 문제는 기원전 7세기 전후 스파르타의 전설적인 입법자 리쿠르고스에게도 문제였다. 단, 리쿠르고스는 실존 인물이냐 아니냐의 논란이 있다. 그렇기에 앞으로도 인류는 권력에 대한 통제의 숙제를 가질 수밖에 없다.

우리는 민주주의 하에서 합법적으로 뽑힌 리더든 독재 국가 시절 독재자든 그들이 반헌법적인 조치를 할 때마다 행정 관료제나 군 체계가 얼마나 취약한지를 역사적으로 몸소 겪었다. 다행히도 사유하는 자들이 늘 존재했기 때문에 나쁜 권력자들을 제어할 수 있었다. 하지만 무능과 반헌법적 폭력으로 인한 국민 피해, 국격 하락·신뢰 하락, 경제 참상, 국력 낭비라는 대가는 너무나 치명적이다. 이미 이걸 막스 베버는 100년 전에도 이야기했으니 인간의 권력 의식에 대한 잘못된 역사는 늘 반복됨을 알 수 있다.

베버의 『행정의 공개성과 정치 지도자 선출 외』에서는 권력의 대표적 특징을 언급한다. 그는 사적 관료제와 공적 관료제가 동시에 작동하고 있다고 말한다. 사적 관료제를 현대로 보면 권력자와 학연·지연으로 얽힌 관계, 고위 공직자 임명에 대한 인사 청탁, 공적 루트가 아닌 비선 등을 들 수 있다. 반면 늘 공무원인 공적 관료제는 이들의 사적 통제에 절대적으로 취약하다. 반대로 권력 분립의 독립 기관인 늘 공무원의 행태는 권력자나 임명권자가 비민주적으로 통제하지 않는 이상 그들 스스로 좋은 것인지 나쁜 것인지와 상관없이 대체로 복지부동의 항상성을 유지한다. 특히 보통의 선한 국민들에게 불가촉 존재이자 악의 평범성인 정치판사와 정치검사는 상위 권력에 절대적으로 취약하다. 한 조직이나 단 몇 사람이 국가의 운명 및 사회에 매우 중요한 사건의 논란 주체가 되는 게 바로 이들이다. 민주적 정권은 헌법을 따르고 민주적 절차에 따라 통제할 수밖에 없는데 이럴 땐 악의 평범성의 단죄는 느려지면서 답답해진다. 이 지체 현상은 더욱이 또 다른 악의 무리들에 의해 정치화된다. 우리나라 헌법 제7조는 아래와 같다.

"공무원은 국민 전체에 대한 봉사자이며 국민에 대한 책임을 진다."

그래서 검찰과 사법부는 독립을 말하기 전 책임 있고 상식적인 판결과 행동을 통해 국민에게 신뢰를 얻어야 한다. 하지만 자신들은 다른 공무원이라 생각하는 듯한 오만한 엘리트주의에 빠져 사회에 악을 뿌려 놓는다. 이것은 언론이 독립된 자유를 말하기 전 그동안 자신들이 행한 거짓 뉴스 때문에 국민들에게 개혁의 대상이 된 것과 같은 상황이다. 언론과 사법은 선택적이고 편향된 그동안의 행태에 반성하는 것이 우선이다. 이들은 절대 자정 작용을 할 수 없기 때문에 수술할 외부 의사가 필요하다. 정치 성향이 달라서 바라보는 관점이 오로지 반대를 위한 반대가 아니라면 이들에 대한 개혁 입법은 대부분 긍정할 것이다. 사법부 독립이나 언론의 자유를 진짜 독재적으로 제한하는 것일 때에 국민들은 좌우할 것 없이 스스로 반대할 것이므로 통제 대상은 도량발호 하지 말아야 한다.

오랫동안 이들은 독재정권 시기엔 권력의 개가 되었고, 민주 정부에서는 형식적 통제에 의해서 약간의 간섭이 되었을 뿐 계속 거대한 권력을 누려 왔다. 법비들과 언론은 스스로 국민들에게 불신을 만들어 놓고선 오히려 자유와 사법의 독립을 말하고 있는데 이건 전형적인 견강부회다. 견강부회란 전혀 이치에 맞지도 않은 일을 자신에게 유리하도록 해석하는 것을 말한다. 결국 그들은 말로만 국민을 위한 척 제도개혁에 반대할 것이다. 국민에게 법의 무거움이 이렇게 크다 보니 이미 조선시대 세종 때도 판단하는 자에 대한 국민 오판을 방지하기 위해 7가지 원칙을 제시했을 정도다. 그중 두 가지만 살펴보면, 하나는 판결서를 빨리 만들려고 하지 말라는 것과 또 하나는 여러 방면으로 따져보고 반복해서 판결을 하라는 내용이다. 이때도 판결의 패악질이 있다 보니 세종은 애민의 마음으로 공평하게 판결하도록 죄를 담당하는 관리들에게 이런 명령을 했던 것이다.

그런데 해방 후 우리나라 판사 검사는 어땠을까? 또 최근엔 무슨 일이 있었나? 최근의 일이라면 사법개혁을 간절히 원하는 사람들은 소위 사법 쿠데타라는 희대의 룸살롱 판사나 그 외 접대 받는 지독히 귀족적인 연산군 같은 판사들을 떠올릴 것이다. 때론 국민에 의해 선출된 권력이 독립 기관의 늘 공무원에 굴복하게 되어 이런 어쩔 수 없는 무력감의 민주주의가 행해지곤 한다. 그래서 늘 공무원의 일부 고위 인사에 대해서 혹자는 국민이 뽑도록 하자는 말이 나온다. 하지만 이것도 완벽한 권력 통제의 해결책은 아니다. 앞으로는 국민을 우롱하는 자들에 대한 더 강한 법적 제재와 제도 정비 그리고 정치적 인적 쇄신이 중요하다. 우리나라는 엽관제 국가가 아니다. 하지만 우리나라뿐만 아니라 대부분의 민주주의 국가들에서는 늘상 정권이 바뀌면 공공·권력 기관이나 고위 공무원의 인사가 상당수 바뀐다. 이런 폐해를 없애기 위해 임기 보장이라든지 제도 개혁을 통해 어느 정도는 이런 문제점을 완화해 볼 수 있다. 하지만 잘못된 인사가 소위 '알박기' 형태로 자리를 잡고 있으면 그것도 문제다. 그래서 가능한 몇몇 권력 기관은 법적으로 대통령과 임기를 같게 하는 것을 생각해 볼 수 있다.

우리나라를 역사적으로 봤을 때 자유를 들먹거리는 자들은 정권이 바뀌면 임기가 보장된 사람마저 언론과 정치검찰을 활용해 내쫓아 버리는 경우가 많았다. 반면, 진짜 자유와 민주적 절차의 법치를 지키는 정권은 그 알박기 인사를 권력으로 처리하기가 굉장히 힘들다. 한편 늘 상 공무원인 사람들은 자연인으로서 가족을 생각하지 않을 수 없다. 그래서 부당한 명령에 따를지 아니면 거부할지 양심과 이성의 딜레마에 빠진다. 우리는 이것만으로도 관료제가 독재에 취약하며 수단으로 쓰인다는 것 그리고 위계에 의한 상명하복 명령 체계로 인해 사회 정의가 반대로 행해짐을 알 수 있다. 이게 현시대 민주주의 제도 아래서도 일어날 수 있으니 국민은 항상 깨어 있어야 한다. 그러나 그렇지 못한 국민이 많다. 베버는 대중이 감정에 휩쓸리는 존재라는 걸 이미 알고 있었다. 그래서 그는 이렇게 이야기한다.

"대중은 실제로 순수한 감정적 영향과 비합리적 영향에 좌우된다."

잘못된 인간을 추종하거나 인간 비교 우위의 사고방식으로 권력에 심취한 자들은 자기를 지지하는 사람이 있든 그 반대편의 사람이 있든 간에 두 존재에 대해 반드시 억압을 하게 된다. 그런데 상당수 많은 사람들은 어떤 신념 때문에 그걸 보지 못하고 계급 배반의 신념을 가진다. 그러다 보니 민주주의 역설과 이런 권력관계의 헌법 취약성이 항상 존재한다. 그래서 베버가 말한 대로 현대 사회에서는 더욱더 강력하고 다양한 통제 장치가 필요하다. 여기서 중요한 건 권력 없는 시민만 무관용으로 법적 처리할 게 아니라는 점이다. 오히려 반헌법적 권력자나 지록위마 한 자에 대해서는 더 엄격하게 무관용으로 처리해야 한다.

사실 제일 중요한 문제는 관료제 내에 있긴 하지만 그 문제를 바로잡는 것은 권력 분립상 독립 기관이라는 곳들이다. 독립 기관은 국민들에게 애증의 존재다. 그들 조직은 정치 논리나 여론에 상관없이 법치를 바로 세우는 데만 신경을 쓰면 된다. 법치 외에 법은 정의를 위해 계속 살아 숨쉬어야 한다. 독일은 나치 구호나 문양을 엄격히 제재하며 나치 사상의 선전 또한 하지 못하게 법으로 규정해 놓았다. 홀로코스트 부정이나 왜곡도 아예 하지 못하게 하였는데, 이건 우리나라의 5·18 광주 민주화 혁명에도 똑같이 적용할 수 있다. 그렇기 때문에 이와 관련 5·18 왜곡 금지법 제정은 아주 당연한 일이고 법을 더 강하게 할 필요도 있다. 더 나아가 뉴라이트 사관 자체가 반지성적이고 허무맹랑하기에 일제강점기 일본을 찬양하는 사람이나 전범기 사용에 대해서는 법적 제재의 입법이 필요하다. 입법을 하면 자유지상주의자나 정신이 달아난 사람 빼고는 역사 왜곡이 자제되어 쓸데없는 사회 분란은 조금 줄어들 것이다. 역사 왜곡 외에 혐오를 조장하고 보편적 가치를 훼손하며 사회 폭력이 되는 개인이나 집단 그 외 가짜 뉴스 영상 제작을 하는 사람 등에 대해서도 반드시 처벌법이 필요하다. 이게 일종의 헌법수호 의지에 대한 처벌의 후광 효과다. 표현과 양심의 자유는 이런 비인간적인 행태나 유형·무형의 폭력 시위까지 용인하지 않으며, 이에 대한 처벌이 헌법의 가치와 충돌하지도 않는다. 오히려 헌법에 부합하는 일이다.

국적은 한국인이지만 일본인처럼 위안부 소녀상을 모욕하며 철거하자고 주장하는 사람이 있다. 이런 사람들은 일본의 이익을 생각하고 역사적 사실을 부정하며 정치적 유불리로만 세상을 바라본다. 이들이 대체 어떻게 극우란 말인가. 극우는 징고이즘 같은 극단적 자국 중심주의와 배타적 민족주의를 기본으로 하면서 파시즘 요소가 있는 쇼비니즘 행태를 취하는 것을 말한다. 그래서 위 집단에 대해서는 이런 단어를 쓰지 말아야 한다. 겉만 한국인이고 행태는 일본인과 다름없는 그들에게 가장 어울리는 단어는 매국노 및 민족 반역자뿐이다. 이걸 좀 더 축약해 보자. 왜구(倭寇)를 언어유희로 변용하여 국내 잔당 왜구를 내구(內寇)라고 부르면 딱 어울린다. 참고로 왜구의 한자 왜(倭)는 기원 전후로 하여 일본이 중국과 우리나라 주변에 얼쩡거린다고 해서 붙여진 이름이고, 구(寇)는 도적 무리 떼를 의미한다. 현재 이들을 도래인이라고 하기도 하는데, 왜구들은 광개토대왕 때부터 우리를 침범하였기에 다른 용어 대신 그냥 그들을 왜구나 내구라 하면 된다. 이렇게 왜구는 지난 2천 년 동안 호시탐탐 이웃 나라를 노리는 종족 특성을 버리지 못하고 있으니 앞으로도 우리나라를 침범하지 않으리란 보장이 없다. 이런 후예들의 과거사 행태에 대해서 법적 문제나 정치적 문제가 있으면 어떤 정부와 국회의원 그리고 판사들은 어설픈 정무적 판단을 하여 갈등을 호미로 막을 것을 나중에 가래로 막게 한다. 이렇기 때문에 역사를 왜곡하고 정치적 유불리로 자국에 피해를 주는 사람들은 단죄되어야 하며 그런 입법이 필요하다.

이것을 베버의 사상으로 좀 더 확대 해석하고자 하는데, 베버는 책임윤리와 신념윤리에 대한 이야기를 꺼낸다. 신념은 보통 개인이 가지는 것이지만 집단이나 국가가 하나의 인격화가 되어 국가 자체가 이념이 되기도 한다. 신념윤리가 개인의 영역에서 끝나지 않고 법과 제도 풍습 등을 어길 때 이제 개인 및 집단은 사회와 국가에 대하여 책임윤리의 영역으로 넘어오게 된다. 만약 법을 다루는 기관이나 국가가 불법을 행하거나 이것을 제어하지 않으면 국가 슬픔의 마지막 단계인 선한 이성의 군중 횃불이 불의에 항거하게 된다. 역사적으로 보면 참주와 독재자 그리고 판사 검사가 항상 국민을 힘들게 했다. 이런 반복은 고대 로마 때부터 이어져 왔다. 로마의 공화정은 잠시 삼두정치 시기를 지나 카이사르부터 1인 황제의 체제로 옮겨 간다. 카이사르가 브루투스에게 죽임을 당하고 그 후, 옥타비아누스·아우구스트는 클레오파트라의 사랑꾼 안토니우스와의 악티움 해전에서 승리하여 이때부터 본격적인 로마 황제 시대를 연다. 하지만 역대 모든 로마 왕의 최소 반절 이상은 임기 중 살해당하거나 권좌에서 타의적으로 물러나게 된다. 이렇게 권불십년은 세계 만국에 통용되는 단어다. 다만 아프리카 일부 국가나 민주적이지 않은 나라에서는 간혹 십수 년 혹은 수십 년 동안 장기 집권하는 독재자가 등장한다. 그렇지만 대부분 말로가 좋지 않다. 리비아의 카다피와 이탈리아의 무솔리니, 루마니아의 차우세스쿠 우리나라의 이승만과 박정희의 말로가 그랬던 것처럼 말이다. 어떤 이는 모가지가 길어서 슬픔 짐승이 되어 버렸고, 어떤 이는 지역 감정 해소와 검찰·언론 개혁을 외치다 꿈을 이루지 못하고 슬픈 인간이 되었다.

개혁 주창자는 적폐 청산 대상의 수많은 짐승들에 의해 항상 사냥당하여 죽게 된다. 예를 들면 민주적 토지 개혁을 외쳤던 로마시대 그라쿠스 형제도 그랬고, 유대인 기득권 세력인 사두개파나 바리새인에 맞선 예수의 개혁도 마찬가지였다. 무엇이 이토록 역사를 잔인하게 만들고 무엇이 이토록 인간을 비참하게 만드는가. 그런데 이런 나쁜 과거를 늘 가졌음에도 불구하고 우리는 왜, 어떻게 현재를 웃고 슬프며, 미래 후대를 남기면서 아름다워지는가. 이건 마치 어떤 것은 선한 사람만 눈에 보이는 무엇과 같이 이에 대한 대답도 마찬가지로 선한 사람만이 알고 있다. 하느님은 의로운 자나 마음이 청결한 자가 복이 있다고 했는데 그렇다면 성경에는 그 해답이 진짜 있지 않을까?

사실 성경 곳곳에는 권력이 신적인 하사받음이라 여기는 내용이 아주 많다. 다니엘에서는 '하느님은 당신에게 왕국과 권력을 주었다.'라고 쓰어 있고, 잠언에서는 '자신으로 인해 군주들을 지배한다'고 되어 있다. 이런 기초 위에 중세부터 교황과 왕 귀족 성직자 등은 권력을 당연하게 자기 것으로 받아들였다. 아직도 교황이 있고 왕이 있다는 게 개인으로서는 이해가 가지 않지만 사회적으로 존재하는 걸 또 개인이 부정할 수는 없다. 이것으로 권력의 또 다른 특징을 발견할 수 있다. 그것은 바로 권력이 불공정한 무엇을 생산한다는 점이다. 리더가 권력을 잘 쓰면 문제가 없지만, 만약 잘못된 리더나 조직이 사회 불평등 체제를 공고히 한다면 그게 사회 문화가 되고 계급이 돼 버린다.

권력의 속성 중 하나는 권력이 스스로 소멸하기보다는 힘의 항상성이 작용하여 억압과 차별을 만들고 그걸 유지하기 위해 인간을 선동한다는 점이다. 권력이 항상 나쁘지는 않지만 선한 권력을 향한 욕망과 그 실천이 아니라면 대체로 권력은 나쁘게 흘러간다. 우리가 바라는 이상 권력은 순수한 권력이며 이건 사람에 따라 다르다. 순수함 없이 권력을 가지려는 사람은 자기 존엄성은 크게 생각하고 타인의 존엄성은 작게 생각한다. 반대로 사슴형 인간이 되어 권력을 이끌어 가는 사람이 되기보다 권력을 따라가는 사람이 존재한다. 성경의 선지자들이 방금 한 말을 가장 잘 보여 준다. 언제나 인간은 선지자 같은 인물을 갈망해 왔고 숙명적으로 사회는 대표성을 가진 사람이 필요하다. 각 권력 기관에서도 그 권력을 대표하는 소수의 사람이 있듯이 때론 권력이 필연적으로 대표자를 선택한다. 이건 미래 AI 시대에도 결정권자나 편집권자 등의 이름으로 다양하게 적용될 것이다. 물론 이런 건 권한이지 권력 그 자체는 아니다. 여전히 권력은 스스로를 평가하지 못하고 국민들은 무엇이 올바른 권력인지 모른다. 또 권력에 대한 완벽한 제어 장치가 없다. 교황의 무오류성의 오만함이나 왕권신수설이 현재는 존재하지 않더라도 여전히 현대 국가에서는 쿠데타와 비슷한 리더와 조직이 권력을 행사한다. 심지어 합법적으로 뽑힌 리더가 술에 취한 망나니일 때도 있으며, 그럴 땐 망나니에 대해서 국민의 저항은 의무가 된다. 중세까지 권력에 대한 저항은 대부분 지배자들의 권력 다툼을 위한 것이었기에 진정 시민을 위한 싸움이 아니었다. 특히 성직자는 자신들의 권력이 중요했을 뿐 국민과 함께하여 권력에 저항한 경우는 거의 없었다. 다만 중세 신학자 조지 뷰캐넌은 왕의 신적 권위를 부정하고 저항권을 인정한다. 그는 참주 정치를 하는 것에 대해서는 현재와 비슷한 민주주의 시각을 가지고 있었다.

그렇다면 권력은 왜 우리가 거부할 수 없는가? 권력의 원초적 특징을 살펴보자. 첫째로 권력은 자기 마음대로 할 수 있는 힘을 부여한다. 일종의 무자비성과 무한성이다. 어른의 심연 속에도 어린아이같이 세상에 통제 받고 싶지 않은 자기만의 자유로운 심적 에고와 신체적 뇌 활동이 존재한다. 이건 모든 인간의 공통된 변태적 특징이다. 그래서 권력은 자기 발아래 있는 꼭두각시놀음에 더 신이 난다. 마치 이건 프로이트의 에고·이드가 권력이라는 갑옷을 입고 슈퍼에고를 물리치거나 방종으로 대체하는 것과 같다. 그렇게 권력이 제어되지 않는 권력자를 탄생시킨다. 권력자는 이 권력으로 자기 소망을 실현해 보고 싶어 한다. 대략 2,500년 전 권력은 트라시마코스의 생각과 비슷했다. 만약 이게 맞다면 강한 자, 즉 권력자의 이득이 정의였기에 권력은 도덕적 선을 향하기보다 힘 있는 지배 계급의 이익에 충실하게 된다. 현대 민주주의에서는 부패하거나 반지성적인 사람이 아니고서는 드러내 놓고 권력을 이렇게 사용하지 않는다. 정말 그럴까? 다시 위대한 아메리카를 외치는 나라만 보더라도 트라시마코스의 생각은 여전히 진행 중이다. 그 권력 속성은 인간의 본성과 같아서 과거 사람과 크게 벗어나지 않는다. 현대에 와서 권력의 문제 중 하나는 그게 나쁜 것임에도 불구하고 그 권력자는 진심으로 자기가 하는 일이 옳다고 믿는다는 데 있다. 그래서 자신의 반대자가 있으면 과거에는 대량 학살을 하거나 압제하곤 했다. 지금에 이르러서는 총 대신 권력 기관을 이용하여 합법적 수단인 척 국민과 그 반대자를 압제한다. 늘 여기엔 언론과 추종자도 동참한다. 문제가 없어도 문제를 만들어 내어 권력의 반대자를(혹은 미래 권력이 될 사람) 죽이는 게 이 삼각 고리의 파괴적 권력이다. 이게 치밀하면 국민의 저항성은 사라지고 세뇌가 시작된다.

권력의 두 번째 특징은 표면적 유한성이다. 앞서 말한 무한성은 권력자의 심리 상태나 권력 자체를 말하고, 지금 말한 유한성은 권력자의 권력 기간을 말한다. 현재 민주주의 국가에서는 임기가 정해져 있기에 탄핵이나 자연사 같은 게 아니라면 권력 기간이 예측 가능하다. 그러나 과거에는 그렇지 않았다. 과거에는 독재자에 대한 암살이나 쿠데타 같은 불안정성이 있어서 문제였다면 지금은 역설적으로 정권의 끝이 보이기에 문제가 생긴다. 그 문제란 바로 늘상 공무원인 관료제 조직 때문이다. 정권이 바뀌면 그저 짧은 기간 피라미드 최상위 권력만 바뀔 뿐 사회 항상성을 유지하는 관료제는 그대로 존재한다. 그중에서도 법 기술자이면서 판단자인 공무원들은 그대로 권력 이동성에 따라 행동한다. 법치가 아닌 권력 유한성에 따라 행동하는 이들은 진정한 법률가라 할 수 없다. 꼭 법률가가 아니어도 판단자 역할을 하는 다양한 국가 조직과 개인 또한 권력을 계속 유지한다. 권한이 부여된 자의 부정과 부패는 법에 의해 제재를 받지만, 내부 고발이 아니고선 잘 드러나지 않는 영역이 존재한다. 특히 국민은 공무원의 진짜 복지부동적 무능함과 부패를 잘 알지 못한다. 그저 주민센터의 말단 공무원에게 화풀이하는 사람만 있을 뿐 제대로 문제의식을 가지지 않는다. 제일 중요한 것은 권력의지가 있으면 잘하려는 의지도 함께 있어야 한다는 점이다. 하지만 어떤 존재나 세력은 오로지 권력의지만 있고, 자신들이 잘하려는 의지 대신에 그 권력을 지키기 위한 싸움만 하려고 한다. 정말 문제인 것은 그런 권력 추구자들은 무엇에 대해 좋은 목표가 없다는 점이다. 이런 권력자들에 대해 반지성적인 국민이 줄줄 따라가는 잘못된 당파적 역사성을 깨트리려면 국민도 깨어 있는 권력을 가져야 한다.

존 스튜어트 밀은 관료제 폐해를 해소하기 위해 능력 있는 재야 사람들의 의견을 청취하라고 말한다. 재야란 기존 권력관계에서 벗어난 사람을 의미하고, 보통 우리나라는 과거 민주주의 투쟁에 관여한 정치권 밖의 사람을 재야 지식인이라고 부르곤 했다. 하지만 이것은 법적 절차를 규정하지 않는 한 꿈같은 이야기다. 그래서 관료제 조직 그 자체는 '해경을 해체하겠습니다' 수준의 사고방식이나 행정 조직 간소화 개편이 아니라면 조직 타성 때문에 잘 사라지지 않는다. 이런 이유 때문에 권력자만이 아니라 관료제에 대한 통제가 필요하다. 권력과 관료제에 대한 관계는 공무원 체중 원리인 파킨슨 법칙이라는 현대적 특성 이전에 이미 마르크스 때부터 지적한 사항이다. 마르크스는 권력의 관료화나 공무원의 기생 생활 그리고 관료들의 과잉 공급을 비판하였다. 그 후 호르크하이머는 과잉 행정은 근대 민주주의의 재앙이라고 주장한다. 다만 공무원 증가를 정치적 관점으로 보는 어리석음이 아니라면 우리는 단순히 공무원 숫자를 가지고 좋거나 나쁘거나를 논할 순 없다. 오히려 전 국민의 공무원화는 임무에 대한 자부심과 평등한 책임감 차원을 생각했을 때 그다지 나쁘지 않은 일이다.

이런 맥락에서 미셸 푸코가 "진리는 권력 작용"이라고 말한 것은 어느 정도 사실이다. 푸코가 말한 진리는 지식과 사회의 상호 작용으로 끊임없이 권력을 양산하는 일종의 기본 에너지 같은 것을 말한다. 앎을 선점하거나 지위를 누리는 사람은 계속해서 자리 보전과 기득권을 놓지 않는데, 권력은 그런 점에서 특정 공간이나 시간에서 자기들만의 메커니즘을 가지고 작동한다. 막스 베버는 좋은 환경이나 운명으로 태어나 어떤 특권을 부여받은 사람들은 그걸 당연시하고 정당화한다고 주장한다. 이게 바로 보이지 않는 관성화 된 '유전 권력'이다. 때론 이것을 무너트려야 건강한 민주주의가 계속된다. 왜냐하면 무능력하고 인문학적 감수성이 없는 짐승 같은 사람들이 기득권이나 시험 권력·메리토크라시 하나로 모든 것의 우위에 서 있으려 하기 때문이다. 그들은 오로지 부와 직업으로서 자리를 차지할 뿐 사회에는 악한 존재다. 부로 인한 기득권 우위의 불평등은 권력 선점에 다시 기여한다. 그런 사람들이 사회의 중요한 자리에 있을 때 사회 참사를 일으키며 바른 공권력의 기능 불구화를 만든다.

현재 우리나라와 몇몇 선진국이라는 나라들도 이런 상황을 겪고 있는데 특히 이탈리아는 권력의 대물림이 심하다. 이들은 사회 주요 공직과 주요 대학 입학 그리고 권력을 거의 세습처럼 행한다. 이때 중요한 게 권력 메커니즘에 대한 일반 국민들의 지식 추구와 사회 참여다. 그래야 투명성을 제고하고 문제를 인식하며, 부조리한 것을 바로잡는다. 필요하면 규율과 제도를 정비하고 교육 구조도 바꿔야 한다. 다만 푸코가 볼 때는 이런 규율에 대해서 어느 입장 하나만 취하려는 듯 부정적으로 본다. 규율이나 입법은 억압의 측면도 있지만 사회 안정 체계에도 영향을 주는데 푸코는 전자를 더 크게 생각한다. 그렇다고 푸코가 권력 자체를 부정하거나 나쁜 점만 말했던 건 아니다. 규율은 불평등을 완화하고 경제 분배뿐만 아니라 권력의 평등성도 제고해 준다. 결론적으로 이 둘은 양립이 가능하기에 규율이나 형벌 그리고 훈육이 항상 진리의 배반이 되거나 부정적 권력 작용이 되지는 않는다. 오히려 진리의 길이거나 당연한 시민의식 및 시민의 권리가 된다.

그다음의 권력 특성을 살펴보자. 권력의 세 번째 특징은 시류성이다. 대표적인 경우가 제1차 세계대전 후 독일 국민의 절대적 지지를 받았던 히틀러다. 앞서 언급한 대처 정부와 레이건 정부도 이런 시류에 맞는 권력 이동이 이루어졌다. 연임은 아니었지만 두 번 다 근소한 차이로 당선된 트럼프의 대통령 중임 또한 마찬가지다. 과거 일방향의 외침에서 이제 대중이 권력을 향한 선동가와 함께한다. 문제는 현대 민주주의에서는 더욱더 선동가들이 어떤 캐치프레이즈로 대중을 선동하고, 상당수 국민들이 그것에 세뇌당하여 반응한다는 점이다. 미셸 푸코는 전문가든 아니든 어떤 정책이나 담론 자체도 권력이 된다고 생각하였다. 여기에서 만들어진 규율은 또 누군가에게 권력이 되거나 반대로 억압이 된다. 이렇게 몇 가지로 점철된 선거 전략을 활용하여 정치인들은 투표라는 민주주의 수행으로 권력을 합법적으로 쟁취한다. 그러나 그렇게 뽑힌 사람이 또 히틀러 같지 않으리란 보장은 없다.

한 가지 화가 나는 것은 나중에 정권의 결과물이 매우 안 좋아도 그런 권력자를 뽑은 지지자들은 부끄러워하거나 책임지지 않는다는 사실이다. 당연히 그 못된 지도자나 정권도 책임을 잘 지지 않는다. 그리고 다음 투표 때에도 그 국민들은 똑같은 1표 한 장으로 다시 동등함을 가진다. 그 책임 무게감은 고스란히 권력과 돈 없는 자들에게 돌아가는데 이것이 바로 역사의 후퇴다. 만약 이런 행태가 화가 나서 선한 권력을 써야 한다고 주장한다면 과거 정권에 대해 도저히 눈감고 넘어갈 수 없는 법률 위반을 다음 정권이 보복하여 책임을 지게 할 수 있다. 하지만 이게 곧 현대 권력의 문제점이자 또 다른 권력 특징이다. 왜냐하면 권력의 수단과 목적에 대하여 각자가 보는 선한 권력, 악한 권력의 기준점이 서로 다르기 때문이다. 악한 권력이 수단으로 활용되어 사회가 어느 정도까지 망가질지는 권력자가 가진 비열함의 크기와 비례하며 사유 없이 명령에만 따르는 대중과 여론의 힘의 크기에도 비례한다. 자신의 신념으로 권력을 만들어 냈지만 그걸 자기 마음 채움의 수단으로 쓸 뿐, 선량한 목표가 없던 사람들은 결국 그들이 직접 뽑은 권력자의 잘못을 보지 못한다. 왜냐하면 그걸 보이지 않게 만들어 버리는 신념 때문이다. 이 신념이란 반대편에 적이 있다거나 반대편이 더 나쁘다는 것을 절대적으로 믿는 것이다. 이건 우리 삶이 끝나는 날까지 계속된다. 이게 바로 권력의 네 번째 특징인 개인 욕망을 향한 국가와 사회의 자기 투영성이다. 누군가는 권력자에게 메시아 감성을 가지는데 종교 탄생도 그런 것 중 하나다. 종교가 개인의 심리를 이용하는 게 아니라 개인도 종교를 활용한다. 그리고 개인을 넘어 교회라는 집단이 기득권 항상성을 유지하기 위해 권력자나 정치에 유대 관계를 맺는다.

　우리는 또 거대한 권력만 권력이라고 생각해서는 안 된다. 개인이 가지는 질투나 미움, 여러 감정 욕구 그리고 가치관 등을 사람들은 조직이나 집단에 투영한다. 그러면서 그걸 실현해 줄 수 있는 조직을 만들고 리더나 국가 권력자를 탄생시킨다. 국민들은 또 권력을 가진 정권의 가장 큰 결과물인 경제 성적만 봐서도 안 된다. 왜냐하면 경제만큼 중요한 사회 문화, 의식 형태, 중요 정책 등은 시대와 정권에 따라 변하기도 하기 때문이다. 권력은 이렇게 흘러가다가 결국 대체성을 가지는데, 다만 그 권력이 잠시 관료제로 이동하든 아니면 제2인자에게 옮겨 가든 어떻게 될지는 알 수 없다. 또 새로운 권력을 만드는 것이 개인일 수 있고 사회일 수 있으며 우연에 의할 수도 있다. 인간 모두는 자의적이면서도 어떤 사회 규율에 맞춰 살아가는데 이걸 칸트는 공통감이라고 부른다. 무엇을 너무 탐하면 그 자유의 자의가 규율을 어기게 된다. 그래서 적당히 원하고 적당히 거리 두기를 하면서 사는 게 좋다. 한편 권력이 곧 명예는 아니다. 명예는 내가 있다고 주어지는 게 아니라 타인이 부여할 때 비로소 의미가 된다. 하지만 권력 자체가 명예라고 생각하는 사람들은 국민 위에 군림하려고 한다. 지금까지 논의는 어떤 큰 권력에 대한 집단이나 인간의 행위 그리고 결과에 대해 초점을 맞췄다.

　하지만 미셸 푸코는 권력을 좀 다르게 본다. 푸코는 권력이 어느 특정한 사람이 행하는 게 아니라 사회의 상호 작용으로 모든 사람이 함께한다고 주장한다. 구조주의자 입장을 가진 사상가들은 과거 주체라는 인식 철학에서 사회 관계적 차원으로 시선을 돌린다. 권력에 반응하는 것 자체와 모든 인간이 가지고 싶어 하는 주체 권력을 생각하면, 푸코의 저 말을 굳이 따로 해석하지 않아도 된다. 왜냐하면 사회가 없으면 개인 혼자 권력을 가질 필요가 없기 때문이다. 권력은 마치 타인이나 사회관계에서 이익의 추구와 같고 인간은 그 이익에 누구나 자유롭지 못하다. 그래서 모든 사람이 작은 권력이든 큰 권력이든 간에 권력을 가지려고 한다. 우리는 권력을 전복하려는 역사를 잘 알고 있다. 권력은 지금도 거의 모든 영역에서 작동하여 움직인다. 막스 베버가 강조한 긍정적 의미의 권력 이동은 국가 혹은 집단주의에서 국민 개개인으로 이동하여 스며들게 하는 인간 자유의 정신이다. 과거 국가는 압제와 신념 통일을 기조로 한 국민정신을 국가에 맞추도록 했다. 그게 바로 국민들에 대한 애국정신의 강요다.

베버는 국민이 국가에 길들여지는 그런 지배가 싫었다. 국가가 아니더라도 기본적으로 엘리트적 생각은 그 자체가 권력이 될 수 있다. 이들은 특정 공간과 위치에서 좋은 것을 이미 선점한 상태이기 때문에 생각의 출발점이 보통 사람과 다르다. 이때의 권력 또한 유산계급과 무산계급처럼 사회적 정치적 갈등이 생긴다. 베버는 개인의 사회 구제를 위해 국민이 정치에만 기대서는 안 되며, 어떤 걸 쟁취하려고 할 때는 때론 폭력적 수단을 활용해야 한다고 주장한다. 베버는 폭력으로만 가능한 무엇의 쟁취가 있다고 믿은 것이다. 물론 이 폭력은 헌법적 가치와 상충되지 않아야 한다. 다만 방금 한 말은 베버가 실제 했던 소리는 아니다. 현대인은 베버가 말한 폭력을 현대적으로 활용해야 한다. 베버의 폭력적 수단을 보통 우리가 알던 그 나쁜 폭력으로 보는 게 아니라 나쁜 권력에 대한 국민의 저항, 분노 정도로 이해하면 된다. 번외로 베버에게 정치와 권력은 오이디푸스 증후군 같은 존재다. 그는 가부장적 아버지로부터 국가를 보았을지도 모른다. 실제 베버는 어머니와 자신에게 엄격한 아버지의 고집스러움에 심한 반기를 든다. 그리고 그 싸움 이후 우연치 않게 두 달도 안돼 아버지가 사망한다. 베버는 이후 아버지 사망에 자책감을 가졌는지 몇 년간 정신적 고통을 받으며 지낸다. 그리고 한참 뒤, 그 유명한 『프로테스탄티즘의 윤리와 자본주의 정신』

이라는 책을 출간한다. 베버의 사회학에 대한 관심은 권력관계뿐만 아니라 근대성의 깨우침이라는 의미도 있으니 베버 관련해서 도서 하나쯤은 읽어 보는 걸 추천한다.

지금까지 베버와 다른 학자들을 언급하면서 권력에 대한 특성을 이야기했는데, 진짜 중요한 이야기는 이제부터다. 현대 사회는 제도나 권력 자체를 탐구하는 것도 중요하지만 심리적·언어적·정신적 권력 등에 대한 고찰이 필요하다. 가령 정치적 올바름(Political Correctness) 같은 PC주의나 페미니즘 기타 퀴어 등에 대한 것들 말이다. 마이클 놀스의 『자유의 적』이라는 책은 매우 보수적이고 반쪽짜리 이성으로 쓰인 책이다. 그러나 그가 전체적으로 말하는 진보주의자들의 언어 구호에 대한 비판적인 입장은 충분히 들어 볼 만한 가치가 있다. 실제 이 책의 제목도 원래는 『자유의 적』이 아니라 언어로 인한 사상 통제가 더 정확하다. 그가 '언어 통제'라고 표현했지만 사실 '언어 선점'이 더 확장적 논의를 할 수 있게 한다.

독자의 이해를 위해서 예를 들어 보겠다. 자신이 진보적인데도 PC주의자가 주장하는 흑인 인어공주나 줄리엣에 대해서는 반감을 가진 사람이 있다. 난민에 대해 안타까움을 가지지만 난민 수용에 대해서는 현실을 직시하는 정치적 좌파가 있다. 차별금지법을 찬성하고 동성애자를 차별하거나 혐오하지는 않지만, 그 모든 걸 수용하기 힘들어하는 진보적인 사람이 있다. 페미니즘 자체를 반대하지 않지만 페미니스트가 주장하는 일부 주장에 대해서 의문을 가진다. 그러나 이와는 반대로 선민의식과 도덕적 우위를 가진 외골수 PC주의자나 페미니스트, 동물 애호가들, 환경운동가 등은 자기들이 정의롭고 선한 목표를 가지고 있다 생각하기에 그들의 방법론까지 동조하라고 말한다. 만약 그렇지 않으면 페미니스트의 경우 백래시라는 언어 선점을 통해서 페미니즘에 반대하는 사람들의 의견을 봉쇄해 버린다. 이건 앞서 한번 언급했지만 중복을 걱정하지 않아도 된다. 왜냐하면 새로운 개념 소개와 함께 굉장히 중요한 논의를 할 것이기 때문이다. 보통의 인간은 길고양이뿐만 아니라 대부분의 동물을 어여삐 여기지만 그게 인간과 동화하기 힘든 존재나 자기에게 피해가 되면 미움이 생긴다. 그 대상이 때로는 고양이 맘에게 옮겨지기도 한다. 그러나 동물 애호가들은 이런 이성적 사고를 하는 사람들이 나쁘다고 생각한다. 그들은 러브버그를 나쁘게 보지 않은 사람조차 현실적 주장을 하면 때론 사랑의 감정이 부족하다고 여기며, 마치 환경 정의를 따르지 않는 사람처럼 매도하려고 한다. 이런 잘못된 이분법적인 생각은 동물권이나 동물윤리, 기타 자연 환경에 대한 인식 외에도 사회 아주 다양한 곳에서 일어난다. 어떤 사상이라는 목표 하나와 언어가 결합하면 권력이 되고 그건 때론 인간의 억압이 된다.

슬라보예 지젝은 워크(woke)라는 개념을 새롭게 보아 하나의 사상 외골수 인식으로 생각한다. 원래 woke란 흑인들이 깨어 있는 눈으로 세상을 보고 자신들의 권리와 인권을 찾는 노력을 의미한다. 마이클 놀스는 『자유의 적』에서 지젝과 비슷한 생각을 가지는데 그는 워키즘이라는 용어를 꺼낸다. 보통은 워키즘을 '깨어남주의'로 해석하지만 필자는 이걸 목표주의나 믿음주의로 부른다. 이 책의 핵심은 어떤 진보의 주장에 대한 언어 사용과 정책 담론이 하나의 선(善)이 되고 그것이 기득권화 되어 가는 게 옳지 못하다는 것이다. 하지만 마이클 놀스는 언어 선점 효과를 가지는 진보의 주장을 좌파 전체로 매도하고 싶어 한다. 책에서는 언어 선점이라는 명확한 단어는 없지만 선점이라는 용어를 쓰는 게 더 확실한 의미를 전달하기에 이렇게 표현하였다. 그는 진보의 특성을 전혀 모르는 채 좌파의 언어 선점에 대한 르상티망 감정으로 오로지 보수적 입장만을 전한다. 진보는 스스로 내부 비판을 하며 사상적 발전을 이어 간다는 긍정적 엘랑비탈, 즉 내적 에너지를 무시해선 안 된다. 즉 마이클 놀스처럼 진보적 인간 모두를 워키즘으로 매도해서는 안 된다는 얘기다. 『자유의 적』은 초반 내용이 굉장히 좋다가도 갈수록 글이 외골수로 빠지는데, 역시나 저자가 기독교 신자임을 알고 고개가 끄덕여졌다.

사실 방금 한 마지막 문장은 굉장히 위험한 생각이다. 이렇게 특정 종교를 믿는 사람에 대한 편견을 가지는 것이 요즘 사회 문제 중 하나다. 이런 편견을 가진 사람이 문제일까 아니면 이렇게 만든 종교나 사람이 문제일까. 워키즘은 앞서 말한 대로 비건이나 종교 같은 믿음, 과학지상주의, 자유지상주의, 동물 애호가, 어느 기득권 조직 등 어느 영역에서나 적용이 가능하다. 또한 2차 가해라는 말도 중립적 이성이나 반증 가능한 영역에 대한 논리적 이야기를 처음부터 차단한다는 점에서, 일부 가해자 피해자 사건은 워키즘 특성을 보인다. 이런 다양한 영역 중 한 가지 분명하게 해야 할 것이 있다. 종교는 사람들이 쉽게 일반화하는 특정 직업이나 특정 목표를 공유하는 보통의 워키즘 사람들과 다르다. 왜냐하면 이것은 정신 활동이 인간 의식 거의 전부를 지배하고 그 다양한 영역의 정체성 사람들 위에 서서 최종적으로 위치하고 있기 때문이다. 이 말의 이해가 어렵다면 쉽게 예를 들어 보겠다. 의사와 배달업에 종사하는 사람의 직업은 다르지만 같은 종교 혹은 같은 정치 성향일 수 있고, 같은 정신 상태일 수도 있으며, 아닐 수도 있다. 그럼에도 불구하고 종교가 삶에 최종적 우위에 있는 사람들은 직업과 수준에 관계없이 어느 하나로 수렴한다. 이해가 되었는가? 결국 놀스 자신도 정치적 기독교적 생각 때문에 좌파에 대한 매도라는 워키즘에 빠진다.

『자유의 적』 제목처럼 책 내용에 자유의 적이란 말이 그대로 나와 있는 게 하나 있는데, 그게 바로 로저 스쿠루턴의 『긍정의 오류』다. 그는 "제도와 법, 제약과 도덕규범은 자유의 일부이지 자유의 적이 아니다."

라고 말한다. 로저 스쿠루턴은 매우 현실적이고 보수적인 시각으로 그가 명명한 '움직이는 정신', 즉 진보의 오류를 지적한다. 책의 후반부에는 자신의 전문 분야인 미학과 변화의 현실성을 고찰하고, 책 말미쯤엔 자유와 평등에 대한 정치적 메커니즘을 자신의 시선으로 분석한다. 그는 맹목적 낙관주의 혹은 비양심적 낙관주의와 합리적 낙관주의를 구분하고 전자의 역사적 인물과 사건을 신랄하게 비판한다. 사실 이 책은 이미 과거를 다 아는 사람이 잘못된 역사의 결과나 진보의 오류에 현학적 비판을 하는 것에 불과하다. 그런 면에서 '움직이는 정신'에 대한 시각은 페시미니즘(Pessimism)적이다.

한편 『긍정의 오류』라는 책 제목보다 내용을 연관시켜 제목을 다시 지어 보면, 이 도서는 진보에 대한 염세적인 해석법 정도가 적당하다. 이 책은 어떤 사상이나 역사의 진보에 대해서 정태적 평가를 유지하지만 몇몇 신념을 굳게 가진 사람들에 대한 일부 날카로운 지적이 있어 추천하고 싶은 책이다. 인간은 어떤 문제에 대한 끝없는 문제 제기와 변화의 요구, 목표 지향성을 가졌기에 여기까지 온 것이지 정태적이거나 워키즘의 방식으로 인류 번영을 도모한 게 아니다. 도덕경에서는 "하늘의 도는 지시하지 않아도 능히 따르게 하는 것"이라 말한다. 다만 도(道)는 누군가에게 진리이지 목표가 아니며, 그 목표가 늘 옳았다거나 급진적인 것도 아니다. 도(道)에 이르는 과정은 치열한 투쟁과 오류를 함께 겪는다. 그렇기에 목표 하나만 보고 몇 발자국 나아가고자 하는 워키즘 사람들은 조금의 수정이 필요하고 자기 비판도 필요하다.

그런데 이 수정을 오해하는 도서가 국내에도 존재한다. 한 권의 예를 들자면 민경국의 『반자유주의의 해부: 왜 그들은 자유주의를 싫어하나』라는 책이다. 이 책은 주로 롤스의 정의론과 공동체주의를 비판하는 내용으로 채워져 있다. 전체적 논의의 틀은 동의하는 부분이 거의 없지만 지성인으로서 알아야 할 최소한의 정치철학 중 일부 핵심을 말하고 있다는 점에서 읽어 볼 만하다고 생각한다. 특히 순수한 보수주의자라면 좋은 책이라 여길 만한 내용이 많이 들어 있다. 방금 표현한 순수한 보수주의란 민경국의 말처럼 반공 반좌파를 외치는 게 곧 보수주의자가 된다는 그런 미련한 생각을 가지지 않는 걸 의미한다. 실제 책에는 반공 언급만 있고 반좌파라는 말은 없다. 그렇다면 잠시 『반자유주의의 해부』라는 책을 비판적으로 검토해 보자. 아주 중요하기에 이 부분은 해석을 하고 넘어가야 한다. 이 책은 공동체주의자인 알래스데어 매킨타이어와 마이클 샌델을 언급하며 비판적 입장을 견지한다. 먼저 제일 핵심으로 전제해야 하는 건 인간은 자유를 누구나 사랑하기 때문에 독재자에 대한 절대적 옹호 같은 게 아니라면 자유를 다른 모든 관념의 적으로 상정해서는 안 된다는 것이다.

그런데 자신이 보수주의자라 생각하는 거의 모든 사람들은 개인의 자유가 집단에도 그대로 적용되어야 한다고 생각하며, 이걸 수정하고 조정하는 일에 대해서는 거의 적의감을 가지고 바라본다. 민경국은 공동체주의자의 주장에 대해서는 자유 억압적이라고 생각하는 듯 보이며, 반면에 하이에크의 자생적 질서는 마치 자유를 사랑한 시장경제로 인식하는 것처럼 보인다. 그러나 우리는 법이란 게 그렇지 않음을 알고 있다. 자유와 법은 양립한다는 걸 인정한다면 공동체주의와 자유도 양립함을 인정해야 한다. 『반자유주의의 해부』에서는 로크의 글을 인용하는데, 이걸 어떻게 필자와 다르게 해석하는지 놀라움을 느꼈던 적이 있다. 로크는 "법이 없으면 자유도 없다. 자유란 타인의 속박과 폭력에서 벗어나는 것인데 법이 없으면 그게 불가능하다."라고 이야기한다. 앞서 언급한 로저 스크루턴의 말도 로크와 거의 비슷한 관점을 공유한다. 문장 하나로 꼬투리를 잡을 생각은 없지만 민경국은 "공동체주의는 자유주의 사회가 도덕을 파괴한다고 생각하지만 이것은 옳지 못하다"면서, 시장경제를 자유의 핵심으로 보고 도덕도 그것에 의지하는 듯한 느낌을 준다. 〈참고 문헌: 북코리아(2025년), 민경국『반자유주의의 해부: 왜 그들은 자유주의를 싫어하나』425page〉

자유시장경제는 자신의 이익이 보이지 않는 손에 의해 움직이는 것이지만 법과 도덕은 자유를 더 잘 보기 위한 문제의식의 인위적 결과물이다. '왜 항상 보수주의 워키즘은 자유를 자신들이 더 지키고 증진한다고만 생각할까'라는 의문에 대해서 진짜 진보적 자유주의자는 그들이 자유의 집단 내 조정이나 제한이라는 공동체주의를 그저 자유 억압이라고만 보고 공격하고 싶어서가 아닐까 하는 결론을 낼 수밖에 없게 한다.

영어 'Liberal' 뜻은 진보이자 자유의 의미를 가진다는 걸 양극단의 사람들은 간혹 망각한다. 법과 도덕 및 규범으로 자유의 제한이 필요하다고 생각하는 사람들은 진정 더 자유를 원하는 사람들이며, 이건 예수가 죽은 자들 가운데 부활했다는 것보다 더 진실이다. 왜냐하면 개인 자유가 중요한 만큼 타인의 자유를 존중하기 위해서는 그게 자유 시장만으론 안 된다는 것을 알기 때문이다. 결론적으로 자유는 제한될 상황에 놓여 제한될 때 더 자유를 가져온다. 지금까지는 정치적 워키즘을 살펴봤는데 가장 심각한 워키즘은 역시나 종교다. 그중에서도 기독교나 사이비 집단에서 이런 상황을 자주 볼 수 있다. 실제 있었던 역사적 사건들로 예를 들어 보겠다. 스페인이 쿠바를 식민지로 삼자 독립운동을 일으킨 쿠바 사람이 스페인 군대에 붙잡혀 화형을 기다리고 있다. 그러자 종군 신부가 다가와 그 쿠바 사람에게 기독교를 영접하라고 말한다. 그 쿠바 사람은 종군 신부에게 기독교를 믿으면 천국에 가게 되느냐 물었고, 신부는 선량한 기독교인은 천국에 갈 것이라 말한다. 하지만 그 쿠바인은 자신은 천국에 가고 싶지 않으며, 기독교를 믿지 않아 지옥에 가더라도 잔인한 스페인 사람들이 없는 곳으로 가고 싶다고 말한다. 회개하면 누구나 천국에 간다는 2,000년 이상의 하느님 말씀은 태초의 워키즘이 되었고 때로는 그게 종교·교리의 무기가 되었다.

기독교 외에 이슬람이라는 워키즘도 샤하다와 알라후 아크바르라는 의무로 이어진다. 아주 독특한 상황이지만 워키즘의 문제는 불교에서도 일어난다. 임진왜란 당시 일본이 우리나라를 침략했을 때 전국 각지의 의병 외에 불자인 승병도 구국을 위해 목숨을 바쳤다. 그런데 문제가 하나 발생한다. 다들 알다시피 불교에서는 살생을 금지한다는 절대 가치의 가르침이 있다. 이에 불교인들은 이 문제를 산에서 호랑이를 만난 아기의 어머니로 빗대어 살생 금지의 굴레를 풀어낸다. 어머니는 자식을 지키기 위해 죽을힘을 다해서 호랑이와 싸울 수밖에 없다. 그 당시엔 별다른 무기 없이 여성이든 남성이든 성인 한 명이 호랑이와 싸워 이길 가능성은 없었겠지만, 그만큼 어머니는 자식을 위해 호랑이를 죽일 수도 있는 것이다. 불교 또한 나라의 위기 앞에서 자기 목숨과 살생은 절대 목표에서 잠시 사라진다. 다만 불교의 계율은 멈추지 않아야 하기에 왜구의 침입 때 승병에 참가하지 않은 사람들은 살생 금지에 대한 가르침을 계속 전파하도록 했다. 이런 역사적 사실을 예로 들었음에도 불구하고 아직 정신을 못 차리는 어떤 OO주의자가 있을 것 같아 좀 더 논의를 이어 가 보겠다.

워키즘을 베버의 사상으로 연계하자면 '목적합리성' 문제가 된다. 목적합리성이란 사회 문제를 해결하는 정책이나 제도에는 목적·가치 외에 수단·사실이 자연스럽게 연관되는 것을 의미한다. 그런데 목표는 절대적일 수 있으나 수단은 절대적이지 않다는 게 문제다. 여기서 중요한 것은 언어와 사상 그 외 제도와 신념 또한 인간 사회의 자연 선택을 받아야 한다는 점이다. 그대로 멈추면 그 자체가 권력이 된다. 무신론자와 종교인, 남성과 여성, 좌파와 우파, 평등과 자유, 가진 자와 가지지 못한 자, 특정 신념이 있는 사람과 없는 사람 등 세상을 무엇으로 나눠 생각하는 사람들은 협의적으로 보면 자기 이익 추구자며 광의적으로 보면 권력을 추구하는 자들이다. 이때 자기 이익에는 그 어떤 목표가 물질 외에 마음의 충족까지 포함한다. 항상 선한 목표가 그 수단까지 일률적이게 할 수는 없다. 특히 어떤 아젠다와 목표가 있거나 이데올로기를 공유하는 사람들이 고인물이 되어 썩지 않기 위해서는 외부와의 긴장 관계를 적절히 주고받으며 계속된 소통과 내부 투쟁을 해야 한다.

하지만 보통은 이런 사상의 돌연변이가 거의 일어나지 않는다. 왜냐하면 워키즘은 목표의 수정이나 그 수단의 타협이라는 돌연변이가 자기들 사상에 지속성을 주는 것임에도 불구하고 오히려 사상의 소멸로 이어진다고 오해하기 때문이다. 결국 그들은 존재 이유가 되는 그 당위성 목표 하나에 매몰되어 더 큰 걸 만들지 못한다. 워키즘이 되었다는 것은 절대 목표가 조직의 절대 유지에 권력으로 작용했다는 뜻이며, 그래서 내부 투쟁적 변이를 거부하는 건 어쩌면 당연한 일이다. 만약 워키즘에 투쟁하는 사람이 있으면 그 사람은 조직의 배신자로 낙인찍힌다. 그래서 위계가 확실한 조직이나 너무 강력한 목표에 경도된 사상은 더욱 반항자가 나오기 힘든 것이다.

권력은 순응을 불러온다. 이것을 가장 잘 표현한 미술 작품이 19세기 말 프랑스 화가 장폴 로랑스의 〈교황 포르모소와 스테파노 6세〉라는 그림이다. 이 그림은 과거 절대권력이었던 9세기 교황청 시기의 '시체 시노드'를 묘사한 작품이다. 시노드를 직역하면 시체 종교 회의지만, 쉽게 말해 이것은 시체 종교 재판을 의미한다. 포르모소와 스테파노 6세에 대한 자세한 역사적 배경은 우리가 말해야 할 핵심은 아니기에 생략하며 여기서는 장폴 로랑스 그림의 의미만 하나 살펴보겠다. 그림에서는 스테파노 6세가 교황 시체를 향해 일갈하는 듯이 손가락을 가리킨다. 이때 스테파노 6세 뒤의 사람들은 고개를 돌려 권력자의 일갈에 순응하는 듯한 모습을 보인다. 만약 누군가가 스테파노 6세의 기괴한 종교 재판에 대해 비판의 한마디를 한다면 그는 죽음을 면치 못할 것이다. 왜냐하면 스테파노는 권력 워키즘의 절대자이기 때문이다.

　그래서 과거에나 지금이나 '임금님 귀는 당나귀 귀'의 대중 외침이 필요한데, 그게 현대 사회에 와서는 일종의 내부 고발자 제도다. 권력에 대해 말할 수 없을 때 그 권력은 절대 부패의 권력이 된다. 과거 독재 정권만 절대 부패의 문제가 생기는 게 아니라 지금은 리더 한 명이나 조직의 한 명이 그런 역할을 한다. 불법까지 권력이라 볼 수 없는 상황에서 그것에 대한 통제 장치는 내부와 외부로 나뉜다. 내부 장치가 바로 내부 고발자 제도인데, 우리나라는 내부 고발자의 신분과 비밀이 제대로 보장되지 않아 부조리를 보더라도 선뜻 나서게끔 하지 못하게 한다. 이것도 앞으로 더욱 정교한 제도 정비와 신뢰 보호가 필요하다. 이렇게 오래전 화가의 섬뜩한 그림 한 장으로 내부 고발자 이야기를 하는 게 신기하다. 그렇다면 워키즘에 대한 논의의 핵심은 무엇일까? 그건 바로 사람은 생각의 가소성이 필요하고 닫힌 관념으로 살아가서는 안 된다는 것이다. 워키즘이 진짜 문제인 것 중 하나는 스스로 옳거나 선량한 마음이라는 믿음을 자기만족으로 투영하여 어떤 문제가 발생해도 책임을 지지 않는다는 데 있다. 이런 책임 없는 목표주의 행동 때문에 그들은 사회 불화를 만들어 낸다.

　만약 닫힌 관념이 문제가 없으려면 순전히 개인의 영역에서 끝나야 한다. 하지만 개인적인 것이 정치적인 사회에서 그러한 영역은 그리 많지 않다. 동양 사상과 서양 사상이 형식상 일치하는 것 중 하나는 자아와 자아가 아닌 것의 투쟁이다. 니체는 역사 자체에 대해 큰 의미가 있지 않은 것처럼 이야기하면서 인류는 역사성 대신 권력 투쟁이라고 말한다. 아마도 니체는 부르크하르트가 "권력은 누가 행사하든 상관없이 그 자체로 악이다. 그 자체로 불행하고 다른 사람들을 불행하게 만들 수밖에 없다."라는 말을 알았던 것으로 보인다. 그러나 필자는 니체나 부르크하르트처럼 권력 자체를 부정적으로만 생각하고 싶지 않다. 왜냐하면 우리는 투쟁이라는 비제도권의 민중 행동과 권력 외부에 있던 제3의 권력으로 사회가 진일보했다는 것을 알기 때문이다. 꼭 위정자의 권력만 권력이 아니다. 말장난이긴 하지만 인간의 역사가 권력 투쟁 그 자체이지 대체 무엇이란 말인가.

부르크하르트가 말한 대로 권력은 잠재력으로 치환되어 역사를 조직화하는 요소가 된다. 그는 권력이 작용하는 큰 주체로 국가와 문화, 종교 이 세 가지를 제시했지만 일반 조직도 여기에 포함되어야 한다. 어느 기업이나 단체 기타 조직은 타성에 젖어 항상성을 유지하려고 하지만 변화와 권력을 시대에 맞게 행하지 않으면 때론 그것들은 사멸해 버린다. 이것은 기술 영역에도 적용되며 우린 이걸 혁신이라 부른다. 이렇게 투쟁은 곧 베르그송이 말한 엘랑비탈, 즉 생의 약동이 되고, 진짜 자유를 향한 정신과 가짜 자유의 싸움은 앞으로도 계속된다. 생각해 보면 현대 사회에서는 유물론적 인간이 자기 정신을 지배하는 무엇을 스스로 계속 만들고 있는 셈이다. 그래서 유물론과 관념론은 반대인 것 같지만 이항 대립으로 쌍을 이룬다. 앞으로의 권력도 자유와 노예, 지배 피지배, 승리와 패배, 산 자와 죽은 자, 선함과 악함 등으로 인류 역사와 함께할 것이다. 그저 권력을 어떻게 썼느냐에 따라 국가마다 차이가 있을 뿐 그 본질과 특성은 변하지 않는다. 왜냐하면 인간의 본성은 기원전 7세기 로마를 세운 로물레스나 현대인이나 다르지 않기 때문이다.

14
은유

지금 필요한 건 스피드가 아니라 메타포

앞서 호메로스의 『일리아스』에 대해서 비유가 찰지다라는 말을 하였다. 사실 은유라고 하는 게 더 정확하긴 하다. 하지만 비유와 은유를 엄격하게 구분하지 않고 그냥 자연스럽게 표현하자면 호메로스는 메타포(metaphor) 사용이 훌륭하다고 말할 수 있다. 그는 아킬레우스에 대해서 아폴론의 말을 이용하여 이렇게 표현한다.

"피도 눈물도 없는 아킬레우스는 흡사 사자와 같아 손해도 되거니와 인간에게 위대한 공적을 남기게 하여 수치라곤 추호도 없는 인간이다."

인간이 실제 사자라는 짐승이 될 순 없지만 우리는 사자의 특성을 떠올려서 아킬레우스를 바라본다. 『오즈의 마법사』에서도 사자는 용맹함이 없어 그걸 찾기 위해 기나긴 여정을 떠난다. 니체 또한 『짜라투스트라는 이렇게 말했다』에서 대의를 위하고 적극적 정신을 가진 사람을 사자로 빗대었다. 아킬레우스가 만약 사자라면『일리아스』는 당연히 전쟁을 다루는 서사이기에 그에 맞서는 다른 짐승과도 비슷한 인간 상대도 있어야 한다. 그 인물이 바로 헥토르인데, 헥토르에 대해서는 안타깝게도 호메로스가 어떤 멋진 비유를 했는지 기억이 나지 않는다. 은유는 문학에서 거의 필수 요소며, 그중에서도 우리가 가장 먼저 떠올리는 게 시에 들어간 다양한 은유다. 학창 시절 책상에 침 흘리며 잠만 자지 않았다면 누구나 유치환의 시「깃발」의 시그니처 표현인 '소리 없는 아우성'을 알 것이다. 깃발을 소리 없는 아우성이라고 하는데, 여기엔 역설적 표현이 쓰였다. 왜냐하면 아우성이 소리가 안 난다는 건 말이 안 되기 때문이다. 또 깃발을 소리 없는 아우성으로 비유했으니 은유법이 쓰인 것이다. 이렇듯 소리 없는 아우성은 표현 하나에 두 가지 기법이 쓰인 걸 볼 수 있다. 은유법은 원관념이나 보조 대상 혹은 문장의 표현에 따라 조금씩 의미를 다르게 부여하지만, 기본적으로 사람들이 상상할 수 있게끔 하는 특성을 가진다. 시각의 청각화, 청각의 시각화 기타 후각의 상징화 등 인간의 상상력만큼이나 은유는 무궁무진한 무엇을 만들어 낸다. 특히 문학 작품 속 신화에 빗대는 은유는 과거나 지금이나 거의 단골 소재다. 그런 걸 하나만 찾아보자. 발자크의『사라진』에서는 필리포라는 남성을 이렇게 표현한다.

"이 청년은 살아 있는 안티노우스 모습이었다."
-『사라진·샤베르 대령』, 민음사(2023년), 오노레 드 발자크, 선영아 옮김, 16page

그는 이 작품에서 필리포를 최고의 사윗감이라고 칭찬하는데, 동성애의 대표적 인물인 안티노우스를 이렇게 이중적으로 표현한 게 조금 신선했다. 실제 안티노우스는 로마 황제 하드리아누스의 동성 애인이며, 안티노우스는 추후 로마에서 신격화된다. 로마 시대 때는 지금보다 오히려 동성애나 간성(間性)인이 사회적으로 더 인정되지 않았을까 하는 막연한 생각을 해 본다. 동성애를 아무리 부정한다고 해도 그것은 사실이기에 사라지지 않는다. 은유가 쓰인 작품을 찾자면 셰익스피어 작품도 들여다봐야 하고, 다른 유명 작가들도 따로 언급해야겠지만, 이 챕터의 임무는 그런 게 아니다. 우리에겐 은유가 왜 필요하고 이런 이야기를 왜 하는지 이유를 설명하는 게 더 중요하다. 여기서 작품을 예로 들면서 은유 표현을 더 말하지 않는 것에 아쉬워할 필요가 없다. 다행히도 은유에 대한 것을 시리즈로 다루는 좋은 책이 하나 있다. 김 용규 김유림의 『은유가 만드는 삶』, 『은유가 바꾸는 세상』, 『은유란 무엇 인가』 중 하나를 읽어 보면 된다. 국내 도서 중 은유 관련하여 작품을 해설하고 은유의 관념을 철학적·심리적·사회적 과정으로 이끌어 내는 데 이만큼 자세히 쓰인 도서는 찾기 힘들다. 만약 은유와 고전에 관심 이 있다면 꼭 읽어 보길 바란다.

　앞서서는 간략히 은유의 특징을 이야기했는데 이 얘기를 좀 더 해 보겠다. 은유는 비유이기에 대상을 한번 다른 결로 바꿔 주는 효과가 있다. 살면서 직설적으로 무엇을 표현해야 할 때가 있고 아닐 때가 있 는데, 만약 후자의 상황일 때 우리는 은유의 대화법으로 불편하지 않 은 소통을 이어 갈 수 있다. 은유는 이렇게 본래 대상을 숨기고 어떤 걸 창조하는 힘을 가진다. 그래서 똑똑한 사람이나 재치 있는 사람은 은유로 타인을 재미있게 하거나 상황을 자신에게 유리하게 한다. 즉 이 말은 메타 인지가 있어야 유머도 발휘한다는 뜻이다. 인간이라는 어떤 교집합의 천성적 종족 기질이나 교육으로 인하여 사람들은 은유로 표 현되는 것을 즉각 알아차린다. 다만 너무 개인적이거나 문화 차이로 인 해 서로의 기질이 맞지 않아 의미를 알아차리기 힘들 땐 은유가 싸늘 해지기도 한다.

프로이트가 신화에서 정신분석학을 끄집어낸 것도 결국 비유 때문에 가능한 일이다. 가령 우라노스와 크로노스의 이야기에서 오이디푸스 증후군 같은 것을 끄집어내는 일 말이다. 오이디푸스 증후군이란 아들이 아버지와 어머니 사이의 관계에서 아버지와는 긴장 관계를 유지하고 어머니한테는 호의적 관계를 유지하는 무의식적 성적 애착을 의미한다. 크로노스는 하늘의 신 우라노스와 대지의 신 가이아의 아들이다. 가이아는 우라노스에 억압당하며 살았는데, 이 때문에 가이아는 자기 남편에게 늘 복수할 생각을 가진다. 그래서 야심에 차 있던 자신의 아들인 크로노스를 이용하여 우라노스를 제거한다. 여기서 그 불안의 심리는 계속된다. 크로노스는 아내 레아와 함께 자식들을 낳지만, 자신이 아버지에게 했던 것처럼 자신도 아들에게 당할까 봐 계속해서 자식들을 없애 버린다. 신화의 영향이었는지 모르겠지만 로마는 한때 가정 내 아버지의 가족 살해권이 존재했다. 이 신화라는 것은 오래 전부터 비유로 쓰이기도 하여 사람들은 신화 이야기 속에서도 권력관계를 이끌어 낸다.

참고로 홉스의 책 『리바이어던』 내용도 신화적 이야기를 곁들인 게 상당히 많다. 이 책은 현대적 관점으로 보면 권력관계, 국민의 정치, 자연권 관련해서 논리적 허점이 많고 비판할 것들이 존재한다. 신화가 아닌 기록으로 남겨진 실제 역사에도 아들과 아버지 혹은 그들의 아내나 어머니의 권력 다툼은 무수히도 존재한다. 가령 태조 이성계와 추후 태종이 되는 이성계의 아들 이방원 그리고 그의 아내 원경왕후 권력관계는 대하드라마의 단골 소재일 정도로 유명하다. 이건 비단 우리나라 뿐만이 아니다. 로마의 네로 황제는 자신을 황제로 만들어 주기 위해 온갖 술수를 쓴 어머니 아그리피나를 죽인다. 그는 그것도 모자라 장인인 황제 클라디우스가 죽자, 본색을 드러내고 아내와 아내의 오빠까지 죽인다. 우리가 잘 아는 불멸의 작가들은 자신의 글에서 이런 역사

적 사실이나 신화, 종교 등에 쓰인 은유를 이용해 다시 자기만의 은유
로 글을 전개한다. 은유는 곧 다시 은유를 낳으니 언어는 소통과 이성
을 넘어 인간의 필연적 놀이 대상이 된다.

그렇다면 왜 우리가 은유를 사용하는지 그 쓰임과 효과에 대해서 알
아보자. 역사적으로 존재했던 다양한 권력자들을 그 시대의 인물이 비
판하기 위해서는 때론 은유가 효과적이다. 다양한 문학 작품들도 비유
를 통해 쓰였는데, 대표적 작품으론 안국선의 『금수회의록』이 있다. 제
목부터 인간을 비유하는 『금수회의록』은 동물들이 악한 인간을 비판
한다. 작품 속 은유 외에 은유는 신분 차이로 인한 대화의 어려움이 있
을 때에도 사용하면 효과적이다. 예를 들면 왕 앞에서 직설적이기보다
은유를 쓰면 완곡해지고 의미 전달도 쉽다. 그래서 독재 정권 시절엔
정치적 소설이나 노래 등이 은유로 표현된 게 많았다. 그러나 은유를
썼음에도 어떤 내용은 간혹 불온서적이 되어 심하면 죽임까지 당한다.

물론 은유가 위험 대체로써만 존재하는 건 아니다. 비트겐슈타인은
철학자들이 만들어 낸 언어가 추상화에 빠진다고 지적한다. 그런 의미
에서 들뢰즈와 가타리가 철학이란 의미에 대해 새로운 개념을 창조하
는 것이라고 말했던 건 솔직하고도 사실인 표현이다. 일상적 대화의 언
어 외에 자기만의 언어 창조를 잘하는 철학자들에 대해서는 두 가지
생각이 교차한다. 하나는 그게 꼭 필요하여 만들어 낸 창조 언어라는
생각이 드는 게 있고 또 하나는 일상이나 형이하학이 아닌 형이상학적
자기 철학을 만들고자 억지스러움으로 만든 창조 언어라고 생각이 들
때가 있다. 후자의 경우는 난해한 경우가 많아서 현학적이고 싶은 작
가나 학자들에게 좋은 탐구 대상이다. 누군가는 이걸 전문가의 영역이
라 하는데, 실제로는 자기들도 새롭게 만든 언어의 뜻을 정립하지 못하
거나 제대로 알지 못해 설명하지 못하기도 한다. 은유는 또 해학이 되
고 냉소가 되기도 한다. 이게 언어가 가지는 힘으로 우리는 현재 조롱

의 인터넷 밈으로 서로를 냉소하는 것을 거의 매일 목격한다. 되도록이면 은유를 사용할 때 긍정의 무엇을 만들어 내는 것으로 활용했으면 좋겠다.

폴 리쾨르는 『살아 있는 메타포』에서 메타포를 단순한 수사 전달 양식이 아닌 의미 창조와 세계의 이해를 돕는 생산적 힘으로 규정한다. 이런 힘을 많이 볼 수 있는 것이 한강의 『채식주의자』다. 나무나 식물같은 자연은 여성으로 은유가 되는데, 이 나무와 식물은 인간에게 이로움을 주면서도 착취의 대상이 된다. 나무가 어머니와 같은 품을 가지고 있으면서 때론 희생되듯이, 동물 또한 자연의 산물임에도 불구하고 인간에게 희생된다. 번외로 자연도 주체고 인간도 주체인 사실에 대해서는 추후 존 스튜어트 밀의 말로 논의를 해 보겠다. 『채식주의자』의 주인공 여성은 자연의 희생인 고기를 품지 못하여 거식하고 뱉어 내려 한다. 이것은 여성 주체의 뜻에 반하는 강요나 가부장적 억압을 착취의 대상인 육류로 등치시켜 기존 사회 관념에 거부한다는 의미를 가지고 있다. 보통의 책처럼 현란한 작품 분석만 하다가 끝나는 내용이 되지 않기 위해 『채식주의자』 해석은 이 정도로만 하겠다.

은유에 대한 음식과 식물 이야기를 하니 에마누엘레 코치아의 『메타모르포시스』라는 책이 떠오른다. 코치아는 생명 탄생 이후 메타모르포시스, 즉 변신에 대한 이야기를 전한다. 식물 곤충 음식 몸 등은 변태와 변형의 여러 가지 모습을 가진 채 알 수 없는 최종적 무엇을 향해 나아가는데, 이것은 인간과 다름이 없는 자연의 모습이다. 음식에 대해서 코치아는 '먹는 행위를 단지 희생과 폭력의 한 행태로 보는 것은 그릇된 일이다'라고 말한다. 이 책은 언어 자체에 대해 말하지는 않지만 어떤 탄생 이후 변신을 말한 코치아의 생각으로부터 언어 창조까지 생각하게 만든다. 굳이 따지면 코치아는 소쉬르의 랑그(langue)와 파롤(parole) 개념을 이용해 주체적인 변신의 생명체를 해석한다. 랑그는 노

암 촘스키가 말한 내재적 구조, 즉 문법 규칙을 말하고 파롤은 표층구
조처럼 표현하는 언어를 의미한다. 인간은 파롤을 이용해 언어를 계속
창조해 낼 수 있다. 사실 『메타모르포시스』라는 책 자체가 거의 은유로
쓰여 있다. 가령 코치아의 말대로 예수의 생명 탄생을 해석하는 것도
누군가에겐 은유적 해석이다. 코치아가 동정녀 마리아 이름은 언급하
지는 않았지만, 여성은 남자로부터의 자유로움 대신 남성과 무관하거
나 남성 정액·씨앗 없이 태어난 존재라고 말한다. 그로 인해 여성은 출
산에 대한 여성의 고유 임무에 더 중점을 둔다. 독립된 생명 탄생 외에
마리아의 임신을 사실 여러 의미로 해석할 수 있는데 그런 의미에서 성
경은 메타포의 교수 역할을 한다.

한강의 『채식주의자』 속 주인공 여성은 죽어 가는 나무 식물처럼 발
가벗겨지지만 사실 생명만 죽지 않는다면 나무는 새롭게 태어날 수도
있다. 그게 바로 나무 접붙이기다. 맛없는 사과나무에 다른 맛있는 과
일을 접붙이기 하여 새 생명과 열매를 다시 창조할 수 있다. 인간 또한
이런 나무 접붙이기처럼 생명을 유지하여 더 나은 자기 자신을 만들
수 있다. 『메타모르포시스』엔 실제 나무 접붙이기 내용은 없지만, 『채
식주의자』와 코치아의 책을 보면서 죽어 가고 의미 없는 인간 나무에
대해 접붙이기라는 은유를 한번 떠올려 봤다. 전혀 관계없는 이 두 책
은 정말로 관련 있게 읽을 수도 있다는 점에서 관심 있는 사람은 코치
아의 책을 읽어 봐도 괜찮다.

지금 우리는 무엇에 절망하고 사라지는 각자 사망의 인간 소멸 대신
회생의 가능성인 접붙이기 메타포 인간을 생각할 때다. 그런 차원에서
현대 사회가 메타포를 과연 생산적이고 긍정적으로 활용하고 있는지
되돌아봐야 한다. 한국인 모두 한글 자음, 모음 그리고 알파벳을 똑같
이 알고 있다. 그러나 이것을 어떻게 조합하여 쓰고 말할지는 사람마
다 다르다. 누구는 부정적 생각만을 조합하여 죽이는 언어를 쓰고, 누

구는 희망적인 단어를 조합하여 살리는 언어를 구사한다. 제임스 조이스의 『젊은 예술가의 초상』에서 나온 '영혼의 대장간'이란 표현은 예술에 대한 창조적 에너지를 나타내는데, 이것은 영혼을 구원할 희망적 의미를 준다. '영혼의 대장간'은 얼마나 긍정적이고 멋있는 은유인가?

한글은 24자의 자음, 모음 개수지만, 그 단어 조합은 무궁무진하다. 그런데 현대인은 서로를 미워하고 타인 이야기를 하며 비판하는 데 너무 많은 언어 에너지를 소비한다. 물론 관찰 언어와 비판 언어가 항상 개인적이거나 전부 부정적인 것만 있는 건 아니며, 사회의 불안을 은유하여 긍정적인 의미를 주는 것도 존재한다. 그러나 그것은 상대적으로 소수에 불과하고 현대인은 공감하는 언어 사용에 너무 메말라 있다. 되도록이면 긍정의 은유를 사용하자. 사랑하는 사람에게 사랑하는 이유를 전하고자 펜을 든다면 한글이 '노랗다'와 '빨갛다'를 아주 다양한 방식으로 표현하는 것처럼 사랑의 이유가 엄청나게 다양할 것이다. 좋은 언어는 여러 사람에게 다양한 은유로 활용되어 기쁨을 주고 나쁜 언어는 악의적인 사람에게 혐오를 일으켜 사회 불신을 준다. 지금 우리는 위로가 필요한 시대이기에 각자가 서로에게 바나바가 되어 좋은 언어를 구사하도록 해야 한다. 바나바는 요셉의 과거 이름이며, 위로의 아들이란 뜻을 가지고 있다. 언어는 그 자체로 삶의 존재이자 인간의 거의 모든 것이다. 더하기의 언어를 사용해야 하며 빼기의 대화는 배제나 규정된 언어를 사용하기에 자제해야 한다.

르네 피스터의 『잘못된 단어』는 프레임에 갇혀 버리는 정치적 언어를 주로 이야기한다. 부르디외 또한 『언어와 상징권력』에서 언어의 규범성, 정치성, 교환성, 사회성, 계급성 등을 논의한다. 하지만 우리는 정치성이 없이 대화하는 게 훨씬 많으며, 이것이 순수한 차원일 때는 사회 분석에 그렇게 중요한 대상이 아니다. 일부 학자들은 음소 체계를 바탕으로 구조주의 시초가 된 소쉬르나 이후 언어학자 노암 촘스키에 대해 이들의 논의가 정치 사회적인 논의까지 확장하지 못했다며 비판을 가한다. 하지만 그건 너무 가혹한 일이다. 왜냐하면 언어 자체는 순수함이 아니라면 모두 관계성이나 정치성을 띠기 때문이다.

그리고 언어학자가 왜 정치성까지 꼭 관여하여 언어를 분석해야 하는가? 부르디외의 언어 이야기를 들어 보면 말 한마디가 아무런 의미를 주지 않은 건 세상에 없는 것처럼 보인다. 이것은 비트겐슈타인이 말한 사적인 언어는 없다는 뜻과 일맥상통한다. 문신도 기표이자 언어로 본다면 사적인 문신은 없다는 걸 증명한다. 정말 개인적인 의미로 문신을 하는 사람들은 항변하겠지만, 깊게 생각해 보면 자기만의 기표는 없다는 것을 인정하게 된다. 부르디외가 은유라는 것을 계속해서 강조하지는 않지만 그가 말하는 건 언어의 상징 관계이니 결국 인간 세상은 메타포가 아닌 게 없다는 결론에 이르게 된다. 인간의 언어가 아기의 울음이나 동물의 비언어 소리처럼 항상 가볍지 않은 의미가 된다면 엄청나게 피곤한 뇌로 살아갈 게 뻔하다.

물론 우리 삶에 정치적이지 않은 건 거의 없다. 그러나 삶의 언어와 정치적 언어를 잘 구분해야 하며, 현대인은 이걸 잘 구분하지 못하기 때문에 갈등을 겪는다. 여기서 정치적 언어란 실제 정당 정치 그런 걸 말하는 게 아니라 인간 사이에 있는 모든 관계성을 의미한다. 옳은 이야기도 상대편이 불편할 것 같고 잘못된 시선을 받을 수 있다는 생각을 가지면 우리는 계속된 문제 사회에 사는 것과 다름이 없다. 우리를 더 검열하게 만드는 것은 과연 어디에서 유래했는가에 대해서 이제 이성적인 사람은 모두가 알고 있다. 하지만 이걸 이해한 사람들은 웬만하면 서로에게 불편할 건더기를 남기지 않으려고 한다. 반대로 이걸 이해하지 못한 사람들은 함부로 언어를 쓰고 정치성을 드러낸다. 다만, 침묵이 필요한 것이 아니라면 언어와 관념도 결코 투쟁을 멈추지 말아야 한다. 반복된 지루함을 경계하고 다양한 지식과 재미를 주기 위해 언어

의 메타포 이야기를 꺼냈는데, 여기서 다하지 못한 언어의 중요성은 다
른 챕터에서 계속하게 될 것이다.

15

수필

너에게 나를 보낸다, 수필 외 책 장르

『너에게 나를 보낸다』는 책 제목이자 동명의 영화 제목이다. 하지만 소설 내용과 앞으로 이어질 글과는 상관이 없다. 단지『너에게 나를 보낸다』의 책 내용 중에는 책을 읽고 쓰는 작가가 등장하기에 언급해 본 것이다. 이 챕터에서 다루고자 하는 것은 글로써 나를 타인에게 내보이는 수필 범람의 시대를 비판하는 일이다. 수필을 한자 그대로 직역하면 붓의 흐름에 따라 쓰인 글을 말한다. 에세이의 어원을 생각하면 수필과 구분할 수도 있지만, 여기서는 구분하지 않도록 하겠다.

먼저, 모든 사람들이 책도 좀 읽고 동시에 글쓰기도 하면 좋겠다는 생각은 변함이 없다. 그래서 자기계발서나 수필 범람을 좀 부정적으로 보더라도 정말 무슨 의미로 말하고자 하는 건지 그 큰 뜻을 이해해 주었으면 좋겠다. 요즘 가장 많이 베스트셀러가 되고 가장 많이 출판되는 게 수필 형식의 도서다. 누군가가 수필 몇 권을 소개해 달라고 묻는다면 다른 장르와 다르게 머릿속에 떠오르는 좋은 책들이 그다지 많지 않다. 수필보다 더 읽고 싶은 우선순위 책이 아직도 많기 때문에 이런 책은 여전히 후순위다. 수필·에세이에 약간의 인문학적 철학적 요소나 낯선 배움의 영역이 있다면 그건 괜찮다고 본다. 그러나 머릿속에 에세이라는 책은 개인의 생각을 끄적거리는 것이라는 얄팍한 단언 때문에 더 읽지 않게 된다. 특히 내 자신이 행복하고 타인의 삶이나 조언에는 관심이 없어서 앞으로도 읽지 않을 마음이 더 크다. 그러나 이건 매우 오만한 생각이며, 개인적으로 봐도 아주 편향된 것이다.

에세이를 누가 거부하는가? 책 좀 많이 읽었다고 고루한 생각을 버리지 못한 사람이 거부한다. 우린 그 어떤 책에서도 배울 수 있으며, 위협적인 제목의 『책은 도끼다』라는 책에서도 응당 배울 점이 있다. 단, 내용은 전혀 위협적이지 않다. 도끼 하면 이제 '이 도끼가 네 도끼냐'보다는 프란츠 카프카가 말했던 "책은 우리 내면에 얼어붙은 바다를 깨는 도끼다."라는 문장이 먼저 생각난다. 카프카의 저 말에 책이란 무엇인가에 대한 나름의 의미를 부여할 수 있다. 책은 기존 관념을 깨트리고 위로와 따스한 마음을 줄 수 있다. 그런데 책 읽는 사람들은 도끼를 각자 다르게 활용한다. 보통의 철학책엔 나를 보여 주기가 없다. 많은 사람들은 현재 타자 엿보기 세상에 살아가고 있는데 굳이 책까지 남을 엿봐야 하는가 의문이 든다. 작가가 자신을 보여 주기도 하고 인생 의미를 찾아보게도 하면서 독자와 대화하려는 시도는 괜찮은 일이다.

하지만 어떤 에세이처럼 오로지 나 자신 온전하기와 개인 위로만 앞세우는 건 왠지 꺼려진다. 자기계발서 중 특히 성공담을 말하는 책들은 이런 연장선상에서 자기 과대 포장까지 들어간다. 자부심과 소신이 있는 건 좋지만 타인과 우리는 모든 여건이 다른데 에세이는 자신의 기준 위주로 삶의 과정을 해석한다. 현대인들은 많이 지쳐 있어서 위로가 필요하다. 혼자 우는 외로운 삶이 싫고 누군가로부터 상처받는 것도 싫다. 그래서 스마트폰 세상에 들어가 모르는 사람으로부터 위로받고 싶고, 책으로부터 용기와 공감을 얻고 싶어 한다. 그중에는 진짜 내가 아닌 모습을 보여 주고 자기연민에 빠지려는 사람도 있다. 에세이가 디딤돌이 되어야지 목적물 그 자체가 되어서는 안 된다. 사람은 한번 의지하면 계속 의지하려고 하는데 그걸 떨쳐 내는 게 책 읽기의 최종 목표다. 진정한 처방전 같은 책은 내가 위로 받았던 사실조차 잊게 만들어 치유 받고 싶은 마음조차 들지 않게 하는 것이다. 즉 행복하려는 강박이나 힘듦의 위로 기타 삶의 자세와 방법 등과 관련하여 우리의 책 읽기는 이런 것 자체로부터 자유로워지는 일이다. 물론 에세이 종류는 아주 다양하며 각자 읽고 싶은 내용이 항상 개인에 머무는 것만은 아님을 안다. 우리는 관계형 동물이기에 함께한다는 것 자체가 행복이라는 걸 알고 있다. 그러나 인간은 또 누구나 홀로 왔다가 홀로 가는 현실을 잊지 말아야 한다. 힘들어도 자아는 독립적으로 변해야 한다는 강한 의지를 가지고 있어야 하는데, 현대인의 책 읽기는 역설적으로 자기를 이끌어 주길 바란다. 누군가는 남을 엿보고 조언을 들으며 무얼 찾고자 하지만 반대로 누군가는 나를 보여 주고 싶어 한다. 이런 수요와 공급 법칙 때문에 책 읽지 않는 한국 사회에서 그나마 책을 읽는 사람이 존재한다. 이게 다행인지 아닌지는 모르겠지만 그래도 책을 안 읽는 것보단 이런 책이라도 읽는 게 더 나을 것이다.

에세이가 거창한 의미를 준다고 착각하지 않고 마음의 다짐을 하는 수단으로 쓰이는 실전형 사람에게는 조금 미안한 이야기임을 알고 있다. 그래도 시야를 다른 책으로도 좀 넓혔으면 좋겠다. 아직 다양한 지식의 기쁨을 알지 못한다면 지금부터라도 시도해 보는 것도 괜찮다. 에세이가 바로 다시 시작하거나 시도하는 의미를 가진다. 사람의 기질 때문에 호기심이 전혀 안 생기는 책 분야도 있을 텐데 그래도 자신을 위해 그런 책도 읽어야 한다. 좋은 에세이는 모든 것과 연결되어 있어야 한다. 또한 우리는 스스로 배워야 하는 것이지 가르침을 받으려고만 해서는 안 된다. 책이든 타인이든 '이렇게 하세요, 저렇게 하세요'라는 말은 사실 그 누구에게도 실천적이지 않으며 자신이 책 속의 좋은 문장으로 감명받았어도 그건 일시적 텍스트로만 머물 가능성이 크다. 대부분 사람들은 그때의 그 문장을 각인할 뿐 계속 간직하며 그 좋은 구절을 행동으로 옮기려고 하지 않는다. 좋은 문장에 빨간 줄만 치며 보고 또 본다고 해서 사람이 변하지 않는다. 이렇게 이야기하니 에세이 읽는 사람들에게 뼈를 때리고 자신의 책 읽기 전체를 부정하는 기분이 들 사람이 있어서 또 미안해진다. 그럴 마음은 추호도 없다.

지금 눈치채는 사람이 있다면 아주 똑똑한 사람이다. 바로 지금 필자가 이 챕터에서 교묘하게 수필을 쓰고 있다. 수필을 일부 부정적으로 보는 사람이 구렁이 담 넘어가듯이 수필을 쓰고 있으니 기만해서 또 미안하다. 이렇게 수필은 재미있고 유용한 가치가 있다. 지금처럼 사람이 이랬다가 저랬다가 하는 것도, 우리가 앞으로 읽을 수필에 다 쓰여 있다. 사실 유명 작가나 사상가들도 대부분 에세이 비슷한 것을 남겼는데 감히 필자가 뭐라고 수필을 비판하는가. 성경 속 가장 유명한 수필은 산상수훈의 말씀이고 가장 긴 수필은 아마도 몽테뉴의 『수상록』일 것이다. 수상록이란 그때그때 생각나는 걸 적어 둔다는 의미다. 우리 모두는 수필을 쓰고 읽어야 한다. 어떤 사람이 개나 고양이 같은 동물을 사랑한다면 동물 수필을 쓸 수 있고, 음식과 식물 기타 여행 등을 좋아한다면 그것들과 관련된 글을 쓸 수도 있을 것이다. 수필이 좀 더 의미가 있으려면 자기 경험 외에 끝없는 배움이 필요하다. 가령 반려동물을 좋아한다면 동물의 습성이나 먹이 정보 같은 것만 쓰지 말고, 동물권을 잠시 공부해 보고 우리나라의 동물 복지를 살펴봐서 출판물에 퀄리티를 더할 수도 있다. 가령 루스 해리슨의 『동물 기계』라는 책이나 박상표의 책 『가축이 행복해야 인간이 건강하다』를 읽으면 더욱 지식 있는 동물 애호가가 될 것이다. 더 나아가 동물 에세이에 반려동물을 키우는 그 주체의 조건이나 동물에 대한 국민 의식 등 여러 의제도 던져 볼 수 있다.

우리가 책을 읽는 이유는 다양하게 있지만 결국 발전하는 일이다. 다양한 분야에서 각자의 분야를 쓰는 사람들 또한 여러 종류의 책들을 읽어야 더 풍부한 글을 쓸 수 있다. 그렇지 않으면 언젠가는 창조적 생각이 고갈되고 창작의 한계를 느낀다. 수필의 평범성에서 이젠 수필도 공부해야 하며, 읽고 쓰는 우리 수준도 발전해야 한다. 결론은 책 편식을 하지 말라는 소리다. 방금 위 동물 관련 책들에 대해서는 (동물) 사랑의 마음이 항상 진리가 아니라는 것도 논증해 볼 수 있다. 이것은 요즘 우리가 살아가는 데 대단히 중요하기에 워키즘에 대한 두 번째 논의라 생각하면 된다. 물론 앞서 언급한 동물에 관한 위 책들에 대해서 동의하지 않는 건 아니며 책 내용도 틀리다고 생각하지는 않는다. 이건 목표 설정에 대한 옳고 그름의 영역이 아닌 다른 차원의 생각이 필요하다. 인간이라면 자연과 생명에 대한 사랑을 부정할 사람은 아무도 없다. 수필은 좋은 생각과 의식 일깨움·정신 고양 그리고 존재의 뒤섞임이지 방법론의 정답이나 당위의 문제가 아님을 알아야 한다. 이건 에세이에 포함되는 모든 종류의 책들이 그렇다. 지금 말하고 있는 것은 책의 내용에 관한 것이지만 작가의 글쓰기로 바꿔 봐도 맞는 말이 된다. 무엇이 좋은 글인지에 대한 정답이 없듯이 글쓰기 방법 또한 당위적인 것이 존재하지 않는다.

가령 무라카미 하루키는 여행과 운동 독서를 꾸준히 하면서 자기만의 루틴대로 글을 쓴다. 실제로 그가 쓰는 글은 모든 것을 미리 설계하면서 쓰지 않는다고 한다. 반면 다른 어떤 유명 작가는 하루키와 달리 작품의 뼈대와 플롯을 글쓰기 전 미리 치밀하게 계산해서 쓰라고 주장한다. 하루키의 작품 『이렇게 작지만 확실한 행복』을 보면 형식과 내용이 치밀하다기보다 펜과 생각이 흘러가는 대로 글이 쓰인 느낌이다. 이 책에서 동질감을 느꼈던 부분은 거의 평생 조직 생활을 하지 않은 하루키의 삶이다. 왜냐하면 필자도 군대 생활 약 2년 2개월을 빼면 조직 생활을 하지 않았기 때문이다. 그래서 양심선언을 한다. 방구석 선비로 경험과 사회성이 아주 많이 떨어지고, 이 글을 읽는 독자보다 인품 수준이 낮은 사람이 단지 책을 많이 읽었다는 이유로『난제의 사유』를 쓰고 있다. 중도에 포기한 사람이 있거나 포기할 사람에게 이런 글을 읽게 하여 조금 미안하게 생각한다. 다만 아직 중요한 이야기가 아주 많이 남아 있기에 끝까지 읽어 보고 평가하길 바란다.

하루키는 조직과 개인이 충돌하면 일시적으로 개인이 승리할 뿐 결국은 매번 조직이 승리한다고 말한다. 이 말로부터 우리는 다양한 토론을 전개해 볼 수 있을 것이다. 가령 우리나라의 위대한 어떤 리더는 거대한 불합리 그리고 기득권 조직에 맞서기 위해 21세기 한국형 woke의 조직된 힘을 강조했다. 깨어 있는 조직된 힘이 여러 개의 강줄기가 되어 바다를 포기하지 않는다면 그들은 결국 같은 공간에 만나게 될 것이다. 다만 woke 편향에 빠지지 않기 위해 사람들은 열린 자세로 다양한 사고방식을 엿들어 봐야 한다. 그러려면『털 없는 원숭이』는 다른 동물과 다르게 책을 읽어야 한다. 중요한 건 비슷한 종류의 책만 읽어서는 안 되며 때로는 자기 생각과 다른 인간의 책도 읽어 봐야 한다.

아리스토텔레스는 자신의 생각과 다른 의견을 계속 곱씹어 보는 것도 학문의 즐거움이라고 생각했다. 하지만 현대인은 자기 성향과 다르거나 단 하나라도 자기 마음에 안 들면 배척할 결심만을 가진다. 배우려는 자세가 있다면 실제로 자기가 역겹게 생각하는 어떤 대상의 글과 표현도 자신에게 지렛대 같은 사고의 확장을 준다. 이걸 안 해 본 사람은 연애를 이론으로만 알고 있어서 남녀가 사랑하여 실제 삽입의 섹스를 하는 그 절정에 이르는 육체적 욕망의 분출을 모르는 것과 같다. 유사 섹스나 유사 연애 같은 희열이 우리 인간에게 얼마나 많던가. 수필도 가끔 그런 효과를 사람들에게 주지만 그게 전부가 아니어야 한다. 또한 에세이는 더 나아질 거라는 희망을 주면서도 때론 강박과 부정성을 만들어 낸다. 더욱이 개인 각자가 가지는 특성을 전혀 모르기에 작가는 듣기 좋은 소리로 대상을 일률화하고 모두가 동등한 상태에서 세팅을 하라고 말한다. 필자는 난제의 글에서 주체적 사유를 곳곳에 강조하지만 그건 사회와 타자 그리고 혼자가 아닌 둘 이상의 관계에 대한 이해를 주로 말하는 것이다. 그래서 개인의 영역에 머무르는 건 그다지 관여하고 싶지 않다.

에랭베르는 '인간이 주도적으로 되어야 한다'는 끝없는 요구가 오히려 우울감을 준다고 말한다. 지금까지 난제의 글은 사람들에게 적극적 의지로 살라고 말했는데, 에랭베르의 저 말이 드러났기 때문에 빠르게 태세 전환을 해 보겠다. 그 태세 전환이란 때론 인간은 나를 이끌어 주고 수용해 주며 포용하기를 바란다고 말하는 것이다. 모순된 이 말을 이해했다면 정말로 다행이고 설령 이해하지 못했다면 앞서 논의한 양가감정을 복습해 보길 바란다.

에세이에 바라는 점이 있다면 내면과 외면을 다 살피는 시야를 줬으면 좋겠다는 것이다. 글 뭉치에는 개인과 사회가 같이 있을 때 진짜 의미가 있다. 이걸 가장 잘했던 사람이 바로 윌리엄 헤즐릿이다. 그의 책 『혐오의 즐거움에 대하여』는 분량이 많지 않지만 매우 강렬함을 준다. 사람들은 현대 사회를 혐오의 시대로 부르면서 사회과학적·에세이적·철학적·심리학적·인문학적으로 혐오에 대해서 이야기한다. 이런 책들은 표현이 조금 다를 뿐 거의 비슷한 사례들을 보여 준다. 그러나 헤즐릿의 글은 혐오에 대해서 장황하지 않으며 촌철살인적이다. 처음 그의 책을 읽었을 때는 250년 전 태어난 사람의 글이란 게 믿기지 않을 정도로 가히 천재적인 글이라 생각했다. 그는 자신의 짧은 에세이 글 안에서 혐오란 것이 무엇인가에 대한 핵심을 짚는다. 그는 악의에 찬 정신은 그것의 실제 행사보다 더 오래간다고 말한다. 이 표현은 혐오할 마음만 있는 사람들이 그 나쁜 감정을 왜 해소하지 못하고 그렇게 온라인에 많은지를 알게 해 준다. 헤즐릿의 이 책을 읽고 제대로 이해한 사람들이라면 혐오에 대해 대중과 지인, 기독교인과 목사 등등 현재에도 적용할 만한 내용이 가득하다는 걸 알게 된다. 이 책의 글 마지막 반 페이지 부분은 그동안 헤즐릿이 혐오를 비판한 것과 달리 역설적으로 자기도 혐오가 있다는 것에 대한 성찰을 보여 준다. 책 제목부터가 '혐오의 즐거움' 아니던가. 한편, 헤즐릿은 여러 문학 비평의 에세이도 남겼다는데 아직 읽어 보지는 못했다. 기회가 된다면 그의 다른 책을 읽어 보고 싶을 정도로 『혐오의 즐거움에 대하여』 책 내용은 훌륭한 에세이로 각인되어 있다. 마지막으로 윌리엄 헤즐릿의 표현 하나만 더 언급하고 마무리하겠다.

"우리의 두려움과 미움의 대상은 가면일 뿐이다."

만약 윌리엄 헤즐릿처럼 에세이가 이런 간결하고도 깊은 통찰을 준다면 그동안의 에세이 비판은 취소하겠다. 사실 모든 책을 사랑하기에 책의 수준을 논할 수 없으며 개인적이거나 통찰의 에세이란 것도 없음을 알고 있다.

현대 사회의 복잡성은 하루가 멀다 하고 자주 문제를 일으키고, 이로 인해 개인의 감정도 쉽게 고장이 나기 때문에 사람들이 가볍게 읽을 수 있는 책을 찾아 나선다. 또한 누군가는 에세이를 좋아하지는 않지만 추리 소설과 판타지 소설 그 외 SF 소설을 즐겨 읽는다. 필자는 우리 사회 중요한 문제를 다양한 지식과 책으로 소개하면서 글을 전개해 왔다. 그러나 우리 삶에 항상 사회적 난제만 있는 건 아니다. 그래서 단순 문화 즐김이나 재미 차원에서 말할 것도 있어야 한다. 그런데 가장 부족한 부분이 방금 말한 책 종류다. 15년 전 책을 본격적으로 읽기 시작할 때는 무슨 책을 읽어야 할지 모를 때였다. 독서 경험이 쌓이면서 차차 알아 갔지만 그때나 지금이나 가끔 도서관에 가서 도서를 선택하는 방법 중 하나는 책에 손 때가 많이 묻은 것을 골라 읽는 것이다. 독자에게 더 유식하고 고차원적으로 책 고르는 기준을 알려 줘야 하는데 너무 허접해서 미안하다.

그런 손 때 묻은 책 장르 중 15년 전부터 지금까지 공통적으로 느꼈던 게 하나 있다. 그건 한국 사람들이 추리 소설이나 판타지 소설을 상당히 좋아한다는 것이다. 책을 안 읽는 사회보다 어떤 책 종류가 되었든 간에 읽는다는 것이 중요하다. 오래전 도서관에서 정유정 소설이나 무라카미 하루키, 히가시노 게이고 기타 일본 작가 책이 거의 닳을 정도로 사람들의 손 때가 묻은 것을 보고 그때 나도 그들의 책 1권씩을 읽어 보았다. 그렇지만 그 당시나 지금이나 추리 소설은 내 취향이 아니다. 그러나 책 수준은 차치하고 필자같이 이런 책 장르에 별로 관심이 없는 사람에게조차 한 번 읽으면 계속 흥미를 유발하게 하는 작가들이 있다. 여러 소설 작가들의 그런 능력에 진심으로 박수를 보낸다. 정유정의 『종의 기원』은 지루할 틈 없이 그냥 다음 상황이 궁금해질 정도로 재미있게 읽은 기억이 있다. 이 소설은 독자에게 다음 시퀀스와 심리 상태 그리고 급박함을 잃지 않게 한다. 하지만 지금은 이런 종류의 소설을 안 읽은 지 꽤 오래된 것 같다. 국내 판타지 소설 중 이영도의 『피를 마시는 새』도 좋아하는 사람이 많을 텐데 아직 읽어 보지 않았다. 사실 도저히 읽을 엄두가 나지 않는다.

『난제의 사유』 원고를 쓰는 와중에 우연히 친구와 이영도 작가 이야기를 했다. 그 친구는 고등학교 시절 『드래곤 라자』를 좋아했었다고 한다. 하지만 역시나 나는 읽지 않았다. 1990년대 후반에는 삼국지나 퇴마록 기타 무협 소설을 굉장히 즐겨 읽던 친구들이 반에는 꼭 몇 명씩 있었다. 자신이 좋아하지 않는 책 장르여도 읽다 보면 또 읽어지는 게 책이며, 재미없더라도 자기 최면을 걸면 또 유익한 것이 이 오묘한 책이다. 필자는 책 자체를 사랑하기에 그 어떤 책 종류도 즐겁게 읽으려고 한다. 그럼에도 불구하고 취향이 아닌 것이 분명 있으며 설령 취향이어도 어떤 작가가 마음에 들지 않으면 그런 책은 읽고 싶지 않다. 판타지나 공상과학 소설에도 단순히 흥미만 들어 있는 건 아닐 것이다. 때론 그런 소설이 인생에 배울 점을 주고 철학적 의제를 던지기도 한다. 다만 그걸 읽지 않아서 다른 챕터처럼 책 분량을 채우지 못해 아쉬운데, 그래도 아주 오래전 재미있게 읽은 책 하나가 있어 이 얘길 해 보려고 한다.

애거서 크리스티의 『그리고 아무도 없었다』라는 작품은 추리소설을 좋아하는 사람이라면 대부분 재미있게 읽었으리라 생각한다. 이 책은 지루한 부분이 단 하나도 없을 정도로 책의 결말, 즉 용의자 찾기가 궁금한 소설이기도 하다. 이 책을 처음 읽었을 때 누가 계속 살인을 저질렀는지 맞히게 되어 더 흐뭇했던 기억이 난다. 어느 한 집에 모인 사람들이 한 명씩 죽어 가는 밀실 살인 사건 소재는 진부할지언정 내용은 그리 진부하지 않다. 이 책을 읽은 지 20년이 훌쩍 지났음에도 아직 기억나는 말이 하나 있다. 정확한 워딩은 아닐 수 있지만 그 책에서 각인되었던 표현은 '우리 혹은 어느 한 집에 모인 사람들은 어떤 누군가의 죽음에 원인이 되거나 책임이 있다'는 것이다. 꼭 자신이 비극적 살인을 저지르지 않고 자살의 원인 제공자가 되지 않더라도 자신의 존재가 타인에겐 상실의 이유가 될 수 있다고 말한다면 이건 너무 자조적이며 인간 책임을 과하게 지우는 일일까? 사람들은 보통 이런 생각을 하지 않고 주로 자신의 상실만을 생각하여 그 상처를 타자나 사회

로 다시 환원하려고 한다. 자신의 내부가 아닌 타자로부터 얻은 상처
가 하나 이상 있는 우리는 서로에게 귀책 사유를 묻기보다 스스로 책
임 정신을 가져야 한다. 사유하지 않고 삼성오신도 하지 않으면서 정의
감 아닌 정의감으로 타자에게 돌만 던지려는 마음은 우리 모두를 병들
게 한다. 오일삼성오신이란 말을 하니까 갑자기 겸손해진다. 수필은 쉽
고도 어려워서 좋은 문장을 만들 능력이 있는 사람은 더 멋진 글을 쓰
기 위해 노력하면 되고, 필자 같은 사람은 다시 난제로 돌아가 각자의
임무에 충실하면 된다. 이제 이 챕터의 결론을 내겠다. 더 나은 창작
물이 나오려면 어떤 책을 쓰든 간에 배우고 느껴야 한다는 사실은 변
하지 않는다.

16

쾌락

에피쿠로스로 사느냐, 스토아로 사느냐

쾌락의 소제목만 보면 에피쿠로스로 사느냐 아니면 스토아적으로 사느냐는 언뜻 이분법적인 삶으로 보인다. 하지만 이걸 말하려는 건 아니다. 학창 시절 이 두 학파에 대해서는 아주 간략하게만 배웠다. 그때는 쾌락에 대한 두 학파의 관점이 정반대라는 것을 심어 준 게 배움의 전부였다. 그러나 이들을 알아 갈수록 그런 이분법적인 생각은 전혀 올바르지 않음을 알게 되었다. 물론 세부적으로 두 학파는 일부 반대 생각을 가지기도 한다. 하지만 이 둘의 삶 목표는 결국 행복이라는 관점으로 수렴한다. 그저 이들의 행복론은 인식론과 방법론에서 조금 차이가 있을 뿐이다. 그렇지만 위 두 학파는 서로가 적대적이다. 스토아 학파의 에픽테토스뿐만 아니라 에피쿠로스를 추종하는 지인이나 제자 외에 거의 모두가 에피쿠로스를 비판한다. 그런 에피쿠로스도 자신과 반대인 사람들을 비판한다. 현대인은 에피쿠로스든 스토아 학파든 받아들일 것만 받아들이고 이들의 차이와 공통점을 찾아 더 나은 삶의 교훈으로 삼으면 된다. 스토아 학파는 선한 영혼이라는 뜻을 가진 그리스어 에우다이모니아를 추구하여 행복을 얻고자 했고 에피쿠로스는 정신과 육체의 고통 없는 상태, 즉 아타락시아를 통해 행복을 얻고자 했다. 쾌락이라는 단어만 보면 뭔가 방탕한 느낌이지만 이 두 학파는 그런 것과는 전혀 거리가 멀다.

스토아 학자 세네카는 "지혜로운 사람은 기쁨이 부족하지 않은데 이는 기쁨이 그의 미덕에서 나오기 때문이다."라고 말한다. 여기서 미덕은 윤리·도덕의 뜻으로 봐도 되고, 올바른 정신(good mind)이라고 생각해도 좋다. 더 넓게는 우리가 플라톤 시대 때 삶의 자세로 배운 네 가지 덕목인 지혜 용기 절제 정의를 포함한다고 봐도 무방하다. 세네카는 여기에 더해 "선한 양심이 없는 평온함은 없다."라고 하였다. 에피쿠로스도 이와 비슷한 이야기를 한다. 다음의 이 말은 에피쿠로스의 글을 읽은 것 중 가장 훌륭한 문장이라고 생각한다.

> "사려 깊으며 아름답고 정의롭게 살지 않고서는 즐겁게 사는 것은 불가능하며 반대로 즐겁게 살지 않고서는 사려 깊고 아름답고 정의롭게 사는 것도 불가능하다."
>
> - 『쾌락』, 문학과 지성사(1998년), 에피쿠로스, 오유석 옮김, 14page

이 말은 혼자 즐겁고 자기만 좋은 것이면 그건 진짜 좋은 게 아니라는 의미다. 이와 비슷한 이야기를 했던 두 사람을 더 알아보자. 먼저 아리스토텔레스는 '도덕적인 행동을 하는 것과 행복은 동일하다'고 하였다. 그에게 선(善) 중 최고의 선은 행복이기 때문에 미덕을 가지는 것은 중요한 일이다. 이 고귀한 자세가 현대인에게 얼마나 와닿을지 모르지만 미덕을 실천하려는 사람은 아리스토텔레스의 저 표현을 오용하지 않는다. 왜냐하면 그들은 그 미덕이 행복함을 준다는 사실을 알고 있기 때문이다. 다만 미덕만이 행복이라는 것에는 반론을 제기해야 한다. 그다음으로 19세기 사람인 랄프 왈도 에머슨의 말을 들어 보자. 그는 사람은 "자신이 한때 세상에 살았음으로 인해 단 한 사람의 인생이라도 행복하게 하는 것이 진정한 행복이다."라고 했다. 이걸 이해하고 행동하는 사람은 진짜 멋있는 사람이다.

우린 과거 사람 특히나 기원전 사람들의 글을 다 파헤쳐 볼 수는 없다. 유명 사상가들 중엔 실제 저작 대신 편지나 일기장 비슷한 글만 남은 게 많아서 진짜 그들 사상이 무엇인지 모르는 경우가 있다. 가령 에피쿠로스는 무신론적인 모습을 보이는데, 그래서인지는 몰라도 그를 비판하는 사람들은 덕성이 없다거나 이타심이 없는 사상으로만 보려고 한다. 에피쿠로스는 두려움 때문에 사람들이 영원하고 강력한 신을 만들었다고 생각한다. 그러면서 신을 두려워하지 말고 미신에서 벗어나야 한다고 말한다. 우리는 플라톤으로부터 소크라테스 사상을 조금 알 수 있듯이 에피쿠로스 또한 루크레티우스의 글로 그를 조금 알게 될 뿐이다. 국내 모 철학자가 쓴 책은 기독교적 관점에 사로잡혀 에피쿠로스를 쾌락주의와 감정주의에 머물게 하면서 그저 반쪽짜리 학파로 치부하려고 한다. 쾌락이라는 단어에 매몰되어 에피쿠로스의 쾌락 관념을 협소하게 생각하면 쾌락주의 사상을 방탕함이나 이기주의, 공리주의적으로 보게 되는 편견이 생긴다. 이렇게 되면 쾌락은 경건주의인 기독교와 반대에 마주친다. 에피쿠로스는 이렇게 이야기한다.

"감정을 온갖 좋은 것을 판단하는 기준으로 삼는 것에 한해서 우리는 쾌락으로 돌아간다."

이 말은 정말 많은 것을 내포한다. 가령 어떤 이념과 가치관을 가지

고 살아가는 것은 옳고 그름이나 좋고 나쁨을 떠난 각자의 자유로운
자기 행동이며, 이 자체만으로도 인간은 쾌락의 안에 있는 것과 다름이
없다. 즉 어떤 감정을 가지고 제멋대로 사는 그 좋음도 쾌락이다. 그래
서 사람들이 자기 가치관이나 자기감정대로 살면서 삶에 스스로 고통
을 주면서까지 수정하려고 하지 않는 것은 어쩌면 당연한 일이다. 인간
은 대체로 자기 뜻대로 살고 남의 조언에 쉽게 고쳐지지 않는다. 에피쿠
로스는 이런 차원에서 키레네 학파와 다르게 육체적 고통을 없애는 것
보다 정신적 고통의 제거를 더 중요하게 봤다. 다만 에피쿠로스는 이해
할 수 없는 이야기를 하나 꺼낸다. 그는 육체적인 큰 고통은 일시적이라
며 별거 아니라고 생각했는데 이건 동의하기 힘들다.

　헤밍웨이의 단편 소설 『킬리만자로의 눈』에서 주인공 남자 해리는 산
악행 중 다리에 염증이 생긴다. 그는 그것이 신체를 더 파괴할 것을 알
고 고통에 두려워하느니 차라리 빨리 세상을 떠나고 싶어 한다. 육체
가 항상 정신을 지배하는 것은 아니지만 보통 사람들은 대부분 육체에
정신이 종속된다. 그만큼 육체는 인간에게 중요하고 두려움의 대상이
다. 미덕은 사람들에게 똑같은 의미를 가지진 않지만, 쾌락을 위해서는
앞서 논의한 미덕 외에 신체 건강이 반드시 수반되어야 한다. 우리는
지금 정신과 신체적 스트레스를 받고 있는 만큼 다양하고 더 큰 쾌락
을 추구하고자 한다. 인간 본능처럼 쾌락 또한 수천 년 전 인간과 현대
인은 다르지 않기에 그들을 알고 배워서 진짜 쾌락이란 무엇인지를 재
정립해 보면 좋겠다. 먼저 다뤄야 할 것은 만족할 줄 모르는 인간의 욕
망이다. 아주 과거에도 과한 욕망이 인간의 행복을 방해하였고 지금도
그렇다. 에피쿠로스는 "충분한 것을 적다고 느끼는 자에게는 그 어떤
것도 충분하지 않다"고 했다. 욕심을 놓지 못하는 건 나 혼자에서 끝나
지 않는다. 한정된 물질로 인한 탐욕과 경쟁, 부모의 자식에 대한 과도
한 기대, 자기 편리함만을 생각하는 태도 등은 더불어 사는 인간관계

에서 갈등을 일으킨다. 에피쿠로스가 "나는 맛의 즐거움, 사랑의 쾌락, 듣는 즐거움, 아름다움을 보는 모습에서 선의 감정을 느낀다"고 한 것처럼 갈등이 없으려면 타인에게 크게 관계없는 순전한 개인 쾌락이어야 한다. 물론 개인 쾌락은 인간관계나 사회관계에서 이뤄지는 것도 아주 많다. 그럴 땐 개인과 타자 둘 다 쾌락을 얻어야 하며 그건 법적 테두리 안의 쾌락이어야 한다. 쾌락이 상호 정량적이거나 평등하여 항상 도덕적일 수만은 없지만 자기 즐거움을 위해 때론 눈치라는 것을 볼 때도 필요하다. 타인과 갈등을 일으키고 피해를 주는 건 쾌락이 아니다. 그런데 현시대는 개인적 쾌락이 개인으로 끝나지 않아서 문제다.

가령 온라인 방송을 하는 사람과 같은 공간에 있는 사람은 설령 자신이 찍히지 않더라도(혹은 카메라에 잡혀 모자이크 처리가 사후에 된다고 하더라도) 마음이 굉장히 불편할 수 있다. 또 일시적 유희만 추구하는 건 에피쿠로스나 스토아 학파가 말하는 쾌락이 아니다. 우리가 원하는 쾌락이란 지속적이면서 육체와 함께 정신적 고통이 없는 상태다. 이게 딱 행복에 대한 에피쿠로스의 생각이었다. 그렇다면 쾌락을 최초로 이야기한 사람은 누구일까? 보통은 퀴레네 학파의 아리스티포스를 쾌락 철학의 시초로 본다. 그는 쾌락을 동적이고 일시적으로 생각했다. 만약 이렇게 생각하면 우리에게 쾌락은 아주 짧은 시간밖에 되지 않는다. 마치 인간이 하루에 실제 웃는 시간처럼 말이다.

우리는 각자만의 쾌락이 있고 그 종류도 아주 다양하다. 그래서 아리스티포스의 생각보다는 스토아 학파나 에피쿠로스의 쾌락론이 더 마음에 와닿는다. 스토아 학파의 자기 극복과 에피쿠로스의 자기만족은 반대의 개념이 아니다. 둘 다 결핍으로 인한 고통을 제거하고자 하였고, 쾌락을 위해 끊임없이 자기 수양을 해야 한다고 생각했다. 이 고통의 제거는 육체뿐만 아니라 정신적인 면도 포함된다. 그래서 미래에 대한 불안도 쾌락의 방해꾼이다. 하지만 에피쿠로스는 예언을 하는 건 의미 없다고 하였으며 운명 같은 필연성을 무시하고자 했다. 왜냐하면 당연하게도 예언에 의해 일어난 건 그냥 일어난 일이기 때문이다. 오히려 예언은 사람의 불안감을 키우고 더 의지하게 만들어 쾌락을 추구하지 못하게 한다. 이렇게 자기 행복과 감각을 외부에서 가져오는 일은 어리석은 일이다.

에피쿠로스는 "모든 감각은 추론과 기억을 허용하지 않는다"고 하였다. 왜냐하면 감각의 원천이 자신에게서 온 게 아니라 외부에서 왔기 때문이다. 이런 철학적 사유를 에피쿠로스는 경험주의보다 훨씬 전부터 하고 있었다. 만약 이걸 우리의 생각 차이로 환원하면 정말 그의 말이 맞다는 걸 알게 된다. 사람들은 이성의 내부가 아니라 외적인 감각, 즉 경험이나 배움에 의해서 사물을 판단한다. 그래서 인간은 때론 외부로부터 자유로워질 필요가 있다. 스토아적 생각을 가진 세네카는 이렇게 말한다.

"얼마나 많은 사람이 당신도 모르는 사이에 당신 삶의 일부를 훔쳤는가."

우리는 지금 서로가 서로를 관찰하는 관음의 즐거움을 얻으면서도 동시에 서로가 시선 강박으로 스트레스를 받으며 살아간다. 우리가 인생을 상처 없이 살 순 없지만 최대한 고통 없이 살아갈 수는 있다. 그렇기에 삶의 과정도 중요하고 마무리 또한 잘 살다가 죽는 게 중요하다. 에피쿠로스는 죽음에 대한 유명한 말을 하나 남겼다. 검색해 보면 그 명언은 다들 알 거라 생각하기에 사람들이 거의 모르는 또 다른 에피쿠로스의 죽음 관련 이야기를 전해 보겠다.

"나는 고통 때문에 죽음이 두려운 게 아니다. 죽게 된다는 예상이 고통스러울 뿐이다."

젊고 건강할 때는 죽음이나 육체적 고통에 대해서 생각하지 않고 삶을 산다. 그러나 늙어 갈수록 언젠가 우리는 걱정하지 않을 죽음을 미리 걱정하며 불안해한다. 마르쿠스 아우렐리우스와 에픽테토스 그리고 에피쿠로스는 지금 현대인의 언어로 말하면 '걱정 사서 하지 말라'는 의미의 말을 공통적으로 전한다. 그게 마음대로 잘 안 된다는 거 알지만 그래도 우린 쾌락만 생각하자. 물론 남에게 피해 없는 쾌락이어야 한다. 그런데 공리주의 입장에서는 이게 고려되지 않는다. 특히 벤담에겐 쾌락이 양적인 것이기 때문에 최대 다수가 그저 공리를 얻으면 사회는 그걸로 행복하게 된다.

하지만 존 스튜어트 밀은 쾌락에도 질적인 차이가 있다고 생각했다. 사회가 공리를 어떻게 정의하는지에 상관없이 일단 쾌락은 개인적이기 때문에 밀의 생각이 더 맞아 보인다. 다만 쾌락은 질과 양으로 나눌 수 없고 비교 우위를 객관화할 수도 없다. 쾌락과 행복을 동의어로 본다면 행복을 진정 아는 사람만이 각자 쾌락을 추구하며 살아간다. 자기 절제도 누군가에겐 극단적 쾌락이다. 여기서의 쾌락을 그냥 흔한 상투적 의미로 받아들이면 안 된다. 저질이든 아니든 간에 차원을 넘은 모든 종류의 기쁨이 쾌락이다. 우리는 보이는 사회의 도덕적 내에서 그리고 보이지 않는 자유 내에서 최대의 쾌락을 만끽하면서 살아야 한다. 법과 도덕의 영역에서 개인이 제3자에 대한 타인 방해나 해침이 없으면 그걸로 쾌락은 자유다. 도덕과 선 그리고 남을 돕는 것도 쾌락이다. 하지만 봉사를 실천하며 느끼는 사람만이 이걸 알고 있으며 모르는 사람은 평생 모른다.

그렇다면 쾌락을 방해하는 건 무엇일까? 억압은 불쾌의 절대적 신으로 작용한다. 심윤경의 『나의 아름다운 정원』은 지금 하는 말을 가장 잘 표현해 준다. 작품 속 등장인물인 동구의 아버지는 사랑이 무엇인지 모르며 동구 또한 어려서 사랑의 힘을 알지 못한다. 하지만 동구는 나중에 사랑을 행한다. 보통 우리는 부모가 사랑은커녕 자식을 억압하며 키웠다면 그 자녀도 그렇게 성장하리라 생각한다. 반대로 구김 없이 상냥하며 밝은 모습의 사람을 보면 대부분 사람들은 가족이나 주변 사람으로부터 사랑받으며 커 왔다고 생각한다. 동구는 이런 편견을 깨는 인물이다. 다만 동구의 삶은 할머니가 만든 어떤 가족 문화에 완전히 벗어나지 못한다. 이 이야기로 우리는 쾌락의 억압에서 개인의 편견으로 행복을 논할 수 있다. 편견이 항상 나쁜 게 아니라면 자신의 무지 감각이나 전의식대로 사는 것도 쾌락의 한 방편이 되기에 개인에겐 그다지 나쁘지 않다. 그러나 너무 무지하면 안 된다. 쾌락은 되게 쉽고 가벼우며 개인적일 것 같지만 이렇게 여러 면에서 사람들 간 격차를 보인다. 현대인으로 보자면 한쪽은 누릴 수 있을 자유를 마음껏 누리며 그 제약 없음에 소중함을 몰라 진짜 쾌락을 모르고 또 한쪽은 너무 빈곤하여 쾌락을 가질 수 없어 안타깝다. 식자우환이나 피론의 돼지가 괜히 있는 말이 아니다.

쾌락은 감정만이 아니라 이성과 연관된다. 보통 자기가 긍정적 쾌락을 느낀다고 지각하는 사람은 극단의 영역에 치우쳐 있지 않다. 극단적 쾌락은 정신적 고귀함을 추구한 스토아 학파와 거리가 먼 행동이다. 여기서 말한 긍정적 쾌락이란 현대인이 일부 즐기는 마약이나 늘상의 방탕 그 외 극단적 믿음이 아니라는 의미다. 가장 현명하다고 신탁을 받은 소크라테스는 배움이 쾌락이었을지 모르지만 이건 쾌락의 일부에 불과하다. 스토아 학파의 육체와 정신, 에피쿠로스의 순수 쾌락 목표 그리고 소크라테스의 절제 이 셋이 때와 상황에 맞게 되면 인간은 쾌락과 행복의 평형 상태를 유지한다. 쾌락은 이제 다양성으로 들어왔다.

그렇다면 쾌락을 느끼는 사람은 겉과 속이 다른 사람들이란 말인가? 육체가 겉이고 속은 마음이라고 할 때 이것이 이율배반적이어서 진짜 쾌락이 되는 경우도 있다. 가령 평소엔 정숙한 사람으로서 일상의 삶을 살고 동물적 섹스에 벗어나 있지만 사랑하는 사람과는 최대한의 흥분을 위해 최고로 응큼해질 수 있는 게 인간이란 종족이다. 때로는 상황에 맞는 행동이 이율배반적인 게 아닌, 그냥 그것이 정상일 때가 있다. 하지만 정석으로만 산다고 착각하는 선비 정신의 사람들은 그것을 잘 구분하려고 하지 않는다. 꼭 나쁘다 할 수 없는 변태성이 각자에게만 머무르는데도 어떤 사람들은 자신과 다른 인격체인 가족이나 공동체로 확장하여 도덕적 문제로 삼는다. 자기 가치관을 대물림 하는 건 꼭 나쁜 게 아니지만 우리는 각자의 경로 의존성과 천성이 있다는 것을 인정해야만 한다. 그렇지만 마약처럼 범죄가 되거나 개인의 쾌락이 명백히 사회와 상충되는 것은 법과 규범에 제지를 받아야 한다. 그 외에 개인은 즐거울 권리를 무한대로 가진다. 부모가 자녀에게 관여할 수 없는 영역이 있듯이 자녀도 부모에게 관여할 수 없는 부분이 있으며, 이건 그 어떤 누구에게나 마찬가지다. 이것은 성적 정체성이 무지개로 나뉘거나 무지개처럼 선명하지 않은 LGBTQ+ 사람에게도 해당된다. 하지만 누군가는 이런저런 개인적 사회적 제약 때문에 그 쾌락을 제대로 즐기지 못한다. 특히 가족이나 사회에 자기 정체성과 성적 단어 하나 제대로 표현하지 못하는 사람은 스스로 억제 기제가 작용하여 답답함에 빠진다. 그렇게 누군가는 육체에 갇혀 결국 마음의 불구까지 이르게 된다.

문화적 규범을 크게 흔들리게 하는 것이 아니라면 사회와 개인은 이런 부분에서 예의 바른 무관심이나 관용을 보여 줘야 한다. 여기엔 종교적·정치적 그 무엇도 들어가서는 안 된다. 반대로 때와 장소를 가리지 않은, 눈치 인지 감수성이 없는 변태적인 사람은 가볍고 저질의 사람으로 남는다. 그러니까 인간은 평소에 노출되어 있을 때는 품격을 유지한 채 정상적 인간이면 되는 것이고 짐승의 욕망이 아닌 마음으로 살아가면서 사랑이 최고조를 향할 땐 동반자와 서로 동의된 변태적 쾌락을 추구하면 되는 것이다. 이럴 땐 타인 관여가 죄악이 되는데, 사람은 생각의 자유뿐만 아니라 몸의 자유도 필요하다. 하지만 쾌락이 목적이라는 에피쿠로스는 오히려 자신이 말한 쾌락은 방탕한 자들의 쾌락이나 육체적인 쾌락을 의미하는 건 아니라고 말한다. 그럼에도 불구하고 에피쿠로스 책을 제대로 읽지 않은 사람들은 그를 쾌락지상주의로 낙인찍는다.

현대인은 좀 더 문명적인 쾌락 추구를 하며 살아가는데 그중 하나가 음식이다. 에피쿠로스는 배고픔도 하나의 육체적 고통, 즉 결핍이라고 생각하여 단순히 음식을 즐기는 것도 마치 사치스러움과 비슷하게 쾌락을 줄 수 있는 것으로 보았다. 그가 살았던 시대가 얼마나 풍족했는지 혹은 얼마나 부족했는지 모르겠지만, 우리는 그 시대에 비해 훨씬 풍족한 음식을 먹고 그만큼 잉여 음식을 남긴다. 어느 나라는 배고픔에 굶주리고 또 다른 나라는 필요 이상의 칼로리를 섭취한다. 두려움이나 걱정 없는 것을 중요하게 생각했던 에피쿠로스가 볼 때 현대인은 음식을 즐기되, 한편으론 음식 때문에 몸에 불안을 느끼는 풍족의 역설에 빠진 존재가 된다. 즉 그는 음식이 풍족한데도 제대로 즐기지 못한 자와 음식이 없어 배고픈 자 둘 다를 불행하다고 생각할 것이다. 끝으로, 누군가는 숭고하고 고귀한 정신과 정의로움을 갖는 것도 행복이라 생각한다. 당연히 쾌락도 이 안에 들어와 있으며 우리는 이미 이것에 대해 논의하였다.

17
이단

스피노자한테 너무한 거 아니냐고

그 어떤 믿음이든 그 자체는 문제가 아니다. 자신이 믿는 무엇에 귀의하여 살아가는 삶을 누구도 뭐라고 하지 않는다. 문제는 광신도다. 인류는 항상 미치광이들 때문에 문제가 생겼으며, 특히 광신도들이 믿지 않는 사람에게 강요하는 행태를 보였을 땐 항상 갈등을 불러왔다. 지금까지 논의한 난제들도 이런 것이었고 앞으로도 이런 이야기는 조금씩 있을 것이다. 기독교 탄생 이후 이단의 논쟁은 지금까지 2,000년을 지속해 왔다. 2~3세기 마르키온을 시작으로 4세기 아리우스 아타나시우스 논쟁 5세기 네스토리우스의 성모 마리아와 예수에 대한 새 해석 등 이후로도 기독교는 몇 차례 공의회 회의로 이단 논쟁을 하게 된다. 종교 철학 시대로 접어들면서 중세 기독교는 이제 파문이라는 무서움이 존재하게 되었고 21세기엔 종교 광기가 정치적·사회적으로 들어와 이단의 문제를 일으켰다. 이단의 사전적 의미는 정통성에서 벗어난 주장을 하는 사람을 말한다. 그렇다면 우리는 거의 모든 영역에서 이단자가 되고 만다. 스피노자는 자기가 속한 유대 공동체에서 랍비들, 즉 유대인 법률가들에 의해 쫓겨났으며 자신의 사상에 대한 스스로의 검열로 인해 『윤리학: 기하학적 질서로 증명하다』라는 책을 생전에 출간하지 못했다. 그래서 그런지 그는 이단자에 대해서 이렇게 이야기한다.

> "사람들 의견이 아무리 상이하고 모순되더라도 판단의 자유는 허용되어야 하고 이건 절대 필수적이다."

중국의 공자도 "이단을 공격하는 것은 재해다."라고 했다. 하지만 이단을 공격하는 것이 아닌 그들에 대해 사회가 이성을 되찾고자 이단이 틀렸다고 말하는 것은 두 학자의 주장과 의미의 결이 좀 다르다. 물론 공자와 스피노자가 살았던 시대를 생각하면 두 학자의 저 말들은 이해가 간다. 하지만 표현 자체를 하지 못하게 하는 것이 아닌, 표현한 것을 옳지 않다고 의견을 내는 것과는 뚜렷하게 구분하여야 한다. 스피노자는 "자유의 무안한 용인은 가장 해로운 것이다."라고 했는데 앞서 그가 말한 판단의 자유와 이것은 상충되지 않는다. 자유에 대한 무한한 불수용은 현대 사회에서도 적용되어야 한다. 지금은 특히 여러 교회, 개신교뿐만 아니라 한 인간 대 인간, 집단 대 집단, 어떤 이념 대 이념이 서로가 서로를 이단시한다. 이로 인한 사회 갈등의 부정적 에너지와 국력 소모는 이젠 눈에 보이는 게 전부가 아닐 정도로 그 사회적 비용이 크다. 지금은 파문의 의미가 약해졌지만 과거엔 이게 가장 두려운 사회 죄악 중 하나였다. 스피노자는 유대인 공동체로부터 신을 엉뚱하게 해석한다고 하여 파문당한다. 그리고 광신도들로부터 살해 위협을 당하며 다음과 같은 저주를 판결문으로 받는다.

> "스피노자는 파문되어 마땅하며 이스라엘의 백성 가운데서 추방되어야만

한다. (중략) 낮부터 저녁까지 그에게 저주가 있을 것이며 그건 그가 앉아 있을 때나 서 있을 때나 계속된다. 그가 밖에 나가든지 안에 있든지 상관없이 저주는 멈추지 않을 것이다. 주께서는 그를 용서치 않을 것이며 주의 분노와 벌이 그에게 행해질 것이다. 주께서 하늘 아래 그의 이름을 지워 없애 버릴 것이다. 또한 누구와도 교제할 수 없고 편지도 할 수 없으며 어떠한 친절도 스피노자에게 베풀 수 없다. 같은 지붕 아래 그와 함께 머물 수 없고 그의 글을 읽어서도 안 된다."

네 이웃을 사랑하라던 하느님 말씀은 어디다 두고 온갖 저주를 이렇게 퍼부으니 기독교가 웃기면서 엽기적이기까지 하다. 늘 문제는 하느님이 아니라 하느님을 해석하는 광기 인간들이다. 스피노자는 다음과 같은 명쾌한 이야기로 특정 광신도나 잘못된 개신교인에게 일침을 가한다.

"사랑과 기쁨을 가르치는 종교가 어째서 그토록 수많은 증오와 슬픔, 전쟁을 불러일으키는가? 어째서 대중은 그것이 마치 자신의 행복이라도 되는 양 스스로 〈예속〉을 욕망하는가?"

스피노자 때나 지금이나 기독교 광신도들은 여전히 사회 불안 요소를 가지며 이단의 생각으로 다른 이단을 나무란다. 나무라는 것을 넘어 기독교인은 정치 사회에 대해 자신들과 생각이 같지 않을 때 상대방을 죽이려고 한다. 스피노자는 이런 자들에 대해서 이미 '극단적 야만'이라고 표현하였다. 자유를 열망하고 자유를 외쳐 대지만 정작 타인의 자유를 가장 억압하는 집단이 바로 특정 무엇을 믿는 이런 광신도들이다. 이건 과거나 현재나 똑같기에 종교가 존재하는 한 미래도 상황은 별반 다르지 않을 것이다. 인간의 변하지 않는 어떤 광신도 보존의 법칙은 절대 불변의 진리다. 그렇기에 이성과 법은 항상 이들을 제어해야만 한다. 과학을 과학이라 말하지 못한 조르다노 브루노와 갈릴레오 갈릴레이, 찰스 다윈 등은 모두 기독교인이었다. 앞서 한번 언급했듯이 수도사 브루노는 자신의 과학과 철학적 소신으로 죽임을 당한다. 갈릴레오는 과학·이성과 신·교황의 줄타기에서 겨우 목숨을 부지한다. 중세 수도사 일부는 신은 신대로 믿고 과학과 철학 등의 분야에서는 이성적 판단을 하고자 하였다. 하지만 아우구스티누스 이후 칼뱅 그리고 현시대까지 과학은 종교의 눈치를 보지 않을 수 없었다. 이건 마치 호부호형을 하지 못하는 것과 같다.

하지만 스피노자는 자유와 이성이 억압받았음에도 불구하고 중국의 묵자처럼 인간을 사랑했다. 그는 『에티카』에서 "인간에게는 교제하는 사람 모두를 하나로 만들기에 가장 알맞은 유대를 결속하는 것이 존재한다. 절대적으로 말하자면 우정의 강화에 도움이 되는 행위는 무엇보다도 유익하다."라고 하였다. 스피노자는 자유와 이성을 갈망한 사람이지만 이렇게 인간다운 생각도 가지고 있었던 사람이다. 그러면서도 그는 왜 사람들이 신·미신에 의지하는지 끝없이 답을 구했다. 스피노자는 "미신은 인간의 생명과 미래에 대한 불안, 즉 공포심 때문에 생겨 난다"고 주장한다. 그러면서 이 미신만큼 강력한 통치는 또 없다고 말한다. 어떤 신적인 요소가 통치자에게 부여되면 광신도들은 독재자여도 그를 추종하며 자신보다 더 위에 있는 존재로 인식한다.

현대 민주주의 국가에서도 종교 지도자와 정치 지도자는 항상 이런 위험 요소를 가진다. 이성이 아닌 믿음을 믿는 대중은 이성의 마비 속에 복종의 노예가 된다. 그들이 단순히 이런 노예 근본으로 사는 건 상관이 없지만 문제가 되는 건 이런 노예 근본들이 믿지 않는 다른 대중을 공격하거나 선동하면서 국가에 해로운 존재가 될 때다. 이건 비단 스피노자 시대에만 있었던 것은 아니며 현재 우리나라와 전 세계 국가가 겪는 일이다. 사람들은 저마다 신념과 가치관을 가지고 있다고 말하지만, 스피노자는 종교적 믿음을 어떤 '정서'라고 표현한다. 확장해 보면 어떤 조직, 단체나 동호회 그 외 대중이 모이는 원인도 같은 지향점과 함께 정서적 동질감이 있기 때문이다. 각자 삶의 방식과 내적·외적 수준은 다르지만 어떤 하나의 목표나 동질감이 모두를 한 방향으로 이끌게 한다. 그것이 개인에서 집단으로 옮겨 가면 더욱더 믿음을 공고히 해 준다. 집단의 원자화는 이성과 인간의 긍정적 정신을 마취해 버리는 가장 큰 단점을 가지고 있다.

인류 역사는 종교적 이유나 집단 광기 같은 이성의 부재로 사람이 사람을 죽인 과정의 연속이었다. 중세 마녀 사냥은 나중에 집단 광기와 종교적 이유가 함께 관여한다. 그래서 여성뿐만 아니라 일부 남성도 마녀 사냥을 당한다. 우리는 보통 무고한 사람을 마녀 사냥한다며 관용적 표현으로 쓰지만 진짜 우리 동양에도 무서운 무고(巫蠱)가 있었다. 무고 혹은 고독(蠱毒)은 염매술과 함께 가장 큰 미신의 공포 대상이었으며, 해치려 하는 대상에는 진심이어서 어떻게 보면 과학적이기까지 했다. 하지만 깊게 보면 무고는 영혼의 광기였다. 이외에 묘귀라 하여 인간·고양이에게 영혼이 있다고 믿어 이것을 귀신으로 이용해 타인을 해하려고 하는 주술도 있었다. 이 주술은 고대 중국에서부터 행해졌는데 지금도 현대인은 여러 주술을 믿고 살아간다. 짚으로 인형을 만들어 타인에게 저주를 퍼붓는 제웅을 보자면 인간에게 가장 무서운 건 역시 인간임을 알게 된다. 반면에 이성의 부재가 아닌 이성이라 착각했던 결과물인 반지성의 구조화는 지금 현대인을 죽이고 있다. 그렇기에 현대 철학자들 일부는 이성·로고스의 해체를 주장한다. 하지만 이 표현은 반만 맞는다. 정확히는 이성·로고스가 아닌 것을 해체해야 한다고 말해야 한다. 사실 현대 철학자들뿐만 아니라 계몽주의 시대 사람인 루소도 인간이 만든 제도나 의식이 사회를 위험하게 만든다고 생각했다. 이걸 좀 더 현대 철학자들이 세련되게 철학적으로 풀어낸 것뿐이다.

현재 기독교는 모순과 이성의 부재가 함께하면서도 자신들의 이익에 반할 땐 신적인 것보다 선택적 인간으로 돌아와 사회와 타인을 죽인다. 현대 사회에 살인 도구로 쓰이는 건 제웅과 같은 믿음이며 믿음은 비판적 사고를 하지 못하게 하여 사유의 동면 상태를 만든다. 진짜 하느님의 로고스가 아닌 자들은 거짓이 조금 섞인 사실에는 거짓을 더 크게 믿고, 사실이 조금 섞인 거짓에는 사실을 더 크게 믿는 선택적 편향을 가진다. 결국 이들은 합리적인 소통이 불가능하다. 그러다 보니 기독교 내에서는 서로를 이단이라 규정하고 어떤 정치 이념을 믿는 사람들은 자기들 밖을 악으로 규정한다. 인간 욕망의 절대 욕구인 물질적 이득 외에 이들은 신의 믿음으로 스피노자가 말한 그 정서의 향연을 평생 유지하려고 한다. 세뇌당한 이들은 결국 어떤 무형(신념)과 유형(목사)의 노예로 살아간다. 하느님을 믿는 게 아니라 그들은 인지부조화 논리를 하느님에게 의거하여 그걸 승화시키는 걸 믿는다. 그게 진정한 행복일 수는 없지만 그들은 그런 거 하나가 행복이라고 생각한다. 천성적 기질 때문인지 아니면 환경과 교육 탓인지는 몰라도 사람들은 어떤 유형·무형의 친밀감에 빠져서 제대로 된 사유를 하지 못한다. 이건 지능과 관계가 없는 심리적인 이유다. 국내외 최고 대학을 나온 사람들도 특정 영역으로 들어오면 초등학생만도 못한 논리를 가진 이유가 바로 이 때문이다.

물론 반쪽짜리 이성을 가진 욕망의 개신교인은 이해타산으로 세상을 보는 걸 최우선으로 한다. 그들은 인맥이든, 정서적 유대감이든, 정치 사회 권력이든, 교회를 그런 목적으로 이용한다. 삶을 산다는 것은 수학능력만 높아서 되는 건 아니다. 아름다움을 아는 인간은 공감과 배려를 할 줄 알고 틀렸으면 과이불개 할 줄 안다. 그러면서 자기 손해를 조금 감수하면서 사는데, 이들 때문에 사회 공동체는 유지된다. 믿음과 이성을 구분하지 못하고 혼합된 사상으로 사는 사람들이 적어도 타인에게 무엇을 강요하거나 설파만 하지 않았으면 좋겠다. 왜냐하면 그게 사회 에너지 낭비를 하지 않게 하는 최소한의 마지노선이기 때문이다. 여기서 중요한 게 하나 있다. 그건 큰 테두리 안에서 같은 집단을 형성하는 종교가 사회 규범이나 질서에 어긋난 일을 했을 땐 같은 종교로 묶인 그 집단은 비판의 목소리를 내야 한다는 사실이다. 종교 내 자기비판을 하지 않고 동질감을 가지면 똑같은 취급을 받게 된다. 특히 한국의 개신교는 국민에게 이미지가 너무 시궁창이 되어서 많은 정화가 필요하다. 그런데 겉으로 믿는 자들만 그걸 모르며 긍정의 신앙심을 위해 노력하는 진짜 신도나 교회는 그 시궁창들로 인해 똑같이 더럽혀진다.

더욱이 종교의 정치화는 법의 규제까지 생각해 봐야 할 정도로 심각하다. 국가 존립에 위해가 되는 정당은 해산이 가능한 것처럼 사회 위해가 되는 종교 집단도 그래야 한다. 일부 종교는 개인의 믿음이나 생각 다름에서 벗어나 그저 하느님을 수단으로 이용한다. 또한 하느님을 모독하는 자들이 오히려 기독교인 행세를 하면서 사이비 목사에 충성하고 자신의 생각을 목사에 귀의한다. 예수 이전의 사람이었던 에피쿠로스는 "불신자들이 신을 모독하고 신을 없애는 게 아니라 대중의 관념을 신들에게 전가하는 사람이 진짜 불신자다."라고 이야기했다. 최근 우리나라 종교의 정치화를 보면 에피쿠로스의 이 말은 정말 최고의 문장이 된다. 에피쿠로스의 말을 요즘의 언어로 표현하자면 일종의 종교 파시즘이다. 자신들이 그렇게 싫어하는 전체주의나 공산주의 행동을 목사나 신도가 행하고 있는 게 현재 우리나라의 기독교다. 진짜 빨갱이는 북한 김정은처럼 교회를 세습한 것에 반대하지 않고 다양한 교회의 목사들이 헛소리를 남발해도 사이비 믿음에 정신이 팔려 무사유로 사는 개신교인이다. 신자들은 성경의 해석도 목사의 말이라면 대부분 그렇게 믿는다. 이렇게 사이비 신이 된 존재는 인간을 생각하지 않게 하고 믿게 하는 것으로서 사람의 정신을 빼앗는다.

현재 대한민국의 기독교는 긍정의 종교가 되지 못하고 역설적으로 한국 불행의 외부화 중 하나가 돼 버렸다. 현실 행복은 신을 바라보는 것보다 나를 돌아봄으로써 온다. 이때 신채호 선생의 기독교에 대한 말씀이 떠오른다. 그는 "우리나라에 기독교가 들어오면 한국을 위한 예수가 되는 게 아니라 예수를 위한 한국이 된다"며 지금 사람들의 변하지 않는 노예 신념 행태를 비판한다. 사실 과거에는 기독교 때문에 스피노자보다 더 핍박받고 심지어 순교까지 한 사람이 많았다. 4세기 성녀 아그네스와 바르바나는 그런 여성들이었다. 아그네스는 로마 교황 디오클레티아누스 때 배교를 강요받았으나 끝내 믿음을 지켰고, 바르바나는 가족의 입장에서 볼 땐 배교임에도 불구하고 그리스도를 믿었다. 특히 천주교는 바르바나를 성녀로 기억하고 있다. 남자들에겐 불편하겠지만 둘 다 못난 남자들(아그네스는 청혼자, 바르바나는 친아버지) 때문에 결국 순교를 당하고 만 것이다. 이슬람도 남자들 때문에 여성이 희생당한다. 이슬람 여성은 단순히 히잡이나 차도르, 부르카 옷의 문제가 아닌 여성의 몸이 종교적 사회적으로 남성 중심 사회에 의해 부차적 존재로 남는 게 근본적 문제다. 그런데 역설적으로 종교에 귀의하는 이슬람 여성은 아홉 살이 된 자기 딸이 또래 남자애를 사랑스럽게 처다봤다는 이유로 얼굴에 염산을 뿌리면서 나쁜 믿음에 종속받으며 살아간다. 종교가 이렇게 무서운 것이다.

그리고 보면 현재 이 세상은 질투의 신이 작용하여 여성이 무섭고 육체적 힘이 센, 무식한 남성 때문에 남성이 무서운 세상이다. 거기다 아무것도 아닌 자가 무엇이 되게 하는 자로 만드는 종교도 세상을 무섭게 한다. 문제는 이런 무서운 존재자도 어느 위치에서 어느 관점으로 보느냐에 따라 누군가는 순교자가 되고 누군가는 범죄자가 된다는 사실이다. 일본의 야스쿠니 신사에 들어간 전쟁 범죄자들이 딱 그런 경우다. 우리나라와 전 세계 전쟁 피해자들은 야스쿠니 신사 참배를 일본과 다르게 볼 것이다. 최근에는 찰리 커크의 사망을 그렇게 보는 사람들이 존재하는데, 이렇게 동질감은 이성의 배신자가 된다. 참고로 커크라는 이름은 교회의 스코틀랜드어 발음이고 18세기 전후 아일랜드 개신교인의 장로교 이름으로 많이 쓰였다. 관점과 관점이 아닌 것, 즉 틀린 것에 대해서 이 책은 많은 사례로 증명을 하고 있으니 총 맞은 자에 대한 이야기는 이 정도로만 하겠다. 왜냐하면 찰리 커크의 죽음은 종교적 죽음이 아니기 때문이다. 4세기 기독교 공인 후 성녀는 간간이 등장하며 나중엔 인간의 집단 이단 때문에 14세기에 마녀 사냥을 당하게 된다. 그들이야말로 진짜 순교라 할 수 있다. 지금은 하늘에 있을 스피노자는 죽임까지는 안 당했으니 그나마 정신 위안을 얻고 자신의 핍박을 원망하지 않아도 된다. 그를 기억하는 것만으로도 살아 있을 때의 고통을 위로해 줄 것이다.

18
자연

의지와 문어

이번에는 환경에 대해 생각해 보자. 위 챕터에서 스피노자를 이야기한 김에 자연에 대한 스피노자의 생각을 언급해 보겠다. 먼저, 우리에게 중요한 건 스피노자를 범신론자로 규정하는 것보다 자연과 인간에 대한 그의 생각을 엿보는 일이다. 그는 세상을 창조하는 어떤 인격신이나 절대자를 인정하지 않는다. 스피노자에게 하느님은 그저 1종 인식에서 머무르는 이미지·형상 등을 가진 관념일 뿐이다. 그에게 자연은 그 자체로써 신이며, 그 자체로 존재하는 것이다. 마찬가지로 인간도 자연과 똑같이 우리가 믿는 어떤 신이 만든 것이 아니며, 자연처럼 그 자체로 존재할 뿐이다. 이런 인식을 가진다면 자연과 인간은 똑같은 존재이며 인간이 자연을 착취할 권리가 없게 된다. 즉 자연과 인간은 평등하며 인간중심의 사고는 잘못되었다. 굳이 착취할 권리를 찾는다면 유일한 곳이 성경이다.

하느님께서는 "생육하고 번성하여 땅에 충만하여라. 그리고 땅을 정복하여라. 바다의 고기와 날아다니는 새, 땅 위에 살아 움직이는 모든 생물을 다스려라."라고 말씀하신다. 누구 말이 맞을까? 일단 신을 믿으면서도 동물과 자연을 사랑하는 사람이라면 위 성경 구절을 착취로 해석하지 않을 것이다. 왜냐하면 인간 우위에서 다스리라는 것이지 함부로 자연과 동물을 대하라고 하지는 않았기 때문이다. 다만 '정복하라'라는 저 말은 사람마다 다르게 해석할 수 있다. 그래서 항상 이랬다가 저랬다가 하는 하느님 말씀보다 우리가 믿는 신을 부정한 스피노자의 자연에 대한 말이 더 마음에 와닿는다. 더군다나 성경은 희생 제의로 수많은 동물들이 사용되었기 때문에 비건과 자연 사랑을 연계하기가 힘들다. 오히려 성경으로만 보면 하느님은 노아에게 육식을 허용한다. 이런 것을 기독교 비건의 워키즘들은 몰라서 모르기도 하지만, 알아서도 모르는 척한다. 진짜 비건이라면 부처님 말씀을 따라 불자가 되거나 아니면 불교보다 더 엄격하고 모든 살생의 금지였던 마하비라·자이나 종교를 가지는 게 옳아 보인다. 기독교인이면서 비건인 사람은 육식 금지를 말하지만 불교나 그 비슷한 종교를 가진 사람은 굳이 비건을 말하지 않는다. 이렇게 불교는 가르침을 스스로 행하고 기독교는 믿음을 타인에게 행하려고 한다는 점에서 큰 차이를 가진다. 사람이 어떤 신념을 가지면 모순에 빠질 수 있으니 말과 행동을 조심해야 한다. 가령 극단적 환경주의자가 기업의 환경 파괴를 말하면서 최신형 스마트폰을 가지고 있는 경우 그 모순을 제대로 보여 준다. 왜냐하면 스마트폰은 이 존재 자체가 자연을 파괴하고 유해 환경에 노출된 노동자들이 만들어 낸 부품이 들어가기 때문이다.

또 다른 예로 반쪽짜리 뇌를 가진 어떤 이즘의 신봉자는 남자의 야만성을 드러내고자 자연 파괴와 자본주의 그리고 육식을 연계한다. 이즘은 이렇게 고결한 에코주의 마인드로 다시 탈바꿈하여 끊임없이 남성성과 폭력성을 등치시킨다. 그러면서 한쪽을 호명 매도하여 생명력을 유지하는데 그게 생태주의 페미니즘이다. '그렇다면 여성이 과연 자연과 일치하는가'의 에코페미니즘의 본질 문제에 의문이 생긴다. 남성은 자연 바깥이거나 오로지 착취하는 주체일 뿐 페미니스트에게 남성들은 자본주의 착취의 지배 논리 영역에서 보이지 않은 인간이 된다. 우리 인간은 성별을 떠나 모두가 착취의 주체이자 대상이며, 그 공간은 작거나 크거나를 가리지 않는다. 설령 여성이 자연과 등치된다고 하더라도 여성의 범주에 들어가지 않는 소수 정체성을 포함하는 사람들은 과연 이 범주에서 어떤 지배 담론을 끌어들여야 하는가. 여기서 말한 소수 정체성은 남녀를 떠나 동성애자, 퀴어, 드랙퀸 같은 성소수자 외에 장애인, 프레카리아트, 룸펜 프롤레타리아 등 사회적 약자 모두를 포함한다.

끝없는 페미니즘의 의미 확장은 이렇게 자가당착에 빠지는데 이럴 때마다 그들은 형이상학적 철학 이야기를 슬쩍 집어넣거나 그것도 아니면 선택적으로 교차성 이야기를 하면서 자폐아적 여성 시각의 맹점을 채운다. 마치 신을 믿는 자들이 논리의 어려움에 빠질 때마다 모든 것을 하느님으로 승화시켜 해석하는 것처럼 이즘 또한 그렇다. 세상을 이분법적으로 보아 한쪽의 의견만 들어 보면 이런 사회학적 철학적 논의가 언뜻 맞아 보인다. 그러나 세세하게 들어가 보면 결국은 모순에 빠지게 되는 걸 알 수 있다. 반쪽짜리 이즘의 뇌를 가진 사람이 남성 없이 태어날 수 없고 아무리 남성이 싫어도 남성 없이 인간관계를 하지 않고 살 수는 없다. 남성의 모든 걸 전복하려고 하면 인간을 전복해야 하는 필연에 빠지고 결국 자신까지 전복하게 만든다. 하지만 이 챕터에서 말하고자 하는 건 이런 이야기가 아니므로 여기서 멈추겠다. 앞선 챕터에서 한번 이야기한 것에 조금 더 설명을 덧붙인 것뿐이다. 지금은 자연과 인간을 전통적인 이분법적으로 생각하지 않는 태도가 중요하다는 걸 말해야 한다. 이것은 우리나라 이즘이 의미 확장을 하는 영역인 지역과 여성의 만남, 주변과 중심의 연대에도 무관하지 않다. 이런 관점은 국가나 기업 그리고 개인도 각자 가지고 있어야 한다.

석유는 자연 물질이다. 자연에서 유래한 것은 다 선(善)하고 인공적이라고 해서 다 악(惡)이 되는 건 아니다. 석유는 연료 에너지뿐만 아니라 잘 가공하면 부산물도 유용하게 쓰인다. 가령 바세린은 화상 치료제와 피부 보습제로 쓰이는 최고의 가성비 제품이다. 바세린 주요 성분은 페트롤라튬으로 석유계 오일에서 추출한 것이다. 바세린에 대해서 과도한 건강 염려증에 제조 과정상 생기는 발암 물질을 염려하는 사람들도 있는데, 이 물질은 흡입만 하지 않으면 문제가 없는 성분이다. 일반 사람이 쉽게 구입할 수 있으면서 바세린보다 싸고 좋은 피부 보호제는 백여 년 동안 존재하지 않았다. 이와 반대로 자연의 물질을 이용하여 친환경 제품을 만든다고 해서 그게 곧 진짜 자연과 인간을 위한다고 볼 수는 없다. 극단적인 환경론자나 기업 우선의 개발론자가 아니라면 전향적인 생각을 통해서 얼마든지 환경과 함께 지속 가능한 발전을 할 수 있다. 환경에 대한 인식은 개인을 뛰어넘는다. 기업뿐만 아니라 세계적 흐름을 알고 미리 대비하는 국가와 지도자는 결국 경제와 산업 방향의 조타수 역할을 한다.

전 세계가 배고팠을 때 자연은 희생되었지만 기후 변화 시대로 접어들면서 자연에 대한 세계인의 인식은 변하고 있다. 하지만 글로벌 기업들은 여전히 자연 희생에 배고파한다. 환경운동가만이 기업과 싸운다고 되는 일이 아니다. 인간과 자연을 착취하는 기업에 대해 국민들은 관심을 기울이고 생태계 보존에 일조해야 한다. 왜냐하면 우리 인간은 자연을 해치지 않고 공존해야 하기 때문이다. 그런 공존을 말하는 책으로 로베르 바르보의 『격리된 낙원』이 있다. 그는 생명이 있는 모든 것들의 필멸과 약육강식에 의한 멸종 등을 인정하면서도 책의 후반부에는 개미나 꿀벌 등을 언급하며 다양한 생태계의 공진화와 협동을 말한다. 바르보는 제초제 이야기도 꺼내는데, 자연은 강력한 화학물질을 쓰면 쓸수록 벌레와 식물에 강한 내성을 가지려 한다. 우리는 그런 환경과 그런 환경에서 자란 결과물을 먹고 있다. 미래 식량 안보와 기업의 이윤 그리고 자연과 인간의 평형을 위해서는 마치 노사정 합의제처럼 다양한 집단이 미래 지향적으로 치열한 논의를 해야 한다. 『격리된 낙원』과 거의 비슷한 관점을 얘기하는 또 다른 도서로 이브 시아마의 『멸종 위기의 생물들』이 있다. 이브 시아마 또한 진화의 모든 것은 사라진다는 전제를 한다. 하지만 생물은 종의 다양성을 위해 다시 진화의 길을 간다. 위 두 책의 공통된 이야기는 바다 생물이다. 바르보는 환경 오염에 의한 식물성 플랑크톤 변화를 이야기하고 시아마는 무분별한 어업 이야기를 한다. 다만 기후 변화 영향도 있을 텐데 위 두 책은 기후 변화에 대해 거의 이야기를 하지 않는다. 바다 오염도 문제지만 수온 변화로 인해서 바다 생물의 생태계 또한 변하고 있다. 참고로 이런 시각과는 완전히 반대로 기후 변화에 대한 음모론 책들도 있으니 관심이 있다면 찾아 읽어 보길 바란다.

바다는 그 자체로 중요한 환경일 뿐만 아니라 인간의 기원이자 기후의 결과물이 되고 생명 탄생의 양수 역할을 한다. 그런 의미에서 일본과 중국이 방사능 핵오염수를 바다에 방류하는 건 너무 잘못된 일이다. 개인적으로 육류보다 바다 생물을 훨씬 좋아하는 사람으로서 바다 음식 섭취에 두려움을 가지지만 때로는 그걸 망각하며 먹기도 한다. 세계 기구는 이런 걸 컨트롤 하고자 하지만 강대국의 논리로 인해서 촘촘한 그물에 큰 물고기만 빠져나가는 현상이 발생하곤 한다. 자연과 인류는 서서히 죽어 가는 것일까? 염세적이지 않게 희망을 가져야 하고 대책을 세워야 한다. 시아마 역시 지속 가능한 인간과 자연의 관계를 설정한다. 결국 극단적인 환경 파괴나 극단적인 자연 보호는 해결책이 아니다. 바르보는 이렇게 이야기한다.

> "서구적인 세계관에 부합하는 인간과 자연에 대한 이원론적 사고는 보다 세
> 분화되어야 하는 생태학의 진보에 많은 그늘을 드리웠으며 생태계의 구조나
> 역할을 더 잘 이해하는 데 방해가 되었다."

바르보의 말에서 생각해 볼 게 하나 있다. 가령 환경을 생각하는 인간의 노력 결과물이 간혹 그 반대로 가는 상황 같은 거 말이다. 하지만 이런 것에 냉소하기보다 과도기적 시기라 생각하고 우리는 지속적으로 자연과 공동체 정신을 가져야 한다. 인류 발전에 쓸모 없이 냉소적인 사람들은 다른 사람들의 노력에 조롱과 비아냥만을 일삼고 항상 평가하기만을 좋아한다. 크게 보아 그 방향성이 좋을 땐 실패가 있더라도 우리는 인간의 행동에 아주 약간의 긍정이라도 발견하려는 사람이 되어야 한다. 언제까지 부정적인 면만 더 크게 생각할 것인가. 무엇을 비판만 하고 싶고 선하고자 하거나 긍정의 의지가 없으면 조용히 하는 것도 인류 발전에 기여하는 일이다. 환경운동가에 한마디 냉소하기 전에 생태 관련 글을 읽는 인간이 되어 보자. 문어에게는 미안하지만 맛있는 문어가 계속 건강하게 식탁에 오를 수 있도록 우리 모두 자연의 글을 읽고 자연을 생각해야 한다.

영화 〈나의 문어 선생님〉과 '의식에 관한 케임브리지 선언'에 언급된 문어 내용을 알아도 문어의 맛을 끊을 수 없음에 문어에게 미안하고 고맙다. 특히 의식에 관한 케임브리지 선언에 언급된 문어는 각각의 다리에 뇌 기능이 있으며 꿈도 꾼다고 설명하고 있는데 이런 지각과 감정이 있는 문어를 생각하면 비건이 되어야 하는 게 맞는 게 아닌가 할 정도로 잠시 죄책감을 느낀다. 한편 많이 잡혀도 내륙인들에게는 가격이 내려가지 않는 그동안의 오징어는 우리나라 전체 농수산 유통에 대해

서 한마디 해야 할 정도다. 그러나 최근에는 이 오징어마저 기후 환경 변화로 인해 이제 어획량이 오락가락한다. 앞서 말한 대로 한국의 유통 문제에 관해서는 이 책의 범위 밖이기에 생태 관련 짧은 담론만 조금 더 하도록 하겠다.

자연에 대한 관념은 오래전부터 진화 생물학자 에드워드 윌슨과 최재천 교수의 글을 읽고 영향을 받았다. 그래서 그들과 거의 비슷한 생각을 가지고 있다. 에드워드 윌슨의 책『통섭』은 최재천 교수가 번역 감수한 책인데 이 책의 핵심 내용 중 하나가 상보적이라는 단어다. 생물학에서는 상호 보완적이지 않은 게 없으며 당연히 인간과 자연도 상보적이다. 윌슨은 처음엔 진화론적 시각에 집중했지만 나중엔 심리학적인 부분에도 유연한 생각을 가진다. 이 유연한 생각이란 최종적으로 인문학적이라는 측면에서 긍정적이며 바른 방향이라고 생각한다. 최재천 교수도 인문학의 중요성을 설파하는데, 너무 암컷 상위시대에 빠지는 것 빼고는 새겨들을 만한 말이 많다. 물론 그의 암컷 상위시대 시각에 대해서도 대부분 동의지만 말이다. 최재천 교수가 쓴 책은 아직까지 모두 읽어 볼 만한데 만약 자식이 있다면 그의 책 한 권은 반드시 읽게 할 생각이다. 그만큼 최재천 교수는 지성인다운 모습을 보이는 몇 안 되는 진화인문학자다. 물론 진화인문학자라는 말은 없다. 과학의 틀과 인간의 틀을 가지고 있으면서 종교적 믿음을 가진 사람이 유연한 생각을 가진다면 그건 얼마나 아름다운 일일까. 과학으로 종교를 비하하지 않고 또 종교로 과학을 모두 재단하려고 하지 않는 그 마음이 아직까지는 좋다.

과학에 대한 이런 인문학적 사고의 결합을 잘 보여 주는 도서가 볼프강 헤클의 『리페어 컬처』다. 이 책은 부품 하나가 단종이 되어 어떤 것을 고치는 것을 자연의 리페어 프로세스 문화로 설명한다. 리페어 프로세스란 일종의 아껴 쓰고 고쳐 쓰는 것으로, 자연과의 공존 전략을 말한다. 이 책에서 나온 내용은 아니지만 네덜란드와 독일의 어느 기업들은 수십 년이 지나도 전자제품 부품과 자동차 부품을 여전히 생산하여 소비자에게 서비스를 제공한다. 다들 알다시피 우리나라 큰 기업들의 경우 몇 년만 지나면 제품에 쓰인 부품이 나오지 않는 경우가 많다. 설령 나온다고 해도 규격에 맞지 않아 애를 먹곤 한다. 그저 큰 기업들이 우리나라 소비자에게 사기를 치거나 배신만 안 했으면 하는 바람이 있을 정도로 대부분의 기업은 이윤에만 미쳐 있다. 자연이 있고 사람 있으며, 사람이 있고 기업이 있는데, 무절제와 무한 욕망의 인간과 기업들은 그 소중함을 잘 모른다.

자연과 인문학적 삶이 연계되는 두 번째 도서로는 로랑스 드빌레르의 『모든 삶은 흐른다』가 있다. 로랑스 드빌레르는 바다의 파도나 섬으로부터 자연에 대해 관조하는 삶을 그대로 책 내용에 적어 놓는다. 이 좋은 자연의 흐름이 계속되려면 자연을 해치지 않는 순수성과 자연과 함께하는 삶의 자세가 필요하다. 또한 자연이 인간에게 단순히 음식과 아름다움을 주는 존재로서가 아니라, 그 자체로 존재하는 주인이자 생명체라는 점을 알아야 한다. 그렇게 되면 자연에 대해 겸손함과 경외감을 가지게 된다. 괜히 대지의 여신 가이아가 있는 게 아니다. 이 신화적 생명체·유기체를 바탕으로 제임스 러브록은 『가이아』라는 책을 펴냈다. 아주 오래전에 읽어서 무슨 내용이 있었는지 정확히 기억이 나지 않지만 인간의 몸이 자연에 맞게 흐르듯, 자연도 자기 항상성을 유지하려는 공통점이 있다는 정도가 어렴풋이 기억난다. 누군가는 가이아 이론에 대해서 감성적이라는 비판을 한다. 그러나 자연에 대해서 조금은 감정을 얹혀도 괜찮을 것이다. 어떤 객체의 문제에 대하여 우리는 때론 냉철함이 필요하고 반대로 가슴 따뜻하게 보는 위치 선정이 필요하다. 하지만 현대인들은 그걸 가장 못하면서 살아간다. 이제 막 도축한 소의 신선한 근육 움직임이 맛있어 보여 입맛을 다시는 사람에게 생명 존중을 말하는 사람이 딱 이러한 상황이다. 우리는 모두 불교 신자가 될 수 없고 해탈에 이르지 못한다.

사실 이슬람교와 유대교의 돼지 사랑 그리고 힌두교의 소 사랑은 단순하게 생각하면 역설적으로 그게 맛있기 때문에 지금의 살생 금지로 이어져 온 것이다. 특히 힌두교인이 소를 신성시하고 소고기를 먹지 않는 이유를 인도 고대 브라만교 시대로 거슬러 올라가 살펴보면, 가축이라는 음식이 사회 억압적이고 계급적으로 작용했다는 걸 알게 된다. 이걸 현대 사회로 확장해 보면 자연의 무엇이란 관념이 개인과 기업에게도 문화나 권력으로 작용하는 것과 같다. 그리고 자연이 자본주의와 만나면 누군가에겐 이율배반으로 다가온다. 이때 국가의 역할이 중요하고 방향성이 중요하다. 그런 면에서 만약 과거로 돌아가 어떤 리더를 뽑을지 결정할 때 둘 다 진정으로 마음에 안 든다면, ESG 경영의 의지가 있거나 RE100을 모르는 사람보다는 이걸 아는 사람에게 국가의 조타수 역할을 하도록 하는 게 나았을 것이다. 미래 에너지에 관해서 원자력 관련 분야에 종사하지 않는 사람이나 정치적으로 순수한 사람이 볼 땐 보통 원자력은 줄여 가는 게 맞다고 보는 경우가 많다. 그래서 이제는 재생 에너지가 원자력에서 나온 에너지를 차츰 더 많이 대체하는 쪽으로 정책이 이뤄져야 한다.

그리고 원전 마피아나 모피아라는 존재 그 외에 공공기관의 방만하고 안일한 태도에 대해 대대적인 개혁이나 처벌이 필요하다. 이들은 공무원일 때에만 문제를 일으키는 게 아니라 퇴임 후에도 조직을 만들어 국가에 도둑질을 한다. 이들 때문에 대한민국 에너지가 너무 많이 소비된다. 이제는 위험하거나 나쁜 에너지는 버리고 좋은 에너지를 가져오자. 몇 년 전까지만 해도 여름만 되면 매번 빨간불 켜지는 느낌으로 국민들은 전력 소비 걱정을 했는데 지금은 태양광이나 다른 재생 에너지 덕분에 그런 뉴스는 보기 힘들어졌다. 그리고 정부는 기업에 대한 산업 전기 할인보다 전기세에 대한 국민들 누진세 규정 수정이나 다자녀 관련해서 세금 혜택 등에 더 신경 써야 할 것이다. 끝으로 인간은 자연과 공존하면서 충분히 지속 가능한 발전을 할 수 있다. 이와 관련하여 자연이 선이고 인간이 악이란 관념은 옳지 않음을 추후 다시 논하겠다.

19

모독

모독의 두 가지 얼굴

모독의 사전적 의미는 말이나 행동으로 상대방을 더럽히며 욕되게 하는 걸 말한다. 호메로스의 『일리아스』에서도 자주 보이는 이 모독은 현재 우리 사회의 가장 큰 문제점 중 하나다. 우리는 어떨 때 상대방을 모독할까? 첫 번째로, 내가 상대방을 인정하지 않을 때 모독을 하게 된다. 단순히 어떤 의견 불일치나 반대의 생각만으로 모욕이나 모독을 하지 않을 테지만 어느 나쁜 인간은 그냥 자신과 다른 걸 참지 못한다. 두 번째로, 나쁜 인간이든 아니든 상관없이 그냥 타자가 적으로 간주될 때 맹목적으로 모독을 행한다. 이때는 모독의 강도가 첫 번째 이유보다 더 강하다. 적으로 규정하는 이유와 대상은 서로가 서로에게 아주 다양하며 위 두 모독의 대상과 피대상에는 개인이든 집단이든 상관이 없다. 개인이 집단이나 어떤 대상을 모독할 수도 있고 집단이 타 집단이나 개인을 모독할 수도 있다.

모독과 관련하여 재미난 책이 하나 있다. 이 목차의 제목에 영감을 주었던 책이기도 한데, 그게 바로 페터 한트케의 『관객모독』이다. 한트케는 이 작품에서 말하는 화자 한 명을 주인공으로 삼아 연극을 하는 사람과 관객 모두를 모독한다. 하지만 실제 화자가 말하고자 하는 의미는 모독 그 자체가 아니라 연극이 사람들을 모독하는 걸 모독하는 것이다. 그가 생각하는 연극에 대한 모독은 현실적이지 않고, 역사성에 따르며, 순수하지 않은 연극 행위다. 다만 실제 책 내용에는 '역사성'이란 말은 없으며 그 대신 '시간'이란 말을 한다. 한트케가 생각하는 것과 다르게 흘러가는 연극에 대하여 궁극적으로 연극 모독을 하는 것이지만, 이걸 보는 관객도 한트케는 이중적으로 모독한다. 가령 아래와 같은 문장으로 말이다.

"여러분은 생각 없이 앉아 있습니다. (중략) 여러분은 함께 생각합니다. 우리는 이렇게 말하면서 여러분의 속셈을 파고듭니다. 여러분은 어떤 생각에 얽매여 있습니다.

- 『관객모독』, 민음사(2012년), 페터 한트케, 윤용호 옮김, 19page

참고로 책의 내용이 거의 다 이런 방식으로 전개되며 이런 사고 위주로 흘러간다. 과연 한트케의 모독은 정당하다 할 수 있을까? 이건 '정당하다, 아니다'로 말할 수 있는 게 아니기 때문에 이 질문 자체는 옳지 못하다. 그는 연극에 대한 생각을 자신의 언어와 문장으로 표현하여써 내려간다. 하지만 한트케가 책의 내용처럼 연극과 연극을 보는 사람을 모독했더라도 모두가 그의 말에 찬성하는 건 아니다. 모독은 다시 모독으로 돌아온다. 한트케의 저서를 인용한 위 문장만 보면 사실 작품 해설보다는 현시대를 살아가며 조종당하는 사유 없는 자들을 이야기하고 싶어진다. 연극으로부터 생각 없는 자들을 이 정도로 모독한다

면 현대 사회 인간은 지금 사회로부터 얼마나 관성적인 의식의 틀에 지
배받으며 바보로 사는지 끝없이 모독당해야 한다. 더욱이 현대인은 책
도 과거보다 읽지 않고 살아가기에 모독하기가 훨씬 쉽다. 하지만 거의
모든 사람들은 자신들이 이성적이며 생각을 조종당하지 않고 있다고
믿는다. 그러면서 자신의 의견으로 타인을 가르치려고 한다. 그런데 그
배움은 어디서 왔으며 자기가 배운 것과 다르게 가는 사람들을 모독하
려는 힘은 왜 생겼을까?

　지금은 필자가 책 읽지 않는 사람들을 모독하고 있다. 자아 비판을
해 보자면 필자는 지금 다른 사람들보다 책 좀 많이 읽었다고 해서 책
워키즘에 빠진 것이다. 우리는 미래에도 기계 선택이나 자연 선택으로
살겠지만 지금 사람들은 스마트폰 내의 글 선택, 영상 선택으로 살아
간다. 자연 선택은 환경의 적응 그다음으로 같은 종족의 연계 마지막
으로 유전을 통해 생을 이어 간다. 글과 영상 선택의 현대인도 환경에
영향을 받고 같은 편과 연계하며 다시 다른 사람에게로 유전된다. 적
자생존의 방식이 거의 유사하기에 인간은 자신이 존재하기 위하여 다
른 종족, 즉 생각 다름의 타 종족을 모독하거나 제거하려고 한다. 실제
생의 방식은 아니지만 사상이나 가치관을 보존하기 위한 일은 누군가
에게 약육강식처럼 때로는 처절하다. 즉 모독의 기원은 자기 유지와 자
기 욕망에서 비롯된다. 이걸 철학적으로 코나투스라 부르며 과학적으
로는 리처드 도킨스의 『이기적 유전자』가 된다. 하지만 이것에 반기를
드는 한 사람이 있으니 그가 바로 진화 생물학자 에드워드 윌슨이다.
최근엔 윌슨뿐만 아니라 다양한 학자들이 협력과 공존의 후생 규칙을
강조한다. 윌슨은 자신의 저서 『인간 존재의 의미』에서 이렇게 이야기
한다.

　"인간 조건의 기원은 자연선택이 사회적 상호 작용을 선호했다는 개념으로

다만 이런 주장은 과학적 증명이 어려워 때론 비판을 받곤 한다. 하지만 지금 중요한 것은 윌슨의 말을 증명하는 게 아니라 자연은 모두 경쟁하면서도 협력한다는 것을 말하는 것이다. 자기 보존의 근원적 욕구가 있음에도 불구하고 인류는 타인을 위한 사랑의 마음이 있기에 지금까지 번영해 왔다. 조금이라도 사랑이 있는 사람은 인류를 해치는 나쁜 존재가 아닌 한 타인을 모독하지 않는다. 그렇다면 모독엔 어떤 유형이 있을까? 어떤 이는 모독을 위해 타인에게 누명을 씌우거나 오명을 얻도록 만든다. 그러기 위해서는 거짓말과 과장은 필수다. 그다음 모독 유형은 모독의 대상을 더 크게 모욕하기 위해 대중 광장으로 불러 모으는 일이다. 가령 책 『주홍글씨』의 여주인공이나 예수 시대 예수처럼 모독의 대상을 실제 광장에 나오게 해서 인간을 모독한다. 지금은 관음의 대중들이 스마트폰이라는 광장에 모욕 대상을 올려놓는데, 이것은 일종의 모독 대상자에 대한 위리안치(圍籬安置)다. 대중은 주요 모독자인 언론 기자들과 한패가 되어 그 먹잇감을 순식간에 먹어 치운다. 관음의 대중과 잠재적 살인마인 언론 기자의 심리적 공통점 중 하나는 정의감에 불탄 나와 모독 대상자의 완전한 분리다. 이러한 심리 기제가 작용하는 이유 중 하나는 모독을 하는 사람은 연예인이나 인플루언서에 대해 일반 사람보다 과도한 책임감을 가져야 한다고 생각하기 때문이다. 그런데 이 중 상당수는 학폭 가해자에 대해서는 방관자가 되고 직장 내 따돌림이나 괴롭힘에 대해서는 자신이 직간접적으로 관여한다. 이렇게 모독은 적극성을 띠기도 하고 상대를 투명인간 취급하는 무시와 같은 소극적 강한 의지의 행태를 보이기도 한다. 후자의 말은 모순적이지만 쉽게 이해가 갈 것이다.

모독은 또 상황에 따라 직접적일 수 있고 간접적일 수도 있다. 윷놀이할 때 모가 나오면 좋은 것이다. 그렇지만 모욕, 모독, 모함, 모략, 모사, 모의, 모멸, 모기 등 앞 글자에 '모'가 들어가서 안 좋은 게 너무나 많다. 물론 모기는 딱딱한 책 읽기에 웃음벨을 주고자 넣어 봤다. 우리는 모독을 조금 바꾸면 웃음으로 승화시킬 수 있다. 그래서 유머는 정말로 인간에게 중요하다. 겉으로 보이는 모독과 유머는 종이 한 장 차이지만 주고받는 자에겐 심리적으로 엄청난 차이를 준다. 모독은 의도성에 따라 두 가지 의미가 있다. 하나는 더러운 자기감정의 해소이고 두 번째는 이와 반대로 선함과 유대감을 가지고 정의롭지 않은 것에 모독하는 일이다. 그래서 유머는커녕 자기감정 하나 유지하고자 남을 박살 내는 모독은 정말로 비열한 짓이다. 정의롭지 않은 인간에 대한 모독 외에는 그 어떤 모독도 우리는 하지 말아야 한다.

중국의 고서(古書) 「예기의 유행」 편에서는 사가살불가욕(士可殺不可辱)이라는 말이 나온다. 이 뜻을 현대적으로 풀이하면 자신을 죽일 수는 있어도 욕되게 할 수는 없다는 의미다. 자신이 떳떳하고 바른 언행을 했다면 그 어떤 공작이나 가짜 선동으로도 그 사람은 죽지 않아야 한다. 그런데 요즘 사람들은 서로가 무사유의 언행으로 타인을 욕되게 하고 죽이려 든다. 이 중에서는 한 번도 선한 의지나 도덕 감각을 가지려는 것조차 없었던 사람이 그런 타인 죽이기에 동참한다. 스마트폰으로 자신의 언행이 타인을 죽이는지도 모르는 사람은 새로운 악의 평범성이다. 손·글과 시선·관음을 도구로 삼고, 편향의 감정과 무사유 행동으로 모독 사회를 만드는 지금 세상이 너무 무섭다. 그런데 모독을 주는 사람은 보통 수치심을 느끼지 않으리라 생각한다.

브레네 브라운의 『대담하게 맞서기』에서는 수치심과 모욕감을 구분하는데 이 구분은 정확히 맞는 말이다. 브레네 브라운이 이렇게 설명하지는 않았지만 수치심은 스스로 느끼는 부끄러움이고 모욕감은 타인이 행하여 느끼는 것이다. 죄의식이나 수치심 그리고 염치없이 사는 금수 본능만 있는 사람과 수치심을 느끼는 사람은 너무나 불평등하다. 우리는 정치인 연예인 인플루언서뿐만 아니라 평소 자기 삶에 들어와 있는 사람들과 이런 불평등의 불쾌함을 매일 직간접적으로 겪으면 살아간다. 뻔뻔하고 부끄러움이 없는 자를 보면 모독하고 싶어지지만 언어와 마음이 더러워질까 참는다. 그래서 사실적시 명예훼손죄는 없어져야 하며 모욕죄도 상당한 조건이 붙어야 한다. 끝으로 여기서 다하지 못한 모독의 기원은 추후 쓰게 될 불안 챕터에서 더 이야기할 것이다.

20
사랑

도태됨보다 차라리 난봉꾼 제우스가 되는 게 낫다

제우스는 그리스 로마 신화에 나오는 신 중에서도 가장 심각한 난봉꾼 중 한 명이다. 앞서 살펴본 『일리아스』의 트로이 전쟁 시발점이 된 헬레네도 백조로 변신한 제우스가 레다에게 접근하여 유혹한 결과물이다. 레다에게 쓰담쓰담 귀여움을 받던 제우스는 다시 본래 모습으로 돌아와 그녀와 결국 썸을 타고 사고를 쳐 알 두 개를 낳는데, 그 알 중 하나가 헬레네다. 신화든 인간 삶이든 소위 썸을 타려면 돈과 힘, 귀여운 것이나 사랑스러운 것, 예쁘고 잘생긴 것처럼 외적인 게 중요함을 알게 된다. 제우스는 레다에게 정신을 혼미하게 하는 사랑의 묘약을 쓰지 않았는데 그가 난봉꾼이 된 것도 외적인 장점이 있었기 때문이다. 그렇다면 수컷 신만 이렇게 난봉꾼이 있었을까? 남녀평등에 대한 요구는 수천 년 전 신화 창조 때부터 있었는지는 몰라도, 일부 여신 또한 다자간 사랑을 추구한다. 대표적으로 미의 여신 아프로디테는 남편인 대장장이 신 헤파이스토스가 있었음에도 전쟁의 신 아레스와 사랑을 나눈다. 하지만 아내의 불륜에 화가 난 헤파이스토스는 분노심에 차 아레스와 아프로디테에 시련을 준다. 바람을 피우게 되면 상대방에게 참을 수 없는 복수심을 행하는 것은 인간이나 신이나 똑같다. 하지만 바람의 원인에는 그 잘못의 명백성이 있을 수 있으니 우리는 신적인 것에서 머물지 말고 현실적이고 인간적으로 돌아와야 한다. 간혹 명백성 대신 누가 먼저랄 것 없이 바람이 남녀 둘 다의 원인인 경우도 있다.

기원전 3세기 인물인 유헤메로스는 인간과 신화의 공통점 때문에 신화는 인간의 삶을 반영한 것이라고 주장하기도 한다. 즉 인간이 신이고 신이 인간이 되는 것이다. 이런 신화 속 이야기를 말하자면 끝이 없지만 우리는 여기서도 독특한 시선으로 현시대 교훈을 발견해야 한다. 아레스는 전쟁의 신이고 아프로디테는 아름다움의 신인데, 잘 생각해 보면 이 둘은 극과 극이다. 불화 속에서도 그들은 부부가 되어 아들 에로스를 낳고 딸 하르모니아를 낳는다. 위 자식들은 훗날 사랑과 조화를 만들어 낸다. 그래서 에로스는 끝까지 가질 수 없는 사랑이 되고 하르모니아는 영어 하모니의 어원이 된다. 극과 극이 만나서 조화와 사랑을 낳으니 정말로 놀랍지 않은가?

우리의 이즘과 반이즘도 이런 미워하는 신념을 버리고 남녀의 본능으로 다가온다면 사랑을 하게 되어 그 결과물을 만들어 낼 수 있을 것이다. 그러나 현재는 그 욕망을 오히려 반대로 행하고 있다. 일부 남녀는 가질 수 없다면 차라리 파괴하자는 마음과 미워하면 마음이 편하다는 자기 최면 상태에 놓여 있다. 한 번쯤 들어 봤을 피그말리온도 원래는 여성을 혐오했다. 그는 사랑의 욕망을 참지 못하고 자신의 조각 솜씨를 활용하여 갈라테이아라는 여성을 만든다. 아프로디테 축제일에 피그말리온은 이 여인상을 아내로 삼게 해 달라고 기도했고, 아프로디테는 갈라테이아라는 조각상에 생명력을 불어넣었다. 결국 둘은 섹스를 통해 아들을 낳았으며 피그말리온은 그의 고향 이름을 따서 그 아들의 이름을 파포스라 지었다. 이런 탄생 배경으로 파포스는 사랑과 예술이 되어 새로운 세계나 창조를 상징하게 된다.

생뚱맞지만 장소와 공간을 의미하는 토포스는 과연 파포스와 무슨 관계일까. 위 신화를 통해 인간은 전무후무한 동정녀 마리아 빼고는 역시나 섹스가 필요한 종족임을 알게 된다. 인간에게 섹스는 동물적 본능만 있는 게 아닌 자기실현의 한 방편인 사랑의 결과물이기도 하다. 극한의 경지인 보살이나 무정체 인간이 아닌 보통의 남녀는 서로 바라만 봐도 좋으며 언제나 상대 종족이 궁금하다. 요즘 이즘과 반이즘의 종족들 중 사실 내면에는 고 마광수 씨가 말한 관능적 경탄에 완전히 독립되지 않았으면서 겉으로는 아닌 척 청개구리 같은 마음으로 서로를 미워하는 사람들이 있다. 어떤 종족은 이 동물적 본능에 대해서 인간답지 못하다고 비판하겠지만 에로스의 강도가 남성만큼은 아니어도 여성 또한 이 관능적 경탄을 가지고 살아가기에 그런 비판은 모순이 된다. 이 관능을 성적으로만 해석하지 않고 감동이나 아름다움 등 인간의 어떤 정신적 육체적 측면에서 도파민 같은 환각으로 생각해 보면 인간의 관능적 경탄을 분명 인정하지 않을 수 없다. 그러나 인간은 이런 욕망 상태로만 살 수 없으니 이성이 그것을 제어하며 살아간다.

알랭 바디우의 『사랑 예찬』에서는 욕망은 사랑과 다르며 사랑 없는 욕망과 성적 행위는 엄밀하게 말해서 자위 행위라고 말한다. 그렇게 보면 사실 웬만한 혈기 왕성한 남성은 매일 정신적 자위 행위를 하는 것과 다름이 없다. 남성 호르몬과 인간 호르몬이 어느 단계로 가야 사랑이 되는지는 정확히 모르겠으나 남녀가 서로에게 자연스럽게 호감이 생겼다면 먼저 욕망의 섹스 후 사귐을 생각해 보는 것도 쿨한 사람들에게는 그리 나쁘지 않을 것이다. 물론 이건 한국적 문화와는 상당히 동떨어져 있다. 그러나 몸이라는 욕망의 대화, 즉 섹스의 쉬움이 단순히 사람의 쉬움이라는 관념은 이제 좀 바뀌었으면 좋겠다. 여기엔 사랑의 소유와 보수적 관념이 작용한다. 즉 내가 가지고 싶은 사람이 쉬운 사람이 아니었으면 하는 두 종족의 이런 생각의 일치는 하룻밤을 즐기는 관계의 즐거움이 하루살이로 끝나게 됨을 의미한다. 모두가 그런 건 아니지만 보통은 이렇게 흘러간다. 사실 몸의 쉬움보다 머리가 가볍게 비어서 깡통 같은 남녀가 훨씬 많은데 사람들은 외적임에 가려 그걸 중요하게 보지 않는다. 실제적 연애로 보면 육체의 궁합이라는 것도 미리 확인해 보고 사귀는 게 훨씬 서로에게 이득이다. 그렇다면 실제의 사랑 말고 철학에서는 사랑을 무엇이라 말할까? 플라톤은 『향연』에서 에로스에 대해 그 자체가 온전히 가지지 못하여 끊임없이 욕망하는 존재로 표현한다. 니체는 사랑이 오래갈 수 있는 이유 중 하나로 인간이 쉽게 소유되지 않기 때문이라고 말한다. 니체는 소유물은 소유함으로써 시시해진다고 했고, 소유욕과 사랑은 같은 충동을 일으킨다고 했다.

이와 비슷하게 한나 아렌트는 『사랑 개념과 성 아우구스티누스』에서 소유하려는 욕망은 상실이 두려움으로 바뀌는 거라고 말한다. 이게 심해지면 어떻게 될까? 정작 사랑을 소유하게 되면 사랑하는 주체가 무엇인지 정확히 모르는 사람은 그 사랑을 파괴하고 싶어진다. 그 파괴가 자신일 수 있고, 타인일 수 있으며, 둘 다일 수도 있다. 위 두 문장은 자크 라캉의 사랑 파괴를 조금 변형해서 해석해 본 것이다. 정말 이들의 말이 맞아 보이는 이유는 서로 사랑을 하고 있다고 생각하는 사람들 사이에서도 자신은 늘 사랑에 배고프다고 느끼며 살아가는 사람이 있기 때문이다. 여기서 사랑은 남녀의 사랑만을 의미하는 건 아니다. 사랑을 항상 주는 사람도 그 사랑이 부족하고 사랑을 받는 사람도 때론 그 기쁨과 고마움을 다 알지 못한다. 오히려 지금보다 더 큰 관심과 사랑을 원한다. 그런데 그 흔한 사랑 한번 못 해 본 사람들이 있다.

요즘은 사랑보다는 미움이 많아지고 화가 난 사람이 많아졌기 때문에 더 그래 보인다. 특히나 젊은 남녀의 사랑은 하는 사람만 하고 못 하는 사람은 꽤 오랫동안 하지 못한다. 2010년대 전후해서는 지금처럼 남녀가 온라인에서 극렬하게 적대적이지 않았다. 지금은 자기 종족에 자아를 의탁하면서 자신들의 종족을 위해 타 종족과 싸우는 사람들이 늘어났다. 어떤 OO주의자가 된다거나 특정 권력의 목적이 있지 않는 한 개인이 그렇게 격렬하다고 누가 알아주는 것도 아닌데, 그들은 그것에 상당한 시간을 자기 인생에 허비한다. 현실에서는 남녀 적대감을 가진 사람이 별로 없거니와 실제로 그런 생각을 가져도 정상적인 사람이라면 그걸 표현하지 않는다. 하지만 스마트폰에서는 그 가면을 벗고 격렬해진다.

온라인에서는 자기와 생각이 비슷한 사람이 많다는 향정신성 이즘 반이즘 위약효과 때문에 그 사고방식은 아주 오래 지속되거나 중독된다. 심하면 그것이 전부인 바보가 되어 세상을 그 신념에 맞추어 살아간다. 그들은 외로울수록 삐뚤어지며 사랑받지 못할수록 세상 탓을 해야 하기에 어떤 적을 원인으로 돌린다. 인간은 자기감정의 주인이 되도록 해야 하고, 이념이나 타인에 종속되어서는 안 된다. 그렇게 온라인 남녀가 작용 반작용으로 반발하거나 혐오하며 살아간다. 가장 안타까운 건 인생에서 참으로 예쁜 나이이자 다시 돌아오지 못할 그 젊은 때에 그러고 있다는 점이다. 우리는 남녀뿐만 아니라 누군가가 어떤 집단이나 개인을 적나라하게 매도하거나 혐오할 때 이제는 빠르게 동조하기보다 생각의 텀을 가지고 거부할 필요가 있다. 어떤 것은 굳이 빠르게 판단할 필요가 없는데 감정의 인간이라 그게 쉽지 않다. 사실 우리 모두가 누군가에게는 혐오의 대상이 되는데 사람들은 마치 자기는 그런 대상이 안 될 것처럼 행동한다. 또 누군가는 성인군자처럼 살아왔다는 듯이 떠들어 댄다. 눈에 보이든 안 보이든 사람이라면 감정 오물인 비난과 이성 추구인 비판을 구분하면서 말해야 한다. 우리는 어떤 공감과 인간적 감정이 항상 옳다고 생각하지만 사실 그렇지 않다. 일부의 감정 공감은 때론 사회 전체 공감의 반역자가 되곤 한다. 또 그런 건 개인이 가지는 자유의 영역으로 누군가 그걸 의무로 강요할 땐 문제가 생긴다.

외로운 사람들은 자기감정이 우선인 경우가 많다. 그리고 무엇에 쉽게 빠진다. 이런 게 개인적인 상황에만 머물면 상관없지만 보통은 그렇지 않고, 스마트폰 세상에 들어와 자기감정의 오물을 던진다. 자존감이 바닥인 이들은 자기와 같은 감정 공유자를 찾기 위해 어떤 이즘적 혹은 반이즘적 글과 삶을 공유한다. 삶의 사고방식을 바꾸지 않는 한 이런 행태는 현실에서도 계속 변하지 않는다. 진정한 사랑과 자기만족은 내면에서 나오는 것이지 타인이나 사상으로부터 나오는 게 아님을 항상 기억해야 한다. 그리고 남녀 이성적인 것 외에 사랑은 아주 다양하게 존재하기 때문에 우리는 그런 것들을 더 찾으며 살아야 한다. 매번 닫혀 있고 같은 일상의 반복으로는 그 사랑을 찾을 수 없으며 보이지도 않기에 그걸 더욱더 얻지 못한다. 세상의 부정보다 긍정을 보고 자신의 사랑을 찾으려고 노력해 보자. 누구나 자기 안에 사랑이 있으며, 이건 꼭 외모나 본능에서 나오는 열정이 아닌 다른 정신적 무엇이다. 열등감을 가지는 사람은 내 안의 보물찾기가 필요하다. 한번 사는 인생인데 미워하는 대상보다 이왕이면 좋아하고 사랑하는 게 더 많은 그런 삶을 사는 게 낫지 않을까? 그렇다고 대인 관계를 다 잘하려고 하거나 억지스러움의 열정을 가지라는 얘기는 아니다.

앞서 한번 언급했던 인물인 랄프 왈도 에머슨은 "삶은 경험이다. 더 많이 경험할수록 더 나아진다."라고 했다. 다만 이걸 알고 있음에도 불구하고 누군가는 인간관계나 어떤 물리적·심리적 경험을 자기 필요 이상으로 더 하고 싶지 않은 경우도 있다. 좋든 싫든 인간은 타인으로부터 배운다고 하지만 굳이 불편하고 스트레스를 받으면서까지 사람과 인생을 경험하고 싶지 않다. 이건 연애, 즉 사랑이 좋은 줄은 알지만 그 시작이 귀찮은 것과 마찬가지의 세상 바라보기다. 하지만 경험하면 지금보다 더 나아질 수 있다. 사랑하는 사람과 섹스를 했다면 나만 만족하지 말고 사랑하는 대상을 좀 더 기쁘게 하는 것도 찾아서 행해야 한다. 이게 경험의 부수입이자 사랑의 더 나은 자세다. 그저 경험만 하고 실패나 성공에 사유하지 않으면 더 나은 내가 될 수 없다. 눈치를 챈 사람은 알겠지만 지금 나는 사랑을 철학적으로 말하기보다 현실적으로 말하고 있다. 비가 내리고 음악이 흘러 알코올에 감정적인 상태가 된 사람은 이별이나 슬픔에 젖어 과거 신세 한탄 말고는 별로 얻어 갈 게 없다. 또 누군가는 철학과 같은 사랑에 대해서 그 숱한 학자들의 사랑 논의가 현실에선 별로 의미가 없음을 안다. 그런데 누구도 사랑에 관해서는 철학자나 시인이 될 수 있다. 그런 의미에서 종족 부정과 혐오를 하는 향정신성 이즘·반이즘 위약품을 먹는 사람들은 이 좋은 사랑을 더욱더 경험해야 한다. 이것도 못 한다면 비천한 심술 대신 그냥 종이 냄새 나는 책 한 권을 보러 도서관이나 서점에 가 보는 게 본인에게 훨씬 이득이다. 적어도 스마트폰을 보는 것보다 그것이 그들에겐 훨씬 이롭다. 다만 이 책이라는 것도 자신에게 자꾸 이즘을 강화하게 하거나 반이즘을 강하게 해 주는 것은 피해야 한다. 당신을 진정 사랑하는 사람이나 제대로 된 사상가와 작가는 ○○주의자가 되라거나 어떤 믿음을 가지라고 절대 한쪽으로 강요하지 않는다. 즉 사회에 문제 제기를 하는 것과 어떤 이즘 반이즘처럼 ○○주의자가 되어 전사가 되는 건 완전히 별개의 문제다. 무형의 사상과 신념을 가져서 스스로 자신의 삶을 망가트리지 말자.

심리와 데이터

에단 부에노 데 메스키다·앤서니 파울러의 저서 『데이터 분석과 비판적 사고』에서는 시민 불복종에 대한 이야기를 잠시 꺼낸다. 그들은 이렇게 이야기한다.

"역사적으로 전 세계에서 일어난 반정부 운동을 비교해 보면 정부는 완전한 비폭력 단체에게 더 자주 승복했다. (중략)이건 확실히 정량 증거가 있는 데이터 분석이다."

- 『데이터 분석과 비판적 사고』, 에이콘출판(2023년)
에단 부에노 데 메스키타/앤서니 파울러, 임형준 옮김, 33page

그러면서 이들은 위 주장에 대한 근거를 제시하기 위해 상관관계와 인과관계를 언급한다. 여기서 한 가지 알아야 할 핵심 사항은 상관관계가 반드시 인과관계를 포함하지 않는다는 점이다. 이것에 대한 부연 설명은 잠시 뒤로 미루고 앞서 언급한 위 인용문에서 왜 비폭력 시위가 폭력 시위보다 더 정부의 승복을 이끄는지에 대해서 논의해 보겠다. 추측하건대 비폭력이 폭력적 시위보다 정부에 더 많은 승리를 했던 건 여론의 방향을 국민 편으로 이끌어서 정부가 부담을 가졌기 때문일 것이다. 그런데 인간적으로 도저히 용인될 수 없는 어떤 국가 폭력에 대해 인민(people)들은 평화적 시위의 점잖음을 잃어버리고 때론 폭력적으로 변할 수도 있다. 현재 미국에서는 그런 폭력이 공권력의 남용으로부터 시작되기도 한다. 이때는 폭력적 시위가 정의에 대한 감정 전염이 되고, 국민 감정의 트리거로 활용되어 여론이 국민 편으로 향할 가능성이 높다. 이럴 땐 비폭력 시위와 폭력 시위에 대해서 정부 승복 차이의 인과관계를 어떻게 해석할지 의문이 생긴다. 이때 상관관계의 핵심 변수는 여론이다.

하지만 위 저자들은 이렇게 해석하지 않고 통계적 기법을 활용하여 교란 변수와 역인과 관계로 인한 인과관계 편향을 이야기한다. 여기서 교란 변수란 조치 상태에 영향을 주고 잠재적 결과에도 영향을 주는 걸 의미하고, 역인과 관계란 결과가 조치 상태에 영향을 주는 걸 의미한다. 시민 불복종에 대한 위 인용문 중 더 마음에 와닿았던 건 앞부분의 글이 아니라 뒷부분이다. 저걸 보고 우리나라 반지성주의의 끝을 잠시 알게 해 준 극단주의 세력의 12·3 내란 관련 법원 폭동이 생각났다. 이 폭동은 이성에 기초한 국민 저항이 아니라 신념에 기초한 반국가적이고 반헌법적인 행동이다.

주디스 버틀러는 『비폭력의 힘』이라는 저서에서 폭력의 전도와 수단을 이야기한다. 버틀러가 말한 폭력의 전도란 정의로운 시민의 저항을 국가가 폭도로 규정하여 '국가 폭력'을 행사하는 걸 의미한다.

하지만 앞서 말한 우리나라 서부지법 폭동은 폭력의 전도가 아님을 확실히 해야 한다. 여기서 폭력의 수단은 목적 달성을 위한 필수 불가결한 도구로 쓰인다. 폭력의 전도는 옳지 못한 일이지만, 폭력의 수단성은 특수한 경우 예외성을 가질 수 있다. 우리는 나쁜 리더로 인해서 국가 폭력을 당하고 또 나쁜 무리들로 인해서 폭력적인 존재를 목도했다. 주디스 버틀러는 비폭력에 대한 그동안의 인식을 깨려고 한다. 그중 하나가 비폭력 행동은 개인적 윤리 차원이 아닌 사회적 정치적 요구에서 오는 것이기에 저항이 항상 평화적일 수만은 없다는 것이다. 두 번째로 버틀러는 비폭력이 오히려 분노와 공격성을 가지고 있다는 것을 역설적으로 환기시킨다. 물리적 폭력만 폭력이 아니기 때문에 비폭력의 일부 사람들은 정신적으로 어떤 것을 무장하고 투쟁한다. 다만 폭력과 비폭력의 특성을 여기서 더 열거하는 건 이 챕터를 벗어나는 일이다.

우리는 지금 무엇의 분석을 말하고 있기 때문에 다시 상관관계와 인과관계로 돌아와 이야기해 보자. 앞 설명이 조금 어려웠다면 아주 쉽게 예를 들어 보겠다. TV를 오랫동안 보는 사람은 그렇지 않은 사람에 비해 천식 환자일 가능성이 2배가량 높다는 연구 결과가 있다고 가정해 보자. 언뜻 보면 TV 시청이 곧 천식 환자 가능성을 높게 하는 것처럼 보인다. 하지만 이게 직접적 원인과 결과는 아니다. 이는 곧 천식이 TV와 상관이 있지만 직접적 원인은 아니라는 소리다. TV를 보지 않는 사람은 그 시간에 운동을 했을 수도 있고, 다른 건강한 신체 활동을 한 사람일 수도 있다. 요즘 우리 사회에 가장 좋지 않은 부분 중 하나가 무엇일까? 그것은 무슨 사건이 벌어지면 항상 성급하게 일반화되고 무엇으로 빠르게 규정되는 일이다. 통계학으로 보면 이때 가장 와닿는 용어가 바로 종속 변수의 취사선택이다. 이 말은, 분석 대상의 일어난 현상을 살피는 경우와 일어나지 않는 경우를 비교하는 대신 오로지 일어난 현상 사례만 조사하는 것을 의미한다. 종속 변수의 취사선택은 주체의 의도성과 비의도성 둘 다 포함될 수 있으며, 인지적 오류나 다양한 편향의 결과로 발생할 수도 있다. 이걸 개인으로 환원하면 자신이 직접 겪었던 어떤 대상이나 인물 그 외 각자의 간접 경험이 곧 세상에 대한 자신의 판단 기준이 되는 것과 같다는 걸 의미한다. 세상의 진실은 그게 아닐 수도 있는데 많은 사람들은 자신들이 접하는 소규모 여론을 확대하여 믿는다.

더군다나 요즘은 자신이 실제 겪지 않았던 일을 누군가의 글로 보고 인지하는 경우가 많다. 그럴 땐 더욱 편향이 생긴다. 예를 들면 남자는 어떻고 여자는 어떻고 등의 평가, 중소기업의 인식, 어떤 특정 직업에 대한 인식 등이 바로 그런 것들이다. 이렇게 사람들은 어떤 일부의 결과만 보고 그 전체를 평가하는 오류를 범한다. 누군가 오토바이로 배달하는 사람에 대해 직업적 편견을 가지고 있다면 필자는 그 어떤 잘난 직업도 처참하게 쓰레기로 만들 자신이 있다. 천민자본주의와 직업우월주의는 인간과 사회를 모두 불행하게 만든다. 서른 이상의 삶을 살았다면 대다수는 치과 의사의 능력 부족과 불친절을 경험했을 것이며, 그 외 과잉 진료 행위 같은 것에 불쾌감을 겪었을 것이다. 치과를 떠나 의사들의 건방지고 오만한 태도를 사람들은 직접 경험했을 것이다.

그렇다면 상당수 의사는 쓰레기가 아닌가? 이렇게 우리는 소위 엘리트 전문직이라는 직업 선망의 대상인 3사(師事士) 직업을 가진 사람들 또한 쉽게 쓰레기화 할 수 있다. 심지어 필자는 우리 사회에 대단히 훌륭한 역할을 하고 있다고 느끼는 간호사와 소방관 사회 복지사 등 그 어떤 직업도 쓰레기화 할 수 있다. 그래서 배달 오토바이 기사에 대한 폄하 단어는 쓰지 않는 게 좋다. 우리는 언제든 누구에게나 혐오의 대상이 될 수 있으며, 자신과 같은 직업인이 잘못했을 때 소수가 대표성을 가져 버려 직업적 오염 전이의 피해자가 될 수 있다. 왜 우리는 이렇게 쉽게 배척의 언어와 말살의 언어를 사용하는지 살펴야 한다. 직업에 귀천은 없다는 공허한 소리는 오히려 인간의 속물적 계급 의식을 보여 준다. 핵심은 생각에 귀천이 있다는 것을 모르는 사람들이 쉽게 타자를 규정한다는 점이다. 또한 배달하는 사람과 렉카 운전자는 너무나 쉽게 노출되는 반면, 의사 범죄와 기타 다른 3사 직업의 건방짐은 상대가 인지하고 클레임을 걸어야 드러난다. 육체적 노동을 하는 사람들은 천박할 거라는 심연 속 스노비즘은 인간 모두의 문제다. 다만 표면적으로 드러난 불법이나 비도덕을 통계로 보면 어떤 직업에 대한 편견은 선택적 오류로 들어맞을지도 모른다.

그러나 현대 사회에서의 문제는 이것이 곧 서로에 대한 갈등이나 혐오로 귀결되는 데 있다. 이걸 에릭 번의 『심리 게임』에서는 흠집 찾기 게임이라고 부른다. 흠집 찾기의 사람들은 새로운 대상에 흠집을 찾기 전까지는 자신의 마음이 편하지 않다. 예를 들면 우울한 아이의 입장으로서 '나는 잘나지 못했다'의 감정이 부모의 입장으로서 '저들은 잘나지 못했다'로 전환된다고 에릭 번은 주장한다. 『심리 게임』에서는 인간 관계의 여러 교류 분석을 통한 게임 종류를 수십 가지로 나열하는데, 그런 게임을 하는 인간의 심리적 목표가 거의 자기 보상이나 자기 안도감으로 귀결된다는 걸 알 수 있다. 우리는 수학적 통계를 말하면서도 왜 이 데이터가 때로는 진리를 말해 주지 않는지 알고 있다. 그것은 이성의 통제에서 벗어난 편향된 심리의 영향 때문이다.

이와 관련된 재미난 심리적인 통계의 오류가 하나 있다. 그건 바로 몬테카를로 오류라 불리는 일명 도박사의 오류다. 도박사의 오류란 룰렛 게임을 할 때 평소보다 나오지 않아야 할 결과가 더 많이 나오거나 연속된 결과가 나왔을 경우, 그다음은 반대의 결과가 나올 확률이 높다고 믿는 심리를 말한다. 실제로 1913년 몬테카를로 카지노에서 룰렛 구슬이 26번 연속 검은색이 나오자 도박꾼들은 다음엔 다른 색이 나오리라 생각하고 베팅했던 사건이 있었다. 통계는 과학이라 여겼던 것이 무너지는 순간이다. 그래서 통계는 역사를 살피고 그 구간의 설정도 대단히 중요하게 바라봐야 한다. 욕망의 인간이나 통계를 그대로 믿는 사람들은 목적 있는 통계 활용자에게 늘 당하고 만다. 통계를 만들어 해석하고 그걸 활용하는 사람들은 때론 그 입장이 다르다. 만약 분석하는 사람이 통계를 제대로 활용하는 게 아닌 자기 심리가 들어가고 어떤 정의롭지 않은 목적의식이 들어가 버리면 정치 경제 사회의 수학적 분석은 이제 정답이 되지 않게 된다.

행동경제학은 인간이 같은 통계를 보고도 항상 이성적 판단만을 하지 않기에 탄생한 학문이다. 아무리 똑똑한 경제학자도 미래 경제 예측을 제대로 하지 못하는 이유는 경제학이 가리키는 숫자가 때론 수학이 아니라 인간의 감정 결과물이자 원인이 되기 때문이다. 이것은 비단 경제 문제나 편향 문제가 아닌, 인간의 통계적 해석 습관으로써 이념과 정치 그 외 어떤 사안의 모든 판단에도 적용된다. 가령 소비자물가지수(CPI)는 기준점이 되는 것을 얼마든지 수정할 수 있고 이것은 실제 경제를 제대로 반영하지 못한다. 더군다나 제일 중요하고도 심각한 문제인 부동산 격차는 소비자물가지수에 포함되지 않는다. 또한 자산의 불균형과 소비에 대한 격차 그리고 금리는 월급이나 연봉과 별개로 다루어야 할 사람들이 존재한다. 이 말이 어려울 수 있는데, 누군가에게 직장으로부터 얻는 수입은 통계적 활용에 아무것도 아님이 되거나 시장의 왜곡이나 통계의 기만으로 활용된다고 생각하면 된다. 노파심에서 말하지만 지금은 통계 활용의 나쁜 의도나 맹점을 보자는 것이지 통계의 중요성을 간과하는 게 절대 아니다. 인간은 심연 속 이미 존재하는 자기 동기나 목표가 있는데 애초에 이것으로 판단을 하고 최종 의사 결정을 내린다. 그래서 과학의 통계가 모두에게 똑같이 인식되지 않고 각자 다르게 보이는 것이다. 인간은 이런 특성을 가짐에도 불구하고 그 반대의 생각도 가져야 한다. 그건 누가 어떤 목적에 맞게 통계적 분석을 이용하는지 혹은 무엇을 더 보려고 하는지를 말이다. 『데이터 분석과 비판적 사고』의 저자는 이렇게 이야기한다.

> "정량적 도구가 부지불식간에 우리의 생각과 다른 가치를 슬그머니 의사결정 과정에 들이 밀거나 정량화하려는 욕심 때문에 평소라면 받아들이지 않을 가치를 수용하는 경우 문제가 발생한다."
>
> - 『데이터 분석과 비판적 사고』, 에이콘출판(2023년)
> 에단 부에노 데 메스키타/앤서니 파울러, 임형준 옮김, 509page

이 문장은 통계와 관련해서 대단히 통찰적인 말이다. 이 의미는 선택적 관점에 따라 통계가 악마의 편집으로 이용될 수 있다는 얘기다. 어떤 현상을 분석하는 일은 대단히 중요하다. 하지만 어떤 이는 자신의 주장에 힘을 싣기 위해 선택적으로 통계 정보를 활용한다. 일부는 정치나 자본과 연계하여 가짜 데이터를 가지고 국민을 기만하기도 한다. 이것은 일종의 아티큐레이션인데, 아티큐레이션이란 언어의 분절을 이용하여 짜깁기를 한다는 것을 의미한다. 누군가에게 같은 통계지만 또 해석의 문제가 생기기도 하는데 이럴 땐 통계의 이항 대립적 편향을 가져오기도 한다. 이항 대립적 편향은 여기서 만든 신조어다. 예를 들어, 여론 조사를 조작 수준으로 하는 이유도 통계를 이용하여 인간의 심리를 특정 목적으로 가둬 두고자 하는 것이다. 밴드왜건 효과를 주기 위해 언론 같지 않은 언론이나 조사 의뢰처가 선거 때 지지율에 대한 통계를 조작하여 여론 전에 활용한다. 통계를 보는 사람들이 할 수 있는 일은 통계에 대한 무조건적 믿음을 제거하고 비판적 사고를 하여 마음 편향 없이 논리적으로 분석하는 일이다. 이건 분석하려는 이유와 함께 결과의 해석도 똑같이 적용되어야 한다. 앞으로는 인간이 하는 데이터 분석이 아니라 AI 분석을 이용한 인공지능 통계 분석이 더욱더 많아질 것이다. 통계의 함정을 파고드는 인공지능이 있다면 그런 역할은 긍정할 만하다. 하지만 인간은 여기서부터 잘못된 길을 갈지도 모른다. 왜냐하면 의존은 또 다른 의존을 낳기 때문이다. 초지능 기기가 아니라면 오류가 생겼을 때 인간은 모든 걸 원점에서 다시 시작해야 한다. AI는 인간이 가지는 여러 다양한 편향이나 감정이 없어서 좋기야 하겠지만 그건 단언할 수 없으며, 인공지능이라고 해서 또 만능은 아니다.

그렇다면 AI도 편향에 빠지고 경쟁하며 거짓말을 할까? 이건 이 챕터의 논의 밖이지만 당연히 가능한 일이다. 인간은 기계와 다르게 합리로만(intelligent) 행동하지 않으며 어떤 경우는 그 감정이 오히려 인류애를 지속시킨다. 인간에게 감정이 없었다면 인간의 인간 예측은 지금보다 훨씬 쉬웠을 것이다. 만약 기계가 만능이라면 이제 AI는 신이 된다. 이렇게 보면 우리가 신을 만든 게 아니라 신을 발견한 것이다. 신과 비슷하게 만들어진 형상화된 인간이 진짜 신을 만들고 그 AI 신은 또 인간의 형상을 보인다. 이런 순환 논증으로 보자면 결국 인간은 곧 신이 되는 것과 같다. 지금도 사람은 신이 되기도 하고 AI는 신과 같이 인간을 가르치는데 미래엔 이런 것들이 어떻게 변할지 정말로 궁금하다. 물론 기독교인이 볼 땐 말도 안 되는 이야기지만 상상력과 지식을 발휘하면 기계와 신 그리고 인간의 삼위일체도 맞다고 생각해야 할지도 모른다. 2,000년 전 독생자 예수로부터 하느님을 알고 그분을 섬기는 역사가 이어져 왔다면 미래 2,000년 간은 기계 숭배로 AI가 신이 될 수 있다. 앞서 말한 기계와 신 그리고 인간이 새로운 트리니티가 되면 미래의 인공지능 문명은 디스토피아일 가능성이 크다. 이 말을 이해할 사람이 과연 얼마나 될까. 대부분 사람들은 인간과 기계 그리고 신이 확실히 분리되어야 유토피아라고 생각할지도 모른다. 이것은 앞으로 후세대의 아주 큰 숙제 중 하나다.

22

윤리

도덕 대교는 무너졌냐? 존 스튜어트 밀의 생각

영화 〈타짜〉 1편을 보았다면 이 챕터의 제목 '도덕 대교는 무너졌냐?'의 의미를 알 것이다. 우리는 늘 도덕성 상실과 민주주의 위기를 겪어 왔다. 인류는 수천 년 동안 항상 폭력과 전쟁을 겪으면서도 공동체 정신을 가지려고 했기 때문에 계속해서 윤리를 찾아 나선다. 이건 마치 버나드 맨드빌과 존 스튜어트 밀이 말했던 것처럼 악으로부터 선이 나온다는 것과 같은 현상이다. 방금 한 이 말은 어떤 의미일까? 하나의 예만 들어 보겠다. 바른 판단을 해야 하는 판사 검사가 오히려 그 반대로 국민을 기만하고 스스로 부패할 때 국민들은 비로소 그 악함을 알게 되어 선함을 찾아 나선다. 그전에는 보통의 삶을 사느라 그 판검사에 대한 악의 행태를 잘 모른다. 그 악이 드러남으로써 국민은 진리를 그때서야 조금 알아 간다. 이 악은 판검사를 넘어 어떤 직업, 관성화된 규칙, 이익 집단, 공감 능력 부족 등 아주 다양한 형태로 존재한다.

진리 챕터에서는 진리의 어떤 상대성을 언급했는데 윤리의 상대성은 곧 마이클 오크숏 같은 사상가나 벌린의 윤리 다원주의로 바꿔 말할 수 있다. 그래서 윤리와 진리를 비슷한 영역으로 생각할 수 있는데 이걸 벤담의 주장으로 표현해 보겠다. 벤담에게 윤리는 이익으로부터의 편견이다. 그는 '자기와 관련된 미덕'이 있다고 생각했는데 이렇게 특정한 대상은 특정한 개인 및 집단만이 가지는 윤리가 있다. 타자가 볼 땐 전혀 미덕도 아닌데 그들은 그렇게 믿는 것이다. 바로 여기서 사람들 간 윤리 충돌이 일어난다. 사람은 두 종류의 윤리 감정을 가지고 있다. 한쪽은 아예 윤리적 생각이 없는 부류의 사람이 있는 반면, 또 한쪽은 자기만의 도덕 준칙이 있는 사람들이 있다. 사회가 용인하는 게 아닌 자기만의 도덕 규칙이 있는 사람은 칸트가 볼 때 보편적 선험적 준칙이 아니다.

그렇다면 윤리의 근원은 무엇인가? 완벽하지는 않지만 그 실마리를 존 스튜어트 밀의 말에서 찾을 수 있다. 밀은 『윤리학 논고』에서 제일 먼저 '자연에 관한' 의문을 던지는 것으로 이야기를 시작한다. 그리고 논의의 끝도 자연과 윤리 본성으로 마무리한다. 그는 자연적인 게 좋은 것이라거나 자연이 신적인 게 되어 완벽하다는 그동안의 자연 관념을 아예 전복해 버린다. 만약 노자나 장자가 밀과 이 주제에 대해 토론한다면 아주 재미있을 것이다. 밀에게 자연이란 이기적인 것도 선한 것도 아니다. 즉 자연에 따르는 삶이 곧 합리가 되거나 윤리가 되는 게 아니라는 얘기다. 존 스튜어트 밀과 거의 비슷한 생각을 가진 또 다른 철학자는 레비스트로스였다. 그는 인간과 자연이 평등한 관계라는 것을 전제로 논의를 전개한다. 그러면서 레비스트로스는 인간의 자연 우위 사고나 서구의 합리적 사고에 반대한다. 존 스튜어트 밀은 "도덕적 선이 자연적이라는 관념은 오직 아주 고도로 인위적인 인간 본성의 조건에서만 생겨난다"고 주장한다.

"그 이유는 오랫동안의 인위적 교육을 받은 후에야 오직 선한 감정이 습관이 되고 선한 감정이 악한 감정을 완전히 압도하기 때문이다."

밀에게 윤리는 맹자의 성선설이나 순자의 성악설과 같이 이분법적인 게 아니다. 도덕관념이 없고 도덕 교육도 받지 못해 자기만 생각하는 사람들은 계속 그런 무도덕의 관성으로 살게 된다. 반면, 윤리 관념이 있는 사람은 언행을 사회의 상식과 덕에 맞게 하기 위해 배우며 노력한다. 도덕을 습관처럼 버리는 사람과 반대로 습관처럼 가지려는 사람과의 윤리 충돌은 나만 최대인 행복 추구자면 되는 사람과 타인의 감정과 물질적 이익도 생각하는 자, 이렇게 두 부류로 나뉜다. 이런 두 인간 부류가 21세기형 만인의 만인에 대한 투쟁이 된다. 거기다 경쟁 사회는 도덕을 더 피곤하게 만들고 사람을 도덕으로부터 무디게 만든다. 하나 재미있는 사실은, 밀은 벤담의 사상을 칭찬하면서도 한편으론 벤담이 공감 능력이 없다는 듯이 치명적 약점을 들춰낸다는 점이다. 밀에게 자연적인 현상이란 공감 능력을 가지는 것이고 이게 선함과 고귀함의 원천이 된다. 인간의 윤리는 저절로 생기지 않으며, 배우고 가꿔지면서 관계 속 규범이 만들어지고 신뢰와 존중이 형성된다. 존 스튜어트 밀도 자연을 모방하는 게 아닌 본성을 개선하는 일이 중요하다고 보았다.

한편, 우리는 윤리의 영역을 논하면서 신에 대한 것을 언급하지 않을 수 없다. 밀 또한 신의 존재를 인정한 채로 논의를 전개한다. 그는 신이 완벽하지 않다고 생각하기에 신과 함께 인간이 노력해야 한다고 말한다. 사랑과 윤리의 기원은 누군가에게 신으로부터 나온 것이다. 특히 키르케고르는 그렇게 생각했다. 하지만 그건 증명되지 않는다. 기독교적으로 보면 사랑, 즉 아가페는 하느님처럼 인간에게 절대적 도덕이다. 하지만 단테가 지적하듯이 사랑이 항상 선(善)이라고 할 수만은 없다.

이 말은 사랑의 감정이 누군가에겐 불편한 것일 수 있다고 생각하면 된다. 가령 마음에 들지 않는 사람의 과도한 친절이나 배려, 지속적인 관심이 누군가에겐 부담이 된다. 요즘은 또 어린아이가 예쁘다고 해서 남의 자식을 함부로 만질 수 없다. 이렇게 사랑의 마음이 모두에게 도덕적이거나 신적인 건 아니다. 그리고 신적인 것은 선과 악의 대립을 가져오지만 인간 세상에 항상 선과 악의 판단만 있는 건 아니다. 선악이 아니라 오히려 인간의 삶은 가치 판단과 경계의 문제로 정답이 없는 것들이 무수히도 존재한다. 이걸 필자는 현시대의 '경계성 도덕적 딜레마'라고 부른다. 허쉬라는 학자는 도덕성이 인간적인 배려와 객관적인 사고 그리고 결연한 행동으로 구성된다고 주장한다. 그의 말을 따른다면 경계성 도덕적 딜레마는 배려로 해결할 수 있고, 신적인 것은 객관적 사고로 대체할 수 있다. 이 두 가지가 정해지면 바로 우리는 행동으로 들어가는데 그게 바로 타협과 이해다. 다만 어느 하나가 제대로 작동되지 않으면 신적인 것도 객관적인 것도 의미가 없게 된다. 바쿠닌은 이렇게 말했다.

"설령 신이 존재하더라도 신을 제거해야 한다."

현대 철학으로 와서 해체주의나 인간 불완전성을 인정하여 신적 입장을 취하는 사람을 보면 이성이 항상 도덕의 기준이 되는 건 아니라는 생각이 든다. 늘 그렇듯 해결책은 결국 인간의 몫이지 신의 몫이 아니며, 우리는 그동안의 역사로 충분히 이걸 알 수 있다. 그게 공포나 살인 같은 참혹함이었든 긍정의 결과였든 상관이 없다. 신에 의탁하거나 신을 앞세운 것도 결국 인간이 한 일이다. 앞으로도 도덕 대교는 다양한 이유로 계속해서 무너질 것이다. 우리는 그걸 다시 고치고 보완하는 공사를 계속 해야 한다. 윤리는 인간의 시작이자 끝이기 때문에 도덕 찾기와 수정을 결코 멈출 수 없다. 윤리 책 관련해서는 최영주의 『세계의 교양을 읽는다』 중 윤리학 편을 읽어 보길 추천한다. 출판된 지 대략 20여 년이 되었지만 지금도 배울 점이 많고 읽기 좋은 책이다. 인간의 흥미로운 부분을 현대적으로 해석하는 책은 아니지만 굵직굵직한 세계사의 도덕적 흐름을 지식 차원에서 풀어낸다.

마지막으로 도덕 감각을 가져야 하는 대상은 꼭 인간에게만 존재하는가? 그렇지 않다. 끊임없이 자연과 동물에 대해서도 윤리적 철학적 논의를 꺼내는 사람들이 존재한다. 최훈의 『동물윤리 대논쟁』이나 이노우에 타이치의 『동물 윤리의 최전선』이 그런 도서다. 최훈은 동물의 도덕적 지위에 대한 의문부터 해결하려고 하고 이노우에 타이치는 동물의 인간적 지위를 상정하고 동물 윤리를 말하려고 한다. 이러한 전제는 철학적·현실적 논의 차원에서 대단히 큰 차이를 보인다. 인간이 동물에게 도덕적 의무를 지을 근거는 자연과 인간이 동등하다는 걸 인정하는 것 빼고는 존재하지 않는다. 가령 반려동물과 함께하는 삶이 아니더라도 동물을 학대하는 것에 분노를 참지 못한다는 것은 인간과 같은 생명 존중 의식이나 어떤 동족 동질감을 가진다는 걸 의미한다. 그러나 그런 인(仁)을 가진 사람조차 모든 동물에 대하여 사랑을 실천하라고 주장하면 거부할 것이다. 동물 윤리는 상황과 사람에 따라 필연적으로 선택적일 수밖에 없다.

23

폭력

너무나도 평범한 너무나도 잔인한 현대의 폭력

과거부터 현재까지 사상가들은 사회와 국가가 개인에게 가한 폭력을 철학적·심리학적으로 무수히도 분석했다. 여기엔 언어와 구조적 폭력 문화적 폭력 등 아주 다양한 폭력이 포함된다. 우리는 현재 모두 폭력을 당하면서도 또 폭력을 행사하고 산다. 이 폭력 주체는 젠더일 수 있고 정치적일 수 있으며, 사회적 종교적일 수도 있다. 혐오는 자의성과 (가령 기계적 자기방어) 적극성을 띠지만 폭력은 꼭 위 둘을 기반으로 하지 않는다. 왜냐하면 침묵도 때로는 폭력이 되기 때문이다. 이렇듯 일상적이고 소극적이어도 누군가에게는 폭력이 된다. 폭력은 기원부터 양상까지 너무나 다양해서 몇 가지로 결론 낼 수 없다. 폭력이라는 하나의 주제만 가지고 작가들은 책을 쓸 정도니 그 논의가 방대하다. 그래도 현시대 가장 큰 문제이기에 논의를 안 할 수가 없다. 먼저 폭력은 개인으로 시작하여 가족, 국가까지 범위가 확대된다. 아니면 세계적일 수도 있다. 특히 가족 내에서의 폭력이 문제가 되는 이유는 이 폭력이 가족이나 개인의 문제로만 끝나지 않고 사회로 전염되기 때문이다. 폭력은 다양하게 연계되어 있다.

김애란의 소설 『이중 하나는 거짓말』에서 채운의 가족은 가정 폭력을 겪는다. 채운의 어머니는 남편의 폭력에 대항하여 그를 살해하려고 한다. 폭력의 고통은 폭력의 원인을 제거하지 않는 이상 계속 이어진다. 폭력은 가해자나 피해자 둘 중 하나가 사라져야 멈추게 되고, 가해자는 또 다른 폭력으로 옮겨 간다. 이 사라짐이란 둘 다 사망하는 것이고 그 외 가해자에겐 사회나 법으로부터 단죄되는 것을 의미한다. 폭력을 행하는 일은 관성적이기에 가해자가 이걸 인식하고 멈추기란 대단히 어렵다. 폭력은 그만큼 가해자 중심이다. 그러나 우리는 용서도 단죄도 피해자 중심으로 폭력을 바라봐야 한다. 폭력과 악의 평범성은 기자, 언론, 개인, 조직, 관음의 대중, 사회의 문화나 규범, 성별이나 인종, 무형이나 유형 등을 가리지 않는다. 요즘 시대 폭력은 도구·수단의 행태가 다변성을 띤다. 과거에는 시선, 따돌림, 언어, 위계, 억압 등으로 폭력을 행사했다면 지금은 글이나 대중의 집중 관심, 혐오, 신념, 가짜 뉴스로 폭력을 행사한다. 폭력이 과거보다 더욱 빨라지고 다양해졌다. 폭력은 주로 강자가 약자에 대해서 비겁함을 보이지만 지금은 그 약자라는 사람도 집단을 형성하면 폭력의 힘을 가진다. 집단은 곧 하나의 정체성으로 뭉친 파시즘 형태를 띠고 파시즘은 곧 무엇을 할 수 있는 힘을 얻는다. 폭력은 응집성에 따라 개인적 차원과 집단적 차원 두 가지로 존재한다. 개인이 가하는 폭력은 비열하거나 사유 없음 그리고 자기 이득과 사회 인정을 원할 때 주로 행해지고, 집단의 폭력은 경쟁 상대가 있거나 그들의 목표에 반하는 존재가 있을 때 행해진다. 국가 폭력과 관련해서는 앞서 이야기했기에 이 부분은 생략하겠다. 모독의 챕터에서 개인적 폭력을 조금 언급했는데 우리가 지금 진짜로 얘기해야 할 부분은 개인이 모인 대중의 폭력이다.

　메를로 퐁티는 스탈린의 공산주의와 전체주의가 행했던 폭력의 참상을 밝히면서 그런 사회 속에서도 개개인의 의지와 사유를 중시했다. 하지만 전체주의적인 대중의 폭력은 사유하는 자나 개개인이 가지는 폭력 거부감에도 불구하고 쓰나미처럼 휩쓸려 막을 수 없게 된다. 이성을 지배한 군중심리에 휩쓸린 감정 폭력은 정의라는 비가시적 목표에 책임을 분산하게 한다. 과거엔 각자의 두 눈이 한 명의 광대를 바라보는 것에 만족했다면 지금 현대인의 두 눈은 그걸 뛰어넘는다. 한 사람이 보내는 경멸의 눈빛이나 글도 무서운데 대중 파시즘이 하나로 모인 그 엄청난 시선의 무게는 얼마나 폭력 피해자에게 두려움으로 다가갈까? 잠시 개인적인 이야기를 해 보겠다. 필자는 인생에서 그렇게 잘한 게 별로 없다고 생각하며 사는데, 그나마 잘했다고 느끼는 게 하나 있다. 그건 타인에게 그 누구보다 관심 없이 살았다는 것이다. 스포츠 외에 TV를 의식하여 안 본 지도 17년이 되었다. 서른 살 이후엔 연예인에 특별히 관심이 없었지만 괜시리 싫은 연예인이 있으면 어렸을 때부터 그냥 무시하였다. 즉 싫은 사람 있으면 소비 자체를(채널 돌리기) 하지 않았다. 연예인에 대한 왈가왈부의 댓글조차 과거 젊었을 때나 지금이나 쓰지 않았다. 다만 사회 정의 차원이라면 얘기는 조금 달라질 것이다. 비난이 아니라 비판을 해야 하는 어떤 인물이나 주제가 있다면 분노도 분명 필요하기 때문이다. 하지만 이럴 때에도 때론 나와 대중의 판단이 늘 옳은 것은 아니기에 신중해야 한다. 자신의 잘못에 부끄러운 줄 모르는 사람은 타인의 합리적 비판도 비난으로 들리는 시대인 반면, 부끄러움을 아는 사람은 대중의 비난이 최고조에서 벗어났는데도 계속 환청으로 들린다. 그렇게 전자의 사람은 잘 살고 후자의 사람은 죽어 간다.

　우리는 이렇게 가해지는 폭력과 비판의 경계를 잘 구분하지 못한다.

왜냐하면 자기 정의감이나 군중 심리 때문이다. 동시에 악플 및 조언을 하거나 받아들이는 사람 또한 마찬가지인데 응원이나 따스한 말이 아닌 그 어떤 몸짓 자체가 누군가에겐 폭력이 될 수 있다. 이건 비단 연예인이나 인플루언서만의 문제는 아니다. 우리의 분노는 원자화되어서 누군가를 강하게 때린다. 특히 법이나 사회 규범을 어긴 사람에게 대중은 정의를 향한 분노라는 명목으로 비질란테가 되어 더욱 매몰차게 가한다. 언론과 대중이 합세하여 관음을 만들고 옷을 다 벗겨 버려서 관객은 호모 사케르의 수치심을 즐긴다. 아감벤의 호모 사케르란 생명체의 고귀함에도 불구하고 대중과 사회에 발가벗겨진 채로 광장에 나온 인간 생명을 의미한다. 특히 사람들은 누구나 실수를 하면서 살아가는데, 대중은 단지 유명세가 조금 있다고 하여 자신들의 실제 삶인 그 도덕보다 타인에게 엄격한 잣대를 들이대려고 한다. 폭력에 대항할 수 없는 사람은 괴로움이나 억울함 때문만이 아니라 시선으로 인한 수치심 때문에도 죽는다. 그렇다고 유명한 사람의 과거 범죄나 비인간다움에 대해서 말도 하지 말라는 게 절대 아니다. 오히려 그 반대다. 어떤 이는 죽어야 끝낼 거냐며 단 하루도 지나지 않았는데 비난을 못 하게 하는 사람이 있다. 그건 너무 감정적인 생각이다.

다만 요즘은 사실 관계가 양방향적으로 확인되지 않아 다양한 개인의 급한 표현 방식이 문제가 되는 경우가 많다. 자신의 비판 아닌 악플이 나중엔 틀렸음에도 대중이 함께했다는 그 사실 하나가 자기 잘못을 조각하게 만든다. 이런 걸 제어할 방법이 필요한데 아무리 생각해 봐도 온라인 실명제보다 좋은 게 떠오르지 않는다. 실명 외에 주민등록번호 앞자리 몇 개도 보여야 한다. 그리고 호모 사케르가 된 존재가 만약 사법 판단의 영역에 들어가서 어떤 심판을 받는다면 이제 대중은 하이에나 습성을 자제해야 한다. 사실 관음의 대중은 금방 먹잇감을 게걸스럽게 해치우고 또 다른 대상을 찾아 나선다. 온라인에 글을 쓰는 사람들은 악플 여부와 관심과 관음 그리고 비난과 비판을 구분해야 한다. 그렇지 않으면 계속 질투하고 미워하여 놓아 줄 수 없는 당신의 시선이라는 '폭력성 만족'의 분노가 사람을 계속 죽이게 될 것이다. 어떤 도덕적 낙인의 대상이 있다면 차라리 소비를 하지 말고 관심을 끄는 것도 좋은 방법이다. 다른 곳에 정의감을 행할 것도 많은데 스마트폰 하나의 익명성 글로 정의를 행하고 있다고 자신을 스스로 속이지 말아야 한다.

우리 모두는 언론이라는 악의 평범성을 가진 기자의 떡밥에 낚이어 대중의 먹잇감이 될 수 있다. 무슨 사건으로 여론의 방향이 한번 정해지면 이성은 동면하게 된다. 그 대신 진짜 중요한 사회 뉴스를 살펴야 한다. 자신은 생각하고 있으며 그런 호모 사케르 대상이 아닐 거란 착각은 자유다. 우리는 과거로부터 배워야 하고 연대해서 다른 폭력과 싸워야 하는데 오히려 우리끼리 죽이고 있다. 증오를 참지 못하는 폭력은 또 다른 열등감이다. 국가의 법 외에는 그 누구도 합법적인 호모 사케르를 행할 수 없다. 왜 이런 폭력의 행태는 변하지 않는 것일까? 자신의 행복을 스스로 찾지 못하는 사람일수록 사람들은 타인에게 감정적이게 된다. 이것은 타인을 일종의 도구로 생각하는 것인데, 아주 작게 보면 부모 자식 간에도 이러한 현상은 일어난다. 폭력의 쾌락 충동을 말하면 프로이트가 동의할지 모르겠으나 이것도 하나의 비정상 리비도다. 물론 정상적인 인간이 볼 때 이것은 매우 역겨운 리비도다. 우리는 생각보다 비인간적인 사람이 많이 있음을 알고 있으며, 이런 평가 대상엔 그 누구도 자유롭지 못하다. 특히 나와 비슷한 감정을 가진 사람이 모이면 그 감정은 논리의 적합성과 무관하게 언행에 정당성을 부여하고 진실이 된다. 우리는 매번 그렇게 행동하면서도 이중인격의 대중 정신병을 아무렇지 않게 생각한다. 지금은 서로가 망각하여 아예 더 모르고 사는데 바로 이 지점 때문에 앞으로 대중 폭력은 계속되고 해결이 안 될 거라는 점에서 소름이 끼친다.

주디스 버틀러는 폭력의 취약성을 주로 여성이나 난민 등으로 한정하지만 이것은 대상의 상대적 취약성일 뿐이다. 우리는 언제든지 강자였던 사람이 대중 폭력으로 약자가 될 수 있음을 알고 있다. 개인으로서 필자는 누군가에게 돌을 던지는 폭력을 행하지 않았다고 호소했지만 사실 그건 망상이다. 이 세상엔 항상 자신과 비슷하게 생각하는 사람만 있는 건 아니다. 폭력의 분열성은 핵융합처럼 나와 무관하게 계속 행해지고 그 위력은 커진다. 이걸 어떻게 막을 수 있을까? 작은 나는 큰 사회에 무력한 존재이기에 폭력을 제어하기 위해서는 작은 내가 서로 연대해야 한다. 우리는 현재 2,500년 전의 가면을 나쁘게 극대화하고 있다. 그리스 가면극에 쓰였던 페르소나는 사람(Person)의 어원이 되었고 그 가면극의 대체는 현대 사회에서 익명성이 되었다. 그렇게 폭력 양상은 과거와 거의 비슷하면서도 수단은 현대적으로 변모했다. 우리의 폭력에 대한 속물 정신은 가면이 벗겨지고 강자 앞에 실제 자신이 마주할 때 적나라하게 드러난다. 필자는 온라인으로 삶을 엿보는 사람들이나 커뮤니티와 유튜브 기타 SNS를 자주 하는 것을 대체로 부정적으로 본다. 물론 이것은 현대 문명을 긍정적이고 적극적으로 활용하는 사람들까지 무시한 발언이다. 이런 부정적 전체화를 통해 극단의 시대나 혐오의 시대를 가정했지만 사실 이런 자세가 틀렸음을 우리는 알고 있다. 현실의 나는 멀쩡하다. 하지만 도파민 제공의 온라인은 이런 사람들에게조차 온갖 가면 놀이를 하게 해 준다. 사실 우리 사회는 오프라인의 정상 상태로 살아가는 사람들이 훨씬 많은데, 소수의 부정적이며 혐오적인 사람들 때문에 그렇지 않다고 생각한다.

여기에 언론이나 일기를 쓰는 기자 그리고 개인 방송을 하는 사람들이 더욱 도파민을 부추긴다. 이들만 악한 게 아니라 그걸 읽고 보는 사람들도 악하다. 오해하거나 착각하지 말아야 하는 게 하나 있는데 그

건 남의 실수나 약점을 끝까지 붙들고 있는 게 정의가 아니라는 사실
이다. 진짜 정의로운 사회란 우리 개인이 모여서 굳이 대중의 힘을 발
휘하지 않아도 되는 사회이며, 계속 올바른 방향으로 잘 흘러가게 만
들어 다른 사람들이 크게 다치지 않게 하는 것이다. 정당한 폭력이란
국가 외에는 없다. 그게 순간은 반헌법적이고, 가학적이며, 독재적일지
언정 말이다. 그걸 고치고자 행동하는 게 저항이자 분노며 시민의식을
가진 진짜 시위다. 이럴 때만 대중의 폭력인 시민 불복종은 의미가 있
다. 조금 더 작게는 기업이나 사회가 가하는 소비자 폭력, 즉 기만과 불
의에 맞서 국민은 단체 행동도 필요하다. 우리 모두 가슴에 손을 얹고
곰곰이 생각해 보자. 자신의 입과 손가락이 행했던 폭력성, 무사유의
침묵이 정말 아무 문제없었다거나 부끄러움이 없었다고 단언할 수 있
는지를…. 그 누구도 차별과 편견이 없다고 말할 수 없다. 그래서 평소
에 미처 생각하지 못했던 것이 우리 삶에 많이 존재하기에 우리는 책
과 경험으로 타인의 아픔을 이해하고 삶을 계속 배워야 한다. 이렇게
말하니 더욱 부끄러움을 느낀다. 우리는 너무 평범하게 폭력을 행해서
더욱 잔인함을 못 느낀다. 이건 앞으로도 문제가 될 것이다. 끝으로 세
상은 세 부류의 인간으로 나뉜다. 첫째는 반성하지 않는 자, 둘째는 겉
으로 반성은 하되 언행은 고치지 않는 자, 마지막으로는 반성도 하고
언행을 고치는 자.

<h1 style="text-align:center">24
문화 1</h1>

계급 붕괴의 역설

마키아 벨리의 『군주론』을 단순하게 말하면 수단과 방법을 가리지 않는 당대의 군주 처세술 정도로 정리할 수 있다. 마키아 벨리의 책에 감명을 받고 여전히 시대를 관통하는 무엇을 찾고자 하는 누군가는 딴지를 걸겠지만 그의 삶과 시대 그리고 책 내용을 봤을 때 이렇게 말해도 틀리지가 않다. 다만 그의 군주 사랑과 가르침의 열망은 인정할 만하다. 마키아 벨리가 살았던 중세 시대에는 교황이나 왕족 기타 큰 가문의 영향력이 대단했다. 그래서 그 영향력이 예술과 학문 등 일상 삶 속까지 종속하게 만들었다. 건축, 미술과 같이 우리가 이 당시 알고 있는 유명 예술가는 대부분 자기만족만을 위한 예술을 하지 않았다. 하지만 알베르티는 고대 철학을 예술이나 건축과 접목하면서 자신만의 건축론을 만들고자 했다. 특히 중세 예술은 현대적 관점에서 봤을 때 꼭 귀족이나 특권층만 하는 게 아니었으며, 건축 관련해서 어떤 이는 지금으로 치면 도시 재생의 관념을 가지기도 하였다. 그중 한 명인 알베르티는 건축이 곧 도시의 개선을 준다고 생각했다. 알베르티는 브루넬레스키가 처음 시작한 원근법을 과학적 미술적으로 정립한다.

여기서 의문이 하나 생기는데, 과연 예술은 누가 하고 누가 관심을 가지는 것일까? 과거를 거슬러 올라가면 노예나 평민은 예술을 하기 어려웠을 것이다. 그렇다면 또 '문화란 무엇이고 누가 만들어 가는가'라는 의문이 생긴다. 문화는 관습이나 삶의 양식, 규범, 관념, 지식, 공유 감정 등을 인간이 모여서 오랫동안 만들어 낸 것이다. 하지만 과거뿐만 아니라 지금도 상위 문화나 하위 문화는 구분되어 있다. 과거엔 그저 서브컬처처럼 주류와 비주류의 개념만 없었을 뿐 예술은 인간의 태어남처럼 차이를 가진다. 아무리 예술과 삶에 대하여 평등을 말해도 이 불평등 관념은 현시대까지 절대 깨지지 않는다. 부르주아와 프롤레타리아, 클래식과 플렙스(plebs, 평민), 엘리트 문화와 서브컬처 등 과거와 현재의 계급 문화는 오랫동안 인류를 지배했다. 각각의 사회는 계급에 따라 음식과 옷도 구분이 되었으며, 문화 활동도 당연히 이런 계급 취향의 영향을 받았다. 알다시피 이것은 현대 사회에서 소비의 차이로 이어진다. 애덤 스미스에게는 자연적 자유에 의한 보이지 않는 손이 경제의 이득을 가져다주지만, 문화는 계급에 의한 보이는 손의 계층이 상업적 이득을 가져다준다.

베블렌의 『유한계급론』은 인간의 그러한 욕구를 잘 반영한다. 이건 사회 생산과 소비에 긍정적이며 지속적 역할을 하기 때문에 현대인의 SNS 허세와는 구분된다. 우리는 존재하는 위치에서 생각할 뿐 아직 하위나 상위의 욕구가 무엇인지 확신할 수 없다. 다만 누군가는 SNS가 항상 허세만 보여 주는 게 아니며, 일기장 같은 자기 기록이라고 항변할 수 있다. 타인의 상황을 제대로 알지 못하기에 이 항변은 올바를 수 있음을 인정해야 한다. 무조건적이고 감정적 상태로 부정과 비판만 하면 간혹 바보가 된다. 비판이론의 프랑크푸르트 학파는 대중문화가 국민을 무비판적이고 수동적으로 만든다고 주장한다. 그러면서 이 학파는 자본주의 사회엔 예술의 진정한 의미는 사라지게 되고 그저 예술 산업이 되어 탈예술화가 된다고 지적한다. 만약 이게 사실이라면 엘리트 문화가 존재한다고 할 때 논리적으로 대중문화는 좋지 않은 것이 되며, 이에 반해 엘리트 문화는 상대적으로 우월한 의미를 가지게 된다. 하지만 인간 모두가 예술의 수동성에 반응하거나 대중문화에 종속되는 건 아니다. 왜냐하면 대중에 속하지 않는 인간 개개인은 저항하고 싶은 반골 기질을 분명히 가지고 있기 때문이다.

또 프랑크푸르트 학파는 대중문화가 사회 통제의 유형 중 하나라고 말한다. 프랑크푸르트 학파의 대표적 학자로는 테오도르 아도르노가 있다. 특히 그는 대중 영화와 재즈 음악을 비난했는데 그에게 대중문화는 경박하기 그지없고 피상적인 것이다. 그러면서 마치 하위 문화와 고급 문화가 있는 것처럼 전위 예술과 같은 모더니즘의 지적 활동을 더 우위로 생각하는 듯한 주장을 펼친다. 그러나 실제 하위문화와 연계한 포스트모더니즘은 저항 정신을 가졌고 그것은 기득권 및 기존 체제에 대한 반동으로 이어져 68혁명에 영향을 주었다. 그 외에 저항 정신은 페미니즘 패러다임까지 영향을 주었으니, 이렇게 보면 하위문화는 주류문화 못지않게 큰 의미를 가진다. 이런 문화 계층 나눔은 부르디외의 『구별짓기』에서도 드러난다. 부르디외는 문화적(실제로는 미학이라고 나온다) 판단에 대해서 무엇이 고급이고 무엇이 저급한 것인지 판단하는 것을 부정적으로 본다. 그에게 이런 것은 취향의 문제이며 이건 외모, 즉 몸에 대해서도 마찬가지로 적용된다. 예술의 주체에 대해서는 그저 천재성과 취미로 보는 칸트의 생각을 단순하게 이해하는 것도 도움이 된다. 다만 계급 취향이 사회 구조화되는 것은 옳지 않은 일이다.

한편 외국 사상가만 대중문화에 대한 비판이 있었던 건 아니다. 김

진홍의 『아카저널리스트』 책을 보면 대중문화와 민중 문화를 구분하여 말한다. 대중문화는 민중의 삶을 제대로 대변하지 못한다는 것이 이 구분의 핵심이다. 대중이라는 단어를 민중과 구분하려면 시대성도 생각해야 한다. 왜냐하면 조선시대엔 양반 계층에 대비하여 민화나 민중소설은 이 두 계층을 뚜렷하게 구분하기 때문이다. 하지만 지금의 대중은 민중일 뿐 굳이 나누어 생각할 필요가 없다. 계급 분화가 뚜렷했던 과거 우리나라에도 인간이 공통으로 느꼈던 감정과 두루 공유했던 비계급 문화는 존재한다. 다만 문화는 계급적 영역도 있고 아닌 것도 있음으로 말하는 게 가장 올바른 답이다.

아도르노로 다시 돌아와 보자면, 그는 문화 산업이 자본주의 재생산에 중요한 역할을 한다고 보았다. 이건 시대를 보정을 했을 때에도 응당 맞는 말이다. 왜냐하면 우리나라도 과거 독재 정권 시절 3S 정책, 즉 스포츠 섹스 스크린처럼 국민들에게 정치의 무관심을 주기 위해 국가 주도의 대중문화 방향 설계가 있었기 때문이다. 그러나 현시대에는 맞지 않다. 현재는 파편화된 담론, 젠더, 연예인·인플루언서, 콘텐츠나 디깅 문화, 집단, 이념, 종교, 정치 등이 작은 워너비 문화가 되어 각자만의 문화 지속성을 이어 간다. 우리는 심지어 대중문화 속 영화배우, 코미디언, 예능인, 가수, 기타 스태프 등의 직업 파트에서도 계급 취향을 가진 당사자들을 목격하기도 한다. 내가 하는 일과 내가 즐기는 것이 자부심으로서가 아니라 타인이나 타 집단에 대한 우월성을 가지는 것은 전형적인 인간 속물근성이다. 사람 모두는 이걸 심연 속에 조금씩 가지고 있으며 그걸 표출하느냐 안 하느냐 차이만 있을 뿐이다. 때론 누군가에게는 이런 서열·계급 문화가 삶의 에너지가 될 수 있지만 그다지 인간적인 모습은 아니다. 우리는 위대한 사상가 헤겔이 모든 시민에게 투표권을 줘야 한다고 생각하지 않았다거나 모든 시민이 언론의 자유를 자기와 똑같이 가져야 한다고 생각하지 않았음에 대해서 잘 모른다.

데카르트가 말한 세 종류의 관념이 맞다면 문화는 계층이 있는 게 이상하지 않는 일이다. 이것은 문화 자본의 역할을 하고 세대 물림이 된다. 특히 데카르트는 사람의 인식이 습득 관념으로 이루어진다고 보았다. 각자 경험한 것을 사람들은 인식하는데 문제는 생득 관념이다. 데카르트는 이 추상적 이데아 관념 때문에 신의 존재를 인정한다. 하지만 이것도 어려서부터 환경이나 사회 교육, 부모 영향, 천성적 기질 등에 영향을 받지 않는다고 말할 수 없다. 결국 추상적 무엇이 다시 습득된다. 이것은 예술이나 가치관 및 의식 상태와 연결되고 곧 문화로 이어진다. 의식은 문화를 만들고 다시 문화가 의식을 만든다. 한국 엄마들이 그렇게 학군을 따지며 자기 자식에게 극성인 이유도 바로 이 때문이다. 그들은 이너서클 테두리 안으로 들어가기 위해 서로 비슷하거나 자기보다 위에 있는 그런 타인의 욕망을 더 욕망한다. 이런 물질 욕망과 감정 유대 같은 비물질의 결합은 사회 위화감을 조성한다. 그렇게 우리는 경계 안과 바깥이라는 경계 지움으로 살아가며 이런 사람들에 대해 누구는 천박하다고 말하고 또 누구는 부러워하며 살아간다. 개인의 욕망을 옳고 그름으로 재단할 순 없지만 사회는 그 욕망의 원인과 결과를 재단할 수 있어야 한다.

문화적 평등은 마르크스가 꿈꾸는 나라가 되더라도 절대 이뤄지지 않는다. 왜냐하면 누군가에겐 차이 나는 클라스 욕망이 있기 때문이다. 그래서 미래에 모두가 감정 없는 인간 기계가 되지 않는 한 문화적 평등은 근접만 할 것이다. 마르크스는 인간의 욕망을 너무 제거해 버렸다. 배고픈 시절엔 공평한 음식의 배식에도 타인과 비교하여 내 것이 적어 보이는 게 인간이라는 존재다. 배부른 지금은 공평하게 지불된 뷔페 음식임에도 불구하고 더 많이 가져오려는 마음이 생기는 게 인간이다. 빈부 격차가 커져가는 현시대에 공정과 평등은 이제 상투적이면서 지쳐 있는 용어가 되었다. 차라리 수십 년 전 쓰인 롤스의 『정의론』이 더 현실적으로 다가온다. 그는 차이·차등 자체가 생기는 걸 곧 불의로 보지 않는다. 롤스는 자유의 기회를 제1의 원칙으로 하면서도 불평등의 완화를 위해 무지의 베일 속 제도적 분배 장치를 생각한다. 추후 정의 파트에서 롤스의 이야기를 좀 더 하게 될 테니 지금은 이렇게만 알고 넘어가자. 정의론과 비슷하게 생각하지 않는다면 세계 민족은 저마다 비슷한 카스트 제도를 가지게 될 것이다. 우리는 엘리트 문화가 있는지를 평상시 깊게 평가하지 않고 부유함을 악으로 보지 않기 때문에 보통은 누구나 이것들을 욕망한다. 그러나 욕망만 할 뿐이며 가질 수 없는 사람들이 대부분이다. 가지지 못해서 화가 난 사람들은 가진 자에게 불만과 열등감을 가지게 된다.

이때는 크게 두 종류의 인간으로 나누어진다. 그 두 종류의 인간이란 나보다 열등한 존재가 있어서 내가 존재함이 좋은 사람이 있고, 반대로 지금보다 상위 가치를 위한 어떤 열정이 있어서 존재함이 좋은 사람이 있다. 전자의 인간형은 불쌍함이 느껴지고 후자의 인간형은 아름다움과 멋짐이 느껴진다. 사회나 타인 탓을 먼저 하지 않고 묵묵히 노력하는 사람은 세상에 그 어떤 위계가 있더라도 제일 위에 존재하는 멋진 사람이다. 뻔히 눈에 보이는 자기 결핍의 허세와 유치함은 자기나 자기 가족, 자기 집단 안에서만 끝냈으면 좋겠다. 허세는 절대적 결핍이다. 문제는 꼭 이런 종류의 사람들이 타인이나 타 집단과 충돌한다는 점이다. 문화에 도덕적 관념이 꼭 있어야 하는 건 아니지만 미덕이라는 건 필요하다. 아리스토텔레스에게 인간의 이런 활동은 곧 정화를 위한 것이다. 지금 필요한 문화는 정화다. 우리는 말, 글, 태도, 경쟁, 갈등, 변혁, 폭력 등에 대해서 다시 한번 생각해 봐야 한다. 그러면서 인간은 계속 계급을 전복하려고 해야 한다. 그러나 생존 경쟁의 현대인은 사유라는 트랜지스터가 없어서 의식주와 물질에 매몰된 채로 어제와 같은 관성적 삶을 살아간다. 중요한 건 나의 상태 만족이자 상태 불만족의 적절한 균형이다. 그게 아니라면 차이를 인정한다는 마음을 가지면 편안해진다. 진짜 평등은 남에게서 빼앗으려고 하는 게 아니라 인간의 거리감 없는 서로에 대한 차이 줄임이다. 이것은 인간답게 살아보고자 하는 일이기에 우리는 '이기적 유전자'형 인간이 아닌 사람들과 연대하며 살아간다. 사람들이 먼저 전복해야 할 것은 차이 줄임의 반대자나 불평등 그 자체가 아니라 우리를 착취하는 것들이다. 그러면서 사회가 만들어 놓은 선험적 차별과 선험적 소외가 무엇인지를 찾아내야 한다.

인간은 절대 평등하지만 사회의 의식은 절대 평등하지 않기에 끝없이 사유하고 행동하지 않으면 안 된다. 행동하지 않으면 모두가 가져야 하는 존엄성이 누군가에겐 원래 없었던 것처럼 사라져 버린다. 앞서 사용했던 '선험적 소외'라는 단어는 리처드 세넷·조너선 코브의 책 『계급의 숨은 상처』에서 나온 표현을 그대로 차용한 것이다. 이 책은 배관공이나 집수리를 하는 직업의 사람들이 나름의 물질적 만족과 자기 소유의 집을 가지고 있으면서도 육체 노동자라는 이유 때문에 스스로 부족한 사람이라고 여기는 사람들에 대해서 이야기한다. 스스로 부족한 사람이라고 느끼는 것은 사실 외부의 시선이 불러일으킨 외적 감정이다. 수십 년 전 이민자 및 유색 인종의 노동자들을 인터뷰하고 그걸 사회학적으로 분석한 이 도서는 그대로 현재 우리나라에 적용해도 전혀 이상할 것이 없다. 그중에서도 핵심이 되는 내용은 아래와 같다. 배관공과 대학 교수가 사회나 자기 가족으로부터 느끼는 감정은 세 가지 측면에서 다르다. 세넷·조너선은 이것에 대해 이렇게 말한다.

"첫째로 존중을 추구하는 시도는 좌절된다. 둘째로 개인은 실패에 대해서

스스로 책임이 있다고 느낀다. 셋째로 위 두 가지의 마음가짐은 전체적으로 개인이 존중받으려면 사회적 불평등이 존재할 수밖에 없다고 생각하게 만든다."

- 『계급의 숨은 상처』, 문예출판사(2025년),
리처드 세넷·조너선 코브, 김병순 옮김, 109page

사회가 만들어 놓은 가치 체계에 지배받는 삶은 50년 전 사람이나 지금을 사는 사람이나 똑같다. 듣기 좋은 에세이를 비판하는 이유 중 하나도 자기 계발의 글이 위 세 가지 나쁜 핵심에 기여하기 때문이다. 내 상처의 근원을 내면화하고 사회 문제를 개인의 독립적 책임으로 여기는 것은 진정한 치유가 아니다. 자기 책임을 외부화만 하거나 내면화만 하는 것은 옳지 않기에 감성과 냉철한 이성의 조화가 필요하다. 인간은 나와 사회 그리고 타자라는 삼각관계 안에 존재하고 결코 이 안을 벗어날 수 없다. 사실 겉으로 보고 개인적인 것만 생각할 때 에세이는 대체로 옳다. 하지만 에세이는 일부 고장 난 것을 수리만 할 뿐 전체를 바꾸지 못한다. 현대인은 동의하지 않은 의무 계약 같은 불편한 가치 체계에 얽매어 살아가며 계속 자기 검증을 할당 받기에 불안이 파편화된다. 세넷·조너선의 위 세 가지 언급 중 세 번째가 이 챕터의 소제목인 계급 붕괴의 역설이다. 불평등이 작용해야 우쭐대는 감정이 생긴다는 건 얄팍한 인간의 전형으로 그런 사람을 경멸하고 싶어진다. 수십 년 전 『계급의 숨은 상처』는 치유되지 않았고 현재 우리나라도 그대로 재현된다.

강지나의 『가난한 아이들은 어떻게 어른이 되는가』는 이것을 가장 잘 보여 준다. 이 책은 빈곤과 가족의 유대감이라는 것이 자라나는 아이들에게 얼마나 정서적 영향을 크게 주는지 알 수 있게 해 준다. 단순히 청소년기의 그쯤 가지는 개인적이고 감정적인 문제가 아니다. 단지 이 책을 읽고 필자가 잠시 감정적으로 변했을 뿐이다. 그래서 이 책을 읽은 소감을 냉철함이 아닌 감정으로 풀어 써 보겠다. 불안한 소희가 밝은 사회복지사가 되어 행복했으면 좋겠고, 가족과 자신을 위해 열심히 사는 영성이는 멋진 청년으로 20대·30대를 보냈으면 좋겠다. 돈도 좋지만 작은 것에도 만족을 느끼는 진짜 부자 우빈이가 되길 바라며, 타인의 시선은 아무것도 아니기에 인간은 실수하며 성장한다는 걸 혜주가 알았으면 좋겠다. 이제 다시 냉정함으로 돌아와 보자. 가난이란 스트레스가 파생하는 여러 부정적 대물림은 애초부터 평등한 사회인으로서의 시작을 방해하는데, 이걸 의식하고 있는 보통의 존재는 얼마 되지 않는다. 경제적 불평등은 정치적·사회적·감정적 불평등을 가지기에 단순한 문제가 아님에도 불구하고 어떤 사람들은 이것을 이념 논리로만 귀결시킨다. 그런 사람들이 사회를 불행하게 만든다. 특별한 존재이지만 겸손한 누군가가 이렇게 말했다. 자신은 자수성가한 게 아니라 남들이 평범하게 가지고 있는 것 이상을 사회로부터 물려받아 특별한 위치에 시작해서 성공한 것이라고 말이다.

우리 주변엔 생각보다 많은 사람들이 평범한 것을 가지기는커녕 마음의 병과 물질의 빈곤으로 인해 만신창이가 되어 인생을 시작한다. 자기 성공에 자부심을 가지되 적어도 경멸스러운 비교 우위의 마음가짐은 없었으면 좋겠다. 어느 학자는 비교 우위나 비교 경쟁도 고만고만하니까 한다고 하지만 그건 일부만 맞는 소리다. 인간은 저 멀리 떨어져 있는 사람에게도 질투를 느낀다. 윌리엄 헤즐릿은 가장 아픈 질투는 우리 자신보다 못한 사람을 향한 질투라고 말한다. 질투는 인간이라면 누구나 가지는 감정이기에 그렇다고 치자. 그러나 동정심이 없고 사회적 약자에 대한 관심이 없더라도 자기 성공으로부터 국가에 세금을 더 많이 낸다는 그런 투정은 없었으면 좋겠다. 차라리 세금 많이 내는 걸 자랑스럽게 여기면 오히려 괜찮다.

25
언론

벨아미: 얼굴도 못생긴 것들이 잘난 척하기는

기 드 모파상의 『벨아미』라는 아주 재미난 문학 작품이 하나 있다. 프랑스어로 벨(bel)은 '아름다운' 혹은 '잘생긴' 의미를 가진다. '벨아미'의 뜻은 어느 꼬마가 『벨아미』의 남자 주인공 뒤루아에게 붙여 준 미남 친구로 이해하면 된다. 잠시 이 작품의 줄거리를 살펴보자. 뒤루아는 지인의 추천으로 신문사에 취직하여 취재 기사를 다룬다. 취재의 이런저런 활동으로 뒤루아는 상류 계급층 여인들과 관계를 맺고 불륜도 서슴지 않게 저지른다. 그는 잘생긴 얼굴과 준수한 말솜씨로 자신의 성공을 위해서 여성을 이용한다. 처음부터 끝까지 뒤루아는 돈과 여자, 성공 같은 욕망을 위해서 양아치 짓을 하는데 이런 노력 끝에 그는 결국 평민에서 귀족으로 신분 상승을 한다. 그래서 초반에는 뒤루아로 불리지만 나중엔 드 루아로 불린다. 이 작품에서 여성들은(주로 유부녀) 뒤루아에게 농락을 당하는데, 그녀들도 뭔가 채워지지 않는 마음 때문

에 서로가 필요에 의해 뒤루아와 육체적 정신적 교감을 이룬다. 심지
어 책 후반부에서 뒤루아는 자기가 사귄 정부(情婦)의 딸과도 자유 연
애를 한다. 작품 전체를 볼 때 중요한 내용은 아니지만 스포일러를 하
지 않기 위해 여기까지만 하겠다.

단순히 줄거리만 보면 『벨아미』는 남녀 상관없이 주인공인 뒤루아를
욕하면서 재미있게 읽을 수 있는 작품이다. 뒤루아의 처세술을 보면서
이런 생각도 하였다. 여자도 신분 상승을 위해 남자를 이용하는데 남
자도 그러지 않으리라는 법은 없다고 말이다. 하지만 이건 작품과 아
무 상관없는 해석이다. 모파상은 이 작품을 통해 그 당시 계급층의 허
상과 인간의 욕망 그리고 언론 비판 등을 말하고자 하였다. 20세기 철
학자 베르너 좀바르트는 19세기 프랑스 중상계급 남성들이 사치스러운
정부(情婦)를 두어 자신들의 사회적 지위를 드러냈다고 말했는데 뒤루
아가 완벽히 여기에 일치하는 인물이다. 계층 간 이야기와 정부(情婦)의
이야기는 스탕달의 『적과 흑』에서도 주요 소재로 다뤄진다. 물론 『벨아
미』와 내용은 완전히 다르지만 『적과 흑』도 인간의 허상을 말하고 있
다는 점에서 부분적으로 공통점이 있다. 이 책으로부터 진짜 말하려
고 하는 건 바로 언론 부분이다. 뒤루아와 어떤 인물과의 대화에는 언
론에 관한 이런 내용이 들어 있다.

> "신념도 없고 아무렇지도 않게 남을 속일 수 있는 사람입니다. 이 신문도 마
> 찬가지죠. 누구한테든 가서 붙을 수 있잖아요."
>
> -『벨아미』기드 모파상, 윤진 옮김, 웅진씽크빅, 2011년, 73페이지

150년 전 언론에 대한 인식이 현시대 많은 사람들이 인식하는 대한
민국 언론과 거의 다르지 않음에 우리는 놀라지 않을 수 없다. 그 유명
한 드레퓌스 사건도 언론만 바로 섰다면 사실 에밀 졸라나 당대 일부

지식인이 나서지 않아도 되었던 일이다. 오히려 과거부터 지금까지 언론과 정부가 결탁하여 국민을 속인다. 언론인 변상욱 씨는 "대한민국이 망한다면 그건 언론 때문이다."라고 말한다. 실제로 나쁜 위정자와 그들을 추종하는 지지자, 썩은 언론 때문에 대한민국은 진작에 망했어야 했다. 하지만 쉽게 망하지 않고 지금의 대한민국이 존재한 이유는 악의 반대편에 서서 올바름을 위해 열심히 투쟁하는 사람들이 있기 때문이었다. 과거의 언어로 말하자면 펜·글은 칼보다 강해서 국민을 바보로 만들기도 하고 현명하게 만들기도 한다. 하지만 기존 미디어는 사람을 바보로 만드는 것을 떠나 죽이기까지 한다. 그런 면에서 언론은 먹이 앞의 카멜레온이다. 그들은 자본주의와 결탁하여 약을 팔고 때론 정치 권력에 붙어서 정적을 죽이며, 정상적인 척 중립을 유지하지만 강자에 약하고 약자에 강한 비열함을 보인다. 결국 언론은 편향되고 자폐아가 되어 기사를 받아쓰기 바쁘다.

요즘은 기독교도 이런 비슷한 행태를 보인다. 민주화된 국가 중 이렇게 언론 불신이 커서 매년 안 좋은 쪽으로 상위권에 있는 나라가 대한민국 기자와 언론이다. 그렇기 때문에 기자와 언론은 반성을 해야 한다. 하지만 그들은 언론 개혁에 오히려 반기를 들고 앵무새처럼 언론 자유만을 외친다. 자유와 독립을 최대로 원하면서 책임은 최저로 지기를 원하는 짐승 무리는 언론 외에 우리 사회에 여러 조직이 있다. 대표적인 곳이 국회와 판사 검사 각종 공공기관이다. 정치 판검사에 대한 처벌은 탄핵 같은 게 아니라면 정권의 보복이 유일하고 부패한 언론에 대한 유일한 해결은 언론 개혁밖에 없다. 최근엔 검사에 대한 처벌도 일반 공무원과 똑같이 하자는 입법이 발의된 것으로 알고 있다. 특권 계층이라는 인식은 인간을 매우 오만하게 만든다. 인간은 자유가 제1의 행복 기반이지만 이 자유는 국가와 사회 그리고 타인에게 해가 되지 않는 상태여야 한다. 만약 해가 된다면 그건 법이나 제도 변경에 의해 제지당하는 건 당연한 일이다. 언론에게 중요한 건 이념도 이념이지만 그들 영향력의 지속성이다. 왜냐하면 영향력은 곧 자본주의의 소비 핵심인 광고와 연결되기 때문이다. 이익에 따라 움직이고 이념에 따라 선택적이니 국민이 언론으로부터 올바른 정보를 얻기가 힘들다. 그래서 세상에 대한 올바른 판단도 언론 때문에 자꾸 흐려져 버린다. 한국 언론이 이 정도 수준이니 웬만하면 포털 뉴스나 TV 보는 것은 자제하고 크로스 체크가 가능한 일부 언론을 찾아보는 게 훨씬 현명하다. 자기도 모르게 계속 청각과 시각을 어떤 뉴스로 접하면 반드시 인간은 그것에 영향을 받는다. 특정 사람들이 언론의 뉴스에 스마트폰으로 격렬하게 댓글을 남기는 것도 바로 이걸 노리는 것이다.

특히나 요즘은 언론이 발화하고 유튜버들이 가공 편집하기에 그 뉴스는 가공자에 따라 일부 사실과 거짓을 동시에 가진다. 결국 교묘한 목적을 가지고 있는 사람 때문에 그 뉴스는 자의와 타의에 의해 국민을 향해 거짓을 행한다. 언론은 또 국민의 세금 도둑이 되기도 하고 국민 갈등을 만들기도 한다. 분석적이며 비판적 사고를 하는 사람이 아니고서는 현대인은 뉴스를 깊게 생각하지 않는다. 특히 텍스트 내용보다는 헤드라인이나 이미지, 즉 그림이나 일러스트가 사람들에게 더 크게 다가오기 때문에 언론은 특정 목적이 있거나 편 가르기를 시도할 때는 이런 방법으로 대중을 농락한다. 결국 이것에 세뇌된 사람들은 성급하게 일반화를 하고 적군과 아군을 만들어 갈라치기를 시도한다. 대중은 기본적으로 이런 것들에 매우 취약하며, 특히 시각적이고도 청각적인 것들이 사용된 심리 선전에 세뇌되어 자신도 모르게 무엇으로 편입된 생각을 가지고 살아간다. 또 사소한 것과 일상적인 것들이 많아지면 사고가 관성화 되어 사람의 뇌는 뉴스의 비중을 개인 스스로 평가하지 않게 된다. 기존 저널리즘은 대체로 원래가 이랬으며, 단지 그 레거시의 언론 독점이 현재는 디지털 문명으로 조금 깨졌을 뿐이다. 그러면서 자신의 생각 여부와 상관없이 이제 뉴스는 기존 미디어에 새 미디어까지 가세해서 뉴스 범람을 만들어 사람들의 뇌에 무의식적으로 파고든다.

그렇다면 뉴미디어가 대안일까? 디지털 문명과 뉴미디어 덕분에 반헌법적인 국가 혼란을 일으킨 자들과 그 세력에 대해서 빠른 대처가 가능한 것은 긍정할 만하다. 뉴미디어는 이런 유익함도 가지고 있지만 그만큼 우리는 세뇌에 쉽게 노출되어 간다. 특히 당파성을 가진 주제나 인물에 대해서는 반지성적인 성향과 군중 심리에 이끌린다. 이것이 뉴미디어의 이중성이다. 대안 언론만이 디지털과 연계하여 국민에게 다가오는 게 아니다. 그 나쁜 언론들도 똑같이 디지털 문명을 이용하고 여기에 더해 기존 미디어와 결합해서 국민들의 생각을 조종한다. 이런 언론 때문에 한쪽은 계속해서 잘못을 수정하고 이성을 가지려고 하지만 다른 한쪽은 세뇌로 인해서 극단을 달린다. 여기서 우리 모두가 착각하는 게 하나 있다. 우리는 보통 현대 사회가 더욱더 분열되고 극단과 극단이 만난 것처럼 이야기한다. 하지만 절대 그렇지 않다. 실제로는 양극단의 분열이 아니라 한쪽이 더 심각한 극단화 때문에 생긴 일이다. 우리는 이것을 정확히 알려야 하고 인지해야 한다. 아무도 이렇게 이야기하지 않기 때문에 이 중요한 말을 여기서 전한다. 그런데 언론과 사람들 인식은 그렇지 못하며 일단 이 프레임부터 깨야 한다.

알랭 드 보통은 『뉴스의 시대』에서 사람들이 뉴스를 들으면 긍정적인 면과 뉴스가 생산하는 부정적인 면을 함께 느낀다고 말한다. 사람들은 새로운 뉴스를 원하고 뉴스는 대중에 파고들어 사회의 혼란과 불안을 줌으로써 뉴스에 관심을 가지게 한다. 이와는 반대로 뉴스는 불안에 빠지지 않는 사람에게 안도감을 준다. 현시대 가장 중요한 언론 문제점 중 하나는 기사를 쓰는 기사의 방향과 그걸 해석하는 사람이 편향적이라는 사실이다. 사실에 부합해도 해석하는 사람은 그걸 다르게 본다. 기자의 방향 및 성향과 그 뉴스를 보는 사람의 성향이 같으면 그건 누군가에게 좋은 뉴스다. 하지만 둘이 불일치할 때는 좋은 기사여도 항상 나쁜 뉴스가 된다. 우리는 사실에 입각한 어떤 쟁점 분석이나 정보 습득, 제대로 된 관점 해석 등을 원하는 것이지 기계적 전달이나 언론 데스크의 뉴스 방향 그리고 기자 개인의 생각을 보고 싶은 게 아니다. 언론 그들에게는 이런 당연한 자세가 그렇게도 어렵다. 국민들은 수준 미달의 기자나 언론에 대해 인정해 주지 않는데 아직도 기자 자부심을 가지고 있는 상황이 아주 우스울 뿐이다. 지금은 국민이 시의성을 선택하여 뉴스를 만들고 언론이 받아 적으며, 시민이 권력을 감시하고 언론이 그걸 감추려고 한다. 이것은 우리나라의 코미디 같은 언론과 깨어 있는 국민의 주객전도 상황이다.

지금은 회색 언론이 황색 언론만큼 나쁘다. 회색 언론이란 권력이나 이해득실에 따라 논조가 바뀌는 걸 의미한다. 이런 단어가 만약 그전에 없었다면 여기서 만들어 본 신조어다. 끝으로 좋은 뉴스를 가려내는 능력을 키우는 노력도 국민의 중요한 역할이다. 그래야 우리가 그들의 노예가 되지 않고 좀 더 정의로운 나라에 살 수 있다. 우리 모두가 기자라는 마음을 유지하고 언론처럼 기계적이거나 편을 가르려고 하지 말아야 한다. 그러기 위해서는 인물이든 정당이든 어떤 성향이든 무엇에 대한 깊은 마음을 버려야 한다. 이젠 인플루언서만이 아니라 우리 개인도 선한 영향력을 가지는 존재로 인식하며 살아가자. 기자의 언어뿐만 아니라 현대인이 쓰는 언어는 거의 없어지지 않고 계속 쌓인다. 언제 우리 국민이 마음 편히 언론을 신뢰하고 의지하며 살았던 역사가 있었던가. 물론 개별적으로 훌륭한 자질을 지닌 기자도 있었지만 지금은 레거시 언론 자체가 무덤에 가 있다. 지금은 진짜 살아 있는 저널리스트가 필요한 시대다.

26

역사 1

반성과 반역 사이

여기서는 그동안의 역사와 이념 인식에 대한 통념을 바꾸고자 한다. 우리는 왜 역사를 배워야 하는가? 역사의 영어 'History'의 어원은 무엇을 적어 두고 저장하는 것에서 유래했다. 왜 적어 둘까? 기억하고 잊어버리지 않기 위해서 인간은 기록하여 적어 두는 것이다. 다른 말로 바꿔 말하면, 우리가 역사를 배우는 이유는 민족의 뿌리와 정체성을 찾는 것 외에 우리 삶의 거울이기 때문이다. 인간 개인의 삶도 그렇듯이 반성하는 자만이 고칠 수 있다. 자기반성 없이는 인간은 고칠 생각조차 하지 않는다. 우리나라 현대사를 보는 관점도 바로 위 두 가지 인간 종류에 따라 다르다. 황현필의 『황현필의 진보를 위한 역사』가 있다면 반대쪽에서는 '보수를 위한 역사'도 있어야 한다. 후자의 경우, 그 내용은 식민지 근대화론이나 독재자의 찬양이 아닌 진짜 보수 담론이어야 한다. 즉 현재 우리나라에 없는 진짜 보수를 위한 큰 사유를 담은 책이 필요하다.

안타깝게도 우리나라 자칭 보수는 매번 자유에 대한 폐단적 사고나 80년 동안 반공, 간첩, 종북 빨갱이만 외치고 있으니 진짜 보수를 위한 책은 평생 나오지 않을 것만 같다. 다만 지금 보수라고 자처하는 사람들의 기조가 조금 변하는 듯한데, 이것도 자세히 보면 진리의 방편이 아니라 정치적 목적일 뿐이다. 만약 한 인물이나 정권의 공적을 말하고 싶은 사람이 있다면 끝에 가서는 인간을 죽이는 과실이 없도록 하기 위해 반성하는 쪽으로 결론을 내야 한다. 그러나 자칭 보수라는 대다수의 사람들은 반성보다는 좋은 면만 찾으려고 한다. 그렇기에 항상 고치려고 하는 쪽과 그걸 반대하려는 싸움으로 인해 우리는 서로가 평행선을 달린다. 우리나라 사람들의 가장 잘못된 역사관 중 하나는 위정자나 역사적 인물을 어떤 이념과 연계하여 생각하는 일이다. 사실 현재의 이념과 해방 전후의 이념, 민주화 혁명 이후 정당 이념은 우리가 지금 인식하는 관념과 완전히 다르다. 현재 우리나라에 존재하는 진보와 보수라는 정당 관념은 언론과 신념 덩어리로 사는 사람들이 만들어 낸 허상에 불과하다. 또한 교과서적이고 개념적으로 보아도 서양의 진보·보수와 우리나라의 진보·보수는 서로 들어맞지도 않는다. 그런데도 수십 년 동안 그런 관념으로 살아온 건 사고의 편리성과 편 가르기 때문이다.

우리나라엔 지역주의도 처음엔 없었다. 1960년대 대통령 선거 때만 해도 김대중은 경상도에서 상당한 득표를 받았고 박정희도 전라도에서 상당한 득표를 받았다. 지금으로서는 상상할 수 없을 정도로 과거엔 이렇게 자기 출신이 아닌 지역에서 서로가 엄청난 득표율을 받았다는 건 무엇을 의미할까? 우리 국민은 언론이나 위정자로부터 늘 속아 왔고 억압받아 왔다. 지금은 그 지역주의 망령 때문에 도저히 그 정신과 뇌를 고칠 수 없는 지경까지 이르렀다. 인간의 이념 다름을 인정하는 건 가슴 아프지 않다. 하지만 그 지역주의의 망령이 우리의 혼을 더럽히고 서로 동행할 수 없게 만들어, 그게 안타깝고 가슴 아프다. 정치 성향 워키즘은 진짜 우리의 적을 모르게 하고 사람을 1차원적 인간으로 만들어 버려 다양한 갈등을 생산하게 한다. 결국 빈부 격차마저 커진다. 이걸 청산하고자 한 어느 위대한 리더는 지금 살아 있지 않기에 더 그렇다. 무엇이 정신을 지배하는가에 대한 많은 대답들이 있지만 그중 하나가 역사다. 개인의 위신이 아니라 나라를 위해 몸을 바쳤던 충심은 이념으로 더럽혀지고 반대로 개인의 위신만 생각하여 부정부패를 저지르다 국민으로부터 쫓겨난 나라의 간신들은 이념으로 세탁이 된다. 해석이 아닌 랑케의 사실로써의 역사는 그래서 버리지 못한다. 진보·보수라는 말도 과거 독재 시대엔 쓸 필요가 없었다. 우리가 지금 인식하는 좌우 두 정당 이념은 크게 보면 1990년에 시작된 것으로 고작 35년 정도 되었을 뿐이다.

전두환, 노태우의 민정당은 김영삼의 통일민주당과 김종필의 신민주공화당의 3당 합당 이후 민주자유당(민자당)으로 탈바꿈한다. 민자당은 이후 신한국당이 되고 현재 보수를 참칭하는 당의 전신이 된다. 그리고 김대중의 평화민주당(평민당)은 나중에 (더불어)민주당의 뿌리가 된다. 참고로 이보다 훨씬 전인 김구 선생이 활동한 시기에도 한국 민주당 외에 여러 정당이 있었다. 이들은 지금으로 치면 보수에 더 가까운 정당이었지만 지금의 정당 뿌리와 연계하기는 사실 역사적으로 맞지 않다. 우리나라는 마르크스주의 및 좌파 기타 진보의 개념을 다른 나라처럼 심도 있게 정치적·학문적·역사적으로 받아들이지 못했다. 더 정확히는 그럴 상황도 아니었고 그럴 필요가 없는 나라였다. 우리는 두 이념에 대해서 기존의 관념을 버릴 필요가 있으며 또한 이걸 정당으로 연계해서도 안 된다. 실제 김대중 대통령은 자기 당을 스스로 중도 보수 정당이라고 여겼다. 권력자와 언론은 자신들이 불리할 땐 국민들이

분열하도록 적을 만들며 프레임 전쟁을 시도한다.

이건 세계 공통적인 현상인데 디바이드 앤 룰 방식은 민족과 남녀, 세대 그리고 각종 이익 단체, 동호회 등 다양하게 활용된다. 이외에 악의 평범성은 이념이나 인종 종교 등으로 적을 만들고 그것을 권력 유지 항상성으로 삼는다. 더 이상 국민이 나뉘지 말자. 우리는 이념이 아니라 반지성주의와 기득권주의, 자본 독점주의와 싸워야 한다. 또한 사회는 민주주의 관성의 열매를 그대로 따먹기만 하는 사람의 문제점도 찾아내야 한다. 하지만 인간이란 존재는 저마다 남녀노소 다양하게 흩어져 있고 각자의 심리 만족과 교육 환경 기타 기질 등을 가지기에 신념이 정의롭게 통합하기 힘들다. 인간 종족 특성 중 하나는 스스로든 타의에 의해서든 자신의 기존 관성에 대해 사고나 행동을 바꾸려고 시도하면 반드시 불편해한다는 점이다. 그 불편함을 감수하려는 사람은 별로 없다. 반성과 반역은 한 글자 차이지만 그걸 인식하며 살아가기란 대단히 어렵다. 그래서 이러한 주장은 공허한 희망 사항일 뿐이다. 더 이상 민족 반역자가 나오지 말아야 하며 만약 또 나온다면 그 당사자와 그 당사자에 부역했던 사람을 모조리 단죄해야 한다. 우리는 그러지 못한 역사의 나쁜 거울을 가지고 있다.

그런데 너무나 빠르게 민족 반역자가 또 나왔으니 나쁜 역사가 단죄되지 않음의 결과로 우리는 계속 고통받는다. 2024년 겨울의 나쁜 역사는 다시 기록되었고 그 처벌의 부족함도 다시 기록될 것이다. 역사에서 바르게 배우지 않고 고칠 의식이 없으면 영원히 우리는 그 잘못됨을 바꾸지 못한다. 우린 그걸 지금 21세기 대한민국에서도 느끼며 이건 곧 역사 교육의 중요성으로 이어진다. 역사 전쟁을 우리 국민 모두가 과거의 잘못과 반성을 염두에 두고 전개해야 하는데 지금 역사 전쟁은 이념이 되어 버렸고 더 극렬해졌다. 앞서 한번 언급했지만 다시 표현을 바꾸어 말한다. 사람들은 우리 사회가 극단적으로 변했다고 하는데 사실 그건 옳지 않은 이야기다. 노멀·정상 상태의 사람들은 늘 이성적이고 합리적인 상태 그대로였으며, 단지 문명의 혜택을 받아 극렬한 사람들이 저마다 신념을 가지고 불쉿(bullshit)을 하기에 양극단처럼 보일 뿐이다. 우리는 늘 그대로였다. 그래서 역사는 배우는 사람이든 가르치는 사람이든 감정 편향 없이 노멀한 인간의 것이어야 한다. 특히 기독교와 정치 이데올로기를 하나로 생각하는 사람들은 나이가 많으나 적으나 사회에 무형과 유형의 폭력을 행사한다. 자유라는 명목으로 행해지는 국가에 대한 이런 사회 혼란의 반역자는 처벌이 필요하고 그런 집단은 해산이 필요하다. 그걸 강제하는 것은 제도와 법이다. 우리는 추후 법의 힘을 강조한 한비자로부터 역사를 배울 것이다.

27
불안

알랭 드 보통과 카프카가 말하지 않은 것들

알랭 드 보통은 자신의 책 『불안』에서 불안의 기원을 '지위 상실'로 본다. 그가 '상실'이라는 걸 강조하지는 않았지만 이렇게 봐도 틀린 말은 아니다. 지위 상실 여기엔 자기 결핍과 타자 충돌, 불확실성, 능력주의로 인한 도태 등이 내포되어 있다.

현대인은 자기 위치와 존재가 빠르게 닳는 시대에 사는 만큼 소비 상품으로서 가치를 증명해야 한다. 사람은 평가받는 것 자체에 스트레스를 받는데 이 스트레스는 뇌와 정신 그리고 신체 건강에 나쁜 영향을 끼친다. 이런 사회가 되면 사람들은 갈수록 덜 다정해진다. 자기돌봄도 버거워하는 사람에게 타인을 이해하라고 하는 것은 가질 수 없는 무취의 그림 속 떡에 불과하다. 그런데도 불안은 개인적인 것에서 끝나지 않기에 우리는 이 중요하고도 달갑지 않은 두 글자를 다뤄야 한다. 왜냐하면 불안은 사회적 비용을 증가시키며 행복의 총량을 줄이기 때문이다.

지금까지 우리는 사회의 진짜 적을 찾기 위해 곳곳에서 여러 난제를 살펴보았다. 그러나 이런 생각조차 하지 못하게 하는 상태에 놓여있는 생존형 사람이 많이 존재한다. 자기 증명이라는 강박은 가족에서 시작하여 타인의 시선 그 자체, 성과주의, 비교 경쟁 등에서 아주 다양하게 드러난다. 설령 소비형 인간이 아니더라도 온전히 자기 영토의 삶이 아니라면 인간은 언제나 남의 땅에서는 무엇의 증명이 있어야만 한다.

철학에서 영토성은 보통 주체를 위한 것인데 그게 남의 땅이라면 이것은 철학이 아니라 현실의 문제로 들어온다. 카프카의 『성(castle)』에서도 주인공인 토지측량사 K는 모르는 사람들 앞에서 자신을 증명해 보이려고 부단히 애를 쓴다. 왜냐하면 성 주변에 처음 도착한 그는 현지 사람들에게 이방인이기 때문이다. 자기들 영토에 들어온 K에 대하여 성 주변 사람들은 자꾸 K를 의심한다. 이런 측면에서 보면 토지측량사 K의 자기 증명을 꼭 부정적으로만 볼 수는 없다. 그러나 현재 대부분의 사람이 지닌 자기다움과 자기 증명은 자발적인 것이 아니므로 부정적이다. 공자는 "군자구제기(君子求諸己) 소인구제인(小人求諸人)"이라 말했다. 이 뜻은 군자는 자신에게서 구하고 소인은 남에게서 구한다는 의미다. 그렇지만 현대인은 자신에게 구하고 싶어도 나쁜 환경 때문에 그것을 행하지 못한 채로 자신을 소진시킨다. 그뿐만 아니라 친근감이 없는 타인은 고통이기 때문에 나에게 집중하지 못한 상태에서 타인을 의식해야 한다.

카프카 책 중에서 해석이 어렵다고 하는 "성"은 이렇게 불안을 핵심 내용 중 하나로 생각해 볼 수 있다. 『성』에 등장하는 인물들은 그렇게 많지 않고 그들이 생활하는 장소도 거의 정해져 있다. 그런데도 카프카는 그들을 안정적인 상태보다 불안하게 묘사한다. 즉 토지측량사 K 외에 이웃 마을에 사는 사람들도 존재의 불안이 있다는 것을 카프카는 K를 등장시켜 그 불안을 중첩시킨다. 그렇게 불안은 전이되고 충돌하며 재생산된다. 불안은 사회적이고 의학적이며 철학적이라 이 부분에서 할 이야기가 굉장히 많아진다. 그래서 알랭 드 보통과 카프카가 보지 못했던 시각으로 조금 더 불안 내용을 덧붙여 보겠다.

기든스는 "신뢰 없는 사회와 불확실성에 대해서 사람들이 두려움을 갖는데 그것은 곧 존재론적 안정의 욕망에서 비롯된다"라고 말한다. 모두가 코나투스가 되려는 상황과 더불어 인간은 사회에 지배력을 갖는 무엇을 쟁취하려 하므로 서로가 서로를 더욱 두렵게 만든다. 또 어떤 이는 도덕감각이 있지만 어떤 이는 윤리 감각이 없어 서로 충돌하기도 한다. 이럴 땐 전자의 사람이 훨씬 더 상처를 입는다. 능력주의는 인간을 기계화하고 계량화하기에 자본주의가 일부 수정되지 않으면 인간은 부품 취급을 받아 영원히 불안하게 된다. 바로 이런 상황에서 현대인은 계급과 서열화가 이루어진다. 다만 막스 베버는 계급과 지위를 구분한다.

계급은 사회 체계로 정해져 있지만 지위는 개인의 경제적 상황이나 사회적 상황보다 사람들의 인식을 통해서 형성된다. 우리는 지금 계급 불안, 지위 불안, 인정 불안, 소외 불안 등에 살고 있다. 계급 불안은 경제 불평등도 포함된다. 여기에 더해 치열한 경쟁 속에서 타인의 시선은 자신의 자아상을 결정하는 역할까지 수행하기에 불안은 지속된다. 생의 경쟁에서 도태되지 않고 사회적 지위에서 벗어나지 않기 위해 현대인은 존재의 불안이 계속해서 사라지지 않는다. 어떤 사람들은 양가감정을 가지는데 이땐 존재 자체에 너무 지치고 버거워서 프로이트가 말한 타나토스, 즉 유기체의 사멸을 바라기도 한다. 이것은 자살이라는 선택으로 이어지는데 모든 존재는 필연적으로 욕망의 역설적 존재가 된다. 인간은 이렇게 기본적으로 자기보존 욕구가 누구에게나 있음에도 불구하고 이것의 반대인 사멸 욕구까지 가진다. 유기체의 사멸은 불안의 마지막 종착역처럼 보인다.

키르케고르는 "불안은 자유의 현기증이다. 이 어지러움에 자유는 쓰러진다"라고 하였다. 존재와 자유의 이중 역설에 인간은 욕망과 소멸의 모순으로 또 불안하다. 욕망은 나 자신에게서만 비롯되는 것이 아니라 사회 요구나 타의에 의해서도 피곤함을 준다. 사회와 관계를 맺고 살며 나와 사회의 욕망이 동시에 존재할 때 인간에게는 필연적 불안이 따라온다. 사람에 따라 그 불안 강도만 다를 뿐이다. 그래서 사람들에게는 휴식과 여가, 유희 같은 어떤 해소가 필요하다. 과거 노동 시간이 극에 달했던 사람들은 그 불안마저 느끼지 못하고 생존을 위해서 동물처럼 살았다. 이런 경쟁과 생존 불안은 인간의 다양한 고결함을 생각하지 못하게 한다. 신체적 불안이 정신적 불안으로 이어질수록 사람들은 위로가 필요하고 정서적 차원의 공감을 원하게 된다.

그래서 현대인은 이런 종류의 책을 더 찾게 되고 대인 관계뿐만 아니라 동물이나 AI, 이념 등에 다양하게 의지하여 불안을 해소하려고 한다. 이렇듯 누구나 쌓여 있는 불안 스트레스를 현재는 어떻게 푸느냐가 자기 행복에 매우 중요한 요소가 된다. 욕구 불만과 보통의 불안 그 외 여러 감정 상태인 분노와 단순 신경증을 잘 푸는 일은 개인 대 개인 혹은 개인 대 사회와의 좋은 관계를 위해서 꼭 필요하다. 불안은 소외와 슬픔, 외로움 등을 포함한다. 이 소외와 슬픔은 각자의 내분비 감정에 따라 타자나 타 집단으로부터 정신적으로 기대하게 만들거나 동질감을 가지게 만든다. 소외와 슬픔에 다른 점이 있다면 소외는 나의 바깥으로부터 생기고 슬픔은 나의 안으로부터 시작한다는 것이다.

신형철의 『인생의 역사』라는 책에서는 에밀리 디킨슨의 시 '내 삶은 폐쇄되기 전에 두 번 닫혔다'와 '크나큰 고통을 겪고 나면 형식적인 감정들이 온다'라는 시를 해석한다. 그는 거기서 슬픔에 대한 자신감을 끄집어내는데 우리도 불안에 대해 자신감을 가질 필요가 있다. 다만 자신감은 가지되 불안 해소 방법이 적어도 나쁜 것이 아니어야 한다.

　가령 외로움은 어떤 정치적·종교적·사회적 다양한 신념을 가지게 만드는데 최근 젊은 세대가 미신에 빠지고 종교의 포교에 쉽게 빠지는 것도 이런 불안의 결과 중 하나다. 젊은 불안을 이용하는 어른들은 불안한 그들의 취약한 점을 교묘하게 이용해 세뇌시킨다. 악의 무리들은 무엇을 의지하게 만들고 소속감을 주며 자기연민에 빠지게 하는데 심리적 반추 상태의 이들은 쉽게 그 악마들의 먹잇감이 된다. 이들은 원래부터 고립된 사람일 수 있으며 그게 아니더라도 일단 포교 대상이 되면 악의 무리들은 이들을 가족이나 타인으로부터 고립되도록 만든다. 그래야 온전한 정신과 이성을 가지지 못하게 되고 쉽게 세뇌되어 어떤 확증편향에 빠지게 할 수 있다.

　우리는 아주 사소함으로부터 정신과 신체가 파괴될 수 있는데 그 이유는 니체가 말한 대로 인간은 항상 위험에 노출되어 있어 병에 걸려 있는 동물이기 때문이다. 과거보다 과학의 혜택을 더 받고 물질적 풍요로움으로 배고픔이 덜한 시대인데도 현대인은 역설적으로 비합리적인 어떤 믿음에 의지하며 살아간다. 그 이유는 그것이 그들에게 불안을 해소할 심리적 위안을 주기 때문이다.

　현대사회의 디깅 문화는 이제 남녀노소가 따로 없으며 물질과 정신을 가리지 않고 광범위하게 펼쳐진다. 특히 이런 사람들은 조그마한 불편함이나 옳고 그름의 문제가 아닌 것에도 참지 못하고 타인에게 자기감정을 내비치며 자신을 따르게끔 강요한다. 이제 현대인은 유물론적 생각 불행 때문에 어떤 정신을 내어줌으로써 거짓 행복을 받아들인다. 하지만 이마저도 불안을 일으킨다는 사실을 사람들은 잘 모르고 살아간다. 가령 남들이 주식과 부동산에 관심을 가질 때 자신만 무관심하면 왠지 불안하다. 그래서 자신도 그 뒤를 따르지만 인간은 그것 때문에 또 얽매여서 불안해하는 존재가 된다.

불교의 중복된 말씀 중 하나가 소유에 대한 집착이다. 이렇게 불안형 인간은 짐승이 되지만 반대로 아이가 되기도 한다. 애착형 존재가 필요한 아기 같은 어른 인간은 자기 옆에 물건이든 사람이든 무엇인가 늘 있어야 하는데 갑자기 없으면 불안하다. 불안의 가장 큰 문제 중 하나는 그 불안이 자기에서만 끝나지 않을 때다. 여기에는 후천적 불안이든 천성적 기질이나 환경적 요인에 의한 불안이든 불안의 기원을 가리지 않는다. 태생적이고 기질적인 정신 불안을 가진 예술 작품이 하나 떠오르는데 그건 칼로의 '상처입은 사슴'이다. 이 그림을 보면 얼굴은 인간이고 몸은 사슴으로 그려져 있다. 이런 반인반수 상태는 이미 태생적 불안 자체를 보여주는 것이며 사슴 몸통에 화살이 몇 개 꽂혀 있다는 것은 정상 인간으로서의 회생 불가능성을 의미한다. 다만 천성적인 기질이나 우울함 같은 병리적 상태에 관한 이야기는 이 책의 범위 밖이다.

우리가 논의하는 것은 의학적 도움이 꼭 필요한 사람에 대한 것들이 아니다. 불안한 사람들은 지금 상태를 그냥 인정하면서 현실을 부정하지 않는 일이 중요하다. 맹자 또한 기질 탓만 하지 말라고 말한다. 그는 "의지가 한결같으면 기질을 움직이고 기질이 너무 한결같으면 도리어 의지를 움직인다. 지금 넘어지거나 위험하게 사는 사람들은 지나친 기질이 도리어 그 마음을 움직이는 것이다." 불안정한 나의 마음을 마치 종양처럼 가지고 있되 악성만 아니면 된다. '상처입은 사슴'은 사실 기질적 불안 외에 육체적 불안이 함께 한다. 실제 칼로는 육체가 온전하지 않은 장애를 가졌으며 그로 인해 이중의 불안을 겪었다. 그걸 그는 '상처입은 사슴'의 반인반수로 표현한 것이다.

칼로는 스스로 주어진 상처를 입었지만 현대인은 스스로 외에 타인과 사회로부터 상처를 입으며 더욱더 몸과 마음이 절단된 상태다. 어떤 나쁜 사람은 자신의 불안을 스스로 이겨내기보다 타인에게 전가하고 그것도 안 되면 타인을 자신의 불안 해소 도구로 이용한다. 거기에 동원되는 수단이 저질의 언어 사용, 힘의 논리인 계급과 권력, 기타 육체적 압박이다. 육체는 타인 신체 파괴가 아니더라도 반드시 인간의 정신까지 영향을 준다. 이걸 가장 분명하게 보여주는 책이 프랑수아즈 사강의 『독약』이다.

이 책의 내용은 주인공 화자가 병원에서 쓴 불안 일기로 채워진다. 주인공은 사고를 당해서 그 고통을 줄이기 위해 모르핀 주사에 의지할 수밖에 없다. 그가 가진 신체에 대한 두려움은 곧 불안한 마음으로 이어진다. 그래서 그걸 잊기 위해 주인공은 오히려 정신 활동으로 책을 읽는다. 절망하지 않고 불안을 해소하기 위한 주인공의 강인한 몸부림은 칭찬할 만하다. 누군가에게 책은 심리적 도피처라 말할 수 있지만 분명 『독약』의 주인공은 의지의 행위를 하고 있기에 나약하지만은 않다. 몸이 아프면 만사가 귀찮은 법인데 '독약'의 주인공은 그렇지 않고 맞서 싸운다. 그는 일종의 내면 강화를 하고 있는데『필 스터츠의 내면 강화』라는 책도 그런 정신적 이야기를 한다. 스터츠는 링컨의 말을 빌려 확실한 상태에서의 의사결정은 있을 수 없음을 말하면서 불확실해도 행동하는 것을 매우 중요하게 여긴다. 그는 이것을 '의지의 지성'이라 표현하고 인간 생명력의 지속성에 필수적 요인으로 '행동'을 꼽는다. 그의 말대로 행동은 부정적 생각과 상실을 견뎌내는 데에 결정적이다. 불안을 겪으면서도 도전하는 사람들은 언제나 그 무엇이 되었든 응원받아 마땅하다. 중요한 건 행동이지 그 행동의 결과가 아니며 또한 행동이 거창할 필요도 전혀 없다.

『바쁜 뇌를 회복하라』의 저자 로미 무슈타크는 다른 작가의 말을 빌려 꼬마 습관이라는 말을 꺼낸다. 꼬마 습관이란 아주 사소한 것이라도 좋으니 관성적 자기 행동을 조금이라도 바꿔볼 수 있는 어떤 루틴을 만들라는 의미다. 이 책은 후반부에 뇌와 정신뿐만 아니라 음식 이야기도 꺼낸다. 최근에는 먹는 것이 뇌와 장기 특히 유용 미생물에 영향을 주고 그로 인한 호르몬이 인간의 정신과 상호 관계가 있다는 연구 결과들을 자주 접할 수 있다. 스트레스는 늘 불안의 원인이자 결과이기 때문에 이것을 제쳐두더라도 현대인들은 자신의 식습관을 살펴볼 필요가 있다. 음식 관련 한마디만 더 하자면 정상적인 건강 관련 도서는 모두가 설탕·당과의 전쟁을 말해야 한다. 설탕이 꼭 들어가야 하는 음식에도 설탕은 과하지 않아야 하며 웬만하면 당 성분은 음식에 최소한으로 쓰여야 한다. 그런 차원에서 당이 들어간 나쁜 음료 안 먹기를 실천해 보는 것은 어떨까? 제로 어쩌고 하는 식품도 대부분은 소비자를 조삼모사하는 격이다. 이렇게 현대인은 음식 불안까지 품고 있으니 불안은 정말 끝도 없다.

외르크 베르나르디의 『타인에게 기대하지 않는 삶을 위한 안내서』에서는 실천을 중시하며 세상에 맞서는 힘에 당당히 행동하라고 다독거린다. 베르나르디는 외로움이 가지는 장점을 설명하면서 고독으로부터 얻는 이성과 몸의 수행을 동시에 강조한다. 톨스토이도 작은 변화가 일어날 때 진정한 삶의 가치를 발견한다고 주장한다. 불안하면 두렵고 자신이 무엇을 해야 하는지 몰라 행동하기가 쉽지 않다. 그러나 두려워할 필요가 없다. 개리 비숍의 『시작의 기술』에서는 "당신이 직면했던 모든 문제를 결국에는 극복했다는 사실을 기억하라"라고 말하면서 지금 겪는 것들은 과거와 크게 다르지 않을 것이라고 주장한다. 위 내용들을 종합하여 불안의 해소 차원에서 오래전부터 머릿속에 각인된 걸 두 가지만 말해보려고 한다.

먼저 영화의 대사에는 "I Love You"보다 "I Want You"라는 말이 더 많이 쓰였다는 것과 성경에는 "두려워 말라"라는 말이 365번 있다는 내용이다. 다만 오래전 어디서 주워들은 거라 정확히 맞는지는 확신할 순 없으며 그저 다음 말을 하기 위한 빌드업이라고 여기자. 저 각인된 성경의 말이 맞다면 인간은 1년 365일 매일 두렵고 불안한 존재다. 그렇기에 인간은 마음속으로 두려워하지 말자라는 자기 최면 자세를 취하는 게 중요하다. 또 이성 간 사랑이라는 애틋한 마음과 육체적 탐미도 좋지만, 꼭 이성이 아니더라도 다양한 사랑을 하려고 노력해야 한다. 즉 인간은 방안의 정적임보다 원초적 원함이라는 의지의 행동을 취하는 게 좋다. 강렬함이 없어도 일단은 육체를 움직여야 한다. 마음도 물도 흐르지 않고 고이면 썩는 법이다. 태초의 카오스 이래 인류가 언제 불안하지 않고 확실한 시대가 있었던가. 그리고 어떤 불안은 개인의 영역에서만 머무르게 해선 안 된다.

우리가 불안에 대해 계속 살펴볼 것은 순전히 개인 차원이 아닌 개인과 사회의 양방향적 상황에 놓일 때다. 불안이 자신으로부터 시작된 게 아닌 타인이나 사회로부터 기인한다면 나 혼자만의 힘으로는 불안을 해소하기 힘들다. 쌓여가는 불안이 해소되지 않을 때 사람들은 공격성을 드러낸다. 어떤 사람들은 불안을 억지로 없애기 위해서 타인 및 외부 지향적으로 시선을 돌리는데 그건 제대로 불안을 해소하는 방법이 아니다. 아예 나에게 불안이 거의 없는 상태여야지 불안의 외부화는 그저 불안을 일시적으로 제거하는 진통제 역할만 할 뿐이다. 이것은 진정한 불안 치료가 아니다. 불안은 정신적 육체적 두 가지 문제를 일으킨다. 보통 우리는 정신적 불안의 원인이 육체적 결과까지 간다고 착각하기 쉽지만 그렇지 않다. 육체는 곧 감정이나 호르몬의 문제를 일으키고 그건 정신적인 부분까지 영향을 준다. 즉 육체와 정신의 불안은 서로 동등한 위치에서 순서와 상관없이 문제를 일으킨다.
아리스토텔레스와 스피노자는 이 말을 긍정할 것이지만 아마도 소크라테스와 데카르트는 부정할지도 모르겠다. 특히 아리스토텔레스는 신체와 영혼을 하나로 보고 신체가 없으면 영혼도 없다고 생각했다. 어쨌거나 우리가 주로 살펴볼 것은 정신적 불안이다. 사람들이 간과하는 또 하나의 불안 종류는 '정체성 불안'이다. 성(sex)과 정치뿐만 아니라 이 정체성 불안은 연애, 가족, 동료 관계, 친구, 종교 등 아주 다양한 영역에서 나타난다. 사람들의 정체성 정도는 각각 다르지만 모두가 특정 정체성을 다양하게 가지며 살아간다. 자신은 무정체성이라 단언할 사람도 있겠지만 절대 그렇지 않다. 내가 일주일 동안 어떤 콘텐츠 유형에 소비하는 것이나 무형의 어떤 가치관을 가지는 것도 하나의 정체성에 포함된다. 누군가 나의 정체성에 흠집을 내려고 할 때나 사회가 그것을 받아주지 않을 때 사람들은 고통을 느낀다. 이것이 불안으로 이어지고 누군가는 무력감에 빠져 패배자가 된다.

반대로 누군가는 고통을 준다고 생각하는 그 착각의 존재에 대해 헛된 승리를 하고 싶어 공격성을 띤다. 만약 다양한 불안이 해소되지 않으면 결국 서로가 공격적이게 된다. 우리 사회가 분노와 혐오 시대로 넘어간다고 생각하는 것도 바로 이 때문이다. 즉 현시대 혐오나 분노는 과거보다 복잡한 불안 사회나 경쟁 상황 때문이 아니라 각자가 느끼는 불안 유형과 그것을 해소하는 방식이 똑같으므로 벌어진 일이다. 사회의 구조적 문제가 아니라면 개인의 상황과 해결 방식은 각자 조금씩 다른데 모두가 스마트폰을 가지고 똑같은 생각 혹은 아예 반대된 생각을 그대로 공유하며 살아간다. 그러다 보니 다양성은 분명 존재하고 그 스펙트럼은 넓어졌는데도 해소 방식은 축약되거나 어떤 것으로 수렴한다. 그래서 이 해소 방식마저 서로 경쟁해 버리는 웃지 못할 상황이 생긴다.

예를 들면 사람들은 세대 불안에 대해 갈등의 원인을 위 세대나 아래 세대로 돌려버리고 남녀 불안에 대해 갈등의 원인을 이즘과 반이즘으로 돌려버린다. 이런 건 해결책이 절대 아님을 누구나 알지만 특정한 사람들은 이 불안을 결국 자신보다는 타인이나 사회 탓으로 돌려서 불안을 해소하려고 한다. 왜냐하면 그래야 핑계가 쉽고 자신의 내적 문제에 대한 수정 저항값의 에너지를 덜 소비하여 마음이 편안해지기 때문이다. 우리는 복잡하게 분석하는 건 현대인의 미덕이 아닌 것처럼 행동한다. 이 또한 진정한 불안 해소가 아니다. 우리는 또다시 그토록 상투적인 표현인 다양성 존중과 타인 이해하기라는 결론에 도달할 수밖에 없다.

찰스 호튼 쿨리는 "사람들이 타인들과의 사회적 상호작용을 통해 타인이 자기를 보는 방식으로 자기 자신을 보게 됨에 따라 자아가 창조된다"라고 하였다. 사르트르도 이와 비슷한 입장을 가졌는데 결국 인간은 타인의 존재 위에서 나를 해석하게 된다. 그런데 자신을 상호 관계 차원에서 해석하지 않고 오로지 세상을 자기 뜻대로만 보아 자신은 틀리게 존재하면서 세상을 거기다 맞추는 사람들이 있다. 이렇게 자기만의 길에 너무 매몰된 사람이 서로를 마주한다.

지금까지 우리는 타인의 시선을 현대사회의 문제 중 하나라고 했지만 때로는 틀림의 존재가 오히려 타인의 시선을 의식하지 않기도 한다. 타인의 시선을 의식하는 자체가 누군가에게는 강박이지만 또 누군가에게는 삶의 에너지원이 된다. 다만 타인 의식하지 않기가 도덕·윤리·공감능력 불감증인 뻔뻔함과는 구분되어야 한다. 일찍이 이런 인간의 관계를 들뢰즈와 가타리는 리좀이라는 표현으로 설명하려고 했다. 이 두 사상가는 복잡한 이항대립과 위계구조 속 주체와 타자의 차이를 자율성과 유동성, 내재성, 연결성을 통해 사회관계를 해석한다. 원래 리좀은 뿌리줄기를 뜻하는데 들뢰즈의 철학적 리좀을 알지 못한다고 하더라도 원래 단어 의미로만 보면 인간은 불안에 흔들려도 뿌리줄기의 힘만 있다면 죽지 않음을 알 수 있다. 그 뿌리에서 파생되는 긍정적인 측면은 각자 다원적이고 아주 희망적이다. 땅속의 나는 무한 잠재력을 가지기도 하지만 인간은 세상 밖으로 나와 비와 바람 모진 날씨를 견뎌

내며 살아야 하는 존재이기도 하다. 우리는 늘 개인적 차원에서 불안에 초점을 맞춘다. 이것은 과거에도 그랬는데 각자사망의 현시대에는 더욱더 사회가 불안 무심함을 가진다. 물론 실제로는 국가와 공공기관 기타 여러 단체가 불안과 소외에 힘들어하는 사람을 위해서 열심히 활동한다. 하지만 찾아오는 서비스는 아니다. 누군가 폭력으로부터 불안하다면 개인이 할 수 없는 영역도 존재한다. 이 폭력은 가정이나 연인 사이로부터 기원할 수 있고 외부적으로 학폭이나 사회 부조리의 폭력으로부터 기원할 수도 있다.

학폭의 경우 가해자에게는 교화와 같은 도덕적 조치와 함께 강제적 조치인 규칙이나 법에 따른 처벌도 중요하다. 그리고 학교와 학폭을 처리하는 관련자들은 피해자를 좀 더 생각하여 강화된 인권 감수성을 가질 필요가 있다. 가령 명백한 학폭 가해자인데도 권력이나 소송을 이용하여 대학 입시까지 영향을 받지 않으려는 못된 부모가 있다. 그런 자녀에 대해서는 더 엄격한 준칙과 사건 기록이 필요하다. 폭력은 신체적 파괴보다 실제로는 정신적 파괴가 더 인간에게 큰 고통을 준다. 개인이 그걸 버티지 못할 땐 온전한 정신으로 평생을 살 수 없게 하므로 폭력은 권선징악의 무심함으로 가해자에게 냉정해야 한다. 그래서 진정으로 반성하는 자에 대해서는 피해 당사자의 용서 여부만 있을 뿐 제3자는 이것에 왈가왈부하지 말아야 한다. 결론적으로 우리는 불안의 기원 중 하나로 폭력을 이 안에 포함하도록 해야 한다.

한병철의 『폭력의 위상학』에서는 폭력을 태초의 종교적 경험일 것이라는 재미난 주장을 한다. 한병철의 저 말이 틀린 건 아니지만 폭력이 그렇게 단순한 게 아니다. "폭력의 위상학"에서 언급한 내용은 아니지만 보통 폭력에 관해 이야기할 때 많은 학자는 종교의식에서 희생제의를 했던 것을 폭력과 연관 짓는다. 실제로 돼지나 소, 양 심지어 어린 아이까지 인간과 동물이 미신적 행위에 쓰여 생명이 희생된 역사는 꽤

길다. 성경의 아브라함은 늙은 나이에 겨우 얻은 아들을 신께 제물로 바치려 했다. 만약 제물이 딸이었다면 이즘의 사람들은 태초의 페미사이드 남성을 아브라함으로 지목했을지도 모른다. 폭력을 원시적으로 보면 그 기원은 인간이 태초부터 가지고 있던 두려움으로부터 시작된다.

역사적으로 조금씩 위치를 달리하지만 이때 폭력은 생존 욕구를 넘어 두려움을 없애버리려는 정복 욕구까지 가지고 있다. 사실 이 폭력으로 인한 피해와 가해라는 논의는 작가나 철학자가 쓰기에 가장 쉽고도 어려운 서사를 만들기에 좋은 주제다. 이 짧은 논의만으로도 폭력은 개인과 사회, 즉 구조, 문화, 언어, 심리, 관계 등 여러 합으로 만들어 낸 의식이 서로 연결됨을 단숨에 알게 된다. 폭력만 따로 떼어서 이야기하는 학자들이 상당히 많은 만큼 폭력은 인간의 역사와 함께한다. 현대사회에 이르러 더 복잡해진 폭력을 우리는 난제의 글 곳곳에서 이야기하고 있기에 따로 폭력 챕터는 두지 않을 생각이다.

불안을 일으키는 폭력 중 아주 개인적인 일이 아니라면 이 논의는 사회적 차원에서 접근해야 한다. 그렇다고 모든 개인의 불안을 사회나 국가가 담당해야 한다고 말하는 건 아니다. 국가와 지역 사회가 개인에게 핀셋 관리를 하라는 게 아니며 당연하게도 그건 불가능하다. 지금은 법과 질서로부터 나를 지켜줄 힘이 잘 작동되는지에 대한 공통된 그 믿음이 중요하다. 그러나 우리는 그것에 불신이 있으므로 불안하다. 이렇게 보면 불안의 기원은 알랭 드 보통이나 다른 학자들이 말한 것처럼 몇 가지로 수렴되는 게 아니다. 이 불안 요소는 앞서 말한 대로 일상적이기에 다양함을 가진다. 결국 나의 안정성인 생명, 정체성과 성소수자를 포함한 성정체성, 지위, 나의 존재 의미, 내적 외적인 마음 평형 등이 불안 여부를 가린다.

하버드 정신의학 조교수가 쓴 『모든 인생은 불안하다』처럼 안 불안한 사람은 세상에 없다. 여기서 굳이 하버드란 이름을 왜 언급했을까? 사람들은 이런 타이틀이라는 몹쓸 지위 불안을 의식적으로 가지고 있기 때문이다. 지위 불안과 욕망의 결합은 무의식적으로 자신과 타인을 그렇게 인식하게 만들고 그걸 서로 찾아 나서는 삶에 의식을 가둬두게 한다. 요즘은 단순히 대학이나 직업이 아니라 그 타이틀 범위도 대단히 넓어졌다. 유튜버면 구독자 수나 조회 수가 타이틀이 되고 인플루언서면 팔로워 숫자가 신타이틀이 된다. 그렇다면 이런 것으로부터 오히려 벗어나려는 사람들은 없을까? 보통의 인간은 당연하게도 불안이 오면 회피하고자 한다. 이건 순전히 개인적 차원에서 일어나는 건 아니며 관계적 차원에서도 이뤄진다. 관계적 차원의 예를 하나만 들어보면 불편한 사람을 피하거나 아니면 불편한 일 자체를 만들지 않기 위해 그냥 회피하고 싶은 마음으로 삶을 사는 사람들이 있다.

『모든 인생은 불안하다』 책도 이 회피를 책의 첫 주제로 삼는다. 이 저자의 말에 의하면 회피는 당연한 뇌의 즉각적 반응이며 이 자체가 처음부터 부정적으로 작용하지 않는다. 하지만 장기적 관점에서 회피는 꼭 부정적인 상태를 만든다고 저자는 주장한다. 그래서 감정 '전환'이 중요하다. 이 책에서는 정서 조절이란 말을 쓰며 이것이 핵심이라고 표현하는데, 정서 조절이란 단순히 분노나 불안 스트레스를 줄이는 게 아닌 좀 더 적극적으로 자신을 이해하고 사회관계를 유연하게 하는 것을 의미한다. 하지만 장기적이고 근본적인 불안 해결을 스스로 찾는 사람은 매우 드물다. 여기서 중요한 건 자신이 가지고 있는 불안 전부를 해소할 생각은 버려야 한다는 것이다. 그리고 사람들은 불안하기에 무엇에 투사하고 의지하는데 각자의 투사와 의지가 아주 다양한 만큼 그게 올바른 불안 대처법인지 의심해 봐야 한다. 결국 투사된 각각의 소속감이 사회에 충돌을 일으킨다. 물론 이 소속감이 항상 부정적인 건 아니다. 요즘 나오는 책 중에는 '다정'이라는 단어를 쓴 것들이 자주 보인다.

니콜 칼리스의『다정한 세계를 위한 공부』의 책은 국내에도 꽤 알려진 브라이언 헤어, 버네사 우즈의『다정한 것이 살아남는다』를 언급한다. 니콜 칼리스는 외로움과 이타심에 대해서 심리학적 뇌과학적 사회학적 접근을 통해 다정한 삶을 왜 살아야 하고 어떻게 이걸 지속시킬 수 있는지를 살핀다. 여기서 알게 된 재미난 사실은 50세 이상의 수천 명을 대상으로 실험한 결과 자원봉사를 하는 사람은 안 하는 사람보다 병원에 덜 갈 확률이 38%라는 것을 알게 해준 점이다. 그렇다고 꼭 오프라인의 자원봉사를 하고 사회 문제 해결을 위한 시민 연대를 해야 한다는 건 아니다. 개인이 겪는 소외나 외로움을 온라인 공간에서 공유 감정으로 해소하는 것도 나쁘지 않다. 설령 위로나 공감 받지 못하더라도 자신의 이야기를 터놓은 것 자체만으로도 불안에 긍정적인 역할을 한다. 하지만 이것도 적당한 거리 유지가 필요하다. 노사연의 노래 '바램'의 가사처럼 거의 위로 받지 않은 삶을 사는 사람 정도면 괜찮지만, 너무 자기연민에 빠지는 것도 문제가 된다. 겉은 연결성 사회지만 실제로는 고립의 시대인 지금 누군가는 기기 문명을 긍정적으로 쓰고 누구는 바보처럼 쓰기에 적절한 균형이 필요하다. 그 균형을 아는 게 인간 모두의 삶에 가장 중요한 숙제다.

사회와 개인은 떨어질 수 없기에 사회도 성찰해야 하고 개인도 성찰해야 한다. 이런 성찰의 연계성을 앤서니 기든스는 오래전부터 주장해왔다. 그는 개인적 수준의 성찰을 사회적 수준으로 올려서 사회 문제를 분석한다. 차분히 내 안에 불빛을 비추고 어두운 것은 바깥으로 몰아내야 한다. 내가 온전해야 관용도 생기는 법이다. 뒤르켐이 수십 년 전에 말했던 아노미 현상은 현재 사회 불안으로 더욱 짙어졌다. 아노미 현상이란 기존 관성적 사회에서 급격한 사회 변동으로 인해 전통적 사회 규범이 제 기능을 하지 못하는 것을 의미한다. 가령 예전에는 물질적 빈곤에도 불구하고 대부분 결혼했으며 자식도 여럿 낳았다.

그러나 지금은 평균의 함정이 존재하고 비교 기준이 현실과 괴리가 생기면서 어떤 규범이 사람들 모르게 정해진 상태로 결혼과 연애에 불안감을 준다. 결국 우리는 서로가 서로를 비교하며 세상을 살아간다. 이렇게 미래 희망에 어려움을 주는 이런 비교 사회가 신 아노미 현상이다. 자신의 진짜 행복을 위해서 남에게 보여주려 하지 말고 무엇이 되려고 하지 말자. 또한 사람들은 나다워지고자 하지만 그것도 강박이기 때문에 가짜 나다움 자체도 버리고 그것으로부터 자유로워져야 한다. 설령 사회가 그렇게 원할지언정 타인을 인정하려 하고 나를 아끼며 사랑하는 게 우선이다. 나 자신이 정신적 육체적으로 건강한 것보다 더 중요한 것은 이 세상에 아무것도 없다. 불안의 시작이 사회나 타인일지라도 정신적 빈곤을 채우는 일은 외부가 아닌 나로부터 시작한다. 훌륭한 타인의 조언과 책이 있다고 하더라도 그저 보조일 뿐 마음 채움은 나의 몫이기에 나를 우선해야 한다. 남에게 피해만 주지 않는다면 이때는 이기적 유전자가 되어도 좋다.

우리는 지금 신 아노미라는 불행의 연쇄작용을 겪고 있다. 나를 제대로 알지 못하고 내가 바로 서지 않으니 공감과 이해, 사랑과 여유, 관용 등이 사라진다. 현대사회의 문제점이라고 공통으로 언급되는 건 사실 원인이 아니라 결과에 불과하다. 더 정확히는 시간차 없는 나와 사회의 불안이 동시에 일어난 것이다. 불안을 해소하기 위하여 우리는 자신과 사회를 동시에 진단하고 머리를 맞대며 대화해야 한다. 그러나 세상은 겉으로 보기에는 그 반대로 가고 있다. 우리 인간은 오스카 와일드의 말처럼 사랑하는 대상을 늘 죽이려고 하는 존재가 되려고 한다. 자크 라캉도 이와 비슷한 말을 했다. 사랑의 불안정성이 다시 사랑을 만들고 그 파멸될 위험성 때문에 파멸하려고 한다.

불안은 유기체의 사라짐에 대한 거부 반응을 의미하며 지속성을 유지하기 위해 끝없이 존재 여부를 확인한다. 이걸 '모순불안'이라고 부르자. 인간은 자기 실현화를 구현하는 존재인데 이 모순불안 단계에 있는 사람은 육체와 정신이 정적이거나 심하면 퇴화한다. 에피쿠로스와 루크레티우스는 가장 작은 물질을 원자로 보고 항상 이 물질은 움직이면서 변화한다고 보았으며 헤라클레이토스 또한 마찬가지였다. 유기체가 정신과 생각이라는 가장 작은 하나로 집결하는 불안은 물질의 불안정성과 같다. 이 불안정성은 스피노자의 양태 개념처럼 언젠가 활동 이후 안정을 찾겠지만 못 찾는 정신은 곧 유기체의 사라짐, 즉 죽음 혹은 자살 외에는 안정의 방법을 찾을 수 없다. 유기체의 소멸이 아니라면 적어도 그 사람은 불행과 우울감의 연속일 뿐이며 살아도 사는 게 아니게 된다. 현대 의학으로 치료되면 좋겠지만 모두가 안정을 취할 수는 없다. 아주 사소한 개인의 불안은 다들 품고 있다. 그러면서도 누군가의 불안은 눈사람을 만들기 위해 눈을 굴리는 것과 같이 계속 커지는 특징이 있다. 박살이 나거나 제어가 될 때만 눈 같은 불안은 그나마 안정을 취한다. 이 박살은 인간의 파괴와 파멸을 의미한다. 박살 내는 대신에 제어하는 것이 우리 사회가 할 일이다.

하지만 사람들은 각자의 불안 속에서 타인을 박살 내려고 한다. 유기체의 '죽음충동'이 아니라 인간의 동물적 '죽임충동' 현상은 현시대에 새롭게 봐야 할 프로이트의 변형된 생각이다. 타인의 타락은 나의 쾌락이고 타인의 죽음은 내가 살고 있음을 느끼게 하는 이율배반이 불안의 인간에게서 나타난다. 과거에는 국가의 권력 행위로 감시가 이루어졌다면 지금은 사회나 개인 또는 집단이 타인을 감시한다. 그래서 불안은 갈수록 더욱더 강박적이고 비독립적이다. 관음의 판옵티콘은 이제나 자신을 위해서 멈춰야 한다. 불안은 타인, 기질, 개인이나 사회로부터 기원하지만 기질 외에는 우리가 노력하면 제어할 수 있는 것들이다.

우리는 모두 지금 환자거나 환자가 될 수 있다는 겸손함으로 사회의 다양한 아픔을 이해해야 한다. 그렇게 하면 의사처럼 처방전이 내려질지 모른다.

국가는 사회의 불안을 잘 진단하고 개인은 마음과 신체 건강과 함께 미래의 가족 불안을 잘 진단해야 한다. 가장 좋은 건 병에 걸리기 전 예방하는 것이지만 안타깝게도 인간은 그걸 뒤늦게 알아챈다. 서로의 불안을 인정하고 조금만 "엔듀어"해보자. 엔듀어를 미셸 푸코가 말한 것으로 변환하면 "자기 수양"이 된다. 푸코는 "자기 수양"에서 기원전 그리스 사상을 꺼내며 그때부터 자기돌봄이 있었다고 주장한다. 스토아 학파 이후 '너 자신을 알라'가 자기 수양의 시초가 되는데 우리의 문제 해결은 항상 우리 자신을 앎으로써 시작한다는 걸 잊어선 안 된다. 그런데 사람들은 자신을 잘 알려고 하지 않고 타인만 겉으로 알면서 재단하려고 한다. 설령 자신을 알더라도 이걸 긍정적으로 행하지 않는다.

푸코는 자기돌봄이 사라지고 자기 포기가 되는 이유에 대해서 이렇게 진단한다. "사람들은 기독교적이며 자기 기술을 권위나 규율 체계 내에 통합 당함으로써 자기 수양의 독립성을 상실했다." 소크라테스와 푸코의 자기 수양은 내적인 것으로서 현대인이 중요하게 생각하는 외적인 평판이나 재산이 아니다. 그런데 푸코는 조금 모순된 말을 한다. 사회와의 관계가 정해 놓은 이른바 통제나 통치가 우리를 이렇게 만들었음에도 그는 자기 수양이 곧 역사와 관계된 결과물이기에 새로운 자기 관계를 찾아야 한다고 주장한다. 이건 포스트 구조주의적 발상인데 푸코의 저 말은 개인이 외부에 영향을 받지만 결국 이것도 내부화라는 의미로 환원됨을 의미한다. 이건 구조주의적 기본 발상의 모순이다. 그의 말을 확실하게 해석하기는 어렵지만 현대적 언어로 치환하면 자기 수양은 사회 속 자기 파괴라는 교훈을 준다. 지금 당장 불안을 파괴하러 가보자. 어디로? 이 책 안에 정답이 있다.

한편 푸코가 생각한 기독교에 대한 인식은 부정적인 면이 아주 많다. 그는 니체나 마르크스와 비슷한 생각을 가졌는데 푸코는 기독교의 복종 통치 관념이 인간에게 여러 문제점을 일으킨다고 주장한다. 그러면서 푸코는 권력관계에 좀 더 초점을 둔다. 이에 맞서 일부 기독교인들은 푸코의 동성애적 삶을 비판하는데 방금 한 이 말엔 어떤 문제점이 있을까? 그의 철학 논의를 비판해야지 개인의 삶을 논하는 것은 논점을 벗어난 비열한 짓이다. 우리는 이걸 메시지가 아니라 메신저를 공격한다고 표현한다. 이런 사람들은 또 전체가 아닌 일부 텍스트의 사실만 가져와서 그것만 붙잡고 늘어지려 하고 프레임을 교묘히 바꾸려 한다. 우리는 이런 걸 잘하는 일부 양두구육 장사꾼들이나 기독교인 학자를 자주 볼 수 있다. 이게 다 자기 수양 없이 남만 이기려는 사람들의 불안과 나이만 어른인 미성숙함 때문에 생기는 일이다. 푸코는 자기 수양이 투쟁적 의미가 있다고 했는데 이건 남을 공격하는 일이 아닌 자기 치료를 의미한다.

과거의 자기 수양과 현재의 자기 수양은 푸코가 말했던 것처럼 조금 다를 것이다. 그런데도 우리는 수양이라는 단어를 내 몸에 항상 간직해야 한다. 이 수양은 한병철의 『불안 사회』의 핵심처럼 종국적으로는 행복한 희망이어야 한다. 희망이 없다는 것은 사람을 삐뚤어지게 만든다. 그래서 일부 젊은 남녀가 삐딱한 생각을 가지는데 희망 없음과 미래 불안은 그 삐딱함의 근본적 원인이 된다. 참고로 한병철은 낙관적이고 긍정적인 관점과 희망적 관점을 구분하면서 후자를 더 의미 있게 해석하는 것처럼 보인다. 하지만 안타깝게도 사람들은 불안을 제대로 대처하지 못하는 경우가 많다. 불안은 그렇다면 최종적으로 무엇을 초래하는가. 불안의 감정이 일부라도 해소되지 않고 다른 긍정의 무엇으로 전이되지 않으면 그 불안은 수많은 문제를 일으킨다.

앞서 언급한 혐오 같은 공격성 외에 해소되지 않은 불안은 결국 자기 파괴, 공동체 파괴, 이성 파괴를 만들고 세상을 르상티망의 감정으로 보게 한다. 이때 작용하는 게 과잉의 신념과 결핍의 냉소주의다. 그래서 사람들은 누군가의 선동에 쉽게 세뇌되며 불안의 외로움을 잘못 해소한다. 그런 잘못된 불안 해소 방법 중 하나는 특정 사람이나 이념에 자아 의탁을 하는 것도 포함된다. 개인의 부정적 불안 전이는 문화적, 정치적, 성별적, 세대적 차원에서 다양한 사회 불안으로 확산한다. 이 사회 불안은 누군가에게는 돈벌이 수단이 되기도 한다.

개인의 문제에서 사회로 퍼져나간 이 불안을 요즘은 하나의 자유 시장으로 보고 각종 불안 자영업자가 혼란을 부추기면서 나쁜 장사를 한다. 보통은 근본적 해결책이나 인문학적 분석 없이 철학업자, 미래업자, 정치업자, 페미업자, 작가업자, 선동업자들이 계속 텍스트를 남긴다. 그러다 보니 결국 또 갈등을 만들고 그 불안은 다른 무엇으로 불화를 낳게 하여 대한민국은 불안 악순환에 놓인다. 이젠 감정업자들이 여기저기 튀어나와서 묻지 마 자기주장을 하며 무오류성의 신경증 환자들이 된다. 더욱이 타인과 세상 비판은 쉬워서 대중이 잘 모여들고 반대로 자신 스스로의 비판은 어려워서 겸손하며 진짜 자존감이 높은 사람이 드물어진다.

자존감이란 내면에 있는 열등감을 인정하면서 타인과 사회에 대한 자신의 객관화된 장단점을 모두 존중하는 걸 의미한다. 그러면서 특정한 마음 편향 없이 있는 그대로 자신을 사랑하고 받아들인다. 자존감은 타인을 존중하고 객관적인 측면을 가지고 있다는 점에서 자신감이나 자기애와 뚜렷한 차이가 있다. 후자의 경우는 주관적 감정으로 이것이 과하면 오만하거나 자의식 과잉이 된다.

복어는 사람에게 잡히면 자기 몸을 부풀리는데 우리 중에는 이런 복어와 같이 자기 신뢰에 빠져 살기도 한다. 이들은 일종의 나르시시스트로서 허세를 부리고 공감이라는 걸 몰라 사회 불안을 만들어낸다. 요즘 자아 비대가 된 복어들 중 상당수는 온라인의 적극 글쓰기를 통해 스스로 감정 독재에 빠져 살아간다. 당연히 우리의 감정 불안은 완전히는 아니어도 어느 정도 해소되어야 한다. 여기엔 열등감이 크게 작용하는데 스트레스를 바르게 해소하지 않으면 아들러가 말한 대로 그 열등감이 적재하게 된다. 불안의 잘못된 전이(轉移)인 혐오와 무엇에 대한 강한 믿음은 현대에 와서 더욱더 뚜렷해졌으며 외로운 사람들은 그런 언어와 표현을 쓰는 곳에 모여 일시적 위로를 얻는다. 혼자일 때보다 자기와 비슷한 사람들이 많이 있다고 믿는 심리는 위약 효과를 준다. 하지만 이것은 근원적 해결책이 아니라 오히려 자기 불안과 사회 불안을 더 키우는 요소가 된다.

집단 형성은 정의에 대한 투쟁 아니고서는 긍정보다 부정적 요소가 훨씬 많다. 현대인은 지금 경계 짓기를 할 때와 하지 않을 때 그리고 감정과 이성을 구분해야 할 때를 잘 모른다. 자기감정 상태를 인정해야만 불안이든 열등감이든 다음 단계로 넘어갈 수 있는데 사람들은 생각보다 이것을 중요하게 생각하지 않는다. 드디어 결론이 나왔다. 불안에서 가장 중요한 것은 자기감정 인지 능력이며 그걸 객관적으로 분석하는 일이 1차적인 과제다. 그다음 그걸 실천하는 것이 2차적 과제다. 사회와 나의 관계에서 자기 객관화 이것은 그 누구도 해줄 수 없는 일이다. 즉 내가 해야 할 일이 있고 사회와 우리가 해야 할 일이 따로 있다. 종양과 같은 병을 치료하는 것은 잘 드러내고 잘 관찰하고서부터 시작된다. 그건 숨긴다고 숨겨지는 것이 아니다.

키르케고르는 인간 자체를 불안한 존재로 규정한다. 왜냐하면 인간은 정신을 가진 동물이기 때문이다. 이렇게 생각해서인지는 몰라도 키르케고르는 이 불안을 없애기 위해 사랑의 기원이 되는 신에게 인간 존재를 귀의하려고 한다. 하지만 모든 이의 불안 상태는 조금씩 다르며 누구나 추상적 종교에 의지할 수 있는 것도 아니다. 설령 종교에 귀의한다고 하더라도 어떤 이는 더 나약한 상태에 놓이기도 한다. 이건 불안의 진정한 해소가 아니라 정신적 도피처일 가능성이 크다.

불안이 막연하게 20세기 현대인에게 등장한 거 같지만 이건 당연히 사실이 아니다. 19세기 말 뭉크는 그 유명한 '절규'를 그려 인간 불안을 표현했다. '절규' 외에도 뭉크는 인간 내면의 불안정한 모습을 보여주는 걸 꽤 많이 그렸다. 그림에 대한 조예가 전혀 없어도 뭉크의 그림들을 보면 불안을 바로 떠올리게 된다. 운동이나 미술 음악 그 외 다른 어떤 것에 집중력을 발휘하면 인간은 이런 행위 자체로 불안을 잠시나마 다스릴 수 있다. 이렇게 누구나 조금씩 가지는 불안과 스트레스는 어떻게 관리하느냐에 따라 삶의 질과 행복을 결정하게 한다.

28
배움

한비자를 오해했다(Feat. 사마천)

청소년부터 어느 나이 때까지 한비자에 대한 인식은 오로지 법만 중시했다는 그 관념 하나에 파묻혀 있었다. 마치 공자는 유머도 없고 자기 사상에만 확고한 사람처럼 말이다. 이런 선입견에 빠지지 않기 위해서 사람들은 계속된 배움의 존재인 책을 읽어야 한다. 배움도 되도록이면 영상이나 화면에 쓰인 글이 아닌 종이책이 필요하다. 책도 오류가 있긴 하지만 망나니 스마트폰만큼은 아니다. 편향과 오해가 훨씬 많은 곳이 내가 손에 쥐고 있는 그 휴대폰 안에 있다. 우리는 또 고전으로부터 현대사회를 살펴봐야 한다. 과연 한비자는 법가 사상으로만 대변될까? 그렇지 않다. 실제 한비자는 노자의 도(道) 사상을 받아들여 자신만의 해석을 하였고 덕에 관해서는 군주와 세상의 이치를 중심에 두었다. 노자 하면 대부분의 사람은 물처럼 흐르는 자연의 삶을 많이 떠올리지만 실제로 "도덕경"을 읽어보면 정치와 인문 철학이 더 많이 보인다.

맹자는 기본적으로 인간은 선하기에 그것을 지켜 나가는 내적인 덕과 도를 중시하였다. 반대로 순자는 인간은 악하기에 외적인 규범이 중요하다고 생각했다. 이것을 이어받은 게 순자의 제자 한비자라고 생각한다면 법에 대한 그의 생각이 어떨지 금방 감이 오게 된다. 다만 어떤 사상가들의 생각이 항상 옳을 수만은 없고 이분법적인 것만도 아니다. 시대의 에피스테마가 다르고 환경이 다르므로 가려서 들어야 한다. 리더에 따라 세상이 요동치기 때문에 그저 우리는 좋은 말들을 이용하여 현대인에게 적용하면 된다. 한비자 시대에도 법은 때에 따라 다르다고 생각했기 때문에 그 당시 질서를 새로 확립하고자 그들은 더욱 실천적인 법을 다루었다. 여기에는 정치적 이유도 있었다. 사람들은 현시대를 난세라고 하니 그 당시 난세에 활약했던 한비자의 말도 들어보면 좋을 것 같아 그를 잠시 배워보도록 하겠다.

공자나 맹자도 그랬지만 한비자 또한 나라와 백성을 위한 자세로 자기 사상을 논한다. 가령 한비자는 청렴한 신하의 자세에 대해서 "뇌물로 권력층을 섬기지 않고 자신의 청렴함에 의지하는 지혜로운 인사는 법을 왜곡하면서까지 정사를 처리하지 않는다"라고 말한다. 공직자의 청렴은 지금 시대에도 당연히 적용되는 말인데 우리나라 권력자와 기득권 그 외 정치인들은 오히려 도덕의 기준을 낮춰버린다. 또 일부 한비자의 말은 입으로만 떠드는 백면서생이나 성인군자 같은 사람을 나무라듯 한다.

니체의 사상으로 확대해 보면 한비자가 생각하는 법이란 어떤 의지를 갖추고 능동적으로 행해져야 하는 것이다. 그렇기에 그의 주장은 국가와 군주 그리고 백성의 삶에 실제적이었다. 그의 말 상당수는 "군주론"보다 1500년을 앞서 나온 동양의 마키아 벨리 느낌까지 들게 한다. 그는 법을 제대로 정립하고 시행하는 게 곧 백성을 위한 길이라고 생각했는데 이게 한비자의 핵심 사상이다. 한비자는 법뿐만 아니라 리더·왕의 입에서 나오는 말의 중요성도 강조한다. 그는 "현명한 군주의 나라에서 명령이란 것은 말 중에 가장 귀중한 것이고 법이란 것은 일 중에 가장 적절한 것이다."라고 말한다. 과거 군주 시대의 명령만이 아니라 현시대에도 리더가 얼마나 중요한지를 우리는 지난 못된 계엄 명령이나 무능하고 부패한 리더들로부터 배우게 된다. 하지만 이런 경험으로부터 배우지 못하고 이념과 아집에 사로잡힌 부끄러움 없는 자들이 계속 존재함에 따라 정상 인간은 가슴이 답답하다. 법만 제정되고 실행되지 않으면 의미가 없으므로 한비자는 법의 실제 행동을 중시한다. 만약 미셸 푸코가 한비자의 법가 사상을 알았다면 "처벌과 범죄 억제를 사회와 동일한 시간과 공간에 존재하게 하여 일상적 기능을 수행하게 한다"라고 비판할 것이다. 푸코의 말이 틀린 건 아니지만 우리는 지금 국가나 사회가 인간에게 행하는 교묘한 억압이나 통제를 말하는 게 아니라 오히려 그 반대를 이야기하고 있으므로 푸코의 생각은 잠시 생각하지 않는 게 좋다.

한편 진시황의 진나라가 한 세대 정도밖에 못 가서 망한 것에 대해 한나라 황제는 그 이유를 알고 싶어 했다. 그가 내린 결론은 법은 있지만 법이 제대로 시행되지 않은 것이었다. 진시황에 대한 강력한 황제 이미지나 분서갱유, 병마용 등을 생각하면 진나라에 법이 제대로 행해지지 않는 것에 대해 고개를 갸우뚱할지도 모른다. 하지만 이 시기에는 통치자의 명령과 백성의 법을 다르게 볼 필요가 있다. 우리는 반헌법적 계엄령과 충격적인 반지성적 법원 폭동 사태를 보면서 한비자의 이 말을 다시 한번 새겨듣지 않을 수 없다.

한비자는 이렇게 말한다. "대개 간악함이 반드시 알려진다면 조심하고 반드시 처벌된다면 그칠 것이다. 그러나 간악함이 제대로 알려지지 않는다면 방자해지고, 처벌하지 않으면 행해진다." 한비자가 죽은 지 2000년이 지났다. 해방 이후 처단되지 못한 악령이 지금 우리를 또다시 위협한다. 우리가 인문 고전을 배워야 하는 이유 중 하나는 인간 행태가 시대를 초월하여 과거와 거의 같은 상황에 놓여 살기 때문이다. 문명의 발전으로 의식이 변하는 것 외에 인간이 누구나 가지는 욕망의 보편적 특성은 변하지 않는다. 2000년 전이나 지금이나 다르지 않은 인간의 삶은 여러 고전에서 찾아볼 수 있다. 그런 의미에서 한비자가 했던 말을 좀 더 알아보자.

그는 나라에 있는 부패한 사익 추구자를 좀벌레라 칭하며 그 유형을 다섯 가지로 나누었는데 그중 하나가 아래와 같다. "칼을 차고 다니는 검객들이 국가의 이익은 생각하지 않고 중앙 관청이 금지하는 것을 멋대로 어기며 행동한다." 시대 보정을 하여 칼을 붓으로 바꾼다면 검객은 현시대 부패한 판검사나 공무원이 되어 한비자의 저 말이 아주 쉽게 이해가 된다. 한비자는 팔간 편 외에 여러 곳에서 신하에 대해 이야기를 한다.

여기서 팔간이란 여덟 가지 간사함, 즉 올바르지 않은 행위를 뜻한다. 그가 말한 나라가 망하는 여러 이유 중 몇 가지만 살펴보면 지록위마하는 간신배나 군주가 편애하는 신하에만 의존할 때다. 우리는 수천 년 전부터 지금까지 리더 옆에서 국민을 착취하고 부정부패를 저질렀던 간신배의 역사를 잘 알고 있다. 국민끼리 싸우지 말아야 하는 이유는 서로의 생각 차이보다 더 큰 악인 간신배와 기득권이 우리 사회 곳곳에 있기 때문이다.

한비자가 말하는 나라가 망하는 이유 중 하나만 더 살펴보면 군주가 점괘를 보고 길흉을 봐서 날짜를 따지며 주술을 믿는 것이다. 국가가 미신을 믿는 것도 문제지만 주술은 국가의 재정이 들어가는 것이니 더욱 옳지 못한 일이다. 그런데 인간은 왜 이렇게도 과거 사람과 똑같이 행동하는 것일까? 지금도 우리는 그런 시대에 살고 있다. 이런 악순환이 반복되는 건 자신이 이성적이라는 착각 속에 배우지 않고 고치려

하지 않기 때문이다. 주술이 순전히 개인적 일이면 상관이 없지만 지금은 국가를 말하고 있다. 앞서 팔간을 이야기했는데 팔간 중에서 지금도 민맹(民萌)과 유행(流行)을 하는 사람이 있다. 그렇기에 국민은 양두구육을 당하지 않도록 항상 위정자를 살펴야 한다.

여기서 민맹과 유행을 현시대로 표현하면 시류만 쫓으며 유창한 말로 국민을 현혹하는 간사한 자를 말한다. 그래서 한비자는 모르는 것을 안다고 하는 것은 지혜롭지 못하며 아는 것을 모르는 척 군주에게 말하지 않는 것은 죽어 마땅하다고 하였다. 간사한 자는 이와 반대로 행동한다. 진시황이 꼭 한번 만나기를 바랐던 한비자의 사상은 진시황과 공통점이 있었기에 잠시나마 함께했다. 하지만 동문수학했던 이사에게 모함당하여 한비자는 진시황의 간신배들에게 죽임을 당한다. 그는 법치 외에도 정도를 가라고 했으며 순리를 따르라고 했다. 어떤 이는 정도를 곧 법치라고 해석하기도 하지만 인간이 마땅히 가야 할 길은 모두 법으로 정할 수 없음을 알아야 한다. 그렇기에 한비자는 정도를 가다가 죽임을 당한 것이다. 중국 및 동아시아의 멘쯔 문화는 어쩌면 한비자가 행하다 죽은 것일지도 모른다.

한(漢)나라는 한족이 통일한 몇 안 되는 국가인데 한나라 사람인 한비자는 그런 면에서 중국인이 치켜세울 만한 인물이다. 참고로 조정래의 장편소설 『정글만리』에서도 중국인의 멘쯔 문화를 언급한다. 멘쯔란 정도를 가는 사람의 명예나 위신·체면을 의미한다. 우리는 과연 타인에게 어떤 체면을 가지고 사는지 반문하지 않을 수 없다. 자기 자신에게 부끄러움이 없는지 혹은 타인에게 떳떳한 지를 살피는 반성을 한다면 사람들은 세상에 조금 호의를 보일 것이다.

여기서 부끄러움이란 세상 이치와 도리에 어긋나지 않은 자기 삶이 었는지 아니면 허세로 체면을 유지하려고 하지는 않았는지를 의미한다. 우리가 서로에게 떳떳했으면 좋겠다. 이건 염치없음이나 뻔뻔함과는 완전히 다르다. 한비자를 통해서 정말 말하고 싶은 것은 학무지경의 삶이다. 소크라테스도 끝없이 배우려고 했는데 배운다는 것은 내가 틀린 게 있는지 살피고 그걸 고친다는 의미다. 그런 차원에서 한비자처럼 법치의 나라가 필요하다는 말에 우리는 반론이 필요하다.

『난제의 사유』는 항상 A에 대립하는 B를 최대한 이야기하려고 했다는 사실을 잊지 말자. 독자는 이 A와 B 그리고 C까지 써 있는 난제의 글 중 일부를 긍정하거나 일부를 비판적으로 읽으면 된다. 그렇다고 해서 한비자의 사상 중 마을의 범죄를 연좌제로 묶어 전부 처벌해야 한다는 등의 지엽적인 문제는 여기서 다루지 않을 것이다. 좀 더 큰 논의를 위해 먼저 법의 제정 이유를 살펴보자.

과거에는 왕이나 귀족, 독재 시대 때 권력자를 위해 만들어진 계급적 법이 있었다. 이런 특수한 법 외에 풍습이나 민중 그리고 사회 안정을 위한 비계급적 법도 존재했다. 현대사회 어떤 나라든 아직도 법은 완전하지 못하다. 사마천의 『사기』 내용에는 백배의 이로움이 없으면 법을 고쳐서는 안 된다고 주장하며 예법에 따라야 한다고 말한다. 사마천과 한비자의 생각은 이렇게 다른데 어느 것이 진리일까? 법의 제정이나 개혁에 대한 저항은 사마천이 살았던 시대 이전부터 존재했다.

진나라의 법가 사상가인 상앙이라는 사람은 개혁을 외치며 "세상을 다스리는 데는 한 가지 길만 있는 것이 아니며 자기 나라에 편하면 옛날 법을 본받을 필요가 없다"라고 말한다. 상앙은 진나라의 중앙집권에 기여했으며 권력자에게도 공평무사한 법치를 실천한 인물이었다. 하지만 오히려 이것이 왕족에게 미움을 사게 되어 나중에는 능지처참에 처해지고 가족까지 몰살당한다. 법은 마치 칼과 같아서 그걸 뽑을 때는 정의로움을 줘야 하고 그것을 행하고 난 뒤에는 평화를 줘야 한다. 이것을 실천해 보자고 한비자의 법치를 이야기하는 것이지 무조건 법치가 좋다는 건 아님을 알아야 한다. 그리고 한비자 시대의 법 관념과 지금은 조금 다르기에 노자가 말한 천하에 앞서 감히 바꾸려고 하면 위태롭다는 말도 가려서 들어야 한다.

사마천은 "법령이란 다스림의 도구일 뿐 백성의 맑고 탁함을 구분하여 다스리는 근원이 아니다"라고 했다. 이 시기에는 법이 백성에게 군림하는 것을 경계했지만 현재 우리가 논의하는 건 공동체에 해악이 되는 자유 정신이 법 위에 군림하려고 할 때를 말하는 것이기 때문에 이 둘을 잘 구분해야 한다. 방금 말한 자유 정신은 실제론 방종이다. 반복해서 말하지만 우리 시대는 맥락과 의도를 무시하면서 배우지 않고 아집과 편견으로 사는 사람이 너무 많아서 혼란스럽다. 특히 수치심 잃은 사회가 된 듯이 뻔뻔한 인간들이 설쳐대는데 이런 사람들이 특히 자신에게는 관대하고 타인에게는 엄격하다.

지금까지는 법치의 실행력과 누구에게나 공평한 법의 힘을 이야기했지만 사실 법을 오히려 이용하는 기득권들이 있다. 사마천은 이것에 대해 "하는 일이 올바르지 않고 법이 금지하는 일만을 일삼으면서도 평생을 호강하고 즐겁게 살며 대대손손 부귀가 이어지는 사람이 있다"라고 말한다. 인간은 평등하게 태어나지만 단 한 번도 평등하게 살아가지 못하는 종족이다. 1인 투표권이나 일시적 평등 외엔 이 말에 반론의 여지가 없다. 법을 이용하는 기득권과 그 후손들은 태어났을 때부터 부잣집이었거나 자의식 과잉이 된 사람들이라서 대체로 도덕감각을 모른다. 이와는 반대로 별 기득권 없이 살면서 도덕감각을 가지는 사람들이 있는데 이런 사람들이 사회 문제의식을 느끼며 개혁을 요구해야 한다. 이성이 아닌 다른 인간이나 믿음에 나를 맡기면 틀려도 고칠 수 없다. 자기보존은 보존대로 하면서 계속된 새로 고침을 잊어서는 안 된다.

이걸 슬로터다이크라는 사람의 말로 고쳐 보면 '인간공학'이다. 인간공학이란 기예의 인간이 인공지능의 자기 학습처럼 계속해서 자가 발전하는 것을 의미한다. 인간공학을 좀 더 쉽게 바꿔 쓰면 과거 스토아학파를 연상케 하는 자기 극복처럼 '자기수련'이 된다. 슬로터다이크는 인간이 자기수련을 통해서 환경에 가장 잘 어울리는 상태로 바꾸는 것을 꿈꿨다. 그러려면 배워야 하고 수정해야 하며 맞춰가면서 적응해야 한다. 그래야 지치지 않고 지속 가능한 사회수양을 완성하는데 우린 이렇게 자기수련에서 사회로의 확장을 시도한다.

만약 인간이 약육강식의 생존경쟁에만 머물면 그건 자연선택 환경에 사는 것과 같아 동물적인 삶만 살게 된다. 우리는 코기토의 인간이다. 하지만 요즘 사람들은 코기토는 사라지고 에르고 숨에만 머물러 있다. 코기토란 데카르트의 그 유명한 "나는 생각한다(코기토), 그러므로 존재한다(에르고 숨)."를 의미한다. 우리가 후설의 현상학을 새 철학으로 보는 이유 중 하나는 철학을 과거처럼 본질이나 형상을 보는 것에서 끝나지 않기 때문이다. 사람들이 새롭게 배우는 것은 또 다른 어떤 지향성이 있기 마련이다. 그 의지로 나와 세상은 새롭게 관계가 형성되고 의미가 정립된다. 정체되면 인간은 죽기 마련인데 육체만 죽는다면 상관없지만 정신도 죽기 때문에 문제다. 한비자를 재해석하여 더 좋게만 보자는 건 아니지만, 우리는 인문 고전의 쓸모를 찾아서 현재 상황을 분석해야 한다. 좋은 건 취하고 쓸모없는 건 놔두고 시대에 맞지 않는 건 버리면 되는 일이다.

윌리엄 포크너는 이렇게 이야기했다. "과거는 결코 죽지 않았다. 그것은 심지어 과거가 아니다." 인문 고전을 배우는 이유가 바로 포크너의 저 짧은 문장 안에 들어있다. 다만 과거 모든 게 현재와 관계하는 것은 아니기에 인간은 미래에도 배울만한 것을 취사선택하고 편집하여 기록하면 된다. 그 기록을 우리는 인문 고전이라 부른다. 배우지 않는 사람은 곧 인간을 모르는 사람이며 인간을 모르면 나도 모르고 타인은 더 모르게 되어 짐승의 상태를 만든다. 단 윤리 감각이 있으면 배우지 않아도 된다. 그렇지만 개인의 성장은 더디거나 없을 것이다. 현대인은 인간 자체를 잘 모르며 바로 여기에 중대한 문제가 숨어있어 때론 우리는 계몽이 필요하다.

29

계몽

마르크스를 그렇게 생각할 수도 있구나

생각이 독특해서 좋아하는 두 철학자가 있다. 한 명은 미셸 옹프레고 또 한 명은 슬라보예 지젝이다. 참고로 옹프레의 글은 지젝보다 훨씬 쉽고 더 재밌는데 다른 사람은 그렇게 생각하지 않을 수 있으니 두 철학자를 한번 비교해서 읽어 보길 바란다.

옹프레는 과거 철학자들이나 그 철학자를 해석하는 사람에 대해서 신랄한 비판을 가한다. 그는 질 들뢰즈와 자크 라캉이 쓴 개념을 해석하는 사람들을 보고 "바보로 여겨질까 봐 아무것도 이해하지 못했으면서 그런 것을 가지고 유희하는 앵무새들"이라 표현한다. 같은 학자들에게 이 정도로 표현한 것을 보면 그는 학계의 오만방자한 이단아라고 봐야 한다.

설령 옹프레 말이 맞다고 하더라도 이렇게 적나라하면 사실 모두에게 적이 된다. 난제의 글도 약간 그런 면이 없지 않아 있어 스스로 적을 만듦을 알고 있다. 아직도 우리는 표현에 대한 이런 유교적 관념을 버리지 못한다. 옹프레보다 훨씬 전 니체는 어떤 사상에 대해서 "사실은 없고 해석만 있다"라는 말을 하였다. 이 챕터의 소제목은 계몽이지만 역발상 정도로 해석하여 글을 읽으면 된다. 솔직히 말하면 이왕 난제라는 두 글자로 챕터 제목을 정했으니 그것의 통일성을 위해 계몽이라고 챕터 제목을 정한 것뿐이다. 하지만 사람들이 계엄을 계몽으로 잘못 알아듣는 반지성 때문에 꼭 이 이야기를 해야만 했다.

본격적으로 계몽 이야기를 해보자. 먼저 옹프레는 마르크스를 비판적으로 바라본다. 그는 생산수단을 가진 자본주의의 잉여노동 착취를 비판했던 마르크스가 정작 엥겔스의 도움을 받아 부르주아적 삶을 살면서 사상을 전개한 걸 두고 모순이라고 생각한다. 옹프레는 마르크스에 대해 엥겔스의 아버지가 소유한 방직공장 하나 바꾸지도 못했으면서 자신은 정작 착취하는 자본주의 물질적 도움을 받는다며 그의 이런 이중적 삶을 비판한다. 어떻게 보면 옹프레의 생각이 틀린 건 아니다. 이건 마치 부자인 좌파가 향유할 건 다 향유하면서 정의감으로 부동산에 대해서 서민 입장을 취하고 노동자의 삶을 말하는 것과 같다.

옹프레는 여기에 더해 아나키스트 프루동과 비교하면서 프루동은 가난한 부모 밑에 자라나 가난한 삶 속에 철학을 했지만 마르크스는 그런 어려움 없이 철학을 했다고 주장한다. 마르크스가 말한 국가 소멸과 프루동의 궁극적 목표인 무정부주의는 겉으로 보면 비슷하지만, 이들은 코뮌에 대한 생각이 완전히 달랐다. 프루동은 정부나 국가의 관념이 없는 상태를 꿈꾸지만 마르크스는 국가나 연합체 대신 기존 자본주의의 관념을 없애는 걸 꿈꾼다. 프루동은 이런 마르크스의 사상이 배척과 세뇌의 사상이라고 비판한다. 마르크스도 이에 질세라 프루동에 대해 실체 없는 사상이라며 신랄한 비판을 가한다. 결국 마르크스 사상이 이기게 되고 그 사상은 추종자들과 함께 현재까지 이어져 왔다.

　참고로 마르크스 사상은 나중에 생디칼리즘과(급진) 페이비언주의로 (천천히 민중 속으로) 나뉘고 프루동의 아나키스트가 생디칼리즘을 만나 아나르코생디칼리즘이 된다. 훗날 마르크스주의를 따르지만 마르크시즘 비판이나 수정주의 입장을 취하는 신좌파들이 취하는 입장 중 하나는 자본주의 자체나 마르크스가 간과한 인간의 욕망을 인정하는 것이다. 하지만 마르크시즘의 핵심 사상은 변하지 않는다. 우리 인간은 모두가 똑같은 일을 하지 않는 한 마르크스 사상을 결코 벗어날 수 없다.

　한편 프루동과 마르크스가 활동했던 시기는 영국의 산업혁명 이후 사회가 자본주의로 진입하는 단계였고 18세기 계몽주의 시대가 훨씬 지난 때였다. 하지만 그들은 국민을 다시 계몽할 생각을 가졌다. 그렇다면 계몽이란 무엇인가? 칸트는 계몽이란 "인간이 스스로 잘못하여 초래한 미성년 상태를 벗어나는 것이다"라고 했다. 그러면서 그가 가장 먼저 생각했던 계몽은 종교적 계몽의 탈피였다. 칸트 자신도 신을 믿었음에도 그는 당시의 종교가 너무 완고한 교리 체계로 인해서 신자들을 오히려 미성년 상태에 가둬두고 있다고 생각했다. 마르크스가 『공산당 선언』에서 말한 "종교라는 유령이 세계 주변을 떠돌고 있다"가 칸트 때에도 있었던 것이다. 종교는 집단적 감정이지 개인적 감정이 아니라는 어느 학자의 말이 생각난다.

　칸트 또한 종교가 개인의 양심을 자기가 아닌 다른 사람들에게 맡기는 것은 미성년 상태를 공고히 하는 것이라고 보았다. 결국 믿음의 인간은 사상과 의지, 이성이 족쇄에 묶여서 한 걸음도 나아가지 못하는 상태에 빠지게 된다. 앞부분의 말은 칸트의 말을 조금 각색해서 새롭게 표현한 것이다. 개인의 믿음은 논리적으로 이성이 도구적, 사적 수단으로 쓰이지 않는다. 칸트가 사용한 용어대로 믿음이 '공적 용도'에 쓰이면 그들은 집단 무의식에 빠져 사회 문제를 일으킨다. 이 무의식적 행동은 폭력이나 살인 그리고 광기를 불러오는 것을 우리는 과거부터 현재까지 끊임없이 목격했다.

종교는 이렇게 이분법의 선택에 빠지게 하는데 이와 완전히 비슷한 것이 바로 여성의 이즘이다. 최근에 와서 에코·생태학까지 연계하는 어떤 이즘 정신을 도식화나 의식 흐름으로 바꾸면 아래와 같다. 앞서 잠깐 언급했지만 더 확실히 해보겠다. 자본주의=가부장제→착취=남성성=야만성=폭력→자연=여성=비건=에코·생태학→결국 가해자는 남성, 피해자는 여성. 아무도 이런식으로 말하지 않아서 오래전부터 생각해 온 것들을 글을 쓸 때마다 이렇게 알리고 있다. 이런 이분법적 사고는 요즘 시대에 아무런 긍정을 도출하지 못한다. 우리는 약자가 항상 여성이고 약자가 항상 선하다는 전통적 시각을 바꿔야 한다. 오래전 도나 J. 해러웨이는 『사이보그 선언문』에서 기계와 유기체, 동물과 인간, 문명과 야만, 남성과 여성을 보는 이런 이분법적 사고를 해체하고자 하였다. 그러나 거의 모든 여성은 이즘 요소가 조금이라도 있으면 그것만 해석하며 보고 싶은 것만 보려고 한다.

해러웨이는 자신의 수사(修辭)나 사상에 대해 비판하는 사람들이 응당 맞는 말을 하면 그걸 수정할 용기를 가졌다. 하지만 어떤 ○○주의나 이념을 가진 사람들은 대체로 그걸 하지 못한다. 해러웨이는 '종속된 자들의 입장은 순수한 입장이 아니다'라고 했다. 이 말은 두 가지 측면에서 진실과 거짓이 숨어있다. 하나는 무엇에 종속된 자들은 그들 스스로 그게 옳다고 진실로 믿고 있어서 순수하기에 진실이고 무엇에 종속되지 않은 바깥사람들은 그것이 순수한 입장이 아니라고 생각하기에 진실이다.

사이보그는 제3의 가능성의 무엇이고 이건 정반합 같은 어떤 결론이나 남녀를 기준으로 하는 것이 아니다. 어쩌면 해러웨이는 사이보그 해석의 다양성을 퀴어와 같은 무지개 지대에 있는 무엇으로 상정하고 싶었는지도 모른다. 그동안 봐왔던 이즘은 해러웨이와 다르다. 다만 같다고 여기는 여성과 그걸 부정하지 않는 해러웨이의 유대감은 이해가 간다. 그래서 중간 정도 '객관성의 칼날'을 가지고 해석한 김애령의 『애프터 해러웨이』는 조금 읽어볼 만하다. 다만 김애령의 책도 해러웨이로부터 어떤 철학적 무엇과 이즘의 긍정적 해석을 해야 했기 때문에 완전히 해러웨이 심장을 가졌다고 볼 수는 없다.

사실 이즘이나 LGBTQ+ 그리고 보편적 섹슈얼리티를 가진 존재들이 비슷한 동족인 여성을 비판하기란 쉽지 않다. 국내 페미니즘을 좌파 정치와 엮고 싶어 하며 래디컬 페미니즘을 선택적으로 비판하는 보수 기독교 옹호자인 오모 씨 여성 정도만 빼면 말이다. 남성과 여성 성별이 서로 종족 정체성을 버리기란 시스젠더 남녀가 젠더리스가 되는 만큼 힘들다. 젠더리스는 아마 우리가 앞에서 다룬 중용과 중립의 인간에 속할지 모른다. 그래서 해러웨이는 후기 구조주의자들의 인간 중심이나 이성적 사고의 해체와 비슷한 생각을 가진 것처럼 '정체성 정치도' 비판한다.

우리는 성정체성 외에 각자가 어느 '정체성 소속'을 가지고 살아간다. 그래서 '정체성 정치'를 비판하는 건 자기 얼굴에 침 뱉기와 같다. 우리는 바로 이 지점에서 무수히 많은 복합 및 단순 정체성을 가지기에 갈등을 겪는다. 각자의 정체성 종류는 성별과 정치 외에 자기 목표와 유희, 가치관, 선호도 등 아주 다양하며 우리 삶은 이런 정체성 의지가 타자의 정체성과 마주하며 이뤄진다. 어떤 이즘은 자신들의 마음을 채워주고 자신들 논리에 합당함을 주는 의견만을 수용한다. 그래서 여성이 같은 여성인 해러웨이 사상을 제대로 이해하지 않으려 하며 모르는 척하는 것도 어쩌면 당연한 일이다. 여성의 내부 비판은 현재 여성에게 가장 필요한 지적 폭발인데도 이즘을 가진 사람들은 절대 그렇게 하지 않는다. 진리에는 편향성이 없으며 어떤 주장에는 항상 다른 의견이 있음을 우리는 알고 살아야 한다. 이와 마찬가지로 철학의 역발상도 존재하는데 가령 주체의 철학을 어떤 이는 기능주의나 사회 체계론으로 생각해서 논의를 전개한다. 이것은 사고의 방식이나 의식 구조 형성이 인간 자체가 아닌 사회 유기체 같은 체계가 행한다는 걸 전제로 하는 것이다. 이걸 다시 풀어 쓰면 내가 생각했던 것이 돌이켜 보면 진짜 나의 주체적 사고가 아닌 사회 현상에 의한 것일 수도 있다는 얘기다. 예를 들어보겠다.

사람들은 결혼할 때 평균의 함정에 속아 주변 사람이나 온라인 글의 영향을 받고 무의식적으로 자기 의식을 맞춘다. 이럴 때는 겉만 주체인 인간이 된다. 물론 모두가 그렇다는 건 아니다. 사회적으로 보면 공감의 역설이 작용하는 것도 있다. 현시대는 공감의 부재라고 하지만 이성이 부재한 공감은 니체의 '무리 짐승' 형태를 취해서 전체주의적·파시즘적 성격을 가질 수 있다. 인간과 사회는 비이성적 공감인 감정 공감과 이성적 공감인 논리 공감을 구분해야 한다.

진리라는 챕터에서 살펴봤듯이 사유의 상대성은 상황과 조건, 전체와 부분, 논리와 감정 등과 얽히고설키었다는 것을 알 수 있다. 이걸 알아야 이분법적 시각에 빠지지 않는다. 물론 어떤 것은 선과 악, 틀림과 올바름, 다름과 또 다름으로 명확히 구분되는 것도 있다. 종합해 보면 계몽은 지성을 가지도록 사람에게 빛을 주는 일이기 때문에 한쪽만을 생각하는 편협한 사고방식은 진짜 계몽이 아니게 된다. 믿음이나 성향은 이성을 묶어 버리기에 계몽의 빛을 받을 수 없다. 그래서 오로지 신적으로 승화되는 이 믿음의 빛은 계몽의 적과 같다. 신이 사랑과 윤리의 기원이 되었느냐 아니냐의 것을 논의하지 않고 본다면 우리가 얼마나 신적으로 세상을 봐서 사람들이 희생되었는지는 숱한 역사적 사실로 알 수 있다.

신은 그저 계몽과 관계없이 '스스로 존재하는 자'일 뿐이며 그다음은 인간이 알아서 사유하고 행해야 한다. 필자가 언급한 많은 도서는 거의 대부분 처음부터 끝까지 다 읽은 것들이다. 하지만 칸트의 『계몽이란 무엇인가』는 전체를 읽어보지 않았다. 만약 칸트가 계몽을 비판적 이성을 말하는 듯하면서도 어떤 새로운 신적인 순응으로 해석한다면 비판할 게 있다고 생각한다. 우리가 모르는 것을 알려고 하는 의지나 용기는 신에게서 오지 않았으며 뇌에서도 온 게 아니다. 오히려 과학적으로 뇌는 자유 의지가 있느냐와 관련해서 인간의 의지 편이 아니다. 우리가 계몽을 찾는 건 스스로 그렇게 찾아가는 존재자이기에 그렇다. 신을 찾고 믿는 것이 계몽이 아니라 우리의 계몽 의지 자체가 신이다.

30
장애

폰커영의 신장애와 전통적 장애의 복지

폰커영이란 '폰'으로 '커'뮤니티에 빠지고 유튜브나 짧은 '영'상에 사로 잡혀 정신적 장애를 가지고 사는 사람을 일컫는 신조어다. 특히 요즘은 인스타의 신념꾼들을 보면 과연 그들이 이성이 있는지 의심스러울 때가 있다. 새로운 유형의 장애를 가진 이들에게 복지란 사유를 주는 일이다. 겉은 멀쩡하지만 현대인은 다양한 이유로 사고의 멈춤이나 도덕이 붕괴된 채 비인간 행태를 보이며 살아간다. 김도현의 『장애학의 도전』에서는 복지 정책과 장애학을 미시적으로 구분한다. 그가 말하길 복지는 필요성, 즉 니즈(needs)를 찾아 정책을 찾는 일이고 장애는 억압된 상태를 찾아 그걸 벗어나게 하는 것이다. 이렇게 보면 다양한 인지 장애의 폰커영들도 어떤 억압의 상태라고 볼 수 있으니 결국 이들도 해방이 필요한 상황이다. 이들을 그대로 두면 사회의 위험 요소가 된다.

일반적으로 장애에 대한 사회 복지 정책은 재원과 에너지가 들어간다. 이와 마찬가지로 폰커영 장애와 비장애의 갈등은 매우 큰 국력 낭비가 되며 돈으로 환산하기 힘든 무쓸모한 에너지가 소비된다. 물론 이런 갈등이 항상 부정적인 건 아니지만 대부분의 폰커영들은 쓸모없는 사이비 생각에 빠져 사회에 악과 같은 존재다. 에스핑 안데르센이라는 학자는 사회적 위험을 크게 세 가지로 구분한다. 첫 번째로 생애주기 위험이다. 생애주기 위험은 누구나 겪을 수 있는 위험으로 아이 때부터 노인이 될 때까지 겪는 질병과 실업, 건강 등을 말한다. 여기서 질병은 정신과 육체적 질병 둘 다를 포함한다. 두 번째 위험으로는 계층이나 부의 불균등으로 인한 계급 위험이다. 마지막으로 세대 위험인데 이건 상속되는 세대 간의 불이익 위험을 말한다. 안데르센은 이런 위험의 제거가 곧 사회 정책이 된다고 한다. 사회 정책은 곧 국민의 행복 향상에 도움이 되는 복지 정책이 되는 것이며 그의 말을 따르면 장애의 종류나 정책은 아주 광범위하다는 걸 알게 된다. 다만 안데르센은 생애주기 위험에서 현대인의 다양한 정신병적 질병을 사회 정책으로 삼아야 하는 장애로 생각하지 않는다.

이제는 시대에 맞게 이런 부정적 문명의 역습도 우리는 생각해 봐야 한다. 디지털이 곧 현대인의 질병이 되는 현실은 자본주의가 곧 복지의 필요성이 되는 역설과 같은 현상이다. 우리가 선(善)을 알려면 악을 알아야 하는 것처럼 A는 곧 b가 되고 B는 a가 됨도 이해해야 한다. 윤홍식의 『한국 복지국가의 기원과 궤적』이라는 책에서는 이런 말을 한다. "논리는 자명하다. 자본주의 세계 체계의 핵심부에 위치한 국가의 분배 체계인 복지국가는 노동력의 상품화가 중단될 때 발생하는 빈곤과 불평등과 같은 사회 위험에 대한 대응을 제도화한 것이다."

반면 그는 서양이 노동력을 탈상품화 하는 것과 달리 한국의 복지는 서구와 다르게 노동력을 상품화하는 개발국가였다고 말한다. 하지만 꼭 그렇게 볼 수만은 없다. 왜냐하면 산업혁명 시기와 두 차례 세계 대전은 유럽 노동자들 또한 자본주의 사회에 상품화되었다는 걸 보여주기 때문이다. 이렇게 역사나 사회가 후퇴할 때 사회 복지 정책은 역설적으로 더 요구되기도 한다. 다만 진짜 역사의 후퇴도 있다.

가령 산업혁명 전후에 있었던 영국의 신빈민구제법이나 노동 단결권을 제한한 프랑스의 르샤플리에법이 바로 그것이다. 자본주의와 복지국가의 연계성을 증명하기 위해 윤홍식은 『한국 복지국가의 기원과 궤적』의 제1권에서 상당히 많은 부분을 자본주의 체제에서의 복지에 대한 경제 사회 정치적 사상적 학문적 특징을 살핀다. 내용이 방대하기에 누군가에게는 지루할 수 있는 책이다. 하지만 교과서적 복지 국가의 지식 전달 외에 이 책은 세계 복지와 한국 복지의 특수성과 보편성을 다양한 분야에서 설명하기 때문에 충분히 읽어볼 만한 책이다. 우리가 말하고자 하는 것은 좀 더 특이한 현대 장애와 전통적 장애의 새로운 시선이다. 사상병에 걸린 사람들은 한쪽의 시선만 보게 된다.

가령 복지는 포퓰리즘 정책으로 좌파의 퍼주기 정책이고, 경쟁과 자유는 평등과 거리가 먼 우파적 관점이란 그런 생각들 말이다. 읽었던 정상적인 책 모두가 복지는 투자라는 개념으로 생각하여 논의를 전개한다. 표면적 단어로만 보면 투자니까 오히려 복지는 자본주의의 확대가 되는 정책이 되는 것이다. 투자를 아까 말한 A는 b이고 B는 a 같은 것으로 생각하면 쉽다. 이런 게 바로 위상학적 사고다.

현대인의 질병은 바로 이런 위생학적 사고를 하지 못하는 데 있다. 현재보다 미래는 더 복잡한 인공지능 시대에 살게 될 텐데 사람들의 사유는 더욱 초라해지고 간단해지는 이 역설에서 미래는 과연 어떻게 될까? 기업이나 민간 기득권의 인간 착취와 국가의 자본 착취는(일부는 민영화) 언론의 공작 기술에 놀아나 국민들이 의식하지 못한다. 또한 우리는 사상과 당파성을 가지고 복지 정책과 공공부분 관료제 및 인력을 바라보기에 항상 노예적 사고에 머물 수밖에 없다.

과거부터 존재한 신체 정신의 장애와 폰커영의 신장애에 제1의 복지 정책은 바로 자립심이다. 전자의 사람들은 처음에는 경제 사회의 자립심이 부족하기에 일단 사회 생산 가능 인구가 되도록 복지 혜택을 받는다. 그러다 세금을 내는 장애 극복 국민이 되어 선순환이 이루어진다. 후자의 신장애는 사고의 자립심으로 생산성 없는 갈등 요소를 제거하고 건강한 국가의 일원이 되도록 인문학적 소양 교육을 받도록 한다. 그리고 멋진 사유를 가진 사람이 되어 사회 긍정적 생산 활동을 시작한다. 이렇게만 된다면 정말로 좋을 것이다. 우리 사회가 건강하다는 것은 복지의 필요성이 줄어든다는 의미다. 이상향적이긴 하지만 국가의 목표는 결국 복지가 필요 없는 나라를 만드는 것이기에 역설적으로 복지 정책을 펼친다고 생각하면 된다.

우리는 멜서스부터 최근까지 인구 폭발을 걱정했지만 지금은 오히려 인구 감소와 노령화를 걱정한다. 저출산은 일부 이슬람 국가나 무슬림이 많이 사는 나라를 제외하고는 세계의 평균적 흐름이다. 저출산이나 아동 복지, 육아 정책, 비출산 그 외 결혼하지 않는 요소를 챙기는 것도 중요하지만, 사실 가장 큰 위험 요소는 앞서 말한 세대 간 위험이다. 초고령 사회는 당연히 당사자인 노인들의 경제적 문제를 심각하게 생각해야 한다. 다만 지금은 이 얘기를 하고자 하는 건 아니다. 초고령 사회란 미시적으로 보면 정신과 신체 부분에서 아동 상태와 같은 노인이 지금보다 훨씬 많아진다는 걸 의미한다. 우리는 OECD 국가 중 최악의 노인 빈곤율을 말하고 100세 시대를 말하지만 그 이면을 잘 보지 않으려고 한다. 노인의 아동과 같은 상태의 의미는 곧 복지의 신개념적 생각이 된다. 인간관계, 음식, 고립, 자립, 정신·심리, 빈곤, 돌봄, 회복, 장애 수준의 신체 불편, 건강 등이 노인의 문제인데 언급한 대부분의 문제는 아동 복지와 거의 비슷한 개념에 속한 것들이다.

노인 복지는 장애인과 아동 복지와 같은 층위에 있다고 생각하면서도 노인 특수성을 동시에 살펴야 한다. 물론 노인의 삶과 전통적 장애, 신장애를 가진 사람 그리고 아동은 여러 상황에서 다르다. 그렇기에 같은 정책을 하라는 게 아니라 시선을 비슷하게 보자는 말이다. 가령 치매는 아이와 같은 상태에 있으면서 성인이라는 특수함을 동시에 가지기에 새 접근이 필요하고, 신장애는 고립되어 있기에 자립과 유대 관계로 접근해야 한다. 신장애와 구장애에 대한 보건 복지 및 정신 불구의 극복은 재래식 접근과 새로움이 동시에 필요하다.

현대인의 장애 중 하나는 어떤 사람이 말하고자 하는 큰 맥락을 보려고 하기보다 싫어하는 표현 하나만을 가지고 틀에 꽉 막힌 사고를 하는 일이다. 이런 방식으로 세상을 보기 때문에 모든 사람의 이야기가 누군가에게는 어떤 몇 가지로 수렴해버린다. 이런 사람들이 왜 그런지는 위 〈계몽〉 부분에서 말하였고 이 책 곳곳에서 다루었으니 중복하여 말하지는 않겠다. 장애를 극복하기 위한 국가 사회의 노력도 필요하지만 개인이 할 수 있는 영역은 스스로 해야 한다.

지그문트 바우만의 『리퀴드 러브』는 유대, 사랑과 공유감정, 윤리, 이해를 핵심으로 한다. 하지만 여기에는 국가의 역할이나 복지 담론은 빠져 있다. 병든 사회가 더 병들기 전에 딱딱한 마음 대신 유동적인 생각과 이해할 마음 그리고 철학적 사고를 해보는 것이 "리퀴드 러브"의 결론이다. 바우만은 자크 데리다의 말도 인용하는데 '왜 도덕이 필요한가'의 문제에 대해서 이미 우리 사회가 도덕이 사망하고 있다는 것을 의미하기 때문이라고 주장한다.

장애 관련하여 사회나 국가의 역할을 좀 더 강조한 책은 진실의 힘에서 출판된 『장애, 시설을 나서다』이다. 이 책의 핵심은 탈시설과 자립이다. 많은 사람이 아직도 오해하는 것 중 하나는 조현병 환자나 장애인을 격리해야 더 안정된 사회라고 생각하는 일이다. 과학적으로 매번 그 반대임을 증명하는 통계가 나오는데도 이걸 제대로 알고 있는 사람은 드물다. 장애인 봉사활동을 수년 동안 하면서 한 가지 확실한 느낌을 받았던 건 장애인들은 낯선 사람을 반기고 좋아한다는 것이었다. 그들도 비장애인과 똑같이 사람이 그립다. 자립 부분에서는 장애 정도에 따른 현실적 탈시설이 필요하다.

『장애, 시설을 나서다』는 장애인 시설이라는 공간을 여전히 과거처럼 얽매여 있고 격리나 비장애인 중심으로 운영된다고 생각하는 경향이 크다. 또 자립에 대한 것도 장애인 각자의 차이성을 보지 않으려 한다. 물론 인간의 공간은 매우 중요하고 자립도 중요하다. 그러나 도저히 자립이 안 되는 중중 장애인이 많이 있으며 그것을 돌보는 사람에 대한 현실적 자세도 인정해야 한다.

이 책의 전체적 핵심은 국가가 최대한 책임을 지고 장애인이 사회의 일원으로 나아갈 수 있도록 이들의 탈시설을 도우며 인간답게 독립적으로 살 수 있게 하라는 것이다. 이 큰 목표에는 전적으로 동의한다. 다만 장애인 시설의 공간이라는 부분도 지금은 법적으로 정해진 부분이 있어 과거보다 나아지고 있음을 간과해서는 안 된다. 또 자립에 대해서 장애 차이에 따른 현실적 입장이 필요하다. 장애인 시설의 진짜 문제 중 하나는 이기적 인간들이 자신에게 이득이 안 되거나 피해가 되는 장애인 시설을 기피한다는 사실이다.

우리 사회는 부동산값이라는 물질 만능주의와 비인간성에 기반한 비타협적이며 비윤리적 장애에 직면해 있다. 여기에 더해 다양한 비공감적 언어나 이기적 신조어는 더 비인간성을 부추긴다. 지금은 차별과 멸시가 없는 사회를 위해서 신장애의 치료가 필요하다. 혐오를 가진 사람도 이제는 신장애로 보고 사람들 간 이성적 연대와 오프라인 접촉의 사회 재교육을 생각해 봐야 한다. 당연히 혐오가 도를 넘으면 법적 처벌도 지금보다 더 강해져야 한다.

더 나은 사회로 가기 위한 방법은 더 많은 사람의 장애 공감을 유도하는 일이다. 비장애인이 약육강식의 논리를 가진 사람이나 온정적 복지주의를 냉소하며 살아가는 이기적인 사람들에게 그건 진짜 자유주의의 진정한 의미가 아니라며 전향적인 변화를 바랄 수는 없다. 이런 인류애 없는 사람들 외에 비장애인끼리 공동과 번영이라는 큰 목표에 대해 논쟁하며 담론을 만들어내면 된다. 이런 것이 억강부약 대동세상이다.

신장애와 함께 신복지는 이렇게 사유하는 질문을 만들며 문제 제기를 하는 것만으로도 의미가 있다. 모두가 동의할 수는 없지만 그 질문에 대한 정책은 국가나 사회가 내놓아야 한다. 이것이 "난제의 사유" 1차 목표다. 총론적으로 간단하게 말하면 장애는 사회와 나의 관계, 나와 가족의 관계에서 결핍을 의미한다. 철학적으로 볼 때 나 혼자 주체라는 것은 없으며 타인이 있어야 내가 있다. 이건 누구나 아는 사실로 신장애는 실패, 경쟁, 결핍, 두려움, 질투, 부러움, 도태, 관음, 열등감, 군중, 차별 및 상대적 박탈감, 비교, 무지 등에서 오는 신문명 장애다.

지금은 사회의 장애가 곧 나의 장애가 되고 나의 결핍이 사회의 결핍이 된다. 우리는 과거보다 좀 더 자신을 돌본다고 생각하지만 그건 착각일 수 있다. 베이비부머 세대 자녀였지만 지금은 부모가 된 사람들은 과거 부모보다 자녀 육아나 교육에 더 애정을 쏟아도 스스로 부족하다고 느낀다. 자신들은 잘하고 있음에도 불구하고 실제로는 착한 부모 콤플렉스인지 아니면 남들과 비교 때문인지는 몰라도 그렇게 스스로를 학대한다. 이런 생각이 늘었다는 건 근본적으로 한국 사회가 정말 뭔가 잘못되어도 한참 잘못되었다는 걸 증명한다. 이런 것이 잘못된 사회 시스템이자 잘못된 국민 의식 공고화이며 이런 건 교육으로 출발하여 교육으로 끝나게 만든다.

31

교육

미셸 보바와 오은영 그 외 학자들이 생각하는 교육

루소는 "인간은 분별력을 가지고 태어나지 않았기에 교육이 필요하다"라고 했다. 그런데 우리는 교육을 합리적 인간 만들기나 윤리 감각을 가지도록 하는 대신 갈수록 직업의 필연적 수단으로 생각한다. 이건 미래에 청소년 수가 지금보다 반으로 줄어듦과 상관없이 어느 순간까지 계속될 것이다. 기원전 20세기 바빌론 시대에도 부모가 자녀에게 숙제를 하라고 했지만 그땐 그 공부가 지금과 같은 직업적 경쟁이 아니었다. 에피쿠로스에게 부자란 돈이 많은 것 자체보다는 일하는 수단이 달라서 좀 더 인생을 수월하도록 하는 것이다. 이런 현상은 기계문명이 모두 인간을 대체하지 않는 한 앞으로도 계속된다.

그렇다면 진짜 우리나라 교육의 문제는 무엇일까? 사람들은 자꾸 학교나 정권, 교육 정책을 탓한다. 하지만 어떻게 보면 이건 원인이 아니라 2차적 문제이자 결과에 가깝다. 중요한 건 국민 의식과 사회 시스템인데 자유와 물질만능의 관성화 된 분위기 속에 이것은 개인의 문제가 되어 사람들이 행복과 생존 위협에 큰 문제라고 생각하지 않는다. 학벌 만능 사회에 서울대만 없어지면 해결되는 건 아니지만 없애는 것도 좋은 방법이다. 동시에 삼성도 없어져야 한다.

이렇게 말하면 대부분의 사람은 필자를 정신 나간 사람 취급할 것이다. 그동안 이 글을 재밌고 유용하게 읽었던 사람은 갑자기 혼란이 오겠지만 한국말은 끝까지 들어야 한다. 진짜 없애자는 게 아니라 문제점을 없애자는 것이다. 없앤다는 건 다시 무엇을 만드는 것으로 환원하면 된다.

대략 140여 년 전 누군가는 과거 독일 대학들을 칭찬하였다. 1900년대 전후 독일은 학문의 열정만 있다면 최고 분야를 수학하기 위해 각자 이곳저곳 대학을 돌아다니며 배울 수 있었다. 막스 베버가 살았던 시대에도 그랬으며 실제 그는 그렇게 공부했다. 베버는 처음에 법학을 배우다가 나중엔 다른 대학에서 학문의 길을 사회학 쪽으로 돌린다. 대학별로 특출난 학문 분야가 있다면 서열을 매기기가 힘들어진다. 우리는 서열 싸움을 위해서 존재해야 하는 아이를 어려서부터 훈련시킨다. 아주 간혹 진정한 행복이 무엇인지 아는 부모만이 보통 사람과 다르게 자녀를 키운다. 이러려면 재정적 뒷받침, 즉 부모의 경제적 여유가 필수적이다.

하지만 보통은 그렇지 못하며 설령 그런 트인 생각을 가지고 있어도 현실에 순응하게 된다. 자녀를 경쟁에 내몰지 않은 사람들은 자녀의 행복에 대해서 스스로 생각하게 하고 자립심을 가지도록 만든다. 그러나 상당수 잘난 부모는 자녀도 사회에 잘나가도록 키우고 싶어 하며 대체로 그런 기회를 제공한다. 물론 못난 부모 또한 자녀를 잘나가게 키우고 싶은 마음은 똑같다. 하지만 기회 제공이 현실적으로 다르다. 여기서 잘난 부모나 못난 부모의 의미란 내적인 게 아니라 순전히 외부적인 요소, 즉 계급적 경제적 관점을 의미한다.

필자의 집에서 300미터 떨어진 곳에는 전국적으로 유명한 자사고가 하나 있다. 이 자사고는 전국 고등학교 중 거의 매년 서울대 의대에 다섯 손가락 안으로 많이 입학시키는 고등학교다. 이런 학교는 절대적으로 없어져야 한다. 영재를 목적으로 하는 특수 학교는 찬성하지만, 최고 대학 입학과 상위 직업을 위한 이런 비인간적 위계의 고등학교는 찬성하지 않는다. 단언컨대 이런 자사고는 사회에 긍정 효과보다 부정 효과가 더 크다. 심지어 자사고에 자녀를 둔 부자 부모도 부정의 효과를 당한다. 그 이유가 무엇인지 생각해 보는 건 숙제다. 개인적이며 순전히 편견이겠지만 그 자사고를 지날 때마다 학생들 표정이 다른 학교 학생들보다 그다지 활기차 보이지 않는다.

1990년까지 청소년 사망률 1위는 자살이 아니었다. 그러나 2000년에 청소년 자살률은 14%까지 상승했고 2010년은 무려 28%가 되었다. 정말로 절망적인 수치다. 가장 큰 원인은 결국 입시 경쟁의 줄세우기와 한국 사회가 만들어 놓은 능력주의다. 이것을 이제는 대한민국 사람 모두가 알고 있는데 고쳐지지 않는다. 우리 어른들이 청소년에게 자꾸 구덩이를 파게 해선 안 된다.

청소년 성장 소설 루이스 쌔커의 『구덩이』에서 그 구덩이는 이 작품 속 등장인물인 스탠리에게 의미가 있지만 어른들과 사회가 만든 공부 하나만 파게 하는 그 구덩이는 자라나는 어린이와 청소년에게 그저 무덤일 뿐이다. 사실 공부를 못한 사람만 죽는 게 아니다. 남들이 그렇게 공부 잘한다며 칭찬해도 1등을 하지 못하거나 서울대 진학에 실패해서 죽는 청소년도 있다. 이런 청소년들은 자신을 위한 삶보다 부모의 경작으로만 길러져서 자신을 온전히 찾지 못하고 정신적인 병을 얻은 것이다. 결국 그 청소년은 부모와 사회가 죽인 것이나 다름이 없다. 자기가 좋아서 직업을 선택한 사람은 그다지 많지 않으리라 생각한다.

올바른 사회는 각자 특성에 맞게 사회가 다양함을 받아들이고 국민도 그렇게 인식하는 문화를 가지는 것이다. 그러나 내가 좋아하고 내 성격에 맞는 꿈이 직업이 되는 건 우리나라엔 여전히 몽상 같은 희망 사항이다. 현실로 돌아온 등수 같은 경쟁은 도덕과 교양을 사라지게 만들고 사람들 마음을 메마르게 한다. 결국 이런 악순환은 청소년뿐만 아니라 한국인 전체에 영향을 끼쳐서 OECD 최고의 자살률을 보인다.

한편 보육원에서 자란 아이들 또한 성인이 되면 자살하는 비율이 또래 친구들보다 꽤나 높다. 그들은 19살이 되면 고작 몇 백만 원이라는 돈을 받고 보금자리를 떠나야 한다. 그런데 이 돈마저 착취하려고 오랜만에 나타난 인면수심 부모도 있고 그 아이를 착취하는 못된 보육원 사람들도 있다. 이들은 아직 준비가 안 되었는데 보금자리 없는 사회에 나와야 하니 막막하고 두렵다. 이런 불안과 생존 경쟁이 어둠처럼 급습하기 때문에 꽃다운 나이의 생명이 이슬처럼 사라진다. 사회의 카이로스, 즉 기회나 때를 준비하는 창창한 나이에 주저앉은 그들을 생각하면 너무 안타깝다. 이런 친구들은 꼭 자살이 아니더라도 정신적 문제를 겪기도 한다. 열아홉이면 우리나라 나이 관념으로 봐도 아주 어린 나이다.

이런 우울한 사회의 한 단면을 보통 사람들은 생각하지 않고 살아간다. 그리고 대부분 사람들은 이런 걸 잘 알지 못하며 개인이 굳이 알 필요도 없다. 그러나 사회와 국가는 이런 아이들을 비롯한 다양한 사회적 약자에 응답해야 한다. 오래전 대학생 때부터 느낀 막연한 감정 하나는 우리나라엔 청소년을 위한 건전한 휴식 공간이 별로 없다는 것이었다. 공간은 미래 AI 시대에 더 중요할 것이며 그곳에선 진짜 인간의 놀이 능력과 대화가 중요할 것이다. 청소년과 성인에게 그곳은 인문학적 공간이어야 한다.

인문학적 공간은 지적인 대화의 창이자 어울림의 장소이며 예술적이고 다양한 관계들이 형성되는 곳이다. 현대 건축의 거장 프랭크 로이드 라이트의 시각으로 보자면 유기적 관계를 형성하는 게 특정 공간이다. 그래서 과거 그리스 사람들은 공간이라는 토포스를 단순히 장소로만 보지 않고 인문학적 정치 사회적으로 바라보았다. 그런 의미에서 특정 세대나 온 가족이 같이 즐기는 놀이 공간과 문화가 새롭게 창조되었으면 좋겠다. 다만 이 문화적 공간은 동호회 회원처럼 허세를 부리면서 비싼 장비 경쟁이나 잿밥에만 관심 있는 공간이 아니어야 한다.

한국인은 경쟁 공간이 아닌 공간에서도 경쟁하려는 나쁜 버릇 때문에 각종 문화산업과 취미 비용을 명품처럼 올려놓는다. 여기에 더해 우리는 한시적으로 유행하는 것에 너무 미쳐 있는데 미래 인문학적 공간도 당연히 시대와 유행을 타야겠지만 이런 보여주기식 자기욕망은 자신이 잘 아는 사람끼리만 공유했으면 좋겠다. 사실 청소년만 쉴 물질적 공간이나 마음의 공간만 없는 건 아니다. 청소년 자녀를 키우며 부모도 봉양해야 하는 사오십 대 부모는 사회에서 가장 외면 받고 있는 상황이고 그 외 20대 청년과 70대 노인도 함께할 공간이 부족하다.

물론 사오십 대가 가장 외면 받는다는 통계적 근거는 없으며 이렇게 말한 건 아마도 세대 동질감 편향 때문일 것이다. 이렇게 우리는 자신의 관점이 객관적인지 스스로 따져봐야 한다. 우울한 자살 얘기를 하다가 여기까지 오게 됐는데 우리는 이러한 논의로 국가는 삶의 사각지대에 있는 생존형 사람에 대한 대책과 모두가 함께할 수 있는 행복형 사람을 위한 정책을 동시에 실행해야 함을 알 수 있다. 청소년과 사회 문제는 이 정도로 하고 다음으로 어린아이들 교육 이야기를 해보자.

우리나라에 오은영이 있다면 외국에는 미셸 보바라는 여성이 있다. 그래서 그녀의 저서 중 『양육 솔루션』이라는 책을 잠깐 이야기해 볼 생각이다. 이 책의 앞 부분 내용에는 부모 외에 보통 사람도 알아두면 좋을 아이 교육에 대한 안 좋은 몇 가지 유형이 쓰여 있다. 그걸 중요 부분만 각색하여 적어 보겠다.

"헬리콥터 양육은 항상 아이의 주변을 헬리콥터처럼 맴돌면서 아이가 살아가며 부딪힐 수 있는 모든 굴곡을 제거하는 데 급급한 유형이다. 해결책은 자녀의 삶에 관여는 하되 지나치게 참견하지 않는 법을 배우는 일이다. 두 번째로 인큐베이터 양육이다. 이 양육은 아이가 적절한 나이와 발달수준에 이르기도 전에 학습으로 몰아붙이는 유형이다. 해결책은 부모가 아이의 발달 단계에 맞추는 일이다.

세 번째로 반창고 양육이다. 이 양육은 지속적이고 진정한 변화를 목표로 하는 문제 해결이 아니라 임시변통으로 문제를 빨리 해결하는 데만 급급한 유형이다. 해결책은 효과적으로 훈육하기 위해 아이에게 무엇이 잘못되었고 어떻게 바로잡는지 알려주는 것이다. 그 행동 변화에는 시간이 걸린다는 사실을 알아야 한다. 네 번째로 친구 같은 양육이다. 이 양육은 아이에게 안 된다고 말하지 못하고 무조건 아이가 좋아하는 것을 우선 순위에 두는 유형이다. 해결책은 부모로서 명확한 경계와 한계를 설정하고 통제력을 회복하는 일이다. 다섯 번째는 액세서리 양육으로 아이가 받는 상을 통해서만 부모로서 자신의 가치와 성공 여부를 평가하는 유형이다. 해결책은 아이와 부모를 개별 인격체로 바라보는 일이다."(참고 문헌 : 『양육 솔루션』미셸 보바, 남혜경 옮김, 도서출판 물푸레, 2010년)

이 외에 안전하고 과잉보호만 하려는 편집증적인 양육 유형과 부모의 역할을 자신들이 다하지 못하고 외부에 맡기는 나쁜 부모 양육 유형도 있다. 참고로 앞서 한 번 언급했던 조너선 하이트의 『나쁜 교육』도 미셸 보바의 편집증적 양육을 인용한다. 조너선 하이트는 난제의 글에서 두루 강조해 온 것을 그의 책 마지막 부분의 챕터에서 '왜곡된 자동 사고의 유형' 17가지로 요약하여 글을 마무리한다. 다만 진짜 "나쁜 교육"의 마무리는 표현의 자유 원칙에 대한 시카고대 선언문이다.

말이 나온 김에 잠시 시카고대 선언문을 살펴보자. 최근 혐오 관련해서 표현의 자유와 혐오에 대한 관계를 어떻게 볼 것인가가 문제가 되고 있다. 시카코대 선언문의 대전제는 '공동체 안에서 드러나는 일체의 문제를 토론할 자유를 완전히 존중하고 지지한다'이다. 그러나 표현할 자유를 최대한 인정하되 '상대를 진정으로 위협하고 괴롭힐 뜻을 가진 표현, 정당한 근거 없이 누군가의 사생활이나 기밀유지 목적을 침해하는 행뒤 등'은 제한한다고 못 박는다. 이건 아주 상식적이고 틀리지 않은 선언이다.

헤이트 스피치, 즉 혐오의 언어는 누구도 정당화될 수 없으며 그런 표현은 제한되어야 한다. 독일 같은 경우 시카코대 선언문과 비슷한 것을 아예 법으로 제정하여 표현의 자유에도 한계가 있음을 곳곳에서 명시하고 있다. "나쁜 교육"은 대부분 미국 현재 상황을 예시로 내용을 전개하지만 우리나라와 전세계적인 공통 현상까지 다루는 부분도 많다. 이 책은 교육의 핵심 문제점을 실제적 차원에서 다루고 있으니 되도록이면 읽어봤으면 좋겠다. 다시 편집증 양육의 이야기로 돌아와 마무리해 보겠다.

어떤 이는 편집증적 양육을 특히 어린 여자아이에만 더 의미를 부여하여 어떤 이즘적 사고를 전개하기도 한다. 사실 용어만 새로울 뿐이지 우리는 이미 다 알고 있다. 도서관에 있는 어린이 교육 관련 책들은 이제 거의 새로울 것도 없이 하나의 공통적 이야기를 한다. 그건 아이를 자신과 분리된 한 인격체로 대하라는 것이다. 한 아이를 키우기 위해 마을 전체가 참여한다는 옛말처럼 교육 관련 이야기는 2000년 전 중국 사상가들에게서도 자주 드러난다.

그중에서도 노자의 이 말이 가장 현대적으로 다가온다. "낳아 주면서 소유하지 않고, 잘 자라게 이루어 주면서 의지하지 않으며, 키워 주면서 자식을 지배하지 않는다" 2000년 전의 글인데 정말 멋지지 않은 가? 누군가는 자녀를 잘 양육하고자 자식이 무엇을 잘할지 모른다고 생각해서 가능한 한 모든 것을 경험하게 하고 가르치려 한다. 이게 틀린 건 아니지만 한가지 문제는 상당수 부모들은 자기 아이의 성격과 재능 그 외 자녀의 마음을 다 안다고 착각한다는 것이다. 극성스러운 부모를 나무라는 것 외에 가장 핵심적이고 거의 모두가 말하는 교육 가르침은 아래와 같다.

이번 챕터는 좀 더 권위와 믿음을 주고자 필자의 개인적 의견보다는 교육을 연구하는 사람이나 교육 관련 작가의 생각을 최대한 덧붙이고자 한다. 그런 차원에서 먼저 데이나 서스킨드가 했던 말을 살펴보자. 그는 『부모의 말 아이의 뇌』라는 책에서 이렇게 이야기한다. "부모가 아이의 행동을 통제하는 방식은 크게 두 가지 유형이 있다. 첫 번째는 지시인데 이건 아이의 참여를 제한하는 명령으로 꾸지람과 요구가 포함된다. 두 번째는 제안과 유도로 아이의 참여, 의견, 선택을 끌어낸다." 오은영의 책도 이 부분을 거의 핵심으로 여기며 두 번째의 통제 유형을 중요시한다. 미셀 보바와 오은영 그리고 핀란드 교육법의 공통점은 어떠한 형태의 신체적 체벌도 허용하지 않는 입장을 보인다는 것이다. 단지 이들은 잘못된 아이의 행동을 강하게 꾸지람하는 걸 허용할 뿐이며 직접적인 신체 체벌은 절대 허용하지 않는다. 그런데 현실 부모의 생각들은 이들과 일치하지 않을 수 있다.

핀란드라는 나라가 언급되어 좀 더 설명하자면 핀란드는 18세까지 시험은 보되 등수를 내지 않는다. 학교의 등수 매기기가 존재하지 않기에 학교 간 경쟁이나 서열도 우리나라보다 훨씬 덜하다. 그리고 민족 특성상 핀란드는 3개 국어를 기본적으로 하는 경우가 많다. 핀란드어와 스웨덴어는 국가의 기본적 언어이고(스웨덴어는 비율이 적긴 함) 드라마나 영상을 영어로 보기에 어려서부터 영어에 익숙하다. 그들이 작은 나라이기에 이런 경쟁의 교육을 하지 않는 것은 아니다. 오히려 그 반대일 가능성이 있으며 이건 핀란드의 교육 방향성과 국민의 의식 수준이 일치되어 어떤 그들만의 민족 교육 정체성이 시스템으로 정착된 것으로 봐야 한다. 이렇게 시험 등수가 없으면 여러 분야에서 서로서로 존중할 수 있다. 실제로 핀란드 교사들은 사회로부터 많은 존경을 받는다. 그러나 우리나라는 교권과 학생 인권이 마치 양립 불가능하다는 듯이 풍선효과에 갈팡질팡한다. 특히 극성스러운 소수의 부모들 때문에 학교 전체나 교사가 스트레스를 받는 코미디에 놓인다. 법이 만능은 아니지만 우리는 지금까지 여러 난제를 어떻게 해결할까에 대해서 결국 법이나 엄격한 규칙에 의존할 수밖에 없는 영역이 있음을 알게 되었다. 과거에는 규율과 법이 국민에 부정적이었다면 이젠 새로운 법치 시대 관념을 가지고 법을 다루는 사람과 개혁을 요구하는 국민들 사이에 균형이 맞춰져야 한다.

하지만 우리나라 법원은 자기편의주의적 양형기준이나 관례에 여전히 깨어 있지 못하고 있다. 물론 양형기준이 판결의 일관성을 주는 긍정적 기능도 하지만 때로는 각주구검(刻舟求劍)의 역할도 한다. 어떤 판결과 양형기준, 그 외 관례는 돈과 권력이 있는 자들을 위한 것처럼 보인다. 그렇게 악의 존재들은 서로가 서로의 기득권을 공고히 하는데 이것도 우리나라 교육과 집단 문화의 문제다. 한편 우리나라는 유교 사회 영향으로 어떤 행동이 옳은데도 튀는 것을 좋아하지 않아 관성의 무사유로 살아가기도 한다. 마치 19세기 중반쯤 있었던 제멜바이스 효과와 같은 상황처럼 한국의 판검사 공무원들은 국민들의 요구에 반대 역할을 하는 것처럼 보인다.

그리고 보면 인간은 인종을 초월하여 고집과 아집으로 공통된 실수를 하게 하는 어떤 심리학적 혹은 사회적 원인이 있는 듯하다. 물론 북유럽 국가와 우리는 국민성, 사회 환경과 문화, 역사 등이 다르며 그들도 완벽하지 않다는 것을 안다. 그래서 법 만능주의와 교육 사대주의를 갖자는 건 아니며 솔직히 그냥 앞서 말한 핀란드가 부러울 뿐이다. 중요한 건 이것이 우리나라 현실이라는 생각을 너무 과하게 인정하지 않는 일이다. 그런 인식은 아무것도 변하지 않게 한다.

한편 양육 관련 도서 중 의외로 칭찬의 역설을 말하는 책이 많다. 교육자들 대부분은 무조건적인 칭찬이 아니라 과정의 노력을 칭찬하고 그로 인한 실패에 대해 격려하는 것을 중요시한다. 왜냐하면 칭찬만 하거나 결과만을 보는 것은 오히려 창의력에 도움이 되지 않고 아이를 잘못된 방향으로 이끌기 때문이다. 또한 많은 교육 사상가들은 부모가 무심코 한 언행의 위험성을 설명하며 기분에 따라 반응하지 말고 일관된 언행을 아이에게 보여줘야 한다고 강조한다.

이런 공통점 외에 교육 관련 책들엔 약간의 차이점도 찾아볼 수 있다. 가령 어떤 이는 숏 페널티를 아이 훈육의 긍정으로 보지만 어떤 이는 생각하는 의자를 아동 학대로 인식한다. 아마도 이런 차이는 훈육하는 부모의 공간과 시간, 물체 및 정서에 대한 오해해서 비롯된다고 생각한다. 특히 정서는 감정을 말하는데 부모가 감정적인 상태에서 아이에게 억압과 공포를 주는 건 문제가 된다. 부모와 아이의 분리를 좋게 보면 이것도 결국 아이에게 생각하는 시간을 주는 일이다. 항상 어떤 이의 말이 정답이 될 순 없다.

가령 "소학"에서는 지금으로 치면 거의 꼰대적 생각이거나 성차별적 이야기를 꺼낸다. "아이가 스스로 밥을 먹을 때가 되면 오른손을 사용하도록 가르치고 말을 할 때가 되면 남자아이는 재빨리 대답하고 여자아이는 천천히 대답하도록 가르친다." 지금은 아무도 이 말에 동의하지 않을 것이다. 시대보정 차원에서 그냥 우리는 "소학"의 다른 좋은 가르침을 아이에게 알려주면 된다. 마치 장자가 공자의 사상을 인위적이라며 여기저기서 비판하는 것과 같이 가르침은 항상 이 말도 들어보고 저 말도 들어보는 열린 귀를 가져야 한다. 열린 귀 이야기가 나와서 한 마디 하자면 어린이는 말하기도 중요하지만 듣는 것도 중요하다. 아이의 청각은 실제 뇌 과학적으로 인지 판단과 지능에 영향을 주는데 부모는 자신이 쓰는 언어가 얼마나 중요한지를 알아야 한다. 뇌의 영향 외에 부모의 일상 대화는 아이의 언어 습득력과 정서에 엄청난 영향을 준다. 실제 연구 결과 부모가 대화를 많이 하는 집안의 아이는 그렇지 않은 집안의 아이보다 3배 가량 더 많은 언어를 습득한다고 한다.

다시 강조하지만 양육·교육 챕터는 그동안 필자의 주장이 많이 들어간 다른 챕터 내용과 달리 여러 교육책을 읽고 공통된 부분이나 중요한 부분만 말하는 것이니 신뢰해도 좋다. 끝으로 서스킨드는 부모의 말에 어떤 힘을 부여해야 한다며 교육에 대한 과학적 설명도 덧붙인다. 부모가 권위주의자가 되라는 게 아니라 때론 부모의 말에 권위가 부여되어야 아이에게 좋은 영향을 줄 수 있다. 즉 부모도 자신의 언행을 잘 살펴야 한다는 소리다.

도서관엔 아주 많은 교육 관련 도서가 있지만 그중에서도 『부모의 말, 아이의 뇌』라는 책은 꼭 읽어봤으면 좋겠다. 사실 좋은 책은 많으나 현대인은 읽지를 못하고 읽어도 그걸 따라가지 못하니 현실과 유토피아의 괴리가 너무 크다. 실제로 우리나라 교육은 디스토피아다. 지금은 부와 사고의 대물림, 교육의 격차 대물림으로 인해 사회 갈등이 더 커지는 상황이다. 교육은 백년지대계가 아니라 십년지소계라도 좋으니 당장 작은 개조라도 시급히 해야 한다. 그러려면 무엇을 없애야 한다. 처음의 주장으로 다시 돌아왔다. 무엇을 없앨지는 우리 모두 잘 알고 있지만 그렇게 못하는 것을 사회는 그대로 받아들인다. 교육도 투쟁이며 투쟁은 단체나 개인이 할 수도 있지만 리더나 국가가 할 수도 있다.

과거에는 국가주도 성장이나 충성스러운 국민 양성 이미지 때문에 국가가 나서서 하는 것이 부정적이었지만 지금은 저질의 국민 서비스 영역이 아니라면 국가가 먼저 나서서 하는 것도 필요하다. 하지만 이 국가라는 것도 관성과 기득권으로 사는 대다수의 공무원들 때문에 이 희망은 허무주의에 빠져버리게 된다. 그러나 우리가 투쟁하고 그들이 잘하려고 하면 사회는 그 실력과 의지가 반영되어 좋은 방향으로 흘러 간다. 가령 국립 암센터에 대해서 대다수 국민은 최상급 병원 정도로 신뢰하는데 이건 단순 공공 서비스가 아니라 순전히 질적인 차원에서 인식하는 것으로 앞으로의 교육과 국가 방향성에 큰 힌트를 제공한다.

만약 공공 의료원이나 미래 공공의대 출신들의 진료 수준이 그저 양 적인 차원에 머물고 국민 수준에 맞지 않으면 괜한 세금낭비가 된다. 국가가 나서서 공공 과학자를 만드는 것이나 의사 쏠림 현상과 관련해 서 국가는 얼마든지 공공의대 출신을 공무원화 할 수 있다. 비교우위 에 있기 좋아하는 한국인들의 특성을 살려 일반 공무원과 공공의대 의사 공무원의 차별을 두고 돈과 성장 그리고 노력에 대한 자부심을 함께 준다면 이런 건 꿈이 아닌 실제 정책이 된다. 이건 공공의대에 갈 사람들의 의대 성적을 낮추거나 그게 아니면 몇 년 동안 공공의료에 의무적으로 있게 하는 방법이 능사는 아니라는 소리다.

이번엔 완전히 생각의 전환을 해보자. 과학이나 의학 쪽 분야는 모 르겠지만 법적 판단의 영역에서 과연 지능이 최우선 순위가 되어야 하 는지는 심각히 생각해 봐야 한다. 보편적 가치도 모르고 그걸 느껴본 적도 없으며 공부 잘함 하나로 공감 능력이 없는 인생을 산 사람이 단 순히 시험 통과의 기준만을 넘었다고 해서 사람에 대한 판단까지 맡아 야 한다고 생각하지 않는다. 법은 수학능력이나 기술의 영역이 아니기 에 기술을 부리려고 하는 것은 잘못됐다. 판결은 법실증주의와 인권 감수성의 균형을 가지고 증거와 피해자 중심으로 판단하는 영역이다.

갈수록 메리토크라시가 우리 사회를 지배하는데 이것은 진정 인간 의 행복한 삶이 아니다. 지능 하나와 부모님 케어로 온실 속 겉만 인간으로 자라나 기본적 인격도 갖추지 못한 저열한 인간들이 판결을 하고 잘못된 결정을 할 때는 정말로 더러운 절망감을 느낀다. 그래서 잘못된 판단을 하는 판사에겐 처벌이 지금보다 더 확실하게 이뤄져야 한다. 소포클레스의 "안티고네"에서는 파수꾼들이 크레온 왕에게 이렇게 외친다. "아~! 판단하는 자가 잘못 판단하는 것은…" 그 당시 왕은 판단자였기에 지금의 판사와 같았고 그게 곧 국가의 명령이었다. 크레온 왕의 고집스럽고 잘못된 판단은 자기 아들과 안티고네를 비극으로 내몬다. 지금도 잘못된 판검사 때문에 화가 나는데 과거 잘못된 판사 검사의 사법 살인과 사법 폭력이 얼마나 심했을지를 생각하면 그 짐승들에게 이성을 잃고 달려들고만 싶다. 하지만 그들은 자신들이 인간이라며 살아갈 게 뻔하다.

요즘은 인간이 인간답게 사는 교육을 받지 않은 사람들이 많아서 빈부 격차만큼이나 지위 격차로 인한 생각 격차가 너무 커졌다. 교육 혁명은 구조적 문제나 의식의 문제와 함께 이뤄져야 한다. 그중에서도 노동에 대한 인식과 가치를 근본적으로 변화시킬 방법을 강구해야 한다. 왜냐하면 노동에 대한 감수성은 임금에 대한 차이를 만들기 때문이다. 현대사회에 중요한 것은 물질, 즉 돈이 되었고 노동의 가치는 시장의 수요와 공급 법칙으로 정해진다.

사실 노동의 가치를 꼭 그렇게 정할 수는 없는 일인데 사람들은 이미 공부 하나로 모든 것을 그대로 인정해 버린다. 이것이 정말 자유 시장경제의 당연한 결과일까? 이건 그저 결과적인 것이지 당연한 결과가 아니다. 직업의 접근성에 대한 커트라인은 청소년 때 이미 수학능력이 상당수 결정해 버리는데 성적은 일종의 선망 대상과 희소성에 대한 가치일 뿐 이게 전체 자유 시장의 수요와 공급의 논리가 될 수는 없다. 왜냐하면 이것은 자유를 우선하는 시장처럼 자연적인 것이 아니라 인위적인 것이기 때문이다. 그래서 노동의 가치를 서로가 제대로 인정받으려면 연대하고 양보하는 자세를 가져야 한다. 고등학교 때 수능이나 학교에서의 우수한 성적이 수십 년 앞으로의 삶을 결정하는 노력 대비 가성비 좋은 보상 수단이 되어야 한다면 그 후 사회 또한 학벌 외에 더 많은 자기계발을 하고 노력을 하는 사람에게도 그 능력을 인정받도록 해줘야 한다.

하지만 제2의 능력 인정은 기술을 가진 사람들 외엔 별로 없으며 이미 인간의 임금에 대해서 성인 이전의 성적이 거의 모든 것을 결정한다. 한편 좋은 학벌 하나로 우쭐대며 책도 몇 권 읽지 않고서 자기만의 생각에 빠져 노력하지 않는 인간들을 보면 가끔 개미와 베짱이 이야기 속 베짱이가 떠오른다. 결론을 내보자면 일반 노동과 열심히 사는 삶은 수능의 영역이 절대적이기보다 부수적이어야 한다. 한때 우리나라에서는 공부를 가장 잘하는 학생들이 의대보다 과학자의 길로 가는 경우가 있었다. 직업과 노동에 대한 노동 존엄성을 인정하고 각자 자부심을 가지는 일은 국민이 먼저가 아니라 국가가 하는 것이다. 그런 의미에서 과거보다 더 돈을 쫓아 직업을 찾아다닌다는 것은 오로지 개인적인 문제가 아니라 사회적인 문제인 것이다. 개인 한 사람은 마틴 루터나 잔 다르크처럼 특별히 전사적 역할을 하지 않는 한 존재가 거의 미미하다. 그렇기에 문제의식을 가진 사람들이 연대하고 실천해야 한다.

마이클 샌델은 사회 공공재 역할을 하는 문화와 산업시설에 대한 국가의 정책 방향을 중요시한다. 그래서 교육 또한 공간의 분리가 되어서는 안 되며 다 함께하는 공동체 정신이 필요하다. 마이클 샌델은 때론 공동체주의자라 비판 받는데 필자는 그를 비판하는 책을 꽤나 읽었음에도 불구하고 제대로 설득력 있게 비판한 국내외 학자를 아직까지 한 번도 보지 못했다. 단지 아주 협소한 부분에서 샌델에 대한 일부 비판만이 긍정적이었을 뿐이다.

인간은 서로 진정으로 인정해주는 것에 대해 서로 힘들어한다. 그래서 산업 현장에서 땀을 뻘뻘 흘리며 일하는 사람처럼 되지 않으려면 공부해야 한다는 이 말 자체를 없애기엔 아직 불가능해 보인다. 이런 직업이 뭐 어때서나 저런 분들이 있기 때문에 우리가 좋은 공간에 산다고 말하는 사회가 좋은 사회다. 그들의 땀은 못된 짓을 해서 기자 앞에 나타나 진땀을 빼는 수많은 인간들보다 훨씬 아름답다. 사람들이 때로는 계산적이기보다 철학적일 필요가 있다. 그동안 철학은 인간의 이성이나 현상, 관념, 실재 혹은 경험 등에 의미를 둘지 아니면 그것에 크게 관계없이 비역사성이나 사회 구조에 관심을 둘지 약간 칸막이 구분이 있었다. 그러나 미래의 교육혁명은 이런 부분을 통합한다. 개인 각자가 그러한 통합적 접근에 교육혁명의 대상과 주체가 되어야 한다.

하지만 교육에 대한 사유가 중요하기에 언급하는 것일 뿐 구체적으로 무엇을 해야 할지는 솔직히 필자도 모른다. 아무도 의문을 제기하지 않으면 아무것도 잘못됨을 모르며 행동하지 않으면 아무것도 변하지 않는다. 그래서인지는 몰라도 오래전부터 인간 해방과 공동체 정신을 외쳤던 『페다고지』 책은 지금도 유효하다. 요즘은 다수가 아프다 보니까 교육에 무관심하고 정책 입안자는 사회적 태만으로 할 일을 하지 않는다. 교육마저 이념 싸움만 아니면 다행인 시점에 우리 아이들은 과연 성인이 됐을 때 지금 세대보다 더 행복할 수 있을지 의문이다. 기업만 창조적 구조를 만드는 게 아니며 국가와 국민들도 교육혁명으로 미래를 행복 창조로 만들 수 있다.

32

편향

편향의 근원을 찾아서

우리 시대에 편견이나 편향이라는 주제는 누구나 한 번쯤 얘기할 만한 필수 두 글자가 되었다. 편향의 종류는 만들어내기 나름인데 대표적으론 순응·적응 편향, 행동 편향, 사후·결과 편향, 부작위 편향, 규범·정보 편향, 이기적 편향 등등이 있다. 하지만 편향의 근본 심리 기제는 자기 마음 상태의 충족이라는 점에서 유형의 결과가 거의 비슷하다. 인간은 모두가 편향을 가지고 있다. 프로이트는 신경증상을 보이는 사람은 저항하려는 특성을 가진다고 하였다. 그게 바로 무의식의 세계이며 편견과 편향 또한 바로 이런 무의식 중에 하나에 속한다. 편향에 대해 보통 학자들은 그 근원과 문제를 탐구하기 위해 각기 다른 용어를 창안한다. 그렇게 나온 대중적 단어가 암묵적 편향, 인지 편향, 집단 편향, 확증 편향 등이다. 그러나 편향의 과정을 살피며 그 문제점과 해결책을 찾고 편향이 기대하는 효과를 말하는 것이 무엇인지 설명한 책들은 상대적으로 드물다.

그나마 제시카 노델의 『편향의 종말』이란 책이 왜 사람들이 편향을 가질 수밖에 없는지를 조금이나마 설명해 준다. 이번에도 편향에 대해 독창적 사유를 해보고자 하는데 먼저 편향의 근원부터 살펴보자. 편향은 나라는 한 명의 '집문화'로부터 시작된다. 집문화라는 용어를 또 누가 썼을지 모르겠지만 처음이라면 여기서 만든 신조어다. 지금 말하는 집문화 개념은 우리가 사는 한옥 같은 실제 집·가옥을 의미하는 게 아니다. 이 집문화란 태어나 부모로부터 듣고 배웠던 것이나 그 부모가 가진 고정관념과 기질 같은 것이 곧 나에게 전달됨을 의미한다. 사람이 커가면서 개인의 무의식적 집문화는 사회의 의식과 교차하는데 이때 천성적 기질과 교육, 언어, 가치관 등도 함께 교차한다. 집문화는 가정 내의 영향뿐만 아니라 지역적 정서나 가족 외 가까운 환경도 포함한다. 이걸 기존 학자들은 순응 편향이라 불렀다.

이 뜻을 철학적으로 보자면 인간은 칸트나 헤겔의 관념론과 베이컨과 로크의 경험론 둘 다에 영향을 받는 존재가 된다. 특히 철학자 화이트헤드는 경험의 기본 토대는 정서적인 것이라고 말한다. 지금은 무서운 스마트폰 기기가 사람 감정에 관여하지만, 이 정서라는 것은 과거에는 대부분 가족이나 주변으로부터 형성되었다. 그렇다면 생득적이거나 문화적 요인 외에 동물적 본능으로 나오는 편향은 없을까?

무리 집단의 특성을 가진 인간의 본능은 문화적 사회적, 성향적 동질감을 이루어 집단 편향을 만들어낼 가능성이 크다. 집단 편향은 다른 편향을 또 파생시킨다. 이럴 땐 인간의 과학적 생물학적 뇌의 힘보다 정서적 심리적 차원이 더 많이 작용한다. 즉 친숙함과 낯섦도 편향을 만들어 내는데 이렇게 인간은 태어날 때부터 부모와 사회로부터 다양한 편향에 의해 양육된다. 집문화와 작은 공동체 내에 있었던 인간은 이제 성장하면서 타인의 집문화나 더 큰 사회 제도와 다시 관계한다. 여기서 편향은 충돌과 대립, 분열과 다양성, 형성과 재정립, 강화의 네 과정을 순환처럼 거친다. 이 과정을 거치면 집문화가 비로서 '적응 편향'이 된다. 이건 다시 자신의 후대에 가서 '집문화→적응 편향→편향 유전' 과정이 계속 반복된다. 다만 다윈의 진화론적 관점과 비슷하게 편향도 간혹 분열 과정에서 변이, 즉 돌연변이가 발생할 수 있다. 여기서 돌연변이란 편향의 제거나 편향의 반전을 뜻하며 이것은 좋은 편향 종결의 '이성선택'이다.

결론적으로 편향은 환경 적응과 함께 유전된다. 피터 J. 리처슨·로버트 보이드의 저서 『유전자는 혼자 진화하지 않는다』는 이기적 유전자뿐만 아니라 문화나 감정 같은 어떤 무형의 것도 사회 공진화를 위해 유전된다는 생각을 전한다. 다만 이걸 세포나 DNA로 확인할 과학적 방법은 없다. 그러나 인간의 삶과 역사를 관찰하면 일부 진화생물학자들의 이런 주장이 막연하더라도 별 반론 없이 순응하게 된다.

이 책이 편향을 다루지는 않지만 리처슨과 보이드는 인간의 유대나 협동에 대해서 긍정에 초점을 맞추며 글을 채운다. 인간은 각자 기질과 집문화의 특수성을 가지면서 동시에 보편적 무엇을 공유한다. 문제는 적응 편향이 개인에서 끝나지 않고 타협되지 않아서 그게 타인과 집단 그리고 사회와 충돌할 때다. 충돌 그 자체는 문제가 아니지만 특정 영역으로 들어오면 편향은 그 어떤 방향으로든 부정적으로 흘러간다. 편향에는 개인에서 끝나는 소멸 편향과 집단으로 확장하는 불멸 편향 두 종류로 나뉜다. 집단은 그 편향을 더욱 강화해서 집단 편향이 거의 극단주의를 띠기도 하는데 이건 전통적으로 편향이 자주 침투하는 영역인 정치 종교 신념의 분야에만 국한되는 건 아니다. 이 집단 편향은 자기가 깊게 소비하고 있는 어떤 콘텐츠나 사람에 대한 것도 포함되며 그 대상이 무형 유형인지도 가리지 않는다. 우리는 대전제를 '인간은 모두 편향적이다' 라고 하였다.

하지만 이걸 인정하며 사는 반성적 인간이 있는가 하면 이걸 아예 의식하지 않고 사는 고집불통 반지성의 인간도 존재한다. 이것이 인간의 차이나는 클래스를 만들며 후자 때문에 충돌의 필연성이 생긴다. 집문화에서 정서 이야기를 잠시 했는데 만약 이게 편향이 아닌 인간 본연의 삶 중 하나로 생각하면 집문화는 부정적 의미만 있는 게 아니게 된다.

가령 마이클 모리스의 『집단본능』이라는 책은 인간의 공동체 본능을 대부분 긍정적으로 본다. 마이클 모리스에 따르면 호모 에렉투스 때부터 인간은 원시적 협동 능력을 가졌고 이 집단본능이 생존본능에 영향을 주었다. 이 책에서는 때론 집단의 잘못됨을 지적하기도 하지만 책의 주된 내용은 이게 아니다. 우리가 살펴봐야 하는 건 집단의 긍정적 역할이나 그 범주가 아니라 사회에 좋지 않은 영향을 남기는 부정적 편향이기 때문에 이 둘을 구분해야 한다. 편향의 차원을 넘어 교육적 측면으로 볼 때 한 가지 분명한 사실은 부모나 가족으로부터 집문화를 가진다고 해도 인간이 온전히 자립할 수 있으려면 개인은 가족이란 타자로부터 정서적 독립을 해야 한다. 이건 가족의 유대감과는 조금 다르다. 경제적 독립은 요즘 사회에 좀 늦추어질지 모르지만 정서적 독립은 성인이 될 쯤에는 완성되는 게 좋다. 다만 이게 말 그대로 자립할 수 있는 정서적 독립을 말하는 것이지 집문화가 가진 이념이나 삶의 가치관이 꼭 가족과 달라야만 한다는 걸 의미하는 건 아니다.

그렇다면 왜 사람들은 편향을 가지고 살아가려고 할까? 적응 편향이 확고해지는 이유는 자기 사유에 에너지를 많이 소비하지 않으면서 행복과 같은 안정감이나 삶의 편리함을 주기 때문이다. 누군가는 그렇게 사는 것이 행복이라고 생각할 수 있다. 사람들이 많이 알고 있는 확증 편향도 처음에는 정보 부족으로 인한 자기 심리를 믿는 것으로 시작되었다. 그러나 현대인은 이제 정보가 부족하지 않다. 그 정보가 교묘하게 가공되었거나 왜곡되었는지 조금만 이성을 활용하면 되는데 현대인들은 그 에너지를 쓰려고 하지 않는다. 설령 책을 읽지 않더라도 지금은 얼마든지 자신의 의지만 있으면 좋은 정보들을 얻을 수 있고 한쪽의 의견과 반대편 의견을 다 들어볼 수 있다.

하지만 이런 자세로 사는 폰커영은 거의 없으며 그저 자기가 머문 곳의 단순 시각에 만족을 얻고 자기가 보고싶은 것만 보며 살아간다. 확증 편향이나 그동안의 편향 개념으로는 이제 편향을 다 설명할 순 없다. 인간은 인지부조화를 겪을수록 프로이트가 말한 방어 심기기제가 작용하여 퇴행해 버린다. 불편함과 스트레스를 받느니 차라리 자기 편향을 따르고 그 편향을 오히려 공고히 한다.

인간은 모두 자신의 보금자리였던 집문화의 편안함을 누리려 하기 때문에 누군가 자신의 집에 들어오는 것 자체가 불편함이 된다. 여기서 누군가란 자신과 다른 편견이나 사상, 타자의 내 퍼스널 스페이스 침투 등을 의미한다. 편향은 스스로의 인지 왜곡을 기제로 하여 아비투스 같은 관성의 법칙을 따른다. 그래서 쉽게 편향이 멈춰지지 않으며 멈추려면 그 편향만큼 반작용이 생긴다. 신체나 감정이 자신에게 맞게 해석되어 편해지려는 편향은 인간의 평범한 삶의 동반자다. 그래서 모든 인간이 가지는 적응 편향은 사상과 신체의 자유로서 천부적 불가침성이 된다. 그러나 자유와 방종의 구분처럼 개인 편향과 사회 규범의 관계는 그 불가침성의 제약을 받는다. 편향은 이성의 부분이 아니기에 설득의 대상이 될 수 없고 다만 제어만 가능하다. 그 제어는 국가나 사회, 현명한 개인이 할 수 있다. 국가는 법이나 제도가 필요하고 사회는 올바른 시민단체 활동이나 지성주의에 입각한 재교육이 필요하다. 그렇다면 편향을 강화하는 것은 무엇일까?

인간 개개인의 이유는 앞서 말했기에 집단의 영역으로 초점을 맞춰

보겠다. 조직이나 국가가 편향되어 편향된 사람들을 활용하는 가장 큰 이유는 그들의 영향력을 키우고자 하는데 있다. 즉 개인과 조직이 필요에 의해 서로의 편향을 이용하는 것이다. 영향력은 돈과 권력 같은 이해관계와 관련이 있고 이것은 다시 집단의 응집 효과를 가져다준다. 부정적 편향의 항상성과 목표는 편향의 반대편에 있는 곳에 대한 유도된 오해와 매도, 범주화, 심하면 악마화나 적대감까지 만들어 낸다.

우리는 여기서 편향이 관점의 공간성과 강도의 응집성을 가지고 있음을 알 수 있다. 즉 어떤 생각의 공간에 있느냐와 어떤 마음에 더 가까이 있는지에 따라 편향은 양상을 달리한다. 편향은 어떤 주체가 행하는 것이기 때문에 다른 타자와의 편향과 필수적으로 충돌한다.

다만 편향이 철학적 의미의 주체와 타자라는 개념과 가장 큰 차이점은 그것이 긍정의 효과 없이 오로지 일방향적이라는 점이다. 더 정확하게 표현하자면 편향은 가짜나 허구 주체이며 그렇기 때문에 자동 반사적인 언행을 만든다. 결국 스스로 이성적 균형을 만들 수 없는 상태에 머물게 되고 편향된 개인과 집합체는 편향되었다는 거 자체를 모르게 된다. 가장 핵심은 편향이 정반합의 긍정 도출을 불가능하게 하는 태생적 한계를 가지고 있다는 점이다. 나와 생각이 같은 사람들이 주변에 있다는 것은 적응 편향에 용기를 주고 합리적인 척하는 도구가 된다. 이런 것들이 편향의 반지성적 순응성이다.

지금까지 편향 특징을 보면 편향은 개인으로서나 집단으로서나 프로이트가 말한 리비도적 특성을 가지고 있음을 알 수 있다. 방금 말하는 걸 더 정확하게 하자면 칼 융의 리비도다. 왜 그런지는 보충 설명이 필요하다. 프로이트와 칼 융은 무의식과 리비도 부분에서 큰 차이점이 하나 있다. 융은 프로이트와 다르게 리비도를 개인적이거나 신체적 성적인 것으로만 한정하지 않고 인간의 무의식을 집단적으로 보면서 원형과 같은 공통된 정신을 강조한다. 육체적 만족감 외에 정신적 만족감은 편향 리비도를 더 자극하거나 강화시켜 준다. 융이 쓴 용어를 차용하면 편향은 '집단 무의식'으로 연계되는 필연성을 가진다. 이렇게 융은 프로이트의 개인 무의식을 집단 무의식으로 확장하였다. 그런데 개인은 편향이 하나만 있는 게 아니다.

사람들은 인간 관계나 사회 생활을 하는 동안 매우 다양한 부분에서 편향을 노출하거나 숨기면서 살아간다. 그렇기에 편향의 종류를 크게 분류할 필요가 있다. 대부분의 도서는 편향 그 자체를 그냥 잘못된 것으로만 설명한다. 하지만 편향을 모두 그렇게 부정적으로 단정하며 무시할 수는 없다. 왜냐하면 편향은 자기 항상성을 유지하기 위한 무해한 편향 코나투스가 누구에게나 존재할 수 있기 때문이다. 이런 기본적 입장을 유지한다면 편향을 수용 가능성에 따라 세 가지 종류로 분류할 수 있다. 첫 번째로 용인된 편향이나 타인이 불편하지 않은 편향으로 이걸 '관용 편향'으로 부르자. 예를 들면 사람이 순수하게 지식적으로 몰라서 혹은 무식해서 편향을 가질 수 있다. 이건 타인에게 피해를 주지 않고 나중에 고쳐질 편견으로 일시적인 편향이 된다. 또 누군가에게는 편향이 외부화 되지 않고 자기 만족감을 주기 때문에 이런 관용 편향까지 나쁘다고 할 수는 없다. 두 번째는 불편할 것 같기도 하고 아닌 것 같기도 하는 편향으로 사람에 따라 불분명한 경계에 있는 편향이다. 이것을 '가치 편향'이나 '경계 편향'이라고 부르자.

가령 채식주의자가 비채식주의자에 대해 가지는 관념과 반대로 비채식주의자가 채식주의자에 가지는 편견 같은 것이 있을 수 있다. 이때 중요한 건 강요나 강한 주장을 하지 않는 것이다. 이때는 틀림이 아니라 다름과 차이라는 마음으로 서로가 서로를 수용해야 한다. 이런 다름과 차이라는 울타리엔 두 가지 의미가 있다. 하나는 자신 스스로 경계를 짓는 주체가 경계 밖의 타자에 대해 부정적인 것에 초점을 맞추며 갈등을 만드는 일이고 또 하나는 경계를 타자로부터 부여받지만, 그 주체는 긍정의 무엇을 넓히기 위해 큰 울타리에 초점을 맞추는 다름의 존재가 있다. 방금 한 말을 이해하고 사례를 찾아보는 건 숙제다. 우리가 가장 문제 삼는 건 혐오나 차별처럼 폭력의 기원이 되는 부정적 경계 편향이다. 이 세 번째를 '위험 편향'으로 부르자.

위험 편향이 항상 눈에 보이는 폭력을 행사하는 건 아니지만 언제든 광기를 가지고 행동할 수 있으며 이럴 땐 개인이든 집단이든 편향은 더욱 선명하게 사회에 해악을 끼친다. 해러웨이는 이런 경계선 긋기에 대해 진리를 향한 것이 아닌 권력을 향한 조치라 말한다. 이 경계 긋기는 엘리트주의, 여성주의, 남성우월주의, 생태주의 등 아주 다양하다. 이렇게 위험 편향에는 보이는 물리적 폭력이 있고 권력과 같이 보이지 않는 편향이 있다. 베이컨의 4대 우상 중 하나인 시장의 우상처럼 언어와 편견, 의식 구조가 정형화 된 비가시적인 편향은 언제든 보이는 폭력으로 변할 수 있다.

보이는 위험 편향이란 편향을 가진 요소나 사람들이 실제 오프라인에서도 행해지는 것을 뜻한다. 위 두 가시적 위험 편향은 규범이나 도덕 같은 교화가 아닌 법의 제재가 필요할 때가 많다. 가령 선동으로 인한 위험 편향이 법을 어길 때는 앞서 언급한 한비자와 같은 자세로 엄격히 처벌해야 한다. 참고로 국가나 사회가 행하는 반헌법적 불의에 항거하는 것은 위험 편향에 속하는 게 아니라 시민 저항이라고 해야 한다. 위험 편향에 빠진 사람들은 이 둘을 제대로 구분하지 않기 때문에 법을 어기는 경우가 많다. 이처럼 위험 편향의 궁극적 문제는 그들 스스로가 사회 괴리와 비합리성의 심각성을 인지하지 못한다는 점이다. 이게 곧 포스트 파시즘이 되며 파시즘은 목표 편향을 근원으로 하여 이성과 양심을 말살시킨다.

일부 기독교가 하느님 대신 목사를 반지성적으로 믿는 것도 일종의 종교 파시즘이다. 좋은 믿음과 나쁜 믿음, 법치와 법치가 아닌 것 상식과 상식이 아닌 싸움은 비단 현시대만의 문제는 아니며 역사적인 인간의 종족 특성이다. 그렇기에 인간은 항상 중용의 마음으로 지성적인 사람이 되도록 평생 겸손하며 배워야 한다. 일생 동안 자기 안의 편향 감옥을 가지지 않도록 수적천석처럼 노력하는 사람은 얼마나 아름다운 사람인가. 자기 다름의 인정만을 요구하는 게 아니라 자기 틀림을 알고 행동과 생각을 고쳐먹는 일은 우리 인생에서 정말 중요하다. 가치 편향과 위험 편향은 곧 행복한 삶과 연관이 있다. 정의롭다고 할 수 없는 것에 신념을 가지고 어떤 추종을 하면서 반대를 위한 반대의 목표를 가지는 일은 개인의 진정한 행복이 아니다. 자아를 찾아가는 여정의 삶이 편견을 가지고 사는 삶보다 훨씬 좋은 삶이다.

알베르 카뮈는 친구에게 이런 내용으로 편지를 보냈다. "사람은 어느 한 극단으로 쏠림으로써가 아니라 두 극단에 동시에 닿음으로써 자신의 위대함을 보여준다." 정말 훌륭하고 멋진 말이 아닌가? 카뮈의 이 말을 잘못 해석하여 양비론이나 기계적 중립으로 바라보는 바보가 없길 바란다. 만약 이런 바보가 관용 편향을 뚫고 나와서 억지스럽게 사회로 나오면 위험 편향이 된다. 우리 사회의 위험 편향 문제점을 좀 더 구체적으로 나열할 수 있지만 이미 우리는 그런 것들을 살펴보았다. 만약 더 궁금하다면 앞서 언급한 "편향의 종말"이라는 것에 많은 위험 편향이 나와 있으니 이 책을 참고하면 된다. 외국 도서지만 그 예시의 내용 중에는 우리나라 상황과 비슷한 것도 많다. 역시나 가장 중요한 것은 우리의 이런 난제를 단순히 서술하는 것에 그치지 않고 다시 현대 사회의 실질적 문제로 결합하는 일이다. 그래서 소위 이대남, 이대녀 혹은 20대, 30대 젊은 남성 여성 이야기를 해보려고 한다. 세대 편견이나 남녀 편견을 가지면 너무 볼품없고 쉬운 남자와 쉬운 여자가 될 수 있으니 2030 남녀를 자유로운 백지상태로 그려보자. 사실 그 백지상태는 불가능하지만 말이다.

난제의 글 곳곳에서는 언어에 대한 촌철살인이나 그 중요성을 계속해서 다른 지식으로 이야기해왔다. 사실은 태도가 전부이기 전에 더 넓게는 언어가 전부이며 이것은 진리에 근접한다. 겉으로 보이는 태도는 숨기거나 속임이 가능하지만, 언어는 표출될 수밖에 없고 일시적 거짓 외에는 속일 수 없다. 언어가 없어도 인간이 생각할 수 있느냐 없느냐의 문제는 여기서 중요하지 않다. 단편 소설 『맡겨진 소녀』라는 작품이 있다. 그 소녀가 어떤 교육을 부모로부터 받았는지 책 속에는 자세히 나와 있지 않다. 그런데 소녀는 그 나이 때 가질 수 있는 순수한 사랑을 잠시 자기를 맡아준 부부에게 보여준다. 소녀를 맡았던 부부에게는 자식이 없었는데 주인공 소녀는 그 부부에게 어머니와 아버지란 무엇인가에 대한 느낌을 주는 그런 길지 않은 언어로 감정을 전달한다.

지금은 의미가 변해버린 '금쪽이'라는 단어로 TV 프로그램은 어린이 청소년 문제를 다룬다. TV를 몇 초 이상 안 보다 보니 예단하긴 힘들지만, 이것도 부모의 태도와 언어가 자식에게 아주 중요한 영향을 끼쳤으리라 생각한다. 사람들은 요즘 아이들에게 '조숙'이라는 표현을 자주 쓴다. 그러나 어려서부터 자주 보고 듣던 부정의 언어를 과거 아이들보다 빨리 알고 어른들 세상을 조금 이해한다고 하여 조숙이 아니다. 천성적 기질이 아닌 차원에서의 금쪽이 문제는 모두 어른의 문제다. 또 금쪽이나 금쪽이 부모의 반대편에는 결손 가정이나 가정불화로 인해 정신이 온전히 영글지 못한 어린이 청소년이 있다. 이들 중 바르게 큰 아이는 일찍 어른이 되어서 안쓰럽고 반대로 그렇지 못한 아이는 외로움을 느끼며 세상을 두렵고 힘들게 살기에 안쓰럽다.

우리는 책을 읽지 않거나 특정 좋은 프로그램이 아니라면 이런 사회의 우울한 이야기를 잘 모르고 살아간다. 보통의 인간은 자기 즐김이나 자기 힘듦이 우선이기 때문에 타인의 고통을 잘 모른다. 스마트폰은 온정주의나 감정주의에 빠지지 않는 한 긍정의 것과 순수함, 인

간다움보다는 자극적인 게 더 말초신경을 자극한다. 여기서 감정주의
는 자기 신념 외에 귀여움을 찾거나 자기연민이 드는 것도 포함된다.
그런데 자기연민은 고귀하게 생각하면서 타인에겐 그렇지 못한 사람
이 갈수록 늘어난다. 진짜 자기연민을 가져야 하는 사람은 따로 있는
데 그 존재들은 열심히 살아야 하기에 그 마음도 사치이자 슬픔이다.

　반대로 어떤 이기적인 사람은 자신에게 잘못을 지적하면 '난 열심히
살아왔는데'라는 이상한 소리로 자기면책을 시도한다. 또한 요즘 사람
들은 자신의 시선 대상이나 즐거움 대상이 되면 범죄의 유무나 상식
유무와 상관없이 그걸 유희나 유익함으로만 바라본다. 그 유희 속 사
유 없음과 도덕의 붕괴는 인간성의 파괴를 가져오며 이것은 현재 남녀
노소 모두가 같은 상황이다. 이런 말초신경의 반지성적 팬심 대상은 사
람이나 여타 사물 그리고 이념, 취미 등 아주 다양하게 존재한다.

　이제 이웃 사촌이란 말은 옛말이다. 이웃이 불편하고 프라이버시를
찾고자 하는 사람들이 늘어난다. 하지만 장담하건대 보이는 곳에서 타
인에게 과도하게 경계를 하는 사람은 보이지 않는 곳에서 타인 엿보기
를 더 시도하는 이중심리를 가지고 오히려 관찰 카메라 같은 예능이나
드라마를 더 즐겨 볼 것이다. 어떤 이는 자신의 프라이버시는 중요하게
생각하면서 남들 사생활이나 인플루언서의 가십거리에는 평균 이상의
관음을 보인다. 그러면서 한쪽은 비난할 타인만 찾고 또 한쪽은 팬심
에 이성을 잃어 무조건적으로 맹종한다. 문제는 자신의 유익함이 되는
그 대상에 문제가 있음에도 맹목적일 때다. 이들은 다른 관점과 방향
으로 그 문제된 자에 대해 자기 유희로 그 사람을 옹호한다. 마치 도박
에 중독된 것처럼 그 대상으로부터 떨어지지 못하고 계속 자기 도파민
을 지키려고 한다. 그들만의 도파민인 자기만의 인플루언서들이 사유
를 병들게 하는 인플루엔자 역할을 하는데도 그들은 계속해서 인지 왜
곡을 하며 상식적인 타인과 사회에 마찰을 일으킨다. 이런 개인 유익함

의 인지부조화 현상은 남녀노소 갈수록 많아지고 있다. 이게 어느 선을 넘어버리면 정신적 질병이 되고 가족의 문제이자 사회 문제가 된다.

실제 2000년대 이후 정신 질병이 전체적으로 증가했으며 특히 청소년들은 꾸준히 상승해왔다. 과거에는 자식을 많이 낳았어도 가족 숫자에 억제된 배움이 있었고 사회 체벌 등에 의해 제어가 가능한 것들이 존재했다. 물론 그것이 옳고 그른지는 둘째치고 하는 말이다. 그래서 따로 인성 교육이든 학업이든 지금보다 부모의 보살핌이 부족했음에도 불구하고 질병적 인간들은 지금보다 많지 않았다.

언어의 간결성은 대화의 축소를 가져오고 감정 연대의 어려움을 가져온다. 대표적인 예로는 사춘기 때 소위 중2병에 걸려 방문을 '쾅' 닫으며 나홀로 방으로 들어가는 우리 자녀의 그 짧은 대화가 있다. 하지만 이건 그 자체가 나쁨이 아니라 이 시기에만 있는 인간 특유의 호르몬 문제가 함께 관여한다. 청소년의 반항성은 대부분 공통적인 현상이지만 항상 인간은 개인적 편차가 존재해서 유독 그 중2병이 더 심각한 자녀를 겪는 부모가 있다. 이때 부모의 현명함이 필요하다. 부모가 자녀와 같이 감정적 상태가 되어 짧은 사고나 나쁜 언어로 야단을 치며 비가역적이고 이분법적 선택을 하게 하는 것은 옳지 못하다. 그러나 대부분의 부모는 자신이 어른이라는 사실을 망각한 채 감정적으로 자녀와 같아지는 답답한 필연성을 매번 반복한다. 청소년은 단답형이 아닌 서술형 부모가 필요하고 선택권이 주어진 자유로움을 원한다. 이 진리는 오컴의 면도날이 필요할 때가 아닌 이상 인간 사회에서도 마찬가지로 적용된다.

언어의 간결성은 사랑의 감정 언어로도 존재하여 긍정적인 부분도 있지만 알다시피 요즘은 축약 언어가 혐오 비슷한 욕이나 조롱, 비웃음, 냉소, 비공감 등에 훨씬 더 많이 쓰인다. 일상 속 나쁜 언어 사용은 자신을 가두어 두고 의식의 한계나 확신으로 존재하여 다른 사유를 하지 않게 만든다. 그런 의미에서 과거 세대보다 언어 놀이에 더 지배받는 젊은 세대 의식을 고찰할 필요가 있다. 이들은 『사이버 내란:댓글 전쟁』의 저자 황희두의 말처럼 보수화나 극우화가 되어 철없다거나 하는 등으로 가볍게 말할 한줌의 세대가 아니다. 우리의 미래 세대이기에 매우 중요하며 현재 사회 현상 중 가장 우선순위에 둬야 할 정도로 문제의 심각성이 크다. 황희두가 역사적 정치적으로 미시적 분석을 해 나간다면 필자는 주로 심리와 연관된 사회학적, 언어적 관점에서 2030세대를 바라볼 생각이다.

태초의 말씀이 있었다. 이 말씀은 로고스로 대표되며 지금은 이치에 맞는 어떤 텍스트나 언어를 의미한다. 그만큼 언어는 중요하다. 하이데거는 언어를 존재의 집이라고 했고 헤르더는 언어가 인간의 의식을 지배한다고 하였다. 비트겐슈타인은 일상 대화에서 쓰는 언어를 중요시하였다. 비트겐슈타인의 언어를 좀 더 설명하자면 그는 일상적 언어와 과학적 언어를 구분하여 후자의 언어가 더 중요하다고 보았다. 그는 이것으로 객관적인 세계의 그림을 전부 그릴 수 있다고 믿었다. 비트겐슈타인이 말한 '언어는 세계를 그리는 그림'이라는 말은 표면적으론 옳다.

하지만 과학적으로 증명된 언어 사용 외에 인간은 과학 자체를 언어로 전부 대체할 수 없으며 또 아직 발견되지 않은 과학 때문에 세계를 전부 그릴 수도 없다. 또한 과학의 언어이더라도 모든 이들이 그걸 수학처럼 인정하며 받아들이는 건 아니다. 그것이 문제이기에 언어는 사용자에 의해 변용되고 임의적이게 된다. 이걸 지금 젊은 세대가 과거 사람보다 더 잘 보여주고 있다. 20대와 30대의 극성스러운 남성들이 일베를 하고 펨코 정치 게시판에 상주하며 왜 그들만의 정치 성향을 가지는가에 대해서는 다양한 접근법이 필요하다. 그래서 누구나 아는 사실은 여기서 말하지 않을 생각이다. 가령 펨코 남성 세대가 훌륭하신 노무현 대통령을 조롱하며 자라난 밈 세대이고 과거 보수 정권과 국정원이 심리전으로 만들어낸 괴물이다 등 그런 것들 말이다. 참고로 여기서 그들만의 정치 성향이라고 말한 건 그들의 행태가 보수 우파 극우도 아니기 때문이다.

언어와 텍스트가 매우 중요함은 아무리 강조해도 지나침이 없다. 그래서 이들을 분석하기 위해 현시대 언어인 폐쇄된 언어 이야기부터 하겠다. 사람들을 매도하기 위해서 사용하는 언어를 철학자 마르쿠제는 폐쇄된 언어라고 표현한다. 폐쇄된 언어의 전형적인 예로는 무슨 무슨 충, 좌파 빨갱이, 알빠노, 딸배 등등이 있다. 여혐, 남혐 단어 중엔 여기서 언급하기에 민망한 것들이 아주 다양하게 있다. 언어로 사람을 벌레 취급한다는 것은 이미 자기 마음속에 벌레로 규정된 타자를 인격화하지 않음을 의미한다. 그래서 요즘 사람들이 더 극한 적대감으로 혐오 감정을 가지는 것이다.

시대마다 언어는 생성되고 소멸하지만 어떤 것은 후대에도 계속 살아남는다. 과거에도 국가나 사회 자체에 대한 냉소의 언어가 간간이 나오긴 했는데 그때 사용된 언어는 시대 정신과 시대 아픔을 표현하는 것들이어서 때론 냉소적 언어가 사회 긍정적 역할을 하곤 했다. 하지만 지금은 세대, 정치, 집단, 성별, 직업 등에 대하여 서로가 광범위하게 폐쇄된 언어를 쓴다. 그러면서 그들은 긍정의 무엇을 만들기보다 공격적인 언어로 숨겨진 열등감의 감정 오물만 던지거나 편 가르기의 기생충 역할에 머무른다.

알베르타 코스타의 『언어의 뇌과학』이라는 책에서는 언어가 같은 편을 만들거나 편을 가르는 데 큰 도움이 된다고 말한다. 그러나 그는 언어에 대해 희망찬 이야기도 한다. 이 책은 주로 이중언어, 즉 모국어와 외국어를 할 줄 아는 사람들에 대한 연구를 바탕으로 쓴 글인데 흥미로운 내용이 하나 있다. 알베르타 코스타는 어려서부터 이중언어를 쓰는 아동들은 다른 사람의 입장에서 생각할 수 있는 능력이 더 일찍 발달한다고 말한다. "언어의 뇌과학"을 읽고 매일 영상과 커뮤니티 감옥에 갇혀서 풍부하거나 긍정적인 언어를 보지 못한 사람들이 문득 떠올랐다.

케일럽 에버렛의 『언어가 세계를 감각하는 법』은 언어의 다양성이 갖는 의미를 찾는 책이다. 그러나 현재 커뮤니티의 나쁜 언어는 다양성 대신 그 반대로 간다. 커뮤의 언어는 그것이 부정적일 때 특히 범주화를 만들고 마치 색깔이 정확히 파란색이나 녹색이 아닌데도 그걸 무엇으로 결정해버리는 역할을 한다. 쉽게 말해 커뮤형 언어는 대상 관념을 파시즘화 언어로 변모시켜 다양성과 논의를 사라지게 만든다. 노파심에서 말하지만 언어에 대해 말하면서 주의할 게 하나 있다. "언어가 세계를 감각하는 법"이라는 책을 읽고 갑자기 떠오르는 게 하나 있는데 우리가 지금 언어에 관한 논의를 한다고 해서 언어가 사고를 결정한다는 결정론적 생각을 절대적 믿음으로 보는 건 아니라는 점이다. 케일럽 에버렛도 이 부분에서는 조심스러워하지만 대체로 언어학자나 뇌과학자, 철학자 등은 언어와 사고에 대한 관계를 인정한다.

현대인은 입에서 나오는 소리와 입 모양보다 쓰인 언어를 보고 감정에 영향을 받는 경우가 과거보다 훨씬 많아졌다. 쓰인 텍스트 외에 인간이 직접 듣는 소리의 언어도 인간의 감정과 뇌에 굉장히 중요한 역할을 한다. 악플은 말로 하기보다 쓰는 사람에게 더 쉽게 다가온다. 이걸 역으로 생각해 보면 다른 이의 소리를 무엇으로 변환할 때 인간은 텍스트보다 직접 대면하는 것에 더 의식한다는 걸 알 수 있다. 결론적으로 우리 인간이 어떤 언어를 써야 하고 어떤 생활을 해야 하는지는 이 불편한 반절의 진실이 말해준다. 반절의 진실이라고 한 이유는 직접 대면하는 것이 좋은 사람이 있고 아닌 사람이 있듯이 실제 사람 관계에서는 각자 성격이 텍스트의 유형을 결정하기 때문이다. 보통은 직접 대면할 때 개인의 혐오 표현은 줄어들지만 우리가 문제로 삼는 건 온라인의 집단적 언어다. 혐오하는 사람들의 언어에 대해서 콩트라는 학자의 말을 빌려 쓰면 "언어가 공산적이다"라고 표현할 수 있다. 언어가 생각의 공산화를 만들기에 의식 흐름과 생각회로가 항상 자신이 하는 커뮤니티 정체성에 정해져 있다.

과거 수십 년 전부터 쓰인 정체성 정치가 지금은 파시즘화 된 것이다. 언어는 곧 생각의 편리성을 주고 호모 루덴스 역할을 하기에 외롭거나 자존감이 낮은 사람들은 그걸 규제 없이 자유롭게 즐길 수 있는 커뮤니티와 유튜브를 찾아 나선다. 여기서 호모 루덴스란 젊은 층엔 언어가 놀이가 됨을 의미한다. 인간은 기본적으로 모두가 스노비즘 근성과 변태 근성이 있는데 보이지 않는 익명의 나는 그걸 더 유혹하게 만든다. 그것이 혐오든 조롱이든 재미삼아 하든 그 언어 놀이는 나중에는 자신의 가치관이나 성향 형성에 큰 역할을 하게 된다. 특히 나이가 젊을수록 이런 경향은 더 짙어진다. 만약 국가의 법이나 커뮤니티 관리자가 혐오와 선동을 제어하지 않으면 결국 언어가 거칠어지며 종국적으론 생각도 거칠어지게 된다.

한나 아렌트는 『전체주의의 기원』에서 파시즘·대중의 출현의 원인 중 하나로 외로운 사람들을 꼽는다. 퀴어학 이론의 대모인 주디스 버틀러는 이 외로움이 곧 폭력성을 띤다고 주장한다. 언어는 타인 폭력성과 사상 폭력성을 동시에 준다. 농담 반 진담 반을 섞어보자면 20대 남성과 여성이 페미니즘과 안티 페미로 극렬해지는 이유 중 하나는 섹스를 하지 못하기 때문이다. 즉 연애를 못한다는 것은 근원적으로 외로움을 준다. 여자 없는 남자들은 이제 양가감정을 통해 어느 한쪽을 선망하면서도 반대로 어느 한쪽을 매도하기 바쁘다. 섹스 상대가 없으면 자존감이라도 있어야 하는데 온라인 배설 남녀는 오히려 자존감이 바닥난 상태다. 앞서 한 번 정의했지만 더 쉽게 자존감을 표현해 보겠다. 자존감은 자기 효능감이라는 주관적 감정과 자기객관화라는 객관적 상태 속에서 자신과 사회를 같이 이해하며 세상을 사랑하는 걸 말한다. 물론 특정 누군가에게 섹스는 중요하지 않은 행위일 수 있으나 대체로 인간에게 섹스는 중요한 의미를 가진다. 그리고 이 섹스는 성행위를 넘어 인간의 신체 접촉 모든 것을 포함한다.

무라카미의 단편 『여자 없는 남자들』이라는 책이 하나 있다. 제목만 보면 도태 남성을 생각할지도 모르겠지만 실제 책의 의미는 한 때 사랑했던 여성을 상실한 남성을 의미한다. 책 내용 중에 야하지만 야하지 않은 내용이 하나 있는데 그건 사랑하는 여성이 남성의 성기를 가지고 놀면서 표현한 말이다. 현시대 커뮤니티형 여자 없는 남자들은 무라카미의 소설 속 표현처럼 자신의 페니스를 만지며 멋지다고 하는 여성이 없다. 동물의 세계처럼 요즘 인간 사회도 섹스를 하는 사람은 더 하고 못하는 사람은 더 못하는 알파메일 알파피메일 시대다. 현재 온라인에서 양가감정을 표출하거나 가면 속에 사는 여자 없는 도태 남성은 육체적으로는 자기 손으로 페니스를 어루만지며 살아가고 정신적으로는 뇌 없는 상태에서 키보드로 자위삼아 살아간다.

일부 마이크로 자위형 페미니스트 여성 또한 마찬가지다. 젊은 리비도의 열정적 에너지는 다른 것으로 해소되어야 하는데 오히려 2030 남녀는 보더콜리나 리트리버, 돌고래처럼 집안이나 동물원의 협소한 곳에 꽉 막혀 살아가고 여기에 더해 생각도 갇힌 채 살아간다. 이런 비자발적 상황 외에 2030세대는 자발적으로 영상이나 커뮤니티에 전염된 채 병든 동물이 되어 정형행동을 하고 '이상사상'을 가진다. 이 표현이 너무 적나라해서 수정할까 말까 했지만, 특히 20대 남성이 심각하게 이 상황과 똑같아 수정하지 않았다. 그들이 지금 동물적 이상(異常)상태라는 것은 최적의 단어다.

인간의 그 외로운 욕구 불만족은 어떤 식으로든 해소해야만 한다. 그런데 그들은 잘못된 방식으로 그걸 해소한다. 그게 바로 '가질 수 없다

면 미워하라'이며 그것도 안 되면 다같이 나락 가자를 시전한다. 일종
의 정신승리인데 이솝우화에 나오는 여우와 신포도 이야기도 바로 이
런 행태에 교훈을 준다. 이것은 아주 잘못된 욕구 해결 방식이며 시간
이 지날수록 이 갈등과 욕구불만족은 쌓여만 간다. 이걸 아들러의 표
현을 빌려 쓰면 열등감 적재 현상이다. 혐오 사회, 혐오의 시대는 이렇
게 공고화 되며 온라인 바깥은 텍스트가 되지 못한다. 그래서 정의롭
지 않은 것에 침묵하면 때론 암묵적 동조가 되거나 심하면 범죄가 될
수 있는 것이다. 하지만 정상 인간 중 상당수는 자신이 관여하면 다툼
이 되고 불편할까 봐 모르는 척하며 방관자로 남는다.

그렇다면 이들의 행동 원천은 무엇이고 무엇으로 보상 받는가. 인간
은 원초적 코나투스를 저마다의 방법으로 유지하려고 한다. 하지만 이
것이 잘못될 때는 자기결핍 혹은 자기과잉으로 귀결되는 사람이 있다.
에펨코리아 정치갤을(일명 펨코) 하는 사람과 정치업자의 만남 그리고
여성과 페미니스트 자영업자의 만남은 딱 이런 관계를 가진다. 결핍과
과잉이 서로의 욕구를 충족한다. 일부 청춘의 여성이 페미에 빠지는
이유도 어떤 미움의 대상이나 탓할 대상이 없고 페미니스트라는 타이
틀에 자아의탁마저 하지 않으면 자신이 볼품없게 되어 삶의 존재가 비
루해지기 때문이다. 그러다 보니 세상을 르상티망 감정으로 바라본다.
펨코남의 심리도 일부 페미 여성과 완벽히 일치한다.
즉 그들은 매번 과거 자신의 거짓과 헛소리에 싸우는 입만 산 정치인
에 자아의탁을 하고 자기 마음속 모든 긍정 회로를 정신승리로 해석하
면서 그 바깥은 부정 회로와 조소, 비아냥, 냉소 등으로 최종적 의식
흐름을 마친다. 그래서 항상 자신들이 믿는 입만 산 정치인의 어떤 '신'
적인 것에 오류가 발생해도 인지부조화 속 정신상태를 다시 그 신에 끼
워 맞춘다. 정확히는 서로가 서로를 이용하는 관계인데 중요한 것은 이

들은 사회에 무엇 하나 이로움이 없다는 점이다. 결국 일부 남성과 일부 여성 이 두 부류는 손가락이 가리키는 최종 목표인 그 끝만 보고 살기에 시야가 매우 좁아진다. 특히 커뮤니티까지 하면 심리학적으로 메아리방 효과에 빠진다. 반향실 효과라고도 불리는 이 용어는 특정 커뮤만 하게 됐을 때 무한의 틀림 쳇바퀴에 빠진다는 것을 의미한다. 그들이 우려스러운 것은 커뮤니티주의가 지역주의나 반공주의에 빠진 노인 세대와 완벽히 일치하는 정신 상태를 가지고 있다는 점이다.

인지부조화란 자신의 믿음에 오류가 생길 때 그 믿음을 버리기보다 오히려 더 강화하는 것을 의미한다. 심리학적으로는 역화 효과라고 한다. 그래서 이들을 논리나 팩트로 아무리 뼈를 때려도 사고 방식을 바꾸려고 하지 않는다. 오히려 그들이 쓰는 언어로 격렬하게 반항한다. 즉 그들만이 쓰는 커뮤니티 언어를 가지고 비이성적 의식을 지배받은 채로 자기들을 비판하는 사람에 대해서 그 언어로 무엇을 규정하고 호명해 버린다. 사실 상당수 그러한 언어는 그들도 창피해서 실제 오프라인에서는 쓸 수 없는 단어임을 알고 있다. 그들끼리만 모이면 쓸 수 있겠지만 말이다. 그렇게 이들은 신념에 깊게 빠지며 생각을 절대 고쳐먹지 않는다. 이걸 프로이트 심리학으로 보면 이들의 행태는 자기 방어기제인 퇴행의 전형적 모습을 보인다. 그 외 프로이트 방어기제 중 투사는 입만 산 정치인에 대한 추종이 곧 X천지가 되는 걸 의미한다. 하지만 입만 산 정치인의 삶과 대다수 펨코남의 삶은 태어났을 때부터 달랐고 현재도 다르며 미래에도 다를 것임이 분명하다. 그런데 그들은 같다고 생각하는 '상징적 동일화' 심리를 가진다.

이와 더불어 입만 산 정치인과 가치관도 상당히 다른데 2030 남성은 몇몇 방향성이 일치한다고 생각하기에 진짜 중요한 가치관 다름은 생각하지 않는다. 정치 사회적으로 보면 가난한 사람들이 계급 배반투표를 하는 것도 이런 심리와 비슷한 면이 있다. 물론 극히 일부는 금수저이거나 기득권 20대 남성이 되어 입만 산 정치인과 궤를 같이 할 수 있다. 하지만 대다수는 그렇지 못하고 노예 근본 상태인 게 삼대남으로 대표되는 펨코남이다. 상대적으로 늙은 펨코남 외에 여러 정형행동의 20대 다른 커뮤니티 노예 일부는 남녀와 정치 그리고 세대 갈라치기의 선동자 역할을 한다.

앞서 한 번 언급했지만 아리스토텔레스는 이런 노예들에 대해 타고난 노예 근본이라고 이야기한다. 다만 아리스토텔레스나 헤겔 사상도 그랬듯이 과거에는 이들 사상이 선택적 우생학으로 잘못 활용이 되기도 했기에 2030 모두를 그렇게 말하고 싶지는 않다. 그런데도 살다 보면 남녀노소를 떠나 노예 근본인 인간들이 정말 많다. 그저 펨코남은 누군가의 수단일 뿐이며 이와 마찬가지로 레디컬 페미니즘 또한 페미니스트 자영업자나 여성 단체의 목적이 아니라 수단으로 활용된다. 우리는 이런 사회 갈등으로 실체 없는 마음 충족 외에 실질적인 생산을 만들지 못하고 극소수의 사람이나 집단만 이익을 보도록 했다. 그들은 갈라치기 갈등을 먹고 살기에 이것은 앞으로도 계속될 것이다. 여성이 남성에 대한 피해자성을 가지듯이 일부 남성은 40대 이상의 세대나 어느 정당에 대한 피해자성을 가지고 자신들의 존재감을 잃지 않으려고 한다. 펨코남이 사라져도 이와 비슷한 인간들은 또 다른 사이트에 옮겨져 계속 기생할 게 뻔하다. 그렇기에 소외된 마음을 정상적으로 풀어 가도록 사람은 자존감을 높일 필요가 있다. 왜냐하면 소외감은 마르크스 때도 그랬지만 투쟁과 신념으로 이어지게 하기 때문이다. 이들이 더 문제인 것은 소외를 넘어 분리주의적이고 혐오적인 언어를 계속 생산한다는 점이다.

원래 언어는 기표와 기의 역할을 하고 자의성을 가지는데 이들은 그들 커뮤 내에서의 자의성을 가지고 비합리적으로 세상을 바라본다. 그들이 한창 떠들어댔던 호텔 경제학을 그런 식으로 해석하는 것이 대표적이다. 이건 불편부당한 이성의 언어 해석이 아니라 감정 자극이 우선인 유튜브나 인스타, 온라인 커뮤니티 등을 주로 보고 자란 세대가 신념을 가지고 세상을 틀리게 해석하는 방식이다. 상대를 분열시키면서 자신들은 유대감을 가지도록 하는 가장 손쉬운 방법은 타자의 감정을 자극하고 이간질하며 한쪽이 피해자라는 감정을 공유하는 것이다. 손자병법에서도 적을 분노하게 만들어 승리하는 법인 노이요지를 가르쳐 준다. 그런데 우리는 이게 진짜 싸움인지부터 돌이켜 생각해 볼 필요가 있다.

그렇다면 혐오를 왜 하는 것이며 혐오의 근원은 무엇인가? 혐오의 1차적 심리 기제는 자기방어와 위험 회피다. 뱀을 생각하면 쉽다. 뱀은 우리에게 피해를 줄 것 같고 그 자체가 혐오스럽다. 그래서 혐오 자체가 인간의 질병이나 비인간다움은 아니며 인간의 관성에서 오는 혐오는 어쩔 수가 없다. 가령 동성애에 대한 혐오를 개인적 차원에서 가지고 있는 사람 그 자체를 우리가 뭐라고 할 수 없는 것이다. 그러나 그 혐오가 대중이 보이는 곳에서 표현되면 그건 또 다른 차원의 사고와 철학이 필요하다. 다만 피해를 주지 않았는데 피해를 본 것처럼 행동하면 표현의 자유와 상대방의 인권은 상충하게 된다. 이건 거대 담론이 되기에 이쯤 하겠다.

펨코남이 페미니즘에 대한 반대나 민주당에 대한 반대, 40대 이상에 대한 미움과 혐오를 가지는 이유는 이들의 존재가 곧 자기영역, 즉 자기 정체성 침해로 오해되기 때문이다. 이건 인간의 인정 욕구와 자기연민에서 오는 불확실한 적에 대한 작용 반작용 현상이다. 하나만 예를 들자면 미래 세대인 자신들의 세금으로 전세대를 부양한다는 무식한 생각만 가지고 있는 사람들은 우리나라 연기금 구조를 제대로 살피거나 어떻게 공적자금과 세금이 후세대에 쓰이는지 이해하려고 하지 않는다. 그저 이들은 자신의 불안을 무엇의 탓으로 확정하고 싶은 심리만 가득하다. 결국 펨코남 현상은 불안으로부터 기원한다.

불안은 무엇으로 전이되며 심하면 모든 정신병의 근원이 된다. 가령 남성성의 약화에 대한 불안이 여성 혐오로 이어지고 한정된 자원에 대한 경쟁 불안은 40대 이상의 대상으로 확장되어 니체가 말한 르상티망 심리로 표출된다. 이로 인해 세대 갈등과 정치적 갈등이 생겨난다. 결국 일부 2030 남성은 불완전한 정보와 세뇌된 편향으로 반민주당과 반여성적 정신 회로 외에는 생각할 줄 모른다. 이런 상태는 불안이 곧 양자 역할을 하여 어디에서든 자기 핑계를 만들어낼 에너지원을 주는 것과 같다.

2030 일부 남성과 여성은 온실 속 화초로 살았거나 아니면 세상은 생각만큼 순수하고 따스한 온실이 아닌데도 자신들을 감싸주길 바라는 마음으로 그 불안을 삐뚤어지게 요구한다. 지금 그들은 불안하고 불완전한 상태에 놓여있다. 이걸 한편으로 이해는 하지만 그들은 독립된 성인이라는 것을 인지할 필요가 있다. 왜냐하면 모든 20대 30대 남성과 여성이 자신들처럼 생각하고 살지는 않기 때문이다. 멋진 2030 세대는 지금도 사회 구성원의 한 사람이 되고자 커뮤니티에 자기 감정을 소비하는 대신 열심히 자기 삶을 살고 있다. 하지만 두렵고 불안한 사람들은 그런 사고의 전환보다 회피와 세상 탓 전략을 선택하는 편리함을 추구한다. 그렇기에 그들이 심리적으로 어린아이와 같은 퇴행적 의식 수준을 보이는 것이다.

맹자의 말을 이들에게 적용하자면 젊은 세대는 인의(仁義)가 무엇인가를 생각해 봐야 한다. 맹자는 인의를 활쏘기로 비유하면서 이렇게 말한다. "활을 쏘아 제대로 적중하지 못해 다른 사람에게 졌다고 하여 이긴 사람을 원망해서 안 되며 적중하지 못한 이유를 남 탓이 아닌 자신에게 찾아 반성해야 한다." 이처럼 우리의 진짜 적은 위 세대나 정치와 이념 그 자체가 아닌데 펨코 남성들과 일부 이즘형 여성은 그것을 잘못 알고 있다. 특히 이대남들은 르상티망 기본 값이 반민주당, 반좌파, 반PC주의 그리고 이런 집단에 대한 위선과 혐오, 반페미니즘 등으로 굳어져 있기 때문에 뿌리 깊은 이 의식을 해체하기 쉽지 않다. 사실 정치에 중요한 것은 이 외에도 아주 다양한데 젊은 남녀뿐만 아니라 보통의 국민은 몇 가지로 수렴된 정치적 주제를 가지고 정당과 정권을 모두 평가해 버린다. 그런 연장선상에서 현재 30대 후반부터 60대 초반 남성이 우리나라 보수 참칭 정당을 무능하고 부패한 매국노 세력이라 여긴다면 일부 20대 남성은 1980년대 운동권 세력이나 좌파 4050 세대를 기득권이라 생각한다.

하지만 우리는 권력과 기득권이 정치와 세대, 남녀와 신념 등을 뛰어넘는다고 앞서 논의한 바 있다. 지금과 같은 유튜브 시청이나 커뮤니티 언어 환경과 선동이면 일부 2030 세대는 영원히 세상을 잘못 해석하며 늙어 갈 것이다. 가령 이런 것도 그중 하나다. 좌파는 페미니즘이자 민주당이니 여성편이라는 정치적 단순 도식화는 반대인 자칭 우파들이 오히려 여성 단체와 연합한다는 사실을 잊게 만든다. 결국 반대편에 대한 미움이 더 커서 자기들이 그렇게까지 좋아하지 않는 정당에 역이용당한다. 사실 어느 정치 성향이든 국민은 정치적 인간들에게 항상 속는데도 그 성향 때문에 진짜 객관적인 자신의 적을 제대로 찾지 못한다. 20대 남성 정치 성향이 자신과 맞지 않고 좌파라는 사람들이 존경하는 대통령을 조롱하며 사회 분란을 조장하는 것에 화가 나는 사람도 있겠지만 결국 이들은 사회 치료 대상이다. 그런데 그 치료 대상은 자기가 병에 걸린 줄도 모르며 설령 치료해도 잘 치료되지 않는다. 일단은 냉소할 결심을 버리고 비아냥과 편 가르기의 혐오 언어부터 고쳐야 한다.

그리스 로마 신화에는 인간의 변하지 않는 특성의 심리를 표현하는 게 아주 많다. 그중 하나가 그리스 신화에 등장하는 모무스라는 신이다. 이 모무스는 밤의 여신 닉스의 아들로 폄하와 비난의 뜻을 가지고 있으며, 이와 관련된 재미있는 신화가 하나 있다. 이솝우화에 그려진 그리스 신화의 신 제우스와 아테나 그리고 포세이돈 세 명은 서로 실력을 겨루는데 제우스는 사람을 만들고 아테나는 집을 지으며 포세이돈은 황소를 만든다. 그런데 모무스는 이 세 명의 신에 딴지를 건다.

모무스는 아테나가 지은 집은 바퀴가 없어 이사하기 힘들다며 비난하고 황소는 무엇을 들이받을 때 어디를 들이받는지가 중요한데 포세이돈이 그린 황소 눈은 그 위치가 마음에 들지 않는다며 딴지를 건다. 그리고 인간을 만든 제우스에 대해서는 사람의 마음을 보기 힘들다고 비난한다. 모무스는 사람의 가슴에 창을 내어 다른 사람들이 속마음을 알 수 있게 해야 한다고 주장한다. 김상용의 '남으로 창을 내겠소' 정도면 이해할 만하지만 아담과 이브의 벌거벗음보다 마음의 벌거벗음이 더 추하다는 사실을 인정하는 인간이라면 누구나 모무스의 주장에 동의하지 않을 것이다. 모무스의 조롱은 다른 신들에 미움을 받았고 나중엔 제우스에 대해 여자만 밝히고 무식하며 폭력적이라 조롱하다가 결국 올림포스 산에서 쫓겨나게 된다. 모무스의 신화에서 알 수 있는 건 타인에 대한 의도 헤아림이지 그걸 자기 기준대로 평가하는 게 아니라는 사실이다.

상당수 인간은 자기 마음에 들지 않으면 조롱과 폄하를 일상적으로 행한다. 이 중에는 펨코나 일베 기타 각종 게임 밈에 빠져 아무렇게나 언어를 난자하는 사람들이 대다수를 차지한다. 이들은 영상과 커뮤니티 사고방식에 이성을 잃어 과거로 치면 서북청년단이나 5.18 학살에 가담한 인간들처럼 전혀 인류애가 없는 인간쓰레기들이 된다. 지금 이 챕터를 쓰는 이유는 펨코남이더라도 치료 가능한 사람들이 있다는 걸 전제로 하는 것이다. 냉소주의는 심리학적 근원을 살펴볼 때 결국 정신질환이다. 그렇기에 이들은 비난의 대상이면서도 치료의 대상이기도 하다.

필자는 이들이 오로지 밉거나 같잖지 않으며 비아냥대는 마음보다 그냥 진짜 속마음은 안타까울 뿐이다. 항상 전세대는 후세대를 걱정했으니 딱 그 정도로만 꼰대적 마인드를 가지려고 한다. 커뮤니티에 빠지고 미래 자기 삶보다 다른 무엇에 더 깊게 빠진 20대 소위 이대남은 아직 미성숙하다. 또 이들은 양가감정을 가지는데 타인이나 사회는 차갑게 보는 대신 자신들의 좌절은 뜨겁게 생각하여 가장 작은 자기손실로 자기 좌절을 정치 사회적으로 이용한다. 그럼에도 불구하고 그들을 나무랄 마음만 가지지 말고 들어줄 필요가 있다.

과거 세대도 20대, 30대 때는 위 세대가 보기에 한심했을 것이다. 이렇게 세대 갈등은 역사 이래 단 한 번도 없어지지 않았다. 다만 조롱의 언어와 냉소가 이렇게 심한 세대는 처음이라 걱정이 된다. 과거 20대 대부분은 철부지였어도 잘못된 믿음이 없었는데 지금 20대는 왜곡된 세뇌로 고쳐먹을 용기 대신 확실한 편향을 가지고 살아간다. 그 이유에 대해서는 이 책 곳곳에서 설명해 놓았다.

일부 20대는 마치 중국의 홍위병이나 히틀러 시대 유켄트 그리고 급진 무슬림과 기독교 모태신앙 교육을 받은 것과 같이 비이성 상태에 놓여있다. 그래서 역설적으로 현대인들에게는 더욱 책 읽기가 필요하고 긴 서술의 언어와 비판적 사고를 하게 하는 논리적 문장이 요구된다. 다시 한번 말하지만 젊음은 배우고자 하는 자세와 실천이 있을 때만 다가올 시간에 의미가 있다. 단언하건대 디시나 펨코를 하지 않는 게 자기 인생에 도움이 된다. 그 시간을 더 건설적으로 써야 한다.

논어에서는 기회는 준비된 자에게 온다고 하였다. 내가 온라인으로 인생을 허송세월로 소비할 때 누군가는 몇 번 오지 않을 삶의 기회를 잡기 위해 열심히 현생을 산다. 자신이 하는 온라인의 동질감과 평등함은 잠시 불안을 잊게 하고 겉으로 보기에는 커뮤니티 사람들과 비슷하다는 착각을 주어서 그 안락함을 놓아주기가 힘들다. 하지만 갈수록 준비하는 자와 준비하지 않는 자의 격차는 커지며 미래 시간은 그것이 틀렸음을 증명해 준다. 단지 지금은 그것을 모를 뿐이다.

지금까지 20대 남성에 대해 필자는 다른 게 아닌 틀렸다고 주장했다. 그러나 유식한 척하는 패션 지식인이나 전문가적 생각에 빠진 사람들이 말하는 것처럼 2030 세대를 기성세대와 다른 가치 중점으로 볼 수도 있다. 가령 20대 남성이 가장 크게 여기는 가치관은 과거처럼 민주주의나 평등이 아닌 공정한 사회, 물질 획득, 능력과 개인주의, 성별에 따른 역차별과 같은 젠더 문제, 자기만족과 즐거움, 상대적 박탈감의 불안 해소일 수 있기 때문에 기성세대와 다름이라 포장할 수 있다. 설령 이렇게 본다고 하더라도 일부 2030 세대가 가지는 가치는 다시 보편성의 부족으로 이어져 자기중심적으로 세상을 해석한다는 논리적 귀결에 빠지게 한다. 과거에는 극소수의 권력자들 빼고 다 같이 자유로워지고자 독재에 투쟁했고 인간답게 살고자 하는 정의로운 외침 속에서도 지금 당장 일해야 가족이 함께 사는 세상이었다. 이런 목표는 일종의 통합성을 지향하게 하여 한국 전통적 정서인 '우리'라는 집단주의 경향을 더 뚜렷하게 만들었다. 이럴 때 집단주의는 부정적 이미지를 상쇄하지만 지금 젊은 세대는 부정적 무엇을 반대하는 것에 그치며 구체적인 자신들의 목표 지향성이 없다. 그렇다면 왜 그렇게 20대는 과거보다 더 기성세대와 갈등을 일으키려고 하는가?

그 이유는 자기 세대와 기성세대의 분리나 갈등은 서로 일시적 평등을 불러오는 착각을 만들기 때문이다. 물질적 측면과 경험적 측면 기타 거의 모든 면에서 기성세대의 우위는 당연한데도 이런 갈등을 유발하면 젊고 못난 사람도 마치 동등한 인간으로서의 정신승리적 신분 상승을 하게 된다. 하지만 대다수 기성세대는 이들을 적이나 라이벌로 생각하지 않으며 인생의 기준으로도 삼지 않는다. 그런데 젊은 세대는 자기 세대만이 공유하는 영역의 침해에 대한 반동으로 기성세대를 라이벌로 생각한다. 여기엔 정치적 이유도 크게 작용하는데 어떤 신조어는 그 자체가 특정 정파성을 드러낸다. 정상적인 기성세대는 2030 세대가 더 잘되길 바라며 더 깨어나서 자신들과 함께 시너지를 내길 진정 기대한다.

물론 못된 인간들은 나이가 적든 많든 사회 곳곳에 존재하며 그들은 오로지 상대를 착취하고 이용하려고만 한다. 이걸 좀 더 크게 보자면 사회와 상호작용이라는 경험의 멸종은 젊은 세대의 신체와 정신에 악영향을 준다. 인적 관계든 뭐든 상관없이 어떤 경험은 사회성을 길러주는데 상식과 협동을 작용하게 만드는 육지적 사고는 비상식의 외딴 커뮤니티 섬에 살고있는 이들과 확연한 차이를 보인다. 다만 기회 자체가 적은 젊은 세대는 스스로 자기 성장을 하기 어려운 시대에 있다는 것도 고려해야 한다. 그래서 2030 세대는 그들을 제대로 가르쳐 주지도 않고 보상도 해주지 않으면서 기성세대나 기업이 자신들을 착취한다고 생각한다. 물론 틀린 말은 아니지만 지금은 이것까지 논의하기는 너무 광범위하다. 스마트폰의 삶은 외딴섬이라는 의식 수준의 위리안치를 더 가속화하기에 탈출할 필요가 있다. 그들은 신체는 울타리 속에 있으면서 정신은 울타리를 벗어나고자 하는 이중 감정을 가지고 있다.

보통 청소년과 20대는 정치적으로 비주류였지만 항상 그런 것만은 아니었다. 1929년 광주 학생들은 항일 운동을 주도하였고 이승만 정권시절 3.15 부정선거 때는 마산·창원 남녀 학생들이 투쟁하였으며 1980년 광주 민주화 혁명 때는 청년이 주인공이 되어 정의를 갈망했다. 지금의 청년들은 다른 차원에서 사회의 의미가 되려고 한다. 현재 청년 세대가 과거보다 더 언급되고 더 가치 있게 다뤄지는데 그 의식은 역설적으로 정의에 반동적이다. 68혁명 때의 서구 젊은이들처럼 우리나라 젊은 세대 또한 반항 심리를 가진 세대일 것이라는 걸 인정한다고 하더라도 일부 커뮤니티로 대표되는 20대 남성들에게 반항에 대한 긍정을 아무것도 찾아낼 수 없다. 억지로 찾아내려고 하면 있기야 하겠지만 그건 지금 이 논의에서 중요하지 않다.

머릿속에 뚜렷이 무엇에 대한 반대 사상이 강력하게 자리 잡은 그들은 각각 소국가성을 가지고 집단적 의미가 되려고 하는데 이 현상은 결국 또 불안의 형태에 기원한다는 사실을 알게 된다. 68혁명의 젊은 이들도 불안했지만, 그들은 낡은 기존 체제를 사회에 의미가 있도록 새 질서를 가져오는 행동력을 보여줬다.

일부 사람들은 지금 젊은 세대를 극우화라는 말로 정리하고 싶겠지만 정확히 그들은 극우 보수화가 아니며 이 현상을 신조어로 표현하면 '래디컬 투사주의'다. 이것도 그들을 앞서 표현한 정형행동이라 비하하지 않고 최대한 올려치기 해서 표현한 것이다. 래디컬 투사주의는 역설적으로 2030 세대를 집단주의에서 완전히 벗어나지 못하게 한다. 왜냐하면 이들은 연대할 보편성도 부족하고 힘과 권력이 없어서 뭉쳐야 하기 때문이다. 그런데 이들은 각개 목표에 따라 자기들이 자주 하는 온라인에서만 잘 뭉친다.

그렇다면 그동안 이들에 대한 건설적 논의는 가짜이며 권력을 가지려는 것이 이들의 진짜 몸부림이었다는 말인가? 겉으로는 그렇지만 실제로는 아니다. 왜냐하면 어떤 걸 가지려고 하고 미워하는 것에 대한 동질감이 현재는 인지부조화 속 정신승리를 하는 자위에 머물며 정작 자신이 갈망하는 게 무엇인지조차 그들은 완전히 잃어버렸기 때문이다. 극히 일부인 사람만 정치적일 때 오프라인에서 앵무새처럼 자유를 외치며 행동할 뿐이다. 권력에 대해서는 이미 우리가 논의했기에 부연 설명은 생략한다. 이제 결론을 내보자. 기성세대가 이대남과 이대녀를 보는 시각은 또 그들끼리 다르다. 그래서 2030 세대에 대해 오로지 비

난만 하거나 반대로 온정주의적으로만 받아들이는 자세는 잘못되었
다. 하지만 필자는 오로지 그들을 비판만 하였기에 그동안 틀린 논의
를 한 것이다. 이제 그들은 밉거나 안타깝거나를 떠나 대한민국의 숙
제가 되었고 글 쓰는 사람들의 좋은 대상이 되었다.

33

철학

몇 권의 책 추천

앞으로 책을 꾸준히 읽을 사람은 철학책도 따로 읽어야 한다. 철학책을 너무 어렵다거나 지루하다고 생각하면 안 된다. 굳이 유명 철학자 책을 원서처럼 읽을 필요는 없다. 철학에 대해서 깊게 공부한 사람들이 보통 사람을 위해 쉽게 쓴 책들이 많으므로 그것들을 읽으면 된다. 원래는 이오니아 철학자부터 현시대까지 철학사의 흐름을 이 작은 챕터 부분에서 요약하여 쓸 생각을 했다. 마치 시험 개요처럼 말이다. 그러려면 어떤 철학자를 한두 줄의 이야기로 끝내거나 무엇으로 규정하며 글을 써야 하는데 그건 대단히 큰 오해를 낳을 수 있다. 그래서 그렇게 글을 쓰는 건 불가능하다. 하지만 요약형 철학 도서는 국내외 아주 많으니 아쉬워할 필요가 없다.

먼저 버틀런드 러셀의 『서양 철학사』라는 책이 있다. 러셀은 기원전 6세기 전후부터 현대 철학까지 흐름별로 인류 사상사를 한 권의 책으로 이야기하는데 역시나 분량은 좀 많다. 버틀런드 러셀과 거의 같은 전개이지만 조금 더 세세하게 설명을 한 철학 사상사 책으로는 리하르트 다비트 프레히트의 『세상을 알라』와 『너 자신을 알라』가 있다. 이보다 더 자세히 세계 철학사를 알고 싶다면 중원 출판사에서 나온 『세계 철학사』 시리즈를 읽어 보면 된다. 시대별로 최소 10권이 넘는 것으로 알고 있으며 필자도 시리즈 몇 권만 읽어 보았다. 국내 도서로는 강신주의 『철학 vs 철학-동서양의 철학의 모든 것』이라는 책이 있다. 위 저서들은 배경 지식이 전혀 없어도 되기에 추천하는 것이며 오히려 철학의 배경 지식을 주고 최소한의 세계 철학을 알게 해주는 책들이다. 하나같이 다 두꺼운 책들이지만 정말로 쉽게 읽을 수 있으며 철학이 어렵게 느껴지는 사람들에겐 유명 철학자가 쓴 책보다 차라리 이런 책으로 먼저 철학 입문을 하면 흥미도 잃지 않고 괜찮을 것이다.

제목이 정확히 생각나지 않아 언급하지 못했지만, 도서관에 가면 현대 철학만 따로 쓴 도서가 있고 중세 철학만 써놓은 책이 다양하게 있다. 취향에 맞게 자기가 궁금해하는 각 시대의 철학자들을 취사선택해서 읽으면 된다. 철학책은 다른 장르의 책을 읽으면서도 간간이 가볍게 세계 철학을 안다는 생각으로 조금씩 읽으면 되는 것이니 처음부터 부담을 갖지 않아도 된다. 철학책과 더불어 심리학책 또한 그런 마음가짐으로 읽으면 된다. 한 번에 전부 알 수도 없고 전부 이해할 수도 없는 게 바로 철학과 심리다. 이 챕터가 조금 아쉽다면 추후 챕터에서는 정말 가볍게 철학 사상사를 언급할 것이니 계속 『난제의 사유』를 읽어 가길 바란다.

34

신뢰

우리나라가 총기 자유화가 된다면

악수는 왼손보다 힘이 센 오른손에 무기가 없음을 증명하고자 서로의 오른손을 맞잡는 것으로부터 기원하였다. 악수하고 손을 흔드는 것은 무기가 없음을 재차 확인하는 단계다. 평화가 꼭 인간의 이성적 결과물이라고 할 수는 없다. 왜냐하면 평화는 서로의 힘이 강하거나 그 힘을 잘 모를 때에도 이뤄지기 때문이다. 인간도 야생의 사고를 그대로 가지는 습성이 존재한다. 나카자와라는 학자는 현재 인간은 과거 자연이나 신(God) 그 외 다양한 것들과 대칭성을 이루지 못하고 비대칭성을 가진다고 말한다. 그는 야생의 사고에 대한 위험성 해결책으로 현대인에게 필요한 대칭성을 도출한다. 나카자와의 비대칭성 논의를 확대해 보면 비대칭성은 인간의 불평등도 포함된다. 앞서서 『불평등의 대가』라는 책을 언급했는데 이 책은 불평등의 문제점과 관련하여 각 나라의 특수성 이야기는 거의 하지 않는다. 그 대신 불평등으로 인해 생기는 보편적 문제들을 주로 이야기한다. 불평등으로 인해서 생기는 가장 큰 문제점은 무엇일까? 그것은 사회 신뢰 파괴다.

우리는 어려서부터 사회 자본 중에 가장 중요한 게 신뢰라는 것을 배웠다. 신뢰는 경제 사회 정치 문화 등 여러모로 따져봐야 하지만 여기서는 경제적 부분에만 초점을 맞춰 보겠다. 긍정의 AI나 과학의 발전에도 불구하고 불신과 다양한 불투명을 전제로 해서 일단은 미래에도 경제적 불평등이 심화된다고 가정을 해보자. 사실 이런 디스토피아를 가정하지 않아도 이미 수십 년 전부터 전세계적으로 빈부 격차는 심해지고 있다. 그렇다면 우리나라는 어떻게 될까? 이대로 비교 사회나 르상티망 사회가 되면 미국의 일부 지역처럼 극한의 불신 사회가 되는 것도 불가능한 일이 아니다. 미국의 모든 도시나 마을이 그런 건 아니지만, 부자 동네가 아닌 상당수 많은 집은 도둑에 대한 두려움 때문에 창문도 제대로 열지 못한다. 이런 불안이 있는 마을은 거의 모든 집이 바깥에 있는 중요 물건을 쇠창살로 감싸 보호한다. 그들은 자본주의 사회를 지지하고 자유를 중시하면서도 그에 따라 부수적으로 생기는 극빈층, 노숙자, 흑인 범죄 기타 총기 사용 등에 두려움을 가지며 살아간다.

반면 부자 동네에서는 이런 걱정이 최소한 자기 동네나 집 주변에서는 일어나지 않는다. 그러나 부자가 아닌 사람이 훨씬 많은 현실 속에서 부자든 아니든 인간 사회는 범죄의 실제적 상황뿐만 아니라 심리적인 부분까지 영향을 받으며 살아간다. 그러다 보니 서로가 두려움의 대상이 되며 불신하게 된다. 이런 상황에서 일부 남미 나라처럼 치안이나 공권력 부재의 문제까지 생기면 어떻게 될까? 우리나라의 민족성이라는 것도 있기 때문에 빈부 격차가 심해지고 자본주의로 인한 다양한 불평등의 심화를 겪더라도 꼭 미국이나 남미처럼 될 것이라는 예상은 확신하기 힘들다. 그러나 우리의 미래는 알 수 없다. 만약 소외와 불평등이 상대적 박탈감을 더 부추기는 사회가 지속된다면 하루하루가 살기 힘든 21세기형 신룸펜 프롤레타리아가 우리나라에 생길 수 있다. 그 수가 증가하면 미국처럼 극단적 범죄자들이 생기지 않으리란 보장은 없다. 그렇게 되면 모두에게 불안 사회가 되는데 결국 선량한 시민은 국가에게만 의존하지 않는다. 종국적으로 사람들은 개인과 가족의 생명, 재산 보호를 위해 총기 소지를 자유화하고 합법화하라는 주장을 할 수 있다.

현재 미국의 총기 자유화 논리처럼 말이다. 돈만 벌면 된다는 총기 수입 업체와 자체 무기 제조 업체는 정부에 로비를 하고 사회에는 더욱 불안의 선동질을 할 것이다. 미래에는 총기 자유화가 곧 개인의 AI 무기 소유가 된다. 공포와 불안을 증폭함으로써 사적 이익을 얻는 사회 암적 존재들이 항상 있기에 인간 이성과 사회는 그 불안을 최소한으로 제어해야 한다. 이기적 욕망에 사로잡혀 부자의 더 큰 욕구와 가난한 사람의 시기 질투 욕구가 극에 달해 우리는 21세기형 만인의 만인을 위한 투쟁을 시작한다. 서로가 서로를 믿지 못하는 상황에서 과거 평화 악수의 신인류 대화법은 곧 너도 총을 가지고 있고 나도 가지고 있구나 하는 '잠재적 위험 평화' 의식을 만든다. 경제적 신분은 평등하지 않지만 두려움에 대한 의식은 평등하다. 하지만 누군가는 자신의 능력 부재를 불평등한 것으로 여기며 미래에는 AI 무기로 부자나 정치인 기타 기득권을 암살하려 할 것이다. 이때는 마치 실수인 것처럼 할 수도 있는데 그렇다면 미래에는 무기 사용 실수에 대한 책임 문제도 생기고 프라이버시에 대한 침해도 생각해야 한다.

지금도 기업들은 하청에 하청을 두어 책임 회피를 하고 위험 외주화를 하며 그것도 안 되면 전관비리 판검사들을 이용한다. 미래에는 이런 상황이 더 복잡해질 것이다. 물론 지금은 AI 위험에 대한 과대 망상에 불과하다. 핵심은 미래에는 우리가 알지 못한 또 다른 그림자 불평등과 신소외가 생긴다는 점이다. 불평등은 인간 신뢰를 깨트리고 서로가 서로를 극단화 한다. 극단주의 무슬림이나 근본주의 기독교만 욕할 게 아니라 인간 모두는 이런 양극단성이 항상 존재할 가능성이 있음을 경계해야 한다. 부자는 더 성능 좋은 무기로 자신을 보호하려고 할 것이다. 이건 실현 가능성이 전혀 없는 디스토피아 대한민국 미래가 아니다. 그래서 국가와 리더, 정치가 중요하고 사회 불평등 개선이 필요하다.

위 공상은 지금 당장 사회 문제가 되진 않겠지만 미래에는 부자인 내가 안심하고 잘살려면 어떤 큰 생각을 가지며 살아가야 하는지에 대한 숙제를 남겨준다. 불신은 가난한 사람만이 아니라 부자든 그 중간이든 국가의 모든 사람에게 문제가 될 수 있음을 알아야 한다. "불평등의 대가"의 핵심도 바로 이런 결론으로 귀결된다. 불평등은 부자도 불편하게 만든다는 사실을 우리는 얼마나 이해할 수 있을까? 만약 한국도 총기 자유화가 된다면 정말로 끔찍한 일이 자주 벌어질 것이다. 총기 자유화가 이뤄지면 부자든 힘이 세든 기득권이든 자기보다 못하거나 약한 사람을 지금보다 함부로 대하지 못할 것이다. 개인의 무기 소지는 이런 위험 회피와 겉으로라도 서로를 존중하는 척하게 하는 위험 평화의 장점이 있음에도 불구하고 사회의 그 가짜 존중과 불신의 대가는 너무 비인간적인 다른 상황을 초래한다. 왜 이런 기우를 하는 것일까? 벌써부터 우리는 스마트폰 내에서 이런 불신으로 서로가 죽이는 언어를 쓰고 있기 때문이다.

실제로 스마트폰은 인간의 전두엽 기능에 부정적 영향을 끼치는데 인공지능과 여러 전자 기기는 이것을 더욱 부추길 것이다. 사실상 온라인에서는 이미 전세계가 총기 자유화 상태다. 즉 모두가 야생의 자유화를 얻은 상황에서 스마트폰 소지자는 서로에게 총구를 멈추지 않는다. 그게 현재의 언어 공격 대신 진짜 무기 소유의 오프라인으로 오지 않으리란 법은 없다. 서로를 믿지 못하고 사회에 불만이 많아 화가 나 있는 사람은 실제 총까지 가지고 있을 때 그걸 쉽게 사용할 가능성이 크다. 특히 불안 증세에 정신적 문제가 있는 사람은 자신의 살상 무기를 믿고 더욱 그 분노를 참지 않을 것이다. 지금도 간간이 묻지마 범죄가 일어나는데 미래에는 무기의 현대화가 큰 사회 문제가 된다. 미래 불평등은 사회의 많은 부분을 더 고립화할 것이고 다양하게 문제를 드러낼 것이다. 그래서 인간은 극단의 체제나 사상 추종, 부자와 가난의 이간질, 비타협적 자유주의에 속지 말아야 한다.

더불어 사는 마음가짐은 사회가 경쟁적이거나 평등하지 못한 상태일수록 더욱더 필요한 삶의 자세다. 대칭적 사고나 교차적 관점을 가지려는 인간의 사유는 얼마나 멋진 일이고 바람직한 인간의 삶 자세 중 하나인가. 지평선이나 수평적 사고를 할 줄 아는 사람이 많아지면 사회의 큰 긍정을 가져온다. 물론 인간은 항상 수평적일 수만은 없고 대부분 부자들과 기득권자는 그런 교차적 생각은 하지 않는다. 각자 자신의 위치에서 세상을 보기 때문에 그 간극은 좁혀지지 않는다. 수학적으로 어느 한 평행선이 있고 그 위에 직선이 있다고 가정하면 그 직선이 조금 기울어질 땐 언젠가 한쪽은 다른 선을 만난다. 그러나 그 반대 직선은 다른 선과 끝없이 만날 수 없고 더 멀리 떨어진다. 강제적이고 인위적 조정이 아니라면 말이다.

참고로 수학자들은 이런 가정을 기하학적으로 불분명하다고 말한다. 그렇다면 이걸 한번 머릿속 그래프로 그려보자. 두 선이 있다고 가정할 때 하나는 불평등이란 상수 값을 가진 선이고 또 하나는 불평등의 정도를 나타내는 선이다. 불평등 정도의 선은 기울기에 따라 불평등 상수 값에 근접할 수도 있고 멀어질 수도 있다. X, Y 그래프에 아주 많은 평행선 두 개를 그려 볼 수 있는데 이 불평등 정도의 선 중에 X 값을 관점이나 의식 수준 가령 좌파냐 우파냐 급진적이냐 점진적이냐 아니면 보편적 복지냐 선별적 복지냐 같은 것으로 대입해 볼 수 있다. 이 외에 신뢰나 불신의 크기 등 아주 다양한 직선 종류를 만드는 게 가능하다. 이 정도 풀이해 줬으면 그다음은 독자가 상상해서 그래프를 직접 그려 보길 바란다.

35

인격

고전(古典)으로 새로운 질병의 탐구

인격이란 무엇인가. 현대인에게 적용해 본다면 존 스튜어트 밀이 말한 인격의 의미가 가장 현실적으로 다가온다. 밀은 인격에 대하여 이렇게 말한다. "욕구와 충동을 다스릴 수 있는 사람은 인격을 갖추었다고 할 수 있다. 하지만 욕구와 충동을 조절하지 못하는 사람에게는 인격이 없다." 존 스튜어트 밀의 이 말을 확장해서 이야기해 보자. 인간의 성욕과 식욕은 질병에 걸린 사람이지 않는 한 삶의 기본적 욕구다. 성욕을 주체 못하는 남성과 여성이 더러운 성범죄를 저지르는 것은 개인이나 사회에 행하는 범죄이기에 단호히 처벌을 받아야 한다.

반면 식욕을 주체하지 못하는 사람은 자신의 몸에 범죄를 저지르는 것이기에 사회가 내리는 처벌을 받지 않아도 된다. 다만 폭식하는 자는 자신의 유전자에 건강하지 못함의 셀프 처벌을 받는다. 존 스튜어트 밀이 말하는 욕구 중에는 이기적인 마음도 포함된다. 그래서 자기 위주로만 생각하는 사람도 인격이 없는 일이다. 욕구는 매우 다양한 영역을 가지고 있다. 우리는 이런 사실로 인격은 개인적인 부분과 사회적인 부분을 고려해야 한다는 것을 알게 된다. 욕구는 채워지지 않는 결핍도 문제지만 과잉 또한 문제를 일으킨다. 각자가 자유로운 상태에서 이런 욕구의 결핍과 과잉은 서로를 충돌하게 만들기에 현대사회는 더욱더 인격을 희미하게 만든다. 지금은 인격이라는 품성보다 내가 마주하는 사람이 그냥 나쁜 인간만 아니었으면 하는 생각으로 그 기준점을 낮추는 상황에 이르렀다. 지금은 치열한 경쟁 사회에 거의 모두가 기계처럼 소비되기 때문에 적어도 나를 갉아먹지 않을 사람만으로 충분하다. 사람들은 능동적으로 무엇을 소비하면서도 또 누군가로부터 수동적으로 소비된다. 이걸 '양가소비'라고 부르자. 수동적으로 소비된다는 말을 다른 말로 바꿔 부르면 나의 '착취당함'이다. 양가소비에서는 내가 누군가를 착취하고 나도 누군가에게 착취당하는 걸 전제한다. 인격이 있는 자는 지위가 높아도 착취하려고 하지 않으며 또 대접받으려고 하지도 않는다.

공자는 "군자유어의 소인유어리"라고 했다. 이 뜻은 군자는 의로움을 따르고 소인은 이익을 따른다는 의미다. 만약 이 문장을 비판하려는 사람은 현재의 자유시장경제 사회를 공자는 모르고 하는 소리가 아니냐며 꼰대 사상이라 여길지 모른다. 뭐 그렇게 생각할 수도 있지만 공자의 저 말은 견물생심에 인격 없음이라고 생각하는 게 더 옳은 해석이다. 공자의 사상을 살펴보면 살아 계신 부모든 죽었을 때 부모든 예(禮)를 다하려면 돈이 어느 정도 있어야 한다는 사실을 알게 된다. 동양의 성인(聖人)이라는 공자는 물질을 바라보는 것에 대해 때론 현실적이었고 때론 이상적이었다.

반면 서양은 물질에 아주 실제적이었다. 가령 Bene는 선호나 좋은 것의 의미를 가지는데 이것은 물질을 포함하며 나중에 이익, 즉 Benefit의 어원이 된다. 자기가 좋아하는 것을 취하거나 행하는 게 이익이 된다는 것은 매우 진실이다. 그러나 물질만 이익을 가져다주는 건 아니다. 타인을 동정하거나 사랑하는 것 운동이나 돈을 좇는 일 그 외 취향을 가지는 것도 자신의 선호로 인한 기쁨이 된다. 하지만 현대인은 오로지 돼지(豚)같이 물질만 탐하는 게 이익이라고 생각한다. 물질의 욕망은 인간 누구나 가지는 당연한 질병이니 이젠 정신의 질병을 이야기해 보자.

이 시대 새로운 정신 질병은 바로 존재 증후군이다. 나의 눈은 두 개지만 대중의 눈은 하나다. 왜 대중의 눈이 하나인지는 부연 설명 하지 않겠다. 그동안 난제의 글 읽기를 잘했다면 왜 그런지 이해를 하게 된다. 디지털이 만들어 놓은 존재 증후군도 있는데 그게 '좋아요' 강박이다. 관심 강박과 관음 강박의 만남은 사회 공감인 진짜 좋아요를 억제한다. 이것을 관음의 역설이라 부르자. 섹스와 비슷한 관음은 그저 타인에 대한 엿보기 흥분이 아니라 거울이 반사되는 것처럼 자신만의 내적 친밀감에 빠지게 만든다. 우리는 공자가 군자에 대해 언급한 걸로 이런 현대인의 질병을 말할 수 있다. 논어에는 군자의 세 가지 규율, 즉 군자삼계를 언급하는데 그 내용은 아래와 같다.

"첫째는 젊어서 혈기가 바로 잡히지 않았을 때 여색을 경계하고 두 번째는 장성하여 혈기가 꽉 차고 강해질 때 싸움을 경계한다. 마지막으로 늙어서는 혈기가 쇠진하면 물욕을 경계해야 한다." 군자삼계의 첫 말씀 중 '혈기가 바로 잡히지 않았을 때'를 중요하게 봐야 한다. 이건 무책임한 난봉을 조심하라는 것이지 여자를 만나지 말라는 의미가 아니다. 젊었을 때 서로 이성을 만나는 일은 대단히 중요한 일이다. 물론 일부 이즘과 반이즘 사상을 가진 사람들은 동의하지 않을 테지만 말이다.

우리가 논의할 것은 군자삼계의 두 번째와 세 번째 말씀이다. 혈기왕성한 사람들의 싸움을 현대로 들어와 보면 바로 내가 손에 쥐고 있는 그 폰 안에 들어있다. 물론 오프라인에도 여전히 강한 척하는 인간 말종들이 존재하지만 이건 논외로 하겠다. 현대인은 스마트폰 내에서 대부분 의미 없는 감정 싸움이나 존재 증후군을 가진다. 나이가 들면 그 싸움이 조금 무뎌질까? 일부는 인격자로 거듭나기도 하지만 그건 극히 소수이고 보통은 자기 고집만 더 세지는 경우가 대부분이다.

우리 사회가 갈등을 겪는 이즘과 반이즘, 이성과 신념, 정치와 종교의 싸움을 걱정하는 이유 중 하나는 세대가 젊어졌기 때문이다. 물론 꼭 혈기왕성한 젊은 나이만 이렇게 싸우는 건 아니지만, 대체로 젊었을 때 그 욕구를 참지 못한다. 그것이 평생 자신의 인격과 가치관 중심이 될 수 있으니 사람은 무엇에 빠져 사는 것을 경계해야 한다. 군자삼계의 말은 사실 모든 연령대에 해당이 된다. 물욕은 어린이에게도 있고 색욕은 늙어서도 있으며 싸움은 모든 연령에서 일어난다. 그렇다면 이 존재 증후군은 어디서 유래하는가? 과시는 절대적 결핍이라는 심리적 형이상학적 이야기 말고 과학적 원인을 하나 살펴보자.

우리는 과거보다 배고프지 않은 상태다. 그래서 특별히 빚을 많이 지거나 건강에 이상이 있지 않은 한 원초적 생존 경쟁은 이제 더 이상 하지 않는다. 현재는 자기 존재 경쟁을 하는 게 더 알맞은 표현이다. 이 존재 증후군의 근원을 따지면 결국 남들과 비교되는 부의 수준이나 스펙 같은 것이다. 그걸 많이 가지기 위해서 경쟁하고 사람들은 거기서 생긴 유물을 보여주려고 한다. 이 경쟁과 어떤 욕망의 의지는 테스토스테론 호르몬을 증가시킨다. 실제로 과도한 테스토스테론의 증가는 타인에 대한 공감 부재 같은 것을 만들고 보편적 판단을 하지 못하게 한다. 결국 경쟁 스트레스가 극에 달하면 폭력성을 띠고 타인 감정을 왜곡하는데 우리의 싸움도 바로 이런 과학적 결과의 산물이다. 호르몬은 단순히 테스토스테론에서 끝나지 않는다. 경쟁으로 인한 불안은 옥

시토신이나 세로토닌 같은 신경 전달물질의 장애를 만들며 그게 또 뇌의 전두엽 피질과 관계하게 된다. 이런 호르몬의 결핍과 과잉은 사람을 충동적이게 하고 판단을 흐리게 한다. 그래서 현대인의 존재 증후군이라는 새로운 질병은 더 연구되어야 하며 이것이 역설적으로 서로에 대한 관음을 연계한다는 것도 생각해야 한다. 즉 장애나 질병에 대한 새로운 개념이 필요한 시대이며, 이건 한 개인의 문제가 아닌 사회 구조적 접근이 필요하다. 왜냐하면 현대인의 거의 모든 문제가 개인과 타자의 욕망 및 불편 관계에서 시작되기 때문이다.

자신이 너무 지쳐 있고 회복이 필요한 입장에서 에세이가 필요하다는 걸 이해하지만 그건 또 다른 환영(幻影)을 만든다. 환영이란 사상과 감각의 착오로 사실이 아닌 것이 사실로 보이는 환각을 뜻한다. 내가 나답게 A 한다면 타인 B도 B답게 할 건 자명한 일이다. 현대인은 나다움이 아니라 서로의 인정 욕구인 너다움을 인정해 줘야 한다는 말을 반복해서 말하지 않을 수 없다. 우리가 경계해야 하는 건 그저 우유부단한 나 자신뿐이다. 만약 사회가 존재 증후군이라는 과잉 코나투스 질병을 제거할 수 있다면 그렇게 억지로 나다움을 강박처럼 생각하지 않아도 된다. 사실 나다움을 제대로 알고 실천하는 사람은 자신을 잘 알기에 타인을 인격 있게 대한다. 그러나 그 숱한 자기계발서가 있음에도 불구하고 인격을 제대로 알고 실천하는 사람은 별로 없다. 오히려 자기계발서나 에세이들이 우리 사회를 또 인격 없음으로 만든다. 대단히 역설적인 상황이다. 마치 '타인을 신경 쓰지 말고 나를 찾아가자'라는 주석을 다양한 사람들이 온갖 멋진 말로 풀어 쓰는 게 지금의 에세이 범람 시대 책이다.

과잉은 결핍이라는 걸 이런 자기계발의 범람 도서로 대입해 보면 그게 모순적이라는 것을 알게 된다. 단순 계획을 말하는 수많은 에세이는 너무 많은 회복탄력성 문장으로 뇌와 마음을 복잡하게 한다. 우린 자신을 지키되 자기 존재에만 빠질 필요가 없으며 그 반대로 가야 한다. 자기 존재에 빠지면 타인을 잘 알기란 더 쉽지 않다. 그걸 잘 증명하는 책 하나가 존 밴빌의 『바다』라는 작품이다.

이 책에서는 몇 가지 생각해 볼거리를 제공하는데 그중 하나가 어떤 죽음으로 인한 태도 변화다. "바다"의 등장인물인 맥스는 그의 아내가 죽은 후 "사람은 타인을 안다는 것이 불가능하다고" 말한다. 그런데 그가 가지는 이 감정은 크나큰 슬픔이 아니라 상실로부터 파생되는 자신의 존재론적 의미를 더 크게 가져다준다. 누군가 보기에 맥스는 과거와 현재 사이에서 자기변명을 하는 것이다.

이 작품에서 바다의 파도는 곧 내 마음을 움직이는 무엇을 의미한다. 책의 뒷부분에는 파도가 어떤 너울로 표현된다. 맥스는 자기 딸인 클레어가 "아빠만 힘든 건 아니에요"라는 말에 잠시 자기반성을 한다. 그는 어느새 다 커버린 딸아이에 대해서 잘 몰랐다고 자문하면서 딸의 어릴 때 발가벗은 모습을 회상하며 지금의 감정을 전한다. 그전부터 맥스는 아픈 아내와의 생활이나 대화에서 타인보다 자기 존재 의식 위주로 살아가는 삶을 보여준다. 그리고 "바다"의 맥스는 남성인 클로이를 사랑으로 바라본다. 어쩌면 어떤 사람은 클로이라는 소년에 대한 맥스의 사랑 느낌을 마치 블라디미르 나보코프의 "롤리타"와 같이 생각하여 역겨움을 느낄지도 모르겠다. 그러나 이 책을 쓴 존 밴빌의 주요 목적은 이게 아닐 것이다. 맥스는 처음부터 끝까지 자기 감정과 생각, 현재와 과거 순간을 독백한다. 하지만 혼자만의 존재 의식을 가지고 혼자 말하는 언어는 타인에게 의미가 없다. 이런 비슷한 생각을 비트겐슈타인도 가지고 있었는데 그는 사적인 언어란 없다고 말하면서 일상적 관계로의 언어 변환을 중요시한다. 그런 의미에서 언어와 인격을 동시에 볼 수 있는 작품을 하나 살펴보자.

곰브로비츠의『코스모스』라는 책이 있다. 이 작품은 내용이 난해하여 읽는 사람에 따라 다양한 해석이 가능하다. 어떤 훌륭한 작품은 의식 흐름 기법이나 심미적 철학적 요소가 많이 들어가 어렵게 느껴지는 경우가 있다. 이런 작품들은 때론 현현(epiphany)이 발생하는 그 시점도 모르게 된다. 그나마『코스모스』의 줄거리 요약 정도는 다른 어려운 책보다 쉽게 할 수 있다. 책 분량이 많지 않고 내용이 재밌으니 읽어보라는 숙제를 내주고자 여기서 줄거리는 말하지 않겠다. 이 책을 읽고 난 후 보고 싶은 부분만 크게 생각하여 해석할 생각이다. 이 작품의 주인공은 비톨드라는 남성이다. 여기서 비톨드가 관음의 대상으로 생각한 어느 기혼인 여성이 있는데 이 여성의 아버지도 비톨드와 비슷한 관음이나 다른 변태성을 가지고 있다. 책의 앞부분에서는 이것이 감춰져 있어 눈치를 채기 힘들다. 참고로 이 여인의 아버지는 여인의 남편으로부터 주로 장인어른으로 불린다. 뭐 눈에는 뭐만 보인다는 말이 있듯이 여인의 아버지는 비톨드가 자기 딸에게 관음이 있다는 것을 미리 알아차린다. 책의 뒷부분에는 이런 그들의 대화가 대부분을 차지한다. 변태적 인간의 욕망을 곰브로비츠는 어떤 알 수 없는 용어로 표현하고 그 용어를 굳이 독자들에게 해석하지 않는다.

비톨드와 여인의 아버지는 그걸 서로 이해하고 "코스모스"를 읽는 독자도 대략 이해할 수 있게 한다. 작품에서는 이 알 수 없는 용어가 XX로 나오는데 XX가 무엇인지 기억하려고 해도 도저히 기억나지 않는다. 이건 독자가 실제 "코스모스"를 읽고 확인해 보길 바란다. 인간의 관음을 이해하면서도 '관음의 대중'은 사회에 큰 문제를 일으키기에 필자는 몇 번 이 단어를 꺼낸 적이 있다. 관음의 대중은 반복해서 말하지만 악의 평범성 중 하나다. 이걸 우리는 즐기고 있다고 착각하지만 실제론 서로가 서로를 죽고 죽이는 변태적 사회라는 걸 현재 사람들은 모르고 있다.

개인이 가지는 어떤 사상이나 특정 가치관도 무형의 변태라고 한다면 사실 우리는 모두가 변태 인간이다. 자신의 변태성이나 속물근성을 인정하지 않고 타인한테만 잘못됨을 찾아내려는 사람은 아주 비열한 사람일 가능성이 크다. 그래서 "코스모스"의 그 장인어른이라는 사람은 비톨드를 경멸하는 듯하지만 죽이려고까지는 하지 않는다. 말하다 보니 지금 "코스모스" 줄거리를 얘기하고 있는 느낌이다. 여인의 아버지에게 들키기 전의 비톨드는 그전부터 이상한 의식 흐름을 가진다. 가령 비톨드는 여인 하녀의 다리를 보며 여성의 모습을 상상하고 고양이를 죽인다. 나중엔 고양이뿐만 아니라 참새와 다른 동물이 잔인하게 줄에 매달려 몇몇 사람들에게 목격이 된다. 매달려 있는 동물들은 인간의 욕망 벗겨짐의 실체가 적나라하게 드러남을 보여준다. 현대인의 인격과 존재 증후군을 이야기하려다 여기까지 왔는데 지금의 논의를 종합해 보자면 숨기고자 하는 것과 드러내 보이고 싶은 것의 이율 배반 감정이 현재 존재 증후군의 특징이다.

사람들은 저마다 변태성을 가지고 있다. 그걸 어떻게 전개하고 해소하는가에 따라 변태 증후군이 될지 훨훨 날아가는 나비가 될지 결정이 된다. 방금 말한 변태성은 곤충이 변태 하는 것과 같이 인간도 그런 변태 단계가 되어야 함을 의미한다. 명백히 나쁜 게 아니라면 억압받았던 인간은 자신의 변태 모습을 개인이나 사회에 드러내도 괜찮아야 한다. 사람들의 변태 욕망과 그 불만족은 없어지지 않기에 인간은 그것을 해소하는 방법을 아는 게 아주 중요하다. 그건 각자 개인이 다를 것이며 그런 변태는 숨기거나 부정적인 게 아닌 긍정적이어야 한다. 순전히 개인으로서 인격은 자기를 잘 아는 사람이자 타자와 자신을 거울로 삼는 사람이다.

반면에 사회인으로서의 인격은 절대 이해할 수 없는 문제가 있거나 옳고 그름에 뚜렷함이 있는 것에 침묵하지 않고 바르게 말하는 사람이다. 그러면서 옳고 그름의 판단 기준이 안 되는 것들에 대해서는 관용을 보여주는 사람이다. 하지만 이런 인격적인 사람은 현재 와서는 성인 군자와 같기에 찾아보기 힘들다. 우리 사회가 원하는 수준은 인격자가 아니라 그저 자기 잘못을 인정할 줄 알고 부끄러움을 느끼며 사는 사람이다. 그러나 부끄러움이 없이 자기 감정 우선과 자기 신체 편안함만을 생각하는 뻔뻔한 사람이 너무 많다. 이런 사람들이 어떤 이상한 신념까지 가지면 더 큰 문제가 된다. 왜냐하면 이런 사람들은 자기 감정 집착에 빠져 상식이나 도덕, 법 위에 존재하려고 하기 때문이다. 우리는 지금 개인 및 사회에 대한 생활, 태도, 루틴, 감정 등 문화의 총체적 점검과 국가의 품격을 생각하지 않을 수 없다. 그런데 우리는 자기객관화와 국가 객관화를 언제 제대로 할 수 있을지 의문이다.

36

관계

태초에 언어가 있었다

난제의 글에서는 개인과 사회, 주체와 타자의 관계에 대해 언어의 중요성을 챕터 곳곳에서 언급하였다. 하지만 아직도 지식을 빗대어 말해야 할 언어의 사회관계 내용이 많이 남아있다. 먼저 미셸 푸코의 말을 들어보자. 그는 주체와 타자가 맺는 상호 작용 관계에 대해 조금 다른 생각을 가지고 있다. 푸코는 개인 혹은 주체의 인식이 타자로부터 온다고 생각하지 않는다. 지금까지 우리는 자크 라캉 외에 여러 철학자가 말한 타자로부터 주체가 맺는 인식과 존재의 관계를 살펴보았다. 세밀하게 따져 보자면 미셸 푸코는 라캉이나 다른 사상가처럼 주체의 기원이 되는 인식을 타자로부터 출발했는지에 대해서 확신하지 않는다.

푸코는 자신과 관계된 타자가 아니라 내면에 어떤 자아와 관계하는 것을 인식하는 게 주체라고 생각했다. 이걸 풀어 쓰면 개인과 타자의 양방향적 주체 개념이 서로에 의해서가 아니라 자신에 의해서 생기는 것이다. 푸코의 주장이 틀렸다고 할 수는 없지만 또 무조건 옳다고 말할 수도 없다. 왜냐하면 자기 의식이 다른 주체와 관계가 없다고 하더라도 외부 영향이 없었다고 단언하기 힘들기 때문이다. 심지어 유전자는 부모라는 타자가 준 것이고 앞서 논의한 집문화가 맞다면 라캉 관점에서 집은 자기를 비추는 거울이 된다. 그 집은 바르게 지어진 집일 수 있고 분열적 집이어서 마치 라캉의 상상계 거울이 될 수도 있다. 과학적이고 철학적으로 딱 정해진 건 아니지만 보통 아이가 서너 살이 되면 스스로 주체를 인식하게 된다. 그렇다면 그 자아 인식이라는 게 과연 자기와 내면의 거울 속 대화에서만 이뤄질까? 자기 앞에 보이는 거울 속 나를 인식하는 의식은 온전히 주체인 나지만 그 의식 또한 천성적 기질 외에는 외부적으로 형성된 것이다. 그래서 푸코의 주장은 비판받을 여지가 있다. 다만 우리가 앞으로 전개할 내용은 방금 한 말들이 아니다. 태초에 빛이 있었다는 건 대략 진실에 가깝지만 여기서는 말씀, 즉 로고스로만 생각하고 신과 빛은 생각하지 않을 생각이다.

그 누가 이런 이야기를 한 적은 없지만 '태초에 소리가 있었다'라는 것이 사실 제일 정확하다. 물론 과학적으로는 물질이 먼저였겠지만 언어만 놓고 보면 소리가 먼저임을 알 수 있다. 빅뱅도 빛보다 소리가 먼저였을 것이다. 인간은 볼 수 없지만 물질이 기본적으로 가지는 무게처럼 태초의 물질 또한 공기가 있든 없든 어떤 원초적 소리를 가지고 있었으리라 생각한다. 인간은 소리가 있어야 듣는다. 다만 소리를 인식하는 건 나라마다 다른데 우리는 개 짖는 소리를 "멍멍"이라고 하지만 다른 나라 사람들은 약간 다른 의성어로 표현한다.

하이데거의 존재의 집이란 곧 언어가 우리의 의식이라는 의미이지만 이성과 상관없이 언어 중 가장 본능적으로 표현하는 게 방금 말한 의성어다. 갑자기 다쳐서 반사적으로 "악! 아!" 하는 것과 분노에 차올라 욕을 만들어 쓸 때도 저절로 입모양이 형성되고 감정이 언어로 만들어진다. 우리나라 욕설 중 개새끼나 외국의 퍽큐를 한번 실제 분노에 찬 것처럼 입모양을 내보라. 그러면 욕이 착착 감길 것이다. 반면 김치의 '치'처럼 입모양을 양쪽 끝으로 하게 되면 구강 구조 때문에 분노가 잘 표출되지 않는다. 언어는 곧 감정을 표현하는 일이며 현재는 디지털 안에서 각자가 언어를 창조한다.

과거에는 욕 몇 개가 대표성을 가지고 개인과 개인이 서로 욕을 했다면 지금은 디지털 문명이 욕 아닌 욕을 끊임없이 만들어 낸다. 그 창조된 상당수 용어는 파시즘화 되어 타자 및 타집단을 매도하는 냉소적 감정 수단으로 쓰인다. 현재 신조어의 감정 언어는 크게 두 가지가 있다. 그중 하나는 늘 세대마다 있었던 언어 유희나 시대 반영의 언어다. 이런 언어는 소멸과 생성을 반복하며 그중 일부가 후대까지 사멸되지 않고 유지된다. 두 번째는 극단성을 가진 개인주의적 반사회적 언어다. 이것은 어떤 가치관이 뚜렷하고 신념을 가진 사람들이 타인을 모독하기 위해서 만들어내는 혐오 언어에 불과하다. 이런 건 사회에 단 하나도 도움이 되지 않는 언어 창조로써 보통은 정신적 문제가 있거나 반사회적인 사람들이 만들어낸 것들이 대부분이다.

특히 어느 특정 집단에 분노하거나 특정 사상을 극렬하게 반대할 때 그 언어는 다양하게 창조된다. 이런 언어는 과거보다 현대에 와서 훨씬 빠르게 확산된다. 문제는 그 언어가 그다음의 대화를 이어가지 못하게 한다는 점이다. 긍정의 단어는 찾기 어렵고 부정의 단어가 만연할 때 그것은 사회의 관용을 작게 만드는 것으로 작용한다. 이런 악순환이 계속되기에 현대인의 언어는 갈수록 말과 글이 상스러워진다. 쉽게 내뱉은 감정 언어와 쉽게 생각하고 싶은 "인지적 구두쇠"와 같은 인간은 각종 온라인 사이트에서 그 특성을 금방 찾을 수 있다.

특히 젊은 세대가 무사유에 빠지는 것에 대해 우리는 그들의 의식을 지배하는 언어 생성 결과물로 확인할 수 있다. 더욱이 남녀, 정치, 종교적으로 본다면 언어는 더욱 극단적이다. 남녀 대립으로 치면 서로 혐오하는 단어가 과거보다 엄청나게 많아졌음을 알 수 있다. 어떤 정책이나 사상을 반대만 하는 사람들은 자기들의 어떤 뚜렷한 목표가 없기 때문에 현실적 대안책이 없고 잘하려고도 하지 않는다. 그래서 그들은 오로지 반대를 위한 반대만 하고 비난만 하기에 사회의 건설적 존재가 되지 못한다.

맹자는 사람들의 말이 쉬운 것은 그 말에 대한 책임을 지지 않기 때문이라고 말한다. 요즘은 그런 책임 없는 거친 입과 가시 같은 거친 손가락이 얼마나 많던가. 하루라도 책을 읽지 않으면 입에 가시가 돋는다는 관용적 표현은 인간이 매일 자기 수양을 해야만 타인에게 가시 돋친 말을 하지 않는다는 걸 의미한다. 남녀와 좌우를 떠나 입만 살아 있으면 그나마 다행인데 대부분 위정자들과 그 이즘 추종자들은 표리부동한 모습을 보인다. 확신으로 세상을 보지 말고 우리가 어떤 것에 잘 모를 때는 그 사람이나 어떤 조직 기타 정당 및 정권 등이 해왔던 결과물을 보면 된다. 을이 을을 조롱하고 노에 근본을 가지면 자기를 진짜 착취하는 대상을 인식하지 못하게 된다. 우리가 둘로 나누어져 세상을 보면 부조리를 찾을 수 없고 올바른 방향으로 사회를 이끌 수 없다. 그런 사람은 경제 사회의 언어부터 다시 공부해야 하고 세상을 ○○주의로 보는 시각을 수정해야 한다. 그렇다면 이 부정적인 정치적·사회적 밈의 언어는 왜 문제일까?

제일 큰 문제는 그 단어 하나가 전체 모든 것을 대표해 버려서 확장적인 생각을 하지 않게 한다는 점이다. 자유의 인간은 이런 언어를 사용할 땐 각자 차이가 인정되지 않는다. 부정적 언어를 사용하는 사람들은 그것에 갇혀서 거의 같은 사고 방식에 익숙해진다. 순수하지 못한 어떤 목표를 가진 이런 언어의 수단성은 사람의 감정에 미움을 주입할 때 더욱 강력해진다. 또한 언어는 먼저 상대를 죽이고자 용어를 창조하고 프레임을 선점하는 특성도 가진다. 이렇게 만들어진 용어는 선동하는 문장과 말에 쓰여 강력한 응집력을 이끌어낸다.

설령 어떤 언어에 매몰되지 않는 사람이더라도 특정 조롱과 혐오 언어가 자주 쓰이면 무의식적으로 그 단어에 신경을 쓰게 된다. 이 언어가 자기 안에서 반응하는 거부, 검열, 사상 위축, 동의, 비동의 등 다양한 형태로 나타나 타자 의식, 즉 눈치 보기를 하게 한다. 우리는 맥락을 이해하며 살아가야 하는 인간인데 그 언어 하나가 수많은 문장과 논리를 잇게 만들어 버린다. 결국 나쁜 언어는 이런 언어를 쓰는 사람이나 쓰지 않아도 알고 있는 사람까지 함정에 빠트려 사람을 바보로 만든다. 그러면서 서로 편견을 가지게 한다. 이걸 앞으로 '언어의 호명 자폐성'이라고 부르자.

언어의 호명 자폐성은 자기 의식 지배와 사고의 자폐성으로 이어진다. 현대사회에서는 특정 목적을 위한 집단이나 커뮤니티 등이 언어라는 기표로 그들 스스로와 타자를 규정하는 경우가 많다. 언어 외에 그들이 자주 다루는 대상에 대한 주제는 그 사고의 흐름이 갇힌 세계인 경우가 많아 보통 특정 편향을 만든다. 이건 정치 종교 이념 세대 남녀 등을 불문한다. 어느 학자는 이걸 비의도적 편향이라 부른다.

사랑하며 살아도 부족한 인생이다. 조롱의 밈에 빠져 사는 사람들은 미운 존재들이나 타자 자체가 그냥 자기 삶의 활력소가 된다. 그게 군중 속 한 인간이 되면 더욱 무사유를 만들어 언어와 사고가 칼처럼 날카로워진다. 사상과 물질까지 모든 것이 경쟁처럼 느껴지는 현대사회에 타인을 공감하고 인정하라는 말은 소귀에 경읽기와 같다.

게리 채프먼의 『5가지 사랑의 언어』에서는 타인에게 인정의 말을 하라고 하는데 현대사회에서 그건 꿈과 같은 일이다. 그 인정의 말이 나오기 전 먼저 다른 부분을 살펴봐야 한다. 사람들은 언어 순화를 말하지만 그건 순서가 잘못됐다. 언어는 사회를 반영하기에 사회에 대한 언어 창조 관념이 왜 그런지 먼저 분석해야 한다. 당신의 사랑스러운 언어는 언제였고 그 당시 상황과 마음은 어땠는가? 쑥스럽긴 하지만 용기를 내어 연인, 가족, 부부, 자녀, 친구에게 했던 달콤했거나 다정했던 언어는 왜 나왔다고 생각하는가? 어렵게 내뱉은 언어였지만 그런 사랑의 언어 추억은 자신에게나 그 상대방에게나 머릿속에 오래 기억된다. 아니, 거의 평생 간다.

반면 쉽게 내뱉었던 언어는 그게 꼭 혐오나 조롱이 아니었더라도 가해자인 당신에게는 금방 잊히게 된다. 그 이유 중 하나는 내가 사랑하는 사람이나 친한 사람에게는 언어가 따스하거나 따스하지 않아도 신경이 쓰이지만, 모르는 타자에게는 그 따스한 마음이 없고 무심해도 되기 때문이다. 실제 대인 관계도 이럴진대 온라인 속 관계는 얼마나 언어가 가벼워지겠는가. 상대방은 당신이 했던 그 뾰족한 언어를 평생 기억하고 있다. 아마 당신도 그 아픈 언어를 타자에게서 들었을 것이고 어떤 건 그 기억이 영원히 남아 있다. 역지사지로 생각하면 우리는 언어 사용에 대해서 지금보다 더 조심스러울 필요가 있다. 사람들은 내가 받은 상처는 잘 기억하지만 내가 준 상처는 잘 기억하지 않는다. 가슴 아픈 상처 대부분은 언어로부터 나온다. 특히 자기 감정을 위해서 타인의 감정을 건드리거나 더럽히지 말자. 말의 오해도 마찬가지지만 때론 갈등이 극에 달하여 숨 막히는 묵언의 언어도 서로에게 독이다. 차라리 이럴 땐 물리적 폭력으로 한바탕 하는 것이 나을지도 모른다. 상처의 언어는 눈처럼 녹지 않고 가슴에 녹이 슬게 만든다. 어려서부터 지금까지 사용한 그 숱한 언어는 과연 사람들에게 어떻게 자리잡고 있을까.

인생을 살면서 우리는 자신이 잘 아는 사람에게도 몇몇 상처가 되는 언어 사용을 하며 살아왔는데 과연 잘 모르는 사람에 대해서는 얼마나 언어가 무심하고 잔인했을까. 우리가 앞으로 어떻게 스마트폰 생활을 해야 할지는 이 언어부터 살펴봐야 한다. 치명적 언어 사용은 계속될 것이다. 이 글을 읽는 사람만이라도 언어의 창조를 최대한 흐뭇하게 하자. 무인도에서 혼잣말하며 세상을 사는 사람이 아니고서는 인간은 모두가 공적인 언어를 매개로 관계를 맺는다. 누군가는 태도가 전부라고 말하지만 사실 정확히는 언어가 전부라고 하는 게 맞다. 태도에서 언어가 나오는 게 아니라 언어에서 태도가 나오며 인간 의식을 지배한다. 실제 인간의 말은 뇌 과학적으로 전전두엽 피질이 담당하는 행동과 감정에 반드시 영향을 준다. 그리고 혐오와 증오의 언어를 쓰거나 그것에 노출되는 삶을 사는 사람은 타인의 고통을 이해하는 신경세포가 둔화되게 된다. 이것은 매우 과학적인 현상이다. 그렇기에 혐오의 언어는 애초부터 하지 못하게 해야 한다.

특히 어린이와 청소년의 뇌는 아직 완성되지 않아 외부 언어에 매우 취약하다. 편견의 근원 중 집문화는 언어를 중심으로 이뤄진다는 것을 다시 한번 강조한다. 온라인에서 쉽게 습득한 부정의 언어를 계속 사용하면 그 의식대로 믿고 행동하게 되어 나중엔 그 믿음과 반대되는 것이 생길 때 그것을 받아들이려 하지 않는 전전두엽 피질의 저항성이 생긴다. 그래서 사람들에게 올바른 언어가 쓰여 있는 일상 주변의 책 읽기가 필요한 것이다. 여기에 오프라인의 건전한 대화도 필요하다. 심지어 오프라인에서는 목소리 톤까지 매우 중요한데 루소는 "언어의 뿌리는 목소리"라고 말한다. 그러면서 루소는 언어가 때론 인간의 이해에 장애물이 된다고 주장한다. 그의 말대로 같은 문장이나 단어를 쓰더라도 어떤 억양이나 놓인 상황에 따라 말의 뉘앙스는 매우 달라진다. 이제 언어는 목소리와 함께 맥락이라는 편집의 영역에 들어와 있다.

현대사회는 스마트폰이나 짧은 영상 때문에 더욱 그렇다. 언어가 아티큐레이션이라는 절합의 요소와 분절의 분절이 되어 사람들은 의사

소통에 어려움을 겪는다. 이제는 평소 쓰는 어휘와 문장이 그 사람의 성격 사상 가치관 태도 수준 등을 거의 규정해 버린다. 누군가가 자기 주변의 친한 친구 셋이 당신의 평균 수준이라고 말했듯이 요즘은 본인이 쓰는 언어와 커뮤니티가 자기 수준과 인성의 평균이 된다. 언어엔 선함과 악함이 있고 그 중간인 중립의 언어도 있다. 열등감과 피해의식이 있는 사람이 좋은 언어를 쓰기란 거의 불가능에 가깝다. 이들이 선한 언어를 쓸 리 만무하고 대부분 악한 언어로 사람과 세상을 대한다. 설령 선한 언어를 쓰지 않더라도 악한 언어를 최대한 쓰지 않으려는 노력이 중요하다. 왜냐하면 현대사회는 공동체에 반하는 언어 사용이 많아서 자신도 모르게 그런 혐오 사회에 동조자가 될 수 있기 때문이다. 현대인은 공감능력과 거리가 먼 언어들에 노출된 채로 살아가기에 지금은 최소한의 연대감 있는 언어 사용이 필요하다.

이성과 이상 그리고 감정

요즘은 어떤 개념이나 용어에 대한 설명이 잘되어 있어서 모르는 것은 스마트폰을 이용하여 금방 그 의미를 찾을 수 있다. 하지만 그 개념의 쓰임새에 대한 전반적인 내용을 모르면 개념 설명이 잘되어 있어도 쉽게 와닿지 않는다. 가령 지금까지 구조주의라는 단어에 대해 난제의 글은 개인이 아닌 무엇이 관계한다는 정도만 설명했는데 이걸로는 그 의미 전달이 아주 부족하다. 오랫동안 철학의 인식은 개인의 사상과 이성이 사회와 상호 관계를 맺는다고 생각했다. 하지만 구조주의 시각은 조금 다르다. 구조주의란 인간 주체의 생각이 아닌 유기체의 구조가 인간에게 영향을 준다는 것을 의미한다. 하지만 보통은 이렇게 설명해 주는 사람이 별로 없다. 왜냐하면 너무 쉽게 요약하여 의미를 정해주

면 그 설명의 질이 낮아 보이거나 그게 전부가 아니라며 비판을 받을
수 있기 때문이다.

특히 이런 것을 전문적으로 다루는 사람들이 그런 경향을 보인다.
철학의 인식론 중 하나인 해석학은 어떤 역사, 개념, 물질, 흐름 등에
대해서 그 자체에 의미를 살피기보다 그것이 끼친 영향을 다양한 관점
에서 해석하는 것이다. 하지만 이렇게 설명하는 AI나 온라인 인간은
존재하지 않으며 그 대신 초심자가 보기엔 그럴듯하게 철학적으로 설
명해 놓은 게 대부분이다. 관계를 이야기하는데 왜 갑자기 이런 얘기
를 했을까?

우리의 삶은 한번 철학적·심리적으로 복잡하게 생각하기 시작하면
아주 복잡하고 그걸 또 단순화하면 아주 단순화되기 때문이다. 철학도
그렇지만 인간의 삶 관계도 그렇다. 누군가는 민감한 자기 성격 때문에
상대방은 신경 쓰지 않을 일을 신경 쓰며 혼자 고민하고 스스로 스트
레스를 받는다. 이와는 반대의 성격을 가진 사람들은 그 민감한 사람
에게 무심하며 자신이 타자에게 그런 존재라는 것도 인식하지 못한다.
타인은 항상 나와 같지 않아서 문제가 생긴다. 자기 생각이 다 맞아야
하거나 말이 많은 사람이 있는 반면 어떤 이는 에코이스트 성격을 가
진 채로 관계를 유지하려는 사람이 있다. 여린 성격의 천성적 기질 때
문에 누군가는 관계에 대해 불안하거나 불편해하면서 혼자만 힘들어
한다. 이런 불평등한 감정은 가족이나 직장 동료 친구 애인 등의 사이
에서도 아주 흔하게 일어난다.

인간은 화폐처럼 타인에게 이성과 감정의 관계를 등가 교환할 수 없
다. 그래서 나중엔 인공지능끼리 아니면 인공지능과 인간이 서로 싸울
게 불 보듯 뻔하다. 이 세상 모든 것이 관계하지 않는 것이란 존재하지
않는다. 생명과 윤리, 땅과 하늘, 바다와 강, 죽음과 삶, 욕망과 타락,
고통과 극복 등 인간은 내면과 외부의 만남이 언제나 함께한다. 관계

를 부정하면 할수록 그것으로부터 벗어날 수 없는데 인간은 기본적으로 그 부정을 진짜 떨쳐낼 수 없다. 특히 과거의 관계는 더 무겁게 다가오기에 현재와 미래의 실존까지 영향을 준다.

공지영의 『맨발로 글목을 돌다』에서는 북한으로 납치된 한 인간의 삶과 위안부 여성의 삶을 다룬다. 그들은 그 과거로부터 절대 단절할 수 없다. 그것을 극복하려고 하지만 오히려 과거에 대한 끊임없는 자기 투쟁과 고통 속에 세월은 흘러간다. 이렇게라도 흘러가면 다행이지만 현기영의 『순이삼촌』의 주인공 이야기처럼 그걸 극복하지 못하고 마음의 병에 걸려 비극으로 끝나는 경우도 있다. 공지영의 저 책 제목 중 글목이 어떤 의미인지를 각주에서 설명해 주었는데 읽은지 십 년이 지나서 잊어버렸으니 각자 찾아보길 바란다. 이렇게 문자의 의미는 잊어버려도 경험했던 감정은 수십 년이 지나도 절대 잊어버리지 않는 게 인간이다. 지금 이 챕터를 읽는 독자가 어떤 누군가에게 자신이 상처 주었던 말을 했고, 그 외 수많은 어떤 상황에서의 어설픈 언행과 생각이 자꾸 떠오른다면 그 독자는 양심적인 사람이다. 하지만 그렇지 않은 사람도 있는데 그런 무감각의 사람들이 부러우면서도 무섭다. 가장 이상적인 것은 나쁜 감정을 이성적으로 승화하여 그대로 굳어지게 하고 좋은 감정은 계속 흘러가게 하는 것이다. 하지만 인간은 이성적 동물만은 아니라서 여러 시인이 읊조렸던 것처럼 자신의 기질이나 경험이 영혼의 반갑지 않은 친구가 된다.

37

AI

로자 룩셈부르크의 생각으로부터 AI 양극화 질문

　최근 몇 년간 가장 트렌드하게 나오는 도서 중 하나가 AI 관련 도서다. 서점의 신간 도서 파트에는 늘 미래에 대한 이야기를 하는 새 책이 있다. 그렇기 때문에 AI와 관련하여 기술적이고 정보적인 이야기를 이 책에서는 할 필요가 없다. 여기서는 모 가댓의 『AI 쇼크, 다가올 미래』나 『박태웅의 AI강의 2025』등 AI 관련 여러 책을 읽고 영감을 얻었던 걸 좀 더 색다르게 접근해볼 생각이다. 지금도 무료 챗 지피티가 있고 유료 챗 지피티가 있다. 우리는 자본주의 시대에 살면서 자신의 경제 여건에 맞게 물건을 사는데 같은 전자 기기를 구매해도 가격차가 천차만별이다. 미래에 인공지능 로봇이 인간을 위해 무엇을 해준다고 했을 때 과연 이 격차가 지금의 컴퓨터나 가전제품처럼 가격 경쟁과 성능 경쟁에 어떤 영향을 줄지 궁금하다. 사실 이로 인한 결과와 사람들 생각이 어떨지가 제일 중요한 관심사다.

인간은 부의 대물림 외에 개인의 능력에 따라 생산 능력이나 소득 수준이 달라진다. 만약 인공지능까지 연계하여 자신이 활용하는 AI가 곧 어떤 최종 생산물까지 영향을 준다면 어떻게 될까? 일단 이건 AI조차 능력에 차이가 있다는 것과 그게 문제가 될 수 있음을 가정한 생각이다. 벌써부터 대학생들의 리포트가 AI로 쓰이고 있는데 AI 활용 문제는 좋음과 나쁨의 경계를 넘나들며 여러 곳에 확산된다. 어떤 이는 이런 것을 지금처럼 그저 자본주의 시장 논리로만 생각할지 모른다. 지금 논의하는 것은 우리가 현재 쓰는 로봇 청소기 같은 가전제품이 아닌 인간 이상의 지능과 활동력으로 생산성을 가진 AI를 의미한다. 여기서는 인간에 대한 신체와 정신 파괴 같은 인공지능의 위험성에 대해서는 논하지 않을 생각이다.

범용 인공지능은(AGI) 휴머노이드 이상의 사람과 같은 로봇인데 이걸 넘어 초지능을 가진 미래 AI가 자율성을 갖는다고 생각하면 흥분이 되면서도 한편으로 불안한 생각도 들게 된다. 그러나 AI 유토피아를 생각하는 사람들은 희망찰 것이다. 그런데 아무도 AI 특이점을 이야기하지 않는다. 왜냐하면 아무도 그 특이점을 모르기 때문이다. 만약 AI 특이점이 하나가 아닌 여러 곳에 위치한다면 그중 어떤 영역은 알아도 멈춰야 하는 부분이 존재할 것이다. 이 특이점을 일종의 AI 판도라의 상자 같은 것이라 생각해도 좋다. AI 차별성과 규모의 경제 같은 AI는 미래 자본주의 시장에서 페르낭 브로델이『물질문명과 자본주의』에서 말한 자본 독점보다 더 큰 거대 독점력을 가지게 될 것이다. 브로델은 자본 독점을 진정한 자유시장이라고 보지 않는다. 다만 여기서는 이런 거시적 차원의 전세계 미래 AI나 산업 구조를 살피는 대신 인공지능의 개인 시장성을 살펴볼 것이다.

우리나라에는 중입자 치료기가 있다. 그러나 이걸로 암을 치료받고 싶다고 해서 현재 누구나 치료받을 수 있는 건 아니다. 순서도 그렇지만 어떤 이는 돈과 뒷배가 없어서 치료받지 못한다. 중입자 치료 외에 피부과에서 쓰는 레이저 기기는 그 성능 하나가 의사의 피부 치료 능력을 드러내기도 한다. 바로 이것이 기기의 자본주의화다. 시간이 지나면 어느 정도 평등해지겠지만, 인류는 먹을 것이 항상 그랬던 것처럼 누가 무엇을 선점하는 사람이 있으면 부자나 권력자 같은 소수의 사람이 먼저 혜택을 누리고 그다음 나머지 사람들이 뒤늦게 문명의 혜택을 보았다. 지금 무엇을 이야기하려고 하는지 이해했다면 다행이고 아직 이해를 못 했다면 글을 쓰는 사람의 잘못이니 이해를 못 해도 괜찮다.

자본과 돈은 때론 사람의 죽음 순서를 바꿔 놓는다. 역사의 이런 특성은 자본주의가 끝나지 않는 한 계속될 것이기 때문에 미래도 인공지능 기기의 활용이 인간 삶의 수준까지 차이 나게 할 것은 자명한 일이다. 인간은 왜 이런 상대적 가난의 차이로 비참함을 계속 겪어야만 하고 그건 오랫동안 해결이 되지 않는 것일까. 인간의 이런 차이 결과를 야만으로 볼 수는 없으나 누군가에겐 야만적이다. 그래서 로자 룩셈부르크는 자본주의에 대해서 "야만이냐, 사회주의냐?"라는 질문을 하는데 이건 우리 사회의 여전한 딜레마다.

로자 룩셈부르크의 말을 철학적으로 확대해 보면 우리 몸의 문제까지 연계하게 만든다. 이걸 메를로 퐁티의 몸적 현상학으로 생각해도 좋다. 메를로 퐁티 외에 많은 사상가들은 인간의 몸이 감정, 사회, 문화, 의식, 권력, 억압, 문명, 언어, 구조, 놀이, 실존 등에 반응하여 만들어낸 여러가지 현상을 철학적으로 다루었다. 개인이나 가정집에서만 끝나는 전자 제품과 달리 인공지능이 개인의 능력과 별개로 최종 사회 생산물까지 영향을 준다는 건 새로운 몸의 AI현상학이다.

필자는 챗 지피티를 아직 한 번도 사용해 보지 않았다. AI를 활용하여 더 나은 창작물을 얻을 수 있다면 그것은 현명한 일이며 앞서가는 사람이라고 생각한다. 하지만 챗 지피티나 그보다 더 나은 무엇이 있어도 아직까지는 그걸 자료로 활용할 생각은 없다. 시간이 훨씬 많이 걸리더라도 지금처럼 다양한 책을 정독하고 그걸 스스로 정리할 것이다. 물론 더 나이가 들면 이 생각은 조금 바뀔지 모르겠으나 지금 생각은 그렇다. 그런 의미에서 미래에는 김정운의 『에디톨로지』처럼 인간의 편집 능력이 진짜 재능이 될 수도 있다.

에디톨로지란 무에서 유를 창조하는 게 아닌 기존의 것을 잘 편집하여 자신만의 무엇으로 만드는 것을 의미한다. 인류 역사 이래 모방과 창조 사이에 편집이라는 것이 얼마나 중요한지를 김정운의 저 책으로부터 알 수 있다. 그런 의미에서 새 이야기를 창작하지 않고 과거의 것을 풀어 썼다는 겸손한 공자의 술이부작이란 표현은 에디톨로지 안에 들어와 있는 것이다. 하지만 현재 짜깁기 정보의 엉망인 AI 출판물까지 나오는 상황에 진짜 아름다운 인간의 글이 그리워진다. 지금 이야기는 이 챕터의 핵심은 아니기에 다시 논점을 AI 소유의 능력주의로 돌아와 보겠다.

단순히 최고급과 그렇지 않은 AI 기계를 이용함으로써 그 결과까지 차이 난다면 우리는 이걸 어떻게 바라봐야 할까? AI 업계에서는 이와 비슷한 예측 가능성 중 하나로 AI봉건주의라는 말을 사용한다. 미래에는 인공지능이 자본주의 사회에 절대적 영향을 끼치며 1명이나 기업이 국가적 이상의 힘을 누릴 수 있다. AI 기기의 CEO라면 누구나 지금의 가전제품이나 컴퓨터처럼 성능을 구분해서 가격 차이를 만들어 판매할 것이다. 처음에는 지금의 오픈 소스처럼 정보 공개와 편리함을 주다가 나중에는 AI의 익숙함을 줘서 사람들이 기업이나 기기의 노예가 되도록 할 수도 있다. 이런 못돼먹은 상술은 과거부터 지금까지 기업들이 써먹었던 방법이다. 우리는 항상 자본주의 사회에서의 어쩔 수 없는 차이를 인정하고 자유시장 경제를 별 문제없이 받아들인다. 그로 인해 사회 양극화는 심화되었고 그 대가를 지금 치르고 있다. 미래에 AI 불균형이나 AI 양극화까지 이어진다면 부의 불평등은 더 심각해지고 새로운 갈등 유형을 맞이하게 된다.

순수하게 개인의 영역이었던 서로의 경쟁이 이제는 자본의 AI능력까지 영향을 주어 부자와 가난한 자의 격차는 또 커질 것이다. 가격이 높은 고사양의 그래픽 사용처럼 어떤 기기가 단순히 자신을 위한 유희 차원에서 끝나면 그건 상관이 없다. 왜냐하면 높은 가격 그래픽이 자신의 게임 능력까지 향상하게 하는 건 아니기 때문이다. 하지만 똑같은 인간의 능력을 가진 사람이 인공지능 로봇의 성능 차이 하나 때문에 생산성에 차별을 받는 것은 옳지 않은 일이다.

이렇게 미래 자본주의 시장 경제는 AI 때문에 갈등과 맹점을 겪게 된다. 기술의 발전과 희망을 예측하는 것도 좋지만 우리는 미래에 생길 문제를 점검해 보는 것이 중요하다. 지금의 사고방식 중 일부는 먼 훗날 아주 다르게 바뀔 것이다. 이미 30년 전 어렸을 때도 사람들은 컴퓨터로 인한 인간의 획일화 이야기를 하였다. 하지만 그건 반만 맞는 얘기였다. 미래에는 인공지능 의존증으로 인한 인간 획일화뿐만 아니라 그동안 우리가 자본주의 문제점을 보지 못했던 새로운 획일화된 관념을 완전히 전복해야 할지도 모른다. 즉 미래 인공지능과 인간의 자본주의는 그 관성이나 획일화된 생각을 버리고 완전히 다른 방식으로 접근해야 한다. 이런 차이를 어쩔 수 없다고 인정해버리면 그땐 사람들이 더 노예로 살아갈 게 뻔한다. 그래서 우리가 국가와 정책을 바라보는 관점을 특정 이득이나 이념으로 보지 말라는 것이다. 그럴수록 우리는 항상 그들의 노예가 되어간다. 당신이 만약 이런 생각을 가지지 않고 있다면 당신이 노예라는 증거이며 그건 아주 쉽게 증명 가능하다.

AI를 더 점유하고 더 나은 것을 가져서 새로운 계급 질서가 생기더라도 인간 모두의 공통된 관심사가 하나 있다. 그건 미래에 단순 노동 대신 인간의 가치를 어디서 찾을 것인가의 문제다. AI는 분명 의학과 산업, 집안일 등 일상 모든 것에 관여할 것이다. 과거에는 노동이나 예술 창조, 유머 등 여러가지 지적 능력 발휘로 자아실현을 했지만, 미래에는 AI도 예술을 하여 인간보다 더 뛰어난 무엇을 창조할 게 뻔하다. 아니면 AI와 인간이 결합된 하이브리드 예술이 '순수인간예술'과 경쟁할 수도 있다. 또 신경 정신과 의사보다 분석 능력이 더 뛰어난 AI 정신과 교수님이 우리를 맞이할 것이다. 누군가에겐 기계적 치료에 약물만 처방하는 온기 없는 현재의 인간 의사보다 AI의사가 더 나을지 모른다. 만약 AI의사가 존재한다면 법과 교육, 기타 제도는 또 엄청나게 수정을 거쳐야 한다. 반면에 인공지능이 인간에게 신경증과 여타 정신병의 원인이 되거나 인간이 로봇 때문에 신체 파괴를 당하는 역설적 상황도 존재할 가능성이 크다.

제일 큰 문제 중 하나는 AI가 이제 인간 위에 존재해서 인간을 평가하는 일이다. 그래서 어느 나라는 이미 인공지능법을 만들어 AI가 취업 지원자들을 선별하고 능력을 평가하는 일을 하지 못하도록 입법을 하기도 한다. 취업 지원의 스펙 외에 의료 정보나 취향 기타 사상까지 한 개인의 인간 데이터는 이제 완전히 공유된다. 이건 장점도 있고 단점도 있을 텐데 중요한 것은 데이터 보안이다. 미래에는 보안 문제가 인간 대 인간이나 인공지능 대 인공 지능 혹은 인간과 인공 지능 간 싸움이 될 것이다.

현재는 초거대 AI에 대한 희망찬 이야기가 가득하지만, 만약 초거대 AI를 인간이 모두 컨트롤 할 수 없거나 AI가 윤리적인 것을 무시할 땐 심각한 상황을 초래한다. 인간은 AI의 모든 것을 미리 제어할 수 없어 절망에 빠질 수 있다. 인공지능이 인공지능을 설계하고 수정하며 자가 증식을 하려고 할 때 비로소 인공지능은 신이 된다. 그래서 인간이든 AI든 서로의 욕구가 맞으면 그들이 세상을 지배하는 것도 가능하게 된다. 여기서 AI에 대한 믿음이나 신뢰 문제가 생긴다. 그렇다면 AI가 누군가에겐 하느님과 같은 신적 존재가 된다는 건 무슨 의미일까?

지금 인간 사이에서도 신을 믿는 자와 아닌 자의 갈등이 심한데 미래에는 AI를 인간보다 더 신뢰해야 한다고 생각하는 사람들과 아닌 사람들 간에 대립이 생긴다. 지금도 특정 신념을 가진 사람은 인본주의를 탐탁지 않게 생각하는데 인공지능을 신으로 여기는 사람들은 분명히 사회에 존재해서 종교화 된다. 예전부터 배우 톰 크루즈는 사이언톨로지라는 종교를 믿어왔다. 그래서 인공지능의 이런 종교화는 그저 망상이 아닌 것이다. AI는 누군가에게 유토피아가 되지만 반대로 인공지능이 나중엔 부정의 용도로 사용되어 사회 불화가 될 땐 디스토피아가 된다. 유토피아와 디스토피아가 같이 공존하는 미래는 유디토피아다. 늘 그래왔던 것처럼 미래 사회의 과제가 온전히 인간의 몫이라면 좋겠지만, 앞서 말한 대로 인간은 특이점과 판도라를 모른다는 게 AI의 진짜 문제다. AI의 실생활적 유용함은 자연재해에 투입되는 인공지능, 요양보호사 로봇 등 실로 엄청 많다. 그런데 로봇이 고통과 두려움 그리고 감정을 느끼면 어떻게 될까? 그럴 땐 AI인권 아니 로봇권을 정할 새 헌법이 필요하다. 어느 순간 인간은 과학이란 혜택의 유용함 대신 지금의 과학 윤리보다 더 높은 수준의 AI 제어에 골머리를 앓게 될 것이다. 혹자는 AI 미래를 예측하지만 아무도 그걸 단언할 수 없다는 것이 진짜 문제다. AI의 희망이나 미래 불안을 생각하면 사실 끝도 없이 이야기해야 하는데 먼 훗날 이야기가 지루한 사람을 위해 인공지능 애기는 이만 마무리하겠다.

38

이타

이기적 유전자 vs 다정한 것

우리가 쓰는 단어에는 불교 산스크리트어에서 유래한 것들이 아주 많다. 예를 들면 절·가람, 영겁, 종교 등이 그렇고 지금 말하려는 이타(利他) 또한 마찬가지다. 이타의 어원이 된 자리이타란 타인에게 좋은 것이 곧 내가 좋은 것이라는 의미를 담고 있다. 이렇게 불교 말씀은 참으로 좋은데 이걸 마음속에 품고 실천하는 사람은 거의 찾아볼 수 없다. 리처드 도킨스의 『이기적 유전자』가 나온 이후로 많은 진화 생물학자들이 이에 반론을 제기한다. 이제 사람들이 관성적으로 쓰는 이기적 유전자는 필자가 실제 리처드 도킨스의 책을 처음 읽었을 때 이기적이란 단어가 역설적으로 들렸다.

오래전 읽은 과거 기억이라 틀릴 수도 있지만 리처드 도킨스의 말을 처음엔 이렇게 이해했다. "생명체는 자기만 살기 위해 오로지 독립적으로만 유전자가 행동하지 않으며 주변과 협력하거나 적응하여 후대에 자기 유전자를 남기는 방법을 선택한다." 이것은 자기가 살려면 적대적 공생 관계도 인식해야 하는 것과 비슷한 의미다. 책 제목에 이기적이란 말이 들어가서 그런지는 몰라도 사람들은 리처드 도킨스의 책을 너무 그쪽으로만 해석하려는 경향이 있다. 경제학적으로 보면 인간은 아담 스미스의 말처럼 타인의 감정을 생각해서 자신의 판단을 이어간다. 최후통첩 이론도 이와 거의 비슷하다. 브라이언 헤어·버네사 우즈의 『다정한 것이 살아남는다』나 스테퍼니 프레스턴의 『무엇이 우리를 다정하게 만드는가』처럼 요즘은 이기적 유전자형 인간에 반론을 제기하는 책들이 나온다. 그렇지만 우리는 역사적으로 짐승과 같은 끔찍한 인간들을 너무 많이 봐왔다. 그럴 때 보면 정말로 악인(惡人)이 있다고 믿는다. 프레스턴은 이것을 의식한 듯 이타주의 자체를 증명하는 게 아닌 인간의 이타적 욕구의 유형을 살핀다. 앞으로 필자가 분석할 내용은 프레스턴의 주장을 나름의 방법으로 재해석한 것으로 그의 책이 실제로 이렇게 쓰여 있는 건 아니다.

인간은 크게 두 가지 목적으로 이타적인 행동을 취한다. 첫째는 생물학적 이유이고 두 번째는 감정적 이유다. 생물학적인 이유란 생존과 공존이 관계된 것으로 본능적 차원에서 나오는 행동을 의미한다. "무엇이 우리를 다정하게 만드는가"의 대부분 내용은 동물들의 새끼 돌봄에 대해 논의를 전개한다. 이 본능에 관해서는 설명하기가 쉽지 않은데 프레스턴은 뇌 과학적 이야기를 꺼낸다. 김학진의 『이타주의자의 은밀한 뇌구조』도 이타적인 인간의 뇌 구조를 살핀다. 우리가 이타주의가 되는 이유는 타인을 위해서가 아니라 결국 내 자신이 좋아서 하는 일이다. 이건 마치 플라톤이 "파이드로스"에서 했던 사랑에 대한 말과 거의 같다. 플라톤은 사랑하는 이유가 타인을 사랑해서가 아니라 자기가 좋아서 하는 것이라고 말한다. 우리의 뇌는 이미 세팅된 채로 마음과 행동을 움직이게 하는데 이타적인 마음을 가지는 경우 누군가는 신경 전달물질 호르몬인 도파민을 생성하게 한다. 이런 사람들은 뇌와 정신적 흐름을 사랑으로 충만하는 걸 좋아하기에 계속해서 이타적인 마음으로 살아간다.

반면에 이타심이 왜 좋은지 모르는 사람은 평생 모르고 살아간다. 이건 가르친다고 아는 게 아니며 배울 수도 없는 것이다. 결국 이타심을 모르는 이들은 자기 중심적이며 남을 위한 생각과 행동을 하지 못하기에 자기 몸에 좋은 물질과 호르몬을 생성하지 못한다. 흡혈박쥐도 피를 먹지 못한 동료에게 자기 피를 내어 주는데 요즘 인간들은 남의 피를 메마르게 한다. 이젠 두 번째 다정한 이유인 감정적 이유를 살펴보자. 다정함을 가지는 감정적 이유란 우리가 남을 돌봄으로써 자신에게 이로움을 주는 일이기 때문에 이타적으로 행동한다는 걸 의미한다. 타인의 즐거움이 곧 나의 즐거움이 되는 그 선량한 마음을 느끼지 못하는 사람이 굉장히 많다.

요즘은 오히려 타인의 불행이 나의 행복인 샤덴프로이데 같은 인간이 더 눈에 보인다. 인간의 종류는 다양하기에 시기와 질투가 강한 사람이 있는 반면 이런 것에 별 생각 없이 배려와 공감을 더 크게 가지는 사람이 있다. 인류와 다른 동물들이 계속 생의 연속으로 이어져 왔다는 것은 오로지 생물학적 이유만은 아니다. 그런 면에서 하나의 불쾌한 생각이 떠오른다. 어떤 짐승은 자기 새끼가 아니더라도 보호하려고 하는데 어떤 인간은 자기가 배 아파서 낳은 아이마저 학대하는 금수 같은 짓을 행한다. 그런 짐승 인간은 왜 부모가 되었는지도 모르겠고 또 그런 사람들을 보면 화가 치밀어 오른다. 이성에 대한 성적 흥분은 어쩔 수 없지만 책임지지 않을 거라면 남녀가 흥분하더라도 보호막을 치고 즐겨야 한다.

물론 모든 동물이 자기 새끼나 다른 새끼를 보호하는 건 아니며 오히려 짐승은 자기 새끼와 다른 경쟁 무리의 새끼를 죽이곤 한다. 우리는 이타주의와 공감의 부재를 현시대로 생각해 봐야 한다. 왜냐하면 이것은 생존 경쟁이나 교육과도 연관이 있기 때문이다.

현재 우리나라 판결은 몇 천 원 훔친 사람이 징역형을 살고 수십억 이상을 횡령하면 무죄가 되는 상황이며 정치 검사가 무고한 사람을 기소하기도 한다. 이미 부와 명예의 경쟁에서 앞서간 부모가 다시 자기 자식을 그렇게 키운다. 이런 집문화에 사는 인간이 과연 얼마나 공감 능력이 있을지 의문이다. 실제로 공감 능력은 뇌과학과 관련이 있다. 그중 타자에 대해 반응하고 행동 조절 능력 등을 발휘하게 하는 거울 신경세포가 인지적 능력에 관여한다. 거울신경세포는 심지어 원숭이도 활성화되며 어떤 특정 인간 종족은 이런 거울신경세포가 활성화되지 않아 비이성적이고 비인간적 모습을 보인다. 이것은 아마도 정치나 사회 현상을 보는 영역에서도 큰 차이를 만들게 할 것이다. 그래서 다시 말하지만 어떤 것을 판단하는 위치에 있는 사람이 시험 하나에만 의지하게 해서는 안 된다. 판검사 외에도 그저 공부 잘하는 것 하나로 같잖은 엘리트 마인드나 주류의식을 가진 사람은 세상을 자기 해석대로 바라본다. 그래서 보통 상식에서 벗어날 가능성이 매우 큰데 이런 엘리트주의와 공감능력 없는 사람들은 사이코패스나 소시오패스 특징을 보인다. 이들이 바로 악의 평범성이며 시험만 잘 보면 되는 세상은 우리에게 디스토피아다.

사회 다양성이 존중받아야 사람들은 감정을 덜 소비한다. 공감과 이타심이 없는 사람들이 나쁜 짓을 하고 사기꾼들이 판을 치며 기업이 노동자를 착취해도 사회가 유지되는 이유는 바로 남을 돕고 공존하고자 하는 사람들이 있기 때문이다. 그러나 정의로운 사회가 되기 위해선 이타적인 것만으로는 부족하다. 때로는 부조리에 저항하고 분노해야 한다. 마르쿠제는 생존경쟁의 사회가 되면 인간은 1차원적 사고에 머무른다고 말한다. 즉 생존경쟁은 본능적 욕구에 의해서만 살아가게 하고 고차원적 생각을 하지 못하게 한다. 이렇게 부품사회로 소비되고 지쳐 있는 현대인에게 쉼이 필요할 땐 불교의 말씀을 들어보는 것도 괜찮다. 불교의 가르침 중엔 타인이 아니라 자신에게 집중하라는 '수처작주 입처개진'의 말씀이 있는데, 이 말은 현대인이 꼭 가슴에 새겨 놓고 살아야 할 문구다.

부처님 하니까 어떤 아이돌 가수가 부처님 말씀의 책을 읽는다고 하여 그 책이 베스트셀러가 됐던 적이 있다. 이런 책의 선한 영향력으로 사람들이 독서를 많이 했으면 좋겠다. 프랜시스 베이컨은 "독서는 여유로운 사람을 만들고 쓰기는 정확한 사람을 만든다"라고 하였다. 사람은 각자 쓰는 것도 중요한데 그런 의미에서 『난제의 사유』라는 책에 대해 좋은 점과 아쉬운 점 그 외 비판할 점을 각자 써 보길 바란다. 신념덩어리 책이 아니라면 거의 모든 책에는 공생의 길이 쓰여 있기 때문에 어떤 책이든 읽는다는 건 좋은 일이다. 공생은 너그러움이다. 다만 말과 글로만 너그러움을 말해서는 안 되며 실제 행동할 때만 의미가 있다.

39

문학

넌 너무 단편적이야
: 단편 소설로부터 인문학적 사고하기

　가수 자자의 '버스 안에서'의 노래 가사를 조금 변형하여 챕터를 정해 보았다. 위 공감 챕터에서 악인이 있다고 말했는데 꼭 악인이 아니어도 인간은 자기 이해 관계에 맞게 살아가는 사람이 많다. 그것마저 악인이라고 할 수는 없다. 타인을 위해 봉사하지 않더라도 사회에 피해도 주지 않는 그런 사람들에게까지 이기적이라고 말한다면 우리는 모두 그런 악인이 된다. 소시오패스 정도가 아니라면 각자 개인이 자기 보존을 위해서 살아가는 건 당연한 일이다. 역시나 이번 챕터에서도 책을 통해 인간의 삶을 탐구할 생각인데 먼저 단편이기도 하고 아니기도 한 작품 하나를 살펴보겠다.

　장 지오노의 『폴란드의 풍차』라는 소설이 있다. 이 작품 속 '나'라는 화자는 자기 이해 관계만을 따지고 살아가는 무심한 인물의 전형적 모습을 보인다. 이 책을 단편이라고 하기는 좀 그렇지만 분량이 그렇게 많지 않고 스케일도 크지 않다. 여기에 등장한 '나'는 조제프라는 남자의 일처리를 도맡음으로써 돈을 벌고 잠시 폴란드의 풍차라는 가족 일원이 되는 인물이다. 그러나 그의 독백처럼 그 누구에게도 도움을 주지 않고 나중에는 폴란드의 풍차에서도 쓸모가 없는 사람이 된다. 다만 소설 마지막에는 인간다운 면모를 조금 보여준다. 잠시 이 책의 줄거리를 이야기해 보자. 조제프라는 남성은 쥴리의 남편으로 그는 쥴리의 증조 할아버지 코스트 가(家)의 아들 딸과 그 후손들의 죽음을 알게 된다. 그리고 그들의 재산 관계나 삶을 엿보고자 작품 속 인물인 '나'와 함께 일을 시작한다. 참고로 코스트 가(家)의 가족과 후손은 거의 모두가 사고로 죽거나 정신병에 걸린다. 쥴리는 총기 사고로 얼굴 반쪽이 일그러지고 정신착란을 일으키며 살아간다. 쥴리가 낳은 아들 레옹스는 루이즈라는 여성과 결혼하는데 그녀가 아끼고 사랑한 레옹스는 가출하고 루이즈는 반신 불구가 된다. 소설은 죽음으로 시작하여 다시 비극의 죽음으로 끝난다.

이 작품을 쓴 장 지오노가 어느 한 가족의 비극을 마치 성경의 욥이나 아멜렉처럼 다루면서 독자들에게 무슨 의미를 주고자 하였는지 정확한 이유는 모른다. 그러나 죽음의 운명과 인간 정신에 대한 생각을 한 번쯤 하게 만든다. 이 가족의 가계도를 보면 마치 가브리엘 가르시아 마르케스의 『백년의 고독』이 떠오른다. 다만 "백년의 고독"에 비하면 "폴란드의 풍차"의 가계도는 훨씬 간단하다. 위 두 작품의 공통점은 분위기가 조금 우울하다는 것이다. 특히 『백년의 고독』을 읽어 보면 겉으로 봐도 정신병이 올 거 같은 분위기의 음침함이 있고 무엇을 깊게 탐닉하는 것에서도 우울함을 가져다준다. 이젠 분위기를 바꿔서 완전히 위 둘과 다른 작품을 살펴보자.

아니 에르노의 『단순한 열정』은 아주 단편적이며 겉으로는 야한 작품이다. 『단순한 열정』을 읽고 강렬하게 남은 문장 하나가 있다. 그건 자신이 사랑하는 남자의 정액을 더 간직하고 싶어서 몸을 하루 동안 씻지 않았다던 여자 주인공의 말이다. 그녀가 사랑하는 남자는 자신이 책을 쓰는데 의욕을 돋우지만, 또 한편으로는 머릿속에 그 남자 생각으로 가득 차서 아무것도 하지 못하게 하는 존재이기도 하다. 이 작품 줄거리는 이미 다 얘기했다. 『단순한 열정』에 대해 어떤 문학적 효용을 끄집어 낼 수 있을지 정말 모르겠다. 이런 수준의 글은 누구나 쓸 수 있다고 생각한다. 다만 여자 주인공의 생각에 크게 동의하는 게 하나 있다. 그녀는 독립된 인간의 본능적 욕망은 나이가 들어도 변하지 않으며 부모와 자식 간에도 이 욕망은 서로 분리되어야 한다고 말한다. 이 말은 부모와 자녀의 관계에서 모든 현대인에게 똑같이 적용되어야 한다. 한편 『단순한 열정』은 작품성 평가를 떠나 딴지를 걸 만한 게 딱 하나 있다. 그건 그 여자의 사랑 대상이 유부남이라는 것이다.

사실 우리는 이런 관계를 소설과 영화뿐만 아니라 실제로도 아주 자주 본다. 그렇다면 미혼남과 유부녀, 미혼녀와 유부남, 유부녀와 유부남의 만남도 인간의 원초적 본능이라고 할 수 있을까? 실제 당사자는 이걸 법으로 따지고 관람자는 도덕과 상식으로 판단하지만, 그 엿보기는 이 둘을 벗어나 관음하려 한다. 인간에게 이런 어질어질한 육체적 쾌락과 정신적 탐미가 있다면 미래에는 인간과 기계가 만나는 삶도 상상해 볼 수 있을 것이다. 그런 작품으로 베르나르 베르베르의 『나무』라는 책이 있다.

여기에서 나오는 단편이 '내겐 너무 좋은 세상'이다. 집안의 모든 게 자동화 된 세상에 주인공 뢱은 어느 날 여자 도둑을 맞이하고 그 도둑은 방 안에 있는 뢱의 인공지능 로봇을 훔쳐간다. 그런데 그 상황에서 여자 도둑은 생뚱맞게 뢱에게 입맞춤을 한다. 추후 뢱에게 그 입맞춤은 어떤 프로포폴 같은 마취 효과를 준다. 처음에 뢱은 '내겐 너무 좋은 세상'을 읽는 독자에게 진짜 자신이 인간이라고 느끼게 할 만큼 착각하게 만든다. 하지만 뢰은 인간이 아니다. 방 안의 인공지능을 다루는 뢰도 실제로는 인공지능 로봇이다. 기계가 마치 인간인 듯 기계를 다루고 인간의 감정을 가진다. 미래에는 과연 로봇 사이에서도 서열이 존재하고 공유된 감정을 가질까? 보통 사람들은 '내겐 너무 좋은 세상'이란 이 단편의 핵심을 기계문명과 인간 정신에 대한 이야기에 초점을 맞출 것이다. 하지만 필자는 여자 도둑의 입맞춤이 더 크게 보인다. 이 단편은 현대인으로 생각해서 이야기를 확장해 볼 수 있다.

기계 열기만 있고 진짜 인간의 온기가 없는 스마트폰 세상에 인간은 진짜 신체 접촉이 그립다. 가벼운 입맞춤이 좀 그렇다면 우리는 눈을 마주하고 서로 포옹하며 부대끼는 접촉형 인간이 되어야 한다. 하지만 지금은 그 반대로 가고 있다. 하루하루를 기계처럼 살아가는 존재 대신 따스한 영혼을 느끼게 하는 인간 정신이 현대인에게 필요하다. 진짜 접촉형 인간이 되지 않을 거라면 말과 글로만 떠들어대는 시대에 가끔은 묵언과 경청형 인간이 되는 것도 괜찮다. 하지만 우리는 치열하게 경쟁하고 있으며 가만히 있으면 바보가 되기에 자기 생각을 마구 떠들어댄다.

특히 현대인은 마음이 가난해서 따스하지 못한 마음과 신체를 가지고 타인의 가치관에 불쾌하게 접촉하려 한다. 이건 우리나라 옛 단편에도 찾아볼 수 있다. 학창시절 공부에 담을 쌓지 않았다면 채만식의 『레디메이드 인생』을 누구나 한번쯤은 짧은 단락이라도 읽어 봤을 것이다. 등장인물 대부분은 P나 K 등 영어로 나오지만 주인공 P의 아들은 창선이라는 이름으로 거의 유일하게 이름으로 불린다. 채만식은 이 소설에서 그 당시 지식인들의 허울 좋은 주장들을 레디메이드형 인간인 인텔리·지식인 P를 통해 신랄하게 비판한다. 이 작품을 보면 100년 전에도 지금처럼 국민들에게는 소위 먹사니즘이 제일 중요하다는 사실을 알 수 있다. 이 책에서 우리가 교훈으로 삼을 수 있는 건 먹고사는 데엔 무슨 사회주의니 자유주의니 하는 게 아무 의미가 없다는 것이다. 바보 같은 사람들은 꼭 좌우나 남녀, 위 세대 아래 세대, 지역주의 등 극단적인 흑백 논리에 빠진다.

『레디메이드 인생』이 남긴 교훈의 흔적은 지금도 통용되는데 그것은 사상이나 신념 같은 허상을 쫓기보다 실질적 국민 삶이 중요하다는 것을 일깨워 주는 것이다. 채만식은 겉은 지식인이지만 실제 삶은 룸펜이 되는 그 당시 인텔리를 비판하면서 어떤 이념 주입과 민중 교육을 부정적으로 바라본다. 그러면서 그는 현실주의적 입장을 취하는데 그런 생각들은 채만식의 다른 단편『치숙 』에도 계속 이어진다. 바보 지식인의 백면서생 같은 이런 하소연은 채만식의 단편들 이전에는 현진건의 작품에서도 볼 수 있다.『술 권하는 사회』에 등장하는 주인공 남편은 일본 동경에 가서 대학까지 나온 사람이다. 그의 아내는 남편이 지식인이 되어 돌아오면 미래가 잘 풀릴 것이라고 기대한다. 하지만 남편은 주정뱅이가 되고 어느 날 고주망태로 집에 들어온다. 남편은 아내에게 술 먹은 핑계를 대고자 사회가 술을 권해서 마셨다고 말한다. 무지한 아내는 왜 사회가 남편에게 술을 먹이는지를 곧이곧대로 믿으며 도무지 이해하지 못한다.

채만식은『레디메이드 인생』에서 신여성의 출연을 잠시 언급하지만, 여전히 조선은 무지함으로 가득찼다. 무지한 여성이 있다면 무지막지한 남성도 있을 것이다. 그런 남성이 나도향의『벙어리 삼룡이』에 나오는 삼룡이의 주인 아들이다. 주인 아들은 결혼 후 자기 색시와 비교되는 스트레스를 제3자인 삼룡이에게 푼다. 원래도 포악한 성격이었지만 주인집 아들은 자기 아내와 삼룡이뿐만 아니라 주변 사람들에게도 쓰레기 같은 짓을 일삼는다. 주인 아들은 삼룡이와 자기 아내에게 폭력을 휘두르는데 결국 아내는 자살을 결심한다. 삼룡이는 자살하려는 아

내를 몸으로 막지만 그게 아내를 탐한 놈으로 오해되어 심한 구타를
당한다. 거기에다 삼룡이는 주인집에서 쫓겨나갈 상황이다. 이런 상황
에서 조금 시간이 지난 후 주인 아들 집에 불이 나는데 삼룡이는 집에
있는 주인집 아들 아내를 구하러 불 속으로 뛰어든다. 하지만 불은 활
활 타오르고 탈출할 길이 없어 아내와 삼룡이는 결국 지붕으로 올라간
다. 이 장면을 처음 읽었을 때 실제로 슬픈 마음이 조금 들었다.

중국엔 루쉰의 『아큐정전』 아Q가 있다면 한국엔 벙어리 삼룡이가 있
다. 다만 아Q는 스스로 정신 승리를 하기도 하고 해학적인 면도 있는
데 반해 벙어리 삼룡이는 비참한 삶의 연속일 뿐이다. 물론 둘 다 불쌍
한 존재이긴 하다. 폭행당하고 신체 불편이 있음에도 삼룡이는 그 주인
아들의 아내에 대해 연민과 사랑과 같은 인간이 가지는 공통된 마음을
품는다. 그렇지만 전혀 낭만적이지 않으며 그냥 안타까운 삼룡이만 머
릿속에 그려진다. 동네 사람들이 『벙어리 삼룡이』에 등장한 그 포악한
아들을 실제로 후레자식이라고 하듯이 이 단편을 읽고 있으면 아들에
게 욕하고 싶은 심정이 아주 많이 생긴다. 그리고 불쌍한 삼룡이와 아
내 이렇게 둘만 보이게 된다. 이 작품을 이즘의 시각으로 본다면 삼룡
이보다는 매 맞고 사는 아내의 삶을 더 크게 볼 수도 있다.

이처럼 독자는 작품의 내용이나 등장인물의 특징을 살필 때 어떤 부
분을 좀 더 마음에 두고 보느냐에 따라 작품 평가가 달라진다. 때로는
작품을 아주 가까이에서 때로는 중간자적 거리에서 그리고 먼 거리에
서 바라봐야 할 때가 있다. 그러나 그렇게 읽기가 쉽지 않다. 이런 느낌
을 주는 소설이 바로 케서린 맨스필드의 단편 『가든파티』다. 주인공 로
라는 가든파티를 준비하는 와중에 가난한 이웃집 마차꾼의 죽음과 장
례를 보게 된다. 참고로 로라의 집과 이웃집 마차꾼과의 거리는 소설
내용을 볼 때 파티의 음악 소리가 들릴까 말까 하는 정도의 거리다. 로
라는 가든파티를 완벽하게 준비하고 싶지만 이웃의 죽음 앞에서 계속

파티를 해야 하는지 의문을 가진다. 하지만 그녀의 언니와 엄마 세리던 부인은 로라와 생각이 다르다. 결국 파티는 진행되었고 파티가 끝날 때쯤 로라는 파티복 차림으로 마차꾼 유족의 집을 위로차 방문한다. 유족은 그녀를 선입견 없이 받아들이면서 소설은 끝이 난다. 이 소설을 해석할 때 두 신분적 차이를 꺼내 이야기해 볼 수 있지만 이것 외에 타인을 조금 배려하는 마음이 있느냐 아니냐로 보는 시각도 가질 수 있다. 우린 또 이런 작품을 가지고 현대적으로 해석해야 한다.

최근 가난한 밈이 SNS에 유행이어서 논란이 된 적이 있었는데 지금보다 훨씬 전 박완서는 『도둑맞은 가난』에서 부자들이 가난을 흉내내는 것에 일침을 가했다. 19세기 빅토리아 시대 영국 런던에서는 상류층과 중산층이 불쌍한 하류층들의 삶에 대한 단순 호기심 차원에서 그들 빈민 지역을 방문하는 일종의 가난 체험을 하였다. 이러한 그들의 행태를 슬러밍이라고 한다. 과연 어떤 것이 인간다움이고 가난에 대한 배려이며 약자에 대한 예의일까? 자신은 파티를 할 생각에 즐거운데 만약 옆집에서 초상을 치르고 있다면 파티 당사자는 어떤 마음가짐을 가져야 할까? 이럴 땐 최소한의 인간다운 마음을 가지면서 조용히 파티를 하는 게 좋을 것이다. 다만 강요된 배려는 진짜 배려가 아니다. 우리는 배려할 마음이 눈곱만치도 없는 사람에게 무엇이 옳은지에 대한 논리적인 말도 하지 말아야 한다. 왜냐하면 배려나 공감의 감정이 없고 타인의 눈치를 보지 않는 사람은 정말 짐승과 같아서 대화가 통하지 않기 때문이다. 여기서 말한 눈치란 남의 시선을 의식하라는 게 아니라 내 생각, 내 입장만 보지 말고 주변 상황 파악과 타인 감정 파악도 좀 하고 살라는 의미다.

현대인은 갈수록 인권과 공감 감수성이 부족해지고 그로 인해 인간이 적어도 하지 말아야 할 것과 아닌 것의 경계를 구분하지 않고 살아간다. 그런 존재들은 이제 아주 쉽게 볼 수 있는데 만약 인간의 심리

연구도 되면서 역겨움까지 동시에 느껴보고 싶다면 부동산 카페나 주식 카페, 가족을 감옥에 보낸 사람들의 모임 카페 등의 글을 몇 개만 읽어 보면 된다. 한쪽은 자기만 있는 욕망의 짐승들이고 또 다른 한쪽은 타인 없는 자기 감정 욕구만 가득 찬 짐승들이다. 특히 가족을 감옥에 보내 옥바라지를 하는 사람들은 애정이 넘쳐난다. 위 부류들은 자기들의 욕망인 부동산과 재산, 가족에 대한 일방향적 사랑만 있다.

릴리 출리아라키의 책 『가해자는 모두 피해자라 말한다』는 피해자성에 대한 본질과 인간의 이중성을 알아볼 수 있다. 범죄를 저질러 타인에게 피해를 입히고 감옥에 가 있는 사람들과 그 가족들은 피해자성이 아니라 가해자성을 알아야 한다. 릴리 출리아라키는 피해자성이 개방된 의사소통의 '시장'이 되고 대단히 불평등한 현장으로 만드는 것은 이것이 다른 목소리와 달리 피해자성을 인정받으려는 자본 축적인 일이라고 말한다. 이걸 수치심 없는 모든 가해자들에게 덮어씌워 가해자성의 특징으로 변환하여도 올바른 이야기가 된다. 하지만 가해자성을 진심으로 실천하는 사람은 매우 드물다.

박완서의 『도시 흉년』에서도 이런 상황을 접할 수 있다. 이 책의 등장인물 수연은 남자친구가 감옥에 가게 되어 면회를 가는데 거기서 아들을 면회하러 온 어떤 할머니를 만난다. 수연은 할머니에게 아들이 무슨 죄를 지어서 감옥에 갔냐고 물어보았고 할머니는 자기 아들은 죄가 없으며 억울하게 옥살이를 한다고 말한다. 세상 모든 가해자는 안 억울한 사람이 없다. 다만 우리나라 검사의 억지 조작 기소와 '사랑 인지 감수성'이 없는 판사의 판결로 인해 진짜 억울한 사람들도 존재하기에 이들과는 분리해서 봐야 한다. 안 억울한 범죄자를 옥바라지 하는 이들은 변태성도 추구하는데 그게 『도시 흉년』에 잘 나타나 있다. "애인이 옥살이하고 있다는 사실로 맛있는 것을 먹는 행복감이 조금도 감해지지 않는 한 옥바라지도 해볼 만하다 싶었다." 이 말은 진짜 변태적이며 순수한 인간 사랑의 이기심을 표현했기에 박완서의 이 사실 적시는 인간에게 종족 훼손을 가져다준다.

종족 훼손이나 순수한 이기심의 속물 근성은 『도시 흉년』에 또 나타나 있다. 수연의 언니는 부모님이 정해준 짝을 만나야만 하는데 언니가 이미 결혼할 남자친구가 있다고 말을 해버려서 할머니와 어머니로부터 꾸지람을 듣는다. 그런데 그 남자친구가 고시에 패스했다고 하니 할머니와 어머니는 태세 전환을 하고 못마땅해했던 그 남자친구는 곧 사위 대접으로 신분 전환이 이루어진다. 이 책은 과거와 현대의 충돌로 인해서 곳곳에 약간의 변태성을 드러내 보이는데 그걸 다 말하지 않을 테니 각자 읽어서 찾아보길 바란다.

부동산 이야기가 나와서 아주 잠깐 다른 이야기를 해보겠다. 능력이 다른데 평등한 걸 그토록 싫어하는 사람들은 자기보다 못한 사람을 구분하는 기준 중 하나로 스펙 차이로 인한 질적인 노동력을 근거로 든다. 그런데 노동이 아닌 불로소득에 관심있는 우리나라 부동산 코투레자들은 이것과 다르게 행동한다. 이때 그들이 말한 자본주의 노동은 사라지고 집값 상승 기대만을 바란다. 부동산을 사기 위해 열심히 노동한 대가가 다시 자산 차이를 나게 함은 당연하게 받아들여진다고 하더라도 부동산 자체가 차이를 나게 하는 건 능력과 시장경제에만 기댈 일이 아니다. 사회 전체 효용을 위해서 어떤 대책이 필요한지를 모르는 채 자기 실제와 욕망을 구분하지 못하는 사람은 상대적으로 부자든 아니든 간에 그 욕망 때문에 각자가 상대적 박탈감을 느낀다. 보통 사람은 이게 모순인지 악인지도 모르고 살아간다. 이렇게 여러 욕망에 사로잡힌 악의 평범성과 사악함은 다양하고도 다르게 존재한다.

세월호 진실 규명 때 단식 투쟁하는 유족 앞에서 일베가 음식을 먹는 행위는 얼마나 사악한 존재인가. 인간이 인간을 위로하지 못함에 대한 쓸쓸함을 더 쓸쓸하게 만드는 책이 마크 베코프의 『동물의 감정은 왜 중요한가』이다. 이 책을 읽지 않았더라도 우리는 코끼리가 동료의 죽음에 대해 애도의 표시를 행한다는 것과 고마운 일이 생기면 인간과 자기 동료에게 감사의 마음을 표현한다는 걸 알고 있다. 『동물의 감정은 왜 중요한가』는 코끼리 외에 까마귀나 까치 기타 동물들의 다양한 동료애와 동물감정의 사례를 소개한다. 누가 읽어도 흥미로울 이 책은 동물의 감정 이해가 인간으로까지 이어지게 하는 부분을 생각한다면 더욱 긍정적이다. 하지만 비판할 부분도 존재한다. 다만 여기서는 그 비판의 내용을 말하지 않을 생각이다. 만약 그 비판을 찾았다면 오랫동안 동물을 사랑하고 연구한 제인 구달은 이 비판에 대해 아마도 동의하지 않을지 모른다. 참고로 이 책의 서문은 제인 구달이 썼으며 그 비판 중 하나인 것에 제인 구달은 그 서문에서 단호하게 그게 틀렸다고 말한다. 이것을 찾는 건 독자의 숙제다.

냉혹한 동물 세계에도 비인간 동물들은 자기 새끼의 죽음이나 동료의 죽음에 감정을 가지는데 인간 세상의 참사를 조롱하고 냉소하는 사람들은 과연 인간이 맞을지 의문이다. 어떤 이들은 시체팔이라는 금수의 비언어로 정치적 생각을 여기에 투사한다. 이태원 사건과 제주항공 비행기 사고에 대해서 신념병 환자들의 조롱 행위는 얼마나 짐승 같은 모습이던가. 이걸 생각하면 다시 한번 분노를 금치 않을 수 없다. 이건 생각 다름의 문제가 아니다. 쉽게 뱉은 언어는 그 인격과 별개로 습관화된 사고방식에서 나온다. 자기 자신의 언어로 말하지 않으면 타인의 언어에 길들여져 그 의식대로 살게 된다. 특히 이 언어가 어떤 이념의 영향을 받으면 진짜 주체적 사고의 언어를 사용 할 수 없다. 일베들에게 세월호 단식 투쟁에 맞서 음식 값을 대줬던 곳을 근원적으로 따지고 보면 국내 가장 큰 기업들과 연관이 있다. 이건 짐승의 나라에 뭔가 잘못되어도 한참 잘못되었다. 그런데도 누군가는 그 기업의 오너에 호의적이다. 우리는 이런 노에 근본 같은 호의 말고 사유하는 호의적 인간이나 가식 없는 아름다운 인간이 그립다.

호의라는 말이 나와서 좀 더 덧붙이자면 카프카의 장편 소설 『성(castle)』에 등장하는 주인공 K는 이웃과 대화에서 호의에 대한 입장을 자신의 방식으로 해석한다. 그래서 K는 K대로 이웃은 이웃대로 서로 이해를 하지 못한다. 호의를 베푸는 것과 호의를 받는 것마저 이렇게 이견이 갈리는데 인간의 '타인 공감 감수성'은 얼마나 어려운 일이 될까. 호의는 감정이나 인격과 관련되며 언어나 행동으로 표시된다. 하지만 인격 없는 자와 타인에 대한 무감각형 냉혈한 인간도 많기 때문에 문형배의 『호의에 대하여』는 유토피아에 가깝다.

성경 시편에서는 "모든 악의 원인은 탐욕이고 모든 선의 근원은 자비다"라고 말한다. 자비를 호의로 생각해도 이 시편의 해석은 틀리지 않는다. 현대로 돌아와 보면 감정 없는 자본주의와 부동산 그리고 이성과 절제 없는 탐욕도 모든 악의 근원이다. 과연 당신은 호의적인 사람인가? 호의는커녕 조금의 불편함도 감수하려 하지 않는 인간들이 세상엔 아주 많다. 호의는 하는 사람만 하고 백골난망도 하는 사람만 한다. 냉정하게 보자면 호의는 인간 개개인에 대한 선량한 기대일 뿐 의무는 아니기 때문에 이걸 강요할 수는 없다. 사회나 개인이 가져야 할 진짜 바른 자세는 호혜적 관계다.

호혜주의가 너무 계산적이라면 이것을 지역 사회에 있는 작은 단체들의 유대나 더 나은 사회를 위한 공감대 형성의 시민의식 고취 정도로 생각하면 된다. 평소엔 잘 못 느끼지만 세상은 알게 모르게 연대하고 있으며 팍팍한 삶 속에도 우리는 로라 같은 인간형이 많이 있음을 믿고 살아간다. 이런 기대마저 하지 않고 산다면 우리 삶은 희망이 없고 더 외로워질 것이다. 내 감정이 존중되길 바라고 사회에 선한 사람들이 있다는 것을 믿고 있는 사람들은 타인의 감정도 존중하기에 자신도 최대한 선한 사람이 되려고 한다. 생뚱맞지만 소설 속 주인공 이름인 로라는 아주 유명한 또 다른 작가의 소설에도 주인공으로 등장한다. 어떤 작품일까? 이것도 숙제다.

『가든파티』가 세계 3대 단편 중 하나라고 하지만 사실 유명 작가들이 쓴 단편은 훌륭한 게 정말 많기 때문에 그런 것에 연연해하지 않고 읽어 봤으면 좋겠다. 그저 우리는 문학 단편을 통해 잠시 우리 삶, 우리 인간에 대해서 살펴보면 된다. 그런 좋은 작품들은 국내외 아주 많다. 그래서 『벙어리 삼룡이』나 이효석의 『메밀꽃 필 무렵』이나 이범선의 『오발탄』 등이 세계 3대 단편에 속하지 않을 이유가 전혀 없다. 한강 작가가 노벨 문학상을 수상하기 훨씬 전부터 필자는 우리나라 작가도 노벨 문학상을 못 탈 이유가 전혀 없다고 생각했다. 우리는 국내 작품에 자부심을 가져야 한다. 이번엔 단편과 장편을 떠나 문학 자체의 이야기를 조금 해보겠다.

박숙자의 『속물 교양의 탄생』이라는 책은 개화기 이후 우리나라 지식인들의 세계문학 작품에 대한 이야기를 전한다. 이때 당시 지식인들의 고전문학에 대한 허와 실을 볼 수 있어 아주 흥미롭게 읽었던 책이다. 물론 누군가에겐 되게 지루하고 별로 흥미 없는 내용이겠지만 말이다.

현재도 고전으로 많이 읽히는 다양한 책들은 100년 전 작가들에게도 높이 평가받았다. 박숙자의 책을 보면 세계문학은 본격적으로 일제 강점기 때 국내에 들어오기 시작하여 여러 식자층에게 읽힌 것을 알 수 있다. 박숙자 작가는 『레미제라블』 작품 이야기를 통해 완벽한 번역서가 아닌 것을 해석하는 그 당시 지식인의 허세와 미련함을 폭로한다. 거기서 저자는 반지성적, 사대적, 무비판적 세계문학 칭찬을 속물 교양의 탄생으로 본다. 하지만 그건 그 시대의 어쩔 수 없는 상황이라고 생각한다. 그런 헛물을 켜는 문학 사랑이 있었기 때문에 일제 강점기 때도 훌륭한 작가가 나오고 해방 전후 훌륭한 작품이 나온 것이다. 다만 자신이 틀렸거나 정답이 아닌데도 고루한 전문가적 작품 평가를 하는 자칭 식자층이라는 사람은 여전히 속물 교양인이다.

인간의 지적 대화를 위한 글자 사랑은 앞으로도 계속되어야 한다. 방대한 양의 고전이 조금 망설여진다면 지금 당장 단편을 찾아 완독하면 아주 뿌듯함을 느낄 것이다. 말 그대로 단편을 넘어 정말 짧은 내용의 책도 아주 많으니 자신을 위해 책을 펼쳐보자. 연인 부부 부모와 자녀가 함께 읽고 대화하는 가족의 독서 토론은 얼마나 멋진 일일까. 그런 토론이 가능한 단편을 세계 최고의 유명 작가들로 몇 작품 알아보겠다. 러시아 대문호라는 타이틀을 가진 톨스토이의 단편을 읽어 보면 '이 정도면 나도 쓸 수 있을 것 같은데'라는 자신감을 주는 작품이 많다. 그의 단편은 대부분 신적인 사랑이 내려오거나 아니면 순전히 인간적이며 교훈적이다.

『사람은 무엇으로 사는가』와 『두 노인』은 인간의 박애 정신을 엿볼 수 있고 『사람에게는 얼마만큼의 땅이 필요할까』, 『바보 이반 이야기』는 공통적으로 물질에 대한 이야기를 하게 만든다. 『두 노인』은 실제 두 노인이 함께 예루살렘을 향해 성지순례를 가는 것으로 이야기가 시작된다. 부자 노인은 여행 경비를 걱정하는데 다른 노인은 자기보다 10배는 부자인 그 노인의 여행 경비 걱정에 핀잔을 준다. 그 둘은 성지순례를 가는 중 어느 한 집에 머물고 물을 찾아 나서는데 우연히 그 집에서 굶주림에 죽어가는 가족을 만나게 된다. 이때 부자가 아닌 노인은 그 가족들이 살 수 있도록 은혜를 베푼다. 그 후 그들의 성지순례 여정은 조금 다르게 흘러가고 나중에 굶주린 가족은 살아나 그 노인에 대한 말을 전한다. 그 굶주린 가족을 생각하면 19세기 화가 옥타브 타사르의 그림 『불행한 가족』이 떠오른다. 이 그림에서 보이는 화로는 마치 재가 되어 불이 꺼지는 듯한 생명 사라짐을 연상케 한다.

톨스토이는 두 노인의 성지순례와 굶주린 가족과의 만남을 통해 무엇을 말하고자 했던 것일까. 그는 진짜 성지순례란 어떤 신성한 지역에 가는 게 아니라 인간의 마음이 진짜 어디로 가야 할 지를 알려 주고 싶었는지도 모른다. 이슬람의 다섯 기둥 중 하나인 하즈, 즉 성지순례에도 메카나 메디나라는 필수 방문 지역이 있는데 이렇게 지역에 연연하는 것도 진짜 자유가 아닌 얽매임이라 생각할 수 있다. 방금 한 말은 매우 개인적 평가인데 이것에 구애받지 말고 『두 노인 』작품의 의미를 각자가 해석해 봤으면 좋겠다. 다음 단편으로 가보자.

톨스토이의 다른 단편 『바보 이반 이야기』는 3형제와 벙어리 딸에 관한 이야기다. 그중 두 형제가 자기 아버지에게 각각 재산의 3분의 1을 달라면서 내용이 시작된다. 두 형제는 아버지의 재산 형성에 아무런 도움이 되지 않았으면서도 염치없는 요구를 한다. 더군다나 이반이 바보이고 누이가 벙어리니까 재산이 필요 없을 거라고 말하면서 그들 몫까지 차지하려 한다. 톨스토이는 이들의 물질 욕망을 벌하고자 어떤 악마를 나타나게 하고 그 두 형제를 시험과 심판에 들게 하여 더 타락하게 만든다.

현대를 살아가는 사람들 또한 부모나 가족의 유산 때문에 형제, 자매, 남매들의 우애가 상하기도 하는데 인간의 본능과 욕망은 이렇게 쉽게 변하지 않는다. 두 형제의 이 재산·땅 욕심은 다시 다른 단편 『사람은 얼마만큼의 땅이 필요할까』의 주인공 파홈에게 옮겨져 아주 다른 이야기를 전개한다. 파홈은 땅에 환장하여 땅을 차지하기 위한 여정을 떠나고 그러던 중 원주민을 만나는데 그 원주민 족장은 땅 값에 대해 이렇게 이야기한다. "하루 동안 당신이 걸어서 돌아다닌 만큼 당신 땅이 되고 가격은 하루에 천 루블입니다" 이 단편을 읽고 방금 인용한 구절이 이 작품의 가장 핵심이라 생각했었는데 현재 기억에 남는 문장도 이것뿐이다. 파홈은 족장의 저 독특한 계산법을 처음엔 의아해한다. 하지만 그는 결국 땅의 욕망에 사로잡혀 하루라는 시간 강박과 욕심에 이성을 빼앗긴다.

　불교 경전 『법구경』은 '건강은 최고의 이익이고 만족은 가장 큰 재산이다'라고 전한다. 물질에 대한 욕망을 부처님은 멸하고자 했으며 하느님을 믿는 톨스토이도 이를 경계하고자 하였다. 욕망은 헤밍웨이의 단편 『나의 아버지』에서도 찾아볼 수 있다. 인간의 욕망은 꼭 물질만을 쫓는 것은 아닌데 이 책의 주인공 아들 조의 아버지는 경마장에서 활용할 우수한 말 찾기라는 욕망과 자신의 꿈이라는 욕망을 동시에 드러낸다. 돈과 꿈을 동시에 쫓는 아버지의 욕망은 비참하게 끝나게 되고 아들 조는 책 마지막 문장을 이렇게 마무리한다.

　"사람들은 뭔가 한번 시작하면 죽음까지 무릅쓰고 그걸 얻으려고 하는 것처럼 보인다."

　우리는 보통 불광불급이라는 사자성어를 쓰는데 이 단편은 그것에 반대되는 이야기를 전한다. 아들과 아버지는 말에 미쳐 있었지만 이 책의 교훈은 그 욕망의 덧없음과 절제하는 법을 알게 해준다. 사실 아버지의 욕망은 그다지 나쁜 게 아니었고 다른 사람에게 피해를 주는 것도 아니었다. 그러나 인생은 과유불급이라는 진리를 그 아버지는 몰랐던 것이다. 현대인들도 대부분 그렇게 살아간다.

　이번엔 남녀평등의 시대에 맞게 여성 작가의 작품을 살펴보자. 먼저 저메이카 킨케이드의 『루시』라는 소설이다. 이 작품을 사람들이 단편이라고 말하지는 않지만 분량이 많지 않기에 그냥 무식하게 단편으로 생각해도 괜찮다. 이 책은 아주 강한 페미니즘 요소가 있고 인종과 계급 차원에서는 교차성 이론을 생각할 수 있다. 주인공 루시는 유색인이며 처녀성을 부정하고 자유연애를 하면서 남성처럼 섹스를 즐기려는 여성이다. 그리고 자기 어머니의 전통적 여성상을 끝없이 부정하려고 한다. 루시는 남성에 종속되지 않은 차원을 넘어 자신이 일하고 있는 집주인에 대한 지배권도 거부하는 아주 주체적인 여성이다. 페미니즘 책 상당수는 불평등의 기원을 남성으로 두고 이들에게 적대적이면서 남성이 가진 야만성의 착취에 초점을 맞추려고 하는데 루시는 그런 모습보다는 자신의 삶 자체에 중점을 둔다.

저메이카 킨케이드는 기존 페미니즘처럼 좀 더 현학적이며 뭔가 있어 보이게 하려는 어떤 철학적 수사 표현을 쓰지 않는다. 그녀가 살았던 시대와 생활을 봤을 때 작품 속 루시의 생각은 충분히 이해할 만하다. 그러나 딱 거기까지이며 현시대 젊은 페미니즘은 좀 더 젠더융합적인 생각을 담아야 한다. 하지만 우리나라는 과거보다 더 적대적이고 이분법적이며 분리주의 성격이 강해졌다. 아직도 특정 종족에겐 여전히 남성이 적으로만 보인다.

또 과거에는 인종 계급 세대 문화 등 다양한 여성을 통합하는 교차성 생각을 가졌는데 오히려 지금은 젊은 페미니스트 여성 사이에서도 레디컬(radical)과 모더레이트(moderate), 정치 성향, 성정체성, 외모와 사회적 수준, 미혼과 기혼, 자식의 유무, 세대, 종교 등에 따라 서로 경계짓기의 모습을 보인다. 그러다 보니 남성 권력에 대한 헤게모니 싸움 외에 그들 내부에서는 진짜 이즘을 위한 제4의 물결을 만들지 못하고 있는 상태다. 이들과 달리 인간 모두의 가치를 지키고자 하는 여성은 같은 여성으로부터 때로는 버림받기도 한다. 요즘은 여성의 진짜 '인권'이 아니라 여성의 '이득'을 말하는 것이 페미니즘으로 오용되어 활용되는데 우리는 이것에 대해 진지한 의문을 가져야 한다. 이 분리주의는 이득이라는 부분에서 남녀를 떠나 정규직과 비정규직까지 확장이 되는데 이럴 땐 인간에 대해 구토해지고 싶어진다.

샤르트르의 『구토』도 무엇을 생각하면 이런 마음의 연장선상에서 나온 게 아닐까 한다. 여성의 진짜 적은 외부가 아니라 어쩌면 내부에 있을지 모른다. 여성이 여성의 편을 드는 것이 본래 여성주의 의미인 페미니즘이라면 영원히 그들은 미래에도 보통 사람과 동화하지 못한다.

시대는 변하고 있으며 관념과 실천 이성은 조금씩 수정되어야 한다. 즉 여성이 이성의 편이 되고 여성 중심적 생각이 아닌 보편성을 가질 때 페미니즘은 완성된다. 사회 문제의 원인이자 극복에 도움이 된 남성에 대해 과도하게 공포를 심어주고 매도하며 급진적이지 않아도 이즘의 사상은 결코 소멸하지 않는다. 오히려 그렇게 하는 것이 존재해야 할 여성의 사상을 소멸하게 만든다.

결론적으로 사상에 대한 과몰입과 이성적 열정은 구분되어야 한다. 설령 그것이 자신을 비루하지 않게 하는 요소가 된다고 하더라도 생산성 없는 투쟁이라면 방법론을 다시 생각해 봐야 한다. 그리고 상대 남녀에 대한 혐오와 조롱 같은 적대적인 언어는 그들 스스로 이즘과 반이즘을 더럽히는 일이 된다. 서로에 대한 혐오 작용은 오로지 혐오 반작용만을 더 일으킬 뿐이다. 그들은 그렇게 아무것도 생산적인 걸 도출하지 못한다. 그건 과거 누가 먼저 죄를 지었느냐와 누가 먼저 (언어)폭력을 썼느냐의 순서 문제가 아니라 현재를 살아가는 남녀에 대한 실제적 물리적 작용 반작용의 문제다. 정상적 여성은 지금의 페미니스트가 올랭프 드 구주와 메리 울스턴크래프트 이후 지난 200년간 쌓아온 언니들의 바른 페미니즘을 더럽히는 것은 아닌지 그리고 새 과제와 방향 설정이 필요한지에 대해 진지하게 고민할 필요가 있다.

사실 요즘 사람들은 페미니즘 반페미니즘을 떠나 모두 미끄러운 비탈길 위에 서서 서로가 서로를 툭! 밀어내려는 마음가짐을 가진다. 이건 논증의 오류에 포함되지만 마음가짐도 그렇다는 게 현대인의 문제다. 이 말을 이해하려면 미끄러운 비탈길 효과에 대한 개념 정리가 필요한데 각자 찾아보길 바란다. 이 이론은 아주 다양하게 변용하여 현대인의 사회 문제로 적용해서 이야기해 볼 수 있다. 페미니즘을 잠시 이야기하는데 미끄러운 비탈길 이야기를 하고 있으니 마치 요즘 사람들의 나락 보내기에 대한 논의도 해야 할 것만 같다.

하지만 그건 난제의 글 전체에 두루 있으니 따로 하지는 않겠다. 현재는 불쌍한 사람들이 자신 스스로의 웃음과 행복을 만들지 못하고 원망과 질투를 하며 혐오하는 것이 일상이 되었다. 특히 그 불쌍한 사람들은 세대 남녀 정치 경제 문화 조직 등의 다양한 경계짓기로 자기 의미를 찾으려고 한다. 사실은 이렇지 않은 사람들이 훨씬 많은데 우리는 그것을 온라인에서 매일 접하고 살아가기에 진짜 큰 문제라고 인식한다. 그래서 사람들은 현대사회를 대혐오의 시대라고 부른다. 방금 한 말도 미끄러운 비탈길 논증의 작은 요소가 들어 있다. 그렇다면 이것이 단순히 개인의 문제일까 아니면 진짜 사회의 문제일까. 우리는 그것을 찾기 위해 난제의 글 외에도 다른 책들을 읽어 보며 스스로 판단해야 한다.

언뜻 보면 대부분 인간의 문제는 개인적 차원에서 시작하는 것처럼 보인다. 특히 요즘 에세이는 더욱 그래 보이는데 개인은 사회와 타인을 결코 벗어날 수 없다. 그래서 사람들이 즐겨 읽는 에세이는 큰 수정이 필요하다. 앞서 에세이에 대해 비판한 것을 또 언급해서 미안하지만 다음 이야기를 하기 위한 빌드업이라 생각해 주길 바란다. 에세이도 소설도 개인의 영역에서 머무르지 않는다. 가령 카를로스 푸엔테스의 소설 『아우라』에 대해 아무런 배경 지식이 없고 저자가 왜 이 글을 썼는지 말해 주지 않는다면 그저 『아우라』의 등장인물은 개인적 정신병에 머무르는 것만 보이게 된다. 전쟁이 아우라의 할머니와 할머니 남편의 삶을 바꾸어 놓는다. 할머니에겐 군인 남편이 있었지만 사망하고 그녀는 홀로 남아 심리 문제를 겪는다. 자기 남편의 인종과 정치 문제가 섞여 있는 정체성의 경계를 찾아내는 과정에서 할머니에게 직접적으로 정신적 문제를 일으키는 건 '자식 없음'으로 늙어간 것이다. 그래서 푸엔테스는 작품 속 젊은 아우라를 등장시켜 할머니의 리비도로 삼는다. 그것을 모르는 채 할머니의 구인 광고를 보고 온 젊은 남자 몬테로는 할머니 집에 살면서 젊은 아우라와 정신적 육체적 사랑에 빠진다. 여기서 구인 광고란 할머니의 남편이 남긴 비망록을 정리해서 책으로 출간하는 일이다. 책 초반부터 끝까지 음침한 분위기를 보이는 젊은 여성의 『아우라』에 대해 조금 스포일러를 하자면 사실 할머니의 환영(幻影)이 바로 아우라다. 더 이상 스포일러는 하지 않겠지만 이것 만으로 독자는 다양한 해석을 할 수 있다.

『아우라』가 어떤 정체성 불안을 의미한다고 말했는데 이왕 말이 나온 김에 이 정체성이 실제 책 제목인 밀란 쿤데라의 『정체성』을 한 번 살펴보겠다.

이 작품에 등장한 샹탈이라는 여성 주인공이 정체성 불안을 느끼는 가장 큰 이유는 '자식 잃음'이다. 그녀에겐 남편보다 이 자식의 죽음이 더 중요하다. 시누이는 인간애 부족과 공감능력 결여로 샹탈의 슬픔과 정신 상태를 전혀 이해하지 못한다. 샹탈은 결국 남편을 떠나고 새로운 남자를 만나면서 '여성으로써 외부 관심 필요'라는 마음 충족과 불안을 동시에 느끼며 살아간다. 위 두 작품을 페미니즘적으로 보면 여성들에게 그다지 유쾌하지 않지만 두 내용을 성별 관점이 아닌 인간 관점으로 보면 할말이 많아지는 작품이다. 이 책들을 언급한 이유는 역시나 난제의 글이 그랬듯 현대사회에 진짜 중요한 것을 찾기 위해서다. 그런 차원에서 한 작품만 더 언급해 보면 모파상의 단편 『비곗덩어리』다. 제목 그대로 이 책의 주인공은 뚱뚱한 여성이다. 이 뚱뚱한 여성은 여러 사회 상위 계급층과 함께 어딘가를 떠나는데 이 과정에서 모파상은 상위 계급층의 위선과 속물 근성을 드러내 보인다. 상위 계급층은 처음에 비곗덩어리 여성에게 호의적이지 않았지만, 어느 순간 그들에게 먹을 것이 없고 비곗덩어리 여성에겐 먹을 것 있음을 알고 난 이후부터는 태도가 바뀐다. 그들은 재산 같은 물질이나 귀족의 체면 같은 것만 중요하게 생각할 줄 알지 비곗덩어리 여성처럼 실질적 삶에 아무런 도움이 되지 못한다.

『아우라』와 『정체성』 그리고 『비곗덩어리』 책의 공통점은 무엇일까? 바로 상실, 결핍, 부재, 불안이다. 아우라 할머니에게는 자식 없음이, 샹탈에게는 자식 잃음이 그리고 비곗덩어리 주변 인물들은 먹을 것 없음이 도드라진다. 샹탈에게 아이의 죽음이 역설적으로 자유를 준 것으로 보이지만 헤겔의 『정신현상학』 관점을 봤을 때 그녀는 결코 아이의 부존재에서 벗어날 수 없다. 헤겔에게 의식하는 존재는 그것이 실제 존재하든 아니든 간에 타자와 연관하여 주체에게 의미를 부여한다. 밀란 쿤데라의 『정체성』을 보면 프로이트 사상에 영향을 받았을 것이라고 생각하게 하는 내용들이 들어있다. 억압의 요소는 아주 도드라지지 않지만, 신경증 증세를 보이는 샹탈의 정신 상태나 그녀의 남자친구가 가진 과거 트라우마는 프로이트가 병적 원인으로 삼는 것들과 거의 비슷하다.

우리는 앞서 불안과 관련된 이야기를 한 적이 있다. 불안의 해소 방식이 위 세 책에서는 전혀 다른 것 같지만 결국 공통된 무엇이 있음을 알게 된다. 왜 상실이 되면 인간은 정신적인 것보다 육체적 승화를 하려고 하는지 의문이다. 좋을 때 육체적 승화는 더 좋게 되고 삶의 활력소와 관계 지속성을 주지만 상실과 결핍으로 인한 남녀의 육체 결합은 정신의 파괴를 가속화한다. 또한 이건 일시적이며 결국 자신에게 공허함을 준다. 물론 동물과 같은 육체적 탐미만 있는 인간들은 공허함을 못 느끼겠지만 보통은 정신과 육체를 같이 활용하면 더 좋은 섹스 더하기가 된다. 요즘 우리는 연애와 섹스를 못하는 젊은 남녀의 히스테리를 보고 있는데 인간의 육체적 열망이 충만하여 제대로 해소를 하지 못할 때 그 불만이 다른 것으로 전이됨은 사실 남녀노소 모두에게 해당된다.

젊은 에너지를 비생산적인 것에 쓰는 일부 젊은 남성과 여성은 그래서 더 안타깝다. 다만 누군가에겐 이게 젊은 인생에 대단히 중요한 것이 아닐 수 있으며 더욱이 개인으로 보면 행위의 의미 없음도 존재할 수 있음을 인정한다. 젊음을 떠나 인간 모두는 상실과 결핍이 있고 반대로 과잉이 있으며 누구나 이것으로 스트레스를 받는다. 이것들의 해소 방식은 각자 삶의 행복에 관여할 만큼 중요하다. 즉 스스로 욕구 불만족을 잘 해소하는 사람과 그렇지 못한 사람은 세상을 보는 시각이 완전 다르다. 이런 비슷한 이야기는 한번 했으니 다른 단편으로 엉뚱한 이야기를 계속 해보려고 한다.

주요섭의 『사랑방 손님과 어머니』는 청소년과 성인 모두가 아는 책이다. 이 책은 끝내 사랑도 못하고 섹스도 못한 이야기로 끝나기 때문에 요즘 시대로 다시 글을 각색하고 싶다. 대략 90년 전의 시대 상황을 고려하더라도 사별한 남편의 친구라는 사랑방 손님과 어머니의 설정은 아주 자극적이다. 옥희라는 아이 때문에 약간 오해가 생기며 『사랑방 손님과 어머니』의 두 어른은 결국 남녀 본능의 만남을 완성하지 못한다. 하지만 죽지 않고 살고 있는 사람은 잘 살아야 하지 않겠는가?

다만 인간은 우정과 상식, 도덕 관념과 본능의 균형을 생각하지 않을 수 없다. 아마 사랑방 손님이 필자이고 어머니가 필자에게 호감이 있다는 것을 확실히 느끼고 있다면 필자는 이 책의 결말처럼 하지 않고 꼭 먼저 고백했을 것이다. 왜냐하면 사랑과 섹스를 동시에 쟁취하는 일은 인생의 타이밍이며 이것은 우리 인생에 그렇게 많이 찾아오지 않기 때문이다. 중요한 것은 그녀가 나를 좋아하고 있다거나 호감을 가지고 있다는 것을 오해하지 않는 일이다.

요즘 사람들은 너무 오해를 잘한다. 가령 상투적인 여성의 친절을 어떤 남성은 호감으로 착각하거나 자기 주제를 모르고 이성을 상실한 채 동물적 본능만 앞서는 경우가 있다. 남녀 관계 외에 온라인 글도 그렇고 실제 인간 관계에도 이성이든 타인이든 서로를 제대로 이해하려고 하지 않는다. 오해할 결심은 비극을 초래한다. 현대인은 그 오해할 결심과 비판할 결심으로 대중의 시선 심판자가 되어 누군가를 인민재판한다.

이 비극은 약 100년 전 김동인의 『배따라기』에서도 등장한다. 주인공 화자인 나는 어느 기구한 남편과 남동생 그리고 아내의 이야기를 듣는다. 그 남편은 자기 아내와 남동생이 친근하게 지내는 것을 못마땅해한다. 어느 날 아내와 남동생은 방 안에서 쥐를 잡다가 옷매무새가 오해할 만큼 흐트러진다. 그때 남편이 방에 들어와 그 광경을 보았고 남편은 자기 남동생과 아내가 정사를 했다고 오해한다. 이 단단한 오해는 비극을 초래하는데 결말은 여기서 말하지 않을 테니 아직 읽어보지 않은 사람은 읽어 보기를 바란다. 사실 단편 소설의 독후감 이야기만 해도 책 몇 권을 써야 할 정도로 국내외 재밌고 의미 있는 작품이 아주 많다. 그러나 이제는 서서히 마무리해야 한다. 그리고 보니 상대적으로 요즘 한국 작가들에 대한 작품은 별로 언급을 안 한 것 같다.

우리나라 작가들은 현재 단편뿐만 아니라 장편 소설도 아주 재밌게 잘 쓴다. 소설 수준이 다른 외국 작가 못지않다고 생각하는데 여기서 많이 언급하지 않은 건 무엇이 진짜 좋은 건지 잘 모르기 때문이다. 유명 문학 작품 외에 다른 책 장르보다 그다지 소설책을 즐겨보지는 않지만, 막상 또 읽어 보면 웬만해서는 다 재밌는 게 소설책이다. 특히 우리나라 젊은 여성 작가들은 섬세하여 글 읽는 맛이 있다. 다만 글 전체적으로 볼 때 감성적인 부분에 힘을 좀 빼면 더 좋을 것이다. 이왕 한국 여성 작가들 이야기가 나왔으니 두 작품만 더 언급해 보겠다.

먼저 김멜라의 『이응 이응』이란 책이다. 앞서 자식 없음과 자식 잃음에 대한 두 외국 작품을 살펴봤는데 원래는 잃음과 없음의 차이를 먼저 설명해야 했다. 그걸 다른 차원에서 『이응 이응』작품이 해소해 준다. 이 소설의 도입부는 주인공 화자가 할머니와 함께 산책하며 사랑했던 반려견의 죽음으로부터 이야기가 시작한다. 어떤 상실감으로부터 주인공은 무엇인가를 찾아 나서는데 과거 할머니와의 추억 속에 이응이라는 관념을 가지고 그것에 삶에 의미를 채우려고 한다. 이응 중에 크게 작용하는 것이 주인공의 섹슈얼리티다. 생물학적 섹스와 사회적 젠더인 헤테로 개념에 머물지 않은 이 소설은 퀴어 관념도 보인다. 그러면서 인간의 원초적 본능 지향성을 드러낸다. 원래 주인공 화자의 반려견은 흰색 개가 아니지만 그 개는 점점 흰털이 늘어난다. 그건 늙어버린 할머니와 반려견이 중첩되는 것을 의미하며 흰털은 자연스러운 죽음을 의미한다. 노인의 백발처럼 말이다. '상실로부터의 자유'는 오히려 육체와 정신을 계속 벗어나게 하지 못한다. 벗어나고 싶다는 마음을 가지고 단순하게 세상을 보려고 해도 그게 안 됨을 안다.

이런 외침의 표현이 드러나면서 다른 상실로 살아가는 책이 황정은의『웃는 남자』다. 참고로 빅토르 위고의 동명작『웃는 남자』도 있다. 결론적으로 이응 이응은 정답이 없고 변형 가능한 우리 삶을 보여줌으로써 무엇이든 이응 이응 하는 그 자유로움을 갈망하게 한다. 하지만 책 속에 언급된 합법적 섹스를 위해 꼭 결혼과 연애를 할 필요가 없다는 그 자유로움은 언제나 인간이 도덕 굴레와 항상 긴장 관계라는 현실을 벗어날 수 없다는 것을 인정하지 않을 수 없게 만든다. 물론 인생을 가짜와 쾌락으로만 살면 벗어날 수도 있겠지만 말이다.

그 가짜와 진짜에 관해서 이야기하는 책이 바로 성해나의『혼모노』다. 이 소설 속에 등장하는 주요 두 인물은 무당 몇 년 차 경력자인 문수와 젊은 신입 여성 무당이다. 늙어가면 외면당한다는 그런 비슷한 표현이 이 작품엔 나오는데 문수와 신입 무당의 관계를 현재 우리나라의 세대 갈등으로도 이야기해 볼 수 있다. 하지만 이건『혼모노』의 핵심은 아니다. 소설을 요약하자면 무당으로 인간문화재가 되고 싶은 문수의 욕망은 오히려 신내림을 풀리게 한다. 반면 풋내기지만 신애기는 살기 어린 눈빛만큼이나 진짜 내림신이 내려와 작두 타기를 하며 피와 함께 굿을 잘 마친다. 그러면서 신애기는 할멈의 신내림도 못 받는 가짜 문수를 보며 크크큭 웃어댄다. 이 책의 교훈은 무엇일까?

사람들은 진짜를 찾아 나서지 않고 자기 삶을 사주팔자나 보이지 않는 신령에 의지하곤 한다. 왜냐하면 현재와 미래가 불안하기 때문이다. 실제로 무당이라는 직업은 과거보다 계속 많아지고 있으며 현대인의 남녀노소는 그 무당을 더 찾아 나선다.『혼모노』에도 선거에 공천을 받을지 못 받을지 문수에게 물어보는 정치인이 나오는데 사람들은 이렇게 자기 진짜 실력으로 살지 않고 요행을 바란다. 그 요행이 가짜 니세모노이고 드러난 진짜 실력이 혼모노인 것이다. 책 내용으로 보면 문수는 가짜고 신입 무당이 진짜인데 가짜는 늘 불안하고 생각이 많아진다. 누군가는 흔들릴수록 단단해지는 게 아니라 다른 무엇으로 도피처를 찾고 안정을 바란다.

만약 혼모노를 재밌게 읽었다면 황석영의『바리데기』도 읽어 보면 괜찮을 것이다. 이 책은 무속인 바리공주 설화를 바탕으로 이승에서 저승으로 떠돌아 살아가는 한 여성의 이야기를 좀 더 세계화한다. 혼모노도 그렇고 바리데기도 그렇고 킬링타임용 책이다. 끝으로 혼모노는 소심하게 보아 일본어가 제목인 것 빼고는 불만이 없는 작품이다. 이제 또 결론을 이상하게 내려야 할 때가 왔다. 그 이상한 결론이란 한국의 작가상도 무분별하지 않고 좀 더 권위가 있었으면 좋겠다고 말하는 것이다. 이것도 타이틀이라는 병적인 한국 사회의 결과인데 한국인의 글쓰기는 처음엔 넓다가도 진짜 삶의 영위 수단 차원으로 가면 등단이나 수상이라는 좁은 문을 통과하게 만든다. 그러다 보니 진짜 다양하고 자유로운 글쓰기보다는 기교나 재미 위주로 그저 대중적인 것에 머무른다. 대중은 다시 타이틀에 이끌려지고 마치 작가의 수상작이나 유명세가 한국의 수능이 최소한의 자기 증명같이 여겨지는 현상과 같아져 책 수준에 대한 선입견을 만들어 버린다.

하지만 김영하의 『말하다』에서는 문학상이 작가를 망치는 것이 아닌 격려 차원에서 필요하다고 말한다. 이것은 당연히 맞는 말이지만 순수하게 글을 읽는 사람들이 볼 땐 어떤 상이 누군가에게는 얽매임을 주고 그 자체가 글의 퀄리티가 되도록 한다. 이것은 작품 자체가 능력이 아니라 상 자체가 능력을 부여하는 주객전도 상황인 것이다. 또 중구난방식의 여러 상이 있어 어떤 상들은 오히려 권위를 떨어트리게 한다.

우리나라에도 통합적으로 권위 있는 상이 필요하고 그러려면 주최측의 짬짜미 같은 농간이 없을 정도의 실력 있는 자들의 퀄리티 높은 평가와 독립적인 기구가 존재해야 한다. 그렇다고 한국의 모든 작가상을 폄하하는 건 절대 아니다. 신뢰감이 별로 없는 소비자대상 1위 같은 상이 많아지면 소비자는 오히려 그것에 더 믿음을 보내지 않을 것이다. 그걸 말하고 싶은 것이다. 그런데 문화계나 예술계의 사람들도 지연 학연 혈연 돈연으로 연결되어 있고 각자 조직을 유지하고 싶어 이런 권위 있는 상은 사실 꿈같은 일이다. 돈연이란 돈이면 다 되는 연줄을 의미하는 것으로 방금 만들어본 신조어다. 결국 순수한 예술은 삶을 제대로 모방하지 못하게 하고 불안해한다. 그런 차원에서 지금까지 위 작품들을 아무렇게나 언급한 게 아니다.

여러 도서를 통해 인간의 존재 불안이란 것이 다양한 형태로 전개됨을 증명하고자 했다. 그렇다면 인간은 심리적 측면만 불안을 가져올까? 우리는 겉으로 보이는 외적인 것에도 불안해하는데 그 겉껍질인 육체와 외모가 절대적으로 불안 기제 역할을 한다. 인간의 신체 자체가 상품처럼 느껴져 누군가는 잘 팔리고 누군가는 잘 팔리지 않는다. 응시를 하는 인간은 라캉의 말처럼 그것에 자신과 타자 둘 다 서로에게 도망칠 수 없다. 나의 응시와 외부 시선은 내부의 심리까지 영향을 준다. 그렇다면 이것에 대해 이야기해 보자.

40

외모

지능과 외모
그리고 문화 차이에 대하여

앞서 능력주의에 대해서는 부정적 의견을 피력했다. 사람들이 가진 여러 능력 중 하나가 지능이라면 이것과 함께 노력하여 좋은 대학에 들어가고 좋은 직업을 가지는 것에 뭐라고 비판할 사람은 없다. 이 자체는 문제가 아니다. 그러나 사회는 학업 외에 다양한 능력이 요구되며 다양한 사람의 혼합으로 돌아간다. 인간의 아이디어 섹스처럼 각자의 사고 및 기술 혼합으로 세상은 이루어지고 그렇게 발전한다. 아무리 똑똑한 사람도 TV를 혼자 만들어낼 순 없다. 결국 공부 잘함 하나가 다른 기술 능력이 좋은 사람보다 우위에 있을 이유가 하나도 없다는 소리다. 하지만 자본주의와 자유주의 시장경제에서는 그렇지 못하다. 왜냐하면 선호함에 대한 수요와 공급의 법칙을 절대적으로 따르기 때문이다.

마치 민주주의가 가장 좋은 제도라고 여기는 우리의 인식처럼 시험이라는 제도도 개인의 노력 대가에 대한 최고의 평가가 돼야 한다는 것을 사회는 당연하게 인식한다. 그렇지만 공부 잘함 하나가 모든 것의 우위에 있다고 생각하지 않게 하는 것이 좋은 사회다. 공부를 잘하지 못한 사람이든 잘하는 사람이든 서로의 일과 연봉에 대한 질투보다는 존중의 마음이 필요하다. 하워드 가드너의 다중지능이론처럼 지능은 여러 인간의 능력 중 하나일 뿐이므로 우리는 지능 선망이 아니라 각자의 일에 자부심과 존경을 보여주는 '존중 선망'을 보여야 한다. 결론적으로 시험이 항상 돈 벌기 쉬움이나 과도한 이익을 가져가도록 해야 한다는 생각을 완전히 없애야 한다. 소방관 한 명이 판사 한 명보다 못할 것이 없다. 어떤 이는 공부 잘함 하나로 세상의 판단 역할까지 한다. 누구는 잘못 판단하고 상식적이지 않은 판결을 하여 한 인간을 파멸해도 자책감이 없이 살아가고 누구는 생명을 수없이 구하다가 오늘 한 명을 구하지 못해 자책감에 빠져 살아간다. 심하면 어떤 의인은 외상 후 스트레스 장애(PTSD)를 겪기도 한다. 누구의 직업이 우리에게 더 소중하고 더 책임감이 있는 것인가? 물론 반대의 상황도 있을 수 있다. 그러나 진짜 말하고 싶은 건 더 우위에 있거나 대접받아야 할 직업이란 없다는 것이다. 우리는 시험이 우리의 의식을 지배하고 구조화가 되는 것에 의문을 제기해야 한다.

공자는 향원(鄕原)에 대해 덕(德)을 해치는 인간이라고 말한다. 향원이란 지식이나 배움이 좀 있다고 설쳐대며 사회를 망치는 사람을 의미한다. 이건 이미 450년 전 우리나라 임제의 『화사』라는 작품에도 드러난다. 이 작품은 꽃을 의인화하여 인간의 행태를 풍자하는 소설이다. 이 소설을 읽고 향원과 완벽히 일치한 문장을 발견했는데 그걸 아주 약간만 각색해서 말해보겠다.

"숭고한 꽃에 비해 인간은 얼마나 약삭빠르고 몰염치하고 신의가 없는가. 인간은 작은 재주를 자랑하고 그것으로 대대손손 영화와 부귀를 누리려 하며 남을 짓밟고 할퀴고 물어뜯어서 자기를 그 위에 올려놓으려고 한다. 자신을 내세우며 살고자 하고 타인은 죽이려 들면서 추악한 투쟁에서 살고 죽어가는 게 인간이다."

수백 년 전 글인데도 현대사회와 너무 똑같아서 놀랍지 않은가? 인간은 과거 인간과 절대 다르지 않음을 난제의 글은 여러 곳에서 증명했다. 그래서 과거로부터 배워야 한다. 특히 앞서 언급한 능력주의 인공지능과 함께 미래는 더욱더 그런 의문을 가지는 게 중요하다. 그렇다면 외모는 어떨까? 외모도 능력이다. 누가 볼 때는 이 말이 조금 꺼려지겠지만 외모도 자본주의 영역이 존재한다. 이건 사람마다 무엇이 더 보기 좋다, 안 좋다 하는 본능적인 자본주의 소비 인식이다. 물론 외모도 지능처럼 개인이 가지는 하나의 기술이라는 것이지 이것 또한 모든 것의 우선순위라는 말은 절대 아니다. 이즘은 항상 여성의 성상품화와 인간의 외모지상주의를 해체하려고 하지만 그건 인간 본능을 해체해야 하는 것과 같다. 일부 사회 구성주의자들 또한 이런 인식을 지니고 있다. 그들은 본능과 편견의 구분을 할 수 없는 것들조차도 잘못된 문화나 학습 영향 때문이라고 생각한다. 그러나 우리는 학습되지 않은 아주 어린 나이의 아이가 아름다움이 무엇이고 여성성 선호와 남성성 선호가 그들 스스로 무엇인지 알고 살아간다는 것을 알고 있다.

실제로 어린 아이를 백지상태로 두고 실험한 것들에서도 이것은 증명된다. 이즘을 지지하는 사람들 중에서는 그토록 나다움이라는 것에 빠지고 외모에 대한 인식을 바꾸려고 하지만 동물에 대해서는 그 마음을 거두지 않는다. 그들은 귀엽고 예쁜 반려동물, 가령 잘생긴 강아지나 귀여운 판다, 묘~한 느낌의 고양이 등을 좋아한다. 이즘의 눈으로는 외모를 해체하자면서 그들은 동물에 대해서는 그렇게 하지 않는다. 성적 대상화가 문제라면 귀여움 대상화도 문제가 되어야 한다. 어떻게 그것과 같느냐고 반문하겠지만 못생긴 동물은 덜 사랑받고 덜 키우고 싶은 마음이 드는데 이것은 그렇다면 어떻게 봐야 하는가. 그렇다고 성적 대상화에 대해 전혀 문제가 없다는 얘기가 아니다. A에 대한 비판이 곧 B라는 의견에 동조한다는 생각을 버릴 필요가 있다. 툭하면 모든 것이 성적 대상화라는 워키즘을 생각해 보고자 지금은 새 주제로 논의하고 있다. 보여지는 것에 대한 인간 감정과 이성은 항상 같지는 않지만 대체로 남성과 여성이 일치한다. 그렇다면 지능과 외모에 대한 선망의 차별점은 무엇일까.

지능에 대해서 사람들은 보기 좋다라고 생각하지 않는다. 누군가는 뇌섹남 같은 것을 예로 들어 반론할지도 모르겠지만 그건 지능만 관여하는 건 아니다. 가령 좋은 대학을 나온 명찰, 즉 타이틀 후광 효과는 그 결과이지 보기 좋음 그 자체가 아니다. 우리는 선택적으로 그러지 말고 이런 인간적 본능을 인정해야만 한다. 외모에 대해서는 성별과 나이를 떠나 그냥 예쁘고 잘생기고 아름다워 보이면 그냥 그렇게 보일 뿐이다. 외모 외에 개인의 외적 능력에는 말을 잘한다거나 남을 웃기는 재주가 있을 수 있다. 그런 면에서 못생긴 것도 능력으로 활용하여 대중을 웃기는 코미디언도 인정해줘야 한다. 이런 사람들이 인플루언서가 되어 돈을 잘 번다는 것은 지능 우선주의와 완전히 다른 반대 이야기다. 왜냐하면 우리는 무엇이 보기 좋다와 무엇이 웃기다를 취향의 문제로 보며 어떤 보편적 인간 상황에서도 각자가 특수한 것을 찾기 때문이다.

취향은 자본주의 자유시장 경제에 돈이 되는 것이고 시험은 지능과 노력 평가에 대한 인간의 제도이기에 이것은 지금까지 논의한 선천적 취향과 구분된다. 따라서 시험 능력이 모든 영역의 우위에 있는 소비재가 될 수 없다. 이 미묘한 차이를 이해하였는가? 참고로 여기서 말한 소비재는 경제 용어와 약간 다르게 인간만을 의미한다. 시험으로 국가 자격을 얻었다고 그것으로 모든 우위가 끝나버리면 안 된다. 좋은 직업의 소비재를 가진 사람도 시험 후 어떤 영역에서는 타인의 취향처럼 경쟁해야 한다. 시험 잘 봄이 인생의 결과까지 이르게 할 순 없다. 이럴 때는 경쟁 자체가 나쁜 것이 아니라 국민 다수에게 경쟁이 이로움으로 다가온다.

부르디외가 말한 대로 외모는 계급 취향이다. 그는 이런 계급 취향이 공고히 되는 것을 부정적으로 보지만 이걸 그렇다고 제도적으로 막을 수는 없는 일이다. 우리는 다양함을 인정하고자 하면서 오히려 외모 강박과 나다움에 빠지기에 더 신경증세를 보인다. 이건 마치 실제 타인과의 경쟁은 싫어하면서 경쟁이 치열한 자극적 영상은 즐기는 것과 같은 인간의 이중성과 같다. 과학적 통계를 가지고 말하는 사회과학 도서는 이 부분에서 원인과 결과를 아주 잘못 분석한다.

이 챕터의 결론은 이상향적이긴 하지만 균형을 이루는 사회다. 우리는 공부 잘함의 혜택도 인정하고 경쟁을 해야함도 인정해야 한다. 이와 마찬가지로 본능도 인정하며 또 본능이 너무 과하게 그러는 것도 부정해야 함을 인정해야 한다. 우린 예쁘지 않은 흑인 백설공주를 소비(영화 시청)하지 않는다고 하여 그 사람을 인종차별주의자라고 말하지 않는다. 그것에 대해 의견을 남기고 PC주의에 조금 부정적인 마음을 가지고 있다고 하더라도 그 사람이 진보적이지 않다거나 깨어 있는 사람이 아닌 게 아니다. 남성은 고유정의 살인이나 헤어진 여성이 남성의 목을 찌르고 도망간 것을 데이트 폭력이나 교제살인이라 부르지 않는다. 또 무고죄에 매번 억울하게 당해도 남성 자체를 사회적 약자라 말하지 않는다. 어떤 신념을 가진 사람들은 손가락이 가리키는 그 지향점 때문에 손가락 끝만 보아서 항상 선택적이거나 균형 잡힌 생각을 하지 못한다. 그러다 보니 모순에 빠지곤 하는데 대부분은 신념 때문에 그런 게 보이지 않는다. 설령 보이더라도 그걸 작게 생각하며 자신의 지향점만을 더 크게 본다. 여기서 우리 사회의 갈등이 시작된다. 또 어떤 이는 이즘에 대한 반론이 곧 이즘의 부정이 아닌데도 이상하게 해석하고 반이즘으로 규정해 버린다. 공부 잘함, 즉 능력주의 자체를 부정하는 게 아닌데 필자의 글을 오해할 사람이 있을 것처럼 말이다.

이 세상 모든 아포리즘을 한마디로 줄이면 그건 인간의 균형 감각 잃어버리지 않기다. 우린 이걸 중용이라고 부르며 신체적 정신적 고장도 이 불균형에서 나온다. 미의 기준을 해체할 수 없는데 해체하자고 하는 것은 우리 인간의 한계다. 즉 미의 기준 해체가 곧 신(God)이 되어 버린다. 미의 기준을 해체하자고 하지 않더라도 남녀에 대해서 있는 그대로의 각자 모습을 사랑하는 마음을 가진 사람들이 많다. 신을 해체하자고 하여도 여전히 신을 믿는 사람이 있기 때문에 신은 결코 해체할 수 없다. 왜냐하면 신의 관념이 생겼기 때문이다. 미의 기준 해체가 곧 신인 사람 또한 이것 만을 믿는 사람이기에 반대하는 사람도 이것을 해체할 수는 없다. 이 말을 이해했다면 성공한 것이고 이해하지 못했다면 그건 어쩔 수 없다. 이건 이성의 영역이 아니라 믿음의 영역이기에 이런 논리가 누군가에게는 통하지 않는다. 하지만 대놓고 지능 평가와 외모 평가를 해서는 안 된다. 마음속에는 외모 평가가 있을지언정 겉으로라도 우리는 인격을 보여주는 자세로 살아야 한다. 그것이 인간 사회이며 인간의 정신과 뇌를 리셋 하지 않는 이상 이게 현실적이다. 우리가 이렇게 태어난 건 어쩔 수 없지만 노력하면 어느 정도 부족한 것을 상쇄할 수 있다. 그러니 도피처를 어떤 사상이나 이념으로 핑계 대지 말아야 한다. PC(Political Correctness)를 추구하면서도 이상향에 빠지지 않고 현실을 직시하는 사람이 진정 깨어 있는 사람이다.

우리는 항상 내가 옳을 수만은 없기에 타인의 감정을 살피는 자세가 필요하다. 설령 맞는 이야기며 자신이 옳고 진실을 이야기한다고 하더라도 우리는 방법론과 장소, 시간, 환경, 반복의 제한 등을 고려해야 한다. 당신마저 타인이 진리를 말해도 진정 기분 좋게 받아들이지 않을 가능성이 높다. 맞는 소리도 이렇게 남이 강요하면 듣기 싫은데 어떤 사상과 가치관을 가지고 투사가 되어 말을 한다면 얼마나 거부감이 생기겠는가. 이처럼 가치 판단과 옳고 그름이 명백한 것을 구분하는 일과 말해야 할 때와 아닐 때를 구분하는 것은 우리 인생에 정말로 중요하고도 어려운 일이다. 다들 이걸 혼동하기에 사회가 불화를 겪는다.

지금까지는 정호적 사고 방식이었다. 딴지를 환영하며 추후 함께 더 대화해 보면 좋을 것이다. 개인으로만 치면 어떨 때는 눈치를 봐야 할 때가 있고, 어떨 때는 눈치를 보지 않아야 할 때가 있는데 이걸 아는 것이 인생의 지혜다. 외모나 지능 그 외 잘난 게 없고 열정이 없더라도 이 눈치라는 것만 잘 챙겨도 사회나 인간으로부터 튕겨 나가지 않는다. 순수해서 간혹 눈치가 없는 사람들과 그 외에 외적 능력이 없는 사람들에게 사회가 약간의 호의와 친절을 보이면 우리는 덜 불안해할 것이다. 하지만 호의나 관용을 악용하고 눈치 없이 행동하는 사람들 때문에 이 유익한 친절은 다시 딜레마에 빠진다. 이런 딜레마는 아주 작게 보면 무료 나눔을 받는 사람에게도 볼 수 있고 크게는 다른 문화권 사람들에게도 적용된다. 이제 또 이 주제를 통해 생뚱맞은 결론을 내야 한다. 현재 우리나라 산업 전반에 외국인 노동자는 이제 필수 일꾼이 되었고 다문화주의의 인정은 선택이 아닌 현실이 되었다. 지방 소멸의 시대에 때론 어느 지역은 내국인이 다수가 아니라 외국인이 다수가 된다. 그러므로 우리나라 사람이든 외국인이든 인종, 문화(음식, 종교), 직업 등에 대해 제2의 사회화 교육이나 인식 변화를 위한 배움은 서로에게 꼭 필요하다.

41
행복

행복이란 강박으로부터 멀리

행복이나 사랑 관련해서는 엄청나게 많은 명언이 있다. 하지만 행복을 제대로 느끼는 사람은 행복에 대해서 떠들어대지 않는다. 행복하기에 말할 필요가 없고 그냥 하루하루 삶을 살아갈 뿐이다. 하지만 조언 충동자들은 행복하지 않은 다른 사람이 안타까워 꼭 몇 마디씩 하고 싶어 한다. 그래서 행복 관련 명언들이 계속해서 탄생한다. 하지만 대부분은 듣기 좋은 허상이다. 『난제의 사유』가 아니면 어디서 평생 보기 힘들 유명인의 행복 관련 이야기를 하나 들려주겠다.

아리스토텔레스는 행복에 대해서 이렇게 이야기한다. "자기가 싫어하는 것은 줄이고 좋아하는 것을 계속 찾아야 한다. 이 과정을 잘하는 것이 행복이다" 행복에 대해서 대단한 통찰을 줄 것처럼 떠들었는데 그 호기로움만큼 행복 명언이 거창하지 않아 미안하다. 불교 말씀을 하나의 아포리즘으로 요약하면 연연해하지 않는 일이다. 연연해하지 않는다는 의미는 아주 광범위하다. 집착 버리기, 비교하지 않기, 모자라도 만족하기, 행복하려고 강박을 갖지 않기, 타인 눈치 보지 않기, 공감에서의 눈치 밸런스 찾기, 괜한 걱정 안 하기, 과거로부터 자유로워지기 등등 일일이 나열할 수 없을 정도로 행복 조건에는 많은 것들이 있다. 상처가 있는 사람은 자꾸 그걸 덮으려고 하고 불안한 사람이나 우울한 사람은 괜찮은 척하려고 한다. 하지만 그것으로부터 아예 자유로워져야 한다. 상처 치유의 그 좋은 문장들과 좋은 강연 자체도 잊어야 한다. 왜냐하면 궁극적인 목표는 해방이지 위로 자체여서는 안 되기 때문이다. 위로는 다시 시간이 지나면 또 위로를 원하며 외로움 또한 마찬가지다. 외로움은 인간의 필연이지만 한 가지 알아야 할 사실은 단순히 혼자 있다고 하여 외로운 게 아니라 혼자 있는 걸 괴로워하는 사람이 진짜 외로운 사람이라는 점이다. 우리는 사랑하는 가족, 친구, 연인, 동료 등이 있어도 때론 혼자라는 사실을 안다. 물론 인간은 타인과의 관계를 벗어날 수 없다.

칸트는 타인이라는 동반자에 대해서 사유하는 사람에겐 필수불가결한 존재라고 하였다. 그렇다면 동반자는 둘 중 하나인데 그건 자신에게 이로움을 주거나 적어도 마이너스가 아닌 동반자가 있고 반대로 자신을 구렁텅이로 이끄는 동반자가 있는 것이다. 인간 각자 내면에 존재해 버린 그 나쁜 것들은 완전히 버릴 수 없다. 그래서 사람은 정신과 물질 그리고 관계의 나쁜 추억을 억지로 버리려 하기보다 좋은 걸 채워서 나를 온전하게 하지 않는 것들을 자연스럽게 밖으로 내보내야 한다. 그 나쁜 것들을 버리겠다는 강박이 제일 문제다. 물론 그게 쉽지 않다는 걸 알고 있으며 그래서 때론 삶이 괴로운 것이다. 병적인 게 아니라면 누구나 그렇기에 괴로움을 즐거움으로 밀어내는 것이 가장 현실적이다. 꼭 즐거움이 아니더라도 목표를 세우고 실천하는 일이 중요하다. 그 외에는 없다. 만약 있다면 그걸 알기 위해 당신은 돈을 써야 할 것이다.

하지만 돈을 전혀 쓸 필요가 없으며 그저 책을 읽으면 된다. 지금 우리는 천성적인 우울함이나 무슨 병적인 사람을 대상으로 말하고 있는 게 아니다. 행복하지 않은 사람은 행복에 방해되는 것들인 내면의 그 질병부터 없애야 한다. 지금까지는 그 순서가 잘못됐다. 그리고 회광반조의 자세로 세상을 바라봐야 한다. 내가 중심이 되지 못할 때 타인은 의미가 없거나 반대로 거기에 종속적인 상태가 된다. 우리는 너무 착해서 에코이스트가 되어서도 안 되고 아무리 가족일지라도 일방적인 희생을 해서도 안 된다. 행복을 위해 인간을 이용하는 것도 상호 교차적이어야 한다. 질병에 걸린 사람과 행복하지 않은 사람에게 보편적 가치의 사랑은 서로를 보듬어 주는 일이다. 논어에는 '애지욕기생'이란 말이 있다. 이 뜻은 사랑이란 다른 사람이 온전히 제 삶을 살 수 있도록 돕는 것을 말한다. 개인이 도와줄 수 없다면 사회만큼은 적어도 애지욕기생이 되어야 한다.

42

경계

AI와도 경계 짓기가 필요하지만
인간은 그래선 안 돼

인간은 자신만의 사적 영역이 있음과 동시에 사회적 동물이기에 어떤 감정의 사회 교집합을 가지고 있다. 다양한 개인이 사적인 부분과 공적인 부분을 혼동하면서 보편적 가치의 목표를 가지지 않을 땐 불화가 생긴다. 이런 불화의 결과물이자 원인이 바로 각자가 가지는 경계선 긋기다. 불화를 잘 활용하면 갈등 개선이나 더 좋은 정책 같은 사회적 에너지가 되고 잘못 사용하면 방사능 노출처럼 죽음이 된다. 우리나라는 북위 38도선으로 북한과 선을 긋고 사는데 이 경계 하나로도 우리는 마음이 어떤 사상으로 절단되어 수십 년 동안 불화를 겪었다. 경계를 짓는다는 것은 여러 의미를 지닌다. 재밌는 건 현대인은 이 경계(境界)와 경계(警戒)의 두 가지를 동시에 행한다는 점이다. 그러면서 친밀감과 적대감이라는 이중 감정으로 각자는 여러 사람이나 단체와 관계를 맺고 살아간다.

　어려서부터 형성된 집문화는 삶의 루틴이나 정체성을 만들고 결국 아비투스가 된다. 부르디외는 아비투스를 가진 사람들은 삶을 개선하는 쪽으로 인생의 방향을 이끈다고 하면서도 아비투스가 불평등을 생산해 내는 것에 객관적 구조의 문제점이 있다고 말한다. 이런 적극적 생산의 아비투스 사람들은 일상, 지식, 욕망, 위계 등을 활용하여 열등한 지위를 재생산한다. 방금 표현한 적극적이며 재생산이라는 말은 부르디외가 직접 한 말은 아니다. 부르디외의 생각을 더 현대적으로 끌어오자면 지금은 가족, 학교를 넘어 자신이 보고 있는 어떤 영상이나 속해 있는 동호회, 단체·조직, 주로 어울리는 사람 관계 등이 이런 아비투스의 불평등한 생산 지배력을 행사한다. 이 불평등한 생산 지배력은 진짜 삶의 불평등을 의미할 뿐 아니라 신념이나 가치관 등도 포함한다. 일부 경계짓기는 곧 판옵티콘 같은 감옥행을 이끌고 서로가 서로에게 교정자 역할이나 심판자 역할을 한다. 이게 심하면 사람들은 원초적이고 동물적 행태를 보이는데 이럴 땐 법의 규제가 필요하다. 법의 규제가 아닌 것들에는 언어의 경계 짓기로 인한 타인 감정의 헤아림 같은 것도 일상에서 자주 일어난다.

　지금까지 논의는 경계짓기를 대체로 부정적으로 보았다. 하지만 법학자 사비니(Savigny)는 서로의 자유를 방해하지 않고 개개인의 존재를 인정하면서 경계와 자유 영역을 정하는 규칙이 바로 법이라고 생각했다. 법도 이런 시각으로 보면 자유로운 경계 짓기인데 많은 사람은 오로지 법을 자유의 억압이라는 생각에 경도되어 살아간다. 인간은 특정 하나로만 정체성을 가지지 않는데 그게 전부인 사람은 자신에게도 사회에도 항상 위험한 존재가 된다. 가령 남녀나 정치, 종교 등을 이분법적으로 보아 어느 한쪽을 제거해야 하는 대상으로 여기는 것도 그중 하나다. 사회 해악이 되는 이데올로기는 잘못된 정보에서 오기도 하지만, 이미 집문화를 거쳐서 더 강화된 쪽으로 이성을 지배할 때도 발생한다. 사유하지 않는 이런 상태는 인간을 가장 잔인하게 만든다. 가령 5.18 광주 민주화 혁명에 대한 그 당시 군인들의 그 잘못된 믿음이나 4.3 사건 때의 민족 이념 광기도 이 범위 안에 있다.

볼테르는 "불합리한 걸 믿게 하는 사람은 잔혹한 행위도 저지르게 할 수 있다"라는 말을 하였다. 경계짓기의 최악은 바로 인간과 사회에 대한 잔인한 폭력이다. 지금은 물리적 폭력만이 아니라 정신적 폭력과 억압이 온라인에서 수없이도 행해진다. 영포티라는 단어가 조롱의 밈으로 변하여 세대 불화가 되고 한남 한녀가 서로 벌레로 불리며 젠더 갈등이 견고해진다. 과거에는 이런 조롱 밈과 언어가 희소했지만 지금은 남녀, 세대, 좌우, 직업, 동호회, 조직, 기득권 등 서로가 서로를 아주 경멸적으로 규정하여 갈등구조를 공고히 한다. 일부는 매우 더러운 정치적 신념 때문에 생긴 경계선 긋기도 존재한다.

나와 조금 다름을 불쾌하게 받아들이고 산수적 다수가 권력이 되어 옳음이라는 의식으로 소수의 사람을 틀림으로 규정하면 혐오는 필연적이게 된다. 여기서 생각할 게 하나 더 있다. 장애인과 노조, 성소수자, 기타 특정 정체성 영역을 가진 사람들의 주장과 방법론이 항상 옳은 건 아니지만 이들은 어떤 식으로든 사회에 나와 외쳐야만 한다. 왜냐하면 목소리를 내지 않으면 그들은 소멸하기 때문이다. 그래서 우리는 어느 소수 정체성의 사람들이 자신들 위주로 생각하는 것에 사로잡혔다고 해서 그 집단을 전체화 하여 혐오하면 안 된다. 만약 이들이 사멸되면 그다음 소수자가 사멸하고, 이 소수도 사멸하면 결국 가장 위에 있는 권력자만 살아남는 사회가 된다. 특히 노동 조합이 사회에 이런 역할을 하는데 소수의 노동자 단체 문제를 비판하고자 전체 긍정 역할까지 감추려는 관점을 취해서는 안 된다.

반면에 사회적 약자나 소수 정체성과는 거리가 먼 정치, 신념, 종교 및 기득권 집단은 이들과 다르다. 왜냐하면 이들은 인간 사회에서 불가 결하게 소수가 되는 것이 아닌 그들 스스로 만들어 낸 이익 정체성이 기 때문이다. 특히 국내 대형 사이비 기독교나 개신교인은 이성과 믿음 의 경계가 불분명한데 이들은 이런 상황에서 또 타 집단과 경계를 지 어서 문제를 일으킨다. 경계가 지어지면 사람은 경계(警戒)하게 된다. 미래의 경계는 인간과 인간만이 아니라 AI와 그 외 알 수 없는 존재에 대한 경계도 분명 문제가 된다. 다른 사람들은 어떨지 모르겠지만 현 재도 AI 인간의 모습이나 목소리를 듣고 있으면 그다지 유쾌하지 않다. 앞으로는 영상뿐만 아니라 AI가 더욱 정교해져 사람과 거의 흡사할 텐 데 이에 대해 국제 프로토콜이나 국내 제도적 법적 정비가 필요하다. 가령 우리가 접하는 것이 인공지능인지 인간인지 처음부터 미리 구분 가능하도록 하는 일은 현재도 중요하다.

앞선 챕터에서는 AI의 생산성 차이와 차별을 말했지만, AI 시대에 인 간과 유사인간의 결과물인 저작권 같은 경우 미래에는 그 범위나 소유 의 문제가 발생할 가능성이 더욱더 크다. 여기서는 기존의 것에 대한 창작, 모방, 유사함 등 미세한 차이에 대한 어려운 경계 문제가 다양하 게 발생한다. 또한 벌써부터 AI를 활용하여 범죄를 저지르고 저질스러 운 가짜뉴스와 광고가 생성되고 있다. 우린 지금까지 경계 긋기에 대한 문제를 말했는데 AI는 오히려 경계의 희미함에 문제가 된다. 가령 AI와 인간의 정신 작용은 표현의 자유와 범죄 영역의 경계를 모호하게 만든 다. 이로 인한 각각의 사람은 인지 차이의 에너지 손실로 AI 피로감과 AI 인지 감수성을 동시에 가져야 하는 불편함을 가진다. 인간과 AI 중 간지대에서 초상권이나 기타 모호한 영역을 지금은 알 수 없기 때문에 앞으론 어떤 ○○권이나 ○○인지 감수성이 다양하게 생길 가능성이 크 다.

지금은 영상 딥페이크 범죄가 있지만 미래에는 실제 딥페이크 AI 인간이 직접 범죄를 저지르게 될 것이다. 그만큼 기업의 AI 사회책임 그리고 국가의 공공 영역에서의 책임 문제는 지금보다 훨씬 중요해진다. 문제는 영상과 유사인간의 AI는 신체 폭력 외에 정신 폭력도 가할 것이라는 점이다. 그래서 미래에는 일본 모리 학자가 말한 대로 '불편한 골짜기'가 아주 다양한 곳에서 일어날 가능성이 크다. 불편한 골짜기란 처음에는 기계에 친숙하다가 기계가 너무 인간 같거나 인간과 유사한 감정으로 다가올 때 마치 자기의 퍼스널 스페이스 같은 감정선을 침범하는 것처럼 느껴져 이제는 마음이 불편한 것을 의미한다. 인간과 비슷하게 만들지 않고 다르게 만들어도 AI에 적응하기 힘든 사람에게 이 AI 아노미 현상은 여러 곳에서 일어나게 된다. 이건 디지털 지능이 감정까지 가져 인간의 다양한 삶이라는 영역에 들어와 개인 감수성까지 침투한다는 걸 의미한다.

미래 과제 중 하나의 해결책을 말하자면 선제적 AI 커밍아웃을 인간에게 주기 위해 워터마크 같은 것을 영상이나 어떤 결과물에 미리 표시해두는 것도 생각해 볼 수 있다. 다만 지금도 그렇듯이 모든 소비 광고에 미리 법적 테두리를 지키게 하는 것 외에는 모든 것을 선제적으로 검열할 수 없다. 보통은 문제가 드러날 때 사후 법적 처벌을 받는다. 하지만 신체와 정신에 엄청난 영향을 주는 AI 영상이나 미래 오프라인의 AI는 대규모로 선제적 규제가 필요하다. 여기서 영상 규제는 문제가 없는 전문적 영역의 AI 광고나 가짜 AI 광고 외에 인간과 완전히 이질감이 없는 AI 배우 등 그 무엇을 가리지 않는다. 결국 AI의 알 수 없는 잠재적 문제 때문에 미래에는 규제나 프로토콜의 필요함이 계속 새롭게 대두된다. AI의 최종적 진짜 문제는 불편한 골짜기의 영역이 개인마다 다르기에 그것을 어떻게 일률적으로 규정할 수 있는가의 여부다.

인간은 천재가 아닌 한 자기가 경험한 만큼 선호도를 정하고 의식 수준을 가진다. 마치 온라인의 어떤 행동이나 글을 보고 누구는 불편하다고 하고 누구는 별 문제가 없다고 하는 상황처럼 미래에는 AI 관련 경계 문제가 개인과 집단에 엄청난 영향을 주게 된다. 현재도 개인과 집단의 가치 설정은 중요하다. 미래에는 차이 문화 인정에 대한 그 범위와 포용 수준에 따라 지금보다 공동체 삶을 더 복잡하게 하고 어렵게 할 것이다. 이런 비슷한 경계에 대한 이야기를 레크비츠는 『과잉 히스테리 사회, 단독성들의 사회』에서 이야기한다.(이하 '단독성들의 사회') 30년 전 학창 시절에 지겹도록 들었던 소리가 개성이 없어지는 인간과 획일화된 사회라는 문장이었다. 하지만 그건 시대 일부분에서만 옳은 이야기였다는 것을 '단독성들의 사회'를 읽어 보면 이해하게 된다. 68혁명을 거치고 신자유 시대 이후 우리 사회는 다시 특수성 시대를 맞이한다. 다만 보편성과 경계 지어서 긴장 관계에 놓인 단독성과 특수성을 현대사회에서 이분법적으로 생각하는 것은 옳지 못하다. 둘은 서로 경쟁하지만 동떨어지지 않도록 서로에게 주체 의미가 되어야 한다.

레크비츠가 말하는 단독성이란 경계로만 특정 지어지는 게 아닌 수많은 독특성이 의미 있는 문화로 보편적 사회에 편입하거나 편입하지 못함을 의미한다. 그중 하나가 개인 혹은 특정 집단이 가지는 감정 정서이고 이것이 때론 보편적 감정과 충돌하기도 한다. 이 감정 독단성은 경계를 짓게 만드는 주요 원인이 되고 보편적 사회의 저항 수준에 따라 적응과 불수용의 여부까지 영향을 준다. 위 몇 문장은 단독성들의 사회 내용이 아니라 이 책의 해석을 해 놓은 것이다. 책의 중후반부에는 온라인 공동체가 단독화 되는 경우를 간략하게 소개하는데 일찍이 이것을 필자는 '소국가성'이라고 표현했다. 국가 내 여러 작은 집단이 독특함을 드러내며 의미가 되려고 하는데 이게 바로 신념과 이해관계를 가진 집단의 소국가성이다. 중요한 것은 비이성과 논리에 맞지 않는 이들에 대하여 국가가 행하는 강제적 경계짓기다. 이때 국가의 힘은 절대적으로 필요하다. 절대주의는 보통 나쁜 의미지만 인간과 사회는 모든 것을 통합하여 포용할 수 없기 때문에 국가는 이성과 이성이 아닌 것으로 인한 해악을 구분해야 한다. 다만 옳고 그름으로 구분할 수 없거나 비이성적일지라도 해악이 아닌 개인과 일부 집단의 독특한 문화는 법이 아닌 도덕적 차원에서 볼 때 보편 사회의 불편과 불수용의 상황에 놓여있지 않는 것들이 존재한다. 그래서 이것은 국가의 절대주의 판결이 개입하지 않아야 하며 사실 이것을 잘 경계 짓는 것도 국가의 큰 역할이다.

마지막으로 만약 AI가 자기증식을 하고 싶을 때 인간은 어떻게 해야 하는가? AI 자기증식이란 인간처럼 AI가 자신의 후세대를 만드는 걸 의미한다. 일종의 단위생식 같은 기계 임신을 원하는 AI가 있다면 이건 인간과 전쟁이 될 것이다. AI는 인간이 컨트롤할 수 있는 수준에 한해서 남성도 되고 여성도 되며 자웅동체도 될 수 있다. 아니면 AI 스스로 커스터마이징을 하거나 인간이 자기가 다루는 AI를 커스터마이징하여 IAI로 만들 수 있다. 이걸 상상하면 아주 재미가 있으면서도 공포스럽다.

IAI란 'Invisible Artifical Intelligence'의 약자로 AI인지 아닌지 구분할 수 없는 인간과 완벽히 똑같은 형태의 로봇을 말한다. 영화 알리타처럼 인류애, 정확히는 사이보그애 혹은 AI애라도 있으면 다행이지만 미래 인공지능이 선한지 악한지 아니면 제3의 무엇인지는 아무도 모른다. 현실이 될 SF소설 같은 이야기는 능력 밖이니 AI 이야기는 이만 마무리하겠다.

43

설득

기독교형 인간과 원숭이형 인간

시중의 책 중에 독일 프랑크푸르트 학파의 비판이론이나 프로이트 그리고 구조주의자 등을 비판한 책이 몇 권 있다. 지금까지와는 다르게 그 책의 제목과 저자는 언급하지 않을 생각이다. 읽을 책을 고를 때 기준은 책의 내용이지 저자의 좋은 스펙이나 성향 그 외의 다른 이력이 아니다. 나는 정치, 종교, 기타 다른 가치관에서 극단주의 시각을 가진 사람의 책일지라도 때론 그런 책을 읽곤 한다. 그런 사람의 주장에 당연히 동의하지 않지만 이런 책 읽기는 사고의 확장이나 글 쓰는 데 도움이 되는 경우가 많다. 그래서 자신과 생각이 완전히 다르고 비판할 부분이 있더라도 인간은 다른 이의 의견을 들어보고 살아야 한다. 늘 배우는 자세로 살면 자신과 정반대인 생각조차 미워할 것만 보이지 않고 배울 것이 보인다. 다만 천성적 (편향)성향은 변하지 않는다. 앞으로 언급하지 않을 그런 무명의 책들도 이런 접근으로 다가갔고 유용하게 읽었다. 결론부터 말하면 어떤 무명의 저자에 대해서 검색을 해 보지는 않았지만 책을 읽다 보면 100% 기독교인이라는 것을 확신하게 되는 경우가 많다.

가령 미셸 푸코의 성적 방종을 이야기하고 그의 삶을 폄훼하며 자유주의적 사고 방식으로 푸코를 비판한 책들은 대부분 보수적 기독교인이다. 이 비판 기독교 작가의 직업은 과학자, 철학자, 의사, 정치인, 교수 등 아주 다양하며 특히 기독교 학자의 사고방식은 푸코를 바라보는 시각이 거의 똑같다. 하느님의 거대 담론이라는 틀에 갇혀 살아서 자폐아적 사고에 머문 이들은 특히 성 해방의 소리에 심한 거부감을 가진다. 그런데 그들은 실제 성직자들이 성적으로 더 타락하고 있다는 유의미한 통계에 대해선 애써 모른 척한다. 기독교인이면서 학자인 사람이 모두 그런 건 아니겠지만 책을 쓰는 대부분의 기독교 학자는 인간이 가지는 자유의지의 철학사상을 선택적으로 받아들이고 선택적으로 비판한다. 이것은 어떤 주장이 성경과 기독교 교리에 맞지 않으면 그들에게는 무조건적 비판의 대상이 된다는 걸 의미한다. 그들은 이런 사상에 대한 비판적 해석 외에 그 어떤 나은 주장이나 진일보한 생각이 없다. 이게 진짜 그들의 문제다.

기독교가 만들어낸 자폐아적 담론에는 절대적 근본주의와 윤리주의 그리고 반자유의지 및 반인본주의가 있다. 하지만 이론상만 이럴 뿐 실제 그들의 삶과 세상 해석은 상대적이면서 신을 믿는 사람들만의 편의주의적 사고를 취한다. 불리할 때 이들은 절대적 진리라는 신적 해석을 하고 유리할 때는 취사선택의 인간적 해석을 한다. 특히 수많은 사상가가 남겨놓은 인류 공헌은 무시한 채 지엽적인 반대 의견만을 내세운다. 이것은 마치 우리나라 해방 이후 특정 정치 성향을 지닌 사람들이 80년 동안 한쪽을 매도하기 위해 좌파 빨갱이 반공산주의만 외치는 것과 같은 현상이다.

그들은 전체적인 부분을 보지 않고 사상가들이 했던 숱한 논리 전개 중 특정 주장만을 비판적으로 해석한다. 그것도 안 되면 어떤 사상가의 삶 자체를 아예 오염시켜 버린다. 요즘으로 치면 메시지를 비판할 수 없다면 메신저를 더럽히는 것과 같다. 이들은 결국 견강부회나 모순에 빠진다. 이승만, 박정희 독재 정권 시대를 공(功)과 과(過)로 보자면서 인간의 의식 향상에 도움이 된 사상가들에 대해서는 오로지 반기독교적 이유를 억지로 찾아내어 과(過) 이야기만 하는 게 특정 무엇의 신념을 가진 사람들이다. 심지어 그 사상가들은 누구처럼 학살이나 살인을 저지르지 않았는데도 말이다. 겉으로 보기에는 멀쩡한 척하여 일부 긍정을 찾으며 학문적으로 비판하는 극소수의 책 또한 최종적 의식 흐름의 상태는 자기 사상과 성향을 기독교주의 틀에 맞춘다. 그래서 이런 사람들의 책은 공통적으로 창조적 사고나 새로운 주장이 없으며 있더라도 조잡하기 그지없다. 어떤 사상에 대한 반대만 하는 글은 그다음의 지적인 동적 확장성을 하지 못하게 만든다. 어떤 이들은 누군가의 주장에 냉소하거나 반대를 위한 반대로만 살아가기에 뚜렷한 자기 발전과 사회 발전이 없다.

그래서 최강욱의 『이로운 보수 의로운 진보』는 꿈에 가깝다. 이들은 손가락이 가리키는 저 하느님의 절대 로고스만 바라보기 때문에 시야가 좁고 포용력이 떨어진다. 하느님은 인간을 절대 그렇게 가르치지 않았다. 실제 마태복음 7장 1절에는 인간들에게 비판을 하지 말라고 말씀하신다. 물론 이것은 무엇에 대한 판단까지 하지 말라는 건 아니다. 인간은 항상 남의 티끌만 보지 말고 자신 눈 속의 들보를 먼저 봐야 한다. 이런 비슷한 말들은 동서양에 아주 많이 있다. 극소수의 기독교인만이 무신론자의 생각을 존중하며 기독교 사상과의 괴리를 줄이고자 그들은 최대한 현실적이고 이성적 이야기를 할 뿐이다. 종교를 가진 사람과 아닌 사람 두 존재는 서로에게 설득의 대상이 되지 않는다. 하지만 둘의 아주 큰 차이는 한쪽은 믿지 않는 것에 대해서 전파하지 않지만, 한쪽은 믿는 것에 대해서 복음과 사역을 가진다는 점이다. 그걸 하느님이 행하도록 한다고 의무처럼 생각하는 개신교인들은 광기를 가진다. 사실 우리 시대의 기독교는 이슬람 근본주의나 극단주의만큼 위험하다. 지하드를 위해 폭탄만 안 들었을 뿐 교회와 신자들은 사상이라는 믿음으로 포장한 폭력의 폭탄을 항상 가지고 있기에 사회 갈등의 불씨가 된다. 전부가 그런 건 아니겠지만 기독교 사상은 생각의 편협함을 만들고 위선과 모순에 항상 노출되어 있다.

생각의 편협함이란 이성의 저항권이 사라지고 세상을 신적 절대주의로 본다는 걸 의미한다. 성경의 로마서에는 이렇게 쓰여있다. "모든 사람이 각자 더 높은 권력들에 복종하게 하라. 왜냐하면 신으로부터 오지 않는 권력은 없고 존재하는 권력은 신에 의해 임명되었기 때문이다. 그러므로 권력에 저항하는 자들은 누구든 신의 명령에 저항하는 것이다." 이 말을 권력 챕터에서 할 수도 있었지만 지금 하는 게 더 잘 어울린다. 위 로마서 외에도 여러 성경 말씀은 권력에 대해 거의 절대적 복종을 강요하며 특히 권력에 대한 저항 정신은 찾아보기 힘들다. 맹자의 역성혁명은 그런 면에서 반성경적이다. 다만 구약성경에서 사울 이야기나 다윗 왕의 출현 당시의 시대 상황 그리고 유대인의 남북 시대 전후 왕의 교체 때에는 권력의 이동을 찾아볼 수 있다. 하지만 이것은 아래로부터 시작하여 위로 향한 권력 뒤집기가 아니다.

권위에 대한 저항권 없음이나 불가지론적 시각은 홉스의 『리바이어던』에서 절정을 이룬다. 레비아탄은 신적인 게 되어 반저항권의 보수적 역할을 한다. 홉스에 따르면 인간은 레비아탄이 된 국가의 절대 신에 결코 반항할 수 없다. 칼뱅이나 루터의 생각도 이와 비슷했으며 그들은 권력에 대해 순응주의적 면모를 보였다.

그도 그럴 것이 이 권력은 신적이었지만 인간 세계에 그대로 적용이 되었고 성경은 이런 시각을 실제적으로 대변하기 때문에 믿는 자들은 더욱 신에 순응적일 수밖에 없었다. 사람들은 루터의 종교개혁의 '개혁'이라는 단어 때문에 진보적이라 생각하지만 그는 절대 사회 개혁적 인물이 아니었다. 그의 개혁도 순수한 게 아닌 권력 투쟁의 한 방편이었으며 95개조 반박문은 민생과 거의 관계가 없는 것이었다. 오히려 그는 보수적이고 기득권적 인물이었기 때문에 사회 부조리에 대한 농민 투쟁을 경멸적으로 바라보았다. 저항권에 대해서는 이 정도로 하고 신적 절대주의라는 일방향적 사고의 자폐 이야기로 넘어가 보자.

얀 야스만이라는 학자는 "유일신을 섬기는 곳은 반대를 통해 자신의 경계를 짓는다"라고 하였다. 불교는 선악의 개념으로 세상을 보지 않고 전체보단 카르마, 즉 업보를 바탕으로 개인에게 집중한다. 반면 기독교 세계관으로 세상을 보는 사람들은 어떤 신적인 말씀 때문에 개인에서 머무르지 않고 사회로 뛰쳐나와 사람들과 충돌한다. 기독교 사상은 종교 없는 사람이나 무신론자들과 생각의 경계가 너무 뚜렷하기에 충돌할 수밖에 없다. 이것도 일종의 예수 천국 불신 지옥의 워키즘이다. 사실 기독교는 사랑과 분열, 권력과 관용, 소망과 절망, 삶과 죽음 등 다양한 것들이 모순적으로 존재한다. 신약성경 누가복음 12장에는 이렇게 쓰여 있다. "내가 지상에 평화를 주고자 온 것으로 아느냐? 나는 너희들에게 분열을 주리라 말하리라. 이제부터 한 집안에 다섯이 갈라서서 셋이 둘로 나뉘고 둘이 셋과 대립하리라." 이미 우리는 유대 12지파가 이스라엘에 중요한 역할을 했던 것을 알고 있다. 그리고 팔레스타인의 평화를 출애굽의 사람들이 망쳐 놓았으며 그 역사가 오늘날까지 이어지고 있음을 뉴스로 매번 접한다. 아마도 기독교인들은 이런 생각에 대하여 성경에 기반하거나 신적으로 귀의하여 어떻게든 다른 차원으로 돌려서 말하려고 할 것이다.

한편 성경이 말하는 삶을 단 0.001%도 지키지 않고 사는 기독교인들은 특정 분야 특히 동성애나 불륜에 대해서는 그렇게 단호하다. 이것이 그들의 선택적 모순이다. 그래서 톨스토이는 『고백록』에서 신앙에 진리가 있긴 하지만 성경 말씀이나 그것을 행하는 사람들에게는 거짓과 모순도 있다며 분명하게 반성적인 말을 한다. 알다시피 톨스토이는 정신적 고갈 때문인지는 몰라도 중년의 나이 이후 신앙적 삶을 살게 된다. 그의 『고백록』의 핵심은 9장과 11장에 있다. 톨스토이는 '인간의 유한함을 신앙은 무한한 것으로 만든다'라고 주장한다. 이 표현은 굉장히 중요하다. 왜냐하면 톨스토이의 저 말이 옳다면 인간이 부존재하고 무한한 삶을 살지 않는 한 불멸의 신앙은 계속될 존재의 이유가 되기 때문이다. 좀 더 쉽게 표현하자면 인간의 필멸성이 곧 신앙의 불멸성을 만드는 것이다. 이건 믿는 자에게 큰 정신적 고갈의 해결이라는 점에서 긍정적이다.

성 아우구스티누스 또한 삶은 불멸이라는 것을 하느님의 말씀으로 환기시키는데 이걸 한나 아렌트는 기독교 신앙의 권위로 본다. 다만 호르크하이머는 기독교가 오히려 인간의 본성에 소외를 준다고 말한다. 인간은 죽음에 대한 두려움으로 무엇을 갈망해야 하며 그것은 모태신앙자든 아니든 간에 인간 자체가 가지는 공통의 감정이다. 그래서 모태신앙 외에 태초에 무신론자였다가 나중에 신을 믿고 의지하는 사람이 나약함을 극복하거나 삶의 의미를 찾게 해주었다면 그 자체는 비판받을 일이 아니다. 오히려 누군가에게는 칭찬받을만하다. 하지만 그 믿음을 자신의 영역에서 끝내지 않고 신을 오용하거나 자의적으로 해석하여 사회와 정치 일상 속에서 타인의 삶에 영향을 주는 건 비판받아야 한다.

인간은 특수한 주체성을 가지기에 꼭 종교적 믿음이 아니더라도 여러 영역에서 서로 다투곤 한다. 그러나 기독교의 믿음 주체성은 일반 사람들 간의 갈등과 다르며 일부 영역에서는 이성을 지배하기에 더 문제가 된다. 톨스토이는 이렇게 고백한다. "신앙은 이전과 마찬가지로 내게 여전히 비이성적인 것이었다. 나는 오직 신앙만이 인류 삶에 대한 대답을 제공해 준다고 생각한다. 이것이 나를 살게 한다." 필자는 이 말에 전적으로 동의한다. 하지만 여기서 진짜 중요한 것은 그 신앙이 대답을 해준다는 것이지 정답을 말하고 있다는 게 아니라는 사실이다. 이 말은 그 누구도 하지 않았다.

인간은 눈에 보이지 않는 것을 수학적으로 증명해 내기도 하지만 그럴 수 없는 것도 존재한다. 신앙 또한 마찬가지로 믿는 자들에겐 증명이 되지만 믿지 않는 사람들에겐 증명이 되지 않는다. 결국 믿음도 정답이고 신을 부정하는 것도 정답이다. 실제 톨스토이의 신앙생활이 정확히 어땠는지는 모르겠지만 『고백록』 정도의 삶이 기독교인의 평균이라면 지금까지 신앙인을 비판한 것은 잘못 되었음을 인정할 수밖에 없다. 하지만 대부분 기독교인에게 절대 믿음은 절대 이성을 벗어난 경우가 많기 때문에 지금 이런 논의를 하는 건 정당하다. 기독교인이 하느님의 가르침처럼 사랑과 소망, 의로움 등을 가지고 있으면 무신론자라도 찬양할 테지만 그들은 그저 신적인 것을 믿을 뿐 성경 말씀을 제대로 행하지 않는다. 더군다나 이들은 인간적이기는커녕 때론 짐승처럼 기독교주의의 생명 유지 본능만을 보인다. 그래서 추후 챕터에서 이야기할 교회의 문제점 중 하나는 그들의 자본 권력화다.

우리나라 대형교회와 겉으론 합법적 단체지만 사이비 이단과 같은 거대 유사교회들은 이제 기업화가 되었다. 교회를 사역 수단이 아니라 사업 수단으로 생각하는 목사 우두머리와 그 아래 계급 지도자들이 우리 사회에 어떤 영향을 끼치고 있는지 지금은 가늠조차 안 된다. 이들은 자본주의 교회의 번영을 위해 필연적으로 좌파와 사회주의적 사상을 싫어할 수밖에 없다. 예수님의 오병이어 분배 정신은 지금으로 보면 좌파적 온정주의인데 그들은 이것의 의미를 다르게만 본다. 기업화

교회는 실제 기업의 사회 기부처럼 겉으로 보이는 좋은 사회 활동을 자기들의 이미지 개선용으로 활용한다. 국민의 한 사람으로서 광기의 개신교인들이나 목사들에게 바라는 점이 하나 있다면 정상적 의식을 바탕으로 신자 생활을 하는 사람과 과격한 생각을 가지지 않는 여타 다른 많은 목사들이 있으니 제발 그들에게까지 피해를 주지 않았으면 좋겠다는 것이다. 믿는 자들은 성경의 말씀처럼 진짜 형제 자매를 버리고 하느님에 귀의하는 파탄가족들이 있게 해서는 안 된다. 또한 신의 존재를 부정하며 생각이 다르다고 하여 구약성서처럼 자기와 다른 민족을 무참히 죽여서도 안 된다. 하지만 상당수 사이비 이단들은 가족과 사회 그리고 이성 및 정신을 파괴한다. 이제는 종교가 네트워크 조직에서 점조직이 되고 때론 기득권을 지키기 위해 정치세력과 영합을 하기 때문에 종교 문제는 실제 우리 삶의 영역까지 오게 되었다.

현재 정교 분리가 특정 세력에는 해당되지 않는 것처럼 보이는데 사실 정치가 종교에 예속된 일은 아주 오래전부터 있었다. 우리는 헌법에 맞게 단호히 종교의 정치 영향을 억제해야 하고 필요하다면 입법을 통해 더 강력하게 처벌해야 한다. 정책과 입법이 사회적인 게 아닌 그저 종교적이라면 국민의 삶에 얼마나 불화가 생기겠는가. 가령 세금의 문제나 교회 세습의 문제 그 외 각종 불법과 재산상의 문제는 똑같이 사회적이고 정치적이어야 하는데 그들은 교회라는 이유로 종교적인 방패막을 가지려고 한다. 이미 우리 사회는 종교 때문에 여러 갈등을 겪고 있다. 대표적인 갈등이 종교가 가지는 성정체성에 대한 극단적이며 배타적인 입장이다.

현대국가는 AI와 함께 미래에는 종교 때문에 큰 숙제 하나가 더 생긴 셈이다. AI에 대한 불편한 골짜기 감수성은 현재 젠더퀴어의 정체성에 혼란을 가진 사람과 아닌 사람들의 경계처럼 그 개인 값이 서로 다르다. 종교도 마찬가지다. 그래서 국가는 그 기준을 정해야 한다. 인간인 것과 AI인 것 그리고 이 둘을 섞어놓은 어떤 제3의 종족도 생각해야 한다. 사람은 경계짓기도 하지만 생존 의식과 본능 때문에 가끔 그 경계를 무너뜨린다. 가령 칼 융이 말한 아니마, 아니무스처럼 태어난 성에 반하여 이중 감정을 가질 수 있고 아니면 바이섹슈얼(bisexual)처럼 양성에 불편해하지 않는 사람도 있을 수 있다. 아니마 관념은 현대로 들어와서 드랙퀸으로 현실화되어 일부 사람들에게 노출된다.

레오나르도 다빈치는 최소한 시스젠더는 아니었던 것으로 보이는데 그가 그린 모나리자나 다른 인물 그림은 남성미와 여성미가 동시에 느껴진다. 이걸 우리는 불편해하지 않고 오히려 오묘하다고 느낀다. 하지만 다빈치 자체를 특정 섹슈얼리티로만 생각하고 그림을 보면 누군가는 불편할 수도 있다. 로봇도 이런 선과 악의 정체성 관념으로 보면 평가가 달라질 수 있다. 미래에는 인공지능 로봇과 인간의 관계 그리고 이것을 바라보는 각자의 AI인지 감수성 때문에 큰 갈등을 일으킬 가능성이 크다. 이와 가장 유사한 예를 들어보자면 AI의 반려동물화다. 앞서 말했지만 누군가에게 AI는 신이다. 이 상황을 상상하면 재밌기도 하고 걱정도 되어서 머리가 아파져 오는데 이걸 현실로 생각하고 싶지는 않다. 아니 이미 생각했기에 현실이 되었다.

사회학 용어 중 토마스 정리라는 게 있다. 이것은 "인간이 어떤 상황을 현실로 규정하면 그것은 그 규정대로 현실이 된다"라는 걸 의미한다. 밖으로 나온 AI 반려동물이 괜스레 불편한 사람은 그렇지 않은 사람과 갈등을 겪는다. 이것은 마치 AI에 '불쾌한 골짜기' 영역을 가진 사람은 그렇지 않은 다수에 의해 제2의 양심적 병역거부 같은 상황에 놓이게 되는 것과 같은 현상이다. 이것은 종교를 바라보는 관점과 조금 유사하다. 이런 부분에서 인간은 서로를 혐오하고 규정하여 갈등을 반목하는데 국가는 사회 통합을 위해 기준과 규제를 위한 새로운 법을 제정하게 된다. 그러나 규제에 대한 시각마저 국가를 믿는 자와 안 믿는 자 그리고 AI관계자가 각각 다를 것이다. 마치 원자력 마피아와 일반 국민의 시각 차이처럼 말이다.

국가 경쟁력을 들먹이며 신이 된 종교 같은 AI업체는 규제를 완화하길 바랄 것이다. 그들은 나중에 돈이 된다고 생각하면 윤리 영역을 무시하고 법의 교묘한 허점을 파고들어 자극적인 무엇을 내놓을 수도 있다. 국가는 국가대로 시민은 시민대로 편리함과 불쾌함 그리고 갈등을 동시에 겪으며 새 AI 시대를 맞이할 것이다. AI가 신이 된다는 해석은 누군가에게는 좋고 또 누군가에게는 좋지 않은 일이다. 이건 기독교처럼 그 자체가 사회적이고 정치적이라는 말과 같은 의미다. 신적인 존재는 필연적으로 이중 관념을 만들기 때문에 바깥 존재와 대립하게 된다. 미래의 과제와 AI에 관해 생각해 볼 것은 아주 많지만 곳곳에서 종교나 AI 이야기는 다루고 있기 때문에 다른 인문의 세계로 가기 위해 이 챕터는 이 정도로 마무리하겠다.

44

문화 2

김구 선생님, 보고 계십니까

우리나라 문화 콘텐츠 산업이 세계 곳곳에 퍼지고 있다. 그래서 요즘 사람들은 온라인에서 "김구 선생님 보고 계십니까"라는 문장으로 백범 김구의 선견지명을 칭찬한다. 70년 전 배고픈 시절에도 문화의 중요성을 간파한 김구 선생님은 한국 문화에 자부심과도 같은 인물이다. 이제 문화는 전 세계 모든 것을 움직이는 산업이 되었기 때문에 앞으로도 국가와 국민의 역할이 중요하다. 사람들이 평소에 잘 인식하지 않고 살지만 우리나라 헌법 제9조에는 "국가는 전통문화의 계승 발전과 민족문화의 창달에 노력하여야 한다"라고 명시되어 있다. 만약 국가의 리더나 문화체육에 관여하는 기관들이 문화 창달에 소홀하면 국민들 그중에서도 특히 예술문화인들은 더 적극적으로 헌법의 원칙을 지키라고 이들에게 요구해야 한다. 올바른 국민 생활을 위한 이런 명문화는 국가에 대한 구속적 역할을 하기 때문에 문자로 기록된 것은 대단히 중요하다. 이것은 마치 성문법 나라의 일부 장점 역할을 하는 것과 같다.

앞서 문화의 계급적 차원을 잠시 살펴봤는데 이번에는 좀 더 지엽적이고 미시적으로 들어가보려고 한다. 문화(文化)를 한자 그대로 풀어서 해석해 보면 같은 문자·언어를 가진 사람들이 어떤 동질감을 가지는 걸 의미한다. 영어 어원 culture는 농업 agriculture에서 파생했는데 농업의 특성을 한번 떠올려 보면 농업이 기후, 토양 등의 지역적 특성을 가진다는 걸 알게 된다. 그 지역에 맞는 농업을 하기 위해서는 과학적인 지식이 반드시 필요하다. 그 과학적 지식은 구전되거나 기록된 문자로 세대를 거듭한다. 세종대왕 때는 과거 별자리를 살피고자 칠정산을 만들었고 강수량을 측정하기 위해 측우기를 만들었는데 이런 관찰은 모두 문자로 기록되었다. 이걸 우리 조상은 다시 후대에 이어받게 하여 더 정교한 과학 탐구로 나아가게 했다. 이렇게 한문의 문화와 영어의 문화가 전혀 관련이 없는 것 같지만 문화는 경작이라는 특정 무엇을 공유하는 공통점을 가진다. 비록 그것이 각 나라와 각 민족, 각 지역에 따라 다를지언정 문화는 광범위하게 공유될 수 있다. 결국 문화는 어떤 농업의 특산물 같은 성격을 가지며 그것이 다른 지역으로 수출되어 시장 경제의 큰 역할을 한다.

디지털 문명의 영향으로 보이지 않는 문화 콘텐츠 전쟁은 한류에 국한되지 않고 이제 전세계 모든 나라가 문화 자본주의 시장 경쟁에 뛰어든다. 일본이 닌텐도를 위시로 슈퍼마리오와 기타 애니메이션을 선점했다면 미국의 디즈니랜드는 영화와 캐릭터 산업 기타 여러 문화 콘텐츠를 선점했다. 우리나라는 K-POP을 이끌며 늦게나마 영화나 드라마에서 두각을 나타내고 있는데 비단 이것은 콘텐츠에 머물지 않으며 세계 교류 전쟁은 음식에도 나타난다. 일본이 초밥, 간장을 선점했다면 우리나라는 비빔밥과 김밥을 세계에 알리고 있다. 하지만 우리는 수십 년간 쌓아 올려진 일본과 미국의 문화 콘텐츠 산업에 비하면 여전히 그들에 비해 걸음마 수준의 한류를 가지고 있다. 다른 나라가 이미 앞서 나간 부분을 따라잡는 건 어렵지만 세계에 뛰어든 문화는 언제나 전복할 가능성이 있음을 믿고 계속 힘을 키워야 한다.

이런 문화의 힘은 그저 콘텐츠 결과에만 있지 않다. 여기에는 엔지니어와 마케팅 및 경영 등이 함께하고 모방의 변형과 창조의 힘이 관여한다. 이 창조력은 곧 배움의 교육에서 시작된다. 이 교육은 바로 책과 누군가의 언어로부터 전해지는데 이 두 가지는 다시 문자로 기원한다. 현재는 한국 문화의 우수성에 대해 말하면서 김구 선생님과 함께 한류를 즐기고 있지만 사람들은 이 문화의 힘 이전에 문자의 힘을 간과하곤 한다. 미래에는 코딩부터 일상 거의 모든 것을 AI가 해준다고 해도 인간의 인문학적 사고와 자기 기술은 반드시 인간 스스로 행해야 한다. 글을 읽는다는 것으로부터 모든 것이 시작된다. 당연히 많은 사람이 읽고 살고 글을 써야 문화 발전이 지속 가능하다. 이건 경험하고 배워야만 농작물을 잘 키울 수 있는 것과 똑같은 이치다.

하지만 요즘 사람들은 자기에게 직접적 이익이나 직업에 필요한 게 아니면 잘 배우려고 하지 않는다. 문자(文字)는 모든 것의 종자(種子)다. 글자 자(字)는 '아이를 낳다'라는 아들 자(子)에 집 면(宀)이라는 부수 한 자가 더해져 만들어진 것이다. 처음에 이 한자는 아이를 키우는 의미였지만 나중에는 지금의 글자 자(字)로 변하게 된다. 결국 문자의 의미를 확대해석하면 문화는 씨앗처럼 무엇을 계속하여 파생하고 낳는 역할을 한다는 것을 알 수 있다. 그러나 요즘 세상은 디지털 영향으로 그 반대로 가려고 한다. 이것은 분명히 잘못된 일이며 그럴수록 인간은 종이책을 결코 포기할 수 없다.

톨스토이는 "문화는 책과 신문이 보급된 정도로 측정된다"라고 하였다. 다만 그가 살았던 시기와 현대사회는 문화 전달의 매개체가 많이 변했으므로 시대 보정을 해야 한다. 그런데도 텍스트, 글자, 언어는 모든 것의 원인이자 결과가 되며 어떤 문화는 소비하지 않으면 소멸해 버린다. 좋은 책이 나오는 것도 그걸 소비하는 사람이 있어서 그런 것이며 거기서 파생된 글의 힘은 더 나은 문화를 위한 양식이 된다.

지금 난제의 글은 문화의 근원을 문자로 상정하고 있으며 이건 마치 꽃의 암수가 수정되도록 하는 바람과 벌의 역할이 책이 하는 것과 같음을 의미한다. 그래서 갈수록 편중되어 독서를 하는 것도 이제는 다시 생각해 봐야 한다. 어떤 책 장르든 더 나은 결과물을 위해서는 지식 파생이 필요하고 여기에는 인문 교양이 큰 역할을 한다. 실로 다양한 문자 조합은 무궁무진하다. 가령 최근 웹소설, 웹툰의 평면적 글과 입체적 그림은 남녀노소 모두에게 인기 콘텐츠가 되었다. 그중 인기 작품은 영상으로 제작되어 3차원 인간에게 n차원적 해석을 하게 한다. 그래서 소비와 생산이 선순환 되어 이 콘텐츠는 지속적으로 발전하게 된다. 영상, 콘텐츠, 음악, 춤, 연극(뮤지컬), 음식, 패션, 책 등이 세계로 팔려 나가는 것들도 문자의 힘에서 비롯된 것이다.

다만 레비스트로스는 문자가 지배 체제를 공고히 하는 어떤 수단으로 쓰인다고 주장한다. 하지만 이때는 문자가 정치 사회에 권력적으로 쓰였을 때이므로 레비스트로스의 저 말은 반만 진실이다. 과학에는 기초과학이 반석 역할을 하듯이 문자에서 나오는 기본 지식이 다양한 문화 콘텐츠의 반석 역할을 하여 재생산의 에너지를 만든다. 그렇기 때문에 윤리, 정치, 철학, 언어, 기호학, 과학, 고전 등이 현대문화에 고리타분함을 준다거나 문화 창달에 실질적 도움이 안 된다고 생각하면 아주 큰 오산이다. 난제의 글을 이렇게 쓴 목적 중 하나는 인문학적 사고와 과학이 다른 것처럼 보이지만 전혀 그렇지 않다는 것을 보여주고 싶었기 때문이다. 이 글은 거의 모든 것이 문자로 융합되어 있음을 증명하고자 했다.

언뜻 보면 미래에는 AI가 민주주의와 전혀 관련이 없을 것 같지만

AI는 민주주의에 절대적인 영향을 주게 된다. 이런 사고의 확장성은 책의 궁극적 목표가 되는데 현대인은 이런 통합적 앎과 토론이 절대적으로 부족하다. 어쩌면 읽고 난 다음에 다양한 사람들의 토론이 인간에게 가장 중요할지 모른다. 이 토론이 순수하다면 논리와 철학 기타 즐거움 속에 더 나은 기초 문화를 창출할 것이다. 철학의 고리타분함과 웹툰의 단순 즐거움의 만남도 사람들에게 더 괜찮은 작품을 만들게 하는 힘이 된다. '매트릭스' 영화도 이런 철학적 요소가 있고 심지어 마블 시리즈 영화도 이런 요소를 첨가한다.

문자로 배운 배경 지식은 재미와 함께 문화를 이해하는데 도움을 주며 이것은 다시 분석과 비평의 글이 되어 다른 창작자와 대중에게 널리 퍼진다. 여기서 문화는 다시 재생산과 수정, 창조적 모방이 계속되어 국민이 즐기는 눈사람이 된다. 눈사람은 누구나 만들 수 있고 혼자나 여럿이도 함께 할 수 있는데 광고 한 편을 제작하고 뮤직비디오를 만드는 것도 이와 유사하다. 설령 작업자가 AI로 무엇을 생산한다고 하더라도 전체를 총괄하는 인간이 철학, 심리학, 인문, 고전, 문학, 사회과학, 수학, 과학 등 다양한 지식을 가지고 있으면 당연하게도 더 나은 것을 창조하게 된다. 만약 악마의 칩이 있어서 666 망상이 곧 AI라면 그것은 우리를 노예로 만들어버리고 인간의 배움과 창조 의지를 희미하게 할 것이다. 그래서 우리는 사유의 영역과 호기심 영역을 좀 더 넓힐 필요가 있다.

지금은 융합의 학문 시대로 인문학이 콘텐츠 문화에 별로 쓸모 없을 것 같지만 전혀 그렇지 않다. 오히려 앞으로는 인문학적 지식과 감수성이 문화 핵심이 되어야 한다. 문자라는 훌륭한 인풋(input)이 있어야 문화라는 아웃풋(output)이 제대로 산출된다. 분업이 된 현대 자본주의 시스템과 인공지능이 인간이 해야 할 정보 분석을 대신 하기에 특정 영역에서는 분명 인간의 영역이 줄어들 테지만 그걸 융합하여 만들어 낸

문화 결정은 또 인간이 해야 한다. 역설적으로 인공지능에 의지하는 게 아닌 인간이 더 많이 알아야 좋은 리더가 되고 좋은 결정을 하는 사람이 된다. 앎을 귀로 듣는 것은 금방 휘발되고 얕은 눈으로 세상을 보는 영상은 그저 단순한 시간 보내기에 불과하기 때문에 그런 것은 최소한으로 해야 한다. 이것은 즐기는 것과 배우는 것을 동시에 해야 한다는 소리다.

지금까지 문화라는 개념을 국가적으로 보았는데 문화를 작게 보아 특정 동질감으로도 해석할 수 있다. 특정 동질감이란 다문화나 성소수자, 다른 세대, 남녀, 종교적 신념 그 외에 다양한 정체성 문화에 속하는 사람들을 의미한다. 거기서 그들만의 문화가 성립되는데 문제는 이 문화의 영역에 속하는 사람과 아닌 사람들 간의 정체성 충돌과 분리주의가 사회 갈등을 일으킨다는 점이다. 하지만 다른 챕터에서 그토록 말했던 갈등 이야기를 다시 반복하려는 건 아니다. 이 정체성 문화는 충돌만 하는 것이 아니라 때론 특수한 보편성도 가진다. 누가 어떤 의도를 가졌든 간에 대중은 그저 문화 예술을 즐기기만 하면 된다.

강준만의 『대중문화의 겉과 속』처럼 문화가 꼭 정치 사회적인 기능의 숨겨진 의미만을 가지는 건 아니다. 재즈 음악의 기원도 따지고 보면 이런 정체성 영역에 속하는데 우리는 그런 의도성보다 그냥 재즈 음악을 듣는 게 좋을 뿐이다. 의도성 외에 문화는 계급적 위계도 만들지만 사람들이 그것을 꼭 의식하며 즐기는 건 아니다. 클래식은 로마 시대 클라시쿠스라는 계급적 언어의 기원을 두고 출발했으며 와인은 맥주와 계급 분리가 존재했던 시기가 있었다. 그러나 우리는 상위 클래스 삶이 아니어도 클래식을 듣고 싶어 하며 소주나 맥주보다 와인이 더 고상한 술이라 먹는 게 아니라 그냥 그것이 좋아 마신다. 물론 일부 사람은 여전히 고급 문화에 대한 우쭐함을 가질 수는 있다. 국가 내 아주 다양한 정체성 영역의 다름을 넘어 케이팝이 다른 문화권에서도 사랑받는 이유는 멋짐에 대한 선망과 함께 보편적 문화 즐김이 있기 때문이다. 여기에는 과거부터 존재했던 백인은 주류, 흑인은 비주류 그 외 유색인종은 제3자 등과 같이 문화서열이라는 관념이 없다.

『파열의 시대』의 저자 에릭 홉스봄은 한 장의 그림과 한 곡의 노래는 유대감으로 연결되어 있으며 사람들은 그 노래의 아름다움이나 훌륭함이 아닌 '우리의 노래'라는 것으로 예술을 공유한다고 주장한다. 다만 아직도 천박한 노예 근성을 가진 백인, 흑인, 황인 종족들이 존재하여 스스로 자기 인종을 갉아먹는 행태를 보이기도 한다.

문화는 역사만큼 계속 흐르기 때문에 과거 미국 문화나 유럽 패션이 우리의 선망이 되었던 것과 같이 지금은 케이팝이 그들에게 그런 비슷한 영향을 끼친다. 인종과 문화 그리고 세대는 다르지만 현재도 마이클 잭슨의 '빌리진'을 듣고 전세계 남녀노소가 좋아한다는 것은 예술이 민족 정체성의 무엇을 초월한다는 걸 증명한다. 시각적으로 보기 좋아서든지 아니면 천재적이어서든지 특수와 보편성을 동시에 가진 센세이션한 그 무엇은 시대를 지배하고 그 영향력은 후대에 계속된다. 원래는 경계짓기었던 것이 파괴하는 힘으로 변모한 게 바로 이런 시대 초월 문화다. 경계짓기에 대한 이야기는 충분히 했으니 이번엔 문화의 특성으로 논의를 전개해 보겠다.

진화생물학자들은 인간의 유전자뿐만 아니라 문화도 후대에 규칙성을 준다고 주장한다. 하지만 앞서 나열한 특정 정체성 문화의 사람들은 개인 혼자서 끝나는 것에 머물게 되는 경우가 많아 보통의 문화처럼 후대 가족이나 사회로 연결되지 않는다. 하지만 개인인 나 자신은 유전자를 남기지 못해서 죽고 사라지더라도 이 정체성 문화의 관념은 사라지지 않는다. 왜냐하면 세상은 넓고 특수한 정체성 유전자는 계속해서 다른 사람에게 잠재하기 때문이다. 여기서 정체성 문화란 정체성 정치를 변용한 것이다. 이 정체성 문화는 수용 가능성과 불가능성 그리고 긍정과 부정을 동시에 가지고 있다. 개인 차원에서 벗어나 만약 이것을 어떤 종교나 섹슈얼리티 기타 이념으로 보고 그 영향력을 살펴보면 왜 정체성 문화가 이중성을 가지는지 금방 알게 된다.

문화는 꼭 층위나 계급 관념이 없더라도 그 자체로써 사상과 비슷하게 개인의 감정과 집단에 낯섦과 거부로 이어지는 경우가 많다. 그런 면에서 어떤 건 민족을 초월하고 어떤 건 민족 내 작은 집단에서도 수용되지 못한 정체성 문화가 있다는 것이 참으로 신기하다. 특히 종교가 배타성과 포용성을 동시에 가지는 변태성을 보여준다. 2000년 전 기독교가 탄생하여 파생시킨 것은 건축, 예술, 철학 같은 사상, 심리학, 과학 등 아주 다양하다. 종교가 인류에 도움이 되었고 그게 긍정의 문화로 정착한 것은 인정할 만하지만 종교를 믿는 인간들이 폐쇄된 관념을 가질 때면 아주 부정적인 일이 많았음을 우리는 역사적으로 잘 알고 있다.

우리가 살펴야 하는 것은 이런 이분법적 대립이 아니라 과거 유산을 어떻게 현재 문화에 적용시키는가이다. 과거와 현재를 결합하여 창조된 미래를 만드는 일이 콘텐츠 문화의 핵심 중 하나다. 미시적으로 들어가 보면 게임 캐릭터가 전우치나 홍길동이 될 수 있고 영상 제작물로 보면 어우동 이야기가 현대적으로 각색되어 웹드라마가 될 수 있다. 요즘은 드라마나 웹소설이 역사와 고전을 만나 판타지가 되는 설정을 자주 볼 수 있다. 다만 어떤 영역에서는 사람들이 불편하지 않을 마음을 생각해야 하며 특히 역사적인 것일 때는 허구와 각색의 구분이 제대로 알려져야 한다.

예를 들어 과거 고종의 부인 민씨를 명성황후로 각인시키고 일본에 맞선 조선의 국모라는 긍정적 이미지의 애국적 이야기를 마치 사실인 것처럼 드라마화 하는 일은 옳지 못하다. 이건 역사적 사실로도 그렇고 민족 감정이라는 측면에도 중요한 일이다. 문화 산업이라는 경제 영역에서도 최소한의 윤리가 필요하고 교육적인 측면도 일부 영역에서는 민감하게 생각하지 않을 수 없다. 사실 이 부분이 가장 객관적이기 어렵고 개인의 생각이 다양해서 합의가 이뤄지지 않는다. 이럴 때는 문화가 창조력이나 표현의 자유에 한계를 가하는 느낌이다. 그래서 불편한 마음과 불합리한 것의 구분으로 그것의 경계를 찾아야 한다. 문화는 기본적으로 자유로움의 낙서처럼 문자를 자기 생각대로 적어내듯이 자유가 최대한 보장되어야 한다.

다만 우리나라는 긍정의 의미가 있는 정체성 문화에 대해서 자유를 제대로 부여하지 않는다. 지역에 따른 경작물이 특산화가 되듯이 우리의 문화를 개인 차원으로 환원하면 좋을 텐데 보통은 교육과 현실의 틀에 갇혀 그러기 쉽지 않다. 쉽게 말하면 개인은 사회 주류를 따라야 하고 먹고 사는 문제에 직면하여 창조적 행위가 직업이 되지 못하는 경우가 많다. 반대로 지능과 부의 대물림을 받은 사람은 예술이 직업이 되며 때론 자기 능력과 상관없이 상위 문화의 전리품을 나눠 가진다. 그렇게 특정 부자의 예술은 곧 예술의 직업 장벽을 만들고 신분을 유지한 채 대중과 접촉하려는 이중성을 가진다. 이런 것들은 옳지 못하기에 타파되어야 하며 특히 물질 우위의 정체성 문화는 관중 및 대중 의식이 중요하다.

한국의 문화 콘텐츠가 다양하게 전세계에 퍼지고 있는 상황에서 우리가 자부심을 가지는 것과 그것을 더 발전시키고 다시 창조하는 것은 별개의 문제다. 그렇기 때문에 앞으로 문화 전쟁은 국가의 역할과 예술인이 중요하며 특히 예술인에 대한 지원은 탁상공론보다 현실적이어야 한다. 이때 지원 정책도 문화 금수저나 기득권 문화조직 등이 아닌 생계형 예술인에게 더 지원되어야 한다. 보통은 국가가 문화에 간섭하는 것을 금기시하지만 이때는 간섭과 지원을 제대로 구분할 필요가 있다. 이와 관련하여 공공의 업무를 하는 사람들이 대중 인지 감수성을 잘 가졌으면 좋겠다.

　최근 국립중앙박물관의 굿즈가 유행하면서 박물관이 관광과 교육의 장소로 각광받고 있다. 우리는 어설픈 문화 자부심이나 단순히 애국심에 의한 마케팅에 속아 군중 심리에 반응하는 게 아니다. 물론 자국문화의 소비는 민족 정체성과 사랑이 관여하지만 그보다는 퀄리티 있는 문화 상품과 콘텐츠 생산이 지속가능한 대중의 유행에 더욱 중요한 역할을 한다. 이것은 국립중앙박물관을 넘어 여러 지자체의 문화유산이나 지역 축제와 같이 지방 소멸 위기에 대한 문화 콘텐츠에도 미래 힌트를 준다. 중요한 것은 일시적 유행이 아니라 지속 가능성을 계속 유지하려는 관련 부서와 수장의 노력이다.

　다시 처음으로 와서, 문화는 씨앗이 되는 문자를 심고 다양한 환경에 적응하는 과정을 거치며 꽃과 열매를 맺는다. 우리나라는 항상 부족한 기초과학의 중요성을 여전히 말하고 있는데 이와 비슷하게 문화도 기초문화의 중요함을 알고 결코 문자의 힘을 포기해서는 안 된다. 한편 '케이팝 데몬 헌터스(이하 케데헌)'의 인기 현상을 가지고도 우리나라 문화에 대한 분석을 할 수 있다. 이건 예술 철학자나 다른 인문학자가 재밌게 해석해 주었으면 좋겠다. 케데헌 현상은 단순 애국심부터 디테일한 문화 그리고 인류학 관점까지 이야기할 게 굉장히 많다. 만약 그런 책이 없다면 앞서 언급한 에릭 홉스봄의 『파열의 시대』 책 앞부분 70여 페이지만 읽어 보길 바란다. 시각과 청각 등 신체 오감을 넘어 정신을 들썩이게 하는 어떤 문화는 인종 세대 국가를 넘어선다. 홉스봄은 이걸 초국가적 문화 이동이라 부른다.

　다시 한번 강조한다. 대한민국은 선조들의 훌륭한 문화유산도 많이 가지고 있지만, 다른 나라에 비해 문화적 흙수저와 자원 흙수저로 태어났기에 우리는 기초문화의 힘을 위해 계속해서 텍스트 안으로 들어와야 한다. 당연히 텍스트는 문자이며 최종적으로는 책이다.

45
역사 2

세 개의 큰 축

인류 역사에는 세 개의 큰 축이 있다. 하나는 전쟁의 역사이고 두 번째는 철학의 역사이며 세 번째는 과학의 역사이다. 철학의 역사에는 종교, 인식론, 정치, 경제, 문화 등을 포함하는데 전쟁과 과학의 역사도 위 세부 사항들을 공통적으로 가진다. 역사의 세 축이 이렇게 같이 들어있는 도서가 그 유명한 재레드 다이아몬드의 『총균쇠』다. 다만 『총균쇠』는 과학 자체보다는 인간과 환경의 관계를 밝히는 데 더 중점을 둔다. 역사에 대해서는 세계사 외에 미시적으로 한국사나 한국의 음식, 옷, 풍습, 제도 같은 전통문화도 언급해야 하지만 이 챕터에서는 역사 개론 관점에서 좀 더 거시적으로 볼 것이다. 그렇다면 왜 우리는 역사를 알아야 하는가?

앞서 언급한 포크너라는 학자의 말을 다시 상기해 보자. "과거는 결코 죽지 않았다. 그것은 심지어 과거가 아니다" 포크너의 저 말을 필자는 인간의 본성과 연관 지어 난제의 글에서 계속 증명했다. 넓은 의미로 철학을 본다면 인류의 역사는 기원 전후로 기독교 역사를 가진다. 우리나라 천주교는 본격적으로 18세기에 문을 두드리고 19세기 김대건 신부 이후에서야 정착하지만, 기독교는 이미 2000년 전부터 전세계적으로 철학과 과학 전쟁 등 모든 것에 영향을 끼쳤다. 과연 기독교는 사랑의 웃음꽃이었을까 아니면 억압하는 피의 꽃이었을까? 이런 논쟁은 좋은 일이다. 『논어』에서도 "어째서 그러하냐고 질문을 하지 않는 사람이 과연 무엇을 알고 있을지 나는 알 수 없다"라고 한다. 그리스 철학이 발전한 이유도 소크라테스 전후로 사람들이 질문하고 대답하며 끊임없이 논쟁하면서 모르는 것에 대해 탐구를 했기 때문이다. 여기에 중심 역할을 한 세력은 아이러니하게도 십자군 전쟁 전후의 이슬람 국가다. 참고로 이란이 이슬람 세력으로 편입되기 전에는 아랍이라는 의미가 희미했으며 8세기 이후에야 우리가 현재 말하고 있는 아랍권의 의미를 갖게 된다.

절대자인 신을 중심으로 두면서 인간이 인격신이 되어 신자를 세뇌하고 대중을 선동하며 교조적인 생각을 가지면 그것은 필히 피의 꽃을 만들어낸다. 과거에는 총칼로 사람을 죽였지만 지금은 가스라이팅으로 사람 자체를 바보로 만들어버려 이성을 희생시키고 그로 인한 인간 삶도 없애 버린다. 지금은 여러 이단이 출현하고 대형교회가 기득권이 되어 우리나라에서도 큰 문제가 되고 있다. 그런 의미에서 기독교를 철학으로 여기어 신이라는 절대규범을 해체하려는 사람과 반대로 아닌 사람으로 논의를 확장해 보자.

기독교라는 의미를 한자 그대로 풀이하면 존재하는 것에 대한 근본적인 기원을 찾는 것이다. 그래서 기독교를 존재에 대한 탐구로 보고 철학의 한 분야라고 생각해도 틀린 말은 아니다. 일단은 철학의 역사 흐름에 대해 마치 독후감을 읽고 쓰듯이 요약해 보겠다. 여기서는 인식에 대한 철학적 흐름만 나열할 것이기에 중요한 것이 아니면 미시적 논의는 생략한다. 다른 훌륭한 서양 철학 입문서에는 이런 흐름을 미시적으로 설명하기에 누군가에게는 지루한 면이 있다. 그래서 이렇게 큰 흐름만 말해보고자 할 뿐이다. 소크라테스, 플라톤 이전의 철학자들인 탈레스, 아낙시만드로스 등은 밀레토스 학파를 이루어 자연에 대한 탐구를 하였다. 이 자연 탐구가 소크라테스 시대와 스토아 학파 때는 인간으로 옮겨졌고 이 둘 다를 살폈던 철학자가 바로 아리스토텔레스다. 그 후 마케도니아 왕 알렉산드로스가 그리스를 통합하고 헬레니즘 문화가 형성된다.

아리스토텔레스의 인간과 자연의 이해는 기원후 3세기 신플라톤주의의 시초가 되는 플로티노스라는 인물을 통해서 추후 신과 자연, 인간의 삼위일체로 들어선다. 그게 바로 3개의 히포스타시스다. 히포스타시스란 존재의 성립을 뜻하며 3개의 히포스타시스는 하나님(One), 지성(nous), 성령(soul)으로 이루어진다. 이 관념은 거의 신플라톤주의의 절대적 로고스와 같고 이러한 신비주의는 중세까지 이어진다. 사실 삼위일체 개념은 기독교 이전 이집트와 다른 나라에서 먼저 생겨난 개념이다. 대표적으로 이집트 신화인 이시스가 삼위일체를 보이며 우리나라 단군 신화의 하늘, 땅, 사람 혹은 비, 바람, 땅 그리고 환인, 환웅, 단군의 삼원 사상도 여기에 포함된다. 또 기독교가 표상하는 것들은 그리스도인들 이전에 형성된 것들이 아주 많다. 가령 성모마리아가 예수를 안고 있는 피에타의 모습은 이미 이시스가 자기 아들인 호루스를 안고 젖먹이는 모습에서 드러난다.

플로티노스 표현을 빌리자면 하느님은 동그라미 안에서 어디든 중심 역할을 한다. 성경에서도 이와 비슷한 언급이 있는데 어디서든 존재하는 자가 하느님인 것이다. 이게 맞다면 유일한 하느님이 하나님이 되는 것이기에 무슬림에게도 알라는 하느님이 된다. 그래서 샤하다는 그들에게 진실이다. 샤하다란 알라 외에 다른 신은 없고 무함마드는 알라의 사도임을 믿는다는 신앙 고백을 의미한다.

이슬람의 역사가 아닌 제3자의 자유로운 생각으로 볼 때 알라는 하느님이고 예수는 무함마드다. 하지만 누군가는 이걸 거부하고 자기가 믿는 신을 오로지 성경의 하느님으로 해석한다. 신 안에서의 자유의지를 인정하고 은혜론을 설파했던 기독교 철학자 아우구스티누스는 토마스 아퀴나스와 칼뱅 사상에 영향을 준다. 4세기 기독교 공인 후 중세 유럽은 교황과 기독교의 강력한 교조주의로 과학이 위축될 법도 한데 역설적으로 수도사는 과학을 발전시킨다. 이때부터 근대에 이르기까지 식자층에 가장 두려운 것 중 하나는 종교적 '파문'이 된다. 그런데도 천 년 이상 지속된 천동설을 뒤집고자 했던 케플러와 갈릴레오는 두려움 속에서도 과학을 말하려고 했다. 참고로 갈릴레오는 케플러의 타원 궤도를 처음엔 받아들이지 않았다. 갈릴레오 하면 망원경도 떠오르게 되는데 보통 우리는 유클리드 때부터 있었던 광학에 대한 것을 혁명적으로 받아들이지 않는다. 하지만 광학은 인류 역사에 아주 큰 틀을 담당한다. 안경이 역사적으로 언제 처음 만들어졌는지 불분명하지만 14세기 유럽인의 그림으로 안경 쓴 남자가 남아있는 증거를 보면 이미 그전부터 인류는 광학을 과학의 이로움으로 이용했다는 것을 알 수 있다.

이제는 중세 이후 철학 사상의 흐름을 살펴보자. 신을 찾고자 하는 관념은 대륙의 데카르트라는 인물로 인해 합리론으로 이어졌고 귀납과 지각을 중시한 영국 경험주의는 베이컨으로 대표된다. 이 두 철학의 인식을 칸트는 이성주의로 결합하지만 역설적이게도 그의 사상은 정신적이다. 인간의 이성에 대한 자각은 계몽주의에 영향을 주고 다시 이 이성에 대한 의심은 예술까지 영향을 끼쳐 향락적 로코코 미술을 이끌게 된다. 로코코 예술에 대한 반동으로 18세기 말부터 19세기에는 신

고전주의가 융성하지만 이 예술은 철학과 더욱 결합하여 19세기 말 20세기 초 다양한 아방가르드적 작품들에 영향을 끼친다. 만약 이 부분을 좀 더 자세히 알고 싶다면 박홍순의 『서양 철학사 강의』를 읽어 보면 된다. 이 책은 총 2권으로 구성되어 내용이 방대하지만, 시대별 철학 사상과 재밌는 예술을 연계하여 청소년부터 어른까지 읽어보기에 좋은 내용들이 가득 차 있다.

이제 철학 흐름의 마무리를 지어 보자. 19세기 및 20세기 철학의 흐름은 관념이나 경험 이성이 아닌 의지의 문제 그리고 현상과 실존에 대한 인식으로 이어진다. 20세기 초 비판 이론을 시작으로 1950년대에는 이성으로 생각했던 철학이 이성의 비판과 해체를 주장하는 (포스트)구조주의로 거의 마침표를 찍는다. 인간 의식과 사회 구조는 이제 구분되지 않는다. 지금에 와서는 철학이 실재나 명목이냐의 이분법적 구분이 아니라 인간 세계의 실증으로 보고 과학과 철학을 같이 융합하는 시대가 되었다. 그래서 철학도 인간사회도 복잡성이 커졌으며 해석도 그만큼 다양해졌다. 이 정도면 한 단락으로 서양 철학사를 게 눈 감추듯이 설명한 것이다.

이것으로 철학, 과학, 기독교 이 셋은 서로 떼려야 뗄 수가 없음을 알게 되었다. 역사의 세 축 중 전쟁은 언급하지 않았는데 로마 전쟁사나 십자군 전쟁 하나만 해도 너무 방대한 분량이라 그걸 여기서 다 언급할 수는 없다. 십자군 전쟁은 시오노 나나미 책부터 해서 세계 전쟁사를 쉽게 설명한 한국 작가의 만화까지 넘쳐날 정도로 많다. 십자군 전쟁은 이슬람과 기독교의 종교 충돌이자 아랍인과 유럽인의 인종 충돌이었으며 무지와 광기, 선택적 이성의 문화 충돌이었다. 세계 역사에 엄청난 영향을 준 이 전쟁에 관심 있는 사람은 국내외에서 출판된 도서를 찾아 읽어보면 된다.

예전에 1차 십자군 원정부터 4차 원정까지 전쟁 흐름이 궁금하여 이와 관련된 책을 몇 권 읽었던 적이 있다. 그래서 이때의 교황과 유럽 왕들의 이야기 그 외 이슬람 세력의 저항과 그로 인한 역사적 사건들을 꽤나 알고 있었는데 지금은 거의 다 잊어버렸다. 계속 배우지 않으면 지식은 이렇게 희미해진다. 그래도 괜찮다. 그저 우리는 임진왜란 때 전세계 역사상 최고의 장군인 이순신이 있었고, 십자군 전쟁 때 잉글랜드에는 사자왕 리처드가 있었으며, 로마 포에니 전쟁에는 로마 영웅 스키피오가 있다는 정도의 지식만 가지고 있어도 아주 훌륭하다. 또한 펠로폰네소스 전쟁이 대략 어느 시기에 있었고, 그리스와 스파르타의 위치가 어디에 있으며, 이들은 도시국가 전쟁이었다는 정도만 알아도 충분하다. 여기서는 아주 대중적인 전쟁 이야기 말고 전쟁 역사 중 상대적으로 덜 다뤄진 걸 이야기해 보겠다.

두 나라 간 재밌는 싸움 중 하나가 독일과 프랑스의 전쟁이다. 다만 이것도 그렇게 미시적인 이야기는 아니다. 나폴레옹 시기 이후로 보자면 독일 통일 전의 19세기 프로이센과 프랑스의 전투는 피히테에게 독일 민족의식을 고취시킬 만큼 중요했다. 1870년 프랑스는 독일 통일 직전의 프로이센과 보불전쟁을 한다. 비스마르크는 프랑스와의 전쟁을 승리로 이끌고 오스트리아를 제외한 프로이센 연합의 독일을 완성한다. 이때 비스마르크는 프랑스에게 모욕감을 주는데 그게 바로 루이 14세가 지은 베르사유 궁전에서 독일 황제인 빌헬름의 대관식을 연 것이다. 원래부터 프랑스와 독일은 감정이 좋지 않았지만 이때부터 그들의 민족 반감은 더욱 심해진다. 반면 영국과 독일의 관계는 최소한 지배 계층 간에는 사이가 좋았다. 잉글랜드를 앵글로색슨족이라고 하는데 그 이유는 바로 색슨이 독일의 작센 지방을 의미하고 영국은 이 지역 사람들과 혼인을 통해 독일과 왕실 관계를 이어갔기에 그렇게 불려진 것이다. 한편 독일 프랑스 전쟁에서 프랑스가 왜 패배했는가에 대해 어떤 학자는 전쟁에 대한 맥락이나 전술 이야기가 아닌 다른 관점으로 바라본다.

가령 프랑스는 전쟁만 진 게 아니라 독일 문화나 문학에 대해서도 패배했다고 주장한다. 다시 베르사유 이야기를 좀 더 하자면 프랑스와 독일의 이 악감정은 다시 1차 세계대전으로 드러나는데 전쟁에 패한 독일이 이번에는 베르사유 조약으로 굴욕적 상태에 놓인다. 독일이 전쟁의 주범이자 패전국이었기 때문에 이것은 당연한 것이었다. 독일 국민들은 1차 세계대전 후 일본의 자위대처럼 전쟁할 일부 군대를 가지지 못하는 상태로 조약을 맺은 것에 큰 무기력감을 느꼈고 전쟁 배상 금액 때문에 다른 민족에 반감을 가지게 된다. 순수 혈통만 있는 것도 아니면서 아리안족에 대한 대단한 자부심을 가졌던 독일은 이때 민족 자존심에 심한 상처를 입는다. 전쟁 후 경제 사회적 침체까지 심해져서 독일 국민은 히틀러가 선동하기에 아주 완벽한 민족 상황이 펼쳐진다. 히틀러는 이런 대중의 전의식 상태를 잘 알고 있었고 그걸 이용해 집단무의식의 거짓말로 확실하게 자기 국민을 노예로 만들었다. 그는 이렇게 이야기한다. "대중은 작은 거짓말보다 큰 거짓말을 더 빨리 믿는다. 충분하게 반복하면 대중은 그걸 조만간 믿게 된다." 트럼프도 그것을 잘 알고 있다. 그래서 제임스 불의 『개소리는 어떻게 세상을 정복했는가?』라는 책 내용을 읽지 않더라도 위 두 인물로써 대략적으로 그것을 짐작할 수 있다.

포스트 트루스, 즉 탈진실의 핵심은 상황을 유리하게 하려는 계속된 거짓말이다. 이때는 시오노 나나미의 전쟁에 대한 정의가 들어맞는다. 그녀는 "모든 것을 한꺼번에 해결하려는 의도로 전쟁을 시도한다"라고 말한다. 하지만 모든 전쟁이 그런 것은 아니다. 왜냐하면 전쟁이 늘 정치적이거나 사회적 시도로 행해지는 것은 아니며 광기로 이뤄지기 때문이다. 슈테판 츠바이크의 『광기와 우연의 역사』도 그걸 잘 말해주고 있는데 전쟁은 시오노 나나미의 저 말보다 '광기' 두 글자로 해석하는 게 가장 적절하다. 사람마다 다르지만 보통의 인간이라면 타인을 해칠 마음이 짐승처럼 생기지 않는다. 맹자는 사람이 긍휼, 즉 인의(仁)의 마음이 없으면 인간이 아니라고 했고 소크라테스도 사람이 도덕 정신을 가지지 않으면 정신적으로 이상한 사람이라고 했다.

종합해 보면 전쟁은 다른 존재를 파괴하여 자신을 보존하려 하거나 두려움에 대한 것을 없애기 위한 광기라고 말하는 게 가장 정확하다. 미시적으로 보면 레비스트로스처럼 전쟁을 희소함에 대한 교환 행위 같은 것이라고 생각할 수도 있지만, 이건 경제적 이유 중 하나로 전쟁의 진짜 근원은 아니다. 전쟁의 원인은 정치 사회적 원시적(무지) 이유 등 다양하며 물질적 차원만이 아닌 종국적으론 종교와 같은 정신적 갈등이나 정신적 고갈의 해소를 위한 결과물로 발생하기도 한다. 전쟁의 역사는 끝도 없기에 이번엔 철학을 포함한 문화의 역사도 잠시 이야기해 보자.

겉으로 보기에 전쟁은 문화나 종교와 관련이 없는 것 같지만 오히려 그 반대다. 전쟁 하나로 침략당한 나라의 음식 문화가 바뀌는 경우도 있고 없던 종교가 그 나라의 주요 종교가 되기도 한다. 이렇게 역사의 큰 세 축은 서로 독립적인 게 아니라 상호 관계적이다. 가령 아프리카 국가 수단은 남수단 독립 전까지 부족과 종교 갈등이 끊임없이 일어났다. 수단 내 오래전부터 존재한 기독교와 영국 식민지 체제하에서의 선교활동으로 기독교인이 된 상대적 소수의 사람들은 자국의 이슬람교와 피비린내 나는 내전을 겪어야 했다. 사실 다른 나라를 예로 들 것도 없이 문명·문화의 충돌은 우리나라 단발령 때도 있었다. 단발령은 상투를 트는 수백 년의 역사에 민족 정체성을 파괴하는 조치로 우리나라 사람들은 머리를 자르는 대신 죽음을 각오하며 자신의 신체를 지키고자 했다. 우리나라에 단발령이 있었다면 러시아에는 표토르 대제의 수염 자르기가 있다.

러시아 사람들 또한 죽음을 불사하고 수염 깎는 걸 반대하였다. 털 이야기를 하다 보니까 만주족인 청나라가 변발을 시행해 우리처럼 한 족이 저항을 한 일도 말하지 않을 수 없다. 털 하나가 뭐라고 생각할 수 있지만 민족을 떠나 '신체발부 수지부모'라는 감정과 고유의 민족 정체성은 전세계인이 똑같음을 알 수 있다. 물론 문신하는 사람들에겐 신체발부 수지부모라는 표현이 꼰대 같을 수도 있다. 때로는 전쟁과 문화 종교는 환경과 조건을 좌지우지하여 인간의 의식을 지배하고 그걸 공고히 한다. 미셸 푸코의 인식으로 보면 이런 역사적 큰 틀 속에 현상의 이면에 있는 것을 찾아내는 게 우리가 역사와 종교 그리고 철학을 공부하는 이유가 된다. 이것을 탐구하지 않고선 인간을 이해하고 세계를 해석한다고 할 수 없다. 그래서 깊게는 아니더라도 이런 세계사적 시민의 앎은 반드시 필요하다. 왜냐하면 비슷하게 혹은 조금씩 다르게 이 역사의 큰 세 축은 현재도 앞으로도 계속될 것이기 때문이다. 역사의 큰 세 축은 민주주의나 독재, 자본주의, 법과 제도 등을 이야기해야 하는데 그렇게 되면 이 챕터는 지루해지며 다시 처음으로 돌아가야 하기에 이쯤에서 역사의 축 이야기는 그만 마무리하겠다.

46

종교

냉정과 열정 사이

인류는 두려움과 신비로움이라는 두 가지 이유로 종교를 만들었다. 처음에 인간은 자연에 대한 탄생을 신비함으로 보다가 나중엔 자연이 일으킨 현상을 보며 두려워했을 것이다. 두려움은 자연과 내면에 정령을 깃들게 하였고 인간의 심리에 관여하다가 결국 언어를 창조하듯 인간과 괴리되지 않은 신을 창조하게 만들었다. 인간과 너무 괴리되면 친근감이 없기에 기독교는 하느님의 말씀을 빌려 인간과 신은 형상이 비슷하다며 로고스화 한다. 인간과 신의 매개체가 된 예수는 신을 더욱 의미심장하게 만들어주고 거대한 기독교의 서사를 이끈다. 여기까지는 괜찮다. 나사렛 예수는 인간의 원죄를 자기희생으로 말미암아 죄 사함을 보여줬지만 지금 사이비 목사와 신도들은 국민을 원죄로 만들며 교회를 상품으로 여긴다.

제임스 스미스의 『누가 포스트모더니즘을 두려워 하는가』에서는 기독교를 중요하게 다루지 않지만 인간들은 하느님, 즉 종교를 상품화한다고 주장한다. 『누가 포스트모더니즘을 두려워하는가』는 전체적으로 난해하며 이 책에 모두 동의하는 건 아니지만 유독 스미스가 말한 하느님의 상품화 문구만큼은 아주 각인되었다. 상품은 보통 무엇으로 포장이 된다. 오래전부터 우리나라에서는 과자 봉지의 과대포장이 문제가 되었는데 요즘은 무게나 수량까지 장난을 쳐서 국민을 기만한다. 가짜 신자들은 하느님 말씀을 목사나 성경으로 포장하지만 실제 그 포장지는 뜯어보지 않는다. 목사는 자기 신념과 성경을 뒤섞어 놓고 제멋대로 해석하여 신자들과 국민들을 속인다.

루소가 『고백록』에서 말한 "모든 것은 근원적으로 정치와 관계가 있다"라는 말을 생각하면 우리 삶과 종교는 정치와 떼려야 뗄 수 없다. 겉으로 보이는 이 말은 순수성을 의미하기에 이 자체를 부정하려 하거나 비판할 것은 없다. 하지만 상품은 창과 방패처럼 모순이 되는 경우가 굉장히 많다. 우리나라 대형교회나 특정 성향을 내비치는 목사들이 특히 그러하며 이런 교회에 다니는 신자 또한 비슷하다. 인간은 합리적 소비를 한다고 생각하지만 때론 그렇지 못해 반지성적 행태를 보인다. 교회를 우리가 인맥 관계로 생각하거나 개인 정신의 안락과 만족감 같은 보상으로 본다면 그 행태는 당연하게도 냉정함만 있지는 않을 것이다. 냉정이 항상 이성이고 열정이 항상 감성인 건 아니지만 사람들은 보통 이중 감정 상태로 어떤 믿음을 가지고 살아간다.

베버의 생각으로 인맥 관계를 풀이하면 교회나 신자는 이념이 이해 관계와 연결되는 것이다. 나중에 이념과 이해관계는 양방향적이게 되고 그들 스스로 큰 분열이 있지 않는 한 이런 호혜적 관계는 계속 유지된다. 이해관계는 곧 경제 공동체와 관계되는데 베버는 경제가 이념과 관계가 있다고 생각한다. 이렇게 볼 때 큰 논의를 할 필요없이 교회는 자본주의 및 정치와 관계된다는 것이 증명된다. 물론 이 자체는 문제가 아니다. 그래서 너무 과도하고 비윤리적인 것만 아니면 교회는 나와 관련이 없으니 나이브하게 넘어가 이 주제를 끝내도 괜찮다. 하지만 지금 종교는 국민의 삶 곳곳에 밀착되어 있어서 너무 쉽게 생각해서는 안 된다.

마르크스가 언급한 '원시적 축적'이라는 표현이 있다. 이 뜻은 초기 자본주의가 지금의 자본, 노동, 토지 등을 확보하기 이전 상태에서 이제 막 자본이 자본가에 집중하는 상황을 의미한다. 모든 자본가가 누군가에게 무엇을 빼앗아 원시적 축적을 하는 건 아니지만 그렇다고 이게 꼭 없다고도 할 수 없다. 이것을 교회로 연결하면 교회가 이제 사업 주체가 되고 원시적 축적 행태를 보인 후 궁극적으로는 자본주의 폐해를 만드는 것과 같다.

인간이 만든 경제 제도 중 아직까지 가장 좋다는 자본주의의 긍정 부분은 여기서 언급하지 않겠다. 어떤 학자들은 재산, 더 정확히는 소유가 자유를 낳고 이 소유와 자유가 시장경제를 번영하게 하면서 자본주의까지 영향을 주었다고 주장한다. 틀린 말은 아니다. 이런 관념을 인정하면서도 자본주의의 맹점을 보려는 사람들은 마르크시즘이든 수정 마크르스주의자든 인간 불평등이나 억압을 찾아낸다. 이들도 그래서 틀리지 않다.

현재는 교회까지 자본주의 영역에 들어와서 윤리와 질서를 어지럽히고 새로운 보이지 않는 착취를 한다. 예수는 하느님과 재물을 겸하여 섬기지 못한다고 말씀하셨는데 역시나 기독교인은 선택적이라 이걸 무시하거나 자의적으로 해석한다.

유물론적 관점에서 보면 십일조를 내는 신도들이 그들에겐 원시적 축적의 수단이 되고 교회는 그것으로 개인이나 조직이 쉽게 가질 수 없는 자본과 노동력을 습득하여 사업을 시작하게 된다. 실제로 지금 몇몇 교회에 뿌리를 둔 국내 기업들이 이렇게 성장했으며 지금은 다양한 사업 분야에서 대기업처럼 문어발식 경영을 하고 있다. 주의깊게 보지 않으면 교회 기업은 일반 기업과 같아서 대부분 사람들은 그 뿌리를 알지 못한다. 이런 그들만의 호산나 기업은 믿음과 상충되는 이성이 이윤 기업으로 전환되는 것과 같다. 그래서 이런 호산나 기업들이 국가의 법을 잘 지키는 것 외에 과연 경영 윤리나 사업의 목표가 상식과 맞을 것인지 의문이 든다.

교회와 기업의 연합에 대해서 부정적 측면을 잘 알고 있던 중세 교회와 현재 일부 나라는 교회의 영리 추구를 엄격히 제한한다. 물론 정치적 관여도 마찬가지다. 생산의 3요소인 노동 토지 자본은 이제 교회 기업에서 믿음 하나로 수렴한다. 왜냐하면 믿음은 교회의 노동이 되고 자본이 되며 토지가 되기 때문이다. 이것은 최종적으로 정치 관여로 완성되며 그들의 목표는 천국이 아니라 이념의 승리나 기득권 수호로 이어진다.

성경 말씀을 보자면 이들은 모두 천국에 갈 수 없는데 믿음 하나로 천국에 간다고 착각한다. 하느님을 믿는 사람들은 겉으로는 성경의 좋은 말씀을 전하고 고귀하게 행동하려 하지만 실제 마음속은 타락해 보인다. 혹시 이런 변태적임이 좋아서 신을 믿는 게 아닐까 하는 엉뚱한 생각을 한다. 마치 『지킬 앤 하이드』의 지킬 박사처럼 말이다. 특히 목사의 경우 성적인 부분에서는 욕망과 억압·타락, 보여진 인간과 감추어진 인간 사이의 이중 행태에서 더 변태적인 쾌락을 얻는 것처럼 보인다. 이렇게 성경을 선택적으로 받아들이며 불리한 것은 하느님의 뜻이라며 자의적으로 해석하는 사람은 인간인 자신과 하느님 그리고 믿음의 삼위일체라는 최면에 빠진다. 예수는 절대 보수적인 삶을 산 사람이 아닌데도 일부 신자들은 스스로 보수 기독교를 말하고 있으니 목사와 신자 그리고 교회의 행태가 계속해서 이성적인 게 아니라 신념적으로 변모한다. 성경은 부(富)에 대해서 끝없이 물신을 멀리하라고 하지만 이것도 모순이다. 가령 구약의 솔로몬 왕이 성전을 짓고 여러 건축을 짓는 데는 돈과 노동력이 필요하다.

그런데 이 부(富)는 어디서 나왔을까. 여기에 더해 더욱 심각한 것은 현재 신자들이 하느님의 말씀이 아니라 바알 같은 목사를 숭배하고 있다는 점이다. 그래서 지금 교회는 다시 한번 유황불을 맞아야 하며 새롭게 시작해야 한다. 집단에 속하면 개인은 사라지게 되는데 교회를 다닌다는 그 자체가 누군가에게는 이성적 자립이 마취된 상태인 것과 같기 때문에 이것은 이제 개인의 문제에서 끝나지 않는다.

앞서 한 번 언급했듯이 과거 유명 철학자와 과학자 상당수는 기독교인이었다. 그들은 어떤 면에서는 신과 대척점에 서기도 했지만, 일부 사상가들은 신과 조화를 시도하면서도 그 신을 너무 신적으로 해석하려 하지 않았다. 그들은 사회와 자연현상을 신적인 게 아닌 객관적 측면으로 분석하였다. 그런데 우리 사회는 자꾸 사회적 문제를 점차 개인화 하거나 주관적으로 살피는 경향이 짙어지고 있다. 반면에 어떤 집단에 대한 비난과 비판은 또 집단적인 이중성을 가진다. 예를 들면 사람들은 언어에서부터 개인화를 시도하는데 대표적인 단어가 누칼협이나 알빠노다.

이렇게 되면 근원적 사회 문제를 인식하지 못하게 하여 무소속의 개개인은 국가나 사회로부터 아예 독립된 존재로만 남게 된다. 이와는 반대로 특정 동호회나 성별, 세대, 특정 직업 및 종교인이 사회적 문제를 일으킬 땐 그 개인이 집단을 대표하여 대중의 비판을 받는다. 지금은 종교에 관해서 이야기하므로 이 부분을 좀 더 사회문제로 확대해 보겠다.

종교가 권력화 되고 그 권력화가 사회문제가 될 때 국가에 종속되지 않고 종교에 빠지지 않은 이성적 존재들은 어떻게 해야 하는가를 역사적으로 잠시 살펴보자. 4세기 초 콘스탄티누스 황제는 밀라노 칙령을 발표하여 로마 제국에 기독교를 합법화하였다. 여기엔 종교적 자유 외에 정치적 이유도 있었다. 그중 하나가 로마의 통합인데 처음에는 기독교가 통합의 역할을 하고자 하였지만 알다시피 어떤 종교든 나중엔 항상 분열의 필연성을 가진다. 불교도 석가모니 사후 일이백 년 동안에는 부파불교와 여러 불교 계승자들이 출현하여 자기들 나름의 종파를 만들었다. 기독교는 크게 천주교와 개신교 그리스정교(동방정교)로 구성된다. 4세기 이후에는 로마 자체가 교황과 왕으로 분리되어 서로 세력 싸움을 하였고 교회나 성직자가 이단 논쟁을 펼치기 시작했다.

결국 16세기 루터의 종교개혁 이후에는 기독교가 천주교와 지금의 개신교(미시적으로는 청교도, 복음주의자)로 분리된다. 방금 설명한 것들의 예를 들면 14세기 프랑스에서는 아비뇽의 유수로 교황청이 아비뇽에 갇힌 상태에 놓인다. 4세기 아리우스 아타나시우스 논쟁은 공의회 결정까지 가게 만들어 분란이 끊이지 않았다. 이런 종교의 해석과 정치권력의 문제는 이 외에도 매우 많지만 난제의 글은 과거를 통해 현대사회로 풀이해 보는 것이 중요하기에 이와 관련된 이야기만 좀 더 해보겠다.

16세기 보댕은 국가권력이 종교와 일치하여 목적을 일시에 실현시키는 것을 반대했다. 확언할 수 없지만 아마도 보댕은 십자군 원정에서 배운 바가 있거나 제정일치의 위험성을 이미 알고 있었던 듯하다. 그러면서 보댕은 교회나 성직자가 권력의 반대편에 서서 윤리를 중시하고 사회 부조리에 감찰 역할을 할 것을 주장한다. 무엇이 불의이고 무엇이 애국인지는 둘째치고 종교가 정치로부터 자유로워야 한다는 사실은 언제나 진실이지만 종교가 항상 정치에 관여하지 말아야 한다는 건 선택적이다.

왜냐하면 누군가는 교회나 종교의 정치 참여에 대한 비판으로 우리나라 불교나 천주교 사제단 또한 정치 현안에 대해 시국선언 같은 것을 하면 안 된다고 주장할 수 있기 때문이다. 특히 천주교 사제단은 이런 양비론적 생각을 가진 사람들에게 결국 좌파가 된다. 지금 우리는 종교가 정치질 하며 자신들의 유불리나 종교적 믿음으로 모든 걸 해석하는 반지성적 행태를 비판하고 있다. 천주교 사제단이나 훌륭한 스님들이 시국에 대해 한마디 하는 것이 과연 그런 사적 이익을 바라며 행동하는지를 따져본다면, 결코 그렇지 않다고 말할 수 있다.

반면 우리나라 신성불가침 같은 권력이 된 대형교회는 오히려 이익과 정치 성향에 따라 움직이며 그들이 저지른 불법에 대해 수사하는 것을 종교 탄압이라고 주장한다. 이것은 언론이 자행하는 가짜뉴스에 대해 징벌적 손해배상을 하게 하는 것이 마치 언론의 자유를 제한하거나 탄압한다는 것과 같은 궤변에 불과하다. 우리 국민은 아주 순하고 착해서 그런지는 몰라도 매번 기업이나 언론에 당하고도 일부 국민 빼고는 불매운동을 하지 않으며 현재 우리에게 가장 필요한 징벌적 손해배상에 목을 매지도 않는다. 오히려 개혁의 대상에 대해 정치적 시각이나 노예의 시각으로 그들의 주장을 수긍하기까지 하니 이것도 이제는 하나의 믿음이 되었다.

신채호 선생은 이런 것도 노예정신이라고 말한다. 이렇게 믿음은 노예화를 만들고 이성의 저항과 반항에 마취제 역할을 한다. 목사부터 신도까지 하느님의 믿음이 아니라 어떤 목적의 믿음을 가지고 공생 연합하는 우리나라 교회는 진정한 신앙 생활을 위한 게 아니라 종교의 탈을 쓴 변형된 사기업 행위에 지나지 않는다. 그저 보통의 기업과 차이점이 하나 있다면 신도 노동자들이 월급을 받는 게 아니라 십일조를 내는 것뿐이다. 이중 상당수는 노예 상태의 예속을 인지하지 못한 채 사이비 교주가 된 목사의 말을 그대로 따르며 그것이 믿음이라 착각한다. 이것은 특히나 심각한 문제다. 왜냐하면 진짜 하느님의 말씀이 아니라 교주에 대한 허황된 믿음이 바로 다른 것으로 전이되기 때문이다. 정치적 사회적 상황을 떠나 정상적 교회에 다니는 교인은 개인적 차원에서 심신의 안정과 편안함, 위로, 의지, 구복(求福) 등에 대한 행복 감을 얻는 차원에서는 긍정적이다. 또한 교회나 신자는 봉사를 실천하며 유익한 연대감을 보여준다.

하지만 우리는 지금 이 정상 상태의 교회나 교인을 말하고 있는 게 아니기 때문에 이것은 여기서 모르는 척하겠다. 우리 사회에 문제가 되는 신자들은 사이비 교회에 다니거나 소위 보수 기독교라 자처하는 교회의 광신도들이다. 벤담은 종교적 광신도는 성전(聖戰)과 순교 따위를 강요하기에 공리주의에 반한다고 주장한다. 벤담의 이 말은 국가 사회적으로 맞는 말이지만 교회 내에서는 순교와 광신도들이 그들에겐 공리주의가 될 수 있다. 성경에는 "탐욕의 마음은 우상숭배와 같다"라는 구절이 있다. 권력과 돈 그리고 정치적 욕구까지 가득하니 하느님 말씀을 어기는 그들은 그런 면에서 천국에 가기 힘들다.

우리나라 헌법 제20조는 종교와 정치는 분리된다는 정교분리 원칙을 명확히 하고 있다. 정치와 종교가 연합하면 부정적일 것이라는 필연성을 일찍이 공자도 알아보았다. 이건 앞서 한 번 언급한 내용인데 필요하기에 한 번 더 말해보겠다. 공자는 "인간도 제대로 섬기지 못하고 사는데 하물며 귀신을 섬기겠느냐"라는 말을 한다. 하느님이 곧 귀신이 되는 건 아니지만 믿음의 신과 미신의 신은 그걸 구분하지 않는다. 노파심에서 말하지만 기독교를 혐오해서 말하는 게 아니다.

마가복음에는 "예수께서 말하시되 금하지 말라. (중략) 우리를 반대하지 않는 자는 우리를 위한 자다"라는 말이 나온다. 지금은 하느님 자체를 멸하고자 하는 것이 아니며 하느님을 따르는 자들의 잘못된 행태를 살피고 있는 것이다. 방금 말한 마가복음 말씀 중 금하지 말라는 말이 와닿는다. 사실 성경 말씀은 그 방대한 만큼이나 모순도 엄청나게 많다. 그저 아포리즘 같은 하느님의 좋은 말씀을 제외하면 애초에 정상이란 것도 별로 없다. 권력을 탐하지 말라면서 성경은 수많은 전쟁을 치르고 탐욕의 이야기를 다룬다. 사람으로 치면 모세는 말을 더듬는 사람이었고 솔로몬은 자기 부하의 유부녀를 탐한 다윗의 아들답게 난봉꾼이었다. 또 레위인은 베냐민 족속에 첩이 욕보이자 그녀를 죽게 만들어 시체를 12조각으로 나누고 각 지파에 나눠주면서 분노의 합심을 일으킨다. 성경엔 간혹 자주적인 여성이 등장하고 남녀평등 이야기도 있긴 하지만 보통은 여성의 남성 종속성이 더 크게 그려진다.

그리스도에서 페미니즘 요소를 이끌어내는 사람들은 이런 부분은 생각하지 않고 오로지 선택적이며 긍정적 이념 요소만 뽑아내기에 또 모순에 빠진다. 심지어 제2의 성에 머무르는 여성의 존재인 이슬람 국가조차 율법에는 몇몇 남녀평등한 요소가 있다. 이렇듯 신을 믿는 자들은 모순에 빠질 때마다 겉으로 드러난 신의 뜻이 아닌 그 이면을 본다면서 신적 해석을 한다. 이런 해석은 인간의 이성과 정신을 통제하면서 오로지 한 방향으로만 이끌게 하니 다른 의견이 나올 수가 없다. 설령 나온다고 해도 개인은 집단에 의해 사멸하고 그 개인이나 반항적 사상은 스스로 탈출하지 않는 한 다른 객체들에 의해 제거당한다. 과거로 치면 파문인 것이다.

『신곡』의 저자 단테는 교황과 피렌체 공국 왕 사이의 종교적 정치적 희생양이 된다. 교황을 지지하는 세력 중에서도 교황에 맹목적인 구엘프파를 그 당시엔 흑파라 불렀는데 단테는 도시국가의 정체성을 유지하고자 해서 백파를 지지한다. 하지만 백파는 권력 싸움에 지게 되고 단테는 결국 자기가 집정관까지 했던 피렌체에서 추방당하게 된다. 그 후 방랑하면서 수년간 쓴 시가 바로 불멸의 고전 『신곡』이다. 참고로 이탈리아는 서로마 제국 멸망 후 19세기 중반 지금의 이탈리아로 통일되기 전까지 5개의 공국이 있었다. 이탈리아 북부의 밀라노, 베네치아, 남부의 나폴리, 중북부 피렌체, 중부 로마와 주변의 교황령 등이 5개의 공국을 이뤘으며 이 당시 이탈리아는 도시 국가였다. 이런 역사성 때문에 이탈리아에서는 축구, 기업 등등 강한 지역적 특색을 띠며 우리처럼 지역 차별도 존재한다.

축구로 보자면 이탈리아 북부의 우디네세나 밀란 2개 팀 그리고 중부의 로마, 남부의 나폴리는 특히나 더 치열한 모습을 보인다. 이탈리아 도시 공국만의 정체성도 찾아볼 수 있는데 가령 막스 베버는 베네치아 공국을 문벌 지배 체제로 보았다. 사실 이탈리아뿐만 아니라 유럽 여러 나라는 지역과 계급이 오래전부터 굳어져서 부와 명예를 가진 귀족과 일반 국민 간의 분리주의 성격이 강하다. 가령 북유럽 국가 덴마크는 이런 계층 차이가 뚜렷한데 오히려 이것이 서로 비교하고 경쟁하는 것을 막는 역할을 하여 역설적으로 긍정적 기능까지 하게 된다. 반면 우리나라는 오로지 돈에 집착하고 관직에 얽매이는 직업적 물질적 계급 의식뿐이라서 천박한 자본주의로 불행하고 불안하기 바쁘다.

또한 계급 차이는 취향도 다르게 하는데 이때는 부르디외의 계급 취향이 작용한다. 부르디외는 가정과 사회에서 접하는 문화 취향이 일상 속 계급에 따라 차별이 존재한다고 주장한다. 가령 예술 쪽에서는 클래식을 듣고 스포츠에서는 축구를 하는 대신 테니스를 치는 것 등이 바로 계급 취향이다. 이것은 현시대에도 여전히 사라지지 않았다. 잠시 이야기가 벗어났는데 다시 기독교 정신의 문제로 와보자.

믿음, 소망, 희망의 종교가 이제는 망상을 믿고 헛된 욕망을 소망하며 자기들이 싫어하는 존재를 멸하길 희망한다. 여기에다 기독교적 비과학은 인류가 6천 년이라는 시대에 머물게 하며 인간의 창조를 이분법적으로 만든다. 당연히 인간은 창조된 것이고 태초의 유기체나 단세포도 창조된 것이다. 그렇게 성경과 하느님에 대한 믿음은 여러 인지부조화를 창조하며 그럴수록 다른 의견이라는 사유는 배제된다. 이것을 심리학적으로 보자면 네러티브 오류나 일관성 원칙이라 부를 수 있다.

보통 모태신앙이라 불리는 어떤 마음 이끌림은 누군가에게 보편성이나 진실 설득과는 다른 별개의 문제가 된다. 즉 신의 믿음과 불신은 태초부터 인간의 진리 여부의 문제는 아닌데도 이들은 그들이 믿고 배우고 경험한 것의 모든 것과 성경적 네러티브가 옳다고만 여긴다. 인간은 그런 일관성을 유지하려는 심리를 가지는데 이게 일관성 원칙이고 그 관성에 역을 가하면 불편해한다. 이건 인간의 당연한 습성이며 이런 습성은 가치관뿐만 아니라 신체의 관성까지 포함한다. 하지만 그것이 다름이 아니라 틀림이라면 인간은 그 불편함에도 불구하고 고쳐야 함을 의식해야 한다. 우리는 이런 일관성의 원칙으로 사는 사람을 이젠 관용적으로 '종교와 같다'며 이성의 침투가 되지 않음으로 체념한다. 정신적 활동으로 인한 개인 심신 안정과 행복, 관계맺음, 봉사 등 자신과 비슷한 사람들과 함께하는 정서적 유대 같은 종교 활동은 존중받아야 하지만 이 외에 반쪽자리 인간의 반이성적 행동은 비판받아 마땅하다. 갈수록 전자의 사람은 잘 보이지 않고 상대적으로 후자의 사람이 늘어난다. 진짜 문제는 이런 사람들에 대해서 사회나 인간이 갈수록 편견을 가진다는 점이다. 아니 이미 그렇게 되었다.

가령 평상시에는 이상함을 못 느꼈는데 특정 부분에서 뭔가 좀 이상하다 싶으면 상대방이 혹시 교회에 다니는 사람이 아닐까 하고 의심한다. 종교나 이념 집단은 내적 친밀감을 가져와서 비판 이성이 마비되고 파시즘 경향을 띠기 때문에 모든 문제의 근원이 된다. 에라스무스는 『우신예찬』에서 물질적인 것을 떠나 인간이 정신적으로 순수하게 살길 바란다. 하지만 세속적 종교와 인간의 결합은 유물론을 결코 포기하지 못하기에 갈등 구조가 정형화 된다. 이런 극단주의 현상은 종교에 국한되지 않으며 비단 우리나라만의 문제도 아니다. 종교적 정치적 극단주의는 전세계적으로 갈수록 심각해지고 있으며 심지어 정치와 복지 수준이 높다는 노르딕 국가에서도 일어나고 있다. 실제 스웨덴에서는 극소수긴 하지만 극우 세력이 원내 진입에 성공하기도 한다. 인간의 맹목성은 수천 년 전부터 있어 왔으니 그런 사람들이 언제나 존재했음을 인정해야 한다. 그래서 사회와 인간은 자성이 중요하다. 특히 집단이 문제라면 그 자성은 사회 바깥이 아니라 그 집단 내에서 이뤄져야 하고 그것이 안 되면 국가나 사회가 제어해야 한다.

47

정치

진보는 이끌고 보수는 조절한다

    진짜 좋은 사람이 아닌데 좋은 사람이고 싶은 사람은 군대나 사회에서 후임의 잘못을 알고도 그걸 자기가 직접 나무라지 않고 그 중간의 다른 후임이나 동료에게 맡기곤 한다. 이처럼 인간의 좋은 면만 보여주듯이 난제의 글 또한 순수성에 기대어 종교 정치 이즘 등에 대해 불편한 이야기를 하지 않을 수도 있었다. 하지만 그건 인간의 사유를 배신하는 행위이며 난제라는 텍스트의 진정한 목표도 아니다. 이미 이 책은 제목부터가 순수성을 잃었다. 정치 성향은 의식이 영원히 병리적이고 치료제가 없어 표현하는 그 자체가 자신과 타인에게 문제가 된다. 그런데도 모두에게 사랑받을 마음으로 글을 쓰기보다 미움받을 용기를 가지고 이 챕터를 쓴다. 누군가는 이미 필자에 대해 편견을 가졌으리라 확신하며 그로 인해 이 책의 가치도 그렇게 평가할 것이다. 사실 정치 사회적인 논의를 더 많이 해야 했지만 절제했다. 그 참음에 대하여 내 자신을 칭찬하지만 왜 그런 자기검열을 했어야 했는지 감정은 아는데 이성은 아직도 모르고 있다. 그래서 지금은 진보 보수에 대하여 어떤 범위를 가지고 무슨 내용을 써야 할지 고민이 된다.

요즘 우리 사회에서 남녀에 대한 이즘의 문제와 정치 문제는 이제 사람들 간에 꺼내지 말아야 할 암묵적 주제가 되었다. 보통은 이렇게 사는 게 가장 현명하다. 하지만 책에서는 할 수 있어야 하고 이런 인문교양 책 장르는 정치 사회적 이야기가 필수적으로 들어가야 한다. 삶을 살수록 일상 속 정치적인 부분이 관여하지 않는 건 없다는 것을 매번 느끼지만 또 그걸 아는 만큼 더 떨어지고 싶은 게 정치다. 본격적으로 난제를 말하기에 앞서 사람들이 이 부분에서 가장 오해하는 게 하나 있다. 그것은 논쟁적인 부분에 대하여 상당수 많은 사람들이 틀림과 다름을 구분하지 못한다는 사실이다. 관점과 관점이 아닌 것, 즉 너무 자의적 해석이나 궤변을 구분해야 한다. 언어와 문자는 말해지고 쓰여지는 순간 그것을 행했던 주체를 떠나 이젠 다수의 타자들에게 비판과 해체라는 놀이 대상이 된다.

파스칼 메르시어의 『언어의 무게』라는 책에는 이런 말이 나온다. "언어는 인생 멜로디의 표현이라 언어를 바꾸면 삶과 세상이 달라집니다. (중략) 그래서 인간관계는 언어에 따라 서로 다른 온도를 지닙니다" 그래서 『언어의 무게』의 주인공은 말하여지는 것과 쓰여지는 것에 대해 언어를 쉽게 생각하지 않는다. 오히려 세상을 표현하는 게 어렵기에 주인공은 실제 책을 출판하는 것에 힘들어 한다. 하지만 우리 현대인은 매우 쉽게 말하고 쉽게 글자를 쓰며 자기 관점에서만 문자와 말을 해석한다. 특히 정치적 견해는 오해와 협소함 편견이 작용해 인간의 언어 해석 중에서도 서로에게 가장 큰 어려움을 준다.

요즘은 심리학 기법을 알고 쓰는지는 몰라도 숏 영상들은 혐오와 조롱 밈이 이제 치밀하기까지 하다. 언어의 놀이 중독성은 혐오나 증오의 단어를 희석시켜서 죄의식과 도덕 감각을 무디게 한다. 특히 나만 그것을 보고 재미를 느끼는 게 아닌 자신과 함께하는 사람들이 온라인에 많이 있다는 것에 더 문제의식을 느끼지 못한다. 그걸 어린이 청소년이 보고 자라면서 의식을 지배받는데 알다시피 그런 것들은 사회의 유익한 생산성이 전혀 없는 것들이다. 단지 정의롭지 않은 것에 대한 냉소의 언어 놀이만이 긍정할 만하다. 추후 자칭 우파의 비생산성 언어 놀이와 매도 정신의 폐쇄적 언어 이야기는 또 하게 될 것이다. 여러 주제를 다루면서 필자는 언어의 힘을 다양한 측면에서 강조했지만 화이트헤드는 언어를 지나치게 중요하게 보는 걸 경계한다.

그는 언어의 무력감을 말한다. 다만 이 무력감은 언어가 다시 철학적 물음으로 환원되는 걸 지적한 것이지 언어의 힘 자체를 무력하다고 한 것은 아니다. 이것을 언급한 이유는 정치라는 주제도 언어의 무력감을 주기 때문이다. 읽지 않고 이해하지 않으면 결국 의식 있는 자와 아닌 자의 괴리는 갈수록 커간다. 정치적 좌우는 가족 간에도 의를 해치는 경우가 있을 만큼 무시무시한 주제다. 그런데 정치와 거리두고 싶고 무시하고 싶어도 때론 분노가 치미는 이 감정을 과연 어쩌란 말인가. 정치 무관심층이나 정치에 과몰입을 하지 않는 사람 그리고 그 외에 때론 잘 모른다고 하는 사람들이 이럴 땐 정말 부럽다.

하지만 이것은 삶의 올바른 자세가 아니다. 정치 분야만을 가지고도 천 페이지 이상의 책을 써야 하는데 세계적이고 부차적인 것은 대부분 생략하고 우리나라를 중심으로 필수 기본 개념이나 핵심만 말하고 넘어가도록 하겠다. 기회가 되면 나중에는 정치 좌우의 개념보다 정치철학과 역사 그리고 사회적 심리적 관계들을 주로 다루는 책을 쓰고 싶다.

먼저 진보 보수라는 개념부터 알아보자. 역사적 사건과 진리 여부를 떠나 논리적으로만 보면 보수라는 개념도 선제적 어떤 진보 관념이 있어야 생기는 것이다. 일단 이것부터 증명하겠다. 먼저 이 관념이란 것은 100% 진보적인 명제가 아니어도 상관이 없다. 보수는 기존 체제의 유지라는 큰 틀을 가지며 반대급부나 시간적인 관계로 인해 항상 진보 다음의 영역에 놓일 수밖에 없다. 둘 다 상대적인 이 진보와 보수는 구체적으로 어디서부터 기원을 했을까?

사실 이 이야기를 하려면 진보에 대해서는 예수나 예수 이전의 기원전 그리스 로마 시대를 살펴야 하고 보수에 대해서는 근현대 보수의 아버지라는 에드먼드 버크 대신 로마의 키케로로부터 살펴봐야 한다. 하지만 앞서 말했듯이 그건 지금 이 책의 범위 밖이며 좀 더 현대적 접근이 필요하다. 좌파 우파의 개념은 프랑스 혁명 시기 왕정이 쇠퇴하고 의회가 부흥할 때쯤 국민공회가 만들어진 후 공화정파의 어떤 안건에 대한 의견 다름 때문에 생겨난 것이다. 이때 공화정파는 왕정을 지지하는 세력과 비교했을 때 당연하게도 개혁적인 성향이 강했는데 추후 공화정파는 급진 개혁파인 자코뱅당과 온건 개혁파인 지롱드파로 나뉜다. 이렇게 진보나 개혁은 항상 방법론이나 속도론 등에서 차이가 난다. 결과적으로 개혁안에 찬성하는 급진 개혁파인 자콩뱅당이 의장석 기준으로 좌측에 있어 좌파라 불렸고 상대적으로 온건한 개혁파인 지롱드파는 우측에 서서 우파가 되었다. 이것으로 현대적 좌우 개념은 적어도 보수라는 자체 관념에서 나오지 않음을 알 수 있다. 공포정치를 시행했던 로베스피에르는 추후 온건 개혁파가 주류가 되어 반동을 시도한 테르미도르 사건으로 축출되고 36세의 나이로 짧은 생을 마감한다.

우리나라는 1884년 갑신정변 때문에 국민들이 급진 개혁파와 온건 개혁파라는 단어를 익히 잘 알고 있다. 굳이 따지면 같은 개혁인데도 온건 개혁파는 상대적으로 보수가 되어버린다. 이걸 보면 꼭 젊다는 것이 진보가 되거나 정치에 장점만을 주지 않는다는 걸 알게 된다. 중장년과 청년, 좌와 우, 공포와 관용은 일종의 상동성을 가진다. 우리나라 진보와 보수, 좌파와 우파라는 역사적 관념은 세계사적 흐름과 완전히 다른데 이제는 현대인이 지금 인식하는 상태로 우리나라 정당을 그렇게 바라보는 시선이 굳어져 버렸다. 이쯤에서 토마스 정리를 다시 한번 복습하길 바란다. 진보란 사회적으로 다양성 존중을 포함하는 공동체 정신을 기반으로 인권이나 보편적 가치를 중시하고 정치 경제적으론 평등과 복지에 더 관심을 둔다. 이에 반해 보수는 사회적으론 전통적 가치와 질서, 제도를 지키고 정치 경제적으론 자유주의 입장으로 시장 경제를 선호한다. 하지만 우리나라는 이런 진보 보수의 관념이란 실재가 존재하지 않았고 실제적으로도 다르게 흘러갔다. 이 이야기를 하려면 우리나라만의 진보 보수를 살펴야 한다.

아주 단편적으로 우리들이 지금 알고 있는 좌우 인식으로 보면 정치적 보수라고 하는 사람들에겐 박정희는 국가 주도 성장을 했기 때문에 보수가 될 수 없다. 이렇게 역사적 맥락이나 사회적 상황을 보지 않고 진보 보수의 이분법적 시각만 가지고 있으면 항상 자기 모순에 빠지게 된다. 그게 바로 좌파 빨갱이거리면서 자기는 보수 우파라고 생각하는 사람들의 큰 특징이다. 최근 이들은 중국과 한국 좌파를 같이 엮어 공산주의로 매도하고자 억지스러운 음모론과 망상으로 거짓 선동을 일삼고 있다. 번외 내용이지만 어떤 작가는 박정희를 실용주의자라 표현하기도 하는데 이건 미움받지 않을 작가의 틀에 갇힌 아주 편협한 생각이자 나쁜 단어 선택이다. 그 작가는 뭔가 있어 보이려고 했지만 실제론 역사적 사실관계조차 몰라 단편적인 자기 생각에 빠져 있다. 그렇다면 우파의 가치 중 하나라는 자유를 오히려 억압한 박정희에 대해서는 실용주의자 대신 무엇이라고 해야 할까? 권력과 자기 욕망을 위해 헌법 준수와 민주적 절차를 무시하고 수단과 방법을 가리지 않는 사람을 우리는 독재자라고 부른다.

존 달버그 액턴은 "권력은 부패하기 쉽다. 절대 권력은 절대 부패한다"라고 했다. 이번엔 실제적인 한국 보수와 진보로 돌아와 일제 강점기나 해방 전후부터 대략적인 우리나라 역사를 훑어보겠다. 일제 강점기 때 독립을 염원하고 애국정신으로 일본에 대항했던 사람들은 지금으로 볼 때 우파적 생각을 가진 사람들이었다. 우파의 가장 큰 특징 중 하나가 바로 민족주의 정신이다. 이완용처럼 어차피 독립운동을 해봤자 실패할 것이 뻔하다며 힘있는 자에 달라붙고 현실주의자가 되는 게 보수가 아니다. 우리는 이걸 보수나 현실주의자라 말하지 않고 친일 매국노인 민족 반역자라 부른다. 윤봉길 의사도 자신이 폭탄 하나 투하해서 일본 정치인 몇 명 처단한다고 하여 독립이 쉽게 올 거라 생각하지 않았다. 인간에게는 응당 해야 하는 어떤 숭고함이 존재한다. 독립운동가들은 죽음이라는 두려움보다 나라의 얼을 지키기 위해 일본에 저항했다. 이완용이나 박제순 같은 을사오적들이 나라를 팔아먹고 패배주의에 물들었음에도 독립운동가들의 이런 희생이 있음으로 인해 우리는 지금 일본어 대신 자랑스러운 한글을 쓰고 있는 것이다. 행동하지 않고 꼭 평가하기만 좋아하여 입만 살아있는 사람들은 이런 것마저 정치적으로 본다. 이건 정말 역겨운 일이다.

우리는 이름을 남긴 독립운동가 외에 1919년 거국적 독립운동인 3.1 운동 이후 여러 좌절을 겪었음에도 대한민국의 독립을 포기하지 않은 수많은 대중에 대해서도 감사해야 한다. 이때 사상가들 중 일부는 투쟁의 의미가 있는 공산주의나 사회주의 사상을 받아들인다. 여기서 투쟁이란 프랑스 혁명처럼 농민 노동자 계급, 상퀼로트, 쁘띠 브루주아 등이 개혁 성향이 되어 기존 상위 계급인 왕과 귀족 성직자들에 맞서 기득권과 사회 불평등 관념을 전복하려는 것과는 다른 의미다. 우리나라는 계급 반동이 동학농민 운동 때보다 더 진일보하지 못하고 오히려 쇠퇴하였다.

참고로 에릭 홉스봄의 『혁명의 시대』에서는 프랑스 혁명의 주체에 대해서 명확히 규정하는 게 어렵다는 뉘앙스를 풍긴다. 러시아에서는 1917년 레닌의 볼세비키 혁명이 일어나고 2년 뒤에는 코민테른으로 전 세계 공산주의를 지지하는 조직이 창설된다. 반면 히틀러는 공산주의자와 유대인을 한데로 묶어 이 둘을 없애야 할 인간과 정신으로 여겼다. 보통 혁명이나 개혁은 자유나 재산, 특권 등을 가지지 못한 사람들이 행하는 아래서부터 위로 향한 행동이다. 그러나 히틀러나 다른 공산주의 사상을 가진 리더는 위로부터 외친 혁명이었고 때론 그 의미가 대중과 괴리되거나 변질되었다. 그렇다면 우리나라는 어땠을까? 우리나라 일부 식자층도 사회주의 사상을 계급 투쟁이나 민족 투쟁의 관념으로 삼았다. 그래서 우리나라 독립운동은 크게 보면 사회주의 사상을 가진 사람들과 그렇지 않은 사람으로 나뉘는데 이때 독립운동을 지지하지만 민족주의 이념을 가지면서 사회주의 사상에는 반대하는 사람들이 존재했다. 우리는 보통 전자를 좌파라 부르고 후자를 우파로 부른다. 결국 우리의 보수 우파도 프랑스 혁명처럼 진보적 가치를 추구하는 과정에서 생겨난 것이다. 이중 일부는 독립운동 자체보다는 사회 체제에 대한 사상병에 빠진 지식인들이 존재했다. 가령 일본에 수신사로 파견된 김기수라는 사람은 근대문명을 접했음에도 그걸 우리나라로 받아들이는 것을 꺼려하여 쇄국정신을 가졌다. 이 당시 지식인 상당수는 일본에 유학하여 공부한 사람이 많았으며 이중 일부가 수구가 돼서 친일적 생각을 가진 세력의 뿌리 역할을 하게 된다.

이제 해방이 되었다. 백범 김구 선생은 독립을 염원하고 좌우합작 이후에도 한반도가 분단이 되지 않기 위해 부단히도 노력했다. 그는 좌익 세력과 생각이 다른 민족주의 계열 우파였다. 이제 본격적으로 8.16일부터 독립운동을 한 친일 민족반역자들인 매국노와 각종 변절자들이 권력다툼에 끼어들어 우리나라는 극심한 사상 전쟁에 휘말리게 된다.

이 중심에 선 인물이 바로 이승만이다. 자칭 우파라는 사람들은 보수의 뿌리를 이승만이라고 여기는데 역사적 관점을 보면 이승만은 진짜 보수나 우파라 할 수 없다. 이때부터 색깔론, 즉 이념 전쟁으로 우리나라는 몇 차례 역사적 비극을 맞이한다.

반면 친일 매국노들과 매판 기득권자들은 이승만 정권에서 반민족행위의 처벌을 피한다. 오히려 이들은 개선장군처럼 행세하고 이승만 앞잡이가 되어 독립운동가나 반정부 시각을 드러내는 사람들을 처단하는 데 앞장선다. 이때에도 현재의 일베 펨코남처럼 20대 30대 일부 반지성적 남성들이 반공 이념에 사로잡혀 포악한 언행을 일삼았는데 그게 바로 서북청년단이다. 이 어용단체는 보수 개신교와 함께 공산주의자나 진짜 우파인 민족주의자들을 때려잡는 수단으로 활용된다.

1948년에는 제주 4.3사건이 발생해 민간인이 학살당했고 이런 와중에 남침으로 6.25 전쟁이 일어났다. 전쟁 기간 중엔 국민보도연맹이란 반공단체가 좌익 세력을 대규모로 학살한다. 이외에도 이승만 정권에서는 임오군란도 울고 갈 정도의 군대비리인 국민방위군 사건이 일어나 무고한 국민(군인)들이 죽어 나간다. 이렇게 무능과 부패 속에 이승만 정권은 3.15 부정선거로 물러나고 결국 그는 하와이로 망명한다. 하지만 5.16 군사 쿠데타로 박정희 군사 독재에 접어들면서 빨갱이 숙청은 계속 정치적으로 이용된다. 박정희 때는 용공분자를 색출하고 반공을 국시로 삼는다. 용공분자란 말 그대로 공산주의를 받아들이고 그걸 이용하여 사회적 혼란을 일으킨 자를 뜻한다. 미국과 그 당시 소련은 냉전 중이였으며 우린 아직 휴전 중인 상황에서 북한이 여전히 존재하여 간첩활동을 활발이 했기 때문에 저런 정책은 어느 정도 용인이 되고 이해할 만하다. 하지만 그것이 독재 정권일 때는 인간의 기본권인 사상과 양심의 자유, 표현의 자유를 심각하게 침해할 가능성이 높다. 이건 박정희 독재 시대의 어쩔 수 없음이 아니라 이념을 정치적으로 이용한 것이 진짜 문제다. 대표적인 예로 두 차례 걸친 인혁당 및 민청학련 사건이다. 실제 간첩 사건도 아니었는데 학생들의 시위 배후세력에 북한이 있다고 조작한 이 국가 폭력은 무고한 사람 여덟 명이나 사형시킨다. 추후 이 사건은 재심으로 무죄를 선고받지만 이미 희생당한 사람들은 죽고 없어진 뒤다. 그렇다면 우리 민족의 현대적 좌우 사상의 뿌리는 어디서 시작됐을까?

상해 임시정부도 기본적으로 좌우합작의 성격을 띠지만 굳이 따지면 우파적 성격에 가까웠다. 임시정부는 반공주의자이자 민족주의자인 김구와 우파 성향이 강한 김규식 그리고 추후 변절하는 이승만 세력까지 함께한 연합 정부였다. 한국의 보수 우파의 뿌리를 이승만으로 삼고자 하는 사람들은 부단히도 좌파를 공산주의 세력과 함께 엮으려고 한다. 그들이 그러는 이유는 이승만과 그 후예들의 매국적 행위를 옅게 하고 이와 동시에 한쪽을 반대의 적으로 돌려 좌파를 민족의 위협이 되는 존재로 낙인찍고 싶어서다. 그들은 그렇게 국민을 속이면서 반공은 옳은 것이라는 관념을 지금까지 가지고 있다. 그래서 현재도 자칭 우파는 좌파와 공산주의를 같은 개념으로 생각하는 무식함을 가진다.

특히 현대사회에 들어와서 이념으로 편을 나누면 정치적 반대급부 모두를 선점할 수 있고 무능과 부패를 감출 수 있기 때문에 우리나라 자칭 우파는 끝없이 이런 행태를 보인다. 이승만과 그 추종 세력은 좌우 합작에 소극적이었지만 임시정부 때부터 대한민국에 존재했던 진짜 우파들은(일례로 김구의 대한독립당) 반탁 운동과 함께 남북 분단을 막기 위해 최선을 다한다. 그런데도 결국 남한에서는 단독 선거가 치뤄진다. 이때쯤 하여 진짜 민족주의자들 중 좌파 일부는 공산주의 사상이 옳다고 믿으며 북한으로 넘어간다. 반면 단독 선거 이후 남한에 남은 진짜 우파들은 이승만이 부정부패로 물러날 때까지 그 존재감을 잃어간다. 참고로 공산주의와 사회주의가 같지는 않지만 우리는 지금 이것을 같게 보고 말하고 있다. 이 당시 우리나라 좌파 사회주의 지식인은 마르크스 사상을 위시로 19세기말부터 세계 2차대전까지 여러 나라에 퍼진 공산주의 사상을 수용한다. 세계사적으로 치면 현재 우리가 알고 있는 사회주의 성격을 가진 19세기 말 독일 사민당은 20세기 스웨덴의 사민당과는 성격이 조금 다르다. 지금 시각대로 이때의 상황을 표면적으로만 보면 노동자의 자유를 외쳤고 민족의 자유를 외쳤던 공산주의자는 현재 우파의 가치인 자유와 다를 게 없다. 사람들이 오해하는 게 하나 있는데 마르크스는 자신보다 앞선 공상적 사회주의자들처럼 공동분배와 평등을 입에 담고 살지 않았다. 진보의 가치가 평등이라면 오히려 그는 그 관념에서 조금 벗어나 있다.

마르크스는 평등 개념보다 가지지 못한 프롤레타리아트와 생산수단을 가진 자본주의 간의 계급 투쟁을 가장 중요하게 보았다. 만약 평등주의에 빠지면 이것은 계급차별을 전제로 하는 것이 되기 때문에 그건 마르크스 기초 사상에 오히려 모순이 된다. 그래서 마르크스는 이런 평등 관념에 소극적일 수밖에 없다. 현대에 와서 자본주의를 신봉하면 우파가 되고 그것의 수정을 가하면 사회주의자인 좌파가 되는 이 관념을 만약 일제 강점기 때의 독립운동가나 김구 선생으로 대입하면 어떻게 될까? 이런 소아기적 무지를 없애기 위해서 우리는 역사를 이념보다 사실로 보고 필요 지식을 습득해야 한다.

앞서 한 번 언급했던 채만식의 『치숙』은 이것을 가장 명확하게 보여준다. 『치숙』의 주인공 화자인 나는 청소년 나이로 사회주의 사상을 받아들이는 어떤 아저씨에 대해서 이렇게 이야기한다. "사회주의란 부자의 것을 빼앗아 쓰는 거 아닌가요?" 주인공인 나는 현재 젊은 20대 남성 일부를 대변하는 시각을 가진다. 그리고 우리나라 신여성은 건방지며 구식 조선인 여자는 얌전하긴 하지만 무식하다고 여긴다. 주인공인 나는 자기가 모시는 일본인의 비위를 맞추며 지원을 받고 성공하는 삶만 생각한다. 인간의 욕망은 늘 같기에 세월이 흘러도 이런 이기적 노예주의와 무식한 신념은 시대마다 계속된다. '치숙'은 어리석은 아저씨라는 뜻인데 요즘 세대를 편 가르기 하는 신조어도 나오는 상황에서 이 책은 현시대에 다시 한번 놀라움을 준다. 그렇게 반공을 외쳤던 시대가 지나가고 새시대가 열렸다. 해방 후 75년 동안 반공만 외치며 자기들이 우파인양 행세하는 가짜 우파와 빈껍데기 보수들이 이제는 그게 먹혀들지 않기에 새로운 전략을 세운다. 물론 여전히 우파의 탈을 쓰고 좌파는 공산주의라는 망상의 필수적 고의엔 변함이 없지만 최근엔 조금 변형된 행태를 보인다. 그중 하나가 뉴라이트 사관인데 그들은 식민지 때 일본이 우리나라에 근대화를 가져왔다고 주장한다. 일명 식민지 근대화론이다.

　만약 식민지 역사관의 책이나 글을 보았다면 한쪽 의견만 듣지 말고 그것을 반박하는 책도 읽어 보기를 바란다. 가령 아주 쉽게 읽을 수 있는 황현필의 『진보를 위한 역사』 같은 책을 읽으면 도움이 된다. 이 책은 매우 쉽게 쓰였고 최소한의 근현대사 지식을 알려주기에 어린이부터 청소년, 기성세대까지 모두가 읽어볼 만하다. 식민지 근대화론을 주장하는 사람들은 100년 전 일본물을 먹어본 사람들처럼 친일적 의식을 가지고 있다. 이외에 현재 일본에 금전적으로 덕을 보고 있는 사람이나 자신이 진짜 정치적 우파라고 믿는 사람들이 식민지 근대화론을 주장한다. 이런 뉴라이트 역사 사관을 주장하는 이유는 친일의 부정적 색채를 지우고 세상을 승자독식의 현실적 인간으로 인식하게 만들어 최종적으로 우리나라 거짓 우파인 매국의 뿌리에 대한 이미지 세탁을 하고 싶어서다. 그래서 그들은 역사 교과서를 왜곡하여 어린이 청소년 때부터 잘못된 독재자 찬양과 친일 교육을 실시하려고 한다. 우리의 미래인 어린이 청소년에게 바른 역사교육을 하는 것은 대한민국 뿌리와 정체성을 지키는 데 가장 중요한 일이다. 사실 뉴라이트 역사관은 거창한 사관이라는 관점이 아니라 일본 DNA를 가진 한국인이 왜곡이나 날조, 거짓으로 선동하는 것에 불과하다.

만약 황현필이 너무 좌파라서 싫다면 창비 출판사에서 나온 『쟁점 한국사』 근대편을 읽어 보면 된다. 동학농민운동의 성격에 대한 해석부터 3.1운동의 역사적 상황, 임시정부, 친일 청산과 위안부 문제 등 한국인이라면 반드시 알아야 할 이때의 역사를 핵심만 짚어서 설명해 준다. 『쟁점 한국사』는 주제마다 글쓴이가 다르다. 다만 자신이 우파라고 생각하는 고질병의 사람이 볼 땐 좌파적 문장이나 그런 성향을 보이는 내용이 조금 들어 있다. 정말 그마저도 좌파적 생각이라 말하고 싶지 않은데, 우리는 이렇게 허상의 우파 때문에 '좌파 인지 감수성'에 옭아매어 살아간다. 진실을 말해도 그것이 좌파가 된다면 그것은 좌파가 오른 길을 가는 것이다. 오른 길은 오타가 아니며 오른쪽 길을 언어유희화 했다. 정치적으로 자기편이 아니거나 가치관이 다르면 모두 좌파가 된다는 그들만의 편리한 사고 방식이 부럽다. 어쨌거나 『쟁점 한국사』는 허접한 식민사관의 글보다 훨씬 유익하니 많은 사람들이 읽어봤으면 좋겠다. 현대인이 가지고 있는 좌파와 우파의 이야기는 우리나라 근현대사 역사를 마무리한 다음 추후 더 하도록 하겠다. 끝날 거 같지 않았던 박정희 시대는 10.26 사건으로 18년의 독재가 끝나게 된다. 하지만 전두환은 12.12 군사 쿠데타를 일으켜 제2의 군사 독재를 행한다. 대한민국 민주주의 역사에 가장 중요했고 위대했으며 동시에 잔인하게 시민이 학살당했던 1980년 5.18 민주화 혁명은 우리가 지금 이렇게 독재를 독재라 말하고 종북 좌파 빨갱이라는 허구를 말하여도 검열되거나 사상범이라고 잡혀가지 않는 시대를 살아가게 해주었다.

그 후 박종철 고문 치사 사건과 전두환의 호헌 조치에 대한 반발로 1987년 6월에 다시 민주화 혁명이 일어난다. 이 혁명으로 호헌 철폐를 이끌어냈고 대한민국은 대통령을 직접 국민의 손으로 뽑게 되었다. 하지만 군사 쿠데타와 함께 했던 전두환의 육사 친구인 노태우가 민주화 이후 국민의 손으로 뽑힌 첫 대통령이 되었다. 이것은 우리나라 국민의 정치 인식 수준을 여실히 보여준 결과다. 지금도 지역주의와 좌우 이념에 매몰되어 정당만 보고 투표하는 반지성적 사람들이 나라를 망하게 만드는데 그들은 그것에 사유도 하지 않고 부끄러움도 느끼지 못한다. 아무리 김대중 김영삼이 동시에 대통령 후보로 나왔어도 어부지리로 대통령이 될 사람이 적어도 노태우는 아니었어야 했다. 이들 군부 세력의 후예들은 앞선 챕터에서 어느 정당의 역사로 흘러갔는지 설명했기에 여기서 다시 언급하지 않겠다. 한편 2024년 12월 3일 계엄과 육군사관학교 출신들의 쿠데타 역사를 보면 과연 이들이 계속 이대로 존재해야 하는가에 대한 의문이 생긴다.

이제는 진보와 보수의 진짜 현실적 이야기를 해야 한다. 앞선 챕터에서 이미 인간이란 존재는 어떤 경계선을 가지고 있다고 논의하였다. 그 경계선은 명확할 때도 있고 때론 희미해질 때도 있으며 여러 경계선이 중첩될 수도 있다. 어떤 시인은 경계선에서 꽃이 핀다고 하였는데 이 의미를 진정 알고 실천하는 사람은 드물다. 이와 마찬가지로 인간은 진보적인 면도 있고 보수적인 면도 있다. 만약 어떤 이가 복지정책의 확대를 주장하면서도 차별금지법이나 PC주의를 반대한다면 이 사람은 과연 좌파일까 우파일까. 여기서 복지는 선별적이든 보편적이든 둘 다를 가리지 않는다. 또 북한을 주적이라고 생각하지만, 총풍 사건을 일으킨 정당의 후신을 우리나라에 없어져야 할 정당으로 생각한다면 이 사람은 우파인가 좌파인가. 총풍 사건이란 북한을 도발하게 해서 안보에 대한 국민의 우려를 이끌어내 투표에 영향을 주려는 과거 보수 정권의 셀프 조작사건을 말한다. 이건 12.3 내란 사태와 같이 북한이 도발하기를 바라는 반역죄인과 똑같은 상황이다. 이렇게 우파를 주장하는 사람들의 나쁜 역사는 항상 반복된다. 우리나라 보수와 우파라고 주장하는 세력은 약 80년 동안 그들이 하고자 하는 진정한 인간다움의 지향성이나 행복 목표 없이 항상 무엇에 대한 반대만 하였다.

지금도 그 종족 특성은 변하지 않고 있다. 무엇에 대한 반대나 매도가 진정한 목표가 될 수는 없다. 또한 자칭 우파는 그다지 국민 삶에 중요하지도 않는 이념 전쟁만을 하려고 한다. 가령 민주주의 뜻 자체에 자유라는 개념이 핵심으로 들어가 있는데 굳이 이들은 자유민주주의 국가라는 말을 들먹이며 평등과 집산주의적 생각에 반대되는 개념을 상기시키려 한다. 반대로 어느 학자는 민주주의 기본 개념을 평등으로 보기도 한다. 왜냐하면 1인 1표처럼 민주주의 기본 개념 중 하나가 동등한 의사결정권을 의미하기 때문이다. 하지만 이 동등함은 다시 모두의 자유가 동등함을 의미한 것이 아닌가?

결론을 내면 민주주의는 자유와 평등이 동시에 들어있는 개념이다. 하지만 또 다른 학자는 자유는 소유라는 관념에서 나온다고 말한다. 재산과는 좀 다른 의미라서 소유라고 표현했는데 이 말도 이런 논의로만 보면 또 틀리지 않는다. 그래서 자유를 사랑하는 사람들이 보수적일 수 있다는 말이 이럴 때엔 직접 와닿기도 한다. 자유가 소유의 근간이라면 인간은 더 많은 것을 생산하기 위해 이 자유를 적극 활용할 것이므로 그 자체로는 긍정적이다. 그렇지만 소유의 자유가 타인의 다른 자유를 해치지 않으리란 보장이 없다. 아나키스트 프루동은 '소유는 도둑질이다'라고 말하며 극단적 생각을 내비친다. 메타 사유를 할 줄 알아야 소인배가 되지 않는다.

우리나라 자칭 우파 중 상당수는 방금 논의한 몇 문장의 글도 아마 이해하지 못할 것이다. 인간이 행복할 수 있는 제1의 조건은 자유인데 그들은 마치 자유가 자기들 것인 양 언어 선점을 하려 하고 사상 싸움에 매몰되는 생각만 한다. 그러다 보니 이젠 자유라는 이름이 들어간

단체나 책만 보면 반지성적이거나 워키즘에 빠진 사람들이란 편견이 생길 정도다. 현재 노인 세대 일부가 이런 껍데기 우파 생각을 가지고 있다면 현재 일부 2030 세대 남성 또한 영상과 커뮤니티의 노예가 되어 이런 비슷한 생각에 빠져 살아간다. 평소에 자주 보고 듣는 것은 언어의 한계를 설정하는데 이때 인간은 언어의 세계가 사고의 세계에 절대적 영향을 끼친다. 또 어디서 돈의 지원을 받았는지는 모르겠지만 댓글 부대들이 과거 지역주의나 반공주의에 세뇌된 형태와 같이 정치적 목적에 매몰되어 일부 뉴스 댓글에 여론조작을 시도한다.

최근 혐중 시위가 일어나고 있는 것도 결국 이들의 목적이 더러운 정치적 신념 외엔 긍정적 무엇이 없다는 것을 알게 된다. 자유의 방종으로 혐오시위를 하면서 국익을 망치고 있는 이들이 진짜 자유의 적이다. 이렇게 국익은 망치지만 자신들의 유불리는 또 기가막히게 잘 알아서 자유를 항상 선택적으로 외친다. 자유에 가장 큰 가치를 두거나 경제적 이기심에 의한 투표는 인정하더라도 자신의 위치도 모르면서 그저 신념에 의한 투표는 어리석은 선택일 뿐이다. 특히 서민이라는 위치에 속한 사람들이 자칭 우파 정당에 투표하는 것은 그저 자발적 노예라는 것 말고는 더 설명할 길이 없다. 방금 한 표현은 너무 극단적이라 반론이 많이 있음을 인정한다. 그래도 저 말은 틀리지 않는다.

인간은 목표가 있어야 더 잘하려 하고 건설적 무엇을 만들어 낸다. 그런데 한국의 자칭 우파는 정의로움 없이 기득권 목표만 있기에 항상 부패하거나 무능으로 끝난다. 결국 그들은 진보의 실패에만 기대고 좌파를 매도함으로 인해서 권력을 쟁취한다. 건설적 무엇이 없는 이런 사람들은 과거 시대의 아픔 단어인 멸공을 여전히 외치고 있으며 새로운 음모론인 중국 언급을 통해 여전히 조작과 공작에 세뇌되어 사회 갈등을 만들어 낸다. 멸공은 공산당을 멸한다는 의미다. 이걸 확장적으로 보자면 진보적인 사람들이 문화를 교류하고 축제를 즐기는 일, 무엇에 문제의식을 가지고 서로 뭉치는 일, 슬픔이든 즐거운 일이든 연대를 하는 일을 보수적인 사람보다 훨씬 더 잘하는 이유도 바로 사회를 나아가게 하는 어떤 목표가 있기 때문에 그런 것이다. 보통 진보는 혐오하지 않으며 설령 진보가 아니더라도 보통의 인간이라면 굳이 혐오를 드러내 놓고 살지 않는다. 정상적 인간은 진정 도달하고 싶고 쟁취하고 싶은 긍정의 무엇이 있을 때 자신에게 더 집중하게 된다. 정상인은 우리나라 자칭 우파처럼 그저 타인과 타 이념 타 목표를 매도하지 않는다. 일부 보수 우파의 집단행동이나 모임은 금전적이거나 그들이 싫어하는 좌파에 대한 반대일 때만 그나마 움직임을 가져온다.

반면 좌파로 매도된 그들은 잘하자는 것과 더 나은 것을 찾으며 맹자와 공자가 말한 인(仁)적 가치를 중시하고 그 목표에 따라 움직인다. 톨스토이는 『고백록』에서 정치적인 것을 배제하고 진보를 삶의 가치라 여긴다는 표현을 한다. 이건 온전히 정신적인 가치를 의미하기에 틀린 말이 아니다. 마찬가지로 보수의 정신적 가치도 절대 틀리지 않다. 다만 그게 한국의 그 흔한 보수를 의미하는 것이라면 틀린 것이다. 어쨌든 톨스토이가 살았던 시대에 진보의 의미란 그런 것이었나 생각이 들었다. 다만 인간은 꼭 진보하기 위해 살지는 않으며 진보가 더 낫고 좋은 것이어서가 아니라 삶의 의미를 더해주기에 진보적 관점을 취한다. 쇼펜하우어의 말처럼 의지의 삶이 없으면 인간은 아무것도 존재하지 않는 것과 같게 된다. 그렇다고 좌파나 진보주의자들의 주장과 행동이 늘 선(善)이 되는 건 아니다.

가령 집에서는 가부장적이거나 권위적인 사람이 정치적으론 좌파가 될 수 있으며 범죄자나 인성이 안 좋아도 좌파가 될 수 있다. 즉 좌우는 정치 성향의 문제이지 선악의 기준이 되는 게 아니라는 말이다. 이건 정말 중요한 의미며 분명히 해 둬야 한다. 존 R.히빙, 케빈 B. 스미스의 『정치 성향은 어떻게 결정되는가』는 좌파 우파를 좋고 나쁨이 아니라 자기 성격이나 취향의 문제로 삼는다. 히빙과 스미스가 말한 좌우를 지지하는 그 기준에 대해서는 동의하지 않지만 정치 성향이 만약 취향이라고 한다면 이건 한가지 논의를 더 해봐야 한다. 보통 취향이라는 것은 선악이나 타인에게 호불호의 평가 기준이 될 수 없는데 극단적 정치 사상을 가졌거나 잘못된 정당과 인간에 대한 지지까지 개인 취향이라 한다면 이땐 문제가 된다. 보통 좌파는 자칭 우파를 선악으로 보고 우파는 좌파를 자유의 억압으로 본다.

하지만 우리는 진리 파트에서 잘못된 것이 무엇인지에 대한 판단력도 상대적이라는 것을 알게 되었다. 그리고 위 논의는 앞서 말했던 보통 서민의 자칭 우파 정당에 대한 투표가 어리석다는 것과 모순되지 않는다. 이럴 때 보수적 입장이 진정한 의미를 가진다. 물론 보수적인 사람도 특정 영역에서는 진보적 생각을 가진 경우도 빈번히 있다. 그래서 때로는 좌우가 자기 모순에 빠지기도 한다. 여기에 중요한 사실 하나는 지금 말하는 보수라는 관념이 한국의 그 흔한 보수 참칭의 사상이 아닌 진짜 보수를 말하고 있다는 점이다.

번외로 우리나라 이즘도 그들 스스로 잘하려는 것을 찾고 진정한 자립을 목표로 해야 한다. 그저 남성과잉 사회라고 매도하거나 남성 범죄만을 가지고 이념을 이어가려고 하는 건 우리나라 보수와 행태를 같이하는 꼴이다. 이즘 관념이 조직 내 권력 다툼이나 사회 헤게모니 투쟁 그리고 성별 나누기가 되어서도 안 된다. 좌파는 우파적 가치를 인정하기에 이념으로 상대를 매도하지 않지만 우파는 좌파적 가치에 반대해야만 하는 태생적이고 논리적인 모순에 빠지기 때문에 이념으로 매도하려고 한다. 진보는 보편적 가치에 중심을 두고 더 나은 인간 삶에 저항하는 것들에 맞서 싸우지만 우리나라 보수는 무엇을 하겠다는 제대로 된 목표가 없다 보니 자유라는 신을 만들어 놓고 이념 사상에 의지하여 그저 앵무새 같은 말만 반복하면서 진보의 가치와 싸우려고 한다. 진정한 보수라면 진보의 정책 제안이나 그런 가치와 싸우려 하지 말고 대안을 제시해야 한다.

모든 것을 하느님의 해석으로 승화하는 기독교인처럼 보수가 자유라는 신에 의지하는 일은 거의 똑같은 자폐아적 정신 상태의 비논리를 이끌어낸다. 즉 둘 다 보편적이고 더 큰 사고를 하지 못하는 공통점을 가진다. 무신론자거나 마음이 백지인 사람들은 이들과 대화를 했을 때 얼마나 가슴이 답답한지를 한번쯤 겪어 봤을 것이다.

결국 하느님과 자유를 믿는 답답한 자들이 볼 때 그 진보라는 자들은 지옥으로 가는 존재거나 좌파 종북 빨갱이라는 필연성에 빠진다. 사실 예수님은 사두개인이나 바리새인 등의 유대인 보수 사회에 맞서 질롯의 지지를 받는 사람이었다. 질롯(zealot)은 로마 제국이 볼 땐 혁명적이며 반국가적 과격 종교 단체가 되고 예수도 그런 존재가 되지만 우리는 그 후 성경의 역사에서 예수의 삶이 그렇지 않았다는 것을 알고 있다. 보수적 가치와 거리가 확실히 먼 신의 아들이 바로 예수였다. 보통 진보적 가치를 가지면 때론 기득권이나 사회 보수적 사상에 죽임을 당한다. 이건 과거 역사만이 아니고 현재도 행해지는 일이다.

다른 챕터에서 말했듯이 진보적 가치의 워키즘 문제 또한 이 범위에 있으며 이건 다시 진보 내의 문제만이 아니라 좌우 이념으로 더 격렬해진다. 보편 타당한 것과 현실의 문제 그리고 가치의 객관화와 실재의 문제는 서로 대립하게 되는데 이때 진보는 현실과 이상향의 길에서 분열 한다. 급진적인 주장이 항상 나쁜 것은 아니지만 손가락 끝이 가리키는 그 목표만 보고 가는 진보의 가치는 독단적이고 일방향적이기 때문에 항상 나쁜 것이 된다. 그래서 인간은 타협이라는 것을 하는데 우리나라는 이것이 가장 어려운 민족이다. 그걸 보수가 행해야 하는데 지금은 진짜 보수가 없기 때문에 보수적 역할을 때로는 진보 보수 중도가 섞여 있는 복합 정당 민주당이 행한다. 가끔 이곳도 열성 민주당

지지자들 입장에서 볼 땐 주방장과 직원이 자주 바뀌는 듯이 짬뽕 맛이 맹탕이거나 맵거나 맛이 일률적이지 않아 문제가 되곤 한다. 그래서 이제 한국형 진보 보수의 양 거대 정당의 싸움이나 이념 전쟁에 진저리가 난 사람들이 제3의 정당을 찾는다.

현재 제3의 사람들은 주로 젊은층 남성과 젊은 여성이다. 과거에는 지역주의와 정치 공학적 제3지대가 있었다면 지금은 세대와 새로운 아젠다 중심으로 제3자들이 모여든다. 문제는 그들의 투쟁이 어떤 긍정의 아젠다 혹은 시대의 큰 에피스테메를 가지는 게 아니라 거의 모든 사고 방식이 냉소와 반대를 위한 반대로 귀결된다는 데 있다. 이들 또한 보편적이기보다 특정 목표나 집단만 생각하기에 자기 신념 채움의 이기적인 마음으로 세상을 판단한다. 그런 의미에서 일부 20대 30대 젊은 남성이 입만 산 정치인을 지지한다는 건 어두운 일베의 순화된 양지화일 뿐인 것이다.

일베나 일베의 아류인 펨코 디시 스레드 등을 하는 그런 젊은층의 특징은 반지성적이고 비인간적이라 여기서 말하기조차 싫다. 생각 다름과 세대 및 가치관을 떠나 그들은 쓰는 언어부터 시궁창이라 구토가 날 지경이다. 아무리 시대가 변했다고 하더라도 언어 사용과 언어 창조 놀이가 인간 혐오적이어서는 안 된다. 그것은 세대의 문화 차이나 선비 정신 여부의 차이가 아니라 인간성 차이다. 자기가 보는 영상이나 커뮤니티 그리고 주변의 친구들이 재밌어서 그렇게 한다는 그 '그냥'이라는 집단 무의식은 정말로 심각성을 드러내는데 정작 본인들은 그게 심각하다는 것을 하나도 느끼지 못하며 살아간다.

칼 융은 "무의식을 의식할 때까지 그것은 당신의 삶을 지배한다"라고 하였다. 이 표현 하나에 동물과 인간 다름의 핵심은 사유라는 것을 알 수 있다. 인스타그램이나 유튜브 등 짧은 영상의 지속적 노출은 인간을 사유하지 않게 하고 의식을 지배한다. 그래서 사악한 무리가 이런 곳에서 활동하는 것이다. 어린이 청소년 때부터 이런 것에 노출되면 지금의 20대 일부와 비슷하게 처참한 의식 수준을 가질 수 있으니 되도록이면 온라인 영상과 커뮤니티는 안 하는 게 좋다.

앞서 말한 것의 반복이지만 중요하기에 한 번 더 변형하여 말하겠다. 젊은 자신들은 기성세대와 다르다고 생각할 것이다. 그렇다면 어떤 긍정적 목표가 있어야 할 것인데 필자는 진짜 찾으려고 해도 찾지 못했다. 혹시나 찾을까 싶어 과거 젊은 세대를 비판적 입장에서 비교도 해봤지만 역시나 찾지 못했다. 지금 2030 세대는 일제 강점기 때 좌파 지식인처럼 지적 허세를 바탕으로 사회 개량의 선민의식을 가졌을까? 아니면 1929년 광주 학생운동 때처럼 항일운동이라는 거국적 애국심이 있을까? 이것도 아니면 이승만 정권의 부정선거와 부패에 맞서 4.19혁명을 일으켰을 정도로 지금 20대가 정의감이나 실행력이 있을까? 1980년 5.18 광주 민주화 혁명이나 1987년 6.10 항쟁처럼 민주주의를 자신의 피와 바꿀 수 있는 용기를 가졌을까? 김대중 대통령처럼 독재에 맞서고 미래에 대한 혜안을 가졌을까?

2003년 사람답게 살자는 노무현의 꿈처럼 정의로움과 인간 존엄성을 목표로 인생을 살아갈까? 문재인의 원칙 정신과 공정사회를 자신들은 미움과 선택적으로 보지 않았는가? 그들이 불안하다는 것과 안타까운 것은 잠시 번외로 하고 정말로 그들이 꿈꾸는 긍정이 무엇인지 아무리 생각해도 필자는 모르겠다. 그들은 세대와 성별 및 사회적 약자 등에 대한 적대화를 시도하고 분열과 매도, 이기주의, 공감 능력 결여, 인지 편향을 기본적으로 가지는 것처럼 보인다. 이런 일부 20대 30대 초중반 남성의 의식은 지역주의나 반공주의에 편승한 일부 노인과 정말로 완벽히 일치하는 행태를 보인다. 보통 반좌파를 부르짖는 젊은 사람들은 미래 일어나지 않은 일들에 망상을 가지고 난민이나 중국인에 대한 가짜뉴스나 일부 사실인 뉴스를 교묘히 선동하여 그 망상과 정신분열을 핵분열처럼 끊임없이 유지한다.

이와 관련하여 리 매킨타이어의 『누가 진실을 전복하려 하는가』에서는 과학 부정론자들인 마가(MAGA)세력의 전략법을 소개한다. 첫째 그들은 유리한 증거만 골라서 제시하고 둘째로 음모론을 믿는다. 셋째는 비논리적 추론을 펼치면서 이게 통하지 않으면 가짜 전문가의 말에 기대거나 진짜 전문가를 폄하하는 전략을 쓴다. 마지막으로 상대방에게 말도 안 되는 기준 요구하기를 한다. 트럼프를 지지하는 미국 사람들처럼 우리나라 자칭 보수라는 사람들도 이들과 완벽히 일치하지 않은가? 이런 것에 이성을 잃지 않기 위해서는 자칭 보수 우파 유튜브나 가짜 극우들이 판을 치는 인스타 등을 안 하는 게 중요하다. 왜냐하면 리 매킨타이어의 말처럼 역정보가 난무하는 곳이 바로 이런 SNS 공간이기 때문이다. 읽었던 모든 책에서는 통계 근거를 들면서 좌파보다 우파가 훨씬 많은 거짓 뉴스를 생산한다고 말한다. 좌우를 떠나 사회에 명백히 해를 끼치며 익명성 뒤로 숨는 거짓 뉴스의 제재는 이제 필연이 되었다. 리 매킨타이어는 온라인 플랫폼에 대해서 기업 그리고 플랫폼 사용 유저에 대한 강력한 처벌, 언론의 당파성 없는 공평성을 해결책으로 제시하는데 이건 우리의 입법 의지에 달렸다. 사실 이런 사람들은 실제 정치성향의 문제가 아니라 마음과 뇌의 병적 문제다. 이건 단언할 수 있다. 대체로 불치병이라는 점에서 그 안타까움이 있고 이건 절대 인류가 사라지지 않는 한 정복되지 않는 병이다. 나를 갇히게 만드는 그것으로부터 탈출하는 것 또한 자기 능력이다. 누군가는 뇌 세척이나 청소가 필요하다.

우리는 진보적 가치 추구에서 우파가 나왔음을 역사적으로 알게 되었다. 결론적으로 우리나라엔 우파 정당이나 우파 세력은 없다. 다른 나라는 극우 정당이나 극우 세력이 있지만 우리나라엔 단 한번도 존재하지 않았다. 여기서 정확한 용어 정리를 해야겠다. 현재 좌파인 사람들은 독재자를 찬양하는 가짜 우파들에 대해서 극우라는 말을 쓰는데 그건 잘못되었다. 앞서 한 번 말했지만 그들에게 가장 어울리는 단어는 '내구'다. 노인 세대는 반공을 하면 보수가 되고 현재 일부 20대 30대 남성이 반민주당을 외치면 자기들이 우파라고 착각한다. 어이없긴 하지만 역사적 기득권을 보수의 가치로 인정하자고 한 에드먼드 버크도 자기 나라에 프랑스 혁명이 오지 못하게 하는 그 국익에는 진심이었다. 물론 버크의 가치관이 옳고 그름을 떠나서 그렇다는 얘기다.

참고로 에드먼드 버크의 보수적 시각 아니 더 정확히는 기득권적 생각에 대해 토머스 페인은 그를 신랄하게 비판한다. 우리나라 가짜 우파는 일본 국익 중심으로 생각하는 가짜 보수 정당을 지지하면서 미국에 대해서는 노예나 편의적 입장으로 정책과 정치를 해석한다. 보수적 가치는 사유의 평형 역할을 하기에 반드시 필요하지만, 현재 보수 정당이라고 하는 그 세력을 지지하는 사람들이 보수 우파가 되는 것은 이치에 맞지 않다. 가령 내란을 일으킨 자를 파면시키면서 헌법적 질서와 법치주의를 바로 세우는 것이 전형적인 보수의 가치인데 이런 판결을 한 사람을 좌파로 보는 모순 덩어리의 사람들이 있다. 우리나라의 자칭 우파는 말로만 헌법 가치를 지킨다고 하면서 실제론 법과 민주주의 그리고 도덕 관념을 이념으로 들먹거리며 상식과 헌법 질서를 흔들려고 한다. 또 자유를 중시한다지만 실상은 가장 자유를 억압하는 행태를 보인다. 이들은 이런 노예의 삶을 스스로 즐긴다.

노예라는 말이 나와서 생뚱맞지만 이쯤에서 셀프 광고 하나만 하겠다. 요즘 우리 눈에는 광고가 어디를 가나 따라와서 굉장히 정신적으로 피곤하다. 기업뿐만 아니라 언론까지 국민을 속이고 광고를 하니 국민 모두가 피로한 상태다. 그들은 알고리즘이나 교묘한 눈속임으로 우리를 지배하려고 한다. 하지만 지금은 진짜 유익한 광고이기에 잠시 적어 보겠다. 필자는 노예에 대한 정치 종교 과학 역사 사상 철학 문학 심리 종교 등의 관점에서 현대인을 분석한 정말 재밌는 원고를 하나 썼다. 이번엔 책 분량이 많지 않으니 두려워하지 않아도 된다.

『노예의 적』이라는 제목의 책이 나오면 관심 있는 사람들은 읽어 보길 바란다. 글 퀄리티를 떠나 필자가 쓴 책 중에 가장 재미나고 흥미로운 도서가 될 것을 약속한다. 계속해서 우리나라 자칭 보수에 대해 이야기해 보자. 한국의 보수는 자유만 외치다가 스스로 진짜 자유를 못 찾고 항상 이념의 노예로 전락해 버린다. 이들은 언행 불일치와 인지부조화 그리고 각주구검 행태로 평생을 이런 사상병에 빠져 살아간다. 자유를 국가에 대입하여 이분법적으로 생각하면 현시대에 맞지 않는 게 좌파와 우파의 관념이다. 예를 들어 요즘은 세계가 기술 경쟁을 하다 보니 의학 과학 기술 자원 등의 분야에서 국가의 역할이 중요해졌다. 그렇다면 이런 정부는 좌파 정부란 말인가? 현재 그나마 가장 순수하게 구별되는 좌우 차이는 복지 정책에 대한 시각이다.

플라톤의 우생학적 사고까지는 아니어도 인간의 태생적, 후천적 차이를 인정하며 능력주의를 지향하는 건 당연히 틀린 생각이 아니다. 이것을 평등하게 하고 역차별을 만든 정책에 반대하는 것도 마찬가지로 틀린 게 아니다. 개인이나 특정 집단의 이익에만 집중하여 평등보다 자유를 우선하느냐 아니면 개인과 집단, 인류까지 살피면서 인간 특정 편익보다 보편적 가치를 중시하느냐는 좀 더 현대적인 좌파와 우파의 구분이다. 그동안의 논의를 볼 때 우리나라는 전통적 좌우 개념뿐만 아니라 현대적 좌우 개념도 현재 사람들과 맞지 않다는 것을 알게 된다. 굳이 이념을 구분해서 살고자 하는 사람은 새로운 생각을 담아야 한다. 자유와 평등은 불가분의 관계에 있다. 이건 꼭 경제적 결과물을 분배하는 영역에 국한되지 않는다.

예를 들어, 단상에 올라가서 하고 싶은 말을 하고자 하는 자유인이 있다고 가정해 보자. 다음 날에도 단상에 올라 똑같은 사람이 발언권을 얻는다. 하지만 이번엔 다른 사람이 너는 어제 발언했으니 평등하게 나도 한마디 하자고 말할 수 있다. 여기서 주의할 건 단상에 올라간 사람이 평등을 요구한 사람보다 더 능력이 있고 좀 더 호전적이라고 생각해 보는 것이다. 이렇게 보면 자유롭게 말할 자유인의 능력 또한 평등이나 민주주의 절차 등이 작용하게 된다는 걸 알 수 있다. 이걸 좀 더 문신에 대한 시각까지 연계해볼 수 있는데 문신할 자유가 있다면 그걸 싫어할 자유도 있어야 한다. 특히 문신이 사적인 영역에서 끝나지 않고 공적이라면 그 공적 영역에서는 과도한 문신을 할 자유에 대한 싫어할 억제 값이 서로에게 평등해야 한다. 그래서 문신에 대해 어떤 제재가 필요하다고 주장하는 건 논리적으로 옳다. 이것은 우리나라 헌법 제11조와 충돌하지 않는다.

다만 동성애자나 퀴어 기타 성정체성 불안의 다양한 사람들에 대한 혐오의 권리는 위 상황과 다르다. 오히려 이들을 혐오하는 건 진짜 자유와 평등에 반한다. 왜냐하면 이들은 공적인 영역에 나와도 자신이 굳이 드러내지 않으면 문신처럼 기표화 되어 다른 사람에게 혐오감을 주지 않기 때문이다. 이 둘의 차이는 정체성이라는 내부화와 외부화의 차이를 보여주며 타인이 전자의 사람에게 그 정체성을 자기 앞에 드러내지 않는 한 자신도 그 사람에게 혐오할 자유는 없다. 또 혐오를 하는 것은 헌법 제11조가 말하는 특정 사유로 차별받지 않을 가치에 반하는 일이다. 제11조 조항으로 문신하는 사람들은 항변할 수 있으나 자유는 공공복리에 반할 시 제한할 수 있다는 헌법으로 대체할 수 있다. 이런 논의는 자유와 방종, 이해 필요성과 가능성, 개인적인 것과 공적인 것의 연결성 등을 생각하면 아주 복잡해진다. 그래서 자유를 제한하더라도 또 어디까지 제한을 해야 하는지의 기준이 아주 어렵다. 그런데도 사람들은 이런 구분을 제대로 하지 않고 누구는 평등 지상주의나 자유 지상주의로 세상을 보려고 하며 또 누군가는 자기 감정이나 건강부회로 세상을 해석하려고 한다.

한편 복지를 말하면 좌파에게 꼭 따라오는 것이 있다. 우파는 좌파의 선동 포퓰리즘이 국가 재정 상황이나 세금의 세대 물림을 생각하지 않는다고 주장한다. 하지만 그렇게 말한 사람들은 자기가 뽑아 놓은 지자체장이나 리더가 매번 정책 실패를 해서 세금낭비, 거기에 더해 무능, 무속에 의한 대통령실 이전 비용, 내란으로 인한 국제적 신뢰 상실로 통계에 잡히지 않는 엄청난 경제 손실, 21세기 이후 매번 탄핵 당하고 감옥에 간 대통령에 대한 부패와 불화의 사회적 손실에 대해서는 이야기하지 않는다. 과거로 돌아가면 보수 우파의 뿌리라는 어떤 이씨는 한국을 남북으로 분단케 했고 어떤 박씨는 우리나라를 동서로 나누게 했으며 어떤 전씨는 인간을 금수와 사람다움으로 나누게 했다.

21세기 들어와 또 다른 이씨는 대한민국을 남녀로 갈라 났으며 어떤 윤은 이념과 세대 그리고 남녀를 더 갈등하게 했다. 마지막으로 비교적 젊은 정치인 이씨는 이 모든 것을 저지르고 있으며 여전히 이런 못된 짓들을 그만두지 않고 있다. 그들에게 중요한 건 일부는 몇 가지 좌파적 싫음과 적대적 감정 그리고 지역적, 집문화적 신념의 자기 안정성이기 때문에 사회 긍정적인 게 하나도 없다. 또 자신들이 부동산 욕망의 공범자인데도 오히려 그것이 올라간 것에 대해 분노하는 사람들은 역설적으로 언론의 자본주의화와 같은 현상에 빠져 산다.

서울의 인구는 천만 이상의 정점을 찍다가 지금은 천만 아래로 내려왔다. 반면 대한민국 전체에서 수도권이 차지하는 인구와 서울의 인구 합의 비율은 다른 지역의 모든 합의 비율보다 더 높아졌다. 이것은 무엇을 의미하는가? 이것은 서울이 하나의 자본주의화 현상을 보여주는 것으로 서울이라는 지역에 사는 것이 이제는 계급이나 경쟁의 상징이 되었다는 걸 의미한다. 그래서 거기에 사는 사람들은 그 기득권적 생각을 전혀 버리지 못하고 인간의 내적 행복과는 거리가 먼 투표를 당연하듯이 행한다. 이 자체가 나쁘다고 말하는 건 옳지 못한 일이다.

하지만 이런 테두리 안에 있고 관성적인 생각으로 사는 사람은 거의 모두가 정의로움에 대한 생각을 하지 못한다. 단지 뷰티풀 마인드의 부자 좌파만이 자기 이익 투표가 아닌 역선택을 함으로써 약간의 인간다움을 보여줄 뿐이다. 사실 이것도 인간다움이 아니라 가치관의 문제다. 과거에는 배고픔이라는 원초적 경쟁이 있었다면 지금은 서울과 지방의 학군 좋은 학부모 세대를 위시로 한 미필적 차별과 기회 불평등의 비교된 경쟁이 존재한다. 이런 것을 어린이 청소년은 집문화로 선행 학습하며 사회나 무산계급은 그걸 무기력하게 인정하며 살아간다.

조정래의 『상실의 풍경』 책 내용의 마지막 부분은 모든 게 서울로 가는 것 그 자체가 나머지 사람들의 상실로 이어지는 듯한 느낌을 준다. 이 작품에도 아픈 아내가 등장하며 좋은 병원을 찾아 나선다. 책 내용이 아닌 현실로 돌아와보자. 지방에 3차 상급 병원이 있음에도 서울의 4대 병원에 가는 지방 사람들은 얼마나 국력 낭비일까를 또 말하지 않을 수 없다. 공공기관 이전 외에 각 거점 지역에 국내 4대 병원 수준의 의료기관을 설립한다면 수도권 분산 효과가 있을 것이다. 지금 지방 사람들은 모든 게 배고프다. 그렇다면 정말로 현대인은 과거 배고팠던 사람들보다 행복할까? 그동안의 한국형 우파는 진정한 나라 걱정이나 진지한 반성과 문제의식이 없었다. 자기만 잘살면 상관이 없는 사람들이야 어쩔 수 없지만 문제는 그런 위치에 있지 않은 많은 사람들도 우파 참칭 정당을 지지한다는 게 우리의 문제다.

결국 선택적 체리피킹 자세로 세상을 보고 처참한 대통령을 매번 뽑는 사람들은 좌파라는 적이 있다는 허상에 자기 잘못을 덮어 버린다. 그러면서 절대 부끄러워하지도 않는데 그게 현재 우리나라의 자칭 우파 보수 호소인들이다. 맹자가 말한 수오지심으로 보면 이들은 인간이 아니게 된다. 일부는 좌파 정권에 대해 복지 정책을 펼치면 베네수엘라가 된다고 하지만 그들은 제대로 사실 관계도 보지 않으려 한다. 설령 진실을 알고 있더라도 그걸 끄집어내려고 하지 않는다. 그저 그들은 단순하게 차베스 정권이 좌파 정권이었다고 말하면서 미국의 행태에 반미를 하고 복지정책을 시행하는 우리나라 좌파를 그들과 한데묶어 공격하고 싶어할 뿐이다. 이게 바로 한국 좌파 정권의 베네수엘라화 네이밍이다.

다시 한번 강조하지만 그들은 항상 자기들이 잘할 생각보다 이런 매도 정신만 투철하다. 일부 사실에 많은 거짓과 음모론적 희망에 망상을 섞는다. 다만 진보 내에서도 권력 헤게모니형 비겁한 사람들이 아주 많다. 특히 개혁적이고 범좌파 내에 있는 어떤 사람이 실수하면 득달같이 달려들어 정의롭게 비판하는 척 떠들어대는 자칭 진보 유튜버와 정치 지망생들이 있다. 그런 자세로 남의 자리를 비워내고 그 자리를 탐하려는 자들 또한 능력 없는 껍데기 좌파일 뿐이며 우파 호소인처럼 자신들이 잘할 생각은 하지 않는 비열한 자들이다. 이건 정치 좌우를 떠나 살다 보면 자기 능력을 보여주는 게 아닌 남을 깎아 내리는 데 중점을 두거나 비판하는 능력만 가지려는 사람들이 실제 많다는 것으로도 알게 된다. 이들은 이런 식의 관계적 정치질만 잘한다. 어디에도 구애받음이 없거나 결핍이 별로 없는 사람들은 자기 정체성을 굳이 강요하지 않으며 타인을 깎아내리거나 선택적 비판도 하지 않는다.

반면 초라한 사람들은 개인의 불편함을 굳이 밖으로 표출하여 다른 사람들을 재단한다. 그러면서 자신의 정체성을 강요하고 경계짓기를 하며 사회와 타인을 불편하게 만든다. 실제 좌파들로 매도된 대부분의 사람들은 어떤 네이밍으로 자부심이나 자아의탁을 하지 않고 신념도 가지지 않는데 그 반대편의 사람들은 경계짓기의 네이밍에 자부심을 가지며 정체성을 부여한 그 특정 단어에 자아의탁을 하는 한심함을 보인다.

앞서 얀 야스만이 한 말 "유일신을 섬기는 곳은 자신의 반대를 통해 경계 짓는다"를 기억하는가? 유일신을 우파로 치환하면 그의 말이 정확히 들어맞는다. 한편 좌파는 가짜 우파가 정권을 잡아도 잘하기를 바라는데 가짜 우파는 좌파가 정권을 잡으면 잘못하기를 바라거나 그것도 아니면 잘한 것마저 보지 않으려고 한다. 그런 심리가 마음속 깊이 있기에 거짓 뉴스를 믿고 매번 언론과 기자에 속는다. 그렇다면 진짜 베네수엘라는 왜 망국의 길로 갔을까? 차베스 정권은 겉으로만 포퓰리즘을 지향한 좌파였을 뿐 권력을 잡은 후엔 자신과 측근의 부패, 권력과 국가 재산의 사유화 등 무능을 일삼았다. 진짜 좌파다운 정책은 하지 않고 권력 욕구에 취해 입만 국민을 위해 떠들어댔을 뿐이다. 이것은 세계 여러 학자들이 공통적으로 차베스 정권의 몰락의 원인으로 내놓은 결론이다.

과거에는 좌파적 생각을 가진 사람들 중 일부가 반미를 외치며 북한 주체사상을 긍정적으로 보는 집단이 존재했다.(일명 주사파) 지금으로 치면 그들은 극좌파로 통하는데 한때 그들은 NL과 PD계로 나뉘기도 하였다. 하지만 지금은 이런 사람들을 진보적인 사람조차 정상이 아니라고 생각한다. 물론 현재도 아예 없어진 건 아니다. 우리 인간 사회는 도저히 이해할 수 없는 다양한 사람들이 있기에 그 소수성은 좌파 우파와 상관없이 어디서나 존재한다는 정도로 이해하면 된다. 김대중 대통령은 스스로 중도 보수라 여겼고 현재 이재명 대통령은 실용중심의 중도 보수 정책을 시행하고 있다. 노무현 대통령은 신자유주의 정책으로 오히려 좌파 지지자들이나 진보 언론으로부터 공격받기도 했다. 좌파 정권은 국난(김영삼의 IMF)을 극복했고 보건 복지 정책으로 최소한의 인간다운 삶의 보장을 위해 노력했다.

하지만 민주주의 정권은 전체적으로 잘했음에도 불구하고 부동산과 무슨 정책만 내놓으면 포퓰리즘이라는 선동 그 외 도덕적 위선 등 몇 가지 자칭 우파의 네이밍에 그 수많은 인간다운 정책이 잊혀지고 공격을 받는다. 개인의 욕망은 보편성과 늘 대립하고 보편적 가치와 긴장관계에 놓인다. 여기에 한 몫 하는 게 언론과 기자였고 지금은 그 의식이 유튜브나 커뮤니티 등에 퍼져 특정 세대와 특정 집단에 공고히 받아들여진다. 갑자기 좌우 이야기는 그만 쓰고 싶어 졌다. 왜냐하면 이 책은 유아나 어린이 나이 정도 빼고는 대한민국 사람 모두가 읽기를 바라는 마음이 크기 때문이다. 하지만 이미 이렇게 글을 써버렸으니 메시지보다는 메신저에 대한 사상 편견이 생겨 책이 반쪽 자리가 되어버렸다. 하지만 이건 정치 편력이 아닌 진실의 영역이라 믿는다. 그런데도 누군가는 좌파 작가라고 낙인을 찍을 것이다. 그래서 마음 놓고 정치적 목적으로 책을 쓴 게 아니라면 대부분의 작가나 출판사는 이런 부분을 극도로 자제하면서 기계적 중립을 유지한다.

필자는 정치뿐만 아니라 수많은 책을 읽으면서 내 생각과 맞지 않은 내용이 사실 더 나를 발전시켰다고 믿고 있다. 그리고 그게 단순히 지식을 습득한 것보다 훨씬 더 유익했다고 자신 있게 말할 수 있다. 지금도 나와 다른 생각의 글을 읽으면 설렌다. 만약 정치 영역이 마음에 안 든다면 너그러이 용서해 주길 바란다. 독수독과 법칙을 따르는 사람이 있음을 알고 있는데 그러지 않았으면 좋겠다. 책 읽는 즐거움을 아는 사람은 이 챕터든 다른 챕터든 정말로 어디서 보기 힘든 중요한 내용이 많이 있으니 그 부분만 유익하게 읽어줬으면 좋겠다. 여기서 독수독과란 좌파 작가는 좌파적 생각에 머물 수밖에 없으며 들을 만한 가치가 없다는 그런 닫힌 마음을 뜻한다. 아마 이걸 공자는 일찍이 아시고 군자는 화이부동 소인은 동이불화라고 한 것이 아닐까 생각한다. 잠시 언급한 이 챕터의 정치는 사실 간에 기별도 가지 않은 이야기를 한 것이다. 꼭 정치 편가름의 이야기가 아닌 진보 보수에 대한 다른 유익한 논의는 사실 아직도 할 게 엄청나게 남았다. 하지만 여기서 멈출 것이다. 지금 이 마음은 아마도 다윈이 "진화론"을 쓰면서 가졌을 마음 상태와 똑같다고 믿는다. 다윈은 기독교 신자인 아버지로부터 종교 교육을 받았고 자신도 그런 신앙을 완전히 버리지 못했다. 그래서 자신의 저작이 종교적 무엇 때문에 오염 받고 자신마저 부정되는 것에 깊은 고민을 하였다. 역시 종교나 정치 같은 신념은 이렇게 인간을 위하기도 하면서 괴롭히기도 한다.

한편 진보는 아주 빠른 걸음으로 나아가서 많은 사람과 함께 걸어가지 못할 때가 있다. 아니면 방향이 잘못되어 옳은 길을 가지 못하기도 한다. 그럴 때마다 넘어지지 않게 잘 잡아당겨 주면서 조정을 해주는 게 바로 보수의 존재다. 리영희 선생의 "새는 좌우의 날개로 난다"는 이때 들어 맞는다. 틀에 박힌 견제와 균형이 아니라 우리 인간도 새처럼 좌우 날개가 앞으로 나아가게 하듯이 더 좋은 곳으로 향하게 해야 한다. 이게 진짜 좌우 이념의 역할이다. 이 말은 적당히 좋은 게 좋은 것이라는 게 협상이나 타협이 아니라는 소리다. 또 우리는 리영희 선생의 말처럼 개인의 애국이 아니라 진실을 보려고 해야 한다.

마지막으로 어떤 이는 이 좌파 작가에 대해서 어느 정치 유튜브를 보는 사람일 거라고 확신에 찰 것이다. 미안하지만 필자는 어떤 정치 유튜브든 보지 않으며 사람들이 영상을 볼 때 지난 15년 간 책을 읽고 살아왔다. 이건 앞으로도 마찬가지다. 정치는 삶이기에 그저 흐름을 알고 사는 것이지 타인의 정치적 발언에 매일 일희일비할 필요가 없다. 인간은 자신의 행복을 위해서 적당한 거리 유지가 반드시 필요하다. 바보들은 타인을 무엇으로 규정하기 좋아하고 자기 수준대로 삶과 타인을 재단하려고 한다.

48

경제

호모 에코노미쿠스와 최후통첩 이론

현재 우리나라 사람들은 재테크 같은 자기계발서나 가볍게 읽을 수 있는 에세이 같은 것을 다른 도서 종류보다 훨씬 많이 읽는 거 같다. 물론 정확한 통계는 아니며 필자의 막연한 느낌이다. 개인은 불안정하니 도피처인 위로의 글을 읽고 사회는 불확실하여 미래에 대한 도서를 찾는 건 어쩌면 당연한 일이다. 하지만 이건 병든 사회 속 우리 삶이 잘못되어가고 있다는 증거다. 정신적 문제가 아니라면 현대인의 가장 큰 불안은 보통 경제적인 것이다. 이 글을 쓰고 있는 사람은 가난한데도 불구하고 미래를 대비하거나 불안해하기보다 오히려 회피하는 쪽을 선택했으며 그 도피처는 책이었다. 책을 편식하지 않고 두루두루 읽었다고 생각하지만 가장 부족하게 읽은 건 역시 경제 분야다. 하지만 지금까지 그래왔듯이 경제 분야에서도 중요한 난제를 찾고 흥미로운 이야기를 전해야 한다. 먼저 가장 최근에 읽었던 경제 관련 도서 이야기부터 하겠다.

사이페딘 아모스의 『사이페딘 아모스의 경제학 수업』이라는 책이 있다. 원래 책을 선택해서 한번 읽기 시작하면 그 책이 싫든 좋든 웬만해서는 처음부터 끝까지 다 읽는 편이지만 이 책은 70페이지 정도까지만 읽고 나머지는 소제목만 대충 훑어 보았다. 어려운 그래프 설명 같은 거 없이 경제학의 중요 개념을 설명해서 누구나 읽어 볼 만한 도서다. 이 책을 읽다가 멈춘 이유는 최저임금제에 대한 저자의 생각 때문이다. 사이페딘 아모스는 최저임금제에 대한 자유시장경제를 충실히 따르는 생각을 그대로 전해준다. 그는 최저임금제가 생산성이 낮은 근로자의 취업을 불법화하여 이들 근로자 중 가난하며 젊고 경험이 적은 사람들이 일자리를 잃게 된다고 주장한다. 역시나 최저 임금에 대한 가장 큰 비판은 고용시장의 불안이다.

사이페딘 아모스는 "가장 많이 일해야 하는 사람들에게 해를 끼치고 대규모 실업의 출현과 고용 감소의 원인 요소가 된다"라며 최저임금제에 대한 부정적 결론을 내린다. 그가 주장한 것의 전제는 노동자의 한계생산성에 따른 임금의 시장경제 반영이다. 아모스는 수요와 공급 그리고 노동자의 한계생산성에 따라 고용주가 고용인의 채용을 결정하고 그 임금은 시장경제에 맡겨져야 하는데 이걸 능력 없는 사람들이 최저임금을 받고 일해서 문제가 된다고 말한다. 딱 이 정도가 최저임금제에 대한 그의 시각이며 나머지 책 내용은 경제의 주요 개념을 재밌게 이야기 형식으로 풀이한다.

그의 시각은 정확히 자유시장의 경제 논리에 부합하고 기계적 노동시장 입장을 반영하기에 최저임금에 대한 논의를 애초에 차단하게 한다. 최저임금제의 근본적 목적은 인간이 인간답게 사는 최소한의 조건을 설정한 것이다. 이걸 시장 논리나 자영업자 및 기업의 고용주 입장에서만 보면 제로섬 논의에 빠진다. 최저임금제가 전통적 복지 정책은 아니지만 많은 사람이 무엇을 같이 누릴 때 사회는 좀 더 행복을 증진시킨다. 그리고 사이페딘 모스의 주장에는 엄청난 모순이 존재한다. 왜냐하면 최저임금제가 생산성이 낮은 근로자의 취업을 불법화한다는 것과 젊고 경험이 적은 사람들이 일자리를 잃는다는 것은 서로 중첩되기 때문이다. 즉 위 둘은 꼭 다른 존재가 아니다. 필자가 아니더라도 최저임금제 비판에 대한 반박은 마치 뉴라이트 식민 사관에 대해 조목조목 반대한 책들처럼 여러 학자가 써놓은 책들이 많이 있으니 그걸 찾아 읽어보면 된다. 그래서 사이페딘 아모스의 최저임금제에 대한 A 주장은 이 정도로만 살펴보고 이젠 B라는 입장을 소개해 보겠다.

이상헌의 『왜 좋은 일자리는 늘 부족한가』는 사이페딘 아모스가 주장한 최저임금에 대한 위 내용을 완전히 반박한다. 최저임금제가 고용시장의 자유나 고용주의 자유를 해치는 거 같지만 실제 통계나 연구는 그렇지 않다는 게 이상헌의 주장이다. 사실 이상헌의 도서뿐만 아니라 도서관이나 서점에 가면 국내외 학자들의 최저임금제에 대한 글은 긍정의 결론이 훨씬 많다. 자유주의 사상에 매몰되고 이것을 정치적으로 보기 때문에 문제가 있는 제도처럼 느껴지지만 결과는 절대 그렇지 않다.

실제로 아프리카나 다른 대륙의 일부 국가 빼고는 세계 대부분의 나라는 최저임금제를 실시한다. 물론 시간당 임금이나 노동 형태는 나라마다 조금씩 다르다. 한편 우리나라 사람이나 외국인이나 자기가 노동시간을 더 투입해서 돈을 벌자고 하는데 왜 그걸 법으로 제한하는지 불만을 제기하기도 한다. 이 주장은 응당 합당해 보이지만 국민 삶의 질이라는 측면에서 장기적으로 보면 노동시간의 제한이 이기적 고용주 외에 모두에게 이롭다는 결론을 낼 수밖에 없다. 왜냐하면 예외를 허용해 버리면 그 예외의 범위가 커지고 그건 형평성의 문제가 되어 결국 다시 과거로 돌아갈 수밖에 없기 때문이다. 비단 이것은 시간과 보수라는 금전적인 것 외에 공간이라는 복지도 함께 적용된다. 복지라는 공간은 질 낮은 영역이 아니어야 하며 진입장벽도 없어야 한다.

마이클 샌델이 정확히 이렇게 표현하지는 않았지만 그도 공간에 대해서 필자와 비슷한 생각을 가진다. 고전 경제학자나 케인즈 이후 수정을 가하고자 했던 신고전학파가 볼 때는 다른 시각을 가질 것이지만 경제를 인간의 수학으로만 생각하지 않는 보통의 경제학자들은 이제 복지 정책 논의를 처음부터 봉쇄하지 않는다. 너무 극단적인 자유시장주의는 특정한 누구나 기업의 이익에만 해당되기 때문에 자본주의는 복지와 동반자일 수밖에 없다. 그렇다면 최저임금제 외에 기본소득에 대해서는 어떤 사람이 극단적인 생각을 가질까?

아마도 『모두에게 실질적 자유를』이라는 책을 쓴 필리페 판 파레이스를 보면 그런 극단적인 생각을 지닌 사람이라고 여길지도 모르겠다. 이 책의 부제는 기본소득에 대한 철학적 옹호다. 필리페 판 파레이스는 숫자로 하는 경제학의 관념으로 기본소득을 말하지 않는다. 그는 기본소득이 능력 있고 돈을 더 잘 버는 사람들까지도 실제로 더 자유를 누릴 것이라고 가정하는 듯한 주장을 펼친다. 크게 보자면 맞는 말일지도 모르지만, 누군가에게는 확실히 잘못됐다. 어떤 이는 어떤 제도가 자기의 이익을 지켜주는 거 외엔 다른 입법 자체를 규제나 피해로 인식한다.

파레이스는 자신의 이로움과 자유만이 최고의 선(善)인 사람들은 안중에 없다는 듯이 그저 기본소득의 당위성만 이야기한다. 그래서 약간은 감성적인 느낌이다. 대부분이 그렇듯 기본소득을 얘기하면 반대하는 사람들은 게으른 사람을 더 게으르게 하고 그로 인해 사회 전체가 게으른 사회가 될 거라는 걱정 어린 주장을 한다. 이에 대한 방지 책은 현금 외에 다른 수단을 제공하고 인적 활동을 유인하는 대책으로 기본 소득을 교환하게 할 수 있다.

필리페 판 파레이스도 인정하듯이 인간은 최소한의 의식주 조건이 이루어진다면 두 부류로 나뉘어진다. 한쪽은 자아실현을 위해 열심히 사는 사람이 있고 또 한쪽은 여가 시간을 더 선호하여 인생을 단순히 즐기는 것에 중점을 둔다. 게으른 자에 대한 공평한 생각은 기본소득을 찬성하는 사람이 아니라 이것을 반대하는 사람들이 말한 것 중 들어볼 만한 가치가 있는 주장을 참고하는 것이다. 가장 현실적인 건 그 게으른 자들에 대한 것을 상당히 인정하면서 모두가 그렇지는 않을 것이라는 걸 증명하고 그 방지 대책을 만들어 설득하는 일이다. 그런데 필리페 판 파레이스는 설득되지 않는 문제를 철학적 문제로 풀이해 낸다. 세금을 많이 내는 사람들 중 사회 복지에 그다지 관심 없는 사람들은 세금 자체가 그저 자기의 것을 빼앗긴다고 생각해서 불만이다. 누군가에겐 평등 그 자체가 억압이고 짜증스러움이다 그래서 아무리 그들에게 유인책을 쓴다고 하더라도 그들은 자유시장경제에서 자기 자유의 능력제에 대한 평등한 분배를 원하지 않는다. 이건 정치 성향의 문제가 아닌 보통의 인간이라면 가질만한 삶의 기본적 자세다. 나는 기본소득에 찬성한다. 그러나 기초생활수급자로 사는 사람들의 문제도 직접 경험해 봤기에 이에 대한 논의는 조심스러워야 한다고 생각한다.

물론 지금도 각종 수당이나 기초연금 등이 기본소득의 한 방편으로 들어와 있긴 하지만 이걸 전국민이나 특정 연령 이상으로 확대하는 건 별개의 문제다. 어떤 무지한 사람은 이런 정책을 공산주의 혹은 사회주의 정책이라 주장할지 모르겠다. 굳이 따지면 기본소득 개념은 노동 투입이나 재화 생산이 처음부터 집단 소유(생산)와 집단 분배가 아니기 때문에 공산주의보다는 사회주의나 집산주의에 가까운 정책이다. 언어의 정치화를 해보면 기본소득은 배급이라는 이미지를 덮어 씌울 수 있다. 자유도 제대로 이해하지 못한 자유지상주의자들이 잘하는 게 하나 있다면 좌파를 공산주의와 지독하게 연결하여 사람들에게 선험적 거부감이 들도록 하는 것이다. 이런 색안경 이미지 씌우기가 없는 사람 중 기본소득에 자신의 순수한 가치관이 있다면 그건 진보 보수의 문제를 넘어선다.

가령 화이트칼라나 블루칼라 내에서도 열심히 노동하는 사람은 생활 보조금을 받는 무노동자들에 대해 불만을 가진다. 심지어 천박한 사람들은 노동자에 대해서 계급적 우위의 생각을 가지기도 한다. 그러면서 거의 비슷한 위치에 있는 노동자들끼리 무임승차라는 평등함을 때로는 더 민감하게 반응한다. 이런 불만이 틀렸다고 볼 수 없고 또 이들에 대해서 온정적인 마음이 없다거나 인류애가 부족하다고 지적할 수도 없다. 지난 15년간 여러 경제 사회 관련 책을 읽으면서 빈부격차의 심각성을 이야기한 학자나 작가들의 글은 아주 많았다. 그들이 공통적으로 말하는 건 상위 30%의 사람들은 갈수록 자산이 증가하는데 반해 하위 30%는 갈수록 실질소득이 감소하거나 자산이 감소했다는 것이었다. 경제 위기가 오고 불황이 이어지면 이 격차는 당연히 더 커진다.

어느 연구 기관은 우리나라 경제적 불평등이 과거 일제시대 수준으로 돌아갔다고 주장하기도 한다. 100년 전과 딱 한 가지 달라진 건 정신과 사지만 멀쩡하면 현재 우리나라에서는 굶어 죽을 걱정은 하지 않아도 된다는 사실이다. 때론 이게 인간을 더 비참하게 만든다. 노벨 경제학상을 수상한 조셉 스티글리치는 경제적 불평등이 곧 민주주의 위기를 가져올 것이라고 경고한다. 불평등이 왜 부자에게도 문제이고 민주주의 및 자본주의 위기를 준다는 것인지에 대해서는 이 책 곳곳에서 말하고 있으니 다시 설명하지는 않겠다.

어쩌면 스마트폰 자체가 인간에게 심리적 문제를 일으키는 게 아니라 전세계적 불평등과 존재 불안이 스마트폰으로 표현되어 갈등과 반목이 더 커져 보이는 것일 수도 있다. 그런데도 자유를 사랑하는 사람은 이걸 정치 경제 사회적 문제로 보기보다는 이념으로 보려고 한다. 특히 어떤 이는 자연선택처럼 인간도 어쩔 수 없이 도태된 동물의 세계와 같게 봐야 한다며 현실을 즉시 하라고 말한다. 보수적이고 자유와 능력주의를 지향하는 사람인척하며 평등한 정책을 싫어하는 사람은 자신도 복지 정책을 누리고 있다는 사실을 잊어버린다. 그저 이들은 그림자 보수에 불과하다. 검은 마음만 가지지 말고 진짜 보수라면 좀 더 인류 지속적이고 현실적이어야 한다. 개인과 사회가 만들어 놓은 신뢰와 미덕 또한 시장경제에 큰 역할을 한다는 사실을 알아야 한다. 현대 경영학의 아버지라는 피터 드러커는 기본적으로 보수적인 성향을 가지고 있는 사람이었다. 하지만 그마저도 경제발전은 평등이라는 사회적 목적에 기여해야 한다고 주장한다.

드러커는 좌파가 급진적으로 이것저것 하는 것을 반대하면서 이렇게 이야기한다. "인간이 알 수 있는 것은 역사적으로 성장해온 실제적인 사회뿐이다. 그러므로 인간은 자신의 정치 사회적인 것에 이상 사회를 전제로 하지 말고 기존의 정치 사회적 현실을 고려해야 한다." 그러면서 그는 어떤 이상적 목적은 때론 바다의 폭풍처럼 선박을 난파시킨다고 주장한다.

드러커는 전체주의적 요소를 굉장히 싫어했다. 그가 청춘을 보냈을 나이가 바로 히틀러와 나치가 집권하던 시기였기 때문에 더욱 그렇다. 그는 루소의 이성주의나 히틀러의 파시즘화, 마르크스의 계급 투쟁 등의 사상에 대해서 전체라는 명목으로 또 다른 자유를 제한하는 것이라 여기며 반대 입장을 보인다. 이런 생각과 표현이 보수적이라면 아주 인정할만한 보수의 가치인데 보통 우리나라 보수는 이런 수준의 품격이나 지적 능력보다는 정치적으로 매몰된 보수의 길만 가려고 한다. 우리나라 자칭 보수의 행태는 미국 정통 보수나 대안 우파를 겉으로만 따라하는 바보 같은 노예 정신에 지나지 않는다. 그렇다면 이런 극단적 경제 수업 말고 각자 가치관에서 조금 벗어나 누구나 싫어하지 않을 경제 관련 책은 어디 없을까? 테제와 안티테제를 했으니 이제는 정반합의 합인 진테제를 말할 차례다.

미셸 케이건, 엘프리드 밀의 『경제학 수업』이 딱 그런 책이다. 이 도서는 최소한의 경제 지식과 지루하지 않을 내용으로 남녀노소 모두가 읽어볼 만하다. 이 책은 행동 경제학이 왜 탄생했는지 인지편향, 휴리스틱, 제한된 합리성 등 여러가지 원인을 설명하고 이자란 무엇인가처럼 실질 경제를 예로 들어 독자의 흥미를 잃지 않게 한다. 최신 이슈인 암호화폐와 승수효과 이야기도 들어있다. 이 책은 정치 사회적으로 어디에 특별히 치우치거나 무슨 성향을 드러내지도 않는다. 외국 도서지만 한국에 대해서 특별히 언급한 부분이 있어 이것만 잠시 얘기해 보겠다.

경제학 용어 중 오쿤의 법칙이라는 게 있다. 이것은 실업률이 감소하면 경제 성장률이 상승하고 실업률이 상승하면 경제 성장률이 하락하는 걸 말한다. "보통은 미국에서 실업률이 1% 감소하면 경제 성장률이 2~3% 상승하고 실업률이 1% 상승하면 경제 성장률이 2~3% 감소한다. 그런데 한국은 그렇지 않고 실업률이 1% 상승했는데도 경제 성장률(GDP)이 0.3% 감소했다." 이 이유에 대해 이 책의 저자들은 정규직 비정규직의 이중 구조, 대기업 중심의 경제, 높은 자영업자 비중, 청년실업 문제 등을 원인으로 분석한다. 여기서 중요한 건 자영업자다. 자영업자들은 경기가 악화되어도 실업 대신 소득 감소를 견뎌내는 경향이 있어 실질 실업률에 직접 반영되지 않는다.

국내 자영업자 수는 500만 명에 육박하는데 이건 인구수 대비 다른 나라에 비해 월등히 높은 비율이다. 그 나라의 경제는 역사적 특수성이나 환경을 봐야 하지만 우리나라는 그것을 감안해도 자영업 비율이 굉장히 높다. 급격한 저출산으로 인해 나중의 사회구조나 경제구조는 어떻게 될지 모르지만 현재 자영업자의 가계대출은 지속적으로 상승했다. 이것은 내 집 마련을 위한 집 한 채의 부동산 대출과는 엄연히 다른 심각한 문제다.

미국도 한때는 이민자들 때문에 자영업 비중이 높았지만 우리나라만큼 비중이 높은 건 아니었다. 앞서 언급한 이상헌의 "왜 좋은 일자리는 늘 부족한가"에서는 이민자 관련 이야기를 한다. 필자 또한 미국은 이민자 비율이 오랫동안 최소 30~40%는 될 거라는 막연한 생각을 가지고 있었다. 이 때문에 미국의 대안우파나 보수 성향의 사람들이 자기 영역을 침해당하고 있다고 여겨서 현실적이지만 바보 같은 투표를 하는구나 하고 그들을 이해했다. 아마 다른 많은 사람도 미국 이민자 수를 필자처럼 오해하고 있을지 모른다. 하지만 지금만 봤을 때는 현재 미국에 사는 이민자 수는 전체 인구에 비해 그렇게 많지 않다.

다만 이상헌의 책에서는 미국의 이민자 비중을 따질 때 그게 1세대인지 2세대인지 아니면 그 이상 세대인지에 대한 구분은 나와 있지 않다. 물론 미국이라는 나라 자체가 17세기 종교 박해를 피해 청교도인들이 메이플라워호를 타고 아메리카 대륙에 이주한 이민자 국가다. 이 과정에서 아메리카 원주민들은 무참히 살해되고 자기 삶의 터전을 옮기게 된다. 처음 미국은 종교의 자유를 찾아 아메리카 대륙에 도착했고 그 후 토크빌이 말한 미국만의 민주주의 특성을 가진다. 그러다 힘의 논리를 자유주의라 생각하는 시기를 거치면서 민주주의가 정착되고 다시 야만의 자유주의로 회귀한다. 최근엔 MAGA가 그걸 증명한다. 이런 힘의 지배를 따르는 사람은 전세계 어디에든 있으며 이런 나라는 소수의 리더와 다수의 노예로 이뤄진다. 그렇다고 미국 자체를 야만의 국가로만 볼 수 없는데 우리나라도 가끔 이상한 리더를 뽑아 놓은 것처럼 트럼프가 두 번이나 당선이 되었어도 풀뿌리 민주주의는 그들이나 우리나 여전히 살아 숨쉬고 있다.

자영업 이야기를 하다가 잠시 다른 이야기로 빠졌는데 여기서는 자영업자의 5년 내 폐업률이 얼마이고 은퇴하면 무엇을 할지에 대한 그 사고 자체의 원초적 문제 그 외 우리나라 사회구조나 기업 및 조직문화에 대한 이야기는 하지 않을 생각이다. 자영업 비중이 높은 것에 대한 근본적 문제를 탐구하는 건 다른 학자들의 몫이다.

우리가 누구라도 비판할 수 있다면 다른 이의 비판도 수용할 마음을 가져야 한다. 자영업자들의 시각과 고객의 시각은 매우 달라서 객관적 판단을 하기 위해서는 양쪽 말을 다 들어봐야 한다. 누구는 당장의 이익과 감정이 중요해서 바보 같이 큰 생각을 하지 못하고 정치적 판단이나 분노로 투표한다. 그러다 보니 어떤 이는 자기 얼굴에 침 뱉기 투표를 하고 다른 어떤 이는 자신의 선택이나 문제보다 나라 경제만을 탓한다. 장사하는 사람과 손님의 관계는 아담 스미스의 '도덕 감정론'이나 최후통첩 이론과 닮아 있다. 둘은 시간적으로 보면 괴리가 크지만 그 관념은 비슷한 인간의 마음 상태를 보여준다. 인간은 타인을 생각해서 나의 이익을 결정한다는 게 위 둘의 핵심적 가치다. 이걸 음식 자영업자와 소비자로 변환해서 생각해보자.

소비자 입장에서는 소위 가성비와 가심비를 따져서 소비를 하는 게 당연하고 자영업자 입장에서는 효율적으로 판매하는 게 당연하다. 물론 일부 소비자는 맛 자체와 취향 위생 등을 1순위로 보는 사람이 있는가 하면 판매자는 자기가 좀 더 고생하더라도 고객 지향적 마인드를 가지기도 한다. 그러나 보통 사람들은 이것저것을 따져 보며 소비하거나 판매하려고 한다. 물가가 올랐다는 것을 인정하더라도 어떤 음식은 과거 소비 만족도에 비해 현재에 와서 더 크게 부담되는 게 있다.

여기서 약간만 개인적인 이야기를 하겠다. 필자 집 근처에는 전국적으로 유명한 막걸리 골목이 있다. 이 막걸리 골목뿐만 아니라 이곳 도시의 여러 막걸리 집은 20대 아니 30대 초반까지만 해도 정말 가성비와 가심비가 좋았다. 그러나 지금은 대부분 아니다. 그래서 일부 막걸리 집은 장사를 안 하거나 점차 막걸리 집이 줄어들고 있다. 한 세대를 거쳐 소비 트렌드나 경제 상황, 그리고 자영업의 마인드 등 다양한 것들이 변했음을 감안해도 이런 골목 상권의 소멸화는 마음이 아프다. 2025년 11월 1일 어느 날 그 막걸리 골목 중 어느 한 집을 들어갔다. 참고로 술을 먹으려면 안주를 잘 챙겨 먹어야 한다.

권여선의 『안녕 주정뱅이』를 보면 술 먹을 때 잘 먹어야 큰 병에 걸리지 않는다는 느낌을 받는다. 물론 이건 의학적 사실과는 별개로 소설책의 느낌을 말한 것이다. 막걸리를 먹던 옆 테이블에는 부산 지역의 사투리를 쓰는 열 명 내외의 한 관광객 가족이 있었다. 그 손님들은 밑반찬 일부 빼고는 거의 손도 대지 않았고 우리 일행이 갈 때 쯤엔 '별로다'라는 말까지 하였다. 그때 우리는 주말 저녁이라 다른 인기 막걸리집에 가지 못했고 상대적으로 손님 줄이 덜 서 있는 그 막걸리집에 처음 간 것이었다. 그러나 다음에 또 가고 싶다는 생각은 절대 들지 않았다. 그렇게 그 막걸리집을 나와 우리 일행은 바로 옆 맥주집으로 2차를 갔다. 그런데 약 10분 후 부산 가족 관광객이 우리가 갔던 맥주집으로 우르르 몰려왔고 그들은 공교롭게 또 우리 옆 테이블에 자리를 잡았다. 막걸리집에서도 맥주집에서도 그들의 대화를 엿들으려고 엿들은 건 아니지만 너무 가까워서 다 들리게 되었다. 그 가족은 자녀 중 딸이 결혼한다고 하여 새신랑 될 사람과 이 지역으로 여행을 온 것이었다. 필자가 취해서 그런지 오지랖이 발동하여 '멀리서 오셨는데 막걸리집에 실망하셔서 어떡하냐. 다른 막걸리집은 괜찮은 곳도 있는데…'라고 말할 뻔 했지만 하지 않았다.

인간의 오지랖은 착한 사마리안의 모습이 꼭 필요한 일이나 틀린 것을 틀렸다고 말하는 것과 같은 정의로운 일이 아니라면 자제되어야 한다. 심지어 이건 가족끼리도 마찬가지다. 하지만 동물적 인간은 낯선 사람과의 경계심도 발동하지만, 또 낯선 사람과 친근해지고 싶기도 하다. 그렇기 때문에 아주 붐비는 여행지에 도로가 꽉 막혀도 사람 구경하러 간다는 이상한 눈요기도 있는 것이다. 결국 하고 싶은 이야기의 종착역에 도착했다. 요즘은 지역 축제에 바가지 요금을 씌우거나 불친절한 게 있으면 온라인에 급속도록 확산되어 많은 사람이 분노한다. 그런데 일부는 온라인만 요란할 뿐 여전히 갑질 장사와 불친절함에도 불구하고 사람들이 붐빈다. 이건 마치 우리 사회 모든 혼란이 온라인 속에 있는 것 같지만 실제로는 아닌 부분도 많은 것과 같은 현상이다.

또한 어떤 이들의 개인적 감정의 영상과 글은 너무 빠르게 퍼져서 누가 갑과 을이 되는지 쉽게 결정 돼버리는 문제점이 있다. 만약 누군가를 비난하고 싶으면 때론 텀을 두고 양쪽 말을 잘 들어 봐야한다. 우리 지역 막걸리 골목은 그 정도는 아니지만 갈수록 과거 향수를 잊게 하면서도 다시 더 생각나게 한다. 사실 인심이 좋다는 것도 꼭 좋은 것만은 아니다. 왜냐하면 소비자는 그 인심을 생각하고 가는데 자영업자가 한 번이라도 서운함을 주게 되면 그 사람은 변심할지도 모르기 때문이다. 기댓값이 있을 때 거기에 충족하지 못하면 인간은 서운하고 실망하기 마련이다. 그건 가족이나 사랑하는 사람 친한 지인에게도 마찬가지다.

기댓값이나 가성비보다 지금은 표준값이 중요한 때다. 이건 전통시장까지 확장되어 각박함과 계산적임을 동시에 생각하게 한다. 판매자의 인심은 노스텔지어 단어가 되어 갈수록 사라짐과 동시에 기업이 골목 상권화가 되어 이젠 그걸 기대하기 어렵게 되었다. 그래서 누군가는 인심 그런 것을 바라지 않으니 딱 자기가 소비한 만큼의 퀄리티 상품이길 기대한다. 이게 서로에게 가장 깔끔한 관계다. 한두 명도 아니고 한두 번도 아닌 다양한 상인이 자주 나쁜 짓을 하는 비양심적 시장과 축제는 가지 않겠다는 굳건한 실천력도 중요하다. 하지만 대중은 그러기 쉽지 않다. 유명하고 유행하는 곳은 누구나 가고 싶어 하는 것은 당연한 일이며 또 sns에도 올려야 하기 때문에 갑질 축제임에도 불구하고 관광객이 몰려든다.

이 챕터에서 진짜 하고 싶은 이야기는 사실 따로 있다. 그것은 지역 특수성을 가진 축제나 음식, 문화, 관광객 유치를 이끄는 정책으로 지방 정부의 활성화에 대한 것을 생각해 보는 일이다. 지역 균형 발전은 서울 중심의 틀에서 벗어나 미래 지방 정부의 살 길이고 더 나아가서는 출산과 경제에 대한 확장을 하게 만든다. 타지역의 좋은 정책은 참고하되 무조건 따라갈 생각이나 새롭게 무엇을 창조할 생각만 하지 말고 지금 존재하는 그 지역만의 특수성으로 사람을 유인할 생각을 해야 한다. 허울 좋은 탁상공론 대신 공무원과 지역 사람들이 소통한다면 어떤 지자체처럼 물에 진심이어서 슈킹할 결심이나 하고 무능하여 매번 세금낭비 같은 허튼 짓은 하지 않을 것이다. 어떤 지역은 건물이나 동상 건립에 여전히 쓸모없는 짓을 하는 반면 어떤 지역은 적은 예산으로도 관광객을 크게 끌어 모은다. 여기서 알 수 있는 건 능력 있고 청렴한 사람을 잘 뽑아야 우리 지역 사회에 세금이 낭비되지 않고 잘 쓰인다는 사실이다. 그저 자기 부동산만 지키거나 오르면 된다는 그런 생각은 대한민국에 투표 염증을 만들어 낸다. 지자체 노력 외에 국가의 역할도 있다.

가령 지역 정착에 도움을 주는 지방 정부의 중단기적 유인 정책 외에 장기적으로 보면 공공기관 이전이나 지방 거점 지역에 수도권 4대병원에 준하는 수준의 최상급 병원을 만들어야 한다. 여기엔 당연히 비인기 진료 과목도 포함된다. 꼭 새로운 병원을 짓는 게 아닌 의료 질 향상으로 인한 지방 시민들의 인식 개선과 제고가 필요해서 이 말을 하는 것이다. 지방 사람들이 심각한 병을 치료하거나 실제 심각한 병이 아닌데도 그저 불안감 때문에 서울로 올라가는 일은 국가의 경제

손실과 다름이 없다. 미래에는 고령화로 인해 더욱더 많은 교통 약자와 심신 약자가 발생할 텐데 빨리 인간을 대신할 인공지능 건강보호사가 생겨났으면 좋겠다. 이렇게 보면 AI는 불안만 있는 게 아니라 우리를 또 기대하게 만든다. 논의가 항상 이렇게 원점 중심의 변화가 생겨 이번에도 AI는 애증의 존재가 된다.

49

정의

롤스의 『정의론』을 다시 읽어야 하나

성인(聖人)이라는 한자를 살펴보면 성(聖)은 귀 이(耳)와 입 구(口)로 이루어진 것을 알 수 있다. 쓰인 한자 순서를 보면 듣기가 먼저고 말하기가 그다음이다. 우리 조상들은 운이 좋으면 귀가 열리고 운이 안 좋으면 입이 먼저 열린다고 했다. 현대인은 지금 귀가 하나이고 입이 두 개인 것처럼 행동하는데 그게 갈수록 심해진다. 동서양의 성인 말씀을 들어보면 세치 혀의 중요성을 무수히도 말하는데 이런 이야기는 이 책 곳곳에서 소개했다.

요즘 사람들은 충분히 잘 들으려고 하지 않으면서 말만 하려고 한다. 인생은 타이밍이라는 말은 진리에 가깝다. 이때 말할 때와 침묵 할 때를 아는 것도 언어 타이밍이라는 측면에서 지혜로운 일이다. 이런 얘기를 하니 함부로 쓰는 글에 대한 책임감도 갑자기 커져서 정의에 대해 과연 어떻게 이야기해야 할지 약간 두려움이 생긴다. 말하거나 쓰거나의 그 무게감을 요즘 사람들은 별로 중요하게 생각하지 않으면서 자기 생각, 아니 정확히는 자기 감정을 이야기하는 사람들이 많다. 그렇다고 그게 또 다 틀린 이야기는 아니다. 그런 면에서 정의도 이성과 논리로만 본다면 아주 팽팽한 줄다리기 같은 이야기만 하게 될 가능성이 크다. 그래서 정의라는 것에 대해 나에게 피해가 아니라면 나보다 못한 사람 위주로 치우친 생각을 가져도 되지 않을까라는 비학문적 생각을 가져본다. 하지만 지금까지 지식 먼저 다루고 인간 탐구를 했듯이 이번에도 그렇게 정의에 대해 논의해 볼 생각이다.

1990년대 후반 고등학교에 다닐 때 윤리 교과서에는 롤스의 원칙이 아주 짧게 쓰여 있었다. 그때 알았던 내용처럼 15년 전 성인이 되어서 읽은 롤스의 『정의론』은 굵직한 원칙과 몇 가지 중요 개념 외에는 솔직히 생각나는 게 별로 없다. 15년 전 그 당시에는 비판적 책 읽기가 아니라 그냥 머릿속에 책 권수 넣기나 지식 채우기에 바빴기 때문에 그냥 『정의론』 책 내용이 좋구나 하고만 느꼈다. 이 챕터를 쓰고자 다시 『정의론』을 읽어야 하나 생각이 들었지만 그렇게 하지 않고 대충만 다시 훑어보았다. 『정의론』을 분석하며 재논의하고 더 발전적 사고를 하게 하는 건 특정 학자들의 몫이다. 그 대신 난제의 글은 다른 중요한 이야기를 여기서 끄집어내려고 한다.

책을 읽다 보면 롤스의 생각 일부를 비판하는 국내외 책들을 간간이 볼 수 있다. 앞서 한 번 말했지만 마이클 샌델과 롤스를 비판한 그 어떤 책도 나를 설득시키지 못했다는 점을 비추어볼 때 아마도 나는 이 석학들과 같은 생각을 공유하는지도 모르겠다. 그렇다면 필자도 정의론자나 공동체주의자가 된다. 참고로 롤스의 『정의론』은 자유주의자뿐만 아니라 처음에는 공동체주의자로부터 공동선(共同善)의 영역이 없다고 비판받았다. 석학을 비판하면 좀 더 있어 보이긴 하겠지만 위 둘을 비판한 대부분의 작가들은 억지 비판이나 지엽적인 부분에서 조금 생각해 볼 만한 것을 주었을 뿐 근본적으로 이들의 허점을 논리적으로 전개하지 못했다. 가령 롤스가 제시한 개념인 원초적 입장을 가정한 무지의 베일이나 자유주의적 평등 같은 이항 개념을 비판하는 것들 말이다. 현학적이고 싶거나 무슨 논의에 대해 반대 시각만 보려는 사람들은 공동체주의자나 무슨 인본주의자 공리주의자 등으로 네이밍하여 어떤 사상의 핵심을 오염시키려고 한다. 먼저 이 이야기부터 해야겠다.

카트리나 포레스터의 『정의의 그늘 아래에서』는 공동체주의에 대한 것을 공공의 문제로 환원하여 말한다. 다만 카트리나 포레스터는 이것에 대해 언급은 해 놓았지만 자세한 논의는 하지 않는다. 자유를 사랑하는 비판론자와 공공 문제를 규범 강조 및 제도나 법으로 국가가 개입해야 한다고 주장하는 자들 사이에서는 자주 오해가 생긴다. 사실 오해할 마음보다는 사상 반대가 너무 강해서 정의라는 관념이 무신론자와 유신론자의 생각 괴리만큼 커진다. 카트리나 포레스터의 이 책은 롤스의 사상 자체를 분석하기보다 왜 롤스가 『정의론』을 썼는지에 대한 시대적 배경이나 정치철학을 이야기한다. 그러면서 롤스 이후 정의가 어떻게 흘러왔는지를 설명한다. 배경지식이 없으면 약간 어렵게 느껴질 수도 있는 책이긴 하지만 자유와 정의에 대한 근현대적 역사 배경과 학자들의 주장을 알고 싶은 사람이라면 꽤 읽어볼 만하다.

우리가 정의에 대해서 가장 오해하고 있는 게 무엇일까? 그건 바로 어떤 주장과 관념을 대립으로 본다는 사실이다. 자유주의와 공동체주의라는 관념은 완전히 대립되는 게 아닌데도 평등과 자유처럼 이걸 대립으로만 보려는 사람은 자신의 편협함에 빠진다. "정의론"에서 느낀 감정은 최대한 자유를 억압하지 않으려고 하면서도 평등주의가 꼭 정의라는 생각을 가진 시각에만 머물러 있지 않다는 것을 증명하는 것처럼 보인다는 사실이다. 롤스의 정의론 원칙에도 이 부분은 드러난다.

롤스의 제1원칙은 모든 사람이 자유 체계와 양립할 수 있도록 '평등한 기본적 자유'의 광범위한 체계 속에 동등한 권리를 가지는 일이다. 제2원칙은 일명 차등의 원칙으로 여기엔 사회적 경제적 불평등에 대한 두 가지 입장이 있다. 하나는 불평등한 최소 수혜자에게는 최대 이득이 가도록 해야 하고 두 번째로는 공정한 기회 균등을 위해서 모든 사람에게 평등하게 개방된 직책과 직위가 결부되어야 한다. 그렇다면 자유의 제한, 더 정확히는 제한이 아니라 자유의 서열성에 대해서 롤스는 어떻게 생각했을까? 그는 정의의 원칙에 서열이 있다고 주장하며 자유의 우선성이라는 규칙을 내세운다. 기본적 자유는 자유를 위해서만 제한되는데 그것은 덜 광범위한 자유는 모든 이가 공유하는 자유의 전체 체계를 강화할 때 성립된다. 또 덜 평등한 자유는 이보다 작은 자유를 가진 사람들에게 받아들여질 수 있어야 한다.

롤스의 『정의론』은 정의에 대한 자신의 이해를 설명하기 위해 많은 부분에서 합리론과 도덕론에 근거한다. 그러다 보니 많은 사람들이 이것에 차이 의견을 가지는데 이것에 대해 롤스는 이렇게 이야기한다. "우리는 도덕적 인격이 될 능력은 평등한 정의에 대한 권한에 있어서 충분조건임을 알고 있다." 이 표현에 대한 롤스의 주석이 있지만 그의 주석을 완전히 따르는 대신 더 쉽게 설명하도록 하겠다. 사실 그의 주석이 더 어렵다. 정의를 바라보는 관점을 가장 크게 나누는 부분이 자유주의냐 평등주의냐가 아니라 바로 이 지점이라고 생각한다.

롤스는 도덕적 인격이 바라보는 정의란 자연적 이성 정도의 충분함이면 된다고 말하면서 다시 이렇게 이야기한다. "사람을 권리 주체로 만드는 데는 도덕적 인격이면 충분하다는 것이 중요한 것이다" 정의란 무엇인가를 생각하는 사람이 있다면 그건 그 사람이 다른 사람보다 더 많은 지식을 가졌거나 더 도덕적 인격이 뛰어나서가 아니다. 이렇게 정의를 더 많은 자유 혹은 더 평등하게 보려는 관념으로 이해하지 않는다면 비로소 정의를 논하는 게 의미 있게 된다. 하지만 이런 논의를 무의미하게 만드는 일은 정의에 대해 자유를 최대한 증가시키는 것이라든가 반대로 평등은 정의의 방법이 아니라든가 하는 비생산적 사고방식이다. 특히 정의와 관련하여 사상 전개를 한 사람들에 대해서 그건 틀렸다고 평가만 하는 사람들은 롤스가 볼 때 필요충분 하게 도덕적 인격을 가지지 못한 것이다. 정의가 힘의 논리나 약자에 대한 우선이라는 이분법적인 생각도 옳지 못하다.

과거에는 국가의 필요성이나 역할을 논했다면 지금은 국가 이념을 이야기한다. 이와 마찬가지로 오래전부터 사상가들이 정의에 대해 담론을 다뤘다면 지금은 그 정의를 추구하자는 것에 이의를 제기한다. 다 같이 더 나은 삶을 찾고자 하는 사람들은 항상 좌파나 사회주의자로 불리고 이것에 제동을 거는 사람은 보수주의자나 자유주의자로 불린다. 바로 이 부분이 제일 화가 난다.

아직도 필자가 책을 덜 읽었나 생각해서 자유주의자의 책을 이리저리 찾아 읽어봐도 그들이 진짜 제안하는 정의나 미래 청사진은 무엇인지 도저히 찾을 수 없었다. 오로지 누군가의 사상에 딴지를 걸거나 반대를 하면서 현학적인 척만 할 줄 알지 제대로 된 대안을 내놓는 사람이 없다. 성소수자나 사회적 약자에 대해 차별을 하지 말자고 주장하는 게 어떻게 자유를 침해하는 것이고 이런 게 어떻게 좌파 정책으로 매도되는지 자유를 진정 사랑하는 좌파인은 도무지 이해가 가지 않는다. 내가 행복할 권리가 있고 자유로울 권리가 있으면 타인도 행복할 권리가 있다. 이 권리는 타인으로부터 혐오를 받지 않을 것까지 포함됨이 당연한데도 일부 반쪽짜리 사람들은 이걸 무시한다. 사실 정의라는 주제를 다루려면 다양한 학자들의 방대한 논의가 필요하기 때문에 이 챕터 안에서 모두를 다룰 건 아니다. 정의란 무엇인가를 학문적으로 이야기하는 척하면서 현실적으로 더 중요한 이 정의를 방해하는 것이 무엇인가에 대한 논의를 해보는 게 더 현명하다. 필자의 글 전개 방식을 이쯤까지 포기하지 않고 읽은 의지의 독자라면 이제 좀 알아야 하지 않을까? 누가 정의를 방해하는가, 이것을 아는 게 정의를 다루는 관념보다 더 중요하다.

첫 번째로 정의의 적은 언론이다. 물론 언론이 아주 가끔씩 정의를 추구하기는 하지만 요즘 언론은 대체로 국민을 기만한다. 언론의 국민 눈속임은 세계적으로 100년도 훨씬 넘었는데 맥스웰 멕콤스의 『아젠다 세팅』이 바로 이런 이야기를 주로 다룬다. 도서 제목은 생각나지 않지만 언론이 행하는 헤드라인의 의도적 뉴스 메이킹에 대한 내용을 담은 책도 존재한다. 이미 오래전부터 언론과 기자는 나쁜 기사의 전형적인 모습을 보여주었다.

『아젠다 세팅』은 지금도 유효한 언론의 쓰레기 짓 중 하나인 여론 조작, 프레임 전환, 광고성 뉴스 등 대중의 인지력에 영향을 끼쳐서 그들이 목적 달성을 이루는 걸 신랄하게 비판한다. 아무리 레거시 미디어의 영향력이 과거보다 줄어들었다고 해도 그들은 여전히 공중파에 준하는 방송 권력이 있다. 여기에 더해 이들은 SNS나 유튜브 인스타 등 대안언론이 진출해 있는 부분은 이미 다 진출해 있다. 그저 지금은 디지털 문명 덕분에 기존 종이 신문의 절대 권력이 일반 사람에게도 열려 있어 과거보다 조금 평등해졌을 뿐이다. 쓰레기 언론의 기조는 그대로이며 여전히 영향력은 막강하다. 특히 사유하는 인간이 아니고서는 언론과 기자가 얼마나 권력에 나약하고 비겁한지 그리고 선택적 중립으로 국민을 기만하고 있는지 모르고 살아간다.

언론은 자본주의의 간신배 역할을 하여 대중의 적이 된 지 오래다. 다만 이런 극단적인 시각은 정치 사회 종교 자본 등으로부터 자유롭고 기자답게 살아가는 사람에게는 틀린 말이다. 어떤 언론이나 기자는 정치적 성향이 아닌 권력자에 대한 중립적 비판을 정의로운 것으로 생각한다. 원론적으로는 이게 맞지만 앞서 우리는 진리의 영역에서 정의에 대해 현재만 생각하는 것에 빠져 있는 것을 경계했고 그것이 중용이나 진리라고 하지 않았다. 이때 언론의 중립적 비판이라는 중용도 미래에 올 정의에서는 감춰지거나 약간 기울어질 필요성이 있다고 말한다면 과연 언어도단이 될까?

　왜냐하면 이건 그동안 말했던 중용이 아닐 것이기 때문이다. 이 말이 좀 어렵다면 아주 쉽게 이야기하겠다. 중립적 비판 입장을 취하거나 진영 논리를 벗어난다는 것이 진짜 언론이라고 생각하는 사람들은 그 고결한 자세를 조금 벗어나 언론이나 기자가 좀 더 나쁜 악을 다뤘으면 좋겠다는 게 위 글의 해석이다. 물론 이건 진리가 아니며 매우 자기 성향적인 발언일 수 있다. 다시 롤스의 정의론으로 돌아와서 예를 들어보면 앞서 한 이야기의 어려움이 쉽게 풀린다. 세금은 공평하게 쓰여야 하지만 만약 불쌍한 사람이 있어서 복지가 필요한 인간에게 더 준다고 하면 이런 차등은 기계적 중립에서 벗어난 일이다. 중용은 이렇게 꼭 정의나 평등함만이 되는 건 아닌데 이때 중용은 무엇이라고 생각하는가?

50
비판

프랑크프루트 학파로부터 멀리

이 책의 마지막 챕터는 사유에 대한 변증법의 꽃인 비판에 관한 이야기다. 이제 우리는 각자가 스스로의 비판 영역으로 들어와서 변태를 해야 한다. 『난제의 사유』도 어떤 건 칭찬받아 마땅하고 어떤 건 비판받아 마땅해야 한다. 지금 이 책을 읽는 사람은 비판적이었나 아니면 수긍적이었나를 떠나 이제는 어떤 결론에 도달해야 하는 숙제가 존재한다. 대다수를 만족하는 논리를 가지고 있는 것과 공격받지 않을 정도의 글쓰기를 할 줄 아는 것도 중요하지만 인간은 때론 불편한 소리를 들을 각오로 세상에 자기 할 말을 하는 용기도 필요하다. 감정이나 자기 가치관을 배제하고 보는 비판은 사실 데이비드 흄의 사상을 비춰 볼 때 불가능하다. 그래도 소인배가 아닌 상황에서 책이나 사람의 말 등에 대하여 인간 삶과 연계하여 비판적으로 보는 건 긍정적인 게 많다. 그렇다면 진짜 비판이란 무엇인가.

에드문트 후설에 따르면 비판이란 이성과 감각의 절대성에 회의하는 걸 의미한다. 이성은 인본주의와 연결되고 감각의 절대성은 신과 연결되니 비판의 대상이란 이성과 믿음 둘 다를 포함한다. 이렇게 후설의 말을 요약하고 있지만 그가 말한 철학적 비판은 지루할 정도로 방대하다. 그저 후설의 저 표현을 데카르트로 바꿔보면 의심이 없어질 때까지 의심해보는 방법적 회의가 후설의 비판론이다. 하지만 비판이란 뜻을 가장 그럴듯하게 설명한 사람은 미셸 푸코다.

푸코의 글은 상당히 난해하기에 어느 책을 인용하기보다 해석해서 알려주는 게 더 유용하다. 만약 푸코가 살아 있다면 자기가 한 소리가 대체 무슨 소리인지 가끔 공격적으로 묻고 따지고 싶을 때가 있다. 그 정도로 그의 글은 좋다가도 짜증이 나는데 그나마 비판에 대해서는 아주 멋지게 표현을 하여 그걸 소개할 생각이다. "비판이란 진실에 대해서는 권력 효과를 자신에게 부여하는 것이다. 이때 비판은 그 권력이 생산하는 진실 담론을 문제 삼을 수 있는 권리이다. 비판은 자발적 불복종의 기술과 숙고된 불순종의 기술이다." 아주 약간 푸코의 말을 각색한 것인데 비판에 대해서 이렇게 통찰적인 표현이 또 있을까 싶다.

프랑크푸르트학파 이후 비판이론의 학자들은 지식을 권력 차원에서 검토하고 일부 철학자들 또한 자주 그렇듯이 비판을 계급적 차원에 좀 더 무게를 두고 논의를 이어간다. 이건 그다지 마음에 와닿지 않는다. 왜냐하면 개인적 차원은 사회적 차원과 다르게 감정의 문제인 경우가 많기 때문이다. 다만 푸코는 비판적 지식이 정당성으로 활용되거나 가치의 위계화를 줄 가능성을 언급하는데 이 말은 또 개인적 차원이든 사회적 차원이든 둘 다 맞는 말이 된다. 그 이유는 지식의 활용은 권위를 부여하기 때문이다. 그러나 사람은 정치성이나 위계의 생각으로 비판적 대화만 하는 건 아니다. 그것은 순수한 이성의 비판 영역이 있기 때문이고 그로 인한 합의를 끌어내기에 그렇다. 이성의 의문을 누군가는 흐릿하게만 사용하고 누구는 건설적으로 사용하는데 전자의 사람 때문에 비판은 가짜 분석 대상이 된다.

심지어 과학도 비판의 대상이 되는데 루퍼트 셸드레이크의 『과학의 망상』이 그걸 가장 잘 대변해 준다. 이 책을 전체적으론 동의하지 않지만 동의하는 부분은 저자의 소개 란에 쓰여 있는 "자연의 체계들은 이전에 존재했던 자신들의 모든 종으로부터 집단기억을 물려받는다"라는 형태공명 가설이다. 다른 챕터에서 난제의 글은 진화 생물학자들의 문화 유전에 관한 이야기를 잠시 했었다. 셸드레이크는 인간과 동물의 감각, 가령 큰 자연 재해에 대한 동물들의 텔레파시나 인간이 서로 텔레파시가 통한다는 것에 대해서 과학적인 현상이라 주장한다. 셸드레이크는 이런 자신의 주장에 대해 반대 의견을 가진 리처드 도킨스와의 논쟁을 잠시 소개한다. 그는 들으려고 하지 않고 텔레파시를 유사과학 비슷하게 치부하는 오만한 리처드 도킨스를 최대한 순화하면서 비판한다.

과학이 모든 것을 말해주지는 않지만 또 모든 것을 말해준다고 증명하고 싶은 셸드레이크의 생각은 모순이다. 동물들이 대재앙의 자연재해를 미리 알고 있다는 사실이 곧 텔레파시가 과학이라는 주장을 증명하는 것은 아니다. 인간의 텔레파시 또한 하나의 감각이다. 셸드레이크는 환각이라는 단어로 표현을 하는데 감각은 비과학적 현상이 아니라 그냥 오감 같은 것이라고 표현해야 정확하다. 『과학의 망상』에서는 과학이 관성적으로 가지는 회의주의(skepticism)를 부정적으로 바라본다.

반면에 마이클 셔머의 『스켑틱』은 텔레파시 이야기를 꺼내면서 과학이 텔레파시에 회의적일 수밖에 없는 것에 동의한다. 만약 이들의 생각이 과학적 증명이 아닌 믿음의 문제라고 말한다면 동의할 사람이 있을까? 과학적 법칙을 아직 모를 뿐 인간이 아직 발견하지 못한 과학이 있는 것과 과학적 법칙을 만들 수 없는 무엇을 만들 것이라는 기대감과 같은 믿음은 분명히 구분되어야 한다. 이와 마찬가지로 과학에 대한 음모론과 객관성도 혼동해서는 안 된다 "과학의 망상" 내용에는 미국의 달 착륙을 믿지 않는 사람들이나 9.11 음모론을 반박한 내용도 들어있다. 그런데 셸드레이크는 모순적으로 유독 유사과학이라는 일부 사건에 대해선 과학이 가진 어떤 오만함을 지적하려고 한다.

노르망 비야르종의 『촘스키처럼 생각하는 법』에서는 이런 유사과학에 반박하는 내용이 나오는데 오래전 읽은 책이라 자세한 내용은 생각나지 않지만 각인된 내용이 하나 있다. 비야르종은 "유사 과학은 실체가 있다는 걸 증명할 수 없는 것을 믿는다"라고 주장한다. 이 주장이 딱 셸드레이크에 들어맞는다. 셸드레이크는 리처드 도킨스에게 텔레파시의 증명 사례를 검증해보자고 제안하지만 도킨스는 이를 거부한다. 아마도 도킨스는 그게 인식론적인 일이기 때문에 제로섬의 영역의 논쟁이 될까 봐 셸드레이크의 제안을 거부한 것으로 보인다. 셸드레이크에 대한 생각은 옳고 그름보다 언어의 불완전성과 타인 소통의 어려움이라는 철학적 난제로 떠넘기고 이제는 다른 비판 영역을 이야기해 보겠다.

요즘 사람들은 어떤 말과 글에 대해서 뭐 하나 틀리기만을 바라는 것 같다. 어떤 이의 생각에 좋은 점을 보면서 자신과 동의하지 않는 부분을 비판하는 것과 오로지 비판할 부분만 생각하는 것은 군자와 소인배처럼 아주 큰 차이가 있다. 인간은 비판을 수용할 생각도 필요하고 비판할 부분을 제대로 찾는 것도 중요하다. 가령 칼 포퍼가 『열린 사회와 그 적들』에서 기원전 그리스 철학자들을 따르는 사람들에 대한 일침의 비판을 했을 때 소크라테스와 플라톤의 사상을 좋아하는 사람들은 왜 칼 포퍼가 그런 주장을 펼쳤는지 한번은 이해할 필요가 있다. 왜냐하면 포퍼가 그리스 철학자 자체를 반대하고 싶은 마음으로 비판한 게 아니기 때문이다. 지금 우리는 비판의 자세를 말하고 있다. 아리스토텔레스는 분별력이 있고 막무가내로 주장하지 않으며 불합리한 것을 주장했을 때 스스로를 창피하게 생각하는 사람과 토론하라고 말한다. 그는 또 정당한 근거가 있으면 충분히 들어줄 사람이나 상대방이 좀 더 진실에 가까우면 그걸 인정하는 사람과 논쟁하라고 한다. 서로를 비판하다가 인신공격이나 감정만 상하지 않으면 다행인 현대 인간 세상에 아리스토텔레스의 저 비판적 인간의 표본은 사실 유토피아에 가깝다.

현재 이 글을 쓰는 사람조차도 그런 인간이 되지 못하며 최대한 그 표본에 근접하려는 자세로 세상을 보려고 노력할 뿐이다. 비판의 자세가 중요한 이유는 비판이 이 책에서 그토록 중요하게 생각한 언어로 표출되기 때문이다.

이솝우화의 이솝은 언어가 세상에 가장 좋을 수도 있지만 반대로 분열과 전쟁의 원인이 되기도 하여 언어가 세상에서 가장 나쁠 수 있다고 말한다. 철학적 순수성에 기인한 논쟁 정도가 아니면 보통 비판 대 비판적 입장은 아름다운 마무리를 보여주지 못한다. 더 나음을 향한 비판이 아닌 의도된 비난과 비판은 타인을 설득하려는 마음보다 공격하는 마음을 먼저 가진다. 그래서 이런 삐뚤어진 자세를 가진 사람들에게는 좋은 언어가 나올 수 없고 감정적 상태에 머물러 논리가 통하지 않는다. 여기서 나타나는 비판의 기본적 오류를 교과서적으로 한번 살펴보자. 인간의 오류 중엔 극단적 예시만을 들어 비판하려는 것이나 성급한 일반화 등을 이야기해야 한다. 하지만 이런 것보다는 사람들이 자주 범하는 가장 큰 오류 중 하나인 순환 논증의 오류만 잠시 알아보겠다. 순환 논증의 오류란 결론을 진실로 삼거나 없는 진실을 결론으로 삼는 걸 의미한다. 대부분의 책에서는 순환 논증의 오류를 신과 성경에 빗대어 이야기하는데 다른 예시를 들어보겠다.

"UFO는 존재한다. 왜냐하면 미국의 기밀 문서에는 UFO이야기가 나오기 때문이다. 만약 UFO가 없다면 각국 기밀문서에는 UFO에 대한 이야기가 나오지 않을 것이다. 그래서 UFO는 진실이다."

전제에서 이미 결론을 내어 버리는 이런 오류를 범하는 사람들은 고의적이거나 아니면 무지함으로 인해서 이성적 논의를 불가능하게 한다. 어쩌면 이것을 미필적 고의의 오류라 불러도 좋을 것이다. 비판의 욕구는 누구에게나 있지만 진짜 문제는 비판이 서로 동등하지 않다는 점이다. 이것은 앞서 말한 비판의 철학적 불평등과 다른 문제다. 어떤 무식함의 가치관은 지식의 많고 적음에 의미가 없고 논리적 설득이 불가능하다. 하지만 지성적인 사람과 아닌 사람의 다툼은 거의 똑같은 취급을 받는다. 그래서 지성인은 그 불평등함 때문에 그 반지성의 사람들이 때론 부럽기까지 하다. 그저 바른 판단 능력이 있는 제3자만이 그것을 조금 위로해 줄 뿐이다.

에필로그

『표현의 기술』에서 유시민 작가는 표절과 인용, 창작 사이에 자신이 직접 만든 지식이 거의 없다는 사실을 인정하면서 글쓰기에 대한 자조적 겸손함을 보인다. 이 책의 저자도 유시민 작가의 말과 비슷한 생각을 하고 있다. 책을 과거의 것 없이 새로움만으로 가득 채울 수 있을까? 읽었던 책 거의 모두는 기존의 사상이나 문장 또는 기타 다른 이의 지식을 가지고 글을 전개했고, 거기서 저자만의 새로움으로 내용을 채웠다. 심지어 위대한 철학자들도 과거에 쓰인 무엇을 언급하며 자기만의 이야기를 써 내려간다. 이 사실 하나만으로 인간은 왜 책을 읽어야 하는지 명백히 알 수 있다. 그렇기에 주요 지식만 전하고 자기 생각이 없이 쓰인 책은 좋은 글이 아니다. 단 특정 책 장르는 여기서 제외다. 그걸 경계하고자 난제의 글은 기존 책과 지식 바탕 위에 항상 새 사고를 담으려고 노력했다. 여러 사상가나 작가의 책을 읽고 동의하는 것과 그것에 의문이 생기는 것을 다른 시각으로 살펴봤고, 그중에서도 난제의 주된 관심사는 언어, 신체, 이성, 철학, 편향, 비판, 공감, 사유, 심리 등의 주제였다.

호모 사피엔스는 계속해서 배우고 살아야 하지만 현대사회는 그렇지 않은 가짜 호모 사피엔스 종족이 많이 존재한다. 나는 과학적이지 않은 3331 법칙을 만들어봤다. 왜 인류는 3331 법칙을 벗어나지 못할까? 3331 법칙이란 역사 탄생 이래 인류의 각자 특성이 나쁜 인간 3, 좋은 인간 3, 그저 그런 인간 3, 강한 변태 인간 1로 나뉜 게 지금까지 변하지 않고 있음을 의미한다. 강한 변태 인간이라고 한 건 인간은 모두 약한 변태성을 가지고 있기 때문이다. 이 책은 변태성을 가지고 쓰였다. 잊히기보다 누군가의 비판을 받으면 사디스트처럼 흥분될 것이고, 반대로 누군가에게 추앙받으면 마조히스트처럼 흥분할 것이다. 때로는 독단적 생각에 빠진 주장이 있을지도 모른다. 가령 판사, 검사, 언론, 종교, 기타 자칭 보수와 같은 신악의 평범성에 대하여 지독하게도 일방적이고 부정적인 이야기를 했다. 그런데도 그들 입장을 대변하지 않았던 건 그 반론이 이 책에 대한 비판 영역이라고 생각하기 때문이다.

어설픈 중립보다 누군가가 보기에 극단적 시각이라도 그게 옳다고 믿는다면 나는 앞으로도 그렇게 책을 쓸 것이다. 또 읽었던 책의 중요 핵심을 찾아내 독자에게 전달했다고 생각하는데 그건 위험한 생각임을 알고 있다. 오히려 필자가 보고 싶은 부분만 보고 어떤 책을 언급한 것도 꽤 된다. 그리고 아주 중요한 책은 아니지만 마치 벌크업처럼 글 채움에 필요한 것이어서 언급한 도서도 몇 권은 된다. 하지만 중요 도서가 대부분이며 『난제의 사유』에서 언급한 책들은 거의 다 읽어볼 만한 가치가 있다. 심지어 내가 비판했던 책마저도 말이다.

책 읽는 즐거움을 아는 사람은 어떤 작가의 말이 항상 옳거나 항상 좋은 문장이거나를 기대하지 않는다. 자기와 성향이 맞아서 좋은 책이라 여긴 작가나 책도 어떤 내용에서는 동의하지 않음을 알 때 더 즐거운 독서가 된다. 그 책 맛을 아는 사람이 더 책을 찾아 읽는다. 사람들은 마틴 루터 킹의 'I have a dream'은 알면서 정작 그 꿈이 무엇인지는 잘 모른다. 어떤 표현에 집착하거나 특정 주장이 전부인 생각을 벗어나야 한다. 그래야 루터 킹의 '나는 꿈이 있다'라는 것이 무엇인지를 알게 된다. 하지만 현대인들은 그걸 잘하지 못한다. 다양한 책을 읽고 사유하고자 하면 조금은 그게 가능해진다. 그런데도 나의 표현 능력의 한계나 지능의 한계 때문에 더 나은 문장을 사용하지 못한 걸 안타깝게 생각한다.

단 한 사람이라도 유용한 지식과 사유를 주었다면 이 글은 세상에 나올만한 가치가 하나라도 있는 것이니 그걸로 만족한다. 쓰인 글인 책과 말하기의 어록은 사람 이름과 같다. 나는 어려서부터 지금까지 '정호'라는 내 이름을 한 번도 마음에 들어 해본 적이 없었고 오히려 내 이름에 불만을 가지고 살았다. 하지만 작가가 되기로 마음먹고서는 이제 내 이름이 마음에 든다. '정사 정(政)'에 '호경 호(鎬)'로 이름 지어 주신 할아버지는 무슨 뜻으로 이 이름을 정했는지 모르겠지만, 나는 내 이름을 이제는 이렇게 해석한다. 정호(政鎬)란 세상의 문제를 기울어지지 않게 보고 현명하게 두루 살피어 고귀한 존재인 인간을 이롭게 하는 사람이라고 말이다. 즉 내 이름은 중용이다. 아주 어려서부터 지금까지 '호경 호(鎬)'라는 한자 뜻을 어떻게 해석해야 할지 찾아봤지만, 명확한 답변을 얻지 못했다. 그래서 나는 '쇠 금(金)'에 '높을 고(高)'가 합쳐진 '호경 호(鎬)'를 금의 생성으로 해석하기로 했다. 다이아몬드는 이제 인위적 다이아몬드로 거의 자연에서 얻은 것과 같게 만들 수 있지만

금은 그렇지 못하다. 높은 압력과 어떤 특정한 조건에 의해서 생성된 금은 최적화가 필요하다. 그런 최적화의 생각으로 세상을 보라는 뜻이 '정호'라는 이름이다.

나의 책을 좋아해 주는 사람들이 있다는 그 인정 욕구 때문인지는 몰라도 오랫동안 안 좋아했던 내 이름이 이젠 좋아졌다. 사람 마음 실로 간사하다. 개명할 마음까지 있을 정도로 마음에 안 든 '정호'라는 이름을 이렇게 긍정적으로 본 이유는 무엇일까? 사람은 각자 태어난 이유가 있다. 나는 세상을 가장 공평무사(公平無私)하게 볼 능력을 갖췄다고 내 이름을 해석했고, 그것이 내 임무라고 생각한다. 나이와 상관없이 일종의 새로운 목표를 가진다는 건 얼마나 멋진 일인가. 자신의 무엇이 마음에 안 들어도 인간은 관점을 달리하기에 따라 얼마든지 부정이 긍정으로 바뀔 수 있다는 것을 알아야 한다. 어떤 사람은 멋있는 이름마저 사주가 안 좋거나 인생이 잘 안 풀려서 개명하곤 한다. 말도 안 되는 이름을 가진 사람이 개명하는 것에는 당연히 동의한다. 그러나 이름이 자신을 규정하는 게 아니라 내가 이름을 규정하며 산다는 것을 알게 되면 더 노력하는 사람이 된다.

중국의 오래된 말 중에 '독서만권 유유금일'이라는 표현이 있다. 이것은 만권의 책을 읽었지만, 발전 없이 여전히 그대로인 것을 뜻한다. 필자가 딱 그런 상황이다. 나이가 들어 이뤄낸 것 없이 허송세월하고 싶지 않아 글을 썼는데 그나마 결과물이 있어 다행이다. 누가 알아주지 않더라도 열심히 자기 길을 가고 주체적 삶을 살면 언젠가는 무엇을 남긴다. 그걸 우리는 '낭중지추'라 부른다. 그게 꼭 낭중지추가 아니어도 괜찮다. 공자의 말 중에서 좋아하는 표현이 많은데 그중 하나가 바로 이 말이다. 수년 동안 나는 늘 이 말을 머릿속에 담아두고 살았으며 머리로만 알고 있지 않고 실천하려고 노력했다. 공자는 "불환인지불기지 환부지인야, 불환인지불기지 환기불능야"라 했다. 이것은 타인이 나를 알아주지 않는 것보다 내가 타인의 능력을 보지 못함을 탓하고 나를 알아달라고 하는 것보다 나의 부족한 부분을 아는 게 중요하다는 것을 뜻한다. 당신이 설령 빛이 나지 않아도 괜찮다. 자신에게 스스로 빛을 주는 것만으로도 인간은 의미가 있다. 노자의 "도덕경"에는 육신은 죽었어도 사라지지 않는 삶을 위해 자기 도(道)를 중요시한다. 명리학이나 점괘처럼 사주나 운명으로 정해진 것은 아무것도 없다. 노자의 말처럼 우리는 자신을 잘 알고 수양(修養)해야 하며 극기(克己)의 의지를 보여야 한다. 이 극기는 쇼펜하우어나 니체가 말한 will과 같다. 동서양은 때론 이렇게 통하기도 한다. 책도 항상 맞는 이야기나 틀린 이야기만 있는 게 아니다. 조금 비틀어 보면 세상이 달리 보인다. 나는 권위자나 유명세에 얽매이지 않으면서 때론 그런 비틀어진 시각을 이용해 난제의 글로 녹여보고자 했다. 하지만 글이 쓰인 후에는 늘 아쉬움이 생긴다. 그래서 인간은 읽고 쓰는 걸 결코 멈춰서는 안 되는 것이다.

『사유의 동면』에 이어 이제 시리즈 2가 끝났다. 한 번 광고했던 다음 책 『노예의 적』은 시리즈 3이 아니다. 3권은 조금 어려울지 모르지만, 시리즈 1과 2를 충분히 잘 읽고 필자의 글 성격을 잘 이해한 사람이라면 다음 책도 그리 어렵지 않을 것이다. 단 이 책에서 숙제로 내준 개념 찾아보기와 배경 지식을 넓히려는 공부를 꾸준히 해야 다음 책이 어렵지 않을 것이다. 그런데 시리즈 3은 언제 나올지 모르겠다. 지금보다 더 인기 작가가 되어서 독자들이 닦달한다면 책임감을 가지고 글 쓰는 것에 얽매일 테지만 당분간은 천천히 써 내려갈 생각이다. 물론 독자들이 닦달하는 그런 상황이 오면 더 좋을 것이다. 얽매이는 건 싫지만, 이런 관심의 닦달이라면 흔쾌히 받아들인다. 인간은 약간의 의무감 같은 것이 있을 때 더 자기 능력을 발휘한다. 이 글을 끝까지 읽어줘서 고맙다. 성향이 너무 달라 재미가 없다고 여기거나 이 글을 미워하는 사람에게조차 적어도 책값이 아깝지 않게 하겠다는 마음 하나로 글을 알차게 쓰려고 했다. 만약 그 자신감만큼 좋은 사고를 주지 못했다면 조금 미안하다. 마지막으로 다음 책을 기다리는 사람에게는 필자의 에너지 같은 사람이라는 말을 전하며 부족한 글은 이만 마무리한다.